U0830830

全国高等院校规划教材·财经管理系列

管理学：理论与实践

李传军　杜同爱　编著

北京大学出版社
PEKING UNIVERSITY PRESS

内容简介

本书以管理的四大基本职能（计划、组织、领导、控制）为主线来组织内容体系，每个职能为一篇，加上第一篇导论（管理学的基本概念，以及管理理论的形成与发展），一共分为五篇、十三章。本书在编写过程中坚持理论联系实际，博采众家之长，力求在以下方面形成特色：尽可能将近年来管理领域的最新研究成果融合到相关章节中，既注重基础知识又体现理论的发展趋势；全部使用真实案例，既有本土企业，也有国外企业，既有成功的企业，也有失败的企业，旨在启发学生结合管理实践对管理的基本原理和方法进行深入的思考，提高学生运用所学理论分析实际问题的能力。

图书在版编目(CIP)数据

管理学：理论与实践/李传军，杜同爱编著.—北京：北京大学出版社，2014.8
（全国高等院校规划教材·财经管理系列）
ISBN 978-7-301-24621-4

Ⅰ.①管… Ⅱ.①李… ②杜… Ⅲ.①管理学—高等学校—教材 Ⅳ.①C93

中国版本图书馆 CIP 数据核字(2014)第 177193 号

书　　名：管理学：理论与实践
著作责任者：李传军　杜同爱　编著
责 任 编 辑：李　玥
标 准 书 号：ISBN 978-7-301-24621-4/C·1029
出 版 发 行：北京大学出版社
地　　址：北京市海淀区成府路 205 号　100871
网　　址：http://www.pup.cn　新浪官方微博：@北京大学出版社
电 子 信 箱：zyjy@pup.cn
电　　话：邮购部 62752015　发行部 62750672　编辑部 62765126　出版部 62754962
印　刷　者：北京富生印刷厂
经　销　者：新华书店
787 毫米×1092 毫米　16 开本　24.5 印张　566 千字
2014 年 8 月第 1 版　2018 年 7 月第 4 次印刷
定　　价：49.00 元

前　言

1881 年，美国第一所大学商学院——宾夕法尼亚大学沃顿商学院创立，其使命就是通过总结传播商业知识和培养领导人才来促进世界的发展，这标志着管理学开始进入大学教育体系。1911 年，弗雷德里克·泰勒出版了管理研究史上划时代的《科学管理原理》一书，从此人类进入科学管理时代。泰勒写道："最先进的管理应当是科学的管理，管理学应当致力于将这些科学的原理运用于所有的人类活动，包括家庭管理、农场管理、商业管理、教堂管理、慈善管理、政府的行政管理。"一个世纪以来，管理理论不断丰富与发展，形成了庞大的知识体系。

我国的管理教育起步较晚，但是发展迅速。在现行的高等教育体系中，管理学既是工商管理、管理科学与工程、公共管理等学科的基础课，同时也是经济学科、社会学科的必修课。管理学在大多数高校中被安排在诸多专业的本科一年级开设，其目的是让学生通过这门课的学习，为后面更多专业课打下良好的基础。这群年轻人，刚刚从中学考入大学，既未适应从中学到大学学习方法的改变，也没有任何社会实践与管理经验，对他们来说，要完全弄懂实用性很强的管理学基本概念与理论是颇为困难的。编写一本既注重理论又结合实践，既严谨又容易理解的管理学教材，正是本书的目的。另外，对从事管理工作的人来说，管理学又是一门需要不断学习的课程，并且在工作中体验了管理实践之后再来学习管理理论，会有更深的理解与共鸣，因此管理学也应该是他们的办公桌必备书。

本书共分为五篇、十三章。第一篇主要介绍管理学的基本概念以及管理理论的形成与发展，其余四篇分别介绍管理的计划、组织、领导和控制四个职能。在编写过程中，我们一直坚持理论联系实际，博采众家之长，努力做到如下几个方面：第一，理论体系完整。本书不仅吸纳了百年经典管理理论，而且涵盖了最新的理论发展趋势，为学生后续专业课程的学习奠定坚实的基础。第二，学习要点明确，突出管理情境体验。考虑到学生没有管理实践经验，每章开篇都设计了导入案例，以问题导向为切入点，带领读者先进入管理情境，然后研读相关理论。第三，理论联系实际。每章末都附加了两个案例，通过案例介绍与分析，让学生领悟理论的精髓，掌握应用的技巧，真正做到学以致用。而且，本书全部使用真实案例，既有本土企业，也有国外企业，既有成功的企业，也有失败的企业，力求展现真实的管理世界，启发学生结合管理实践对管理的基本原理和方法进行深入的思考。

本书作者齐鲁工业大学李传军博士和杜同爱教授，都有 15 年以上的教学和科研工作经历，是精品课程的主讲教师。本书在写作和出版过程中，得到了邹志勇、张建峰、陈加奎、刘学方、李永平和苏卫东等各位教授支持与帮助，晁玉方、宋中华、刘海鹰等老师提出了很好的意见和建议，吕彬、李凤等老师对文字进行了仔细的校对，北京大学出版社的李玥编辑和其他工作人员为本书的出版付出了辛勤的劳动，在此一并感谢。

尽管本书进行了多次修改、补充，但错误之处在所难免，欢迎大家批评指正，并与我们联系(E-mail：lichuanjun@126.com)。

李传军　杜同爱

2014年5月18日于济南

Contents

目　录

第Ⅰ篇　导　论

第Ⅱ篇　计划职能

第Ⅴ篇 控制职能

第I篇

导　论

第1章 管理与组织概述

管理是一门学科，这首先就意味着，管理人员付诸实践的是管理学而不是经济学，不是计量方法，不是行为科学。无论是经济学、计量方法还是行为科学都只是管理人员的工具。但是，管理人员付诸实践的并不是经济学，正好像一个医生付诸实践的并不是验血那样。管理人员付诸实践的并不是行为科学，正好像一位生物学家付诸实践的并不是显微镜那样。管理人员付诸实践的并不是计量方法，正好像一位律师付诸实践的并不是判例那样。管理人员付诸实践的是管理学。

——彼得·德鲁克：《管理：任务、责任、实践》

开篇案例

2009年9月的一天，浙江省杭州市黄龙体育馆里，16000余人有节奏地反复喊着“阿里，阿里巴巴”。接着，《狮子王》的主题曲缓缓响起，一个瘦小的身影从舞台中升了起来。马云身穿皮衣，戴着一顶巨大而有尖顶的莫西干式假发，涂着黑色唇膏并穿了一个鼻环。他拉开嗓门，有点走调地向崇拜他的员工们演唱艾尔顿·约翰(Elton John)的《今夜你能感觉到爱吗》(Can You Feel the Love Tonight)。

这是马云创立阿里巴巴10周年的纪念会，这家互联网公司使他成为亿万富翁，这是一个庆祝的时刻。不久，另一个值得庆祝的时刻又将到来：阿里巴巴这家全球最成功的电子商务公司正准备进行首次公开发行(IPO)，预计其市值将远超1000亿美元。

多年来，马云在中国一直是受人崇拜的偶像人物。阿里巴巴的销售额如今超过了eBay和亚马逊(Amazon)之和，占到了中国国内生产总值(GDP)的约2%。中国所有的快递包裹中约有70%来自阿里巴巴的销售。中国的电商交易中大约有80%是通过阿里巴巴的网站进行的。而这很可能只是一个开始，鉴于中国网民人数已经达到6亿，而且还在不断增加，中国将在不久超越美国，成为全球最大的电商市场。

身为中国斗志旺盛的企业家精神“教父”的马云，被英国《金融时报》评为2013年年度人物，因为他是中国互联网的化身——体现了中国互联网的全部潜力和矛盾。

在中国，创业成功者大多依赖于借鉴海外发展起来的商业理念，但马云是一位真正的创新者。与他同时代的人，大多复制成熟的商业模式，创立“中国的谷歌”“中国的亚马逊”以及“中国的推特”。但当马云1999年在自己的公寓里创立阿里巴巴时，企业对企业(B2B)电子商务网站还不存在。

马云现已将目光投向新的目标：撼动中国的金融业。这在以公有制为主体的中国金融行业激起了轩然大波，并表明马云的雄心远远超出了在线零售业。

马云，1964年10月15日出生于浙江省杭州市，中国著名企业家，阿里巴巴集团、淘宝网、支付宝创始人。2013 年 5 月 10 日，马云卸任阿里巴巴集团 CEO，但兼任阿里巴巴集团董事局主席、中国雅虎董事局主席、杭州师范大学阿里巴巴商学院院长、华谊兄弟传媒集团董事、菜鸟网络董事长等职务。

马云小时候数学较差，但他对英语很有兴趣。在参加了三次高考之后，他最终被杭州师范学院录取。1988 年开始，他在杭州当地的一所高校担任英语老师。1994 年他成立了一家翻译公司，这使他有机会去美国出差，在那里接触到了互联网。

在创办中国黄页(China Yellow Pages)失败之后，马云进入中国对外经济贸易部工作。有一天，他被指派陪同一位美国游客游览长城。这位游客就是雅虎(Yahoo)的联合创始人杨致远(Jerry Yang)。事实证明，这次的见面将成为两人事业生涯的转折点。

1999 年年初，马云联合 17 位朋友在他位于杭州的公寓里创建了阿里巴巴。他发表了励志演讲，展示了自己的雄心、愿景和战斗精神。

阿里巴巴的模式非常简单：帮助中国的中小企业找到原本只能在交易会上见到的全球买家。这种模式取得了极大的成功。

2003 年，阿里巴巴首次实现了小额盈利，同时为了与美国电子商务集团 eBay 竞争而创建了淘宝网，当时 eBay 在中国占据主导地位，拥有大约 80%的市场份额。

在接受全球媒体的一系列采访时，马云宣布与 eBay"开战"。当时，这种宣战显得有些可笑，因为双方实力悬殊。

到 2007 年，eBay 在中国的市场份额降至不足 8%，实际上已经退出了中国市场。淘宝网的市场份额飙升至 84%，这让马云成为了无可匹敌的中国电商之王。

2005 年，他与自己的老朋友杨致远达成了里程碑式的协议：雅虎支付 10 亿美元收购阿里巴巴 40%的股权，并将其中国业务交给马云运营。

在 2013 年年底接受《金融时报》记者采访时，马云指出，中国(或许全世界)从来没有阿里巴巴这么大的企业。阿里巴巴号称有 6 亿多注册账户，每天有大约 1 亿人通过其平台购物。

(资料来源：根据金融时报中文网《FT2013 年度人物：马云》一文整理，http://www.ftchinese.com/story/001053946? page=1。)

第 1 节　管理的含义

一、管理的定义

对"管理"一词，人们并不陌生，但要对它下一个确切的定义却不是一件很容易的事。

"科学管理之父"弗雷德里克·温斯洛·泰勒(Frederick Winslow Taylor)认为，管理就是确切地知道你要别人干什么，并使他用最好的方法去干。在泰勒看来，管理就是指挥他人能用最好的办法去工作。

决策学派的代表人物、诺贝尔奖获得者赫伯特·西蒙(Herbert A. Simon)对管理的定义是：管理就是制定决策。

彼得·德鲁克(Peter F. Drucker)认为,管理是一种工作,它有自己的技巧、工具和方法;管理是一种器官,是赋予组织以生命的、能动的、动态的器官;管理是一门科学,一种系统化的并到处适用的知识;同时管理也是一种文化(《管理——任务、责任、实践》)。

哈罗德·孔茨(Harold Koontz)认为,管理就是设计和保持一种良好环境,使人在群体里高效地完成既定的目标。

亨利·法约尔(Henri Fayol)认为,管理是所有的人类组织都有的一种活动,这种活动由五项要素组成: 计划、组织、指挥、协调和控制(《工业管理与一般管理》)。法约尔的概念对西方管理理论的发展具有重大的影响力,他对管理的看法也颇受后人的推崇与肯定,形成了管理过程学派。

玛丽·帕克·福莱特(Mary Parker Follett)给管理下了一个经典的定义,她把管理描述为"通过其他人来完成工作的艺术"。这一定义把管理视作艺术,它强调了人的因素在管理中的重要性。

也有一些学者,如帕梅拉·路易斯、斯蒂芬·古德曼和帕特丽夏·范特(Pamela S. Lewis, Stephen H. Goodman and Patricia M. Fandt)等人,从资源配置角度对管理下定义,认为"管理是切实有效地支配和协调资源,并努力达到组织目标的过程"。这一定义立足于组织资源,原材料、人员、资本、土地、设备、顾客和信息等都属于组织资源。

被誉为"世界上管理学与组织行为学领域最畅销教材作者"的斯蒂芬·罗宾斯(Stephen P. Robbins)与玛丽·库尔塔(Mary Coulter)对管理给出了一个简短而又经典的定义:"管理这一术语指的是和其他人一起并且通过其他人来切实有效完成活动的过程"。这一定义把管理视作过程,它既强调了人的因素,又强调了管理的双重目标,既要完成活动(效果),又要讲究效率,即以最低的投入换取既定的产出。效果(effectiveness)意味着选择"做正确的事(Do the right things)",效率(efficiency)则是指"正确地做事(Do the things right)"。因此,有效的管理就是要"正确地去做正确的事情"。

二、管理的职能

管理职能是指管理承担的功能,是管理过程中各项行为的内容,是人们对管理工作应有的一般过程和基本内容所作的理论概括。确定管理职能对任何组织而言都是极其重要的,但作为合理组织活动的一般职能,究竟应该包括哪些管理职能?对此,管理学者至今仍众说不一。

最早系统地提出管理职能的是法国的亨利·法约尔。根据法约尔对管理概念的定义,管理具有计划、组织、指挥、协调、控制五个职能,其中计划职能为他所重点强调。他认为,组织一个企业,就是为企业的经营提供所有必要的原料、设备、资本、人员;指挥的任务要分配给企业各种不同的领导人,每位领导人都承担各自的单位的任务;协调就是指企业的一切工作都要和谐地配合,以便于企业经营的顺利进行,并且有利于企业取得成功;控制就是要证实是否各项工作都与已订计划相符合,是否与下达的指示及已定原则相符合。

在法约尔之后,许多学者根据社会环境的新变化,对管理的职能进行了进一步的探究,有了许多新的认识。

古利克(Luther Gulick)和厄威克(Lyndall Fownes Urwick)就管理职能的划分,提出了著名的"管理七职能"。他们认为,管理的职能就是计划、组织、人事、指挥、协调、报告和预算。

哈罗德·孔茨(Harold Koontz)和西里尔·奥唐奈(Cyril O'Donnell)在其有关管理学的教科书(Koontz and O'Donnell,1955)中把管理的职能划分为计划、组织、人事、领导和控制。人事职能意味着管理者应当重视利用人才，注重人才的发展以及协调人们活动。这说明当时管理学家已经注意到了人的管理在管理行为中的重要性。全书的结构安排基于这种职能划分，此书一问世就成为最畅销的教科书。目前，大多数流行的教科书仍是按照这一体系编写的，本书也不例外。

20世纪60年代以来，系统论、控制论和信息论的产生以及现代技术手段的发展、管理决策学派的形成，使得决策问题在管理中的作用日益突出。西蒙等人在解释管理职能时，突出了决策职能。他认为，组织活动的中心就是决策。制订计划、选择计划方案需要决策；设计组织结构、人事管理等也需要决策；选择控制手段还需要决策。他认为，决策贯穿于管理过程的各个方面，管理的核心是决策。美国学者希克斯(John Richard Hicks)在总结前人对管理职能分析的基础上，提出了创新职能，突出了创新可以使组织的管理不断适应时代发展的论点。

尽管对管理职能的论述不尽相同，但大多数学者依然认为，管理有四项职能是最基本的，即计划、组织、领导和控制。

在本书中，我们承袭孔茨及其他多数人的做法，依据管理职能来编排全书的结构。在职能划分上，我们采用最流行的四职能划分方法。

(一) 计划职能

计划(planning)职能是指管理者对将要实现的目标和应采取的行动方案作出选择及具体安排的活动过程，简言之，就是预测未来并制订行动方案。其主要内容涉及分析内外环境、确定组织目标、制定组织发展战略、提出实现既定目标和战略的策略与作业计划、规定组织的决策程序等。任何组织的管理活动都是从计划出发的，因此，计划职能是管理的首要职能。

(二) 组织职能

组织(organizing)职能是指管理者根据既定目标，对组织中的各种要素及人们之间的相互关系进行合理安排的过程，简言之，就是建立组织的物质结构和社会结构。其主要内容包括设计组织结构、建立管理体制、分配权力、明确责任、配置资源、构建有效的信息沟通网络等。

(三) 领导职能

领导(leading)职能是指管理者为了实现组织目标而对被管理者施加影响的过程。管理者在执行领导职能时，一方面要调动组织成员的潜能，使之在实现组织目标过程中发挥应有作用；另一方面要促进组织成员之间的团结协作，使组织中的所有活动和努力统一和谐。其具体途径包括激励下属、对他们的活动进行指导、选择最有效的沟通渠道解决组织成员之间以及组织与其他组织之间的冲突等。

(四) 控制职能

在执行计划的过程中，环境的变化及其影响，可能导致人们的活动或行为与组织的要求或期望不一致，出现偏差。为了保证组织工作能够按照既定的计划进行，管理者必须对组织绩效进行监控，并将实际工作绩效与预先设定的标准进行比较。如果出现了超出一定限度的偏差，则需及时采取纠正措施，以保证组织工作在正确的轨道上运行，确保组织目标的实现。管理者运用事先确定的标准，衡量实际工作绩效，寻找偏差及其产生的原因，并采取措施予以纠正的过程，就是执行管理的控制(controlling)职能的过程。简言之，控制就是保证组织的一切活动符合预先制订的计划。

管理职能的划分，在理论研究上能更清楚地描述管理活动的整个过程，有助于管理者在实践中实现管理活动的专业化，使管理人员更容易从事管理工作。同时，管理者可以运用职能观点去建立或改革组织机构，根据管理职能规定出组织内部的职责和权力以及它们的内部结构，从而也就可以确定管理人员的人数、素质、学历、知识结构等。

但是，应当指出的是，划分管理的职能，并不意味着这些管理职能之间是相互孤立的。管理的四项基本职能即计划、组织、领导和控制之间是相互联系、相互制约的关系。它们共同构成一个有机的整体，其中任何一项职能出现问题，都会影响其他职能的发挥乃至组织目标的实现。正确认识四项职能之间的关系应当把握两点。其一，从理论上讲，这些职能是按一定顺序发生的。计划职能是首要职能，因为管理活动首先从计划开始，而且计划职能渗透在其他各种职能之中，或者说，其他职能都是为执行计划职能即实现组织目标服务的。为了实现组织目标和保证计划方案的实施，必须建立合理的组织机构、权力体系和信息沟通渠道，因此产生了组织职能；在组织保证的基础上，管理者必须选择适当的领导方式，有效地指挥、调动和协调各方面的力量，解决组织内外的冲突，最大限度地提升组织效率，于是产生了领导职能；为了确保组织目标的实现，管理者还必须根据预先制订的计划和标准对组织成员的各项工作进行监控，并纠正偏差，即实施控制职能。其二，从管理实践来考察，管理过程又是一个各种职能活动周而复始地循环进行的动态过程，也是一个彼此重叠、相互交融在一起的活动。例如，在执行控制职能的过程中，往往为了纠正偏差而需要重新编制计划或对原有计划进行修改、完善，从而启动新一轮管理活动。

三、管理的性质

管理的实践活动具有以下三个方面的性质，即二重性、管理的科学性与艺术性和普遍性。

（一）二重性

管理的二重性是马克思主义关于管理问题的基本观点。一方面，马克思在《资本论》中指出：“一切规模较大的直接社会劳动或共同劳动，都或多或少地需要指挥，以协调个人的活动，并执行生产总体的运动——不同于这一总体的独立器官的运动——所产生的各种一般职能。一个单独的提琴手是自己指挥自己，一个乐队就需要一个乐队指挥。”可见，管理是人类社会活动的客观需要，是由共同劳动的性质所产生，是有效组织共同劳动所必需的。这种与社会化大生产相联系而体现出的性质，并不以人的意志为转移，也不因社会制度、意识形态的不同而有所改变，与具体的生产方式和特定的社会制度无关，这完全是一种客观存在，所以，我们称之为管理的自然属性。管理要处理人与自然的关系，要合理地组织社会生产力，故也称作管理的生产力属性。

而另一方面，马克思又认为：“凡是直接生产过程具有社会结合过程的形态，而不是表现为独立生产者独立劳动的地方，都必然会产生监督劳动和指挥劳动。”因此，管理又体现着生产资料所有者指挥劳动、监督劳动的意志，它又有同生产关系和社会制度相联系的社会属性。也就是说，任何管理活动都是在特定的社会生产关系条件下进行的，都必然地要体现一定社会生产关系的特定要求，为特定的社会生产关系服务，从而实现其调节和维护社会生产关系的作用。所以，管理的社会属性也叫作管理的生产关系属性。管理的社会属性既是生产关系的体现，又反映和维护一定的社会生产关系，其性质取决于不同的社会经济关系和社会制度的性质。在不同的社会制度条件下，谁来监督、监督的目的和方式都会不同，因而也必然使管理活动具有不同的性质。

学习和掌握管理的二重性对我们学习和理解管理学、探索管理活动的规律以及运用管理原理来指导实践都具有非常重大的现实意义。

首先，管理的二重性体现了生产力和生产关系的辩证统一的关系。把管理仅仅看作生产力或仅仅看作生产关系，都不利于管理理论和实践的发展。

其次，西方的管理理论、技术和方法是人类长期从事生产实践的产物，是人类智慧的结晶，它同生产力的发展一样，具有连续性，是不分国界的。因此，我们要在继承和发展我国过去的管理经验和管理理论的同时，注意学习、引进国外先进的管理理论、技术和方法，根据我国的国情，融汇、提炼，为我所用。

再次，由于任何管理总是在一定生产关系下进行的，都必然地要体现一定社会生产关系的特定要求，也体现着一定的统治阶级的意志。在学习西方管理理论时应有原则性，不能简单地照抄照搬，应结合国情，有鉴别、有选择地取我所用，学创结合，走自己的道路，既吸取精华，又去其糟粕。

最后，任何一种管理方法、管理技术和手段的出现总是有其时代背景的，也就是说，它是同生产力水平及其他一切情况相适应的。因此，在学习和运用某些管理理论、原理、技术和手段时，必须结合自己本部门、本单位的实际情况，因地制宜，这样才能取得预期的效果。实践表明，不存在一个适用于古今中外、适用于所有情景的普遍的管理模式。

（二）科学性与艺术性

管理的科学性是指管理作为一个活动过程，其间存在着一系列基本客观规律。人们经过无数次的实践活动，从中抽象、总结出一系列反映管理活动过程中客观规律的管理理论和一般方法；反过来又利用这些理论和方法来指导自己的管理实践，以管理活动的结果来衡量管理过程中所使用的理论和方法是否正确，是否行之有效，从而使管理的科学理论和方法在实践中得到不断的验证和丰富。因此，说管理是一门科学，是指它以反映管理客观规律的管理理论和方法为指导，有一套分析问题、解决问题的科学的方法论。

艺术就其本义而言，是指用形象反映现实并比现实典型的社会意识形态。一般意义上的艺术，是指那些富有创造性的方式、方法。管理的艺术性就是强调其实践性，没有实践则无所谓艺术。这就是说，仅凭停留在书本上的管理理论，或背诵原理和公式来进行管理活动是不能保证其成功的。主管人员必须在管理实践中发挥积极性、主动性和创造性，因地制宜地将管理知识与具体管理活动相结合，才能进行有效的管理。所以，管理的艺术性，就是强调管理活动除了要掌握一定的理论和方法外，还要有灵活运用这些知识和技能的技巧和诀窍。

管理的科学性与艺术性，不是互相排斥，而是互相补充的。一方面，管理的科学性是艺术性的前提和基础。从管理的科学性与艺术性的内涵可知，卓有成效的管理艺术是以对它所依据的管理理论的理解为基础的。管理的科学性决定了管理活动必须接受管理理论的指导，以管理的基本规律为行动指南。对一个管理者而言，具备扎实的理论基础是十分重要的，管理的专业训练不可能培训出“成品”的管理者，但却为通过实践进一步培训管理者创造了一个良好的开端，为培养出色的管理者在理论知识方面打下了坚实的基础。另一方面，管理的艺术性是科学性的突破和创新。仅凭理论不足以保证管理的成功，人们还必须懂得如何在实践中运用它们。每一个被管理者的性格、心理不同，不同阶段的情绪也不一样，以及每一种管理情景也有所差别，导致了同一种管理手段和技术在管理效果上必然存在差异性。所以，仅靠“背诵原理”来进行管理活动，必然是脱离或忽视现实情况的无效活动。管理者必须懂得如何在变化着的管理实践中对管理理论加以灵活运用，懂得针对现实及管理与被管理对象的特点对科学规律进行巧妙运用，不断求新求变，才能够取得更好的效果。这正是管理者艺术水平高低的体现。美国哈佛商学院企业管理教授列文斯敦，在他担任某研究所所长和管理系统公司总经理期间，通过对大量获得管理学硕士学位的人在实际管理工作中的使用发现，他们在学校里的成绩同管理上获得的业绩之间并无直接关系。他认为，如果学术成绩能与事业上的成功相等，这个受过良好教育的经理便就是一位神话中的人物了。

因此，管理既是一门科学，又是一门艺术，是科学与艺术的有机结合体。管理的这一特性，对于学习管理学和从事管理工作的主管人员来说也是十分重要的。它可以促使人们既注重管理基本理论的学习，又不忽视在实践中因地制宜地灵活运用，这一点，可以说是管理成功的一项重要保证。

（三）普遍性

管理的普遍性，也称为一般性。在《工业管理与一般管理》(Administration Industrielle Et Générale)一书中，法约尔强调了管理在所有机构运行中的重要作用，他认为，所有的机构——工业、商业、政治、宗教等任何机构都需要实行管理。这种对管理“普遍性”的认识和实践，在当时是一个重大的贡献，从而克服了管理只局限于工厂的狭隘的观点，把对管理的研究作为一个项目而独立出来。他把管理活动从经营中单独列出来，作为一个独立的职能和研究项目。他认为，管理理论是指“有关管理的、得到普遍承认的理论，是经过普遍经验检验并得到论证的一套有关原则、标准、方法、程序等内容的完整体系”；有关管理的理论和方法不仅适用于公私企业，也适用于军政机关和社会团体。这正是其一般管理理论的基石。这意味着，在不同的层次、不同的机构，甚至不同的国家，管理者所从事的活动存在高度的一致性。管理的普遍性主要体现在以下几个方面。

组织中不同层次的管理活动在本质上是相同或类似的。无论是基层管理者还是高层管理者，他们同样都在履行着计划、组织、领导和控制的职能，只不过从事各项职能的程度和重点有所区别而已。

不同类型的组织中的管理活动在本质上也是一样的。不管是营利性组织还是非营利性组织，是大型组织还是小型组织，是企业还是社会团体，是政府机关还是宗教组织，尽管具体的管理活动确实存在差异，但本质上的共性远远多于差异。

彼得·德鲁克(Peter F. Drucker)就认为，管理在不同的组织里会有一些差异。因为使命决定远景，远景决定结构。管理沃尔玛和管理罗马天主教堂当然有所不同，其差异在于，各组织所使用的名词(语言)有所不同。其他的差异主要是在应用上而不是在原则上。所有组织的管理者，都要面对决策，要作人事决策，而人的问题几乎是一样的。所有组织的管理者都面对沟通问题，管理者要花大量的时间与上司和下属进行沟通。在所有组织中，90%左右的问题是共同的，不同的只有10%。只有这10%需要适应这个组织特定的使命、特定的文化和特定的语言。换言之，一个成功的企业领导人同样能领导好一家非营利机构，反之亦然。

管理在不同国家和不同地区也是可以相互学习、相互参照的。改革开放以来，我们不仅从国外引进和吸收了大量的科学技术方面的先进成就，同时也学到了大量的管理经验。

也正是由于管理的普遍性，我们才有可能把握管理活动的基本规律，才有必要学习管理，从事管理活动才越来越成为一种专门的职业，不同组织之间成功的经验和失败的教训才有可能进行交流。

第 2 节　谁是管理者

一、管理者的含义与分类

管理者是管理行为过程的主体。简单地说，管理者是指在组织中直接监督和指导他人工作的人。管理者在组织中工作，但并非所有在组织中工作的人都是管理者。为方便理解，我们可以将组织的成员分为两种类型：非管理类员工（nonmanagerial employees）和管理者（managers）。非管理类员工，也称为操作者（operatives），他们直接从事某项工作或任务，不具有监督其他人工作的职责。例如汽车装配线上安装防护板的装配工人、麦当劳店中烹制汉堡包的厨师、机动车管理办公室中为你办理驾驶执照更换业务的办事员等，这些人都是操作者。相反，管理者虽然有时也会从事某项具体的操作，但更重要的是指挥别人活动，如图 1-1 所示，他们处于操作者之上的组织层次中。例如，保险索赔监督员，除了可能承担一部分办理保险索赔的业务职责，重点是负责监督保险索赔部门办事人员的工作。但是，我们的定义是假定作为一个管理者，一定要有下级，正如图 1-1 所示，我们将管理者典型地划分为基层管理者、中层管理者和高层管理者。

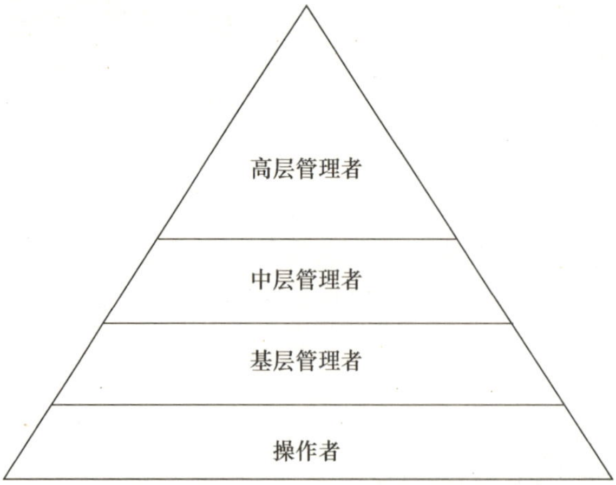

图 1-1　组织的层次

因此，我们可以这样理解管理者：一是管理者是具有职位和相应权力的人，管理者的职权是管理者从事管理活动的资格，管理者的职位越高，其权力越大；二是管理者是负有一定责任的人，任何组织或团体的管理者，都具有一定的职位，都要运用和行使相应的权力，同时也要承担一定的责任。责任是对管理者的基本要求，管理者被授予权力的同时，应该对组织或团体的命运负有相应的责任，对组织或团体的成员负有相应的义务。

（一）基层管理者

基层管理者是指那些在组织中直接负责非管理类员工日常活动的人。基层管理者主要职责是直接指挥和监督现场作业人员，保证完成上级下达的各项计划和指令。他们主要关心的是具体任务的完成。在实际工作中，基层管理者的称谓主要有督导、团队主管、教练、组长、班长、系主任、部门协调人、部门组长等。

（二）中层管理者

中层管理者是指位于组织中的基层管理者和高层管理者之间的人，起承上启下的作用。主要职责是正确领会高层的指示精神，创造性地结合本部门的工作实际，有效指挥各基层管理者开展工作。他们注重的是日常管理事务。中层管理者的称谓主要有部门主管、机构主管、项目经理、业务主管、地区经理、部门经理、门店经理等。

（三）高层管理者

高层管理者是指组织中居于顶层或接近于顶层的人。其对组织负全责，主要侧重于沟通组织与外部的联系和决定组织的大政方针、战略部署等。高层管理者注重良好环境的创造和重大决策的正确性。高层管理者的称谓主要有总裁、副总裁、行政长官、总经理、首席运营官、首席执行官、董事会主席等。

二、管理者的角色

20 世纪 60 年代末期，亨利·明茨伯格（Henry Minzberg）对五位总经理的工作进行了一项仔细的研究，他的发现对长期以来对管理者工作所持的看法提出了挑战。在这之前，流行的观点认为，管理者是深思熟虑的思考者，在做决策之前，他们总是仔细地和系统地处理信息。

明茨伯格对五位管理者的活动进行了观察和研究，详细地记录了管理者真正在做什么，而不是听他们说自己做了什么，或者是由学者去想象他们在做什么。明茨伯格发现，在管理过程中，管理者陷入大量变化的、无一定模式的和短期的活动中，他们总是被这样或那样的事务和人物牵引，没有时间静下心来思考，因为他们的工作经常被打断。有半数的管理者活动持续时间少于 9 分钟。在大量观察的基础上，明茨伯格提出了一个管理者究竟在做什么的分类纲要。

亨利·明茨伯格
(Henry Mintzberg，1939—)

亨利·明茨伯格（Henry Mintzberg），1939 年出生于加拿大多伦多市，著名管理学家，被誉为“最具原创性的管理大师”，对管理领域常提出打破传统及偶像迷信的独到见解，是经理角色学派的主要代表人物，现任加拿大麦吉尔大学管理学研究荣誉教授。

明茨伯格的结论是，管理者扮演着 10 种不同的，但却是高度相关的角色。管理者角色（Management roles）这个术语指的是特定的管理行为范畴，这 10 种角色可以进一步组合成三个方面：人际关系、信息传递和决策制定，如图 1-2 所示。

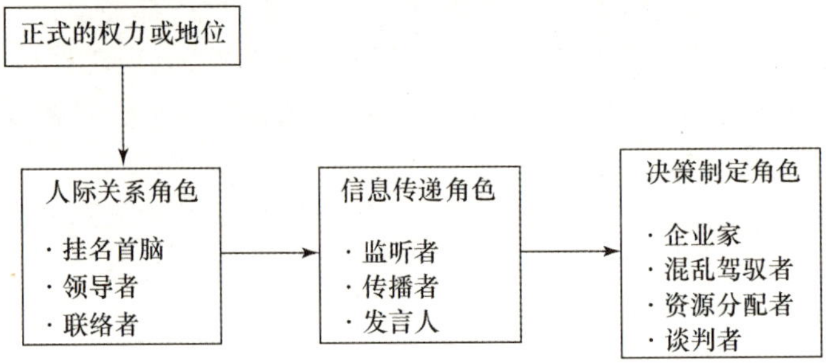

图 1-2　管理者的角色

（一）人际关系方面的角色

人际关系角色（interpersonal roles）是指所有的管理者都要履行礼仪性和象征性的义务。

当学院的院长在毕业典礼上颁发毕业文凭时，或者工厂领班带领一群高中学生参观工厂时，他们都在扮演挂名首脑的角色，这是经理们所担任的最基本的角色。由于经理是正式的权威，是一个组织的象征，因此要履行这方面的职责。

此外，所有的管理者都具有领导者的角色，这个角色包括雇佣、培训、激励、惩戒雇员。简单地说，就是管理者和员工一起工作，并通过员工的努力来确保组织目标的实现。由于管理者是一个企业的正式领导，要对该组织成员的工作负责，在这一点上就构成了领导者的角色。这些行动有一些直接涉及领导关系，管理者通常负责雇佣和培训职员，负责对员工进行激励或者引导，以某种方式使他们的个人需求与组织目的达到和谐，从而更好地实现组织目标。

管理者扮演的第三种角色是在人群中间充当联络者。明茨伯格把这种角色描述成与提供信息的来源接触，这些来源可能是组织内部或外部的个人或团体。销售经理从人事经理那里获得信息属于内部联络关系；当这位销售经理通过市场营销协会与其他公司的销售执行经理接触时，他就有了外部联络关系。通过对每种管理工作的研究发现，管理者花在同事和单位之外的其他人身上的时间与花在自己下属身上的时间一样多。这样的联络通常都是通过参加外部的各种会议，参加各种公共活动和社会事业来实现的。它有时候是非正式的、私人的，但却是有效的。

（二）信息传递方面的角色

信息角色（information roles）是指所有的管理者在某种程度上，都从外部的组织或机构接受和收集信息。

典型的情况是，通过阅读杂志和与他人谈话来了解公众趣味的变化，竞争对手可能正打算干什么，等等，明茨伯格称此为监听者角色。作为监听者，管理者为了得到信息而不断审视自己所处的环境。他们询问联系人和下属，通过各种内部事务、外部事情和分析报告等主动收集信息，依据信息识别工作小组和组织潜在的机会和威胁。管理者所收集的信息有时候是正式渠道的信息，有时候是口头形式的，甚至是传闻和流言。

管理者还起着向组织成员传递信息的通道的作用，即扮演着传播者的角色。组织内部可能会需要这些通过管理者的外部个人联系收集到的信息。管理者必须分享并分配信息，要把外部信息传递到企业内部，把内部信息传给更多的人知道。当下属彼此之间缺乏便利联系时，管理者有时会分别向他们传递信息。

当他们代表组织向外界表态时，管理者是在扮演发言人的角色。这个角色是面向组织外部的。管理者把一些信息发送给组织之外的人。而且，作为组织的权威，要求对外传递关于本组织的计划、政策和成果信息，使得那些对企业有重大影响的人能够了解企业的经营状况。

（三）决策制定方面的角色

明茨伯格围绕制定决策又确定了四种决策角色（decision criteria）：企业家、混乱驾驭者、资源分配者和谈判者。

作为企业家，管理者发起和监督那些将改进组织绩效的新项目。企业家角色指的是管理者在其职权范围之内充当本组织变革的发起者和设计者。管理者必须努力组织资源去适应周围环境的变化，要善于寻找和发现新的机会。而作为创业者，当出现一个好主意时，要么决定一个开发项目，直接监督项目的进展，要么就把它委派给一个雇员。这就是开始决策的阶段。

作为混乱驾驭者，管理者采取纠正行动应付那些未预料到的问题。企业家角色把管理者描述为变革的发起人，而混乱驾驭者者角色则显示管理者非自愿地回应压力。在这里，管理者要能够控制迫在眉睫的罢工、某个主要客户的破产或某个供应商违背了合同等变化。

作为资源分配者，管理者负有分配人力、物质和金融资源的责任。管理者负责在组织内分配资源，他分配的最重要的资源也许就是他的时间。更重要的是，管理者的时间安排决定着他的组织利益，并把组织的优先顺序付诸实施。接近管理者就等于接近了组织的神经中枢和决策者。管理者还负责设计组织的结构，即决定分工和协调工作的正式关系的模式，分配下属的工作。在这个角色里，重要决策在被执行之前，首先要获得管理者的批准，这能确保决策是互相关联的。

当管理者为了自己组织的利益与其他团体议价和商定成交条件时，他们是在扮演谈判者的角色。组织要不停地进行各种重大的、非正式化的谈判，这多半由管理者带领进行。对在各个层次进行的管理工作研究显示，管理者花了相当多的时间用于谈判。一方面，因为管理者的参加能够增加谈判的可靠性，另一方面因为管理者有足够的权力来支配各种资源并迅速作出决定。谈判是管理者不可推卸的工作职责，而且是工作的主要部分。

以上 10 种角色是一个整体，它们之间是互相联系、密不可分的。

（四）管理者角色理论与管理职能理论的区别

能否认为，通过对管理工作的实际观察得出的 10 种角色观点会使计划、组织、领导、控制这种传统的职能理论失效呢？不会的！

首先，职能方法仍然代表着将管理者的工作概念化的最有效的方式。经典的职能理论提供了一种清晰的和界限明确的方法，使我们能够对管理者从事的各种活动和用以实现组织目标的各种技术进行明确的分类。其次，虽然明茨伯格可以给出更详细的和仔细斟酌过的管理角色分类方案，但是这些角色实质上与四种职能是一致的。明茨伯格提出的许多角色，基本上可以归入一个或几个职能中。比如，资源分配角色就是计划的一个部分，企业家角色也属于计划职能；所有人际关系的三种角色都是领导职能的组成部分；

而其他大多数角色也与四个职能中的一个或多个相吻合。当然，并非所有的角色都是如此，这种差别实质上可以用明茨伯格的综合管理活动和纯粹管理工作的观点来解释。

所有的管理者都从事一些不纯属管理性的工作。明茨伯格观察的经理们花费时间搞公共关系和筹集资金这一事实，虽然证实了明茨伯格观察方法的精确性，但也表明并非管理者从事的每一件事情，都必须是管理者工作的基本组成部分。一些包括在明茨伯格的纲要中的活动或许可以去掉。

上述评论是否意味着明茨伯格的角色分类是站不住脚的？当然不是！明茨伯格明确地提出了一种对管理者究竟在做什么的新的见解，他的工作所受到的关注证明，确定管理者角色是多么重要。但是，正如我们将在下一章中指出的，管理学是一门新兴的学科，它还在演进中。未来的研究通过比较和综合角色理论和四种职能理论，将不断地扩充我们对管理者工作的理解。

三、管理者的主要技能

不管什么类型的组织中的管理者，也不管他处于哪一管理层次，所有的管理者都需要有一定的技能来履行他的职责。管理者的职责是变化和复杂的，那么管理者需要哪些类型的技能呢？在管理者应掌握的一般性管理技能方面，目前人们普遍接受的是美国学者罗伯特·卡茨(Robert L. Katz)于 20 世纪 70 年代提出的管理技能模型，如图 1-3 所示。

罗伯特·卡茨认为，有效的管理者应当具备三种基本技能：概念性技能、技术性技能和人际关系技能。

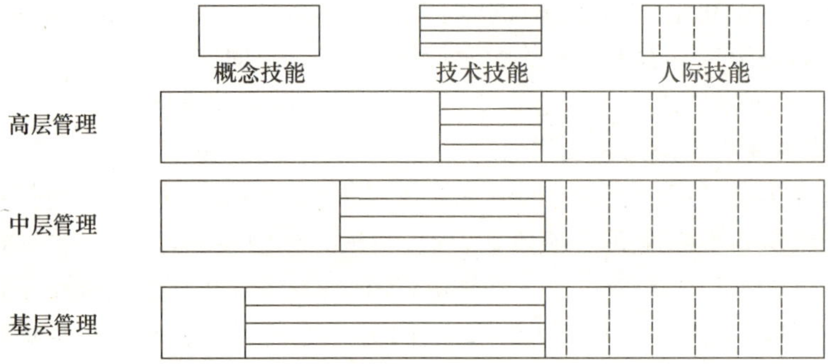

图 1-3　有效的管理者应当具备三种基本技能

概念性技能(conceptual skill)包含着一系列的能力，包括能够提出新的想法和新的思想的能力、能够进行抽象思维的能力、能够把一个组织看成是一个整体的能力，以及能够识别在某一个领域的决策对其他领域将产生何种影响的能力。技术性技能(technical skill)是指能够运用特定的程序、方法、技巧处理和解决实际问题的能力，也就是说，对某一特殊活动——特别是包含方法、过程、程序或技术的技能的理解和熟练程度。例如，工程师、会计师、广告设计师、推销员等，就都掌握其相应领域的技术技能，所以被称作专业技术人员。人际关系技能(human skill)是指与其他人能够一起有效开展工作的能力。也可以说是一个人能够以小组成员的身份有效地工作，并能够在他领导的小组中建立起合作的能力。

越是处于高层的管理人员，越需要制定全局性的决策。他们所作的决策影响范围更广、影响期限更长，因此，他们需要更多地掌握概念性技能，进而把全局意识、系统思想和创新精神渗透到决策过程中。由于他们并不经常性地从事具体的作业活动，所以并不需要全面地掌握完成各种作业活动所需具备的技术性技能。

作为基层管理人员，他们每天大量的工作是与从事具体作业活动的工作人员打交道。他们有责任检查工作人员的工作，及时解答并同工作人员一起解决实际工作中出现的各种具体问题。因此，他们必须全面而系统地掌握与本单位工作内容相关的各种技术性技能。当然，基层管理人员也可能面临一些例外的、复杂的问题，也要协调好所管辖工作人员的工作，制订本部门的整体计划，为了做好这些工作，他们也需要掌握一定的概念性技能。

人际关系技能是组织各层管理人员都应具备的技能，因为不管是哪个层次的管理者，都必须在与上下左右进行有效沟通的基础上，相互合作地共同完成组织的目标。

第3节　组织与企业

一、组织的概念

管理者都是在组织中工作的，管理活动都发生在组织这个范围之内，或者说，组织是管理活动的载体。因此，在介绍管理理论之前，搞清楚组织的含义是非常重要的。

在汉语中，组织这个词一般有两种含义。一种是动词(organize)，如组织群众，组织活动，前面讲管理职能的时候，作为一项职能，组织就是动词的概念，具体指的是某项活动或过程；另一种是名词(organization)，就是这一节我们要讲的组织的概念，如工厂、机关、学校、医院，各级政府部门、各个层次的经济实体、各个党派和政治团体等，这些都是组织。

作为名词的组织有广义和狭义之分。从广义上说，组织是指由诸多要素按照一定方式相互联系起来的系统；从狭义上说，组织就是指人们为实现一定的目标，互相协作结合而成的集体或团体，如党团组织、工会组织、企业、军事组织等。斯蒂芬·罗宾斯认为，组织(organization)是对完成特定使命的人们的系统性安排。它们之所以称为组织，是因为它们都具有三个共同的特征：

第一，每一个组织都有一个明确的目的，这个目的一般是以一个或一组目标来表示的；

第二，每一个组织都是由人组成的；

第三，每一个组织都有一种系统性的结构，用以规范和限制成员的行为。

例如：建立规则和规章制度；选拔出某些成员作为“老板”，给予他们驾驭其他成员的职权；或者编写职务说明书，以使组织成员知道他们应该做什么。因此，组织这个词，是指一种由人们组成的、具有明确目的和系统性结构的实体。

二、企业的概念与法律形式

组织的类型很多，就学习管理学而言，企业或许是我们最关注的一类组织。虽然管理理论在各种组织中都是适用的，即前面介绍过的管理的普遍性，但我们最常使用企业作为组织的例子来讲解各种管理理论与知识。因此，在学习具体的理论之前，先了解一下企业的相关知识是十分必要的。

企业一般是指以盈利为目的，运用各种生产要素（土地、劳动力、资本、技术和企业家才能等），向市场提供商品或服务，实行自主经营、自负盈亏的社会经济组织。企业是商品生产和流通的主要承担者，是市场经济活动的主要参与者。

企业作为社会基本的经济组织已有很长的历史，具体形态也各有不同，但就其财产组织形式而言，可以归纳为个人业主制、合伙制和公司制三种基本类型。

（一）个人业主制企业

个人业主制企业（sole proprietorship），又称单一业主制企业或个人独资企业。参照1999年颁布的《中华人民共和国个人独资企业法》的规定，个人独资企业是指依法在中国境内设立，由一个自然人投资，财产为投资人个人所有，投资人以其个人财产对企业债务承担无限责任的经营实体。

从组织结构形式来看，个人独资企业是由个人创办的独资企业，其投资者是一个自然人。从责任形态上来看，投资者个人以其个人财产对企业债务承担无限责任。投资人若以家庭共同财产作为个人投资的，则以家庭共有财产对企业债务承担无限责任。这是个人独资企业区别于有限责任公司和股份有限公司等企业形式的基本特征。从性质上看，个人独资企业是非法人企业。个人独资企业没有独立的资产，企业的财产就是投资人的财产，企业的责任就是投资人的责任。因此，个人独资企业无独立承担民事责任的能力。个人独资企业虽然不具备法人资格，但却是独立的民事主体，能够以自己的名义从事民事活动。

个人独资企业有如下特点。

（1）企业的建立与解散程序简单。

（2）经营管理灵活自由。企业主可以完全根据个人的意志确定经营策略，进行管理决策。

（3）业主对企业的债务负无限责任。当企业的资产不足以清偿其债务时，业主将以其个人财产偿付企业债务。有利于保护债权人利益，但便利独资企业不适宜风险大的行业。

（4）企业的规模有限。独资企业有限的经营所得、企业主有限的个人财产、企业主一人有限的工作精力和管理水平等都制约着企业经营规模的扩大。

（5）企业的存在缺乏可靠性。独资企业的存续完全取决于企业主个人的得失安危，企业的寿命有限。在现代经济社会中，独资企业发挥着重要作用。

（二）合伙制企业

合伙制企业（partnership）是指由两个或者两个以上的出资者共同投资、联合经营的企业。《中华人民共和国合伙企业法》规定，合伙企业是指在中国境内设立的，由各合伙人订立合伙协议，共同出资、合伙经营、共享收益、共担风险，并对合伙企业债务承担无限连带责任的营利性组织。

合伙企业是一种古老而富有生命力的共同经营方式，它以自身的特点和优势大量存在于世界许多国家的诸多行业之中，有许多国际知名的大企业在创业阶段甚至已经成长为大规模企业后都采用了合伙企业的组织形式。

从形式上来看，合伙企业以合伙协议为成立的法律基础。合伙协议是调整合伙关系、规范合伙人相互权利义务、处理合伙纠纷的基本法律依据，对全体合伙人具有约束力，是合伙得以成立的法律基础。从责任来看，合伙人共负盈亏，共担风险，对外承担无限连带责任。合伙人既可以按其对合伙企业的出资比例分享合伙盈利，也可按其他办法来分配合伙盈利。当合伙企业财产不足以清偿合伙债务时，合伙人还需要以其他个人财产清偿债务，即承担无限责任，而且，任何一个合伙人都有义务清偿全部合伙债务，即承担连带责任。

（三）公司制企业

公司制企业（corporation）是指两个或者两个以上的出资者共同出资构成，出资者（股东）以其出资额或所持股份为限对公司承担责任，公司以其全部资产对公司的债务承担责任，依法定的条件和程序设立的企业法人。公司制企业的独立“法人”地位，同个人业主制和合伙制企业具有明显的区别。根据现行《中华人民共和国公司法》的规定，其两种主要形式为有限责任公司和股份有限公司。

有限责任公司的投资者或股东以其出资额为限对公司承担责任，公司以其全部资产对公司的债务承担责任的企业法人。股份有限公司，也称为股份公司，是指全部资本划分为等额股份，股东以其认购的股份为限对公司承担责任，公司以其全部资产对公司债务承担责任的公司。

作为一种成熟的企业制度，与个人业主制和合伙制企业相比，公司制企业有其显著的特征：

首先，公司是独立于其成员的法律实体。公司具有独立的法律人格，从而能够成为一个法律上的实体，并与其成员的人格相互独立。这是公司最重要的特征，也正是这一特征决定了公司具有独立于其成员的权利能力和行为能力，具有独立于其成员（股东）的财产，具有相应的民事责任能力；也正是由于法人具有独立于其成员的法律人格，才使得作为公司成员的股东得以享受有限责任制度的优惠。

其次，公司具有独立于其成员的权利能力和行为能力。民事权利能力是指民事主体依法享有权利、承担义务的资格；民事行为能力是指民事主体得以通过自己的行为依法为自己设定权利和义务的资格。既然公司具有独立的法律人格，当然也具有相应的民事权利能力和民事行为能力。

再次，公司财产与其成员财产严格分离。不可否认，公司最初的财产来源于股东的出资。但是，股东一旦依法缴纳出资、认购股份后，该项财产的所有权即不再属股东所有，而成为公司的财产，即使是国家投入公司的财产也不能例外。公司中股东出资所形成的最初的财产，以及公司开展业务经营活动所获得的财产，共同构成了公司的现实财产。公司的现实财产属于公司所有，任何人，包括国家和公司其他股东在内，均不得非法侵害。

最后，公司以其财产独立承担责任。由于公司具有独立的法律人格，具有与其设立目的相关的民事责任能力和独立的财产，因此，公司能够以其财产独立承担相应的民事责任。而出资者或股东仅以其出资额或认购股份为限承担有限责任。

第4节 管理道德与企业的社会责任

道德与社会责任是管理学研究的新课题。道德通常是指那些用来明辨是非的规则或原则。社会责任是指企业在法律和经济上的义务之上，追求对社会有利的长期目标的义务。

一、管理道德

（一）管理道德的含义

道德(ethics)，通常是指规定行为是非的惯例或原则，是依靠社会舆论、传统习惯、教育和人的信念的力量去调整人与人、个人与社会之间关系的一种特殊的行为规范，是社会基本价值观一个约定俗成的表现。根据这一定义，道德在本质上是规则或原则，这些规则或原则旨在帮助决策人判断某种行为是正确的或错误的，或这种行为是否为组织所接受。不同组织的道德标准可能不一样，即使是同一组织，也可能在不同的时期有不同的道德标准。此外，组织的道德标准要与社会的道德标准兼容，否则这个组织很难为社会所容纳。

管理道德作为一种特殊的职业道德，是从事管理工作的管理者的行为准则与规范的总和，是特殊的职业道德规范，是对管理者提出的道德要求，对管理者自身而言，可以说是管理者的立身之本、行为之基、发展之源；对企业而言，是对企业进行管理价值导向，是企业健康、持续发展所需的一种重要资源，是企业提高经济效益、提升综合竞争力的源泉，可以说管理道德是管理者与企业的精神财富。管理者制定的许多决策要求他们考虑谁会在结果和手段方面受到影响。我们将给出三种不同的道德观，并考察那些影响管理者道德的因素。

（二）三种不同的道德观

在道德标准方面有三种不同的观点。

第一种是道德的功利观(utilitarian view of ethics)，即完全按照成果或结果制定决策的一种道德观点。功利主义的目标是为绝大多数人提供最大的利益。按照功利观点，一个管理者也许认为，解雇20%的工人是正当的，因为这将增加工厂的利润，提高留下的80%雇员的工作保障，并使股东获得最好的收益。一方面，功利主义鼓励效率和生产力，并符合利润最大化目标；但另一方面，它能造成资源的不合理配置，尤其当那些受影响的部门缺少代表或没有发言权时更是如此。功利主义还会造成一些利害攸关者的权利被忽视。

第二种是道德的权利观(rights view of ethics)，这是与尊重和保护个人自由和特权有关的观点，包括隐私权、良心自由、言论自由和法律规定的各种权利。例如，这也许应当包括当雇员告发他们的雇主违法时，应当保护雇员言论自由的权力。权利观的积极一面是保护个人自由和隐私，但它在组织中也有消极的一面：它能造成一种过分墨守规章的工作氛围，而阻碍生产力和效率的提高。

第三种是道德公正观理论(theory of justice view of ethics)，这要求管理者公平和公正地加强和贯彻规则。管理者可能会应用公正观理论决定给新来的雇员支付高于最低限度工资115美元/小时的薪金，因为管理者认为最低工资不足以满足雇员的基本财政负担。实行公正标准也会有得有失，它保护了那些利益可能未被充分体现或无权的利害攸关者。但它会助长降低风险承诺、创新和生产率的权利意识。

研究数据表明，很大一部分管理人员对道德行为持功利态度，其原因就是，这一观点与效率、生产力和高利润等目标是相一致的。例如，为了使利润最大化，一位总经理采用贿赂的手段提高销售量，他甚至可以为自己辩解，他正在为绝大多数人谋取最大的利益。

随着个人权利和社会公平的日益被重视，功利主义遭到了越来越多的非议，因为它在照顾多数人的利益的时候忽视了个人和少数人的利益。强调个人权力和社会公正的新趋势意味着管理者需要以非功利标准为基础的道德准则。这对当今的管理者来说无疑是个严峻的挑战，因为使用诸如个人权利、社会公平和社区标准之类的标准来进行决策，要比使用诸如对效率和利润的影响之类的标准来进行决策更让管理者感到迷惑。其结果是，管理者不断发现自己处在道德困境中。

（三）提高员工道德素质的途径

一是挑选道德素质高的员工。人在道德发展阶段、个人价值体系和个性上的差异，使管理者有可能通过严格的挑选过程，招聘一些道德水平高的员工，把道德素质低的求职者淘汰掉。挑选过程通常包括审查申请材料、组织笔试和面试以及试用等阶段。

二是建立道德准则和决策规则。道德准则(code of ethics)是表明一个组织基本价值观和它希望雇员遵守的道德规则的正式文件。在一些组织中，员工对“道德是什么”认识不清，这显然对组织不利。建立道德准则可以缓解这一问题。一方面，道德准则应尽量具体，以向雇员表明他们应以什么精神从事工作、以什么样的态度来对待工作；另一方面，道德准则应当足够宽松，从而允许雇员们有判断的自由。管理者对道德准则的态度(是支持还是反对)以及对违反者的处理办法对道德准则的效果有重要影响。如果管理者认为这些准则很重要，经常宣讲其内容，并当众训斥违反者，那么道德准则就能为道德计划提供坚实的基础。

三是管理者以身垂范。高层管理人员在道德方面的领导作用主要体现在以下两方面：一方面，高层管理人员在言行方面是员工的表率，他们所做的比所说的更为重要，他们作为组织的领导者要在道德方面起模范带头作用。如果高层管理人员把公司资源据为己有、虚报支出项目或优待好友，那么这无疑向员工暗示，这些行为都是可接受的。另一方面，高层管理人员可以通过奖惩机制来影响员工的道德行为。选择谁或什么事作为提薪奖赏或是晋升的对象，将向雇员传递强有力的信息。选择不道德手段而取得惊人的业绩，从而获得晋升，这种行为本身向所有人表明，采取不道德手段是可接受的。鉴于此，管理人员在发现错误行为时，不仅要严惩当事人，而且要把事实公布于众，让组织中所有人都认清后果。这就传递了这样的信息：“做错事要付出代价，行为不道德不是你的利益所在”。

四是制定合理的工作目标。员工应该有明确的和现实的目标。如果目标对雇员的要求不现实，明确的目标也能引起道德问题，在不现实的目标压力下，即使有道德的雇员也会持“不择手段”的态度。而当目标清楚和现实时，它会减少雇员的迷惑并使之受到激励而不是惩罚。

五是加强道德培训。越来越多的组织开始意识到对员工进行适当的道德教育的重要性，也正在积极采取各种方式(如开设研修班、组织专题讨论会等)来改善员工的道德行为，提高其道德素质。相关研究发现，价值准则可以在童年后建立。道德教育向员工讲授解决道德问题的方案，可以显著改变其道德行为，提升个人的道德发展阶段，增强有关人员对商业伦理问题的认识。

六是建立综合的绩效评价标准。如果仅以经济成果来衡量绩效，人们为了取得结果，就会不择手段，从而有可能产生不道德行为。如果组织想让其管理者坚持高的道德标准，它在评价过程中就必须把道德方面的要求包括进去。例如，一位经理的年度评价，除了包括他在多大程度上达到了传统的经济指标的评估，还应包括他的决策在多大程度上符合组织的道德准则的评估，如果这位经理在经济指标方面看起来不错，但在道德行为方面得分不高，就应当受到恰当的处罚。

七是进行独立的社会审计。有不道德行为的人都有害怕被抓住的心理，被抓住的可能性越大，产生不道德行为的可能性就越小。根据组织的道德准则对决策和管理行为进行评价的独立审计，提高了发现非道德行为的可能性。审计可以是例行的，如同财务审计一样，也可以是随机的，并不是事先通知。一个有效的道德评价计划应包括这两种方式。审计员应该对公司的董事会负责，并把审计结果直接交给董事会，以确保客观、公正，而且减少了那些被审计的组织报复审计员的机会。

八是提供正式的保护机制。组织应该提供正式的保护机制和机构，以使处于道德困境中的雇员能按自己的判断行事而不必担心受到惩戒。例如，组织可以任命道德顾问，当员工面临道德困境时，可以从道德顾问那里得到指导。道德顾问首先要成为那些遇到道德问题的人的诉说对象，善于倾听他们陈述道德问题、产生这一问题的原因以及自己的解决方法。在各种解决方法变得清晰之后，道德顾问应该积极引导员工选择正确的方法。另外，组织还可以建立专门的申诉渠道，使员工能放心地举报道德问题或告发践踏道德准则的人。

一般来说，高层管理人员可以采取多种措施来提高员工的道德素质。在这些措施中，单个措施的作用是极其有限的，但若把它们中的多数或全部结合起来，就很可能收到理想的效果。

二、企业的社会责任

在 20 世纪 60 年代以前，企业的社会责任问题很少引起人们的注意。人们普遍认为，企业是营利性的经济组织，因此，利润最大化是企业的根本目标，也是唯一目标。不过那时的社会活动家已开始对企业的单一经济目标提出了质疑。时至今日，社会责任问题已引起人们的普遍关注。在管理实践过程中，管理者经常会碰到与社会责任有关的决策，如是否为慈善事业出一份力，如何确定产品的价格，怎样处理好和员工的关系，是否以及怎样保护自然环境，如何保证产品的质量和安全等。在理论界，翻开任何一本新近出版的中外管理学教科书，不乏专门讨论社会责任问题的章节。

简单地说，企业社会责任（corporate social responsibility，简称 CSR）是指企业在创造利润、对股东承担法律责任的同时，亦要考虑到对各利益相关者造成的影响。这里的利益相关者是指所有可以影响、或会被企业的决策和行动所影响的个体或群体，包括股东、债权人、员工、顾客、供应商、社区、社会团体团体、母公司或附属公司、合作伙伴等。一些反对者担心，企业承担社会责任会影响利润最大化的目标。但相关理论研究发现，从长期来看，社会责任的承担不但不会分散企业的精力，反而能够提高企业的竞争力和声誉。

因此，企业社会责任是企业通向可持续发展的重要途径，它符合社会整体对企业的合理期望。

那么，企业应该承担哪些社会责任呢？国际性的企业社会责任标准主要有SA8000、《全球契约》、OECD多国企业指导纲领等。中国的公司法也有相关的要求与规定。本书将企业社会责任的内容作了如下概括和归纳：

一是对投资者的责任。在公司的经济活动中，与公司关系最为密切的两类利益群体就是公司股东和公司债权人。早期的经济学家曾经认为，企业是投资者的企业，企业首要的责任是维护投资者的利益，承担起代理人的角色，保证投资者的利益最大化，这是最基本的东西，也是企业的唯一社会责任。随着社会经济的发展，人们对企业的认识和要求发生了很大变化，对投资者负责不再是企业的唯一责任。

二是对员工的社会责任。企业和员工之间是契约关系，除了相互间有支付报酬和付出劳动的法律关系以外，企业还要为员工提供安全的工作环境、职业教育等保障员工利益的责任。因此，世界各国无一例外地将企业对员工的责任列为企业社会责任内容的首位。

三是对消费者的责任。主要表现为：① 确保产品货真价实，保障消费安全；② 诚实守信，提供正确的商品信息，确保消费者的知情权；③ 提供完善的售后服务，及时为消费者排忧解难。

四是对供应者的社会责任。企业应该首先对供应环节进行有效控制，正确处理供销关系。以平等互利的理念作为价值判断标准来调整企业供销之间的物质利益关系，确立双方的权利和责任，不因短期有利市场地位而损害对方权益，而是在互利协作中追求长期共同发展。

五是对政府和所处社区的责任。企业有义务和责任遵从政府的管理、接受政府的监督。政府依法对企业进行宏观管理与指导，为企业的运作提供了必要的制度保障和社会公共服务。因此，企业要在政府的指引下合法经营，自觉履行法律规定的义务，尽可能地为政府献计献策，分担社会压力，支持政府的各项事业。同时，每一个企业都坐落于社区之中，搞好企业与社区的关系也有利于提高企业的形象、促进企业的长期发展，进而实现社区经济繁荣；但企业也可能使社区成为企业污染的受害者。因此，企业应该关心社区的建设，协调好自身与社区内各方面的关系，实现企业与社区的和谐发展、共同发展。

六是对竞争者的责任。企业对竞争者的社会责任就是在竞争中坚持竞争伦理。企业在竞争中要坚持自愿原则、平等原则、公平原则、诚信原则，坚持互惠互利原则、竞争与合作原则，要接受竞争对手、团结竞争对手。

七是对环境保护的贡献。企业对环境和资源的社会责任可以概括为两大方面：其一是承担可持续发展与节约资源的责任；其二是承担保护环境和维护自然和谐的责任。环境保护是关系到所有人利益的事业，是关系到全人类可持续发展的大事，全人类都在为此努力。

八是对公益、慈善事业的责任。企业对整个社会的公益事业应履行一定的义务，适当增加对公益、慈善事业的社会捐赠和支持，这是企业使用社会公共资源回报社会的表现，也是企业树立良好社会形象、赢得广大利益相关者信赖和支持的契机。

案例1-1

两种管理思路两种不同结果：李字集团的变化

2000年7月和10月，浙江省诸暨市李字集团的1000多名安徽籍民工和数千名当地群众先后两次上浙赣线坐轨拦车，使列车累计中断运行长达数小时。造成这起群体性事件的主要原因是：私营企业李字集团实行原始的、家族式的“工头管理”，并发生多起工头殴打工人及克扣、拖欠工资等现象，愤怒的民工在当地群众协同下铤而走险，导致事态恶化。

这两起由于劳资矛盾引发的恶性事件发生后，绍兴市和诸暨市从依法加强劳动管理入手，帮助李字集团进行全面整顿。李字集团从规范劳动用工、树立以人为本观念入手积极整改，彻底打破了家族式的“工头管理”模式，一系列“动真格”的改革使李字集团完成了从家族企业到现代企业的蜕变。管理逐步走上正轨，职工心情舒畅，劳动生产效率大大提高。一些以前在这里工作过的河南、安徽籍职工重新回来上班了。谈及企业的变化，他们感慨地说：如今职工权益有保障，冷暖有人问，我们气顺了，干活劲更足了。

地处浙江诸暨市牌头镇的李字集团是一个生产蚊香的大型私营企业。1998年创建之初只是一个仅有十来人的家庭作坊。随着企业的快速发展，规模不断扩大，外地民工在企业不断发展壮大过程中也“亲带亲，邻带邻”地涌入，最多时来自河南、安徽的民工有3000多人。

然而，企业的管理并没有跟上企业快速扩张的步伐，从一二十人发展到两三千人时，李字集团还是停留在家庭作坊管理阶段。企业缺乏管理人员，企业主就把生产和管理的任务交给带领民工来的工头，车间、工段等生产领域都由工头掌管，“老乡管老乡”，自然而然形成了原始的家族式的“工头管理”模式。

问题也因此暴露出来：工头一般都要向每个带来的职工收取“介绍费”，受经济利益驱动，他们不顾企业人员需求、人员素质甚至年龄条件，源源不断带入民工；企业生产完成得好，奖金、“红包”主要是发给工头的，多劳多得只针对工头，职工只有固定的月工资，于是“大工头”压“小工头”，“小工头”压职工，压着工人拼命干活；管理层次不清，企业上下之间信息断层，工头一手遮天，车间有什么事情，工头说了算，公司得不到基层的信息，有了矛盾不能及时解决；在企业内部，工头可以随便打人、骂人、罚跪、扣压工钱，他们说这是“就跟父亲打儿女一样，反正是我带来的”；企业缺少工会这样的组织去平衡、协调关系，河南人、安徽人形成派系，发生冲突，打架斗殴，民工靠“老乡”自己“摆平”……随着企业人数越来越多，问题也越来越多，整个企业管理处于失控状态。

“大乱”之后是“大治”，经历了这场惨痛的教训之后，在各级政府的指导和帮助下，李字集团转变企业的经营管理方式，按现代企业制度的要求进行了一次“管理制度大换血”：首先，在企业内清退了一批工头，不再由工头管理，而是面向社会公开招聘管理人员，选取了一批大学生，并建立每月管理学习制度，使中层干部素质明显提高；建立科学、合理的管理制度，变过去按民工来源地域管理为岗位管理，管理层次清晰，公司经理、生产厂长、车间主任、工段长、小组长，从总经理到组长都有明确的岗位责任，上情能下达，下情能上通，增加管理透明度；改革分配制度，在确定职工最低保障工资每个月600元基础上，对每个职工按产量定报酬，体现了多劳多得的原则。

制度完善了，管理科学了，效益也上去了。今年企业职工从3000人减少到2300人，减了20%，工人劳动时间由过去的12小时改为8小时，每日产量、劳动生产效率却提高了40%，职工人均收入从原来的每月700元增加到1200～1300元，平均增加40%～50%。2000年企业创税收1306万元，2001年达到3000万元。

有位员工说，管理制度改革以前，无论干多干少，她在包装车间一个月只能拿700元，今年每个月都能拿1000多元，最高时拿1300元。去年"研究"怎么偷懒，今年都想干得多点，每天干下来，墙上公布成绩，大家心里都清楚今天挣了多少钱。以前感觉是工头压制自己干，现在是自觉拼命干。

整改以后，走进曾经被斥为"监狱化管理"的李宇集团，映入眼帘的是这样一番充满朝气的景象：昔日戒备森严"准进不准出"的厂大门敞开了；高墙上的铁丝网拆除了；曾经在厂内到处可见的"工头"下岗了；职工宿舍整洁干净，食堂伙食品种多样，员工业余生活丰富多彩，干部职工精神饱满。通过严格执行劳动法规、完善企业制度，李宇集团职工的合法权益得到充分保证，企业的"人气"旺了，凝聚力强了。

企业严格执行《劳动法》。现在男女职工一经录用，就与企业签订劳动合同（以前合同都是跟职工"代表"——工头签订的），并在当地劳动部门办理就业证和合同鉴证；职工劳动报酬实行日结月清。按照现代企业管理的要求，李宇集团从以"人管人"向"制度管人"的方式转变。公司制定了一整套的厂纪、厂规，编印成册，人手一本，从干部到职工人人都明确自己的职能要求；建立了各类规章制度，从而使企业管理事事有章可循、有法可依。

李宇集团还通过为职工办实事、用关心人的办法稳定了职工队伍。集团投资180多万元兴建消防设施，改善生产环境；投资700多万元，新建3幢职工宿舍楼；完善职工日常生活设施，厂内建了影视厅、理发室、医疗室、游泳池及商场、电话亭等。工会专门成立了食堂监督委员会，集团每月补贴伙食费5万元，确保职工生活质量。哪个职工家里有什么事、出了什么事，由工会出面看望、慰问。

（资料来源：根据新华网《两种管理思路两种不同结果：李宇集团的变化》一文整理，http://news.xinhuanet.com/news/2001-12/03/content_145511.htm）

问题：

1. 李宇集团出现混乱的原因是什么？
2. 为什么换一种思路后企业出现的变化如此之大？
3. 联系该企业的前后变化，谈谈加强企业管理的重要性。

案例1-2

甜美的音乐

马丁吉他公司成立于1883年，位于宾夕法尼亚州那不勒斯市，被公认为世界上最好的乐器制造商之一。就像Steinway的大钢琴、Rolls Royce的轿车，或者Buffet的单簧管一样，马丁吉他每把价格超过10 000美元，却是你能买到的最好的东西之一。这家家族式的企业历经艰难岁月，已经延续六代。目前的首席执行官是克里斯琴·弗雷德里克·

马丁四世，他秉承了吉他的制作手艺，他甚至遍访了公司在全世界的经销商，为他们举办培训讲座。很少有哪家公司像马丁吉他一样有这么持久的声誉。那么，公司成功的关键是什么呢？一个重要的原因是公司的管理和杰出的领导技能，它使组织成员始终关注像质量这样的重要问题。

马丁吉他公司自创办起做任何事都非常重视质量，即使近年来在产品设计、分销系统以及制造方法方面发生了很大变化，但公司始终坚持对质量的承诺。公司在坚守优质音乐标准和满足特定顾客需求方面的坚定性渗透到公司从上到下的每一个角落。不仅如此，公司在质量管理中长期坚持生态保护政策。因为制作吉他需要用到天然木材，公司非常审慎和负责地使用这些传统的天然材料，并鼓励引入可再生的替代木材品种。基于对顾客的研究，马丁公司向市场推出了采用表面有缺陷的天然木材制作的高档吉他，然而，这在其他厂家看来几乎是无法接受的。

马丁公司使新老传统有机地整合在一起。虽然设备和工具逐年更新，雇员始终坚守着高标准的优质音乐原则。所制作的吉他要符合这些严格的标准，要求雇员极为专注和耐心。家庭成员弗兰克·亨利·马丁在1904年出版的公司产品目录的前言里向潜在的顾客解释道："怎么制作具有如此绝妙声音的吉他并不是一个秘密。它需要细心和耐心。细心是指要仔细选择材料，巧妙安排各种部件。所谓耐心是指做任何一件事不要怕花时间。优质的吉他是不能用劣质产品的价格选出来的。但是谁会因为买了一把价格不菲的优质吉他而后悔呢？"虽然100年过去了，但这些话仍然是公司理念的表述。虽然公司深深地植根于过去的优良传统，现任首席执行官马丁却毫不迟疑地推动公司朝向新的方向。例如，在20世纪90年代末，他作出了一个大胆的决策，开始在低端市场上销售每件价格低于800美元的吉他。低端市场在整个吉他产业的销售额中占65%。公司DXM型吉他是1998年引入市场的，虽然这款产品无论外观、品位感觉都不及公司的高档产品，但顾客认为它比其他同类价格的绝大多数吉他产品的音色都要好。马丁为他的决策解释道："如果马丁公司只是崇拜它的过去而不尝试任何新事物的话，那恐怕就不会有值得崇拜的马丁公司了。"

马丁公司现任首席执行官马丁的管理表现出色，销售收入持续增长，在2000年接近6亿美元。位于那不勒斯市的制造设施得到扩展，新的吉他品种不断推出。雇员们描述他的管理风格是友好的、事必躬亲的，但又是严格的和直截了当的。虽然马丁吉他公司不断将其触角伸向新的方向，但却从未放松过对尽其所能制作顶尖产品的承诺。在马丁的管理下，这种承诺决不会动摇。

（资料来源：罗宾斯《管理学》(第七版)，中国人民大学出版社，2004年，第23—24页。）

问题：

1. 根据马丁在公司承担的责任和权力来看，你认为他是基层管理者、中层管理者，还是高层管理者？

2. 根据有效管理的三大技能理论，你认为哪种管理技能对马丁最重要？解释你的理由。

3. 根据管理者角色理论，请说明在以下情境中马丁分别扮演什么管理角色？解释你的选择。

(1) 当马丁访问马丁公司世界范围的经销商时；

(2) 当马丁评估新型吉他的有效性时;

(3) 当马丁使员工坚守公司的长期原则时;

(4) 当马丁为经销商举办培训讲座时。

4. 马丁宣布:"如果马丁公司只是崇拜它的过去而不尝试任何新事物的话,那恐怕就不会有值得崇拜的马丁公司了。"这段话说明了什么?

第2章 管理理论的形成与发展

教育并不能让所有学生成为优秀管理者，如同技术教育也没有把所有学生造就成工程师一样。我们仅希望管理教育能起到和技术教育同样的效果。何乐而不为呢？更重要的是启蒙年轻人理解和运用经验教训。现在，初学者并无管理理论，也无方法，很多人终其一生也仅仅是初学者。因此，应该在一切可能的范围内，尽其可能地传播管理理论。学校显然义不容辞地承担着教育责任。

——亨利·法约尔：《工业管理与一般管理》

开篇案例

中华老字号"东来顺"，始建于1903年，其创始人是位名叫丁德山的回民。那一年，丁德山在东安市场里摆摊出售羊肉杂面和荞麦面切糕，以后又增添了贴饼子和粥。由于生意日渐兴隆，便取"来自京东，一切顺利"的意思，正式挂起东来顺粥摊的招牌。

1914年，东来顺增添了爆、烤、涮羊肉和炒菜，同时更名为东来顺羊肉馆。当时，在京城刀工师傅中，最有名气的是正阳楼的一位切肉师傅。丁德山不吝重金，把这位切肉师傅给挖来，传帮带出一批徒弟，使东来顺的羊肉刀工精湛，切出后铺在青花瓷盘里，盘上的花纹透过肉片隐约可见。东来顺的肉片，成为京城一绝，这一传统，保持至今。

到20世纪三四十年代，东来顺的涮羊肉已驰名京城。30年代一些账面记载，每年旺季销出的羊肉在5万公斤以上。经过几代厨师博采众家之长，苦心钻研羊肉菜品的制作技艺，在爆、烤、涮的基础上逐渐总结出一套具有独家风味的熘、炸、扒、炒等烹调技法，经营的菜品日益精美。

东来顺饭庄以经营涮羊肉久负盛名，多年来一直保持选料精、加工细、佐料全、火力旺等特点。羊肉只选用内蒙古地区锡林郭勒盟产羊区所产的经过阉割的优质小尾绵羊的上脑、大三岔、小三岔、磨档、黄瓜条五个部位。切出的肉片更以薄、匀、齐、美著称，半公斤羊肉可切20厘米长、8厘米宽的肉片80到100片，每片仅重4.5克，且片片对折，纹理清晰，"薄如纸、匀如晶、齐如线、美如花"，放在盘中呈半透明状，可见盘上花纹，投入汤中一涮即熟，吃起来又香又嫩，不膻不腻。酱油用自家"天义顺"酱园自产的天然酱油；虾油选用河北南北堡小虾所制；黄酒必用绍兴所产上等绍酒。其余芝麻酱、酱豆腐、韭菜花、辣椒油、米醋、糖蒜以及白菜头、香菜、葱姜等，均由自家酱园、菜园供给。长期以来，形成了调料的独特风味。1940年，又在朝阳门内开设了"永昌顺"酱园，此后又开设了磨面、榨油、副食、干鲜五味调料等店铺，形成了"产、供、销"一条龙，保证了东来顺涮羊肉的特色。

1942年，竞争对手正阳楼宣布倒闭，东来顺在东城从此首屈一指，独占鳌头。"文革"

中，店名曾一度改为民族餐厅、民族饭店，1979 年恢复老字号。该饭庄历来是中外名人宴请宾客的活动场所，邓小平、万里等中央领导曾在这里宴请过萨莫拉、基辛格、伊沙克汗等外国贵宾。美国前国务卿基辛格，曾赞叹东来顺的肉片“是花朵一样的精美工艺品”。

20 世纪 80 年代，中国开始改革开放，以麦当劳、肯德基为代表的国际著名快餐企业在中国登陆后，凭借其质量上的高标准、服务上的严要求，经营上采用特许连锁模式迅速占领了中国快餐市场的大片江山。在这一大背景下，东来顺于 1987 年尝试性地在江苏连云港开设了分店，结束了成立 80 多年来“独此一家、别无分号”的历史。1987 年到 1995 年的七八年间，东来顺先后在全国开了 30 多家分店。但由于当时只开不管，各家分店在经营上各自为战，一方面质量上无法保证，另一方面规模效益也发挥不出来，导致严重亏损、人心涣散、士气不振。应该说，东来顺用七八年的摸索实践发现了中餐在特许经营过程中存在的诸多问题。

东来顺认识到加盟店管理的关键还是需要总部提供良好的服务与加强总部的控制力。1996 年，东来顺不仅成立了服务开发中心、配送中心、培训中心和信息中心所构建的连锁总部，还实现了“统一牌匾、标志，统一羊肉坯、调料等原材料，统一服装及员工上岗卡，统一装修风格，统一餐具用具，统一服务规范，统一员工培训，统一广告宣传及促销形式”的“八统一”；同时，根据规范管理和连锁发展的需要，编写了一部 27 万字的《管理指南》以及《东来顺羊肉坯质量标准》《员工手册》《服务工作细则》《服务程序》《东来顺清真菜食谱》等，还录制了《餐厅服务行为准则》录像带，为企业实行规范化、科学化管理奠定了基础。另外，采取四项主要措施拉近与加盟店的联系：一是适应市场需求，为连锁店提供满意、及时服务；配送中心打破旧框框，取消节假日、休息日，提出了全年如一日的工作标准，只要连锁店需要，都及时、准确、完好地把货送到，并免收服务费；二是定期召开连锁工作大会，评选先进连锁店，交流经验，切磋技艺，展示东来顺成果和配送品种；三是经常委派专人到连锁店进行走访、检查，加强总部与加盟店的联络，提供信息、技术指导，提供无偿和有偿服务，帮助连锁店解决经营、技术上的困难和问题，帮助培训技术人员；四是保证加盟连锁店的经营利益，千方百计降低费用，降低主要原材料成本。而且为更好地塑造品牌，东来顺将分布在全国的所有连锁店划分为经营规范、督促整改和通报摘牌三大类。坚决地对问题严重的连锁加盟企业进行通报摘牌。

（资料来源：作者根据公开资料整理。）

人类进行有效的管理活动已有数千年的历史。从人类社会产生到 18 世纪，人类为了谋求生存自觉不自觉地进行着管理的实践活动，其范围是极其广泛的，但是人们仅凭经验去管理，尚未对经验进行科学的抽象和概括，没有形成科学的管理理论。

在古代社会长期的历史进程中，人们对管理实践的思考处在不自觉的状态中，对管理的具体问题与具体环节、方法等方面，提出了很多见解，记录下了许多成功的管理经验和方法，从而形成了丰富的古代管理思想遗产。管理思想就是在管理实践基础上逐渐形成并发展起来的，是人们在社会实践中对管理活动的思考所形成的观点、想法和见解的总称。虽然管理思想也经历了从思想萌芽、思想形成到不断深化的发展过程，但总体而言，这些思想是分散零碎的，缺乏理论的分析和概括。直到 19 世纪后期，在社会生产力高度发展与科学技术飞跃进步的推动之下，管理问题得到重视和关注，对管理实践的观察研究和总结不断发展，使人们对管理的认识不断系统与深入，管理思想逐渐形成一个独立的思想体系，进而使管理成为一门学科。因此，管理学形成之前可分成两个阶段：早期管理实践与管理思想阶段（从有了人类集体劳动开始到18世纪）和管理理论产生的萌芽阶段（从18世纪到19世纪末）。管理学形成后又可以分为三个阶段：古典管理理论阶段（20世纪初到20世纪30年代行为科学学派出现前）、现代管理理论阶段（20世纪30年代到20世纪80年代，主要指行为科学学派及管理理论丛林阶段）和当代管理理论阶段（20世纪80年代至今）。

回顾管理学的形成与发展，了解管理先驱对管理理论和实践所作的贡献，以及管理活动的演变和历史，对每个学习管理学的人来说都是必要的。早期一些著名的管理实践和管理思想大都散见于中国、埃及、希腊、罗马和意大利等国的史籍及许多宗教文献之中。

第1节　中外早期的管理实践与管理思想

一、中国早期的管理思想

中国作为四大文明古国之一，拥有震撼世界的古代物质文明和精神文明，在许多成功的管理实践中，更是形成了丰富的、独具特色的中国古代管理思想。美国学者克劳德·小乔治（《管理思想史》）曾说“从《墨子》、《孟子》和《周礼》（约公元前1100年至公元前500年）的古代记载中，已看到当时的中国人早已知道组织、计划、指挥和控制的管理原则”。

公元前2000多年，夏王朝建立，中国历史上第一个国家初步形成，原有的氏族会议的民主议事制转向了独裁集权制。作为统治者如何巩固和延续王朝？对这些问题的思索催生了夏商周时期管理思想的萌芽。如果说远古时期的管理活动更多地是针对“人治”的管理，那么此时从历史上第一个国家建立开始，管理活动便从原始人的社会公共事务管理发展到了国家管理，开始走向以“国治”为目的的管理。据史料记载，禹自成为夏王朝的开国君主后，不仅注重以道德、教化、礼仪使诸侯和百姓臣服的文治思想，更不乏有用军队、监狱、刑罚对不服从者镇压的武治思想。

随着商朝社会规模的不断扩大、社会经济的不断发展，商朝的“国治”思想比夏朝时期更为发展和完备。其中，尤以《洪范》最为系统地阐述了当时的国家宏观管理思想，即所谓“洪范八政，食货为先”，这说明当时商王朝已经把解决民食和货物流通放在国家宏观管理的首位。

西周著名政治家周公的治国方略对以后的社会影响很大，尤其对春秋战国时期出现的各家管理思想具有启示作用。作为一套完整的典章礼仪制度和宗法等级秩序，《周礼》为周朝确定了一套完备的官僚组织与政治制度。

西周灭亡后，周平王迁都洛邑，史称东周，社会进入一个大动荡时代。社会的大动荡和大分裂，催化了百家诸子思想的形成和各家学说的传播，出现了百家争鸣的局面。作为中国古代社会转型的“轴心期”，春秋战国时期对中国古代管理思想的形成是一个至为重要的历史阶段。诸子百家的管理思想，是在《周易》和《尚书》两大源头的基础上发展而成的，其中儒家、道家和法家对后世的影响最大。儒家代表是孔子、孟子、荀子，三人从人性论、礼制和法制以及人才管理方面都提出了重要的思想；道家代表是老子和庄子，两人提出治国应当追求终极的“道”，顺应自然，因势利导，无为而治，这样就能达到“治国若烹小鲜”的理想状态；法家代表是商鞅和韩非，前者主要是由于在秦国实行严厉的法律和耕战制度，使得秦国崛起于诸强，后者则是法家集大成者，将“法”、“术”、“势”相结合。兵家的孙子，重视战略管理，提出“道”、“天”、“地”、“法”、“将”五种决定战争胜负的重要因素；墨家墨子提出“兼爱”、“非攻”、“尚贤”；另外，商家、纵横家以及管子等人都提出了相应的管理理论。

秦汉至隋唐时期，是中国封建社会从上升逐渐发展到鼎盛的时期，中国出现人类生产力发展的第一次高峰。管理思想随着经济的崛起和政治的成熟化得到空前发展，并不断制度化。自秦始皇建立中国历史上第一个高度集权的国家之后，“以法治国”的法家管理思想在专制中央集权体制下得到了充分的实践和发展。

汉武帝时期，由于国力逐渐强盛，汉武帝采用了董仲舒提出的“罢黜百家，独尊儒术”的思想，并以儒家思想为核心，形成了“大一统”的思想体系。

但是，到了三国两晋南北朝时期，由于社会处于长期混乱、分裂状态，战争频繁，儒学一度衰退，使得继而兴起的玄学、佛学、道家思想获得了极大的发展空间，又重新形成了社会文化管理思想多元化的蓬勃发展时期。随着隋唐的重新统一，唐朝的统治者重构管理思想体系，利用宗教的社会影响力，服务于王朝的政治巩固，形成了儒、道、佛三家杂糅的管理思想体系。

宋元时期，封建社会开始走向衰落，管理思想发展也较为缓慢。北宋初期范仲淹推行“庆历新政”，其提出的“荒政管理思想”对后世影响较大，即通过向富人提供服务，使饥民获得就业机会，度过荒年。北宋中期王安石实行变法改革，提出了改革时弊的各种管理思想。南宋时期商品经济快速发展，出现了以叶适为代表的，提倡“藏富于民”的思想家。

明代是中国古代管理思想发展的重要时期，中国封建制度出现了“两极化”的趋势。一方面，统治者不断加强中央集权，以厂卫特务制度为代表；另一方面，改革和变法不断被提及并付诸实践。明朝后期张居正提出了一批具有进步意义的有关行政管理、经济管理和军事管理等方面的一系列改革纲领。明末清初三大思想家黄宗羲、顾炎武、王夫之以及清朝皇帝康熙、雍正都提出了不少独到而深刻的管理主张，蕴含了很多治国之道。

清朝后期，封建制度已经完全腐朽，鲜有突出的管理思想。这一时期，恰恰是西方管理思想迅猛发展的黄金时期，这些思想对资本主义的发展起到了巨大的推动作用。

二、西方早期的管理思想

西方文化起源于希腊、罗马、埃及、巴比伦等文明古国，它们在公元前 6 世纪左右即建立了高度发达的奴隶制国家，在文化、艺术、哲学、数学、物理学、天文学、建筑等方面都对人类作出了辉煌的贡献。这些文明古国在国家管理、生产管理、军事、法律等方面也都曾有过许多光辉的管理实践和管理思想。

（一）古埃及的管理思想

古希腊著名历史学家希罗多德曾经说过：“埃及是尼罗河的赠礼。”古埃及的金字塔和水利系统，是人类历史上不可思议的壮举。这样巨大的工程，离不开管理工作。古埃及人由于使用大量有组织的劳动力，得以完成令现代人也感到惊异的工作，他们所留下的宏伟建筑，清楚地昭示着他们在管理上的有效性。彼得·德鲁克曾在 1987 年的一次美国闭路电视演讲中说：世界上最伟大的管理者是那些修建金字塔的人。

对埃及在古王国、中王国、新王国各个时期的政府体制进行研究，也可发现其中包含着古埃及对集权控制原则的认识过程。埃及人还是首先意识到“管理跨度”的实践者。人们从考古中发现，在法老的陪葬品中，奴仆的雕像特别令人感兴趣：“每一个监督者大约管理 10 名奴仆。”所以，后来的希伯来人在《圣经》里提出的以 10 为限的管理思想即源于此。

（二）古希腊的管理思想

古希腊是欧洲文明的摇篮，其丰富多彩的文化，是人类文明的重要组成部分。希腊人在艺术、语言、戏剧、文学和规章制度等方面的成就，至今仍为人们所敬仰。我们所熟知的古希腊著名思想家的著作中包含了古希腊人对管理思想的贡献。

苏格拉底很早就认识到管理的普遍性原则。他认为，不同组织的管理技术和管理职责是相通的。他说，“管理私人事务和管理公共事务仅仅在量上有所不同”，它们都涉及对人的管理，一个好商人的职责与一个好将军的职责是相同的。

色诺芬是第一位论述劳动分工优越性的学者，著有《家庭管理》（又称《经济论》）。

柏拉图对管理思想的贡献是从国家组织原理角度考察了社会分工问题。他认为，每一个人都有多方面的需求，但人生来就只具有某一方面的才能，因此，一个人不能不求于他人而自立自足，而必有待于互助。于是人们各本其愿地形成团体，这些团体联合起来便是国家；理想国家的组织和构造，应以社会分工为基础。

亚里士多德更是古希腊科学家的杰出代表，他全面地总结了希腊的多学科成果，他对管理思想的最大贡献，在于他摒弃了神秘主义，提出了“通过感觉和推理了解现实世界”的观点，为文艺复兴和理性时代奠定了思想基础。在此基础上发展起来的科学精神和科学观点，也是后来科学管理运动的思想基础。

（三）古罗马的管理思想

罗马天主教有一整套等级森严的教阶制度，声称教士有受自天主的神秘权力，可以代表天主对人定罪，强调教徒必须服从教会权威。罗马天主教严密的管理制度体现在三个方面：层次分明的组织结构，形成金字塔式的指挥体系；在决策过程中充分运用“幕僚职能”，小事情必须事先征询长老的意见，大事情必须征得全体僧侣的同意；教会主教的幕僚或顾问团成员，必须由上级教会代为选定。正如詹姆斯·穆尼（James Mooney）所说：“罗马人伟大的真正秘密是他们的组织天才。”

三、西方管理理论的萌芽

中世纪后期，18 世纪到 19 世纪中期，欧洲各国在社会、政治、经济、技术等方面经历了大变动，出现了一派繁荣的景象，欧洲因此逐渐成为世界的中心。经历了几次大规模的资产阶级革命，资本主义生产方式已经从封建制度中脱胎而出，工厂制逐步替代家庭手工业制，机器大生产和工厂制度普遍出现。在这种背景下，工厂以及公司的管理越来越重要，也有很多的实践。很多实践者（主要是厂长、经理）开始总结自己的经验与教训，许多理论家，特别是经济学家，在其著作中越来越多地论及有关管理方面的问题。这些著作和总结，为即将出现的古典管理理论打下了基础，是研究管理思想发展的重要参考文献。这一时期的著作,大体上有两类:一类偏重于理论的研究,如管理职能、原则;另一类则偏重于管理技术、方法的研究。

相关的研究散见于当时经济学家的一些著作,这些经济学家主要有:詹姆斯·德哈姆·斯图亚特(James Denham Steuart)(《政治经济学原理的研究》,1767年);亚当·斯密(Adarm Smith)(《国富论》,1776年);大卫·李嘉图(David Ricardo)(《政治经济学及赋税原理》,1817年);查理·巴贝奇(Charles Babbage)(《论机器和制造业的经济》,1832年);塞缪尔·纽曼(Samuel P. Newrman)(《政治经济学原理》,1835年);约翰·斯图亚特·穆勒(Joho StuartMill)(《政治经济学原理》,1848年);艾尔弗雷德·马歇尔(Alfred Marshall)(《工业经济学原理》,1892年);等等。从理论的角度来看,这些经济学家关于管理理论的论述还比较零碎,缺乏系统化、理论化。大体上说来,所涉及的管理问题,主要有四个方面:① 关于工商关系。② 关于分工的意义及其必然性。劳动的地域分工、劳动的组织分工、劳动的职业分工。③ 关于劳动效率与工资的关系。所谓"劳动效率递减等级论"。④ 关于管理的职能。

作为资产阶级古典政治经济学的杰出代表人物,亚当·斯密在其所著《国富论》一书中,分析了劳动分工的经济效益,提出了生产合理化的概念。斯密的分析,不仅符合当时生产发展的需要,而且也成为以后企业管理理论中的一条重要原理。斯密在研究经济对象时,其根本论点是,经济现象是具有利己主义的人们所进行的活动而产生的。他认为,人们在经济行为中,追求的完全是私人的利益,但是,每个人的利益又为其他人的利益所限制。这就迫使每个人必须顾及其他人的利益。由此,就产生了相互的共同利益,进而产生和发展了社会利益。社会利益正是以个人利益为基础的。该观点后来成为整个资本主义经济学和管理学的理论基础。在斯密之后,查理·巴贝奇发展了斯密的论点,提出了许多关于生产组织机构和经济学方面的带有启发性的问题。在斯密和巴贝奇之后,在生产过程中进行劳动分工的做法,有了迅速的发展。到了20世纪,大量流水生产线的形成,使劳动分工的主张得到了充分的体现。

巴贝奇尤其重视人的重要作用。他认为,工人同企业主之间存在利益共同点,并竭力提倡所谓利润分配制度,即工人可以按照其在生产中所作的贡献,分到工厂利润的一部分。巴贝奇也很重视对生产的研究和改进,主张实行有益的建议制度,鼓励工人提出改进生产的建议。

这一时期的著名管理学者除了斯密和巴贝奇之外,还有英国的空想社会主义者罗伯特·欧文(Robert Owen)。他经过一系列试验,首先提出在工厂生产中要重视人的因素,要缩短工人的工作时间,提高工资,改善工人住宅。他的改革试验证实,重视人的作用和尊重人的地位,也可以使工厂获得更多的利润。因此,欧文被认为是人事管理的创始人。

大卫·李嘉图继承和发展了亚当·斯密创立的劳动价值理论,并以此作为建立比较优势理论的理论基础。提出了关于资本和管理技术关系的"工资规律",即工人劳动创造的价值是工资、利润和地租的源泉。纽曼、马歇尔等人则提出了:对厂主(同时也是管理者)的要求:选择厂址、控制财务、进行购销活动、培训工人、分配任务、观察市场动向、富于新思想、开拓市场、具有对采用新发明的判断力;等等。

这一系列的管理思想是顺应了当时的工厂制度发展的需要而产生的。这些管理思想虽然不系统、不全面,没有形成专门的管理理论和学派,但对于促进生产及以后科学管理理论的产生和发展,都有积极的影响。

第2节　古典管理理论

19世纪末20世纪初，是人类现代化进程亦即工业化发展明显加快的时期，比较系统的管理理论的建立也就是在这一时期。在此期间，科学技术得到了空前发展，社会生产力水平也达到了一定的高度。当时一个突出的矛盾就是管理落后于技术，致使许多生产潜力得不到充分的发挥。一些企业主和企业中一些具有管理经验的管理人员开始围绕如何提高企业劳动生产率的问题进行了大量的试验和研究，逐步总结、归纳、提炼管理过程中的经验和教训，提出了一系列科学的管理制度和管理方法，完成了从经验管理向科学管理的转变，使管理学正式成为一门科学。这个阶段所形成的管理理论称为"古典管理理论"。

一、科学管理原理

（一）泰勒及其科学管理原理

随着科学技术的进步，生产社会化程度不断提高，资本主义市场范围和企业规模的扩大，特别是资本主义公司的兴起，使企业管理工作日益复杂，对管理的要求越来越高。资本家单凭个人的经验和能力管理企业、包揽一切，已不能适应生产发展的需要，这在客观上要求资本所有者与企业经营者实行分离，由那些具有专门管理知识的经理、厂长、工程师来代替资本家管理企业，以提高管理的水平。在这一背景下，以"科学管理之父"泰勒(Frederick Winslow Taylor)为首的一些实业家，开始对自己的管理经验进行总结。

弗雷德里克·温斯洛·泰勒
(Frederick Winslow Taylor，1856—1915)

弗雷德里克·温斯洛·泰勒(Frederick Winslow Taylor)，出生于美国费城杰曼顿一个富有的律师家庭，美国著名管理学家、经济学家，一生致力于研究如何提高劳动生产率。作为科学管理的主要倡导人，他的著作包括《计件工资制》(1895年)、《车间管理》(1903年)、《科学管理原理》(其中包括在国会上的证词，1912年)。他被后世称为"科学管理之父"。

1856年3月20日，弗雷德里克·温斯洛·泰勒(Frederick Winslow Taylor)出生于美国费城杰曼顿一个富有的律师家庭。在接受中学教育后不久，进入埃克塞特市菲利普斯·埃克塞特专科学校学习。1874年，考入哈佛大学法律系，不久，因眼疾辍学。1875年，进入费城恩特普里斯水压工厂当模具工和机工学徒。1878年，转入费城米德维尔钢铁公司(Midvale steel Works)工作。从机械工人做起，历任车间管理员、小组长、工长、技师等职，他在该厂一直干到1890年。

1881年，泰勒开始在米德维尔钢铁厂进行劳动时间和工作方法的研究，为以后创建科学管理奠定了基础。同年，在米德瓦尔开始进行著名的"金属切削试验"，由此研究出每个金属切削工人工作日的合理工作量。经过两年的初步试验之后，给工人制定了一套工作量标准。

1898 年，在伯利恒钢铁公司大股东沃顿(Joseph Wharton)的鼓动下，泰勒以顾问身份进入伯利恒钢铁公司(Bethlehem Steel Company)。此后在伯利恒进行了著名的“搬运生铁块试验”和“铁锹试验”，搬运生铁块试验，是在这家公司的五座高炉的产品搬运班组大约 75 名工人中进行的。这一研究改进了操作方法，训练了工人，结果使生铁块的搬运量提高 3 倍。铁锹试验是系统地研究铲上负载后，研究各种材料能够达到标准负载的锹的形状、规格，以及各种原料装锹的最好方法的问题。此外，泰勒还对每一套动作的精确时间作了研究，从而得出了一个“一流工人”每天应该完成的工作量。这一研究的结果是非常杰出的，堆料场的劳动力从 400～600 人减少为 140 人，平均每人每天的操作量从 16 吨提高到 59 吨，每个工人的日工资从 1.15 美元提高到 1.88 美元。

1890 年，泰勒离开米德维尔，到费城一家造纸业投资公司任总经理。1893 年，他辞去公司职务，独立从事工厂管理咨询工作。此后，他在多家公司进行科学管理的试验。1901 年，他离开伯利恒钢铁公司，不再同任何工业公司来往，只从事不收取报酬的管理咨询、写作和演讲工作，推广科学管理。

泰勒一生致力于研究如何提高劳动生产率，作为科学管理的主要倡导人，他的著作包括《计件工资制》(1895 年)、《车间管理》(1903 年)、《科学管理原理》(1911 年)。泰勒的科学管理理论并不是脱离实际的，其几乎所有管理原理、原则和方法，都是经过自己亲自试验和认真研究所提出的。它的内容里所涉及的方面都是以前各种管理理论的总结，与所有管理理论一样，都是为了提高生产效率。

但泰勒的做法和主张并非一开始就被人们所接受，相反，还受到包括工会组织在内的人们的抗议。泰勒也遇到了来自管理部门以及伯利恒员工的反对。美国国会于 1912 年举行对泰勒制和其他工场管理制的听证会。在那里，泰勒面对多半怀有敌意的国会议员们，不得不捍卫自己的观点。听证会上国会议员和调查人员无休止的盘问，特别是几次发生的针对推行泰勒制的工人罢工风潮，更是伤透了这位骨子里同情工人并付出了艰巨劳动的思想者的心。为了排除人们的疑虑，这位不善言辞的人不得不屡屡长途旅行，为其理论和方法进行说明和辩护。而正是一次外出发表演讲的归途中，他在通风的卧铺车厢感染了肺炎，不久以后的 1915 年 3 月 21 日，59 岁的泰勒带着郁闷的心情离开了这个世界。他的墓碑位于一座能俯视费城钢铁厂烟囱的小山上，墓碑上刻着：“科学管理之父——弗雷德里克·温斯洛·泰勒”。

泰勒在众议院的委员会作的精彩的证词，向公众宣传了科学管理的原理及其具体的方法、技术，成为他对其科学管理原理所作的最好说明，引起了很大的轰动。泰勒对科学管理作了这样的定义：“诸种要素——不是个别要素的结合，构成了科学管理，它可以概括如下：科学，不是单凭经验的方法；协调，不是不和别人合作，不是个人主义；最高的产量，取代有限的产量；发挥每个人最高的效率，实现最大的富裕。”这一定义，既阐明了科学管理的真正内涵，又综合反映了泰勒的科学管理思想。

泰勒科学管理原理的主要内容，可以概括如下：

1. 工作定额原理

在当时资本主义的企业中，由于普遍实行经验管理而造成一个突出的矛盾，就是资本家不知道工人一天到底能干多少活，但总嫌工人干活少，于是就通过延长劳动时间、增加劳动强度来加重对工人的剥削。而工人也不确切知道自己一天到底能干多少活，但总认为自己干活多、拿工资少。当资本家加重对工人的剥削时，工人就用“磨洋工”消极对抗，这样企业的劳动生产率当然不会高。

泰勒认为，科学管理的中心问题是提高劳动生产率。要制定出有科学依据的工人的"合理的日工作量"，就必须进行工时和动作研究。他认为，企业要设立一个专门制定劳动定额的部门或机构，制定出有科学依据的工人的"合理的日工作量"，方法是选择合适且技术熟练的工人，把他们的每一项动作、每一道工序所使用的时间记录下来，加上必要的休息时间和其他延误时间，就得出完成该项工作所需要的总时间，据此定出一个工人"合理的日工作量"，这就是所谓工作定额原理。

2. 为工作挑选"第一流的工人"

所谓第一流的工人，泰勒认为"每一种类型的工人都能找到某些工作使他成为第一流的，除了那些完全能做好这些工作而不愿做的人"。泰勒指出，人具有不同的天赋和才能，只要工作合适，都能成为第一流的工人。而所谓"非第一流的工人"，泰勒认为只是指那些体力或智力不适合他们工作的人，或那些虽然工作合适但不愿努力工作的人。总之，泰勒所说的第一流的工人，就是指那些最适合又最愿意干某种工作的人。所谓挑选第一流工人，就是指在企业人事管理中，要把合适的人安排到合适的岗位上。

对于如何使工人成为第一流工人，泰勒不同意传统的由工人挑选工作，并根据各自的可能进行自我培训的方法，而是提出管理人员要主动承担这一责任。泰勒指出，健全的人事管理的基本原则是使工人的能力同工作相适应，企业管理当局的责任在于为雇员找到最合适的工作，培训他们成为第一流的工人，激励他们尽最大的力量来工作。泰勒认为："管理人员的责任是细致地研究每一个工人的性格、脾气和工作表现，找出他们的能力；另一方面，更重要的是发现每一个工人向前发展的可能性，并且逐步地系统地训练，帮助和指导每个工人，为他们提供上进的机会。这样，使工人在雇用他的公司里，能担任最高、最有兴趣、最有利、最适合他们能力的工作。这种科学地选择与培训工人并不是一次性的行动，而是每年要进行的，是管理人员要不断加以探讨的课题。"

3. 标准化原理

在经验管理的情况下，对工人在劳动中使用什么样的工具、怎样操作机器，缺乏科学研究，没有统一标准，而只是凭师傅教徒弟的传授或个人在实践中不断摸索与总结。泰勒认为，科学管理是过去曾存在的多种要素的结合，把老的知识收集起来加以分析组合并归类成规律和条例，于是形成了一种科学。泰勒指出，在科学管理的情况下，要想用科学知识代替个人经验，一个很重要的措施就是实行工具标准化、操作标准化、劳动动作标准化、劳动环境标准化等标准化管理。这是因为，只有实行标准化，才能使工人使用更有效的工具，采用更有效的工作方法，从而达到提高劳动生产率的目的；只有实现标准化，才能使工人在标准设备、标准条件下工作，才能对其工作成绩进行公正、合理的衡量。泰勒不仅提出了实行标准化的主张，而且也为标准化的制定进行了积极的试验。

比如，在伯利恒钢铁公司，通过具体的试验，泰勒对工人使用的铲子这一劳动工具做了标准化的设计。当时伯利恒钢铁公司的铲运工人每天上班时都拿着自己家的铲子，这些铲子大小各异、参差不齐。经过观察一段时间之后，泰勒发现这样做是十分不合理的。每天所铲运的物料是不一样的，有铁矿石、煤粉、焦炭等，在体积相同时，每铲重量相差很大。那么，铲上的载荷究竟多大才能使生产效率最高呢？泰勒选了几个第一流工人，付给他们较高的报酬，让他们努力工作，几星期改变一次铲上的载荷。最后，泰勒发现，对于第一流的铲运工人来说，铲上的载荷大约在21磅时生产效率最高。根据这项实验所得到的结论，泰勒依据不同的物料设计了几种规格的铲子，小铲用于铲运重物料，如铁矿石等。大铲用于铲运轻物料，如焦炭等。这样就使每铲的载荷都在21磅左右。以后工人上班时都不自带铲子，而是根据物料情况从公司领取特制的标准铲子。这种做法大大地提高了生产效率。这是工具标准化的一个典型例子。

4. 有差别的计件工资制

在差别计件工资制提出之前，泰勒详细研究了当时的工资制度。经过分析，泰勒认为，现行工资制度所存在的共同缺陷，就是不能充分调动职工的积极性，不能满足效率最高的原则。例如，在实行日工资制的企业，工资实际是按职务或岗位发放，这样在同一职务和岗位上的人不免产生平均主义。这种情况下，“就算最有进取心的工人，不久也会发现努力工作对他没有好处，最好的办法是尽量减少做工而仍能保持他的地位”。在传统的计件工资制中，虽然工人在一定范围内可以多劳多得，但超过一定范围，资本家为了分享生产带来的利益，就要降低工资率。在这种情况下，尽管工人努力工作，也只能获得比原来计日工资略多一点的收入。因此，通常的状况是，尽管管理者千方百计地希望工人增加产量，而工人则会控制工作速度，使他们的收入不超过某一个工资率。因为工人知道，一旦他们的工作速度超过了这个数量，计件工资迟早会降低。

于是，泰勒在1895年提出了一种具有很大刺激性的报酬制度——“差别工资制”方案。其主要内容是：① 设立专门的制定定额部门。其主要任务是通过计件和工时的研究，进行科学的测量和计算，制定出一个标准制度，以确定合理的劳动定额和恰当的工资率，从而改变过去那种以估计和经验为依据的方法。② 制定差别工资率，按照工人是否完成定额而采用不同的工资率。如果工人能够保质保量地完成定额，就按高的工资率付酬，以资鼓励；如果工人的生产没有达到定额就将全部工作量按低的工资率付给，并给以警告，如不改进，就要被解雇。③ 工资支付的对象是工人，而不是根据职位和工种，也就是说，每个人的工资尽可能地按他的技能和工作所付出的劳动来计算，而不是按他的职位来计算。

泰勒在总结差别计件工资制实施情况时说，制度(差别计件工资制)对工人士气影响的效果是显著的。当工人们感觉受到公正的待遇时，就会更加英勇、更加坦率和更加诚实，他们会更加愉快地工作，在工人之间和工人与雇主之间建立互相帮助的关系。

5. 劳资双方的密切合作

泰勒在《科学管理原理》一书中指出：“资方和工人的紧密、组织和个人之间的合作，是现代科学或责任管理的精髓。”他认为，没有劳资双方的密切合作，任何科学管理的制度和方法都难以实施，难以发挥作用。

那么，怎样才能实现劳资双方的密切合作呢？泰勒指出，必须使劳资双方实行“一次完全的思想革命”和“观念上的伟大转变”。泰勒在《在美国国会的证词》中指出：“科学管理不是任何一种效率措施，不是一种取得效率的措施；也不是一批或一组取得效率的措施；它不是一种新的成本核算制度；它不是一种新的工资制度；它不是一种计件工资制度；它不是一种分红制度；它不是一种奖金制度；它不是一种报酬职工的方式；它不是时间研究；它不是动作研究……我相信它们，但我强调指出这些措施都不是科学管理，它们是科学管理的有用附件，因而也是其他管理的有用附件。”泰勒进一步宣称，“科学管理在实质上包含着要求在任何一个具体机构或工业中工作的工人进行一场全面心理革命——要求他们在对待工作、同伴和雇主的义务上进行一种全面的心理革命。此外，科学管理也要求管理部门的人——工长、监工、企业所有人，董事会——进行一场全面的心理革命，要求他们在对管理部门的同事、对他们的工人和所有日常问题的责任上进行一场全面的心理革命。没有双方的这种全面的心理革命，科学管理就不能存在”。因此，“在科学管理中，劳资双方在思想上要发生的大革命就是：双方不再把注意力放在盈余分配上，不再把盈余分配看作最重要的事情。他们将注意力转向增加盈余的数量上，使盈余增加到使如何分配盈余的争论成为不必要。他们将会明白，当他们停止互相对抗，转为向一个方面并肩前进时，他们的共同努力所创造出来的盈利会大得惊人。他们会懂得，当他们用友谊合作、互相帮助来代替敌对情绪时，通过共同努力，就能创造出比过去大得多的盈余。”

也就是说，要使劳资双方进行密切合作，关键不在于制定什么制度和方法，而是要实现劳资双方在思想和观念上的根本转变。如果劳资双方都把注意力放在提高劳动生产率上，劳动生产率提高了，不仅工人可以多拿工资，而且资本家也可以多拿利润，从而可以实现双方“最大限度的富裕”。例如，在铁锹试验中，每个工人每天的平均搬运量从原来的16吨提高到59吨；工人每日的工资从1.15美元提高到1.88美元。而每吨的搬运费从7.5美分降到3.3美分，对雇主来说，关心的是成本的降低，而工人关心的则是工资的提高，所以泰勒认为这就是劳资双方进行“精神革命”、从事合作的基础。

6. 把计划职能同执行职能分开

泰勒发现，在老体制下，所有工作程序都由工人凭他个人或师傅的经验去干，工作效率由工人自己决定，工人既从事管理工作又从事执行工作。泰勒深信这不是最高效率，必须用科学的方法来改变。为此，泰勒主张，由资方按科学规律去办事，要均分资方和工人之间的工作和职责，要把计划职能与执行职能分开并在企业设立专门的计划机构。在《工厂管理》一书中，泰勒为专门设立的计划部门规定了17项主要负责的工作，包括企业生产管理、设备管理、库存管理、成本管理、安全管理、技术管理、劳动管理、营销管理等各个方面。具体来说，计划部门要从事全部的计划工作并对工人发布命令，其主要任务是：① 进行调查研究并以此作为确定定额和操作方法的依据；② 制定有科学依据的定额和标准化的操作方法和工具；③ 拟定计划并发布指令；④ 把标准和实际情况进行比较，以便进行有效的控制等工作。在现场，工人或工头则从事执行的工作，按照计划部门制定的操作方法，使用规定的标准工具，从事实际操作，不能自作主张、自行其是。

所以，泰勒所谓把计划职能与执行职能分开，实际是把管理职能与执行职能分开；所谓设置专门的计划部门，实际是设置专门的管理部门；所谓“均分资方和工人之间的工作和职责”，实际是说让资方承担管理职责，让工人承担执行职责。这也就进一步明确了资方与工人之间、管理者与被管理者之间的关系。泰勒的这种管理方法使得管理思想的发展向前迈出了一大步，将分工理论进一步拓展到管理领域。

7. 职能工长制

泰勒不但提出将计划职能与执行职能分开，而且还提出必须废除当时企业中军队式的组织而代之以“职能式”的组织，实行“职能式的管理”。泰勒认为，在军队式组织的企业里，指令是从经理经过厂长、车间主任、工段长、班组长而传达到工人。在这种企业里，工段长和班组长的责任是复杂的，需要相当的专门知识和各种天赋的才能，所以只有本来就具有非常素质并受过专门训练的人，才能胜任。因此，为了使工长职能有效地发挥，就要更进一步进行细分，使每个工长只承担一种管理的职能，为此，泰勒设计出8种职能工长，来代替原来的一个工长。4个工长在车间，4个工长在计划部门，在其职责范围内，每个工长可以直接向工人发布命令。在这种情况下，工人不再听一个工长的指挥，而是每天从8个不同工长那里接受指示和帮助。

泰勒的职能工长制是根据工人的具体操作过程进一步对分工进行细化而形成的。他认为这种职能工长制度有三个优点：① 每个职能工长只承担某项职能，职责单一，对管理者培训花费的时间较少，有利于发挥每个人的专长。② 管理人员的职能明确，容易提高效率。③ 由于作业计划由计划部门拟定，工具和作业方法标准化，车间现场工长只负责现场指挥与监督，因此，非熟练技术的工人也可以从事较复杂的工作，从而降低了整个企业的生产费用。

尽管泰勒认为职能工长制有许多优点，但后来的事实也证明，在这种"职能型"的组织结构中，一个工人同时接受几个职能工长的多头领导，容易造成管理混乱，所以，"职能工长制"没有得到推广。但泰勒的这种职能管理思想为以后职能部门的建立和管理的专业化提供了参考。

8. 例外原则

泰勒认为，规模较大的企业不能只依据职能原则来组织和管理，而必须应用例外原则，进行所谓的例外管理(exception management)。所谓例外原则，是指最高管理层对日常发生的例行工作，拟定处理意见和方法，并使之规范化(标准化、程序化)，然后授权给下级管理人员处理，而自己主要去处理那些没有或者不能规范化的例外工作(如重大的企业战略问题和重要的人员更替问题等)，并且保留监督下级人员工作的权力的一种管理制度或原则。泰勒在《工厂管理》一书中曾指出，"经理只接受有关超常规或标准的所有例外情况的、特别好和特别坏的例外情况、概括性的、压缩的及比较的报告，以便使他得以有时间考虑大政方针并研究他手下的重要人员的性格和合适性"。

这种以例外原则为依据的管理控制原理，为以后管理上的分权化原则和事业制管理体制提供了基础。

尽管泰勒的管理理论也有一定的局限性。但是，泰勒以自己在工厂的管理实践经验对管理理论进行了辛苦而有益的探索，冲破了产业革命开始以来一直沿袭的传统的经验式管理方法，将科学引入了管理领域，创立了一整套具体的管理方法，为管理理论系统的形成打下了坚实的基础。另外，由于泰勒主张将管理职能从企业的生产职能中独立出来，使得有人开始专门从事专职的管理工作，从而进一步促进了人们对管理实践的思考，这有力地促进了管理理论的发展和传播。

(二) 泰勒同时代的人对科学管理理论的主要贡献

科学管理理论或称"泰勒制"的中心人物是泰勒，但其实也并非泰勒一个人的发明，就像英国管理学家林德尔·厄威克(Lyndall Fownes Urwick)所指出的："泰勒所做的工作并不是发明某种全新的东西，而是把整个19世纪在英美两国产生、发展起来的东西加以综合而成的一整套思想。他使一系列无条理的首创事物和实验有了一个哲学体系，称之为科学管理。"因此，在他同时代和他以后的年代中，有许多人也积极从事于管理实践与理论的研究，丰富和发展了"科学管理理论"，他们为丰富科学管理的内容、传播科学管理的原理作出了极为重要的贡献。

1. 巴思

卡尔·乔治·巴思(Carl George Barth)，美籍数学家。他是泰勒最早、最亲密的合作者，为科学管理工作作出了很大贡献。他是个很有造诣的数学家，其研究的许多数学方法和公式，为泰勒的工时研究、动作研究、金属切削试验等研究工作提供了理论依据。例如，在金属的切削上，巴思的计算尺起了很大的作用，只要知道机器的马力和所用的切削工具，利用巴思的计算尺和公式表就可以很快地决定进刀和切削的速度。巴思帮助泰勒解决了大多数金属的切削问题和工具标准化问题。

2. 亨利·劳伦斯·甘特

亨利·劳伦斯·甘特(Henry L. Gantt)，出生于美国马里兰州的一个富有的农场家庭，管理学家、机械工程师，是泰勒在创建和推广科学管理时的亲密合作者。在26岁的时候，甘特作为工程部的助理工程师和泰勒一道工作。泰勒和甘特的合作是奇特而有趣的。他们在工作中相互钦佩，而处理问题时，因为甘特比泰勒更为谨慎而又相互争吵。他与泰勒密切配合，使“科学管理”理论得到了进一步的发展。特别是他的“甘特图”(Gantt Chart)，是当时计划和控制生产的有效工具，并为当今现代化方法PERT(计划评审技术)奠定了基石。甘特在理解劳资矛盾方面有较为深刻的看法，他还提出了“计件奖励工资制”，即除了按日支付有保证的工资外，超额部分给予奖励；完不成定额的，可以得到原定日工资，这种制度补充了泰勒的差别计件工资制的不足。此外，甘特还很重视管理中人的因素，强调“工业民主”和更重视人的领导方式，他认为，应该通过奖金制度把原来的工长的“监工”身份，变成一位工人的老师和工人工作的帮助者。在科学管理运动最初年代普遍忽视人的重要作用的大背景下，甘特坚持认为，在所有管理问题中，人的因素是最重要的，这不能不说是极具远见和富有洞察力的思想。这些观点对后来的人际关系理论有很大的影响。

3. 吉尔布雷斯夫妇

弗兰克·吉尔布雷斯(Frank Bunker Gilbreth)，1868年出生在美国康涅狄格州费尔菲尔德。1895年，吉尔布雷斯在波士顿注册登记了自己的建筑承包公司。由于技术发明专利权的保护，以及吉尔布雷斯在业务管理方面的诸多改进，他的公司办得十分红火，以后逐渐从建筑承包业扩展到建筑咨询业。他根据自己的丰富经验著书立说，并在此过程中对一般管理科学产生了浓厚的兴趣。1912年，在泰勒与甘特的影响下，吉尔布雷斯放弃了收入颇丰的建筑业务，改行从事“管理工程”的研究，成为科学管理运动的创始人之一，尤其在动作研究和工作简化方面作出了特殊贡献。他把工人的操作动作分解为17种基本动作，并称之为“therblig”(这个字即为吉尔布雷斯英文名字母的倒写)，用拍影片的方法记录和分析工人的操作动作，纠正了工人操作时某些不必要的多余动作，寻找合理的最佳动作，以提高工作效率。与泰勒不同的是，吉尔布雷斯在工作中开始注意到人的因素，在一定程度上试图把效率和人的关系结合起来。吉尔布雷斯毕生致力于提高效率，即通过减少劳动中的动作浪费来提高效率，被人们称为“动作研究之父”。

吉尔布雷斯的妻子莉莲对他的研究也作出了值得称颂的重要贡献。莉莲·吉尔布雷斯(Lillian Gilbreth)是弗兰克·吉尔布雷斯的夫人，心理学家和管理学家，是一位非常了不起的女性。她除了在同丈夫的研究中起着重要的作用外，并在抚养12个孩子的繁忙家务劳动之余，潜心于管理心理学的研究，并写成了著作《管理心理学》。尔后在1915年获得布朗大学的博士学位，成为美国第一个获得心理学博士的女性。莉莲在她的著作中论述了历史上的三种管理方式(传统的方式、过渡方式和科学方式)，并从三种方式对个人、职能化、激励和福利等一系列问题产生的影响进行了比较研究，证明了科学管理是要培养工人，而不是扼杀工人，从而有力地支持了科学管理运动。莉莲是管理心理学的先驱者，她扩大了当时管理研究的范围，对由于工人的心理变化而导致管理效率受到影响进行了较为深入的探讨，对管理思想的发展有着重要的贡献，后被称为“管理第一夫人”。

4. 哈林顿·埃默森

哈林顿·埃默森(Harrington Emerson)是一位牧师的儿子，信奉新教的俭朴和节约使用资源的美德，是美国早期的科学管理研究工作者，从 1903 年起就同泰勒有紧密的联系，并独立地发展了科学管理的许多原理。

埃默森的管理思想主要表现在两个方面：一是对组织职能方面的认识。他认为，可以把军队中的参谋职能应用到企业组织管理当中去。因此，他建议每一个公司都要设立一位参谋长，其下分设四个主要的参谋小组，各级组织都可以听取参谋长的意见，参谋人员的工作不是去完成具体的工作，而是制定工作的标准和确定目标，这样的直线组织便可以更有效地工作。与泰勒明显的不同是：埃默森不是让一个人对某一个具体车间职能负责和行使该职能的权力，而是让直线组织在参谋人员有计划和建议的基础上去进行监督和行使权力。二是提出了组织的效率原则。他的《12 个效率原则》一书是管理思想的一个里程碑。另外，他还在职工的选择和培训、心理因素对生产的影响、工时测定等方面也作出了贡献。

5. 莫里斯·库克

莫里斯·库克(Morris Cooke)是科学管理的早期研究者之一，也是泰勒的亲密合作者。早在结识泰勒以前就运用一种“提问法”对工业中的浪费现象进行分析、研究。当泰勒的著作发表并得到传播以后，库克成为泰勒的坚决支持者，并被泰勒认为同巴思、甘特一样，是自己的亲密门徒。库克于 1916 年开设了自己的咨询公司，并于第一次世界大战期间为美国政府服务。他在富兰克林·罗斯福总统当政期间曾担任过多种职务，如农村电气化管理局局长、纽约州电力局长等，还曾被杜鲁门总统派去处理困难问题。他的主要贡献是在将科学管理应用到社会上的一些组织，如教育、市政等方面。另外，库克重视在管理过程中人的因素，尤其在处理劳资关系上比泰勒取得了更大的成就。泰勒反对工人组织起来，但库克在这个问题上和泰勒是不一致的。他主张管理要人情化，在有关工资和定额及职工福利等事情上，可同工会集体进行谈判。所以他受到工会领袖们的欢迎，这也有助于他恰当地处理劳资关系。

科学管理在 20 世纪 20 年代，经过管理先驱们的努力，基本上发展成熟了。这个划时代的科学管理运动，大大地促进了生产力的发展，对资本主义的发展和稳定起到了非常重要的作用。这里不仅有泰勒的巨大贡献，而且还有许多企业家和理论家为此作出的重大贡献。科学管理的系统理论在历尽艰辛之后慢慢地开始建立起来。

二、法约尔的一般管理理论

在泰勒的科学管理被传播之时，欧洲也出现了一批古典管理的代表人物及其理论，其中影响最大的首推法约尔及法约尔的一般管理理论。

亨利·法约尔
(Henri Fayol,1841—1925)

亨利·法约尔(Henri Fayol),法国古典管理理论学家,欧洲一位极为杰出的经营管理思想家。法约尔是直到20世纪中叶为止,欧洲贡献给管理运动的最杰出的大师,被后人尊称为"现代经营管理之父"、管理过程学派的开山鼻祖。1916年出版的《工业管理和一般管理》是其最重要的代表作,标志着一般管理理论的形成。

法约尔1841年出生于法国一个资产阶级家庭,1860年毕业于圣艾蒂安国立矿业学院。同年进入科芒特里——富香博公司,从此,他的一生就和这个公司紧紧地联系在一起。在这个公司工作的26年中,他一直担任工程师。他的管理才能是在他47岁被任命为总经理以后才显现出来的。

在担任工程师期间,作为煤矿的技术负责人,他发表了许多有关地质学和矿井安全方面的文章。即使在担任总经理以后,仍然在1893年因技术上的成就而获得德拉斯奖金和工业促进协会金质奖章,并成为法国荣誉勋章的获得者。

在他担任科芒特公司的总经理时,该公司几乎濒于破产,而且其煤矿的储量近于枯竭,1892年该公司被收购成立了新的科芒博联营公司,法约尔仍然是总经理。面对这家新的联营公司的各种问题,法约尔成功地使得这家原先濒于破产的公司在他77岁退休时发展得非常好,至今仍然是法国著名的冶金工业公司之一。

法约尔的研究与泰勒的不同在于:泰勒的研究是从工厂管理的一端——"车床前的工人"开始实施,从中归纳出科学的一般结论,重点内容是企业内部具体工作的效率;而法约尔则是从总经理的办公桌旁,以企业整体作为研究对象,创立了他的一般管理理论。

法约尔1916年问世的名著《工业管理与一般管理》,是他一生管理经验和管理思想的总结。他认为,他的管理理论虽然是以大企业为研究对象,但除了可应用于工商企业之外,还适用于政府、教会、慈善团体、军事组织以及其他各种事业。所以,人们一般认为法约尔是第一个概括和阐述一般管理理论的管理学家。他认为,管理理论是"指有关管理的、得到普遍承认的理论,是经过普遍经验并得到论证的一套有关原则、标准、方法、程序等内容的完整体系;有关管理的理论和方法不仅适用于公私企业,也适用于军政机关和社会团体"。这正是其一般管理理论基石。

他的理论概括起来大致包括以下内容:

(一)区别经营和管理

法约尔区别了经营和管理,他认为这是两个不同的概念,管理包括在经营之中。通过对企业全部活动的分析,法约尔指出,任何企业都存在着六种基本的活动(或者称之为企业的六项职能),而管理只是其中之一。法约尔将管理活动从经营活动中提炼处理,成为经营的第六项职能。企业的全部活动或者职能可以分为以下六种:① 技术活动(生产、制造、加工);② 商业活动(购买、销售、交换);③ 财务活动(筹集和最适当地利用资本);④ 安全活动(保护财产和人员);⑤ 会计活动(财产清点、资产负债表、成本、统计等);⑥ 管理活动(计划、组织、指挥、协调和控制)。

法约尔认为,不论企业是大还是小、是复杂还是简单,这六种活动(或者说基本职能)总是存在的。这些职能并不是相互割裂的,它们之间实际上相互联系、相互配合,共同组成一个有机系统来实现企业生存与发展的目的(如图 2-1 所示)。由于上述六种职能都需要具有相关方面的才能,而企业员工作为各个职能的具体执行者,则必须具备这些能力才能胜任上述职能。

法约尔开宗明义地将企业的共性摆出来,然后指出前五种活动都不负责制定企业的总经营计划,不负责建立社会组织、协调各方面的力量和行动,而这些至为重要的职能应属于管理。所以,他定义管理就是实行计划、组织、指挥、协调和控制。法约尔把管理活动与其他职能分开是独具慧眼的,这对以后管理思想的发展起着重要的作用,使得这一思想成为管理过程学派和组织理论的重要基础。

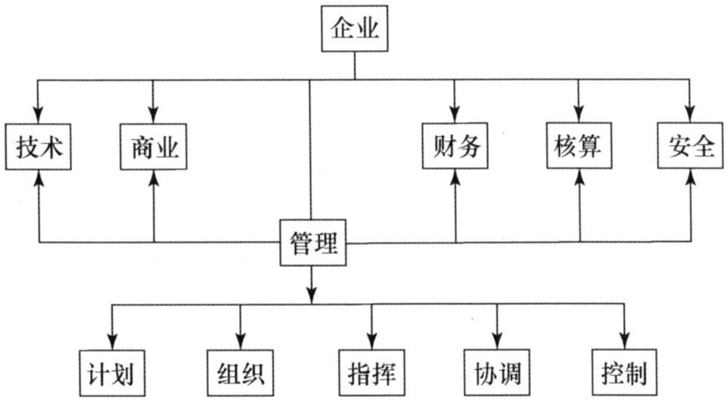

图 2-1 企业的六种职能之间的关系

(二)管理的职能

在区分了经营与管理的主要区别之后,法约尔又进一步指出,管理,就是实行计划、组织、指挥、协调和控制;计划,就是探索未来、制订行动计划;组织,就是建立企业的物质和社会的双重结构;指挥,就是使其人员发挥作用;协调,就是连接、联合、调和所有的活动及力量;控制,就是注意是否一切都按已制定的规章和下达的命令进行。因此,在法约尔看来,管理包括五项职能或者要素。

法约尔提出的管理的五项职能对现代管理学研究提出了总框架,对管理内涵的概括体现了全局性和战略性的特点。直到现在,管理学教材内容安排在很大程度上都基本遵循他的理论构架。

(三)管理的十四项原则

为了使管理者能很好地履行各种管理职能,法约尔提出了管理的十四项一般原则。

1. 劳动分工原则

法约尔认为,劳动分工属于自然规律的范畴,其目的是同样的劳动得到更多的东西。劳动分工不只适用于技术工作,而且毫无例外地适用于所有管理工作,应该通过分工来提高管理工作的效率。但是,法约尔又认为,劳动分工也是有限度的,经验与尺度感告诉我们,不应超出这些限度。

2. 权力与责任原则

有权力的地方,就有责任,权力与责任是互为依存、互为因果的,这就是著名的权力与责任相符的原则。权力是指"指挥他人的权以及促使他人服从的力",而责任则是随着权力而来的奖罚。法约尔认为,一个人在组织阶梯上的位置越高,明确其责任范围就越困难。要贯彻权力与责任相符的原则,就应该有有效的奖励和惩罚制度,即"应该鼓励有益的行动而制止与其相反行动”。这也是现在我们常常讲的权、责、利相结合的原则。

更为重要的是，法约尔将管理人员职位权力和个人权力划出了明确的界限。职位权力由个人的职位高低而来。任何人只要担任了某一职位，就须拥有一种职位权力。而个人权力则是由于个人的智慧、知识、品德及指挥能力等个性形成的。一个优秀的领导人必须兼有职位权力及个人权力，以个人权力补充职位权力。

3. 纪律原则

法约尔认为，纪律实际上是企业领导人同下属人员之间在服从、勤勉、积极、举止和尊敬方面所达成的一种协议。法约尔认为，纪律是一个企业兴旺发达的关键，没有纪律，任何一个企业都不能兴旺繁荣。法约尔还认为，纪律是领导人创造的，无论哪种社会组织，其纪律状况取决于领导人的道德状况。一般人在纪律不良时，总是批评下级。其实，不良的纪律来自不良的领导。高层领导人和下属一样，必须接受纪律的约束。纪律对于企业取得成功是绝对必要的。制定和维护纪律的最有效方法是各级都要有好的领导，尽可能有明确而公平的协定，并要合理地执行惩罚。

4. 统一指挥原则

统一指挥是指一个下级人员只能接受一个上级的命令。法约尔钦佩泰勒的时间研究与动作研究方面的卓越贡献，但他对泰勒提出的八个职能工长制提出了反对意见，认为这种双重命令甚至多重命令极易造成混乱。法约尔认为，统一指挥不仅是一条管理原则，而且是一条定律。双重命令对于权威、纪律和稳定性都是一种威胁。在工业、商业、军队、家庭和国家中，双重命令经常是冲突的根源。这些冲突有时非常严重，特别应该引起各级领导人的注意。

5. 统一领导原则

法约尔指出，“对于力求达到同一目的的全部活动，只能有一个领导人和一项计划。……人类社会和动物界一样，一个身体有两个脑袋，就是个怪物，就难以生存”，这就是指统一领导原则。这一条原则是表示对于达到统一目标的全部活动，只能有一个领导人和一项计划，这是统一行动、协调组织中一切力量和努力的必要条件。

统一领导原则讲的是，一个下级只能有一个直接上级。它与统一指挥原则不同，统一指挥原则讲的是，一个下级只能接受一个上级的指令。法约尔指出，人们通过统一领导来完善组织，而通过统一指挥来发挥人员的作用，统一指挥不能没有统一领导而存在，没有统一领导，就不可能有统一指挥；但是如果有统一的领导，也不足以保证统一的指挥。因此，统一领导原则讲的是组织机构设置的问题，即在设置组织机构的时候，一个下级不能有两个直接上级。而统一指挥原则讲的是组织机构设置以后运转的问题，即当组织机构建立起来以后，在运转的过程中，一个下级不能同时接受两个上级的指令。这两个原则之间既有区别，又有联系。

6. 个人利益服从整体利益的原则

对于这个原则，法约尔认为，这是一些人们都十分明白的原则，但是，往往“无知、贪婪、自私、懒惰以及人类的一切冲动总是使人为了个人利益而忘掉整体利益”，员工常常将个人利益凌驾于集体利益之上。为了能坚持这个原则，法约尔认为，成功的办法包括：领导人的坚定性和好的榜样；尽可能签订公平的协定；认真的监督。

7. 合理的人员报酬

法约尔认为，人员报酬首先“取决于不受雇主的意愿和所属人员的才能影响的一些情况，如生活费用的高低、可雇人员的多少、业务的一般状况、企业的经济地位等，然后再看人员的才能，最后看采用的报酬方式”。人员的报酬首先要考虑的是维持职工的最低生活消费和企业的基本经营状况，这是确定人员报酬的一个基本出发点。在此基础上，再考虑根据职工的劳动贡献来决定采用适当的报酬方式。对于各种报酬方式，法约尔认为，不管采用什么报酬方式，都应该能做到以下几点：保证报酬公平；奖励有益的努力和激发热情；不应有超过合理限度的过多的报酬。

8. 适当的集权与分权

分权是提高部下作用的重要性的做法，而集权则是降低这种作用的重要性的做法。作为管理的两种制度，它们本身是无所谓好坏的。法约尔认为，集权或分权的问题是一个简单的尺度问题，问题在于找到适合于该企业的最适度。在小型企业，可以由上级领导者直接把命令传到下层人员，所以权力就相对比较集中；而在大型企业里，在高层领导者与基层人员之间，还有许多中间环节，因此，权力就比较分散。

9. 等级制度和跳板原则

等级制度就是从最高权力机构直到低层管理人员的领导系列。而贯彻等级制度原则就是要在组织中建立这样一个不中断的等级链，这个等级链说明了两个方面的问题：一是它表明了组织中各个环节之间的权力关系，通过这个等级链，组织中的成员就可以明确谁可以对谁下指令，谁应该对谁负责。二是这个等级链表明了组织中信息传递的路线，即在一个正式组织中，信息是按照组织的等级系列来传递的。贯彻等级制度原则，有利于组织加强统一指挥原则，保证组织内信息联系的畅通。但是，一个组织如果严格地按照等级系列进行信息的沟通，则可能由于信息沟通的路线太长而使得信息联系的时间长，同时容易造成信息在传递的过程中失真。为了解决这个问题，方便信息沟通，法约尔提出了“跳板”原则，该原则在需要沟通的两个部门之间建立一个“跳板”，或称为“法约尔桥”。

法约尔用图来解释跳板原则。在一个等级制度表现为 I-A-S 双梯形式的企业里，假设要使它的 F 部门与 P 部门发生联系，就需要沿着等级路线攀登从 F 至 A 的阶梯，然后再从 A 下到 P。这之间，在每一级都要停下来。然后，再从 P 上升到 A，从 A 下降到 F，回到原出发点。如果通过 F-P 这一“跳板”，直接从 F 到 P，问题就简单多了(如图 2-2 所示)。

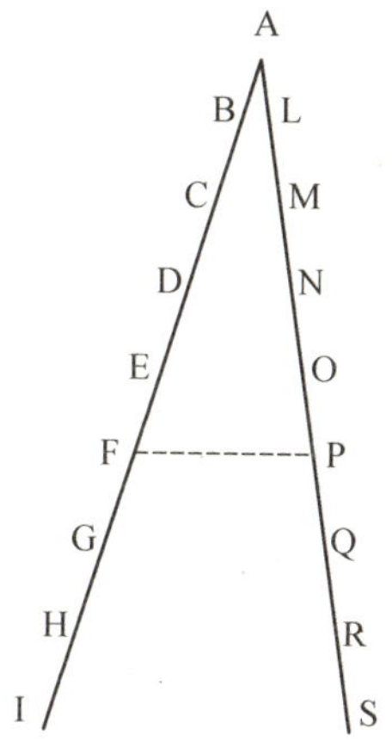

图 2-2 法约尔桥

只要F与P双方意见一致，而且他们的活动都得到了他们直接领导人的同意，这种直接关系就可以继续下去；他们的协作一旦中止，或他们的直接领导人不再同意了，这种直接关系就中断，而等级路线又恢复了原样。

法约尔认为，“跳板”原则简单、迅速，而且可靠，它减少了许多“文件旅行”，既维护了统一指挥原则，又大大地提高了组织的工作效率。但是，在实际工作中，违反“跳板”原则的现象屡见不鲜，而怕负责任是这种现象的主要原因，换句话说，领导人管理能力不够是违反“跳板”原则的主要原因。

10. 秩序原则

法约尔所指的秩序原则，既包括物品的秩序原则，又包括人的社会秩序原则。对于物品的秩序原则，他认为，每一件物品都有一个最适合它存放的地方，坚持物品的秩序原则就是要使每一件物品都在它应该放的地方。

对于人的社会秩序原则，他认为，每个人都有他的优点和缺点，贯彻社会秩序原则就是要确定适合每个人的能力发挥的工作岗位，然后使每个人都在最能使自己的能力得到发挥的岗位上工作。法约尔认为，为了能贯彻社会的秩序原则，首先要对企业的社会需要与资源有确切的了解，并保持两者之间的平衡；同时，要注意消除任人唯亲、偏爱徇私、野心奢望和无知等弊病。

11. 公平原则

法约尔把公平与公道区分开来。公道是实现已订立的协定。但这些协定不能什么都预测到，要经常地说明它，补充其不足之处。为了鼓励其所属人员能全心全意和忠诚地执行他的职责，应该以善意来对待他。公平就是由善意与公道产生的。也就是说，贯彻公道原则就是要按已定的协定办。但是在未来的执行过程中可能会因为各种因素的变化使得原来制定的“公道”的协定变成“不公道”的协定，从而不能充分地调动职工的劳动积极性。因此，在管理中要贯彻“公平”原则。所谓“公平”原则就是“公道”原则加上善意地对待职工。也就是说，在贯彻“公道”原则的基础上，还要根据实际情况对职工的劳动表现进行“善意”的评价。当然，在贯彻“公平”原则时，还要求管理者不能忽视任何原则，不忘掉总体利益，领导人应该充分发挥自己的能力，努力使公平感深入人心。

12. 人员的稳定原则

法约尔认为，一个人要适应他的新职位，并做到能很好地完成他的工作，就需要时间。按照这一原则，要使一个人的能力得到充分的发挥，就要使他在一个工作岗位上相对稳定地工作一段时间，使他能有一段时间来熟悉自己的工作、了解自己的工作环境。

一个人要适应新的工作，不仅要求他具备相应的能力，而且要给他一段相对稳定的工作时间，使他有可能来熟悉这项工作，并取得别人对他的信任；因为经验的积累和人脉的集聚是需要时间的，如果这个熟悉过程尚未结束便被指派从事其他的工作，其工作效率就会受到影响。这就是“人员的稳定原则”。法约尔特别强调指出，这条原则对于企业管理人员来说尤其重要。但是人员的稳定是相对的而不是绝对的，年老、疾病、退休、死亡等都会造成企业中人员的流动。对于企业来说，就是要掌握人员的稳定和流动的合适的度，既有利于员工的能力得到充分的发挥，又有利于保持企业的活力。

13. 首创精神

法约尔认为，想出一个计划并保证其成功是一个聪明人最大的快乐之一，这也是人类活动最有力的刺激物之一。这种发明与执行的可能性就是人们所说的首创精神。建议与执行的自主性也都属于首创精神。法约尔认为，人的自我实现需求的满足是激励人们的工作热情和工作积极性的最有力的刺激因素。对于领导者来说，需要极有分寸地，并要有某种勇气来激发和支持大家的首创精神。当然，纪律原则、统一指挥原则和统一领导原则的贯彻，会使得组织中人们的首创精神的发挥受到限制。

14. 人员的团结原则

全体人员的团结是企业的巨大力量。然而，人们往往由于管理能力的不足，或者由于自私自利，或者由于追求个人的利益等而忘记了集体的团结。为了实现团结，管理人员应避免使用可能导致分裂的分而治之的方法。此外，法约尔特别提出在组织中要禁止滥用书面联系。他认为，在处理一个业务问题时，用当面口述要比书面快，并且简单得多。另外，一些冲突、误会可以在交谈中得到解决。由此得出，每当可能时，应直接联系，这样更迅速、更清楚，并且更融洽。

管理原则是重要的，但又是灵活的。法约尔认为，原则的应用是一门很难掌握的艺术，它要求智慧、经验、判断和注意尺度。由经验和机智合成的掌握尺度的能力是管理者的主要才能之一。

法约尔指出："没有原则，人们就处于黑暗和混乱之中；没有经验与尺度，即使有最好的原则，人们仍然处于困惑不安之中。原则是灯塔，它能使人辨明方向；它只能为那些知道通往自己目的地道路的人所利用。"

（四）管理教育的重要性

法约尔强调了管理教育的必要性与可能性，认为管理知识和管理能力可以通过教育来获得。其理论根据是：管理是一种独立的适用于所有类型事业的活动；随着管理层级的不断上升，管理能力越重要；管理是能够传授的。因此，他认为在高等学校应该开设管理方面的课程。他还指出，当时"缺少管理教育"是由于"没有管理理论"，每一个管理者都按照他自己的方法、原则和个人的经验行事，但是谁也不曾设法使那些被人们接受的规则和经验变成普遍的管理理论。

（五）管理的普遍性

法约尔强调所有的机构（包括工业、商业、政治、宗教等任何机构）都需要实行管理。这种对管理"普遍性"的认识和实践，在当时是一个重大的贡献。因为他克服了狭隘的观点，不再把管理限于某一个范围，看成某一方面的活动。泰勒看到了企业中科学管理法和哲学思想的普遍性，法约尔则在更广泛的视野里看到管理活动的普遍性。法约尔的管理理论是概括性的，所涉及的是带普遍性的管理理论问题，其形式对象均是在极其普遍条件下有关管理的一般理论，所以更具理论性和一般性。由于它是能适用于各种事业的共同原理，人们便称之为"一般管理理论"。

法约尔的一般管理理论是西方古典管理思想的重要代表，后来成为管理过程学派的理论基础（该学派将法约尔尊奉为开山祖师），也是以后各种管理理论和管理实践的重要依据，对管理理论的发展和企业管理的历程均有着深刻的影响。管理之所以能够走进大学讲堂，全赖于法约尔的卓越贡献。一般管理思想的系统性和理论性强，对管理五大职能的分析为管理科学提供了一套科学的理论构架，来源于长期实践经验的管理原则给实际管理人员巨大的帮助，其中某些原则甚至以"公理"的形式为人们接受和使用。因此，继泰勒的科学管理理论之后，一般管理理论也被誉为管理史上的第二座丰碑。

三、马克斯·韦伯的组织理论

马克斯·韦伯

（Max Weber，1864—1920）

马克斯·韦伯（Max Weber），德国著名社会学家和哲学家。由于对西方古典管理理论的确立作出杰出贡献，他与亨利·法约尔、弗雷德里克·温斯洛·泰勒并称为西方古典管理理论的三位先驱。同时，由于在社会科学方面的突出贡献，他也与卡尔·马克思和爱米尔·杜尔凯姆被并列为现代社会学的三大奠基人。

韦伯出生于德国的一个富裕家庭，父亲是一名知名的政治家和公务员。其家庭有着相当广泛的社会关系，父亲的职业使家里充满了政治气氛，许多突出的学者和公众人物都经常造访家中。受到家庭环境的耳濡目染，年轻的韦伯表现出对研究社会科学的强烈兴趣。1882年韦伯进入海德堡大学学习法律，并先后就读于柏林大学和哥丁根大学。他受过三次军事训练，1888年参与波森的军事演习，因而对德国的军事生活和组织制度有相当的了解，这对他日后建立组织理论有相当大的影响。1889年他开始撰写中世纪商业公司的博士论文；1891年在柏林大学讲授法律；1894年获得海德堡大学的教授资格；1903年开始对新教伦理方面的研究；1905年出版了他的名著《新教伦理和资本主义精神》。在组织理论方面，除了《新教伦理和资本主义精神》外，还有《社会和经济组织理论》。他先后做过教授、政府顾问、编辑、著作家，对社会学、经济学、历史、宗教等领域的许多问题都有自己的观点和独到的见解。

韦伯的行政组织理论分成三个部分：

（一）理想的行政组织体系

行政组织体系又称为官僚政治或官僚主义，与汉语不同，它并不带有贬义。韦伯认为，理想的行政组织通过职务和职位来管理的，而不是通过传统的世袭地位来管理。要使行政组织发挥作用，管理应以知识为依据进行控制，管理者应有胜任工作的能力，应该依据客观事实而不是凭主观意志来领导，因而这是一个有关集体活动理性化的社会学概念。

韦伯的理想行政组织结构可分为三层，其中最高领导层相当于组织的高级管理阶层，行政官员相当于中级管理阶层，一般工作人员相当于基层管理阶层。企业无论采用何种组织结构，都具有这三层基本的原始框架。

至于“理想的行政组织体系”中所谓“理想的”，并不是指最合乎需要的，而是指组织“纯粹的”形态。在实际生活中，可能出现各种组织形态的结合或混合，但韦伯为了进行理论分析，需要描绘出一种理想的形态。作为一种规范、典型的理想的行政组织体系，有助于说明从小规模的创业性管理向大规模的职业性管理的过渡。其之所以是理想的，是因为它具有如下特性：

（1）任何机构组织都应有确定的目标。机构是根据明文规定的规章制度组成的，并具有确定的组织目标。人员的一切活动，都必须遵守一定的程序，其目的是为了实现组织的目标。

(2) 组织目标的实现,必须实行劳动分工。组织为了达到目标,把实现目标的全部活动都一一进行划分,然后落实到组织中的每个成员。在组织中的每个职位都有明文规定的权利和义务,这种权利和义务是合法化的,在组织工作的每个环节上,都是由专家来负责的。

(3) 按等级制度形成的一个指挥链。这种组织是一个井然有序且具有完整的权责对应的组织,各种职务和职位按等级制度的体系进行划分,每一级的人员都必须接受其上级的控制和监督,下级服从上级。但是他也必须对自己的行动负责,这样,作为上级来说必须对自己的下级拥有权力,发出下级必须服从的命令。

(4) 在人员关系上,表现为一种非人格化的关系,也就是说,他们之间是一种指挥和服从的关系。这种关系由不同的职位和职位的高低来决定,不是由个人来决定,而是由职位所赋予的权力所决定,个人之间的关系不能影响到工作关系。

(5) 承担每个职位的人都是经过挑选的,也就是说,必须经过考试和培训,接受一定的教育,获得一定的资格,由需要的职位来确定需要什么样的人来承担。人员必须是称职的,同时是不能随便免职的。

(6) 人员实行委任制,所有的管理人员都是任命的,而不是选举的(某些特殊的职位必须通过选举的除外)。

(7) 管理人员管理企业或其他组织,但他不是这些企业或组织的所有者。

(8) 管理人员有固定的薪金,并且有明文规定的升迁制度,有严格的考核制度。管理人员的升迁完全由他的上级来决定,下级不得表示任何意见,以防止破坏上下级的指挥系统。通过这种制度来培养组织成员的团队精神,要求他们忠于组织。

(9) 管理人员必须严格地遵守组织中的法规和纪律,这些规则不受个人感情的影响,而适用于一切情况,组织对每个成员的职权和协作范围都有明文规定,使其能正确地行使职权,从而减少内部的冲突和矛盾。

韦伯认为,他这种理想的行政组织是最符合理性原则的,其效率是最高的,在精确性、稳定性、纪律性和可靠性等方面都优于其他组织形式。而且这种组织形式适用于各种管理形式和大型的组织,包括企业、教会、学校、国家机构、军队和各种团体。

(二) 韦伯对权力的分类

韦伯指出,任何一种组织都必须以某种形式的权力为基础,才能实现其目标,只有权力才能变混乱为有序。如果没有这种形式的权力,其组织的生存都是非常危险的,就更谈不上实现组织的目标了,权力可以消除组织的混乱,使得组织的运行有秩序地进行。

韦伯把这种权力划分为三种类型。第一种是理性的、法定的权力。它是指依法任命,并赋予行政命令的权力。对这种权力的服从是依法建立的一套等级制度,这是对确认职务或职位的权力的服从。第二种是传统的权力。它是以古老的、传统的、不可侵犯的和执行这种权力的人的地位的正统性为依据的。第三种是超凡的权力。它是指这种权力是建立在对个人的崇拜和迷信的基础上的。

韦伯认为,这三种纯粹形态的权力中,传统权力的效率较差,因为其领导人不是按能力来挑选的,仅是单纯为了保存过去的传统而行事;超凡权力过于带感情色彩并且是非理性的,不是依据规章制度而是依据神秘或神圣的启示。所以,这两种权力都不宜作为行政组织体系的基础,只有理性和法律的权力(合法权力)才能作为行政组织的基础。因为理性的合法权力具有较多的优点,如:有明确的职权领域;执行等级系列;可避免职权的滥用；权力行使的多样性；等等。这样就能保证经营管理的连续性和合理性，能按照人的才干来选拔人才，并按照法定的程序来行使权力，因而是保证组织健康发展的最好的权力形式。

（三）理想的行政组织的管理制度

韦伯认为，管理就意味着以知识和事实为依据来进行控制。“领导者应在能力上胜任，应该依据事实而不是随意地来领导。”他指出：最纯粹的应用法定权力的形态是应用于一个行政组织管理机构的。只有这个组织的最高领导由于占有、被选或被指定而接任权力职位，才能真正发挥其领导作用。

这种类型的组织，在营利经济的企业里，或者在慈善机构或者任何其他追随个人的思想目的或者物质目的的企事业里，以及在政治的或者僧侣统治的团体里，都同样可以应用。例如，在私人诊所以及在修道院医院和教会医院里，其官僚体制在原则上是相同的。也就是说，典型地把“职务”工作和“私人”活动区分开来，都是典型的官僚体制的现象。同样，大的资本主义企业，而且企业越大情况越是如此，政党和官僚体制的军队的运作，也毫不逊色。

韦伯的理论在行政管理的组织机构中具有相当的先进性。作为现代社会学的奠基人，韦伯的观点对社会学家和政治学家都有着深远的影响。他研究了工业化对组织结构的影响，他不仅研究组织的行政管理，而且广泛地分析了社会、经济和政治结构。他在组织管理方面有关行政组织的观点是他对社会和历史因素引起复杂组织的发展的研究结果，也是其社会学理论的组成部分，因而在管理思想发展史上被人们称为组织理论之父。

古典管理理论是和当时的资本主义发展水平相联系的，为当时生产力的发展和社会的进步提供了强有力的理论武器。古典管理理论的建立奠定了现代管理理论的基础，对今天的企业管理仍然有着巨大的指导作用，古典管理理论对提高产量、提高生产和工作效率等方面具有不可替代的作用。但是随着社会的发展，人们发现古典管理理论并不能解决实践中所遇到的一切问题，尤其是古典管理理论对人性的研究没有深入进行，对人性的探索仅仅停留在“经济人”的范畴之内。古典管理理论没有把人作为管理的中心，没有把对人的管理和对其他事物的管理完全区别开来，马克斯·韦伯甚至把职员比作“机器上的一个齿牙”。而在现代管理实践中大量的问题是和人有关的，人也成为现代管理研究的中心课题。而正是因为对人性的深入探索，才使得现代管理理论丰富多彩。

而要真正发展出更加符合人性的管理理论，没有心理学的帮助是做不到的。恰在这时，许多心理学家加入了管理研究的行列。逐渐地，管理研究的前沿与中心，都从科学管理理论转到了行为科学理论上。

第3节　行为科学理论

行为科学的产生是生产力发展到一定阶段的必然结果，也是管理思想和管理理论发展的必然结果。

行为科学是由人际关系学说发展起来的，它和心理学有密切的关系，而现代的管理心理学和组织行为学是行为科学的主要组成部分。由于社会快速发展，人随着社会环境的变化而变化，所以对人性的探索和对人的行为的研究永远是必要的，也是没有穷尽的。今天的行为科学成为根深叶茂的学科都起源于梅奥以及霍桑实验对人性的探索。

一、霍桑实验与人际关系学说

从1924年开始，美国西方电气公司在芝加哥附近的霍桑工厂进行了一系列试验。其最初的目的是根据科学管理原理，探讨工作环境对劳动生产率的影响。从1924年开始到1932年结束，在将近8年的时间内，前后共进行过两个回合：第一个回合是从1924年11月至1927年5月，在美国国家科学委员会赞助下进行的；第二个回合是从1927年至1932年，由乔治·埃尔顿·梅奥(George Elton Mayo)主持进行的，持续多年对霍桑实验结果进行研究、分析。整个实验前后经过了四个阶段。

阶段一：车间照明实验。

乔治·埃尔顿·梅奥
(George Elton Mayo，1880—1949)

乔治·埃尔顿·梅奥(George Elton Mayo)，行为科学的奠基人，美国管理学家，原籍澳大利亚，早期的行为科学——人际关系学说的创始人，美国艺术与科学院院士。出生在澳大利亚的阿得雷德，20岁时在澳大利亚阿福雷德大学取得逻辑学和哲学硕士学位，应聘至昆士兰大学讲授逻辑学、伦理学和哲学。后赴苏格兰爱丁堡研究精神病理学，对精神上的不正常现象进行分析，从而成为澳大利亚心理疗法的创始人。

这一阶段在美国国家科学委员会赞助下进行，实验的目的是为了弄明白照明的强度对生产效率所产生的影响。这项实验前后共进行了两年半的时间。实验是在被挑选的两组绕线工人中间进行的，一组是实验组，一组是参照组，在实验过程中，实验组不断增加照明强度，而参照组的照明度始终保持不变。研究者企图通过这一实验，来发现照明的变化对生产效率的影响，但是实验结果显示，两组都在不断地提高产量。后来他们又采取了相反的措施，逐渐降低实验组的照明强度，合理把两名实验组的女工安排在单独的房间里劳动，使照明一再降低，一直降到几乎和月光亮度差不多，直到这个时候产量才开始下降。

据研究人员在这次实验结果的报告中说，这次实验的结果是两组的产量均大大增加了，而且增加量几乎都相等，两组的效率也几乎没有多大差异，纵然有一些微小的差异也是在许可的误差之内。因此，实验无法确定改善照明对于工作的效率有什么积极的影响。由于照明实验进行得并不成功，其结果令人感到迷惑不解，因此有许多人都退出了实验。

阶段二：继电器装配实验。

1927年梅奥接受了邀请，并组织了一批哈佛大学的教授会同电器公司的人员成立了一个新的研究小组，于是霍桑实验的第二阶段研究，即“福利实验”便开始了。“福利实验”的目的是为了能够找到更有效地控制影响职工积极性的因素。

为了能够找到更有效地控制影响职工积极性的因素，梅奥选出了6名女工，在单独的房间中从事装配继电器的工作。在实验过程中，不断地增加福利措施，例如缩短工作日，延长休息时间，免费供应茶点，等等。研究者原来设想这些福利措施能刺激工人生产的积极性，结果却并非如此。后来他们撤销了这些措施，按预想生产应该是下降的，但实际情况表明，生产不仅没有下降反而继续上升了。

在实验过程中，工人的劳动从生产现场转移到特殊的实验室中进行，由实验研究人员担任管理者，为他们创造了一个更为自由的工作环境。研究人员改变了传统严格的命令和控制方法，就各种项目的实验向工人提出建议、征询意见。工人的意见被积极地予以倾听，工人的身体状况和精神状况成为研究人员极为关心的事。这种可以自由地发表意见、得到关心的工作环境使得工人感觉到自己受到了重视，士气和工作态度也随之改进，从而促进了产量的变化。

经过深入的了解，研究人员认为，产量上升源于职工积极性的提高，这仍然是由于职工与研究者之间有一种的融洽的人际关系所致。这说明，调动职工的积极性，人际关系比福利措施更为重要。最后得出“改变监督与控制的方法能改善人际关系，能改进工人的工作态度，促进产量的提高”的结论。

阶段三：大规模的访谈计划。

既然实验表明管理方式与职工的士气和劳动生产率有密切的关系，那就应该了解职工对现有的管理方式有什么意见，从而为改进管理方式提供依据。于是梅奥等人制订了一个征询职工意见的访谈计划。在 1928 年 9 月到 1930 年 5 月不到两年的时间内，研究人员与工厂中的两万名左右的职工进行了访谈。在访谈前选择了一些规定的问题，主要是希望职工对管理当局的一些规划、管理的政策和工作的条件发表自己的意见。然而在执行计划的过程中，职工对这些问题根本不感兴趣，而对这些提纲以外的问题倒是大发意见。显然，对于什么是重要的事，工人与企业或研究人员的理解并不一致。于是研究小组对访谈计划作了调整，访谈者的任务就是让工人多讲话，即工人可以就任何一个问题自由地发表一番言论。这样一来，工人有了一个自由发表自己意见、发泄心头之气的机会，虽然工作条件或劳动报酬实际上并没有改变，但是工人普遍认为自己的处境比以前好了。

根据这些分析，研究人员认识到，工人由于关心自己个人问题而会影响到工作的效率。所以管理人员应该了解工人的这些问题。为此，需要对管理人员，特别是要对基层的管理人员进行训练，使他们成为能够倾听并理解工人的访谈者，能够重视人的因素，在与工人相处时更为热情、更为关心他们，这样能够促进人际关系的改善和职工士气的提高。

阶段四：继电器绕线组的工作室实验。

这是一项关于工人群体的实验。研究人员为了系统地观察在实验群体中工人之间的相互影响，在车间中挑选了 14 名男职工，其中，有 9 名绕线工、3 名焊接工、2 名检验工，让他们在一个单独的房间内工作。

实验开始时，研究人员向工人说明，他们可以尽力地工作，因为在这里实行的是计件工资制。研究人员原以为，实行了这一套办法会使职工更为努力地工作，然而结果却是出乎意料的。事实上，工人实际完成的产量只是保持在中等水平上，而且每个工人的日产量都是差不多的。根据动作和时间分析，每个工人应该完成标准的定额为 7312 个焊接点，但是工人每天只完成了 6000～6600 个焊接点就不干了，即使离下班还有较为宽裕的时间，他们也自行停工不干了。这是什么原因呢？研究者通过观察了解到，工人们自动限制产量的理由是：如果他们过分努力地工作，就可能造成其他同伴的失业，或者公司会制定出更高的生产定额来。

研究人员为了了解他们之间能力的差别，还对实验组的每个人进行了灵敏度和智力测验，发现3名生产最慢的绕线工在灵敏度的测验中得分是最高的。其中1名最慢的工人在智力测验上是排行第一，灵敏度测验排行第三。测验的结果和实际产量之间的这种关系使研究者联想到群体对这些工人的重要性。1名工人可以因为提高他的产量而得到小组工资总额中较大的份额，而且减少失业的可能性，然而这些物质上的报酬却会带来群体非难的惩罚，因此，每天只要完成群体认可的工作量就可以相安无事了。即使在一些小的事情上也能发现工人之间有着不同的派别。绕线工就一个窗户的开关问题常常发生争论，久而久之，就可以看出他们之间不同的派别了。研究人员通过观察发现，在他们之间有时会相互交换自己的工作，或者彼此之间相互帮忙。虽然这是有违公司规定的，但是这种行为却大大地增进了他们的友谊，有时却也促成了他们之间的怨恨，谁喜欢谁，都可以因此表现出来。

因此，研究者发现，这种自然形成的非正式组织（群体），它的职能，对内在于控制其成员的行为，对外则为了保护其成员，使之不受来自管理阶层的干预。这种非正式的组织一般都存在着自然形成的领袖人物。

以上是霍桑实验的主要经过。霍桑实验的结果由梅奥于1933年正式发表，书名是《工业文明中的人的问题》，这标志着人际关系学说（也就是行为科学的前身）的建立。

通过霍桑实验，人们终于发现人群中的一些内部规律，为解决当时资本主义的社会问题提供了一条较好的思路。霍桑实验的研究结果否定了传统管理理论对于人的假设，表明了工人不是被动的、孤立的个体，他们的行为不仅仅受工资的刺激，影响生产效率的最重要因素不是待遇和工作条件，而是工作中的人际关系。据此，梅奥提出了自己的观点：

1. 工人是“社会人”而不是“经济人”

科学管理把人当作“经济人”来看待，认为金钱是刺激人的积极性的唯一动力。而梅奥则认为，人们的行为并不单纯出自追求金钱的动机，还有社会方面的、心理方面的需要，即追求人与人之间的友情、安全感、归属感和受人尊敬等，而后者更为重要。每一个人都有自己的特点，个体的观点和个性都会影响个人对上级命令的反应和工作的表现。因此，应该把职工当作不同的个体来看待，当作社会人来对待，而不应将其视作无差别的机器或机器的一部分。因此，不能单纯从技术和物质条件着眼，而必须首先从社会心理方面考虑合理的组织与管理。

2. 企业中存在着非正式组织

企业中除了存在正式组织之外，还存在着非正式组织。所谓正式组织，是指为了有效地实现企业目标，依据企业成员的职位、责任、权力及其相互关系进行明确划分而形成的组织体系。非正式群体就是企业成员在共同工作的过程中，由于抱有共同的社会感情而形成的非正式团体。这种非正式组织的作用在于维护其成员的共同利益，使之免受其内部个别成员的疏忽或外部人员的干涉所造成的损失。为此，非正式组织中有自己的核心人物和领袖，有大家共同遵循的观念、价值标准、行为准则和道德规范等。

非正式组织是与正式组织相对而言的。梅奥指出，任何一个机构里，在正式的法定关系掩盖下都存在着大量非正式群体构成的更为复杂的社会关系体系。非正式组织对于生产效率、工作满意度都具有强大的影响。非正式组织与正式组织有重大差别，在正式组织中，以效率逻辑为其行为规范，而在非正式组织中，则以感情逻辑为其行为规范，如果管理人员只是根据效率逻辑来管理，而忽略工人的感情逻辑，必然会引起冲突，影响企业生产率的提高和目标的实现。

梅奥根据霍桑实验的材料指出，非正式组织的存在尽管带来种种弊端，但也可以为雇员和组织带来许多好处。首先，这些混杂在正式组织中的非正式组织构成一个有效能的总体组织系统。梅奥认为，在瞬息万变的情况下，官方正式的计划与对策缺乏灵活性，因而不可能随机制宜地解决纷至沓来的具体问题。而恰恰是这些可以灵活应变的非正式组织能够满足这些需要。其次，非正式组织能减轻管理工作的负担。非正式组织的配合导致管理者放手委托并实行分权。一般来说，非正式团体对管理人员的支持，很可能导致更融洽的协调配合和更高的生产效率，从而有助于工作任务的圆满完成。再次，非正式组织还具有一种为管理人员拾遗补阙、取长补短的作用。如果管理者不擅长制订计划，就会有人以非正式的方式在计划工作中帮助他，从而即使在这方面有弱点的管理人员也能制订出翔实的计划。

因此，管理当局必须重视非正式组织的作用，注意在正式组织效率逻辑与非正式组织的感情逻辑之间保持平衡，以便管理人员与工人之间能够充分协作。一是要正视和重视非正式组织的存在；二是应对非正式组织及其成员的行为加以正确的引导，使之有利于正式组织目标的实现。如果管理人员懂得了工作中的社会力量，他在设计自己的正式组织及在进行计划、领导和控制的过程中就能做得更为巧妙些。

3. 新的领导能力在于提高工人的满意度

在决定劳动生产率的诸因素中，置于首位的因素是工人的满意度，而生产条件、工资报酬只是第二位的。职工的满意度越高，其士气就越高，从而产生的效率就越高。高的满意度来源于工人个人需求的有效满足，不仅包括物质需求，还包括精神需求。梅奥和蒙特斯伯格所建立的人际关系学说，提出了与当时流行的泰勒科学管理思想不同的一些新观点。

科学管理认为，生产效率主要取决于作业方法、工作条件和工资制度。因此，只要采用恰当的工资制度，改善工作条件，制定科学的作业方法，就可以提高工人的劳动生产率。梅奥认为，生产效率的高低主要取决于工人的士气，而工人的士气则取决于他们感受到各种需要的满足程度。在这些需要中，金钱与物质方面的需要只占很少的一部分，更多的是获取友谊、得到尊重或保证安全等方面的社会需要。因此，要提高生产率，就要提高职工的士气，而提高职工士气就要努力提高职工的满足程度。所以，新型的管理人员应该认真地分析职工的需要，不仅解决工人生产技术或物质生活方面的问题，还要掌握他们的心理状态，了解他们的思想情绪，以便采取相应的措施。这样才能适时、充分地激励工人，达到提高劳动生产率的目的。

二、行为科学理论

20 世纪 30 年代以前，很多管理学派对管理方法的研究都是以“事”为中心，忽视了对人的研究。霍桑试验的结论开始改变人们的传统看法，随着时间的推移，其影响也逐步扩大。20 世纪 30 年代，美国国会通过了“全国劳动关系法”，企业中工会相继成立，劳资关系和力量对比发生了显著变化。一些企业建立了专门的机构，负责研究合格处理“工业关系”，一些大学也开始设立相应的课程，传播和研究人际关系学说。人际关系学说及其观点也逐渐步入企业。1948 年，美国成立了全国性的“工业管理研究会”。

1949 年，在美国芝加哥的一次跨学科的科学会议上，有人提议用一个统一的名称来概括有关企业人性的研究，以促进这类研究的发展。在比较了很多种提议后，与会者普遍赞同使用“行为科学”这个概念，行为科学因此被正式命名。会后，福特基金会成立了“行为科学部”，1950 年又建立了“行为科学高级研究中心”，并在 1953 年拨款委托哈佛大学、斯坦福大学、芝加哥大学、密执安大学等从事行为科学研究。洛克菲勒基金会、卡内基基金会也相继拨款支持这一研究。1956 年，《行为科学》杂志在美国创刊。自此以后，许多管理学家、社会学家、心理学家开始从各自的角度展开了对人的行为的研究，形成了一系列的理论，使得行为科学成为现代西方管理理论的一个重要学派。

按照美国管理百科全书的定义，行为科学是运用自然科学的实验和观察方法，研究自然和社会环境中人的行为以及低级动物行为的科学，已经确认的学科包括心理学、社会学、社会人类学和其他学科类似的观点和方法。按照这一定义，行为科学的应用范围几乎涉及人类活动的一切领域，形成了众多的分支学科，如组织管理行为学、医疗行为学、犯罪行为学、政治行为学、行政行为学等等。

狭义的行为科学，又称组织行为学，是指在人群关系学说的基础上形成的管理科学中的一门学科。它应用心理学、社会学、人类学及其他相关学科的成果，着眼于一定组织中的人的行为研究，重视人际关系、人的需要、人的作用和人力资源的开发利用。这一学科的出现对管理科学的发展产生了重要的影响：使其由以“事”与“物”为中心的管理发展到以“人”为中心的管理；由靠监督与纪律的管理发展到动机激发、行为引导的管理；由独裁式管理发展到参与式管理。狭义的行为科学的研究通过研究生产和工作环境中人的行为，旨在提高生产和工作效率，已成为现代管理科学的支柱之一。

目前，行为科学的主要研究内容包括：一是个体行为研究，是行为科学分析研究企业组织中人们行为的基本单元。在个体行为这个层次中，行为科学主要是用心理学的理论和方法研究两大类问题：一类是影响个体行为的各种心理因素；另一类是关于个性的人性假说。二是动机与激励理论。社会心理学家和行为科学家认为，人的行为都是由动机引起的，而动机是由于人们本身内在的需要而产生的，能满足人的需求活动本身就是一种奖励。三是群体行为研究。群体行为在组织行为学中是一个重要的问题，它主要探讨群体是一种非正式组织、群体的特征、群体的内聚力等。四是组织行为。行为科学家认为，一个人的一生大部分时间是在组织环境中度过的。人们在组织中的行为即称为组织行为，它建立在个体行为和群体行为的基础上。通过对人的本性和需要、行为动机及在生产组织中人与人之间的关系的研究，总结出人类在生产中行为的规律。

第 4 节　第二次世界大战后管理理论的发展

第二次世界大战结束后，世界进入了一个相对缓和的时代，世界政治形势趋于稳定，许多国家都把注意力转移到经济建设上来，社会经济发展出现了许多新的变化，生产社会化程度日益加强，许多复杂产品和现代化工程需要组织大规模的分工协作才能完成，经济增长和企业繁荣迫切需要相关管理理论的指导。越来越多的学者开始对管理学进行研究。

一、管理理论的丛林

从管理学的诞生之日起，直到 20 世纪 60 年代初期，一些社会学家、物理学家、生物学家、人类学家、计量学家、数学家、政治学家、工商管理学家等都对管理理论的研究产生了极大的兴趣，纷纷投入管理理论研究的热潮之中，许多管理学著作纷纷出现。个人的观点和人生经历的不同，个人的世界观和使用方法论的不同，心理、行为的多样性和对客观事物认识的深度、广度不同，以及客观环境的多变性，使得管理大师们在一定历史条件下所形成的管理思想、管理理论不同，所采用的管理方法也就不同。这样就形成了不同的管理流派，促使了管理理论丛林的产生。

1961 年，哈罗德·孔茨（Horold Koontz）在《管理学会杂志》发表《管理理论的丛林》一文，认为管理理论已出现一种众说纷纭、莫衷一是的乱局，管理理论还处在一个不成熟的青春期。孔茨把各种管理理论分成六个主要学派，这就是管理理论丛林理论的提出。1980 年孔茨又撰文《再论管理理论丛林》，把流行的管理理论学派划分为十一大学派，并分析了学派林立的原因。由此，孔茨又被称为“穿梭在管理丛林中的游侠”。

1. 管理过程学派

管理过程学派是在法约尔一般管理理论的基础上发展起来的。该学派的主要观点是：管理是一个过程，是由一些基本步骤（如计划、组织、控制等职能）所组成的独特过程。该学派注重把管理理论、管理者的职能和工作过程联系起来，目的在于分析过程，从理论上加以概括，确定出一些管理的基本原理、原则和职能。由于过程是相同的，从而使实现这一过程的原理与原则具有普遍适用性。

哈罗德·孔茨
(Harold Koontz，1908—1984)

哈罗德·孔茨（Harold Koontz），美国管理学家，管理过程学派的主要代表人物之一。1908 年 5 月 19 日出生于美国俄亥俄州的芬雷，1935 年获得耶鲁大学博士学位。以后在美欧各国讲授管理学，并在美国、荷兰、日本等国的大公司中做咨询工作，曾担任美国管理学会会长、美国加利福尼亚管理研究院任管理学的名誉教授。他从 1941 年开始陆续出版了多部著作和发表了多篇论文，其主要代表著作有《管理学原理》《管理理论丛林》《再论管理理论丛林》等。

2. 人际关系学派

这个学派认为，既然管理就是让别人或同别人一起去把事情办好，那么，就必须以人与人之间的关系为中心来研究管理问题。这个学派把社会科学方面已有的和新近提出的有关理论、方法和技术用来研究人与人之间以及个人的各种现象，从个人的个性特点到文化关系，范围广泛，无所不包。这个学派的学者大多数都受过心理学方面的训练，他们注重个人，注重人的行为的动因，把行为的动因看成一种社会心理学现象。

3. 群体行为学派

这一学派是从人类行为学派中分化出来的，因此与人际关系学派关系密切，甚至易于混同。其代表人物有，道格拉斯·麦格雷戈（Douglas M · Mc Gregor）、克瑞斯·阿吉里斯（Chris Argyris）、库尔特·勒温（Kurt Lewin）等。

与人际关系学派不同的是，群体行为学派关心的主要是群体中人的行为，而不是人际关系。它以社会学、人类学和社会心理学为基础，而不以个人心理学为基础。它着重研究各种群体行为方式。从小群体的文化和行为方式，到大群体的行为特点，都在它研究之列。它也常被叫作“组织行为学”。“组织”一词在这里可以表示公司、政府机构、医院或其他任何一种事业中一组群体关系的体系和类型。有时则按切斯特·巴纳德的用法，用来表示人们之间的协作关系。而所谓正式组织则是指一种有着自觉的精心筹划的共同目的的组织。克里斯·阿吉里斯甚至用“组织”一词来概括“集体事业中所有参加者的所有行为”。

4. 经验主义学派

经验主义学派的代表人物是美国的彼得·德鲁克，其代表作有《管理的实践》、《有效的管理者》等。该学派主张通过分析管理者的实际管理经验或案例来研究管理学问题。他们认为，成功的组织管理者的经验和一些成功的大企业的做法是最值得借鉴的。因此，他们重点分析许多组织管理人员的经验，然后加以概括和总结，找出他们成功经验中具有共性的东西，然后使其系统化、理论化，并据此为管理人员提供在类似情况下采取有效的管理策略和技能，以达到组织的目标。

5. 社会系统学派

社会系统学派的代表人物是美国著名的管理学家切斯特·巴纳德(Chester I. Barnard，1886—1961)。1938年，他发表了《经理的职能》一书，在这本著作中，他对组织和管理理论的一系列基本问题都提出了与传统组织和管理理论完全不同的观点。他认为，组织是一个复杂的社会系统，应从社会学的观点来分析和研究管理的问题。由于他把各类组织都作为协作的社会系统来研究，后人把由他开创的管理理论体系称作社会系统学派。

6. 社会技术系统学派

社会技术系统学派是在社会系统学派的基础上进一步发展而形成的。其创始人是特里司特(E. L. Trist)及其在英国塔维斯托克研究所中的同事。他们通过对英国煤矿中长壁采煤法生产问题的研究发现，仅仅分析企业中的社会方面是不够的，还必须注意其技术方面。社会技术系统学派的大部分著作都集中于研究科学技术对个人、群体行为方式，以及组织方式和管理方式等的影响，因此，特别注重于工业工程、人—机工程等方面问题的研究。社会技术系统学派认为，组织既是一个社会系统，又是一个技术系统，并非常强调技术系统的重要性，认为技术系统是组织同环境进行联系的中介。

7. 系统管理学派

系统管理学派侧重以系统观点考察组织结构及管理基本职能，其代表人物是弗里蒙特·卡斯特(Fremont E. Kast)、詹姆斯·罗森茨韦克(James E. Rosenzweig)。

该学派强调运用系统的观点，全面考察与分析研究企业和其他组织的管理活动、管理过程等，以便更好地实现企业的目标。他们认为，组织是由人们建立起来的相互联系和共同工作着的要素所构成的系统。其中，这些要素可称为子系统，子系统之间既相互独立，又相互作用、不可分割，从而构成一个整体，这些系统还可以继续分为更小的子系统。系统的运行效果是通过各个子系统相互作用的效果决定的。如果运用系统观点来考察管理的基本职能，可以把企业看成一个投入——产出系统，投入的是物资、劳动力和各种信息，产出的是各种产品(或服务)。运用系统观点使管理人员不至于只重视某些与自己有关的特殊职能而忽视了大目标，也不至于忽视自己在组织中的地位与作用，可以提高组织的整体效率。

8. 决策理论学派

决策理论学派的主要代表人物是1978年的诺贝尔经济学奖获得者、美国管理学家赫伯特·西蒙(Herbert Alexander Simon，1916—2001)。其主要观点是：管理就是决策，决策贯穿于整个管理过程；决策分为程序化决策和非程序化决策，二者的解决方法一般不同；信息本身以及人们处理信息的能力都是有一定限度的，现实中的人或组织都只是“有限理性”而不是“完全理性”的；决策一般基于“满意原则”而非“最优原则”；组织设计的任务就是建立一种制定决策的“人—机系统”。该学派重点研究决策理论，片面地强调决策的重要性，但决策不是管理的全部。

9. 管理科学学派

管理科学学派，也称计量管理学派、数量学派。埃尔伍德·斯潘赛·伯法(Elwood Spencer Buffa)是该学派的代表人物之一。该学派认为，由于管理全过程(计划、组织、控制)的工作是一个合乎逻辑的过程，解决复杂系统的管理决策问题，可以用电子计算机作为工具，寻求最佳计划方案，以达到企业的目标。管理科学其实就是管理中的一种数量分析方法，它主要用于解决能以数量表现的管理问题。其作用在于通过管理科学的方法，减少决策中的风险，提高决策的质量，保证投入的资源发挥最大的经济效益。

10. 权变理论学派

权变理论学派是20世纪60年代末70年代初在美国经验主义学派基础上进一步发展起来的管理理论。其代表人物有弗雷德·卢桑斯(Fred Luthans)、弗雷德·菲德勒(Fred E. Fiedler)、艾尔弗雷德·钱德勒(Alfred D. Chandler)等。

以往的管理理论，如科学管理理论、行为科学理论等，主要侧重于研究加强企业内部组织的管理，而且大多都在追求普遍适用的、最合理的模式与原则，而这些管理理论在解决企业面临瞬息万变的外部环境时又显得无能为力。而权变理论认为，在组织管理中要根据组织所处的环境和内部条件的发展变化随机应变，没有什么一成不变、普遍适用、“最好的”管理理论和方法。权变管理就是依托环境因素和管理思想及管理技术因素之间的变数关系来确定的一种最有效的管理方式。20世纪70年代，权变理论在美国兴起，受到广泛的重视。

11. 经理角色学派

经理角色学派的代表人物是亨利·明茨伯格(Henry Mintzberg)。它之所以被人们称作经理角色学派，是由于它以对经理所担任角色的分析为中心来考虑经理的职务和工作，以求提高管理效率。该学派所指的“经理”，是指一个正式组织或组织单位的主要负责人，拥有正式的权力和职位。而“角色”这一概念是从舞台的术语中借用的，是指属于一定职责或地位的一套有条理的行为。该学派对经理工作的特点、所担任的角色、工作目标以及经理职务类型的划分、影响经理工作的因素及提高经理工作效率等重点问题进行了考察与研究。

孔茨一再提到要清理管理理论的丛林，并且提出了清理丛林的多种方法，以一种积极的态度缩短管理实践学派们和大学学派们之间不断扩大的距离。孔茨逝世以后，他的合作者韦立克在修改管理学教科书时，不仅没有消除或者减少学派林立的现状，反而又在孔茨讲过的11个学派之外又增加了几个，丛林更加茂密了。

二、20世纪80年代后的管理思潮

20世纪80年代以后，世界经济环境的发展变化，科学技术尤其是信息技术的突破性进展和较大范围的应用，市场竞争的日趋激烈和国际化，使得管理学在管理思想、方法、手段和组织等诸多方面都有重大发展。一些新的管理思想和管理理论开始受到越来越多的重视。

1. 学习型组织

学习型组织(Learning Organization)最初的构想源于美国麻省理工大学佛瑞斯特教授(Jay Forrester)。他是一位杰出的技术专家，是20世纪50年代早期世界第一部通用电脑“旋风”创制小组的领导者。他开创的系统动力学是提供研究人类动态性复杂的方法。1965年，他发表了一篇题为《企业的新设计》的论文，运用系统动力学原理，非常具体地构想出未来企业组织的理想形态——层次扁平化、组织信息化、结构开放化，逐渐由从属关系转为工作伙伴关系，不断学习，不断重新调整结构关系。这是关于学习型企业的最初构想。

彼得·圣吉(Peter M. Senge)是学习型组织理论的奠基人。作为佛瑞斯特的学生，他一直致力于研究以系统动力学为基础的更理想的组织。他用了近10年的时间对数千家企业进行研究和案例分析，于1990年完成其代表作《第五项修炼——学习型组织的艺术与实务》。他指出，现代企业所欠缺的就是系统思考的能力。它是一种整体动态的搭配能力，因为缺乏它而使得许多组织无法有效学习。之所以会如此，正是因为现代组织分工、负责的方式将组织切割，而使人们的行动与其时空上相距较远。当不需要为自己行动的结果负责时，人们就不会去修正其行为，也就是无法有效地学习。

彼得·圣吉认为，为应对剧烈变化的外部环境，企业应建立学习型组织。组织应力求精简、扁平化、弹性因应、终生学习、不断自我组织再造，以维持竞争力。知识管理是建设学习型组织的最重要的手段之一。

彼得·圣吉进一步指出，学习型组织应包括五项要素：① 建立共同愿景(Building Shared Vision)，愿景可以凝聚公司上下的意志力，透过组织共识，大家努力的方向一致，个人也乐于奉献，为组织目标奋斗；② 团队学习(Team Learning)，团队智慧应大于个人智慧的平均值，以作出正确的组织决策，透过集体思考和分析，找出个人弱点，强化团队向心力；③ 改变心智模式(Improve Mental Models)，组织的障碍，多来自个人的旧思维，例如固执己见、本位主义，唯有透过团队学习，才能改变心智模式，有所创新；④ 自我超越(Personal Mastery)，个人有意愿投入工作，专精工作技巧的专业，个人与愿景之间有种“创造性的张力”，正是自我超越的来源；⑤ 系统思考(System Thinking)，应透过资讯搜集，掌握事件的全貌，以避免见树不见林，培养综观全局的思考能力，看清楚问题的本质，有助于清楚了解因果关系。

2. 精益生产

精益生产(Lean Production，简称LP)是美国麻省理工学院数位国际汽车计划组织(IMVP)的专家对日本丰田公司准时化生产方式(Just In Time，JIT)的赞誉称呼。

精益生产方式源于丰田生产方式，是由美国麻省理工学院组织世界上17个国家的专家、学者，花费5年时间，耗资500万美元，以汽车工业这一开创大批量生产方式和精益生产方式JIT的典型工业为例，经理论化后总结出来的。精益生产方式的优越性不仅体现在生产制造系统，同样也体现在产品开发、协作配套、营销网络以及经营管理等各个方面，精益生产方式的基本思想可以用一句话来概括，即：Just In Time(JIT)，中文意思是“旨在需要的时候，按需要的量，生产所需的产品”。因此，有些管理专家也称精益生产方式为JIT生产方式、准时制生产方式、适时生产方式或看板生产方式。其核心思想包括：① 追求零库存。精益生产是一种追求无库存生产，或使库存达到极小的生产系统，为此而开发了包括“看板”在内的一系列具体方式，并逐渐形成了一套独具特色的生产经营体系。② 追求快速反应，即快速应对市场的变化。为了快速应对市场的变化，精益生产者开发出了细胞生产、固定变动生产等布局及生产编程方法。③ 企业内外环境的和谐统一。精益生产方式成功的关键是把企业的内部活动和外部的市场(顾客)需求和谐地统一于企业的发展目标。④ 人本位主义。精益生产强调人力资源的重要性，把员工的智慧和创造力视为企业的宝贵财富和未来发展的原动力。⑤ 库存是“祸根”。高库存是大量生产方式的特征之一。由于设备运行的不稳定、工序安排的不合理、较高的废品率和生产的不均衡等原因，常常出现供货不及时的现象，库存被看作必不可少的“缓冲剂”。但精益生产则认为，库存是企业的“祸害”，库存提高了经营的成本，也掩盖了企业存在的问题。

关于JIT的更多介绍，请参见第13章。

3. 全面质量管理

全面质量管理(Total Quality Management，TQM)，就是一个组织以质量为中心，以全员参与为基础，目的在于通过让顾客满意和本组织所有成员及社会受益而达到长期成功的管理途径。

最早提出全面质量管理概念的是美国通用电器公司质量管理部的部长阿曼德·费根堡姆(Armand Vallin Feigenbaum)博士和质量管理专家约瑟夫·朱兰(Joseph M. Juran)。他们认为，“全面质量管理是为了能够在最经济的水平上，并考虑到充分满足客户要求的条件下进行生产和提供服务，把企业各部门在研制质量、维持质量和提高质量的活动中构成为一体的一种有效体系”。

20世纪60年代初，美国一些企业根据行为管理科学的理论，在企业的质量管理中开展了依靠职工“自我控制”的“无缺陷运动”(Zero Defects)，日本在工业企业中开展质量管理小组(Q. C. Circle/Quality Control Circle)活动行，使全面质量管理活动迅速发展起来。到1970年，质量管理已经逐步渗透到了全日本企业的基层。从20世纪70年代开始，日本企业从质量管理中获得巨大的收益，充分认识到了全面质量管理的好处。日本人开始将质量管理当作一门科学来对待，并广泛采用统计技术和计算机技术进行推广和应用，全面质量管理在这一阶段获得了新的发展。随着全面质量管理理念的普及，越来越多的企业开始采用这种管理方法。1986年，国际标准化组织ISO把全面质量管理的内容和要求进行了标准化，并于1987年3月正式颁布了ISO 9000系列标准，这是全面质量管理发展的第三个阶段。因此，我们通常所熟悉的ISO 9000系列标准实际上是对原来全面质量管理研究成果的标准化。

全面质量管理是一种预先控制和全面控制制度。它的主要特点就在于“全”字，它包含三层含义：一是管理的对象是全面的；二是管理的范围是全面的；三是参加管理的人员是全面的。

4. 业务流程再造

业务流程再造(Business Process Reengineering,BPR),也译为业务流程重组或者企业流程再造,是20世纪90年代由美国麻省理工学院的计算机教授迈克尔·哈默(Michael Hammer)和CSC管理顾问公司董事长詹姆斯·钱皮(James Champy)提出的。他们认为,业务流程再造就是"为了飞跃性地改善成本、质量、服务、速度等现代企业的主要运营基础,必须对工作流程进行根本性的重新思考并彻底改革"。简单地说,企业"再造"就是重新设计和安排企业的整个生产、服务和经营过程,使之合理化,通过对企业原来生产经营过程的各个方面、每个环节进行全面的调查研究和细致分析,对其中不合理、不必要的环节进行彻底的变革。

1993年,在他们联手著出的《公司重组——企业革命宣言》一书中,哈默和钱皮指出,200年来,人们一直遵循亚当·斯密的劳动分工的思想来建立和管理企业,即注重把工作分解为最简单和最基本的步骤。20世纪六七十年代以后,信息技术革命使企业的经营环境和运作方式发生了很大的变化,而西方国家经济的长期低增长又使得市场竞争日益激烈,企业面临着严峻挑战。在这种环境下,应围绕这样的概念来建立和管理企业,即把工作任务重新组合到首尾一贯的工作流程中去。它的基本思想就是:必须彻底改变传统的工作方式,也就是彻底改变传统的自工业革命以来按照分工原则把一项完整的工作分成不同部分,由各自相对独立的部门依次进行工作的工作方式。

5. 核心能力理论

在竞争的环境中,为什么有的企业能长盛不衰,有的只能成功一时,有的企业却连一点成功的机会都没有?1990年,有学者提出了"核心能力"的概念,对上述问题提供了一个全新的答案。认为企业要在竞争中保持长期主动性,就必须培育自己的核心能力。具有核心竞争力的企业能在长时期内保持超过同行业平均水平的投资回报率,是因为核心竞争力能为企业创造出可持续性的竞争优势,使企业能在竞争中保持长期主动性。

核心能力(Core competence),也称核心竞争力,是在1990年由加里·哈默尔(Gary Hamel)和普拉哈拉德(C. K. Prahalad)在《哈佛商业评论》上发表的《企业核心能力》(The Core Competence of the Corporation)一文中提出的。他们认为,随着世界的发展变化、竞争加剧、产品生命周期的缩短以及全球经济一体化的加强,企业的成功不再归功于短暂的或偶然的产品开发或灵机一动的市场战略,而是企业核心能力的外在表现。按照他们给出的定义,核心能力是能使公司为客户带来特殊利益的一种独有技能或技术。

根据麦肯锡咨询公司的观点,所谓核心能力,是指某一组织内部一系列互补的技能和知识的结合,它具有使一项或多项业务达到竞争领域一流水平的能力。核心能力由洞察预见能力和前线执行能力构成。洞察预见能力主要来源于科学技术知识、独有的数据、产品的创造性、卓越的分析和推理能力等;前线执行能力产生于这样一种情形,即最终产品或服务的质量会因前线工作人员的工作质量而发生改变。企业核心能力是企业的整体资源,它涉及企业的技术、人才、管理、文化和凝聚力等各方面,是企业各部门和全体员工的共同行为。

虽然不同学者对核心能力的概念不尽一致,但对核心能力特征的理解却大同小异。企业核心能力的特征实质上是企业能力理论的一般逻辑推理,它表明核心能力是企业持续竞争优势的源泉。核心能力至少具有三个方面的特征:一是核心能力特别有助于实现顾客所看重的价值；二是核心能力是竞争对手难以模仿和替代的，故而能取得竞争优势；三是核心能力具有持久性，它一方面维持企业竞争优势的持续性，另一方面又使核心能力具有一定的刚性。

因此，企业核心竞争力一定是建立在企业核心资源基础上的企业技术、产品、管理、文化等的综合优势在市场上的反映，是企业在经营过程中形成的不易被竞争对手仿效、并能带来超额利润的独特能力。在激烈的竞争中，企业只有具有核心竞争力，才能获得持久的竞争优势，保持长盛不衰。

20 世纪 90 年代以来，企业面对更为激烈的全球化、信息化、资本化市场的竞争环境，单纯的产品和市场战略已成为企业成长中的短期行为。现实中，企业寿命的缩短也进一步促使管理者和相关研究人员重新审视企业内在能力素质与市场竞争优势的关系。企业核心能力理论正是适应了这一现实需要，成为管理学研究的热点。

6. 知识管理

早在 1965 年，管理学者彼得·德鲁克就预言，知识将取代土地、劳动、资本与机器设备，成为最重要的生产因素。受到 20 世纪 90 年代的资讯化蓬勃发展的影响，知识管理的观念开始在全球范围内兴起，成为企业累积知识财富、创造更多竞争力的新世纪利器。

简单地说，所谓知识管理，在组织中建构一个量化与质化的知识系统，让组织中的资讯与知识，透过获得、创造、分享、整合、记录、存取、更新、创新等过程，不断地回馈到知识系统内，形成永不间断的累积个人与组织的知识，成为组织智慧的循环，在企业组织中成为管理与应用的智慧资本，有助于企业作出正确的决策，以应对市场的变迁。

在信息时代里，知识已成为最主要的财富来源，而知识工作者就是最有生命力的资产，组织和个人的最重要任务就是对知识进行管理。知识管理将使组织和个人具有更强的竞争实力，并作出更好地决策。在 2000 年的里斯本欧洲理事会上，知识管理更是被上升到战略的层次，"欧洲将用更好的工作和社会凝聚力推动经济发展，在 2010 年成为全球最具竞争力和最具活力的知识经济实体"。

案例2-1

儒商乔致庸的财富故事

乔致庸，中国近代著名的儒商，晋商的代表人物。字仲登，号晓池，生于清嘉庆二十三年(1818 年)的山西祁县乔家堡。乔致庸幼年父母双亡，由兄长乔致广抚育长大。少年时期因兄长病故，乔致庸弃学从商，开始掌管乔氏家族生意。在此期间，乔氏家族事业日益兴盛，成为山西富甲一方的商户。其下属"复字号"称雄包头，另有"大德通、大德恒"两大票号遍布中国各地商埠码头。至清末，乔氏家族已经在中国各地有票号、钱庄、当铺、粮店 200 多处，资产达到数千万两白银，富可敌国。他历经清代嘉庆、道光、咸丰、同治、光绪五朝，一生极富传奇色彩。他个性鲜明，精明中带有大道，儒雅中带有侠气，机敏中而不失本分，而乔致庸本人也被时人称为"亮财主"。

19 世纪末，由于连年战乱，清王朝逐渐走向衰落，大量白银外流。晚年的乔致庸一改以往不治家宅的传统，于清朝同治初年(1862 年)开始在家院附近购置土地，大兴土木，修建了规模庞大的宅院，即著名的"乔家大院"，至今保存完好，是山西民居的代表。乔致庸待人随和，讲究诚信为本、“以德经商”，一生做过许多善行。光绪三年，天遭大旱，乔致庸开粮仓赈济灾民。光绪三十二年，乔致庸去世，终年89岁。

一、临危受命　兴盛家业

乔致庸出生于祁县的乔氏家族，幼年父亲早逝，家业由兄长乔致广继承。乔致庸虽生于商家，却对经商理财丝毫不感兴趣，一心只读儒家经典，想走科举之途。不期刚考中秀才之时，其兄长乔致广英年早逝，家族责任责无旁贷地落在乔致庸肩上。无论如何，乔致庸最终还是放弃学业，奔赴奇诡难测的商场，把乔氏家族带入了一个新时代。

包头成为乔致庸一展其商业奇才的主战场。包头作为一个城市，形成较晚，从清嘉庆十四年(1809年)设置包头镇算起，至今还不到200年。但包头作为清军军用物资运输及边境贸易的中转站，一直是晋商“走西口”的重要目的地。1850年黄河码头移至包头南海子后，包头成为西北地区最大的货物集散地和转运码头。19世纪后期至20世纪初，包头已发展成为我国西北著名的皮毛集散地和水旱码头。

道光二十年(1850年)，乔致庸预计包头将会进入高速发展的时期，逐渐将经营重点转移至此。乔致庸在已有的复盛公基础上，以独立资本在包头增设复盛全、复盛西。咸丰年间，又经营复盛菜园。此时，包头人口的增长更加迅猛，经济也日益兴旺繁荣，“复”字号的开设正应其时，获利异常丰厚。再加上三家“复”字号各有侧重，互为倚角，规模迅速扩张，成为包头实力最为雄厚的商号。乔氏的“复”字号在包头商业史上占有重要地位，在包头甚至有“先有复盛公，后有包头城”的说法，足见其影响力非同一般。到光绪初年，乔致庸在归化城(今呼和浩特)开设通顺店，分南北两店，南店经营百货，北店经营绒毛皮张。又设有大德店、大德店粮行生意、德兴长面铺、法中庸钱铺，资本都很雄厚，与包头“复”字号遥相呼应，互为声援。

乔致庸后来开设“汇通天下”的“大德通、大德恒”票号更有不俗的表现。票号又叫钱庄或汇兑庄，是一种专门经营汇兑业务的金融机构。在票号产生以前，商人外出采购和贸易全要靠现银支付。山西商帮多数从事长途贩运，开支巨大，现金转运，不仅不便，而且危险。此外，商品流转产生资本存贷的需要。山西商帮首先创办了账局，经营存放款业务，后来，在账局的基础上而形成票号。山西人雷履泰、李正华于嘉庆二年创立的“日升昌”是第一家票号，在道光、咸丰、光绪年间迎来其黄金发展时期。乔致庸异地经商，汇兑事繁，也敏锐地意识到票号实掌金融流通之命脉，前景大有可期。光绪七年(1881年)，乔致庸开设了“大德恒”票号，股本六万两。光绪十年(1884年)，乔致庸改大德兴茶庄为“大德通”票号，最初股本也是六万两。此时，山西票号已在全国颇有声势，如日升昌、蔚泰厚、天成亨、日新中等票号均在各地遍设分庄，实力也相当雄厚。乔致庸认为竞争并不足惧，反可借势，只要经营得法、信誉良好，不怕没有钱赚。在他的主持下，乔氏投入资本，在全国各大商埠及水陆码头遍设分号，方便跨地区贸易的远程汇兑。数年之间，即有大成，每年获红利在二十万两白银以上。

乔家的资产，据不完全统计，仅在归化“复”字号的钱庄、当铺、粮店就有十余个，连同分布在包头、京、津、四川、两湖等地的通和粮店、法中庸钱庄、大德西粮店、大德成茶庄等钱粮字号及票号分庄，在老家祁县则有大德通、大德恒两家票号的总号，大德诚茶庄、义和恒(钱铺兼茶庄)和一个油面铺。乔家堡村则有万川汇，即乔氏所有生意的总号。产业总计在200处以上，仅流动资本就有700万至1000万两之多，如把不动产估计在内，就有数千万两的财产，堪称富可敌国。

二、儒道经商　严规明德

乔致庸作为一介儒生，之所以能有如此成就，除天赋外，其关键核心要素是乔致庸把儒家的宽厚和仁义精神带进整个的商业经营，形成了独具特色的儒商之道。乔致庸的儒商之道，大致可以归结为三点："知人""严规""明德"。古代家族企业，往往寄望于家长的德行威望。家长贤，则家族旺；家长愚，则家族衰。当然，在家族范围之内，基本上能任贤用能，由最有才干的人来带领家族前进。但是，在管理事务中，为防大权旁落，绝少让外人插手。山西的不少票号在这方面表现得较为开放。乔致庸在用人方面颇有先见，且能知人善任，宽严相济，大度慷慨，慎始慎终，人乐为用。

（一）知人

初开票号，人才短缺，乔致庸聘用了票号熟手阎维藩为总经理，立时打开局面。阎维藩本是祁县下古县村人，17岁时入平遥蔚长厚票号学徒。因聪明好学，应对灵活，深得掌柜赏识，后被派往福州分号掌事。在福州期间，为争取业务，曾为官府垫支白银15万两，后被平遥总号得知，认为阎私自交结官吏，违背号规，因而派人查处，阎决计辞职还乡。乔致庸闻讯，认为阎有胆有识，敢作敢为，是个不可多得的开创性人才，便礼聘阎维藩为大德恒总经理。阎维藩感恩戴德，殚精竭虑，总揽号事达26年之久。即使是在甲午战争、八国联军侵华、辛亥革命这样的特殊时期，阎维藩也调度有方，应对得当，使大德恒获利不减。乔致庸还与阎维藩结为儿女亲家，义上加亲，合作无间。

大德通票号的发展也得到一位重要人才的加盟。高钰原为普通学徒，但好学肯干，敢于进言，得到乔致庸的赏识，予以重用。在有所建功后，又给予"身厘"，初只三厘，后加至一分，年终分红可达二万余两。高钰不负所托，执掌号权长达25年。在乔致庸过世后，仍不离不弃，尽心尽力，毫不懈怠。

（二）严规

乔致庸经商治理严格，重视以规约人，防范风险，增进信誉。这一点，也在票号经营上体现得最为明显。票号经营，风险很大，虽有好的人才辅佐，放手发展，但如无科学、合理的内部制度，就会让放手变成放任，影响企业的效率与信誉。乔致庸每立一店，必与经理人合作，严定号规。这些号规内容全面，既包括奖惩制度、人事方案，也包括经营守则、道德约束。

（三）明德

乔致庸儒商之道的核心内容就是在于"明德"。无论做人办事，还是任人立规，乔致庸都十分重视道德水准。他觉得，如果才能平庸，但经营有"德"，店面还可维持；如时间长久，奠定信誉，还可能有大的发展。但如有才无德，经营全在投机取巧，虽有短期获利，长久必坏大事。

在票号经营当中，他力倡勤俭谦和之德。勤俭谦和，不仅为圣贤之基，也是立店之本。号规中说："我号谦慎相传，以高傲自满、奢华靡丽为深戒。且勤为黄金之本，谦和圣贤之基，自来成功立业，未有不从谦和勤俭中来者。我号来此占庄，须以谦和勤俭为根本，以务将来大成基础，既不负涉水登山之苦，兼可获公私两益之功。"

三、力行义举　以德治家

乔致庸幼年本来想通过科举考试光耀门庭，却被迫接手家业，并以儒学为经商指导而大获成功。据记载，乔致庸在经商活动中，手头仍然常备有四书五经和史记等书籍，当社会上出现天灾人祸时，他都会挺身而出慷慨赈灾。"民为贵，君为轻。"乔致庸内心就是这样一个民本主义的思想。乔致庸待人随和，处世中庸，善于计谋，一生行善，经常救济百姓。光绪三年，天遭大旱，寸草不生，人称“光绪三年，人死一半”，乔致庸开粮仓赈济灾民。

乔家“复”字号的祖训是：义、信、利。义放在第一位，其次是诚信，最后才是利。有一年，因战乱影响，包头皮毛堆积如山，驼绒价由每斤现洋1～2元降到1角多钱，许多绒毛店和皮毛商亏赔破产，各行各业都不景气，乔氏集资设“公益泰”商号，收购皮毛，乔氏自己虽遭受惨重损失，但却使皮毛行业得以为继，使许多皮毛商人减少损失或免遭破产。

（一）仁义至上：有些客户，无力偿还债务，乔氏从不强索，与客户竭力维持良好关系，明知无利可图的生意，也不中途绝交。

（二）货真价实：乔家经营的米面，质量好，分量足，价公道，故客户都要指名买乔家货。

在治家上，告诫儿孙力诫“骄、贪、懒”。他亲自拟写对联挂在内宅门上：“求名求利莫求人，须求己。惜农惜食非惜财，缘惜福。”以此告诫儿孙，注重节俭，不要贪图安逸，坐享祖业。他对长孙乔映霞格外器重，认为他忠诚厚道，聪明伶俐，故寄予厚望，教诲亦多，对其教育说：“气忌燥，言忌浮，才忌露，学忌满，胆欲大，心欲小，知欲圆，行欲方。……为人做事怪人休深，望人休过，待人要丰，自奉要约。恩怕失益后损，威怕先紧后松。”这些教诲，告诫人要唯无私才可成大公，唯大公才可成大器。乔氏的这些理财治家要道，也是留给世人的一笔宝贵遗产。

（资料来源：北大纵横管理咨询公司网站，http：//www.allpku.com/blog/2011/07/06/7528.aspx）

问题：

1. 乔致庸是一个优秀的管理者吗？为什么？
2. 结合古典管理理论，你认为乔致庸的管理有何成功的经验与教训？
3. 从行为科学的角度分析乔致庸的用人之道。

案例2-2

2013企业社会责任十大黑名单

很多媒体都会在年终进行盘点总结，尤其在企业社会责任方面进行嘉奖和鼓励，以此树立优秀的企业社会责任榜样，激励企业更好地践行企业社会责任，打造优秀企业社会责任案例，并希望更多的企业学习借鉴。慈传媒（中华慈善传媒集团）《中国慈善家》杂志在年终进行盘点总结时，更希望回顾这一年来企业在承担社会责任方面的教训。古人云：“前人不暇自哀，而后人哀之，后人哀之而不鉴之，亦使后人而复哀后人也。”多少次历史不断地重复上演。

2014年1月，慈传媒《中国慈善家》推出了一份“2013企业社会责任十大黑名单”。

1.中国石化

上榜理由：青岛输油管道爆炸

情况概述：2013年11月22日，中国石化位于青岛经济技术开发区的原油管道发生破裂，导致原油泄漏，部分原油漏入市政排水暗渠，流入海岔，同时发生爆燃。事故造成多人伤亡。同时，部分原油沿着雨水管线进入胶州湾，海面过油面积约3000平方米。根据中国石化12月3日所公布的遇难人员名单，此次事件共造成62人死亡。为此，中国石化将11月22日定为公司安全生产警示日。

2. Gucci

上榜理由：销售翻新产品

情况概述：随着人们生活水平的上升，奢侈品的消费成为关注的重点，但高价格并没有带给消费者高品质的享受。早在2011年就有消息传出，古驰(Gucci)会把消费者退货的有瑕疵产品进行维修，再作为新品在门店出售给消费者。有内部人士表示，类似事例在古驰公司并不罕见。事隔两年，古驰在华销售商品质量再次遭到质疑，新品价买回二手货，消费者要求退货频繁遭拒，古驰公司信誉何在。

不仅古驰，皮尔卡丹也曝出同一批次产品两次检测结果截然相反，一份检测单位为中国商业联合会旗下北京远东正大商品检验有限公司，一份检验单位是中国纺织工业联合会检测中心，揭开了服装检测的黑幕。

3. 哈药集团

上榜理由：销售假冒保健品

情况概述：2013年12月13日，国家食品药品监督管理总局通报称，其在保健食品执法检查和抽检中查出了包括哈药集团股份有限公司宝葫芦大药房销售的“赛而牌维美克减肥颗粒”在内的21种产品含有酚酞、西布曲明等违禁化学药物成分，属于假冒保健食品。据不完全统计，哈药旗下药品、保健品在过去10年至少遭遇了超过10次以上的重大产品负面曝光，然而至今一些印有“哈药”二字的问题产品在屡次被曝光后依旧大行其道。

4. 雅培集团

上榜理由：食品安全问题和虚假宣传

情况概述：2013年8月4日，新西兰恒天然集团自曝其生产的浓缩乳清蛋白粉检测出肉毒杆菌。8月5日，恒天然乳品全球首席执行官史毕根斯透露，在该公司供应产品的客户中，仍有一家企业未被曝光，只是因为这家企业明确要求恒天然不要透露其品牌名称。

随后，舆论一片哗然。雅培成为重点怀疑对象，而雅培却郑重向公众声明：“那家要求隐瞒信息的企业绝对不是我们，企业供应中国市场的所有产品均未使用恒天然问题原料。”

8月5日晚，国家质检总局公布了雅培产品受肉毒杆菌污染的情况。8月6日，恒天然迫于舆论压力，宣布这家要求隐瞒的企业正是雅培，即雅培是第八家受污染的企业。公众为之震撼，雅培的谎言不攻自破。雅培不得不宣布，因为和恒天然共用一条生产线，雅培两个批次的奶粉也被污染。

5. 葛兰素史克

上榜理由：葛兰素史克行贿门

情况概述：葛兰素史克行贿门是2013年7月爆出的一个药品行业的行贿受贿事件。涉及此事件的主要厂家葛兰素史克，利用贿赂手段谋求不正当的竞争环境，导致药品行业价格不断上涨。因涉嫌严重商业贿赂等经济犯罪，葛兰素史克(中国)投资有限公司部分高管被依法立案侦查。透过已经查明的更多案件细节，一个跨国药企的商业贿赂利益链逐渐清晰，将药价推向虚高的幕后黑手开始浮出水面。

6. 光大证券

上榜理由：8·16光大证券乌龙事件

情况概述：2013年8月16日11点05分，上证指数出现大幅拉升，大盘一分钟内涨超5%。最高涨幅5.62%，指数最高报2198.85点，盘中逼近2200点。11点44分上交所称系统运行正常。下午2点，光大证券公告称策略投资部门自营业务在使用其独立的套利系统时出现问题。8月18日，证监会通报光大证券交易异常的应急处置和初步核查情况，并立案调查。8月18日下午，光大证券公布自查报告。8月30日，证监会认定光大证券8·16异常交易行为已经构成内幕交易、信息误导、违反证券公司内控管理规定等多项违法违规行为，同时指光大董秘回应误导公众，对徐浩明、杨赤忠、沈诗光、杨剑波处以终身证券市场禁入处罚，没收光大证券非法所得8721万元，并处以5倍罚款，共计5.23亿。

7. ZARA

上榜理由：供应链污染问题

情况概述：ZARA作为全球最大的时装零售公司之一，在其网站宣称"真诚地与广泛的利益相关方和社会建立联系；持续地与前面提到的利益相关方和社会组织进行对话；整体业务活动要透明，尤其是可持续发展战略要透明。"事实上，ZARA的实际行动却违背了其公开承诺，ZARA甚至回应："很遗憾我们不能回答来自学校、大学和专业人士等个体对于我们业务模式提出的问题。"

《绿色选择纺织品牌供应链污染》调研报告在京发布后，6000多家进入污染名录的企业中，不乏国际、国内品牌供应商如ZARA、H&M、阿迪达斯、耐克、李宁等，诸多知名企业供应链均存在不同程度的污染防治违规情况。中国纺织业的纤维加工量约占全球50%，纺织品服装出口额占全球34%。然而，纺织业每年产生的近25亿吨废水和其他污染物，却污染了中国的河流、湖泊、海洋，甚至土壤和地下水。

8. 强生集团

上榜理由：产品质量问题并对中国消费者实行歧视政策

情况概述：近年来，强生公司因质量原因在全球频繁发生药品及健康相关产品的召回事件。据统计，2009年以来，强生所属在华公司，共在中国内地召回产品33次。2013年4月23日和5月3日，强生(韩国)公司因质量原因再次出现药品召回事件。

5月3日，强生因生产机器失灵致药品主要成分浓度失控，在韩国召回所有儿童用"泰诺退烧止痛糖浆"。同样的药品、成分、剂量，同样适用的人群，也同样遍布中国市场，但和以往一些召回事件一样，这次的强生召回产品，中国成为例外。

有报道指出，从2005年至今强生的51次全球召回，中国有48次例外，引发社会广泛质疑。从2005年4月至2013年5月3日，涉及强生旗下至少13家子公司，覆盖从儿童用的漱口水、婴幼儿舒缓液、止痛贴到成人用的碳酸钙口服液、胃药、隐形眼镜；从常用药泰诺、美林、仙特明到不常用的楷莱、妥泰、利培酮、万珂；从外科植入式矫形设备骨干套筒到心脏介入手术用的球囊扩张导管；甚至从注射器、手术缝合线到家用的血糖监测仪等，至少27种药品发生的至少51次召回事件中，上述产品大多也在中国内地销售，但48次都未在中国组织召回或调查。每次事发，强生中国公司总是言之凿凿地称：问题产品与中国无关。

9. GE医疗

上榜理由：召回制度内外有别

情况概述：全球前三大医疗器械公司之一的GE医疗，最近三四个月堪称名副其实的"召回季"，先后于2013年7月30日、10月8日以及10月17日在华低调进行了三款医疗设备召回，引发社会巨大争议。

质疑在于，频繁发生的召回本身已令部分医患担忧，而所涉及的最新三款召回产品——影像归档及传输系统(Centricity PACS)、诊断图像处理软件(Medical Systems SCS)及单光子发射断层扫描装置SPECT又被指在召回信息公布和时间延迟方面"内外有别"，中国市场召回明显晚于海外。

最令业内哗然的是，2013年6月在美国因为GE公司核医学设备伽马照相机Infinia Hawkeye 4突然下落而使患者致死一事被隐瞒。

在被FDA(美国食品和药物管理局)勒令在全美境内对同规格型号产品进行最高级别的一级召回之后，GE公司在长达四个月的时间内均未对同样在华使用的该系列产品发起召回，目前仍在继续使用。

10. 多美滋

上榜理由：强制消费第一口奶，损害婴幼儿健康

情况概述：一如过往其他外企在华"犯事儿"后的处理方式，多美滋公布的"第一口奶"事件最终处理调查结果依然选择了将责任推给某个项目，并撤换中国区高管。然而，对受影响婴儿进行赔偿，是否应当按照《母乳代用品管理办法(征求意见稿)》遭到处罚，多美滋均绝口不提。

天津市纪委等有关部门组成的联合调查组在深入调查之后确定，2011年以来，85家医疗卫生机构受多美滋公司委托，116人违规接受费用，其中13名问题较重的违纪违规人员被严肃处理。

在多位业内人士和新生儿家长看来，相比于单纯的在医院推销，多美滋的"第一口奶"事件则更为恶劣，"属强行胁迫消费"，更涉嫌故意损害婴幼儿健康，"就好比是吸毒，一旦接触便会上瘾"。然而，多美滋的回应中却并未涉及对企业的处罚和对涉及婴幼儿的赔偿。

(资料来源：网易财经 http://money.163.com/14/0109/16/9I5KTPPL00253G87_all.html)

问题：

1. 企业应该承担的社会责任有哪些？
2. 上述企业分别反映了哪些社会责任的缺失？应如何整改？
3. 上述企业暴露出来的问题对其他企业有何警示作用？应该吸取什么教训？

第Ⅱ篇

计划职能

第3章 决 策

决策是管理的核心，管理就是决策，管理的各层次，无论是高层，还是中层或下层，都要进行决策。

——赫伯特·西蒙：《管理行为》

开篇案例

铱星计划：摩托罗拉的美妙幻想

世界科技史上最了不起的、最可惜的、也许也是最失败的项目之一就是以摩托罗拉牵头的铱星计划。

1928年9月25日，保罗·加尔文(Paul V. Galvin)和兄弟约瑟夫·加尔文(Joseph Galvin)在芝加哥联手创立了摩托罗拉公司的前身——加尔文制造公司。并在1947年更名为摩托罗拉。

在20世纪90年代之前，摩托罗拉一直扮演着通信领域拓荒者的角色，创立了无数的第一。1969年7月，人类从月球传回的第一句话就是通过摩托罗拉的无线设备实现的，阿波罗11号飞船安装了摩托罗拉的无线应答器。

另一个里程碑事件是，1983年，美国联邦通信委员会批准摩托罗拉生产商用手机。1984年，这款被俗称为"大哥大"的手机进入了消费市场，这是全球第一部商用手机。在随后的模拟通信时代，摩托罗拉和爱立信在无线通信系统设备市场平分天下。

20世纪90年代初，摩托罗拉推出了一个振奋人心的、雄心勃勃的、革命性的全球通讯系统的计划，后来被称为"铱星计划"。

铱星计划革命性的想法从何而来？对于摩托罗拉的工程师巴里·伯蒂格来说，它来自妻子在加勒比海度假时的抱怨，说她无法用手机联系到她的客户。回到家以后，巴里和摩托罗拉在亚利桑那州工作的卫星通信小组的另外两名工程师想到了一种铱星解决方案——由77颗近地卫星组成的星群，让用户从世界上任何地方都可以打电话。由于金属元素铱有77个电子，这项计划就被称为了铱星计划，虽然后来卫星的总数降到了66个。

这一项目是在1991年正式启动的。1998年11月1日，在进行了耗资1.8亿美元的广告宣传之后，铱星公司展开了它的通信卫星电话服务。开幕式上，副总统阿尔·戈尔用铱星打了第一通电话。这一天，成为人类通信历史上一个值得纪念的日子。从这一天开始，在任何一个允许使用铱星系统的国家和地区(目前已签订铱星漫游协议的有160多个)，只要使用铱星手机，就可以给世界上任何一个角落里的人打电话。由于77颗环绕地球的低轨卫星构成一个覆盖全球的卫星通信网，因此不需要专门的地面基站，可以在地球上任何地点进行通信。铱星计划宣布后震惊了全球，当年，美国的《大众科学》将铱星计划列为年度百项最佳科技成果之一，数百位中国科学院院士也将其评为1998年世界十大科技成就之一。

然而，由于铱星手机先天性的缺陷，最终导致了铱星计划以悲剧收场。

首先是技术上的缺陷。主要表现在四个方面：第一个缺陷，铱星电话在建筑物内无法接收信号，是其最重要的缺陷。试想那些买得起铱星电话的主儿（电话机的价格是每部3,000美元，每分钟话费3～8美元。），想在室内或车里使用必须外设一天线或是跑出去，又有谁会接受呢？第二个缺陷，铱星电话过于笨重，使用不方便，并且需要特殊的培训。摩托罗拉公司的铱星双模式手机重约454克，比重量不到100克的GSM手机笨重得多。第三个缺陷，在漫游全球时，为了与当地蜂窝电话网络相连，需买3个通话卡才能与这3个地区的传输技术标准相匹配，而每个卡大约价格为660～900美元。第四个缺陷，在语音质量和传输速度方面，铱星电话远远比不上蜂窝电话。因此除通话外，只能传送简短的电子邮件或慢速的传真，无法满足目前互联网的需求。

其次，准备不足。铱星系统没有经过充分准备就正式推向市场，相应的服务跟不上，从而在消费者中造成不良影响，同时也遏制了许多潜在的消费需求。铱星系统迫于时间表的压力匆匆上马，首先暴露的问题是供不应求。

摩托罗拉公司正式通知铱星电话用户，到1999年3月15日，如果还没有买家收购铱星公司并追加投资，铱星的服务将于美国东部时间3月17日23点59分终止。3月17日，铱星公司正式宣布破产。从正式宣布投入使用到终止使用不足半年时间。

2011年8月，谷歌125亿元美元收购摩托罗拉移动的消息，震惊整个IT界。有着83年历史的美国国宝级企业摩托罗拉被年仅13岁的谷歌收编。

“震撼！震惊！不可思议！”向来以沉稳、理性著称的英国《经济学人》杂志，在报道中一开始连用三个惊叹词。

（资料来源：作者根据公开资料整理。）

有组织就有管理，有管理就有决策。1978年度诺贝尔经济学奖获得者赫伯特·西蒙在《管理行为》中指出：“决策是管理的核心，管理就是决策，管理的各层次，无论是高层，还是中层或下层，都要进行决策。”

管理实际上是由一连串的决策组成的，决策贯穿于管理活动的始终，在管理活动中发挥着重要作用。事实上，管理活动中的每一个具体环节都有具体的决策问题，是管理工作的基本要素。从管理者的角度来说，不论管理者在组织中的地位如何，决策都是管理者最重要、最困难、最花费精力和最冒风险的事情。

第1节 决策的含义与类型

一、决策的含义

“决策”一词的英语表述为Decision Making，意思就是作出决定或选择。时至今日，对决策概念的界定不下上百种，但仍未形成统一的看法，诸多界定归纳起来，基本有以下三种理解：

(1) 把决策看作一个包括提出问题、确立目标、设计和选择方案的过程。这是广义的理解。

(2) 把决策看作从几种备选的行动方案中作出最终抉择的过程。这是狭义的理解。

(3) 认为决策是对不确定条件下发生的偶发事件所作的处理决定。这类事件既无先例，又没有可遵循的规律，作出选择要冒一定的风险。

正确理解决策概念，应把握以下几层意思：

(1) 决策要有明确的目标。决策是为了解决某一问题，或是为了达到一定目标。确定目标是决策过程第一步。决策所要解决的问题必须十分明确，所要达到的目标必须十分具体。没有明确的目标，决策将是盲目的。从这个角度，有学者将决策定义为：管理者识别并解决问题以及利用机会的过程。

(2) 决策要有两个以上备选方案。决策实质上是选择行动方案的过程。如果只有一个备选方案，就不存在决策的问题。因而，至少要有两个或两个以上方案，人们才能从中进行比较、选择，最后选择一个满意方案为行动方案。

(3) 在本质上决策是一个循环过程，贯穿于整个管理活动的始终。

(4) 选择后的行动方案必须付诸实施。如果选择后的方案束之高阁，不付诸实施，那么决策也等于没有决策。决策不仅是一个认识过程，也是一个行动过程。

在本节中，我们从广义的角度对决策这个概念进行界定：决策是指组织为了实现某一目标，从若干个行动方案中选择一个满意的方案并付诸实施的活动过程。简单来说，所谓决策，就是选择决定行动目标和行动方案的全部活动。

二、决策的特点

决策作为一项重要的管理活动，其特点主要表现在以下几个方面。

（一）目标性

决策是为了解决某个问题，为达到一定目标而采取的决断行为，因此，要有明确的目标，这是决策的前提条件。没有目标，人们就难以拟定未来的活动方案，评价和比较这些方案也就没有了标准，对未来活动效果的检查更失去了依据。

（二）可行性

组织的任何活动都需要利用一定资源。缺少必要的人力、物力和技术条件的支持，理论上非常完善的决策方案也只会是空中楼阁。因此，决策方案的拟订和选择，不仅要考察采取某种行动的必要性，而且要注意实施条件的限制。

（三）时效性

决策受时间的制约，具有明显的时效性。决策需要在特定的情况下，采取特定的措施与手段，及时、有效地解决问题或把握机会。这就决定了决策必然受时间的制约，一旦超出了时间的限制，情况发生了变化，再好的决策也不可能达到预期目标。

（四）经济性

决策应当注重经济合理性。决策活动所需信息的收集与处理方案的选择、执行、评估与反馈，都需要花费一定的成本。同时，决策意味着选择，有选择也意味着有放弃。执行某一行动方案而放弃其他的可行方案，这就产生了“机会成本”(因不能同时执行其他方案而可能遭受的损失）。

（五）动态性

决策不仅是一个过程，而且是一个不断循环的过程。因此，决策没有真正的起点，也没有真正的终点，是动态的。同时，决策建立在大量的组织内外信息的基础上，而环境又总是在不断发生变化，这就要求决策者必须不断监视和研究这些变化，并在必要时作出新的决策，以及时调整组织的活动，从而更好地实现组织与环境的动态平衡。

三、决策的基本准则

理想的情况下，决策活动应该谋求选择并实施“最佳”行动方案或谋求“最优化”。新古典经济理论就假定决策者是“完全理性”的，认为决策者趋向于采取最优策略，以最小代价取得最大收益。

但是，现代决策理论认为，要想使决策达到最优，必须同时具备下列前提条件：① 决策者是完全理性的；② 能够获得与决策有关的全部信息；③ 在分析全部信息的基础上，拟定所有可能的方案；④ 准确预测到每个方案在未来的执行结果，或者说对每个方案未来面临的风险能够完全预测到。

但在现实中，完全满足以上条件是不可能的。具体来说：① 人是有限理性而不是完全理性的经济人；② 直接和间接的影响因素太多，决策者很难收集到反映情况的全部信息，即使能够收集到，处理成本也会大到足以使决策收益为负；③ 对于收集到的有限信息，决策者的利用能力也是有限的，因而决策者只能制订数量有限的方案；④ 任何方案都要在未来实施，而人们对未来的认识是不全面的，对未来的影响也是有限的，因而决策时所预测的未来状况可能与实际的未来状况有出入。

因此，在决策实践中，决策者常常出于各方面的考虑，往往不得不接受所能够发现的“最满意”的行动方案，即以“最满意”作为决策的基本准则。

决策学派的代表人物西蒙也认为，“最优化”的概念只有在纯数学和抽象的概念中存在，在现实生活中是不存在的。按照满意的标准进行决策显然比按照最优化原则更为合理，因为它在基本满足要求的情况下，极大地减少搜寻成本、计算成本，简化了决策程序。因此，应该在有限合理性的基础上，不考虑一切可能的复杂情况，只考虑与问题有关的情况，采用“令人满意”的决策准则，从而可以作出令人满意的决策。因此，可以认为，满意标准是绝大多数的决策所遵循的基本原则。

汤姆·彼得斯（Tom Peters）也评价说：“西蒙所说的‘最满意’的决策原则是符合实际的。因为在决策中，如果不顾条件地盲目追求最好，最后可能连好都找不到。”

四、决策的主要类型

现代企业经营管理活动的复杂性、多样性，决定了经营管理决策有多种不同的类型。

（一）从决策的主体来看，可分为群体决策与个人决策

个人决策是指由单个人作出的决策，决策主体只有一个人。个人决策的优点是处理问题快速、果断；缺点是容易出现鲁莽、武断。

集体决策是由若干人组成的集体共同作出的决策，决策主体是群体或团队。集体决策的优点是能够汇总更多的信息，群策群力，拟定更多的备选方案，有利于提高决策的质量。缺点主要是花费的时间较长、费用较高，并且可能导致责任不清和从众现象。

（二）按决策的影响范围和重要程度不同，分为战略决策和战术决策

战略决策是指对企业发展方向和发展远景作出的决策，是关系到企业发展的全局性、长远性、方向性的重大决策。如对企业的经营方向、经营方针、新产品研发等决策。战略决策常常由企业最高层领导最终作出。战略决策具有影响时间长、涉及范围广、作用程度深刻的特点，它的正确与否，直接决定企业的兴衰成败，决定企业的发展前景。

战术决策是指企业为保证战略决策的实现而对局部的经营管理业务工作作出的决策。如企业原材料和机器设备的采购，生产、销售的计划，商品的进货来源，人员的调配等属此类决策。战术决策一般由企业中层管理人员作出。战术决策要为战略决策服务。

（三）按决策问题是否重复出现，分为程序化决策和非程序化决策

程序化决策是指能按规定的决策程序和方法解决管理中重复出现的问题的例行决策，又称常规决策、例行决策、重复性决策。这类决策问题比较明确，有一套固定的程序来处理，如订货日程、日常的生产技术管理等。由于程序化决策所涉及的变量比较稳定，可以通过制定程序、决策模型和选择方案，由计算机处理。在管理工作中，有80%的决策属于程序化决策(可以降低管理成本)。

非程序化决策是指不经常重复出现、不经常出现或偶尔发生的问题的决策，又称非常规性决策、例外决策、一次性决策。其决策步骤和方法难以程序化、标准化，不能重复使用。战略性决策一般都是非程序化的，如新产品的开发等。由于非程序化决策要考虑内外条件变动及其他不可量化的因素，决策者个人的经验、知识、洞察力和直觉、价值观等主观因素对决策有重大影响。

（四）按照决策所面临的自然状态的不同，可以将决策划分为确定型决策、风险型决策和非确定型决策

确定型决策是指决策者确切地知道自然状态的发生，并且每种状态的结果是唯一且可以预见的决策。由于确定型决策需要解决的问题非常明确，解决问题的过程以及环境也一目了然，几种不同的可行方案的结果也是清楚的，所以这种决策比较容易作出，决策者只要比较各个方案的结果就可作出最终决策。这是作决策的理想状态。

风险型决策，也称随机决策，是指决策事件未来的自然状态虽不能预先肯定，但可以预测出每一种自然状态出现的概率的决策，这样的决策有一定的风险。可以通过比较各方案的期望值来进行决策。

非确定型决策是指决策事件未来的各种自然状态完全未知，各种状态出现的概率也无法估计，方案实施的结果是未知的，只能凭决策者主观作出的决策。例如，某一企业要生产一定数量的某种产品，由于无法控制市场变化情况，销售难以预测，因此，盈利和亏本这两种可能性都存在。到底生产还是不生产，很难作出决策，需要冒点风险。

（五）按照时间长短，可以分为长期决策和短期决策

长期决策是指有关组织今后发展方向的长远性、全局性的重大决策，如投资方向的选择、人力资源的开发和组织规模的确定等。

短期决策是为实现长期战略目标而采取的短期策略手段，如企业日常营销、物资储备以及生产中资源配置等问题的决策都属于短期决策。

第2节 决策的步骤

如上节所述，管理中的决策是一个动态的过程，一般而言，决策程序大致包括以下几个基本步骤。

一、识别问题

决策是为了解决组织面临的一定问题而制定的，人们只有发现问题后，才会去想办法解决问题。或者说，决策本身就是一个解决问题的过程，这个过程自然始于一个存在的问题。

所谓问题，就是实际状况和理想状况之间的差异。发现问题在决策过程中是比较难的，必须不断地对组织与环境状况进行深入的调查研究和创造性的思考才能做到。发现问题后还必须对问题进行分析，确定所要解决问题的基本性质和涉及范围，包括要弄清问题的性质、范围、程度、影响、后果、起因等各个方面，也包括要弄清问题包含哪些主要因素以及各要素之间的相互关系。

二、明确目标

针对发现的问题，组织将要研究是否采取行动、采取何种行动、希望达到何种的效果，这就取决于决策目标的确定。明确决策目标，既为方案的制订和选择提供了依据，也为决策的实施和控制、为组织资源的分配和各种力量的协调提供了标准。并且，同样的问题，目标不同，采取的方案可能就会不同，实施的效果就会差异很大。因此，在确定目标时，必须把要解决问题的性质、结构及未解决的原因分析清楚，有针对性地确定出合理的决策目标。

三、拟订备选方案

一旦明确了决策的目标，管理者就要提出达到目标和解决问题的各种方案。这一步骤需要创造力和想象力，在提出备选方案时，管理者必须把其试图达到的目标牢记在心，而且要提出尽可能多的方案。

为了使在所拟订方案基础上进行的选择具有实质意义，这些备选的不同方案必须是能够相互替代、相互排斥的，而不能是相互包容的。即拟订的方案之间不能雷同，要有原则的区别，否则备选方案的拟订就毫无意义。因此，对同一个决策目标人们要从不同角度、立场出发，采用不同的方法、技术和途径来拟订各种各样的行动方案。通常来说，找到的备选方案越多，决策的风险越小，决策的质量和正确率就会越高。

四、分析与评价方案

备选方案拟订出来后，决策者还要根据决策目标和环境约束的要求，借助一定的分析工具和模型，对备选方案的价值进行综合分析与评价。

在这个阶段中，决策者会把很多方案拿到一起进行比较，而不是独立地考虑某一方案或在真空中进行决策，从而能够保证方案选择和评价的有效性。比较行动方案，不仅要对其积极结果进行比较，而且要对其消极结果进行比较。在确定好方案选择标准后，认真分析每个方案的优势和劣势，是做好备选方案评价的关键所在。一般来说，成功的决策者往往从以下四个标准对各个备选方案进行正反两方面的评价：① 合法性，管理者必须确保各个备选方案是合法的，不违背国内外的法律以及政府法规；② 伦理性，管理者必须确保各备选方案是合乎伦理的，不会对任何利益相关群体带来不必要的损害；③ 经济性，管理者必须明确各个备选方案在经济上是否划算，从特定的组织绩效目标的要求来看，是否能得到实施；④ 可操作性，管理者必须明确他们是否拥有实施备选方案的能力和资源，他们还需要确保备选方案的实施不会威胁到其他组织目标的实现。

五、选择备选方案

在对各备选方案作出详细评价之后，接下来的任务就是对各个备选方案进行排序，并从中作出选择。决策方案不但必须在技术上和经济上可行，而且应当考虑社会、政治、文化等方面的因素，并且要准备好环境发生预料中的变化时，可以启用的备用方案，以避免临时仓促应变可能造成的混乱。

六、实施选定的方案

只有有效地实施决策，才有可能实现决策目标。一项科学的决策很有可能由于实施方面的问题而无法获得预期成果，甚至走向失败。正是从这个意义上说，实施决策比评价、选择行动方案更为重要。实施过程中通常要注意做好以下工作：一是制定相应的具体措施，保证方案的正确实施；二是确保与方案有关的各种指令能被所有有关人员充分接受和彻底了解；三是应用目标管理方法把决策目标层层分解，落实到每一个执行单位和个人；四是建立重要的工作报告制度，以便及时了解方案进展情况，及时进行调整。

七、方案评估与反馈

决策结果的正确与否是通过实践检验出来的，同时，在实践过程中，随着环境的变化，原来的决策方案可能已经不符合实际情况。因此，必须通过定期的检查评价，及时掌握决策执行的情况，将有关信息反馈到决策机构，以便采取措施进行处理。这样，一方面可以及时发现并纠正决策过程中出现的偏差，以保证既定目标的实现；另一方面，对客观条件发生重大变化而导致原目标确实难以实现的，则要进一步寻找问题，确定新的决策目标，重新制定可行的决策方案并进行评估和选择。

以上阐述的七个步骤结合起来便组成了一个完整的决策过程。在这个过程中，每一阶段都相互影响，并时常产生一些大大小小的反馈。为了研究和介绍的方便，在理论上常把决策过程划分成不同的阶段，但实际管理工作中应该注意，决策过程的各步骤往往是相互联系、交错重叠的，不能武断地将它们截然分割。

第3节　定性的决策方法

定性决策又称软方法，是一种直接利用决策者本人或有关专家的智慧来进行决策的方法，即是决策者根据所掌握的信息，通过对事物运动规律的分析，在把握事物内在本质联系基础上进行决策的方法。定性决策是依据专家的智慧、经验等进行决策的方法。这种方法适用于受社会经济因素影响较大的、因素错综复杂以及涉及社会心理因素较多的综合性的战略问题，是企业界决策采用的主要方法。

一、德尔菲法

德尔菲法(Delphi Method)是20世纪40年代由赫尔默(Helmer)和戈登(Gordon)首创的。1946年，美国兰德公司(Research and Development，简称RAND Corporation)为避免集体讨论存在的屈从于权威或盲目服从多数的缺陷，首次用这种方法用来进行定性预测，该方法被迅速广泛采用。20世纪中期，当美国政府执意发动朝鲜战争的时候，兰德公司又提交了一份预测报告，预告这场战争必败。政府完全没有采纳，结果一败涂地。从此以后，德尔菲法得到广泛认可。

德尔菲原是古希腊地名。相传太阳神阿波罗(Apollo)在德尔菲杀死了一条巨蟒，成了德尔菲主人。在德尔菲有座阿波罗神殿，是一个预卜未来的神谕之地，于是人们就借用此名，作为这种方法的名字。

德尔菲法，也称专家调查法，依据系统的程序，采用匿名发表意见的方式，即专家之间不得互相讨论，不发生横向联系，只能与调查人员发生关系，通过多轮次调查专家对问卷所提问题的看法，经过反复征询、归纳、修改，最后汇总成专家基本一致的看法，作为预测的结果。这种方法具有广泛的代表性，且较为可靠。

德尔菲法的基本步骤：

(1) 组成专家小组。按照课题所需要的知识范围，确定专家。专家人数的多少，可根据预测课题的大小和涉及面的宽窄而定，一般不超过20人。

(2) 向所有专家提出所要预测的问题及有关要求，并附上有关这个问题的所有背景材料，同时请专家提出还需要什么材料。然后，由专家作书面答复。

(3) 各个专家根据他们所收到的材料，提出自己的预测意见，并说明自己是怎样利用这些材料并提出预测值的。

(4) 将各位专家第一次判断意见汇总，列成图表，进行对比，再分发给各位专家，让专家比较自己同他人的不同意见，修改自己的意见和判断。也可以把各位专家的意见加以整理，或请身份更高的其他专家加以评论，然后把这些意见再分送给各位专家，以便他们参考后修改自己的意见。

(5) 将所有专家的修改意见收集起来，汇总，再次分发给各位专家，以便作第二次修改。逐轮收集意见并为专家反馈信息是德尔菲法的主要环节。收集意见和信息反馈一般要经过三四轮。在向专家进行反馈的时候，只给出各种意见，但并不说明发表各种意见的专家的具体姓名。这一过程重复进行，直到每一个专家不再改变自己的意见为止。

(6) 对专家的意见进行综合处理。

二、头脑风暴法

头脑风暴法(Brain Storming,BS 法),又称智力激励法,或自由思考法,是由美国创造学家亚历克斯·奥斯本(Alex Faickney Osborn)于 1939 年首次提出、1953 年正式发表的一种激发性思维的方法。头脑风暴法出自“头脑风暴”一词。头脑风暴(Brain-Storming),最早是精神病理学上的用语,指精神病患者的精神错乱状态。而现在则成为无限制的自由联想和讨论的代名词,其目的在于产生新观念或激发创新设想。

头脑风暴法是指依靠一定数量专家的创造性逻辑思维对决策对象未来的发展趋势及其状况作出集体判断的方法。其具体做法是:通过小型会议的形式,将对解决某一问题有兴趣的人集合在一起,在完全不受约束的条件下,敞开思路、畅所欲言,随心所欲地发表自己的看法,并以此激发与会者的创意及灵感,使各种设想在相互碰撞中激起脑海的创造性“风暴”。在这一过程中,鼓励一切思维,包括看起来不可能的想法,而且暂时不允许对任何想法作出评论或批评。

奥斯本及其他研究者都认为,头脑风暴比较容易激发人们的创新思维,理由主要基于以下几点:一是联想反应,联想是产生新观念的基本过程。在集体讨论问题的过程中,每提出一个新的观念,都能引发他人的联想。相继产生一连串的新观念,产生连锁反应,形成新观念堆,为创造性地解决问题提供了更多的可能性。二是热情感染,在不受任何限制的情况下,集体讨论问题能激发人的热情。人人自由发言,突破固有观念的束缚,最大限度地发挥创造性的思维能力。三是竞争意识,在有竞争意识情况下,人人争先恐后,竞相发言,不断地开动思维机器,力求有独到见解、新奇观念。四是个人欲望。在集体讨论解决问题过程中,个人的欲望自由,不受任何干扰和控制,是非常重要的。头脑风暴法有一条原则,不得批评仓促的发言,甚至不许有任何怀疑的表情、动作、神色。这就能使每个人畅所欲言,提出大量的新观念。

三、哥顿法

哥顿法(Gordon Method),亦有译为“戈登法”,又称教学式头脑风暴法或隐含法,是由麻省理工学院教授威廉·哥顿(W. J. Gordon)于 1964 年始创的。其特点是:不让小组成员直接讨论问题本身,成员也完全不知道真正的课题,而只让讨论问题的某一局部或某一侧面;或者讨论与问题相似的另一问题;或者用“抽象的阶梯”把问题抽象化后向小组成员提出,采用从成员的发言中得到启示的方法,推进技法的实施。主持人对提出的构想加以分析研究,一步步地将小组成员引导到问题本身上来。

哥顿法是由头脑风暴法衍生出来的、适用自由联想的一种方法,但其与头脑风暴法又有所区别。头脑风暴法要明确提出主题,并且尽可能地提出具体的课题。与此相反,哥顿法并不明确地表示课题,而是在给出抽象的主题之后,由小组成员海阔天空地讨论解决方案,寻求卓越的构想,当会议进行到适当时机,主持人可以将决策的具体问题展示给小组成员,使小组成员的讨论进一步深化,最后由决策者吸收讨论结果,进行决策。比如,在寻求烤面包器的构想时,按照头脑风暴法,讨论的主题就是提出一个新的烤面包器的构想。但如果用哥顿法,新颖的构想就难以提出,故往往采取以“烧制”作为主题,寻求有关各种烧制方法的设想的方式。

四、名义小组技术

在集体决策中，如对问题的性质不完全了解且意见分歧严重，则可采用名义小组技术。名义小组技术(Nominal Group Technique，NGT)，又称名义群体法，适用于决策环境复杂，要通过个人偏好的汇总来进行小组的决策。它是一种主要适合于小型决策小组的方法。在这种方法下，小组的成员互不通气，也不在一起讨论、协商，从而小组只是名义上的。

在这种技术下，管理者先召集一些有知识的人，把要解决问题的关键内容告诉他们，并请他们独立思考，要求每个人尽可能地把自己的备选方案和意见写下来。然后再按次序让他们一个接一个地陈述自己的方案和意见。在此基础上，由小组成员对提出的全部备选方案进行投票，根据投票结果，赞成人数最多的备选方案即为所要的方案。

Delbecq 等人(1975)建议把名义小组方法用于 5～8 个成员组成的小组，这是因为，首先，对于这样大小的小组来说，小组的准确性是最好的。其次，互相影响研究表明，理想的小组大小是 5～7 人。

五、电子会议分析法

电子会议分析法(electronic meetings)是一种名义小组技术与复杂的计算机技术结合的群体决策方法。在使用这种方法时，先将群体成员集中起来，每人面前有一个与中心计算机相连接的终端。群体成员将自己有关解决政策问题的方案输入计算机终端，然后再将它投影在大型屏幕上。

当然，这种方法也有明显的缺点：一是对那些善于口头表达，而运用计算机的技能却相对较差的专家来说，电子会议会影响他们的决策思维；二是在运用这种预测方法时，由于是匿名，因而无法对提出好的政策建议的人进行奖励，存在激励不足的问题；三是人们只是通过计算机来进行决策咨询的，从而是"人—机对话"，其沟通程度不如"人—人对话"那么丰富。虽然这种方法现在正处于发展的初期阶段，但未来的群体决策很可能会广泛地采用电子会议法。

六、波士顿矩阵法

波士顿矩阵法(BCG Matrix)，又称市场增长率-相对市场份额矩阵、波士顿咨询集团法，由美国著名的管理学家、波士顿咨询集团(Boston Consulting Group，BCG)创始人布鲁斯·亨德森(Bruce Henderson)于 1970 年首创。布鲁斯认为："公司若要取得成功，就必须拥有增长率和市场份额各不相同的产品组合。组合的构成取决于现金流量的平衡。"因此，根据市场增长率和相对市场占有率两个指标，可以把企业的所有业务分为四种基本的类型：明星类、奶牛类、瘦狗类、问题类(如图 3-1 所示)。

纵坐标代表市场增长率，可以用销售量或销售额的年增长率表示，并认为市场成长率超过 10%就是高速增长。横坐标代表相对市场份额，或称为相对市场占有率，表示该业务相对于最大竞争对手的市场份额，用于衡量企业在相应市场上的实力，计算方法是本企业该产品市场占有率除以最大竞争对手的市场占有率。并以相对市场份额为 1.0 为分界线。需要注意的是，这些数字范围可能在运用中根据实际情况的不同进行修改。

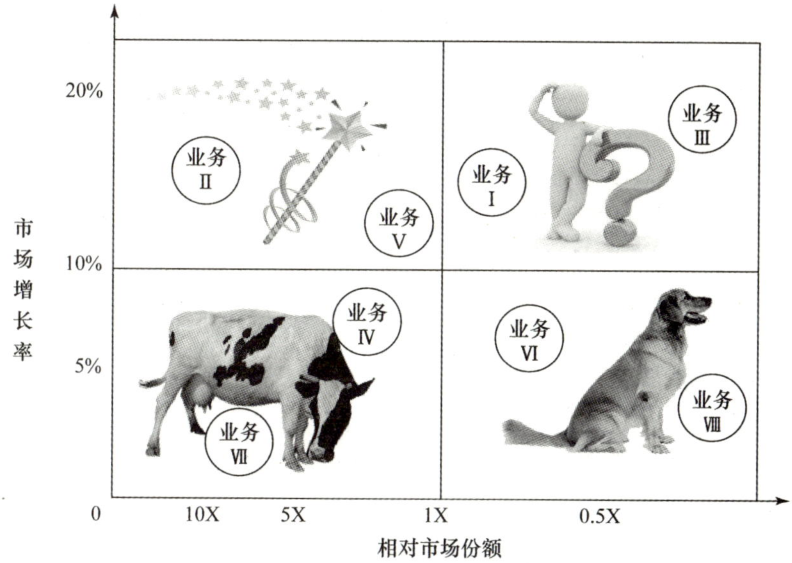

图 3-1 波士顿矩阵(BCG Matrix)

八个圆圈代表企业的八项不同业务,它们的位置取决于这个业务的市场增长率和相对市场份额的高低。

明星业务是指高市场增长率、高相对市场份额的业务,可以视为高速成长市场中的领跑者,它将成为公司未来的奶牛类业务。但这并不意味着明星业务一定可以给企业带来滚滚财源,因为市场还在高速成长,企业必须继续投资,以保持与市场同步增长,并击退竞争对手。企业没有明星业务,就失去了希望,但群星闪烁也可能会迷惑了企业高层管理者的眼睛,导致作出错误的决策。这时必须具备识别"流星"和"恒星"的能力,将企业有限的资源投入在能够发展成为奶牛类业务的"恒星"上。

奶牛类业务是指低市场增长率、高相对市场份额的业务,这是成熟市场中的领导者,它目前是企业利润的主要来源。由于市场已经成熟,企业不必大量投资来扩大市场规模。同时,作为市场中的领导者,该业务享有规模经济和高边际利润等突出的优势,因而给企业带大量现金。企业往往用奶牛类业务赚取的利润支持其他需大量投入现金的业务。奶牛类业务的多少往往能够体现出企业的整体实力,如果企业此种业务较少,说明它的财务状况是很脆弱的。

瘦狗类业务是指低市场增长率、低相对市场份额的业务。一般情况下,这类业务常常是微利甚至是亏损的。瘦狗类业务存在的原因很多,比如可能因为感情上的因素,虽然一直微利经营,但企业却不舍得放弃,就像主人对养了多年的狗一样恋恋不舍而不忍抛弃;也或者是因为瘦狗类业务能为其他业务提供技术、稀缺资源等支持。其实,瘦狗类业务通常要占用很多资源,如资金、管理部门的时间等,多数时候是得不偿失的。企业的瘦狗类业务越多,负担就越是沉重。

问题类业务是指高市场增长率、低相对市场份额的业务。这往往是一个企业的新业务,该类业务发展很快,但是整体实力和竞争对手比起来相对较弱,为发展问题类业务,企业必须建立工厂,增加设备和人员,以便跟上迅速发展的市场,并超过竞争对手,这些意味着大量的资金投入。"问题"非常贴切地描述了企业对待这类业务的态度,因为这时企业必须慎重回答“是否继续投资，发展该业务？”这个问题。对大部分企业来说，由于资金、技术、人员等条件的限制，不可能平等地发展每一个问题类业务，只有那些符合企业发展长远目标、企业具有资源优势、能够增强企业核心竞争能力的业务才能得到肯定的回答。

在明确了各项业务单位在企业中的不同地位后，就需要进一步明确其发展目标。通常有四种发展目标分别适用于不同的业务。

一是发展策略。继续大量投资，目的是扩大业务单位的市场份额。主要针对有发展前途的问题类业务和明星中的恒星业务。

二是维持策略。投资维持现状，目标是保持业务单位现有的市场份额。主要针对强大稳定的奶牛类业务。

三是收获策略。这实质上是一种榨取，目标是在短期内尽可能地得到最大程度的现金收入。主要针对部分奶牛类业务及没有发展前途的问题类业务和瘦狗业务。

四是放弃策略。目标在于出售和清理某些业务，将资源转移到更有利的领域。这种目标适用于无利可图的部分瘦狗类业务和问题类业务。

波士顿矩阵法是一种相对简单的业务分析方法，它的应用不但提高了管理人员的分析能力和决策能力，同时还帮助他们以前瞻性的眼光看问题，更深刻地理解企业各项业务活动之间的联系；加强了业务单位和企业管理人员之间的沟通，及时调整企业的业务投资组合，收获或放弃萎缩业务，加大在更有发展前景的业务中的投资，紧缩那些在没有发展前景的业务中的投资。

同时，也应该看到这种方法的局限性：由于评分等级过于宽泛，可能会造成两项或多项不同的业务位于一个象限中；由于评分等级带有折中性，使很多业务位于矩阵的中间区域，难以确定使用何种战略，比如图中的第五项业务；这种方法也难以同时顾及两项或多项业务的平衡。因此，在使用这种方法时要尽量占有更多资料，审慎分析，同时可以配合使用其他决策方法，避免因方法的缺陷造成决策的失误。

七、GE 矩阵法

为克服 BCG 矩阵的明显缺陷，通用公司于 20 世纪 70 年代开发了 GE 矩阵（GE Matrix），又称为吸引力/竞争力矩阵，这是规划业务组合的又一种决策方法。它采用的是由行业市场前景和企业竞争能力构成的分析图，根据业务单元运营所处的相关市场的吸引力程度和业务单位在该市场上的竞争优势这两个方面来对业务单位进行分析。其中，市场吸引力因素通常被视为外生变量，企业无法控制。市场吸引力程度主要考虑市场规模、市场增长率、经济周期、竞争结构、进入壁垒、行业利润率、技术等指标；企业竞争能力可视为内生变量，企业可加以控制。竞争能力优势主要考虑本业务的市场份额、营销能力、研发能力、制造能力、管理层能力、财务资源等各项指标。

按市场吸引力和企业竞争能力两个维度评估现有业务，每个维度分三级，分成九个格以表示两个维度上不同级别的组合（如图 3-2 所示）。企业可根据业务单位在矩阵中所处的位置来选择企业的对策。

处于区域 1 和 4 的业务单位竞争能力较强，市场前景也较好。应优先发展这些业务单位，确保它们获取足够的资源，以维持自身的有利市场地位。

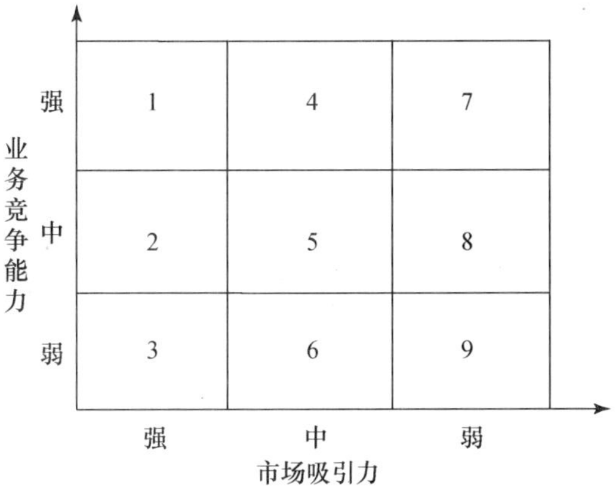

图 3-2 GE 矩阵

处于区域 2 的业务单位虽然市场前景较好，但资源缺乏，这些业务单位的竞争能力不够强。应分配给这些业务单位更多的资源以提高其竞争能力。

处于区域 3 的业务单位市场前景虽好，但竞争能力弱。要根据不同的情况来区别对待这些业务单位。最有前途的应得到迅速发展，其余的则需逐步淘汰，这是由于企业资源的有限性。

处于区域 5 的业务单位一般在市场上有 2～4 个强有力的竞争对手。应分配给这些业务单位足够的资源以使它们随着市场的发展而发展。

处于区域 6 和区域 8 的业务单位市场吸引力不强且竞争能力较弱，或虽有一定的竞争能力，但市场吸引力较弱。应缓慢放弃这些业务单位，以便把收回的资金投入到赢利能力更强的业务中。

处于区域 7 的业务单位竞争能力较强但市场前景不容乐观。这些业务单位本身不应得到发展，但可利用它们的较强竞争能力为其他快速发展的业务单位提供资金支持。

处于区域 9 的业务单位市场前景暗淡且竞争能力较弱。应尽快放弃这些业务单位，把资金抽出来并转移到更有利的业务中。

第 4 节　定量的决策方法

定量决策方法，也称为决策的“硬方法”，主要应用数学模型和公式来解决一些决策问题，即运用数学工具，建立反映各种因素及其关系的数学模型，并通过对这种数学模型的计算和求解，选择出最佳的决策方案。对决策问题进行定量分析，可以提高常规决策的时效性和决策的准确性。运用定量决策方法进行决策也是决策方法科学化的重要标志。

定量决策方法主要包括风险型决策、确定型决策和非确定型决策三种类型。

确定型决策(decision making under certainty)，亦称标准决策或结构化决策，是指决策过程的结果完全由决策者所采取的行动决定的一类问题，确定型决策方法决策没有风险，只要满足数学模型的前提条件，数学模型就会给出特定的结果。例如，某企业可向三家银行借贷，其他条件都一样，但利率不同，分别为8%、7.5%和8.5%。那么企业需决定向哪家银行借款呢？很明显，向利率最低的银行借款为最佳方案。这就是确定型决策。

风险型决策（Decision making under risk）是指每个备选方案实施以后都会遇到几种不同的可能结果，而且已知出现每一种结果的可能性有多大，即发生的概率有多大，因此在依据不同概率所拟订的多个决策方案中，不论选择哪一种方案，都要承担一定的风险。

如果每个方案实施以后都会遇到几个不同的可能结果，但是出现每种结果的概率并不知道，这种决策就称为不确定型决策（Decision Making under Uncertainty）。

一、确定型决策

确定型决策是能在确切了解的情况下作出的决策。它具备以下四个条件：① 存在着决策人希望达到的一个明确目标；② 每个方案实施以后只存在一个确定的自然状态；③ 存在着可供选择的两个或两个以上的行动方案；④ 不同的行动方案在确定状态下的损失或利益值可以计算出来。

确定型决策的主要方法有多种。

（一）直观判断法

它是指决策的因素很简明，无须复杂的计算，可以直接选择出最优方案的决策方法。现实生活中，大量的决策属于这种判断方法。

例如，某企业生产所需的原材料可从A、B、C三地购得，如果A、B、C三地距该企业的距离相等，运费相同，质量相同，A、B、C三地的同种原材料价格如表3-1所示，问该企业应从何地购进原材料？

表3-1 三地同种原材料价格

产地	A	B	C
价格（元/吨）	4500	4600	4550

在其他条件相同的情况下选择价格最低的，即选择从A地购进原材料是最佳方案。

（二）线性规划法

线性规划法（Linear Programming）是在第二次世界大战中发展起来的一种重要的数量方法，是企业进行总产量计划时常用的一种定量方法。线性规划是运筹学的一个最重要的分支，理论上最完善，实际应用得最广泛。从数学的角度来看，线性规划是研究在线性约束条件下，使一个线性目标函数最优化的理论和方法。在经济、管理决策中，主要用于研究有限资源的最佳分配问题，即如何对有限的资源作出最佳方式的调配和最有利的使用，以便最充分地发挥资源的效能去获取最佳的经济效益。由于有成熟的计算机应用软件的支持，采用线性规划模型安排生产计划，并不是一件困难的事情。在总体计划中，用线性规划模型解决问题的思路是，在有限的生产资源和市场需求条件约束下，求利润最大的总产量计划。该方法的最大优点是可以处理多品种问题。在经营决策中常用于解决利润最大、成本最低、时间最省、资源调配最合理等问题。

某企业生产4种型号的产品，其型号、各生产车间设备每日生产能力、每件产品的利润，以及生产各种产品所需要的设备台时数如表3-2所示，问如何组织生产使企业的利润最大？

运用线性规划建立数学模型的步骤是：首先，确定影响决策目标的变量；其次，列出目标函数方程；再次，找出实现目标的约束条件；最后，找出使目标函数达到最优的可行解，即为该线性规划的最优解。

表 3-2　设备台时数

车间＼产品台时	A	B	C	D	生产能力
Ⅰ	8	18	14	20	3600
Ⅱ	2	2	6	80	2400
利润(元)	24	40	36	80	

这是一个典型的线性规划问题。

第一步，确定影响决策目标的变量。设 Q_1、Q_2、Q_3、Q_4 分别为 4 种产品的计划产量，R 表示利润。在本例中，目标是利润，影响利润的变量就是 Q_1、Q_2、Q_3、Q_4。

第二步，列出目标函数方程。$\max f(R)=24Q_1+40Q_2+36Q_3+80Q_4$

第三步，找出约束条件。约束条件包括两个方面：一是不能超过每个车间的最大生产能力；二是每种产品的产量是大于等于零的。因此约束条件是：

$$\begin{cases}8Q_1+18Q_2+14Q_3+20Q_4\leqslant 3600\\2Q_1+2Q_2+6Q_3+80Q_4\leqslant 2400\\Q_1\geqslant 0\\Q_2\geqslant 0\\Q_3\geqslant 0\\Q_4\geqslant 0\end{cases}$$

第四步，找出使目标函数达到最优的可行解。求解过程略，解得 $X_1=400$，$X_2=0$，$X_3=0$，$X_4=20$。

即 A 产品生产 400 件，B 产品、C 产品不生产，D 产品生产 20 件，可获得最佳利润为 11200 元。

$\max f(R)=24\times 400+80\times 20=11200$(元)

（三）本量利分析法

本量利分析(Cost-Volume-Profit Analysis，CVP 分析)，又称量本利分析(VCP 分析)、盈亏分析法，是指在变动成本计算模式的基础上，以数学化的会计模型与图文来揭示固定成本、变动成本、销售量、单价、销售额、利润等变量之间的内在规律性的联系，为会计预测决策和规划提供必要的财务信息的一种定量分析方法。

本量利分析法着重研究销售数量、价格、成本和利润之间的数量关系，它所提供的原理、方法在管理会计中有着广泛的用途，同时它又是企业进行决策、计划和控制的重要工具。

本量利分析方法起源于 20 世纪初的美国，到了 20 世纪 50 年代已经非常完善，并在西方会计实践中得到了广泛应用。时至今日，该方法在世界范围内都得到了广泛的应用，对企业预测、决策、计划和控制等经营活动的有效进行提供了良好保证。

在现实经济生活中，成本、销售数量、价格和利润之间的关系非常复杂。例如，成本与业务量之间可能呈线性关系也可能呈非线性关系；销售收入与销售量之间也不一定是线性关系，因为售价可能发生变动。为了建立本量利分析理论，必须对上述复杂的关系作一些基本假设，由此来严格限定本量利分析的范围，对于不符合这些基本假设的情况，可以进行本量利扩展分析（如图 3-3 所示）。

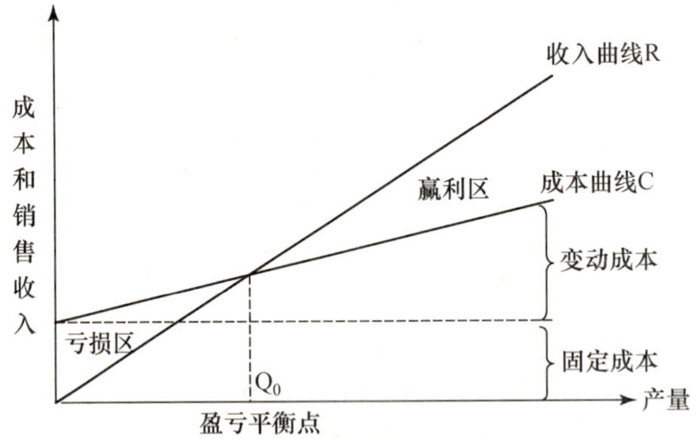

图 3-3　盈亏平衡分析法

根据成本与产量的关系将总成本分成固定成本和变动成本。固定成本是不随产量变化而变化的，它是一个固定的值，比如固定资产折旧费用等，在图上是一条与横坐标平行的线，变动成本是随测量的变化而变化的，而且是成正比例变化，如材料费等，在图上是一条斜线。把固定成本与变动费用相加就是总成本线（C）。销售收入线 R 和总费用线 C 的交点 Q_0 称为盈亏平衡点（breakeven point，又称保本点），此时销售收入恰好等于总费用，即企业处于不亏不盈的保本状态。Q_0 点把这两条线所夹的范围分成两个区域，Q_0 点右边的是盈利区，Q_0 点左边的是亏损区。通过盈亏平衡图可以分析如下问题：

一是可以判断企业目前的销售量对企业盈利和亏损的影响。当 $Q>Q_0$ 时，企业在盈利区；当 $Q<Q_0$ 时，企业在亏损区；当 $Q=Q_0$ 时，企业保本经营，不亏不盈。

二是可以确定企业的经营安全率。经营安全率是反映企业经营状况的一个指标。其计算公式为：

$$\eta=\frac{Q-Q_0}{Q}\times 100\%$$

式中 η 为经营安全率。η 值越大，说明企业对市场的适应能力越强，企业经营状况越好；η 的值越小，企业经营的风险越大经营越差。增加销售量而盈亏平衡点不变，可增大经营安全率。采取措施，降低盈亏平衡点也可以增大经营安全率。

二、风险型决策

风险型决策需要具备下列条件：第一，有一个明确的决策目标；第二，存在着决策者可以选择的两个以上的可行方案；第三，存在着决策者无法控制的两个以上的客观自然状态；第四，不同方案在不同自然状态下的损益值可以计算出来。由于风险型决策自然状态的出现是不确定的，只能估计出一个概率，所以决策人要承担因估计失误而带来的风险。这种决策方法主要应用于有远期目标的战略决策或随机因素较多的非程序化决策。如投资决策、技术改造决策等。常用的方法有期望值法和决策树法。

（一）期望值法

期望值法(Expectancy Method)是在风险决策中常用的方法。它是以决策问题构成的损益矩阵为基础，通过计算出每个方案的期望值，进行决策。方案的期望值，是各个方案发生的概率乘该方案发生的损益值之和。它们是在不同自然状态下的加权平均值。期望值的计算公式如下所示：

$$E(R) = \sum R_i * P_i$$

其中，$E(R)$表示方案的期望收益，R_i 表示方案在第 i 种自然状态下的收益，P_i 表示第 i 种自然状态发生的概率。

例：某公司要进行产品产量决策，有三种备选方案：大批量生产、中批量生产和小批量生产。估计未来市场对该产品的需求有两种状态：需求量大和需求量小，每一种状态发生的概率分别为 0.3 和 0.7。不同方案在不同状态下的损益值/万元，如表 3-3 所示，公司应如何决策？

表 3-3 不同方案在不同状态下的损益值(单位：万元)

方案 \ 收益值 \ 自然状态	自然状态 1：需求量大 概率：0.3	自然状态 2：需求量小 概率：0.7
大批量生产	30	−6
中批量生产	20	−2
小批量生产	10	5

第一步，按照每种自然状态的客观概率的大小，计算各个方案的期望收益值。

方案 1，大批量生产。期望收益值：$E(R1) = \sum R_i \times P_i = 30 \times 0.3 + (-6) \times 0.7 = 4.8$

方案 2，大批量生产。期望收益值：$E(R2) = \sum R_i \times P_i = 20 \times 0.3 + (-2) \times 0.7 = 4.6$

方案 3，大批量生产。期望收益值：$E(R3) = \sum R_i \times P_i = 10 \times 0.3 + 5 \times 0.7 = 6.5$

第二步，比较各个方案的期望收益值，从中选择一个满意方案。

$E(R3) > E(R1) > E(R2)$

（二）决策树法

决策树(decision tree)是在期望值法的基础上进一步发展而来的。每个决策或事件(即自然状态)都可能引出两个或多个事件，导致不同的结果，把这种决策分支画成图形很像一棵树的枝干，故称决策树。决策树法作为一种决策技术，已被广泛地应用于企业的投资决策之中，它是随机决策模型中最常见、最普及的一种决策模式和方法，此方法有效地控制了决策带来的风险。

决策树的基本形状结构如图 3-4 所示。

图中，“□”表示决策点，由决策点引出的若干条一级树枝叫作方案枝，它表示该项决策中可供选择的几种备选方案；以“○”来表示方案节点，在下面的决策过程中，方案节点上面往往会标上该方案的期望收益值；由各方案结点进一步向右边引出的枝条称为方案

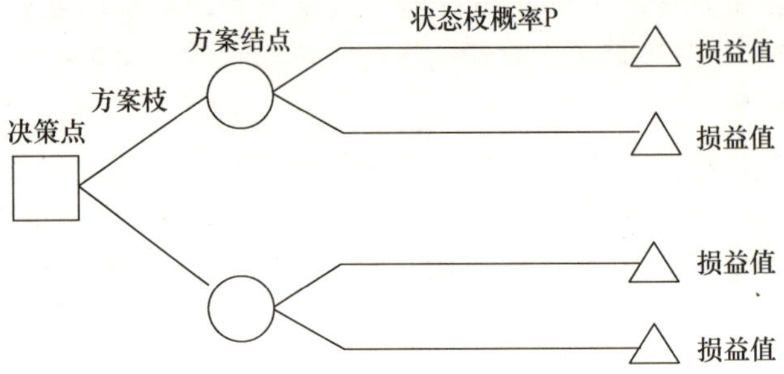

图 3-4　决策树

的状态枝，每一状态出现的概率标在每条状态枝的上方，直线的右端"△"表示该种状态下方案执行所带来的损益值。

用决策树法进行决策一般需要进行以下几个步骤：

第一步，绘制决策树。根据备选方案的数目和对未来环境状态的了解，从左到右绘出决策树图形。

第二步，计算期望收益值。计算各概率枝的损益值，将各损益值乘上该损益值出现的概率并累加，得出各方案的期望收益值，把该数值标记在相应方案的状态结点上方。

第三步，剪枝决策。将每个方案的期望收益值减去该方案实施所需要的投资额（该数额可标记在相应的方案枝的下方），比较余值后就可以选出决策方案。剪去的方案枝以"//"号表示剪断。

[例] 某公司准备生产某种新产品，有两个方案可供选择；一是建大厂，需投资 500 万元，建成后如果销路好，每年可获利 150 万元，如果销路差，每年要亏损 30 万元；二是建小厂，需投资 300 万元，如果销路好，每年可获利 60 万元，如果销路差，每年可获利 30 万元，如表 3-4 所示。两方案的使用期限均为 10 年，根据市场预测，产品销路好的概率为 0.6，销路差的概率为 0.4，请问应如何进行决策？

表 3-4　两种方案在不同状态下的损益值(单位：万元)

方案 \ 收益值 \ 自然状态	自然状态 1：销路好 概率：0.6	自然状态 2：销路不好 概率：0.4
建大厂(投资 500 万)	150	−30
建小厂(投资 300 万)	60	30

此问题属于一个简单的决策问题，因此完全可以用期望值法进行决策。

利用期望值法进行决策，两种方案的期望收益：

$E(Rl)=(150\times0.6-30\times0.4)\times10-500=280$(万元)

$E(R2)=(60\times0.6+30\times0.4)\times10-300=180$(万元)

很显然，因为 $E(Rl)>E(R2)$，所以应选择方案一作为决策方案，即建大厂。

下面，我们重点介绍如何利用决策树法进行决策。

第一步，绘制决策树图，如图 3-5 所示。

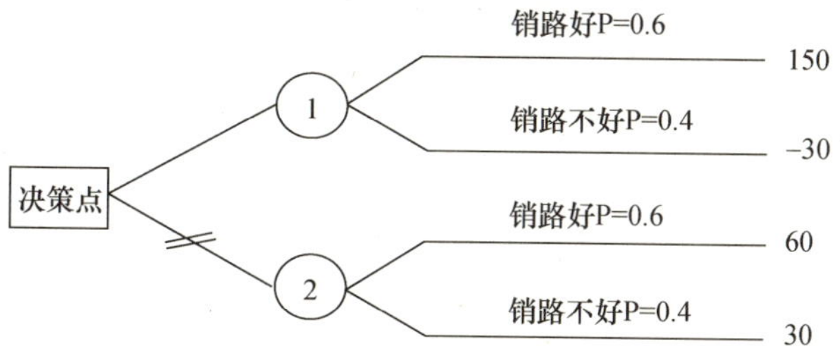

图 3-5　决策树图

第二步，计算各结点的期望收益值。

结点①，$E(R1)=(150\times0.6-30\times0.4)\times10-500=280$（万元）

结点②，$E(R2)=(60\times0.6+30\times0.4)\times10-300=180$（万元）

第三步，剪枝决策。

因为 $E(R1)>E(R2_2)$，所以应选择方案一作为决策方案，即建大厂。

比较来看，期望值法和决策树法的结论是一样的，但是决策树法计算过程复杂一点。其实决策树法的优越性在与计算复杂的、多阶段决策。

［例］某企业为扩大某产品的生产，拟建设新厂。据市场预测，产品销路好的概率为0.7，销路差的概率为0.3，有三种方案可供企业选择：方案一，新建大厂，需投资300万元，据初步估计，销路好时，每年可获利100万元；销路差时，每年亏损20万元，服务期为10年。方案二，新建小厂，需投资40万元，销路好时，每年可获利40万元；销路差时。每年仍可获利30万元，服务期为10年。方案三，先建小厂，3年后销路好时再扩建，需追加投资200万元，服务期为7年，估计每年获利95万元。请问应如何进行决策？

此问题属于多级决策，如果使用期望值法，计算公式较为烦琐，不易理解。而用决策树法进行分析，则思路清晰，容易理解。

第一步，画出此问题的决策树，如图3-6所示。

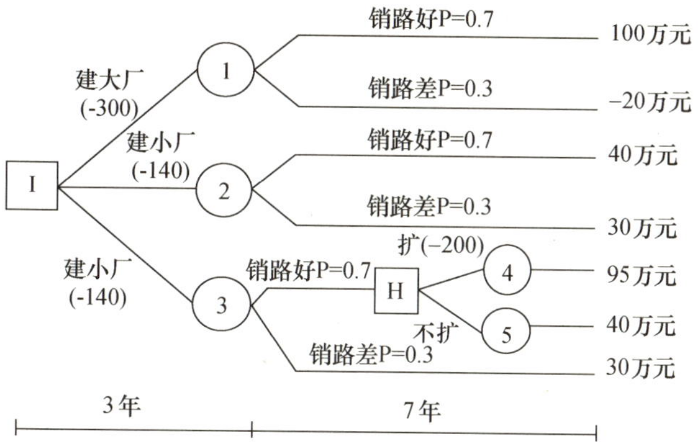

图 3-6　决策树图

第二步，先计算结点④、⑤的期望收益值，进行第一级决策。

$E4=95\times7-200=465$（万元）

$E5=40\times7=280$（万元）

由于 $E4>E5$，故若先建小厂，3 年后销路好时应选择扩建方案。

第三步，计算①、②、③三个点的期望收益值，进行第二级决策。

$E1=[0.7\times100+0.3\times(-20)]\times10-300=340$（万元）

$E2=(0.7\times40+0.3\times30)\times10-140=230$（万元）

$E3=(0.7\times40\times3+0.7\times465+0.3\times30\times10)-140=359.5$（万元）

由于 $E3$ 最大，所以应选择方案三作为决策方案，即先建小厂，3 年后若市场销路好就进行扩建。

从以上介绍可以看出，决策树法具有许多优点：条理清晰，程序严谨，定量、定性分析相结合，方法简单，易于掌握，应用性强，适用范围广等。当今的经济管理活动中，竞争日趋激烈，现代企业的经营方向面临着许多可供选择的方案，如何赢得最大的利润以及最大限度地降低企业的经营风险，是企业决策者经常面对的决策问题，决策树法能简单明了地帮助企业决策层分析企业的经营风险和经营方向。

三、不确定型决策

在不确定型决策中，由于方案实施以后出现的自然状态的概率不知道，甚至出现什么自然状态也不知道，因此处理这类问题比较困难。管理实践中，大体有两类方法可供选择：一类是通过一些科学方法来补充信息，将不确定型问题变为风险型问题来处理，决策方法就回到了风险型决策。另一类是依照经验进行模糊决策，这与决策者对待风险的态度和所采取的决策准则有直接关系，接下来我们重点介绍这类方法。

［例］某企业面临四个方案，需要从中选择一个。四个方案实施以后都面临四种自然状态，每种自然状态下的收益可知，但是每种自然状态发生的概率未知，如表 3-5 所示。请问企业如何决策？

表 3-5　某决策的损益矩阵

方案 \ 收益值 \ 自然状态	Q_1	Q_2	Q_3	Q_4
A	4	—6	8	14
B	—2	4	6	13
C	6	8	10	4
D	8	0	6	12

（一）等概率法

等概率法，也称等可能性决策法，它是法国数学家皮埃尔-西蒙·拉普拉斯（Pierre Simon Laplace）首先提出的，所以又叫作拉普拉斯法。

等概率决策法是当存在两种或两种以上的可行方案时，既然无法获知每种自然状态出现的概率，不妨假定每一种方案实施以后遇到各种自然状态的可能性是相等的，即如果有 n 个自然状态，那么假定每个自然状态出现的概率就是 $1/n$，然后就可以用期望值法求出各种方案的期望值，以此作为依据，进行决策。这种决策方法带有一定的主观性。期望值法我们已经介绍，在此不再赘述。

（二）乐观法

乐观法，也称最大最大收益值法、大中取大法。采用这种方法的决策者对未来充满信心，比较乐观，也比较冒险，认为不论选择哪一种方案，未来都会出现最好的自然状态，因此，对方案的比较和选择就会倾向于选取哪个方案在最好状态下能带来最大收益。其具体做法是：先找出各个方案在各自然状态下的最大收益值，即各方案中与最好自然状态相应的收益值，然后进行比较，从中选取相对收益最大的方案作为决策方案。

以上一例题为例，分析乐观法的决策过程包括两个步骤：

第一步，求出每一个方案在各自然状态下的最大收益值，如表3-6所示。

第二步，比较各方案的最大收益值，再从中选择一个最大的，作出决策，选择方案。

显然，Max(A)＞Max(B)＝Max(D)＞Max(C)

因此，对应的方案A就是乐观法要选择的决策方案。

表3-6　某决策的最大收益值矩阵

方案 \ 收益值 \ 自然状态	Q_1	Q_2	Q_3	Q_4	最大收益值
A	4	−6	8	14	14
B	−2	4	6	13	13
C	6	8	10	4	10
D	8	0	6	12	12

（三）悲观法

悲观法，也称最大最小收益值法、小中取大法。采用这种方法的决策者对未来持比较保守、比较悲观的态度，认为不论选择哪一种方案，未来都会出现最差的自然状态，为避免风险，则会选择在最差自然状态下仍能带来最大收益或最小损失的方案作为决策方案。其具体做法是：先找出各方案在各种自然状态下的最小收益值，然后进行比较，从这些最小收益值中选取相对收益最大的方案作为决策方案。

以上一例题为例，分析悲观法的决策过程包括两个步骤：

第一步，求出每一个方案在各自然状态下的最小收益值，如表3-7所示。

第二步，比较各方案的最小收益值，再从中选择一个最大的，作出决策，选择方案。

显然，Min(C)＞Min(D)＞Min(B)＞Min(A)

因此，对应的方案C就是悲观法要选择的决策方案。

表3-7　某决策的最小收益值矩阵

方案 \ 收益值 \ 自然状态	Q_1	Q_2	Q_3	Q_4	最小收益值
A	4	−6	8	14	−6
B	−2	4	6	13	−2
C	6	8	10	4	4
D	8	0	6	12	0

（四）折中法

折中法，也称乐观系数法（optimistic coefficient method），又称贺威兹决策准则，它是介于乐观决策法和悲观决策法之间的一种决策方法。这种方法既不像乐观决策方法那样在所有的方案中选择收益最大的方案，也不像悲观决策法那样从每一方案的最坏处着眼进行决策，而是在极端乐观和极端悲观之间，通过一个折中系数确定一个适当的值作为决策依据。这种利用折中系数进行决策的方法就叫作折中法。

其具体做法是：根据决策者的估计，先引入一个乐观系数 a，a∈[0,1]。相对应的悲观系数为 1-a，当 a=0 时决策者感到完全悲观，当 a=1 时决策者感到完全乐观。然后，将各方案在各个自然状态下最大的收益值与乐观系数的乘积，加上各方案在各个自然状态下最差的收益值与悲观系数的乘积，得出各方案的期望收益值；比较各方案的期望收益值，从中选出期望收益值最大的方案作为决策方案。

以上一例题为例，分析折中法的决策过程。

表 3-8　某决策的折中收益值矩阵

自然状态 / 收益值 / 方案	Q_1	Q_2	Q_3	Q_4	最大收益值系数 0.7	最小收益值系数 0.3	折中的期望收益值
A	4	—6	8	14	14	—6	8
B	—2	4	6	13	13	—2	8.5
C	6	8	10	4	10	4	8.2
D	8	0	6	12	12	0	8.4

决策过程包括三个步骤：

第一步，假设乐观系数 a=0.7，则悲观系数 1－a=0.3；

第二步，用期望值法求出每一个方案折中的期望收益值，如表 3-8 所示；

第三步，比较各方案的期望收益值，再从中选择一个最大的，作出决策，选择方案。

显然，Min(B)＞Min(D)＞Min(C)＞Min(A)。

因此，对应的方案 B 就是折中法要选择的决策方案。

（五）后悔值法

后悔值法，也称最小最大后悔值法。采用这种准则的决策者认为，决策者在选择方案并组织实施时，如果遇到的自然状态表明采用另外的方案会取得更好的收益，决策者将为此而感到后悔。最小最大后悔值法就是使后悔值最小的方法。

其具体做法是：先确定出各方案在各种自然状态下的最大收益值；然后用这个最大值与相应方案在不同自然状态下的收益值相减，得出各方案在各种自然状态下的后悔值；最后找出每一种方案的最大后悔值，从中选择一个最小值，该值对应的方案即是决策方案。

上一例题为例，分析后悔值法的决策过程。

第一步，求出每一自然状态下的效果最大值。

$E_1=\max\{4,-2,6,8\}=8$

$E_2=\max\{-6,4,8,0\}=8$

$E_3=\max\{8,6,10,6\}=10$

$E_4 = \max\{14, 13, 4, 12\} = 14$

第二步，求出每一自然状态下的后悔值，并写在相应方案与相应状态的交叉点上。方案后悔值等于各自然状态最佳效果值（最大收益或最小支付）减去方案在该自然状态下的损益值。

表 3-9　计算方案后悔值

方案 \ 后悔值计算 \ 自然状态	Q_1	Q_2	Q_3	Q_4
A	8—4	8—(—6)	10—8	14—14
B	8—(—2)	8—4	10—6	14—13
C	8—6	8—8	10—10	14—4
D	8—8	8—0	10—6	14—12

第三步，求出后悔值矩阵。

表 3-10　后悔值矩阵

方案 \ 后悔值 \ 自然状态	Q_1	Q_2	Q_3	Q_4
A	4	14	2	0
B	10	4	4	1
C	4	0	0	10
D	0	8	4	2

第四步，求出后悔值矩阵中各行（方案）的最大后悔值。

表 3-11　最大后悔值矩阵

方案 \ 后悔值 \ 自然状态	Q_1	Q_2	Q_3	Q_4	最大后悔值
A	4	14	2	0	14
B	10	4	4	1	10
C	4	0	0	10	10
D	0	8	4	2	8

第五步，求出最大后悔值中的最小值。

$\min\{14, 10, 10, 8\} = 8$

因此，对应的方案 D 就是后悔值法要选择的决策方案。

案例3-1

阿迪达斯与耐克对决 NBA

阿迪达斯最喜欢说的就是“Impossible is nothing”，但这种不可能却发生在自己身上——阿迪达斯，1948 年问世，至今走过了整整 58 年风雨路。耐克，1972 年诞生，短短 34 年奋斗史，却坐稳了世界第一把交椅；阿迪达斯一向与足球有着千丝万缕的联系，为许多顶级足球联赛提供赞助，但 2004 年，在欧洲足球市场，耐克第一次以 35%的份额超过了阿迪达斯的 31%……

阿迪达斯感受到了前所未有的紧迫。但德国人的意志是不能被忽视的，即将开幕的德国世界杯上，赛场外的大赢家非阿迪达斯莫属，该公司预计世界杯给其带来的收入将超过预期，阿迪达斯要用足球给自己正名，但这远远不够，31 亿欧元联手锐步，以此为跳板，然后直入虎穴，进军 NBA。德国当地时间 4 月 11 日，阿迪达斯在总部法兰克福宣布，公司已经与 NBA 签订了价值 4 亿美元的协议，在未来 11 年内，阿迪达斯将成为 NBA 联赛官方指定赞助商，在未来 NBA 联赛赛场上，观众不仅仅可以看到耐克、冠军等品牌，还可以看到阿迪达斯的篮球用品。阿迪达斯要向世人证明：NBA，我能！

一、资源争夺　碰撞难免

都是致力于运动品牌，都是行业的佼佼者，在资源的争夺上产生的碰撞属人之常情，阿迪达斯传统优势领域是足球和田径，足球是当今世界最具魅力的体育运动，其市场价值不可估量。作为行业老大的耐克绝不会袖手旁观，耐克的足球运动产品年销售额达到 10 亿美元左右，而英超劲旅曼联、阿森纳也都与耐克签有合作协议。虽然，在球队赞助方面阿迪达斯占有优势，但在球星方面就不一样了，耐克下的本钱更狠、更大。在全球市场中，耐克仍旧占据领导地位，阿迪达斯为了超越对手，在自己传统优势领域里当然要倍加经营，守住自己的大本营，同时向外扩张。

在篮球市场，虽然早在上个世纪 30 年代，阿迪达斯就已经在全球市场上销售篮球鞋，但相比耐克，阿迪达斯却稍嫌弱势。自从耐克签约乔丹之后，耐克在全球篮球商品市场的地位稳若泰山，由于 NBA 是美国最受欢迎体育大热门，耐克作为东道主显然比阿迪达斯具备更多的优势，特别是在 2003 年 7 月，耐克以 3.05 亿美元全资收购运动鞋制造商匡威公司后，一下拉开了与竞争对手之间的距离。而如今乔丹已廉颇老矣，阿迪达斯决不再容许耐克在篮球王国里独步逍遥，31 亿欧元联手锐步也就在情理之中了，锐步自 2001 年起就一直向 NBA 提供官方的服装等篮球用品，锐步的加盟则可能帮助阿迪达斯在耐克的篮球领域实现突破，目前，锐步与姚明、艾弗森等 NBA 明星签订了合约，可以说是一个很好的开始。

二、渠道布局　平分秋色

在渠道以及终端销售上面，阿迪达斯与耐克可以说各有千秋，不相上下。拿在中国市场来说，阿迪达斯和耐克都放弃了高端走势姿态，降下身段从渠道上着眼，加大了强势媒体、销售网点的建设和终端形象的推广宣传。阿迪达斯自 2000 年以来，一直在国内的重点城市大力推广“街头篮球赛活动”，锁定 18～25 岁的年轻一族，每一场篮球赛都十分火爆，让品牌活力四射。近来，该品牌的推广又继续加大力度，将赛场扩大到西部一些主要城市，如成都、西安等地的街头经常可以看到阿迪达斯品牌的身影。而耐克也不示弱，如今央视的耐克广告都是大众所不认识的普通人士，而且每一期的主人公都不一样，全中国这么多人，都可以成为耐克的代言人，而且条件也不是太苛刻，耐克的平民路线绝不亚于“超级女声”的一夜走红。

按照体育用品行业的成功经验，优秀的品牌与产品首先必须在优秀的终端卖场获得最佳的产品展示效果，从而赢取市场主动权与消费信心。然而，谁能够有机会进入优秀卖场或获得最佳的卖场位置，还具体取决于品牌的影响程度与运作实力，在具体的运作方式方面，基本上都以连锁专卖场形式为主，在这方面，阿迪达斯与耐克很难分出个子丑寅卯来。

三、战略规划，鹿死谁手

（一）阿迪达斯：夺取奶酪刻不容缓

阿迪达斯可谓忍辱负重，不做大哥好多年，如今时机已经成熟，风水轮流转也该转到自己的头上了，于是，一场酝酿许久的夺取战终于箭在弦上，不得不发。

曾几何时，世界上第一双冰鞋，第一双多钉扣鞋，第一双胶铸足球钉鞋都出自阿迪达斯，特别是阿迪达斯的旋入型鞋钉是个非常革命性的概念，人们甚至认为它为德国足球队1954年获得世界杯立下了汗马功劳。“金字塔”型推广模式，率先将品牌在视觉上与运动员、运动队、大型比赛以及相关体育活动联系起来。1980年，阿迪达斯的销售额达到10亿美元。主要产品类别的市场占有率高达70%。公司生产150种不同样式的运动鞋，17个国家的24个工厂的日产量达到20万双。阿迪达斯的产品在150个国家销售。然而，进入80年代后，阿迪达斯忽视了慢跑运动在美国这个全球最大的运动产品市场的兴起，金字塔底的那部分消费者参加跑步活动的人数激增，阿迪达斯错失良机，让运动新秀耐克抓住时机，最终大获成功。

但更令人气愤的是，在自己的优势领域，耐克也来抢着分一杯羹，所谓该出手时就出手，阿迪达斯终于爆发了，北美市场也必须刻有阿迪达斯的名字。

在北美市场，阿迪达斯要解决好产品本土化问题，作为一个德国的体育运动品牌，阿迪达斯应该把它在美国市场上投放的鞋类产品“美国化”。欧洲人喜欢的产品不一定符合美国人的胃口。阿迪达斯应该招纳和培养那些真正了解并且能够预测这个充满活力的市场的人才，这是一种无法模仿的资源。然后就可以根据这些预测的结果来重新塑造它的市场区隔，这样一方面满足了美国消费者的需求，另一方面也保证了在这个细分市场上有独到的优势。美国人更强调个人化，所以在广告方面，阿迪达斯应该把它的形象塑造得更加个性化，而且要减少明星的使用。

在亚洲市场，阿迪达斯可以说志在必得，先前和锐步的天作之合无疑是醉翁之意不在酒，因为，欧美市场已近饱和，无论怎样争夺，变化的主要就是份额而已，相比之下，亚洲尤其是中国市场潜力无穷。阿迪达斯除了扩充门店外，更重要的是品牌争夺。耐克依靠自己一贯发掘明日之星的思路，成功地签约了被中国人——特别是年轻、时尚的中国消费者视为英雄的奥运110米栏冠军刘翔。虽然阿迪达斯在中国市场还无斩获，但锐步在中国拥有一个连耐克都叹为观止的市场利器——姚明，双方已经于2003年签订了一份终身赞助合同。年轻人是中国运动品市场上最重要也是增长最快的消费群体，这是阿迪达斯和耐克都必须争夺的消费层面。

（二）耐克：稳住阵脚，保王者风范

“耐克在它的世界保持稳定增长的秘诀就是雇佣在各个相关领域最有才华和最受尊

敬的人。"纽约营销公司 Buzztone 总裁约什·塔克曼如是说。但如今对手已经攻到自家的门口，先稳住阵脚才是迫在眉睫的事。

尽管耐克并不像它的竞争者那样在城市市场做很多直接的营销活动，却在消费者群体心目中一直占有很重要的地位。同迈克尔·乔丹以及泰格·伍兹的长期合同都使得耐克成为城市消费者和爱好运动的年轻人心目中的顶尖品牌，这也是耐克长期能够稳居榜首的重要原因。在北美市场，一向是耐克独步天下，在此封王拜相，所以，保持在本土市场的竞争力是重中之重。阿迪达斯在美国市场上经营是非常有挑战性的，但爱国的美国消费者很可能会倾向于本国产品而不是进口货。耐克在本土的管理实践、组织架构、公司治理以及本土资本市场的掌控方面都有优势。如果它们在白热化的本土竞争当中都能生存，它们在国际市场上就会更有竞争力。为了维护它在美国运动鞋市场的统治地位，耐克应该持续地专注于它的核心竞争力：营销与研发。在已有的高度的消费者忠诚、品牌意识和庞大的市场份额基础上，他们还必须在不断开发新产品的同时保持他们的品质标准，实施有效的营销方案以回应市场的变化。

在亚洲市场，特别是在中国，耐克仍旧占有一定的优势，阿迪达斯于 1980 年开始关注中国体育用品市场，且在国内设立品牌推广机构。然而在数十年的市场推进中，表现得却相当克制，近几年来，阿迪达斯不断反思在中国的战略思想，在过去 20 多年的防守战中逐渐开始反攻，可以说阿迪达斯正处在企业第二个生命周期，它正在为提升市场份额而打拼，在中国还有本土企业李宁，可以说竞争将异常激烈。

对于阿迪达斯、耐克这两大国际运动品牌而言，现实竞争环境中，耐克在全球各市场区域均不断领先于阿迪达斯，但想彻底打败阿迪达斯，也并非易事，因为阿迪达斯与全球体育运动及体育产业经济的关系渊源甚深，与耐克一样在全球消费者及体育运动领域均拥有刻骨铭心的品牌印象，均成为体育运动发展的两大精神信仰。应该说它们之间的竞争更像一场马拉松竞赛，彼此之间始终存在一种相互的追逐，最终的胜利还有待时间考验。

NBA 论剑也许只是精彩对决的一个剑花。

（资料来源：新浪财经《论剑：阿迪达斯耐克对决 NBA》，作者：马瑞光、袁作龙，http：//finance. sina. com. cn/leadership/mjzcl/20060620/17312666843. shtml)

问题：

1. 耐克公司的管理层制定了什么决策使得它如此成功？

2. 到 20 世纪 90 年代，阿迪达斯的不良决策如何导致了市场份额的极大减少？不确定性在其中起了什么作用？

3. 你更喜欢阿迪达斯还是耐克？你的决策受什么因素影响？

案例3-2

雅虎盛极而衰

2000 年 1 月 7 日，星期五，美国加州圣-克拉拉市雅虎公司的总部大楼里洋溢着轻松愉快的气氛，雅虎股价几天前刚刚创下了 237.5 美元的历史新高，这对于公司的每位员工来说都是个好消息。在三层的办公室里,首席执行官蒂姆-库格尔(Tim Koogle)正筹划着雅虎未来的宏图大计。这时,电话铃响了,一个意想不到的消息传到了库格尔的耳朵里:知情人士透露,美国在线打算与时代华纳合并!这个消息像平地一声惊雷一样令库格尔震惊不已,但他万万没有料到,它竟成了雅虎盛极而衰的导火索。这以后,雅虎公司一系列的决策失误和高层人士之间的摩擦使这个光芒四射的网络明星陷入了疲于挣扎的窘境。

一、联盟还是不联盟

2000年,美国在线(AOL)与时代华纳合并为美国在线时代华纳(AOL Time Warner),这个消息像平地一声惊雷一样,它竟成了雅虎盛极而衰的导火索。

在接到美国在线将与时代华纳合并的消息后,雅虎公司的三位实权人物——首席执行官蒂姆·库格尔(Tim Koogle)、总裁杰弗雷·马莱特(Jeffrey Mallett)和创始人杨致远(Jerry Yan)立即召开了研讨会商量对策。在研讨会上,围绕着联盟还是不联盟的问题,三人展开了激烈的辩论。库格尔认为,博采众家之长比收购一家传统媒体公司更适合雅虎的发展模式,它可以使雅虎更好地为消费者提供高质量的内容服务,因此库格尔主张保持雅虎公司独立的运营策略,继续捍卫自己在门户领域里的老大地位。相比之下,总裁马莱特和创始人杨致远更倾向于收购一家传统媒体公司。他们认为,在美国在线使出了极具威胁的杀招后,雅虎必须全力应战,利用其高达1100亿美元的市值,收购一家属于自己的老牌传统媒体。在经过了长达四个小时的论战后,库格尔的观点最终占据了上风,三人一致决定:雅虎不应效仿美国在线的做法与传统媒体联盟,而是应继续保持独立的运营风格。

这是雅虎的决策者们犯下的第一个严重错误。很明显,美国在线和时代华纳合并后将会牢牢地控制网络、杂志、电影、电视以及图书出版等领域的大片江山,雅虎单纯依靠在线广告的运营模式肯定无法与之相抗衡,其领先地位将不可避免地受到削弱。这个道理看上去十分明显,但由于当时正值雅虎的鼎盛时期,因而它并没有得到公司决策者们的足够重视,这是导致雅虎后来不利局面的重要原因。由于美国经济自去年下半年起持续下滑,今年第一季度公司广告客户用于在线广告的开支比去年同期大幅减少了50%。受此影响,雅虎公司今年一季度的销售额仅有1.8亿美元,比去年同期剧降了42%,公司的市值也缩水到了110亿美元,比高峰时期减少了92%。与此相对照的是,美国在线时代华纳公司今年一季度的广告和商务收入增加了10%,其市值已高达2210亿美元,将雅虎远远地抛在了身后。

二、要不要收购eBay

一次决策失误并不会使雅虎这样的巨人就此倒下,在作出不收购老牌媒体决定之后不到3个月的时间里,雅虎公司就得到了一个改变命运的机会:著名的拍卖网站eBay抛出橄榄枝,表示愿与雅虎合并,条件是eBay公司的首席执行官惠特曼必须直接对雅虎公司的首席执行官库格尔负责。这桩送上门的买卖本来可以使雅虎公司重新崛起,但内部的钩心斗角、意见不合使雅虎公司再次丢掉了一个扭转乾坤的大好时机。

在收购eBay的问题上,雅虎公司的首席执行官库格尔非常积极,他很希望雅虎能够成功收购eBay,从而扩大公司的业务范围,增强公司的营收能力。但雅虎总裁马莱特对此却有不同的看法,他认为,eBay的企业文化与雅虎并不相符,收购eBay对于雅虎的战略发展并无太大的益处。两位核心人物的分歧使雅虎与eBay的收购谈判从一开始就步履维艰，虽然在库格尔的极力推动下，两家公司的谈判日渐热烈，但雅虎公司内部的矛盾也同样日渐升级——马莱特不希望惠特曼越过自己直接对库格尔负责，他对收购 eBay 的问题采取了对立的态度。

在收购即将成功的时候，马莱特向杨致远和大卫·费罗(David Filo)这两位公司的创始人表达了反对收购的意见，极力向他们说明 eBay 的企业文化并不适合雅虎。在他的强力游说下，杨致远和大卫·费罗很快加入了反对收购的阵营。费罗向库格尔发去了一封电子邮件，力劝库格尔取消收购 eBay 的计划。在几位实权派人物的压力下，库格尔最终选择了少数服从多数，取消了收购行动。后来的事实证明，雅虎的这个决定绝对是错误的。在雅虎公司面临窘境、财富急剧缩水的同时，eBay 公司获得了巨大的成功。今年一季度，eBay 公司的销售额达到了 1.84 亿美元，比去年同期增长了 79%，净利润也创下了 2100 万美元的纪录，这大概是雅虎公司万万没有料到的。在谈到有关雅虎决策的问题时，该公司一位前任经理里克·莱格(Rich Rygg)表示："雅虎公司最大的问题在于，它的管理总是以劝说的方式进行，而不是命令。雅虎的管理层习惯以一种少数服从多数的方式进行决策。"

三、三个和尚没水吃

雅虎公司的衰落除了决策上的失误外，还与公司高层之间的明争暗斗有着密切的联系。有雅虎"三剑客"之称的三位实权派人物——杨致远、库格尔和马莱特在雅虎创建初期一直通力合作，他们使雅虎在不到 6 年的时间里由一个默默无闻的名字变成了互联网上最炙手可热的知名品牌，取得了年销售额 10 亿美元、月访问量 1.9 亿人次的骄人战绩。然而，随着公司的不断壮大，"三剑客"之间的矛盾也日渐突出。负责公司日常运营的马莱特对库格尔少数服从多数的管理方式越来越感到不满，认为自己的权威没有得到充分的重视，做什么事都束手缚脚的。不满情绪的增加使马莱特开始觊觎库格尔的 CEO 宝座，他对外散布消息称自己很快就会"高升"，这使得他与库格尔的矛盾更加激化。

在马莱特与库格尔激烈争斗的时候，杨致远一直扮演着和事佬和局外人的角色，没有参与他们的斗争。但这并不是说杨致远愿意接受大权旁落的事实。实际上，杨致远一直积极发展着自己的势力，在两位"职业"经理人因相互争斗而受到外界的批评时，他始终保持着"亲善大使"的形象，这使他赢得了董事会的不少赞誉。此外，他与日本软银公司的首席执行官孙正义一直保持着良好的关系，软银公司持有雅虎 21% 的股权，在董事会的影响力举足轻重，杨致远与孙正义的良好关系无疑使自己多了一个强援。据内幕人士透露，雅虎董事会逼库格尔下台，没有理睬马莱特而从外界寻找新的首席执行官都是杨致远和董事会另一位成员麦克尔·诺里兹(Michael J. Moritz)倡议的，而雅虎最终聘请的新任首席执行官塞梅尔也是杨致远的一位密友。

在公司高层人士激烈争斗的同时，雅虎公司的中间管理层也面临着严重的危机。长期以来，雅虎公司的决策层一直由五人把持，除了公司的"三剑客"外，另外两名核心成员就是诺里兹和软银公司的代表。这种唯我独尊的集权式作风让雅虎公司的中高层管理人员颇为失望。他们发现，无论怎样努力工作，他们也不可能获得进入公司决策层的机会。在这种情况下，很多中高层经理为了获得更好的发展机会离开了雅虎，致使雅虎公司的高级人才以惊人的速度流失。今年 2 月 15 日，雅虎欧洲公司的经理阿兰东多(FabiolaArredondo)宣布辞职；次日，雅虎亚洲公司的经理萨维奥·周(Savio Chow)也宣布辞职。短短一个星期里，雅虎公司损失了 6 名海外经理，这在任何知名公司里都是相当少见的。

（资料来源：人民网，《雅虎盛极而衰的个中内幕》，http：//www.people.com.cn/GB/it/48/297/20010522/470869.html）

问题：

1. 你如何理解里克·莱格关于雅虎决策问题的那段话？
2. 雅虎的决策方式存在哪些问题？应该如何改进？
3. 你认为如何避免高层领导之间的内斗对决策的影响？
4. 针对决策面临的问题，你觉得哪一种集体决策方式适合于雅虎？为什么？

第4章 计　划

凡事豫（预）则立，不豫（预）则废。言前定则不跲，事前定则不困，行前定则不疚，道前定则不穷。

——《礼记·中庸》

开篇案例

中新社澳门2014年4月25日电。澳门国际机场25日举行新闻发布会宣布，启动五年环保管理计划（2014—2018年），通过制定和实施环保措施，打造“绿色机场”。

机场基建发展部署理总监高岸声表示，五年环保管理计划规定了各项计划方向与工作目标，通过争取国际机场协会（ACI）机场碳排放第二级认证，希望在5年内完成ACI对机场碳排放所作出的要求，较好地达到碳排放认证目标，并大大提高澳门国际机场的各项环保指标。具体目标是：到2018年，机场总体碳排放量比2012年减少20%（按每起降架次计）；每年利用节能措施及设备减少用电量280万千瓦时；每年废物循环再利用量达51900公斤，比2012年增加180%。

为实现上述目标，澳门国际机场除了将透过与社区合作宣传及推广“绿色机场”、与机场利益相关单位合作外，还将更新设备以提高能源效率，包括客运大楼及机场滑行道、停机坪使用LED照明设备、空调系统改造、行李处理系统升级等，同时监控能源使用，减少建筑物增热；节约用水，提高污水处理能力，令澳门机场成为节水型社会的重要部分，并积极研究引进使用再生水；加强废物管理和回收利用；更新机场车队，使用环保车辆，减少碳排放，提高空气质量。

（资料来源：中国新闻网2014年4月25日15:57）

第1节　计划的含义与内容

一、计划的概念

在管理学中，计划具有两重含义。其一是广义的计划概念，也是动词意义上的概念，指的是管理的计划职能，是一项活动或者过程，或者称为计划工作；其二是狭义的计划概念，也是名词意义上的计划，或者称为计划形式或计划结果，在实际工作中常常以计划书的形式出现。

狭义的计划是计划工作中计划编制的结果。它告诉人们为实现既定目标需要在什么时间,由什么人,采取什么方法,去开展什么活动以最终实现既定的目标。一般情况下,计划一旦制订出来,需要相对稳定,这样有助于计划执行者"依计而行"去开展卓有成效的工作,同时也有助于发挥计划的激励作用。但是在某些情况下,当计划实施需要的条件和情况发生变化以后,可能需要调整计划;尤其是在发生了"计划跟不上变化"的情况下,计划已失去了指导作用,此时就必须修订原计划。因此,计划具有两种特性,其一是它的稳定性,即一旦计划出台后,在条件不变或变化不大的情况下,必须严格执行计划;其二是它的权变性,即当计划条件发生较大变化时,必须调整计划,以适应变化了的条件。所以,计划是一种可能变化也可能不变化的人们对未来行动与工作的安排方案。

广义的计划是指人们编制、执行计划,以及检查计划执行情况等一系列计划管理工作,简称为计划工作。确切地说,计划工作包括从分析预测未来的情况与条件,确定目标,决定行动方针与行动方案,并依据计划去配置各种资源,进而执行任务,最终实现既定目标的整个管理过程。计划工作是一项既广泛又复杂的管理工作,它涉及组织的每一项活动,需要深入、细致的分析研究和非常高的技术技能。

二、计划与决策的区别

决策与计划是两个既相互区别又相互联系的概念。说它们是相互区别的,是因为这两项工作解决的问题不同。决策是关于组织活动方向、内容以及方式的选择。任何组织在任何时期为了表现其社会存在,必须从事某种社会活动,在从事这项活动之前,组织当然必须首先对活动的方向和方式进行选择。计划则是对组织内部不同部门和不同成员在一定时期内行动任务的具体安排,它详细规定了不同部门和成员在该时期内从事活动的具体内容和要求。

但计划与决策又是相互联系的,这是因为:① 决策是计划的前提,计划是决策的逻辑延续。决策为计划的任务安排提供了依据,计划则为决策所选择的目标活动的实施提供了组织保证;② 在实际工作中,决策与计划是相互渗透,有时甚至是不可分割地交织在一起的。比如,决策制定过程中,不论是对企业能力的分析,还是在方案选择时关于各方案的评价,实际上都已经开始孕育着决策的实施计划。反过来,计划的编制过程,既是决策的组织落实过程,也是决策更为详细的检查和修订过程。无法落实的决策,或者说决策选择的活动中某些任务的无法安排,必然导致决策一定程度的调整。

三、计划工作的特点

计划工作是管理的首要职能,计划的根本目的,在于为管理活动指明前进的方向以保证组织目标的实现。从事计划工作并使之有效地发挥作用,就必须把握计划的特性。

(一)计划的普遍性

与计划的概念相对应,计划的普遍性也有两层含义:一是指社会各部门、各单位、各岗位一切有组织的活动,为有效实现管理目标,都必须具有相应的计划。上至国家,下至一个班组,甚至个人,无不如此。二是各级管理人员实际上都要担负或多或少的计划工作,是管理人员参与最普遍的管理工作。计划是任何管理人员的一个基本职能,也许他们各自计划工作的范围不同、特点不同。但凡是管理者都要做计划工作,都必须在上级规定的政策许可的范围内做好自己的计划工作。如果管理人员没有计划任务,那倒值得怀疑：他还算不算是一个管理者。在管理科学研究中，人们发现基层管理者责任感的最重要体现，就是他们从事计划工作的能力。在某些特殊情况下，计划工作实际上是唯一需要开展的管理工作，像许多投资项目在计划的可行性分析阶段或许多行动在计划的可行性论证阶段，当发现计划不可行时，就会放弃采取下一步的行动，这样，实际上计划工作就成了该活动中唯一的管理活动了。

（二）计划的首位性

把计划放在管理职能的首位，一方面是因为从管理过程的角度来看，计划先行于其他管理职能，计划工作是一切管理活动的前提，一切管理活动都是为支持和保障计划目标的实现而展开的，只有有了计划以后，人们才能开展其他的管理活动，例如，一个企业如果没有生产经营计划，则它的任何组织管理、资产管理、控制管理等等都会成为盲无目的的行为，无法称得上管理；另一方面还在于计划影响和贯穿于组织、领导、协调和控制等各项管理职能当中。

（三）计划的科学性

无论做什么计划都必须遵循客观要求，符合事物本身发展的规律，不能脱离了现实条件任意杜撰、随意想象。从事计划工作，就是通过管理者的精心规划和主观能动作用的发挥，使那些本来不可能发生的事成为可能，使那些可能发生的事成为现实。因此，从事计划工作，一是必须要有求实的科学态度，一切从实际出发，量力而行；二是必须有可靠的科学依据，包括准确的信息、完整的数据资料等；三是必须有科学的方法，如科学预测、系统分析、综合平衡、方案优化等。这样才能使整体计划建立在科学的基础上，既富有创造性，又具有可行性。

（四）计划的有效性

计划不仅要确保组织目标的实现，而且要从众多的方案中选择最优的方案，以求得合理利用资源和提高效率。因此，计划要追求效率。计划的效率，可以用计划对组织目标的贡献来衡量。贡献是指实现的组织目标及所得到的利益，扣除制定和实施这个计划所需要的费用和其他因素后，能得到的剩余。在计划所要完成的目标确定的情况下，同样可以用制订和实施计划的成本及其他连带成本（如计划实施带来的损失、计划执行的风险等）来衡量效率。如果计划能得到最大的剩余，或者如果计划按合理的代价实现目标，这样的计划是有效率的。特别要注意的是，在衡量代价时，不仅要用时间、金钱或者生产来衡量，而且还要衡量个人和集体的满意程度。

四、计划工作的作用

在管理实践中，计划是其他管理职能的前提和基础，并且还渗透到其他管理职能之中，是管理过程的中心环节，因此，计划在管理活动中具有特殊重要的地位和作用。

（一）计划是管理者进行指挥的依据

计划的实质是确定目标以及规定达到目标的途径和方法。因此，如何朝着既定的目标步步逼近，最终实现组织目标，计划无疑是管理活动中人们一切行为的准则。它指导不同空间、不同时间、不同岗位上的人们，围绕一个总目标，秩序井然地去实现各自的分目标。行为如果没有计划指导，被管理者必然表现为无目的的盲动，管理者则表现为决策朝令夕改、随心所欲、自相矛盾。结果必然是组织秩序的混乱、事倍功半、劳民伤财。在现代社会里，可以这样说，几乎每项事业，每个组织，乃至每个人的活动都不能没有计划蓝图。

（二）计划是管理者实施控制的标准

计划不仅是组织、领导工作的前提和准则，而且与管理控制活动紧密相连。计划为各种复杂的管理活动确定了数据、尺度和标准，它不仅为控制指明了方向，而且还为控制活动提供了依据。经验告诉我们，未经计划的活动是无法控制的，也无所谓控制。因为控制本身是通过纠正偏离计划的偏差，使管理活动保持与目标的要求一致。因此，管理者在计划的实施过程中必须按照计划规定的时间和要求指标，去对照检查实际活动结果与计划规定目标是否一致；如果存在偏差，管理者就必须采取控制措施去消除差距，从而保证能够按时、按质、按量地完成计划。没有计划，控制便无从谈起。

（三）计划是降低未来不确定性的手段

我们正处在一个社会、经济、政治、技术变革与发展的时代。在这个时代里，变革与发展既给人们带来了机遇，也给人们带来了风险，特别是在争夺市场、资源、势力范围的竞争中更是如此。如果管理者在看准机遇和利用机遇的同时，又能最大限度地减少风险，即在朝着目标前进的道路上架设一座便捷而稳固的桥梁，那么，组织就能立于不败之地，在机遇与风险的纵横选择中，得到生存与发展。而计划就是面向未来的，就是一座现在和将来之间的桥梁。因此在计划编制的过程中，人们就必须预期各种变化以及各种变化会带来的影响。计划的编制者在编制计划时通常必须依据历史和现状信息对未来的变化作出预测与推断，并根据这些预测与推断制订出符合未来发展变化的计划。计划编制中的这些工作能够大大地降低未来不确定性所带来的风险。

（四）计划是提高效率与效益的工具

在计划编制过程中，有一项很重要的工作是进行综合平衡。这项工作的目的是要使未来组织活动中的各个部门或个人的工作负荷与资源占有都能够实现均衡或基本均衡。这种计划综合平衡工作可以消除未来活动中的许多重复、等待、冲突等各种无效活动，从而消除这些无效活动所带来的浪费。同时这种综合平衡工作还会带来资源的有效配置、活动的合理安排，从而提高组织的工作效率。计划可以从增产与节约两方面给组织带来效率和效益。

（五）计划是激励人员士气的利器

计划通常包含有目标、任务、时间安排、行动方案等等。由于计划中的目标具有激励人员士气的作用，所以包含目标在内的计划同样具有激励人员士气的作用。例如，有的研究发现，当人们在接近完成任务的时候会出现一种“终末激发”效应，即在人们已经出现疲劳的情况下，当人们看到计划将要完成时会受到一种激励，使人们的工作效率重新上升，并一直会坚持到完成计划、达成目标。

五、计划工作的要求

当然，计划要起到上述作用必须达到一定的要求，对于计划的基本要求包括下述几项：

（一）计划必须具有可行性

对计划的第一个要求是它必须具有可行性。一切计划必须是在计划期内可以完成的，否则不可行的计划就会给组织带来麻烦或灾难。所谓计划的可行性是指计划至少要达到：合法性；有必要的人、财、物力资源保障；有合适的市场与环境条件前提；有对付各种变化的措施和备选方案；等等。任何计划只有具备了可行性，才能很好地起到计划应有的作用。

（二）计划要有明确的指导性

计划既然是人们行动的依据，它就必须明确肯定地告诉人们何时、何地、由何人去如何完成什么事，从而真正成为指导人们行动的"指南针"。计划要能够具有明确的指导性的要求，就必须做到目标明确、任务明确、时间明确、措施明确、责任明确、权限明确、行动方案明确、重点明确。这就要求计划有可度量的目标、可考核的任务、可采取的措施、可奖惩的责权、可遵循的行动方案与方针政策等等。

（三）计划应有足够的预见性

未来是变化的，为使计划在变化的情况下仍然能够成为人们行动的依据，计划就必须具有足够的预见性。这就要求在计划编制时必须充分考虑未来情况可能的变化和变化的幅度，全面预见未来可能出现的困难与风险，安排好各种应对措施和方案，从而使计划具有足够的预见性。为使计划具有预见性，在计划编制中还要全面分析组织内部与外部的各种环境与条件以及它们是否会发生变化和可能变化的幅度。

（四）计划要有突出的目的性

计划要起到激励人们士气和指导人们行动的作用就必须具有突出的目的性，即计划中必须首先明确地指出计划要达到什么样的目标、要解决什么样的问题、最终要获得什么样的成果等等。一项计划若只有任务安排，没有目标描述，不但不能起到激励作用，而且会引起思想混乱。所以，为了突出计划的目的性，一般要求在计划编制中首先要详细给出由一系列指标表示的计划目标。

六、计划的主要内容

一份完整的计划书应包括的哪些内容呢？第二次世界大战中，美国陆军兵器修理部首创的"5W2H法"很好地概括了计划包括的七个方面。此方法简单、方便，易于理解、使用，富有启发意义，曾被广泛用于企业管理和各项工作中。"5W2H"都是英文的第一个字母，即通过设问来诱发人们的创造性设想，发问的具体内容可根据具体对象灵活应用。

(1) Why?（为什么?）为什么需要改革？为什么非这样做不可？

(2) What?（什么?）目的是什么？做哪一部分工作？

(3) Where?（何处?）从何处入手？何处最适宜？

(4) When?（何时?）何时完成？何时最适宜？

(5) Who?（谁?）谁来承担？谁去完成？谁最适合？

(6) How?（怎样?）怎样去做？怎样做效率最高？怎样实施？

(7) How much?（多少?）要完成多少数量？成本多少？利润多少？

这个问题概括得比较全面，把要做的事情、可能遇到的问题基本包括进去了。

现在也有好多管理学家主张，在"5W2H"的基础上再做一个简单的补充，即添加一个内容 Effect（效果），表示预测计划实施的结果、效果，"5W2H"就变成了"5W2H1E"。这样，计划的内容就可以简要地概括为八个方面，即：What（什么）——计划的目的、内容；Who（谁）——计划的相关人员；Where（何处）——计划的实施场所；When（何时）——计划实施的时间范围；Why（为什么）——计划的缘由、前景；How（如何）——计划的方法和运转实施；How much（多少）——计划的预算；Effect（效果）——预测计划的结果、效果。

第2节 计划的形式与类型

一、计划的主要表现形式

哈罗德·孔茨(Harold Koontz)和海因·韦里克(Heinz Weihrich)认为,从抽象到具体,可以把计划划分为目的或使命、目标、战略、政策、程序、规则、方案和预算等八种形式(见图4-1)。

(一)目的或使命

它指明特定组织在社会上应起的作用、所处的地位。它决定组织的性质,是组织之间相互区别的重要标志。各种有组织的活动,如果要使它有意义的话,至少应该有自己的目的或使命。比如,大学的使命是教书育人,研究院所的使命是科学研究,医院的使命是救死扶伤,法院的使命是解释和执行法律,企业的目的是生产和分配商品和服务。现实中的每个企业对自己的目的和使命都有着不同的理解和表达方式,成功的企业都有鼓舞人心的使命和口号。

(二)目标

组织的目的或使命是企业价值观的高度概括,一般比较抽象,它需要进一步具体为组织一定时期的总目标以及各部门、每位员工的分目标。组织的使命支配着组织各个时期的目标和各个部门的目标,各个时期的目标和各部门的目标是围绕使命所制定,并为完成组织使命而努力。虽然教书育人是一所大学的使命,但一所大学在完成自己使命时会进一步具体化不同时期的目标和各院系的目标,比如最近5年要开设多少专业、培养多少人才、发表多少论文等。

(三)战略

战略是为了达到组织总目标而采取的行动和利用资源的总计划,是组织用来开发核心竞争力、获取竞争优势的一系列综合的、协调的约定和行动,其目的是通过一系列的主要目标去决定和传达一个组织期望自己成为什么样的组织。战略一般不会确切地概述组织怎样去完成它的目标,这是无数主要的和次要的支持性计划的任务。

(四)政策

政策是指组织在决策时或处理问题时指导及沟通思想活动的方针和一般规定。这些方针和政策可以是书面的,也可以是非书面的。有些企业有书面的、明文规定的一系列政策,也有从主管人员的行动中无数次地含蓄反映出来的、约定俗成的潜规则。比如,主管人员处理某问题的习惯方式往往会被下属作为处理该类问题的模式,这也是一种含蓄的、潜在的政策。政策能帮助事先决定问题处理方法,减少对某些例行问题的处理成本。当然,政策也允许对某些事情处理的自由,一方面切不可把政策当作规则,另一方面又必须把这种自由限制在一定的范围内。

(五)程序

程序是完成未来某项活动的方法和步骤。它会详细列出完成某类活动的切实方式,并按时间顺序对必要的活动进行排列。程序与战略是不同的,战略是思想指南,而程序是行动的指南;它与政策也不同,因为它没有给执行者自由处理的权利。组织中每个部门都有程序，并且在基层，程序更加具体化，数量更多。当然，在理论研究上，学者们可以把政策与程序区分开来，但在实践工作中，程序有时候就表现为组织的政策。比如，一家银行处理客户贷款申请的程序、财务部门批准给客户信用的程序、会计部门记载往来业务的程序等，都表现为企业的政策。

（六）规则

规则详细、明确地阐明必须行动或无须行动，其本质是一种管理决策，是最简单的计划形式。规则不允许有酌情处理的余地。

规则不同于程序，主要体现在两方面。一方面，规则指导行动但不说明时间顺序；另一方面，可以把程序看作一系列规则的结合，但是一条规则可能是也可能不是程序的组成部分。比如："禁止停车"是一条规则，但和程序没有任何关系；而一个规定为顾客服务的程序可能表现为一些规则，如在接到顾客贷款申请的信息后必须在两个工作日之内给予答复。

规则也不同于政策。政策的目的是指导行动，并给执行者留有酌情处理的余地；而规则虽然也起指导作用，但是在运用规则时，执行人员没有自行处理的权力。

（七）方案（或规划）

方案是一个综合的计划，它包括目标、政策、程序、规则、任务分配、要采取的步骤、要使用的资源以及为完成既定行动方针所需要的其他因素。一项方案可能很大，也可能很小。通常情况下，一个主要方案（规划）可能需要很多辅助性计划。在主要计划进行之前，必须要把这些辅助性计划制订出来，并付诸实施。所有这些计划都必须加以协调和安排时间。

（八）预算

预算通常是为规划服务的，是一份用数字表示预期结果的报告书，其本身可能也是一项规划，因此也称为"数字化的规划"。预算既可以用财务上的术语来表示，也可以用人时、产品单位、机时或任何用数字表达的其他计量单位来表示；既可以反映企业收入预期，也可以反映企业的支出预期；既可以单独作为计划来使用，也可以作为某个计划的一部分内容，包含预算的计划具有很强的操作性。

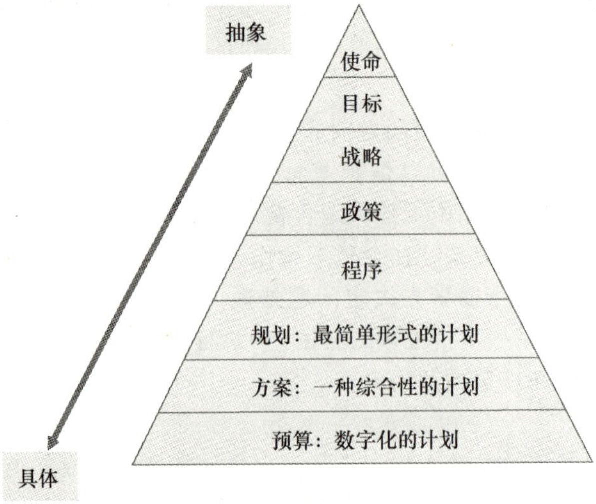

图 4-1　计划的主要形式

二、计划的主要类型

计划的种类很多，可以按不同的标准进行分类。主要分类标准有时间界限、重要程度、内容的明确性和重复程度等。

（一）按照时间界限分类

计划可以按照时间期限的长短分成长期、中期和短期计划。现有的习惯做法是将1年及其以内的计划称为短期计划；5年以上的计划称为长期计划；1年以上到5年以内的计划称为中期计划。但是时间标准的确定必须结合具体的环境、具体的组织。比如，对一些环境条件变化很快、本身节奏很快的组织活动，其计划分类也可能一年计划就是长期计划，季度计划就是中期计划，而月度计划就是短期计划。

在这三种计划中，通常长期计划主要是方向性和长远性的计划，它主要回答的是组织的长远目标与发展方向以及大政方针方面的问题。中期计划是根据长远计划制订的，它比长期计划要详细、具体，是考虑了组织外部的环境因素和内部条件以后制订的可执行计划。短期计划则比中期计划更加详细、具体，它是指导组织具体活动的行动指南，它一般是中期计划的分解与落实。

在管理实践中，长期、中期和短期计划必须有机地衔接起来，长期计划要对中、短期计划具有指导作用，而中、短期计划的实施要有助于长期计划的实现。

（二）按计划的重要程度分类

从计划的重要性程度来看，可以将计划分为战略计划、战术计划和作业计划。战略计划是对组织全部活动所作的整体性安排，通常具有长远性、全局性的特点，需要通盘考虑各种确定性与不确定性的因素，谨慎制订以指导组织的全面活动。战术计划一般是一种局部性的、阶段性的计划，它多用于指导组织内部某些部门的共同行动，以完成某些具体的任务，实现某些具体的阶段性目标。作业计划则是具体部门或个人的具体行动计划。作业计划通常具有个体性、可重复性和较大的刚性，一般情况下是必须执行的命令性计划。

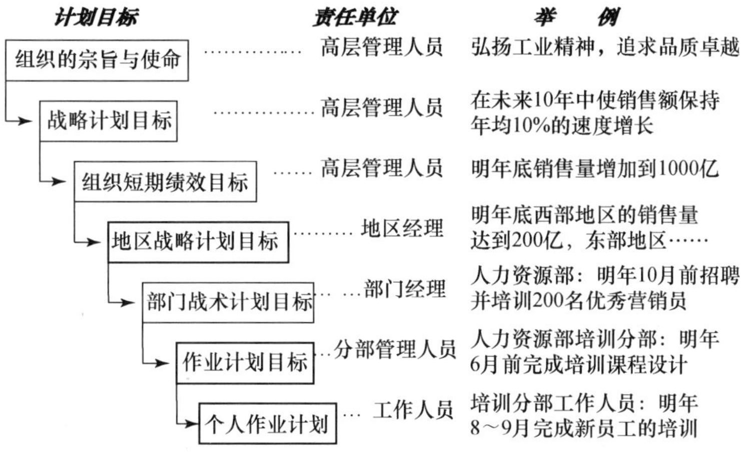

图 4-2　计划的分解

战略、战术和作业计划强调的是组织纵向层次的指导和衔接。具体来说，战略计划往往由高层管理人员负责，战术和作业计划往往由中、基层管理人员和具体作业人员负责，战略计划对战术、作业计划具有指导作用，而战术和作业计划的实施要确保战略计划的实施。

（三）按照综合性程度分类

按计划的综合性程度可以将计划分成综合计划、专业计划与项目计划。综合计划一般会涉及组织内部的许多部门和许多方面的活动，是一种总体性的计划。专业计划是一种单方面的职能性计划，主要涉及组织内部某个方面或某些方面的活动。例如，企业的生产计划、销售计划、财务计划、人力资源计划等等。项目计划通常是组织针对某个特定课题所制订的计划。例如，某种新产品的开发计划、某项工程的建设计划、某项活动的组织计划等等，它是针对某项特定任务的事物性计划。

在一个组织中，每个部门都需要制订计划，也都会有自身的计划目标。在一个组织中可能同时存在很多个专业和项目计划。因此，需要根据企业各部门、各单位、各个环节、各种要素、各种指标之间的相互制约关系，依照系统管理的思想，对企业内部的各种计划予以协调平衡，进而使计划成为一个相互关联、相互配合的有机整体。

（四）按照内容的明确性程度分类

按照内容的明确性程度，计划也可以分为具体性计划和指导性计划。具体性计划具有明确规定的目标，不存在模棱两可。比如，销售部经理打算使企业销售额在未来两个月中增长20%，他会制定明确的程序、预算方案以及日程进度表，这便是具体性计划。指导性计划只规定某些一般的方针和原则，给予执行者较大自由处置权，它指出重点但不把行动者限定在具体的目标上或特定的行动方案上。比如，董事会要求经理层在未来5年内，把企业打造成中等规模的企业、在行业内具有较好声誉和影响力的企业。相对于指导性计划而言，具体性计划虽然更易于执行、考核及控制，但是缺少灵活性，它要求的明确性和可预见性条件往往很难满足。

（五）按照重复性程度分类

按照内容的明确性程度，计划也可以分为程序性计划和非程序性计划。

西蒙把组织活动分为两类：一类是例行活动，指一些大量的、重复出现的工作，如对生产企业来说，订货、材料的出入库等。有关这类活动的决策必然也是经常反复的，而且具有一定的结构，因此可以建立一定的决策程序。每当出现这类工作或问题时，就利用固定的程序来解决，而不需要重新研究。这类决策叫作程序化决策，与此对应的计划是程序性计划。另一类活动是非例行活动，不重复出现，比如新产品的开发、生产规模的扩大、品种结构的调整、工资制度的改变等。处理这类问题没有一成不变的方法和程序，因为这类问题或在过去尚未发生过，或因为其确切的性质和结构捉摸不定或极为复杂，或因为其十分重要而需用个别方法加以处理。解决这类问题的决策叫作非程序化决策，与此对应的计划是非程序性计划。

以上按照不同的标准把计划分为不同的类型。但是，还有两点需要特别指出：一方面，这些分类标准不是绝对的。比如，长期与短期就不存在定量的数值标准，程序化程度更难用某一统一的标准区分其高低；另一方面，虽然理论研究将计划按一定标准进行分类，但所得到的计划类型并不是相互独立的，而是密切联系的，因为现实中的计划往往是综合的，比如，长期财务计划与短期财务计划、指导性人事计划与具体性人事计划等。计划工作必须追求时间与空间、明确性、程序化程度等方面的平衡。

第3节　计划的编制过程

任何计划工作都要遵循一定的程序或步骤。虽然小型计划比较简单,大型计划比较复杂,但是,管理人员在编制计划时,其工作步骤都是相似的,依次包括以下内容。

一、确定目标

确定目标是决策工作的主要任务,是制订计划的第一步,目标是指期望的成果。目标为组织整体、各部门和成员指明了方向,描绘了组织未来的蓝图。并且作为标准可用来衡量部门与员工的绩效。计划工作的主要任务是将决策所确立的整体目标进行分解,以便落实到各个部门、各位员工、各个活动环节中去,并将长期目标分解为各个阶段的目标。组织的目标指明主要计划的方向,而主要计划又根据组织目标,规定各个主要部门的目标,而主要部门的目标又依次决定下属各部门的目标,如此等等,沿着这样的一条线依次类推,从而形成了组织目标的体系网络。

二、认清现在

目标指明了组织前进的方向,而计划是连接组织目前状况和未来蓝图的一座桥梁。因此,制订计划的第二步是认清组织目前的状况,即认清现在。认识现在的目的在于寻求合理、有效的通向未来目标的路径,认清现在不仅需要有开放的精神,还需要有开阔的视野,将组织、部门置于更大的系统中,而且要有动态的观点,考察外部环境、竞争对手与组织自身的变化与相互间的动态反应。对外部环境、竞争对手和组织自身的实力进行比较研究,不仅要研究环境给组织带来的机会与威胁,与竞争对手相比组织自身的实力与不足,还要研究环境、对手及其自身的变化趋势。

三、研究过去

虽然"现在"不一定在"过去"的线性延长线上,但"现在"毕竟是从"过去"走来的。研究"过去"不仅是从过去发生的事件中得到经验、吸取教训,更重要的是探讨从"过去"走到"现在"的一些规律,这个规律对组织从"现在"走到"未来"很有启发意义,能够帮助我们由"现在"预测"未来"。从过去发生的事件中探求事物发展的一般规律有两种基本方法:一个是演绎法,另一个是归纳法。所谓演绎法或称演绎推理(Deductive reasoning),是指人们以一定的反映客观规律的理论认识为依据,从该认识的已知部分推知事物的未知部分的思维方法,是由一般到个别的认识方法。所谓归纳法或称归纳推理(Inductive reasoning),是在认识事物过程中所使用的思维方法,有时叫作归纳逻辑,是指人们以一系列经验事物或知识素材为依据,寻找出其服从的基本规律或共同规律,并假设同类事物中的其他事物也服从这些规律,从而将这些规律作为预测同类事物的其他事物的基本原理的一种认知方法。

四、预测并有效地确定计划的重要前提条件

前提条件是关于计划环境的假设条件，是关于组织由“现在”到达“未来”的过程中所有可能的假设情况。对这些前提条件认识越清楚、越深刻，计划工作就越有效，而且组织成员越彻底地理解和同意使用一致的计划条件，企业计划工作就越协调。因此，预测并有效地确定计划前提条件具有重要意义。

由于未来是极其复杂的，要把一个计划未来的每个细节都作出假设，不仅不切合实际而且得不偿失，因而是不必要的。因此前提条件应限于那些对计划来说是关键性的或具有重要意义的假设条件，也就是说，应限于那些计划贯彻实施影响最大的假设条件。

五、拟订和选择可行的行动方案

计划很重要的一个步骤是寻求、拟定、选择可行的行动方案。“条条道路通罗马”，描述了实现某一目标的方案途径是多条的。通常，最显眼的方案不一定就是最好的方案，对过去方案稍加修改和略加推演也不会得到最好的方案，一个不引人注目的方案或通常人提不出的方案，效果却往往是最佳的，这里体现了方案创新性的重要。此外，方案也不是越多越好。编制计划时没有可供选择的合理方案的情况是不多见的，更加常见的不是寻找更多的可供选择的方案，而是减少可供选择方案的数量，以便可以分析最有希望的方案。即使用数学方法和计算机，我们还是要对可供选择方案的数量加以限制，以便把主要精力集中在对少数最有希望方案的分析方面。

在找出了各种可供选择的方案和检查了它们的优缺点后，还要根据前提条件和目标，权衡它们的轻重优劣，对可供选择的方案进行评估，进而作出方案的选择。评估实质上是一种价值判断，它一方面取决于评价者所采用的评价标准；另一方面取决于评价者对各个标准所赋予的权重。一个方案看起来可能是最有利可图的，但是需要投入大量现金，而回收资金很慢；另一方案看起来可能获利较少，但是风险较小；第三个方案眼前看没有多大的利益，但可能更适合公司的长远目标。

评估可供选择的方案，要注意考虑以下几点：第一，认真考察每一个计划的制约因素和隐患；第二，要用总体的效益观点来衡量计划；第三，既要考虑到每一个计划的有形的可以用数量表示出来的因素，又要考虑到无形的、不能用数量表示出来的因素；第四，要动态地考察计划的效果，不仅要考虑计划执行所带来的利益，还要考虑计划执行所带来的损失，特别注意那些潜在的、间接的损失。

六、制订主要计划

制订主要计划就是将所选择的计划用文字形式正式表达出来，作为管理文件。计划要清楚地确定和描述“5W2H1E”的内容，即 What（做什么）、Why（为什么）、Who（谁去做）、Where（何地做）、When（何时做）、How（怎样做）、How much（做多少）、Effect（效果）。

七、制订派生计划

基本计划还需要派生计划的支持。比如，一家公司年初制订了“当年销售量比上年

增长10%”的销售计划，与这一计划相连的有许多计划，如生产计划、财务计划、营销计划等等。再如当一家公司决定开发一种新产品时，这个决策要制订很多派生计划作为支撑，比如推广计划、财务计划、人员培训计划等等。

八、制订预算

自作出决策和确定计划后，最后一步就是把计划转变成预算，使计划数字化。编制预算，一方面是为了计划的指标体系更加明确、更加具体；另一方面也使企业更易于对计划执行进行评价与控制。定性的计划往往在可比性、可控性和进行奖罚方面比较困难，而定量计划则具有较硬的约束。

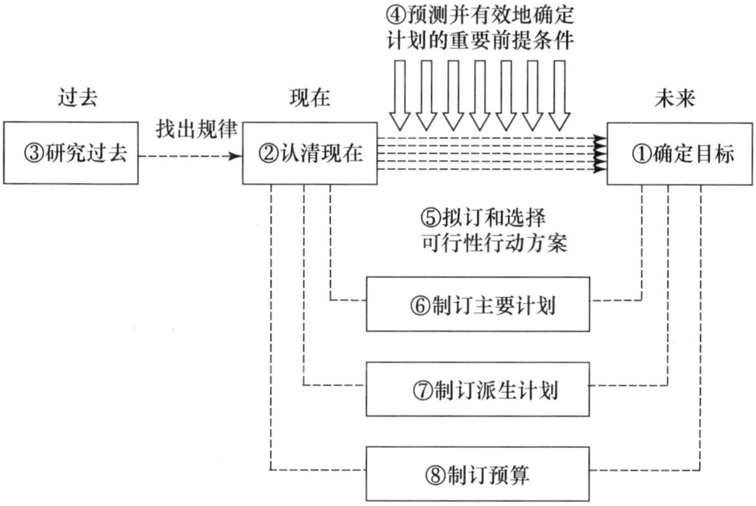

图4-3 计划的编制过程

第4节 目标管理

“目标管理”(Management by Objective, MBO)的概念是管理专家彼得·德鲁克(Peter Drucker)1954年在其名著《管理的实践》中最先提出的。其后德鲁克又提出“目标管理和自我控制”的主张，他认为，并不是有了工作才有目标，而是相反，有了目标才能确定每个人的工作。所以，“企业的使命和任务，必须转化为目标”，如果一个领域没有目标，这个领域的工作必然被忽视。因此，管理者应该通过目标对下级进行管理，当组织最高层管理者确定了组织目标后，必须对其进行有效分解，转变成各个部门以及各个人的分目标，管理者应该根据分目标的完成情况对下级进行考核、评价和奖惩。

目标管理提出以后，便在美国迅速流传。时值第二次世界大战后西方经济由恢复转向迅速发展的时期，企业急需采用新的方法调动员工积极性以提高竞争能力，目标管理的出现可谓应运而生，遂被广泛应用，并很快为日本、西欧国家的企业所仿效，在世界管理界大行其道。

一、目标管理的基本思想

彼得·德鲁克

(Peter F. Drucker，1909—2005)

彼得·德鲁克(Peter F. Drucker)，祖籍荷兰，1909年生于维也纳，1937年移居美国。德鲁克终身以教书、著书和咨询为业，在管理界是受人尊敬的思想大师，第一个提出"管理学"这一概念，被誉为"现代管理学之父"。德鲁克一生著作颇多，影响了数代追求创新以及最佳管理实践的学者和企业家们，被《纽约时报》赞为"当代最具启发性的思想家"。其代表作有《管理实践》(1954)、《卓有成效的管理者》(1966)、《管理：使命、责任、实务》(1973)、《创新与企业家精神》(1985)、《21世纪的管理挑战》(1999)等。

(1) 组织的使命与任务必须转化成目标，组织以及各级管理部门必须通过这些目标对下级部门和人员进行领导，并以此来保证组织总目标的实现。对于那些工作成就和成果直接地、严重地影响企业的生存和繁荣的部门，目标显得尤为重要。部门经理取得的成就必须是从组织的目标中引申出来的，他们的成果必须用他们对组织的成就有多大贡献来衡量。如果一个部门没有特定的目标，这个部门的工作必然被忽视。

(2) 目标管理是一种程序，使一个组织中的上下各级管理人员共同协商来制定目标，确定彼此的成果责任，并以这些责任作为指导业务和衡量各自贡献的准则。一个管理人员的职务应该以达到组织目标所要完成的工作为依据；如果没有方向一致的分目标来指导每个人的工作，那么企业的规模越大、人员越多，发生冲突和浪费的可能性就越大。

(3) 每个部门或员工的分目标就是组织总目标对他们的要求，同时也是这个部门或员工对组织总目标的贡献。只有每个人的分目标都完成了，组织的总目标才有完成的希望。

(4) 各个部门和员工就是依据设定的目标进行自我管理，他们以所要达到的目标为依据，进行自我控制、自我指挥，而不是由他的上级来指挥和控制。

(5) 各个部门对下级进行考核和奖惩也是依据这些分目标。

二、目标管理的特点

(一) 重视人的因素，强调员工的参与

目标管理是一种参与的、民主的、自我控制的管理制度，也是一种把个人需求与组织目标结合起来的管理制度。在这一制度下，上级与下级的关系是平等、尊重、依赖、支持，下级在承诺目标和被授权之后是自觉、自主和自治的。

(二) 建立目标锁链与目标体系

目标管理的实施要通过专门设计的过程，将组织的整体目标逐级分解，转换为各单位、各员工的分目标。从组织整体的目标到业务经营单位目标，再到部门目标，最后到个人目标，形成了从上到下的目标锁链。在整体目标逐步分解的过程中，权、责、利三者已经明确，而且相互对称。这些目标方向一致，环环相扣，相互配合，形成协调统一的目标

体系与目标网络。只有每个员工、每个部门、每个业务经营单位都完成了自己的分目标，整个企业的总目标才有完成的希望。

（三）重视成果

目标管理以制定目标为起点，以目标完成情况的考核为终结。工作成果是评定目标完成程度的标准，也是人事考核和奖评的依据，成为评价管理工作绩效的唯一标志。至于完成目标的具体过程、途径和方法，上级并不过多干预。所以，在目标管理制度下，监督的成分很少，而控制目标实现的能力却很强。

（四）以自我管理为中心，强调自我评价

目标管理的基本精神是以自我管理为中心。目标的实施，由目标责任者自我控制、自我进行，通过自身监督与衡量，不断修正自己的行为，以达到目标的实现。同时，目标管理也要求员工对自己在工作中的成绩、不足、错误进行对照总结，经常自检自查，不断提高效率。

三、目标管理的实施过程

由于各个组织活动的性质不同，目标管理的步骤可以不完全一样，但一般来说，可以分为以下四个阶段。

（一）建立一套完整的目标体系

研究人员早已发现制定个人目标的重要性。美国马里兰大学的早期研究发现，明确的目标要比只要求人们尽力去做有更高的业绩，而且高水平的业绩是和高的目标相联系的。

实行目标管理，首先要建立一套完整的目标体系。这项工作总是从企业的最高主管部门开始的，然后由上而下地逐级确定目标。高层管理者必须根据企业的使命和长远战略，估计客观环境带来的机会和挑战，对该企业的自身实力有清醒的认识。对组织应该和能够完成的目标心中有数。目标制定的方式，可以由上级提出，再同下级讨论；也可以由下级主管人员根据基本方针拟定自己的目标，然后由上级批准。无论哪种方式，必须共同商量决定。制定目标的工作如同所有其他计划工作一样，非常需要事先拟定和宣传前提条件。这是一些指导方针，如果指导方针不明确，就不可能希望下级主管人员会制定出合理的目标来。

需要指出的是，下级目标的制定一定要在总目标的框架之下，并有利于和最终实现总体目标。因此，在目标的分解过程中，协商讨论很重要。在讨论中上级要尊重下级，平等待人，耐心倾听下级意见，帮助下级发展一致性和支持性目标。分目标要具体量化，便于考核；分清轻重缓急，以免顾此失彼；既要有挑战性，又要有实现可能。每个员工和部门的分目标要和其他的分目标协调一致。

上下级的目标之间通常是一种“目的—手段”的关系；某一级的目标，需要用一定的手段来实现，这些手段就成为下一级的次目标，按级顺推下去，直到作业层的作业目标，从而构成一种锁链式的目标体系网络。

（二）明确责任

目标体系应与组织结构相吻合，从而使每个部门、每个员工都有明确的目标，每个目标都有具体的部门和具体的员工明确负责。然而，组织结构往往不是按组织在一定时期的目标而建立的，因此，在按逻辑展开目标和按组织结构展开目标之间，时常会存在差异。其表现是，有时从逻辑上看，一个重要的分目标却找不到对此负全面责任的管理部门，而组织中的有些部门却很难为其确定重要的目标。这种情况的反复出现，可能最终导致对组织结构的调整。因此预定目标之后，需要重新审查现有组织结构，根据新的目标分解要求进行调整，明确目标责任者和协调关系。从这个意义上说，目标管理还有助于搞清组织机构的作用。

同时，上级和下级就实现各项目标所需的条件以及实现目标后的奖惩事宜要充分讨论、协商，达成协议。分目标制定后，要授予下级相应的资源配置的权力，实现权责利的统一。由下级写成书面协议，编制目标记录卡片，整个组织汇总所有资料后，绘制出目标图。

（三）组织实施

目标管理重视结果，强调自主、自治和自觉。因此，目标既定，主管人员就应放手把权力交给下级成员，而自己去抓重点的综合性管理。完成目标主要靠执行者的自我控制。如果在明确了目标之后，作为上级主管人员还像从前那样事必躬亲，便违背了目标管理的主旨，不能获得目标管理的效果。当然，这并不是说，上级在确定目标后就可以撒手不管了。由于目标管理形成了完整的目标体系网络，一环失误，就会全盘皆输。因此高层管理者还应该保持高度谨慎的态度。首先要进行定期检查，利用双方经常接触的机会和信息反馈渠道自然地进行；其次要向下级通报进度，便于互相协调；再次要帮助下级解决工作中出现的困难问题，当出现意外事件严重影响组织目标实现时，也可以通过一定的手续，修改原定的目标。

（四）检查和评价

对各级目标的完成情况，要事先规定出期限，定期进行检查。检查的方法可灵活地采用自检、互检和责成专门的部门进行检查。检查的依据就是事先确定的目标。对于最终结果，应当根据目标进行客观的综合评价，并根据评价结果进行奖罚。经过评价，使得目标管理进入下一轮循环过程。如果目标没有完成，应分析原因，总结教训，切忌相互指责，以保持相互信任的气氛。

四、目标的性质与特点

目标表示希望达到的最后结果，而总目标需要由子目标来支持。这样，组织及其各层次的目标就形成了一个目标网络，作为任务分配、自我管理、业绩考核和奖惩实施的依据。因此，目标具有如下特征：

（一）目标的层次性

组织目标形成一个有层次的体系，范围从广泛的组织战略性目标，经由事业单位目标、部门目标，一直到特定的个人目标。这个体系的顶层包含组织的远景和使命陈述。第二层次是组织的任务。在任何情况下，组织的使命和任务必须要转化为组织总目标，这是目标管理的硬性要求。总目标和战略更多地指向组织较远的未来，并且为组织的未来提供行动框架。这些行动框架必须要进一步地细化为更多的具体的行动目标和行动方案，这样，在目标体系的基层，有分公司的目标、部门和单位的目标、个人目标等。

在组织的层次体系中的不同层次的主管人员参与不同类型目标的建立。董事会和最高层主管人员主要参与确定企业的使命和任务目标，也参与在关键成果领域中更多的具体的总目标。中层主管人员主要是建立关键成果领域的目标、分公司的和部门的目标。基层主管人员主要关心的是部门和单位的目标以及他们的下级人员目标的制定。

（二）目标网络

如果说目标体系是从整个组织的整体观来考察组织目标的话，那么，目标网络则是从某一具体目标的实施规划的整体协调方面来进行工作。目标与计划方案，通常均形成所希望的结果和结局的一种网络。如果各种目标不互相关联，不相互协调且也互不支持，则组织成员往往出于自利而采取对本部门看来可能有利而对整个公司却是不利的途径。目标网络的内涵表现为以下四点：① 目标和计划很少是线性的，即并非一个目标实现后接着去实现另一个目标，如此等等。目标和规划形成一个互相联系着的网络。② 主管人员必须确保目标网络中的每个组成部分要相互协调。不仅执行各种规划要协调，而且完成这些规划在时间上也要协调。③ 组织中的各个部门在制定自己部门的目标时，必须要与其他部门相协调。④ 组织制定各种目标时，必须要与许多约束因素相协调。企业的各个目标互相联系构成一个庞大的网络，所以要注意各目标之间的互相协调，还要注意与制约各个目标的其他因素的协调。

（三）目标的多样性

企业任务的主要目标，通常是多种多样的。同样，在目标层次体系中的每个层次的具体目标，也可能是多种多样的。有人认为，一位主管人员不可能有效地追求更多的目标，以 2～5 个为宜。其理由是，过多的目标会使主管人员应接不暇从而顾此失彼，更为可怕的是，可能会使主管人员过多注重于小目标而有损于主要目标的实现。也有人认为，即使排除了日常的事务性工作，似乎也没有目标的限定数目，主管人员可能同时追求多达 10～15 个重要目标。但这个结论是值得怀疑的，如果目标的数目过多，其中无论哪一个都没有受到足够的注意，则计划工作是无效的。因此，在考虑追求多个目标同时，必须对各目标的相对重要程度进行区分。

（四）目标的可考核性

目标的可考核性是指到了规定的时限，目标是否完成了或完成的程度如何，可以明确地作出衡量和评价。目标要做到可考核，就要使所定的目标有明确、具体的表述，不能模棱两可，并且目标要有完成的时限，有量化的考核指标。

目标定量化往往也会损失组织运行的一些效率，但是对组织活动的控制、成员的奖惩会带来很多方便。目标可考核表达的是这样一个意思：人们必须能够回答这样一个问题："在期末，我如何知道目标已经完成了？"比如，"获取合理利润"的目标，可以最好地指出公司是盈利还是亏损的，但它并不能说明应该取得多少利润。因为不同的人对"合理"的理解是不同的，对于下属人员认为是合理的东西，可能完全不被上级领导人接受。如果我们将此目标明确地定量为"在本会计年度终了实现投资收益率 10%"，那么它对"多少"、"什么"、"何时"都作出了明确回答。

有时，做到目标的可考核性可能很难，对高层管理人员以及政府部门尤其如此。但原则是：只要有可能，我们就规定明确的、可考核的目标。

（五）目标的可接受性

根据美国管理心理学家维克多・弗鲁姆（Victor Vroom）的期望理论，人们在工作中的积极性或努力程度（激发力量）是效价和期望值的乘积。效价是指一个人对某项工作及其结果（可实现的目标）能够给自己带来满足程度的评价，即对工作目标有用性（价值）的评价；期望值是指人们对自己能够顺利完成这项工作可能性的估计。即对工作目标能够实现概率的估计。因此。一个目标对其接受者如果要产生激发作用的话，那么对于接受者来说，这个目标必须是可接受的、可以完成的。对一个目标完成者来说，如果目标是超过其能力所及的范围，则该目标对其是没有激励作用的。

（六）目标的挑战性

同样根据弗鲁姆的期望理论，如果一项工作很容易完成，对接受者来说，是件轻而易举的事情，这项工作对接受者就没有多大意义与挑战。接受者就缺乏激励，也就是没有动力去完成该项工作。人们常说的"跳一跳，摘桃子"，说的就是这个道理。

目标的可接受性和挑战性是对立统一的关系，但在实际工作中，必须把它们统一起来。

（七）目标要有信息的反馈性

信息反馈是把目标管理过程中目标的设置、目标实施情况不断地反馈给目标设置和实施的参与者，让相关部门和人员能够及时了解到目标的进展情况以及面临的问题。如果建立了目标再加上反馈，就能更进一步强化各个部门和员工的责任心和工作表现。

五、目标管理的优缺点

（一）目标管理的优点

目标管理的优点至少有以下五个方面：

1. 形成激励

当目标成为组织的每个层次、每个部门和每个成员自己未来时期内欲达到的一种结果，且实现的可能性相当大时，目标就成为组织成员们的内在激励。特别当这种结果实现、组织还有相应的报酬时，目标的激励效用就更大。从目标成为激励因素来看，这种目标最好是组织每个层次、每个部门及组织每个成员自己制定的目标。

2. 有效管理

目标管理方式的实施可以切切实实地提高组织管理的效率。目标管理方式比计划管理方式在推进组织工作进展、保证组织最终目标完成方面更胜一筹，因为目标管理是一种结果式管理，不仅仅是一种计划的活动式工作。这种管理迫使组织的每一层次、每个部门及每个成员首先考虑目标的实现，尽力完成目标。因为这些目标是组织总目标的分解，故当组织的每个层次、每个部门及每个成员的目标完成时，也就是组织总目标的实现。在目标管理方式中，一旦分解目标确定，且不规定各个层次、各个部门及各个组织成员完成各自目标的方式、手段、反而给了大家在完成目标方面一个创新的空间，就有效地提高了组织管理的效率。

3. 明确任务

目标管理的另一个优点就是使组织各级主管及成员都明确了组织的总目标、组织的结构体系、组织的分工与合作及各自的任务。这些方面职责的明确，一方面，使得主管人员也知道，为了完成目标必须给予下级相应的权力，而不是大权独揽、小权也不分散；另一方面，许多着手实施目标管理方式的公司或其他组织，通常在目标管理实施的过程中会发现组织体系存在的缺陷，从而帮助组织对自己的体系进行改造。

4. 自我管理

目标管理实际上也是一种自我管理的方式，或者说是一种引导组织成员自我管理的方式。在实施目标管理过程中，组织成员不再只是做工作、执行指示、等待指导和决策，组织成员此时已成为有明确规定目标的单位或个人。一方面，组织成员们已参与了目标的制定，并取得了组织的认可；另一方面，组织成员在努力工作实现自己的目标过程中，除目标已定以外，如何实现目标则是他们自己决定的事，从这个意义上看，目标管理至少可以算作自我管理的方式，是以人为本的管理的一种过渡性试验。

5. 控制有效

目标管理方式本身也是一种控制方法，即通过目标分解后的实现最终保证组织总目标实现的过程就是一种结果控制的方式。一方面，目标管理并不是目标分解下去便没有事了，事实上组织高层在目标管理过程中要经常检查、对比目标，进行评比，看谁做得好，如果有偏差就及时纠正。另一方面，一个组织如果有一套明确的可考核的目标体系，那么其本身就是进行监督控制的最好依据。

（二）目标管理的缺点

正如哈罗德·孔茨教授所指出的那样，目标管理尽管有许多优点，但也有许多不足，对这样的不足如果认识不清楚，就可能导致目标管理的不成功。下述几点是目标管理最主要的不足：

1. 关注短期目标

大多数的目标管理中的目标通常是一些短期的目标，如年度的、季度的、月度的目标等。这是因为，一方面，短期目标比较具体、易于分解，而长期目标比较抽象、难以分解；另一方面短期目标易迅速见效，长期目标则不然。所以，在目标管理方式的实施中，组织似乎常常强调短期目标的实现而对长期目标不关心。这样一种概念若深入组织的各个方面、组织所有所员的脑海中和行为中，对组织发展就没有好处。

2. 目标设置困难

在很多情况下，真正可用于考核的目标很难设定，尤其是组织实际上是一个产出联合体，它的产出是一种联合的不易分解出谁的贡献大小的产出，即目标的实现是大家共同合作的成果，这种合作中很难确定你已做了多少、他应做多少。因此，可度量的目标确定也就十分困难。一个组织的目标有时只能定性地描述，特别是高层管理者面临的目标，尽管我们希望目标可度量，但实际上定量是困难的，例如组织后勤部门有效服务于组织成员，虽然可以采取一些量化指标来度量，但即使完成了这些指标，也未必实现了“有效服务于组织成员”这一目标。

3. 缺乏灵活性

目标管理执行过程中目标的改变是不可以的，因为这样做会导致组织的混乱。事实上，目标一旦确定就不能轻易改变，也正是如此，使得组织运作缺乏弹性、无法通过权变来适应变幻莫测的外部环境。

综上所述，目标管理可能看起来简单，但要把它付诸实施，管理者必须对它有很好地领会和理解。

首先，管理者必须知道什么是目标管理、为什么要实行目标管理。如果管理者本身不能很好地理解和掌握目标管理的原理，那么，由其来组织实施目标管理就是一件不可能的事。

其次，管理者必须知道组织的总目标是什么，以及他们自己的活动怎样适应这些目标。如果组织的一些目标含糊不清、不现实、不协调、不一致，那么主管人员想同这些目标协调一致，实际上也是不可能的。

再次，目标管理所设置的目标必须是正确的、合理的。所谓正确，是指目标的设定应符合组织的长远利益，和组织的目的相一致，而不能是短期的。所谓合理，是指设置目标的数量和标准应当是科学的，因为过于强调工作成果会给人的行为带来压力，导致不择手段的行为产生。为了减少选择不道德手段去达到这些效果的可能性，管理者必须确定合理的目标，明确表示行为的期望，使得员工始终具有正常的"紧张"和"费力"程度。

最后，所设目标无论在数量或质量方面都具备可考核性，也是目标管理成功的关键。任何目标都应该在数量上或质量上具有可考核性。有些目标，如"时刻注意顾客的需求并很好地为他们服务"，或"使信用损失达到最小"，或"改进提高人事部门的效率"等，都没多大意义，因为在将来某一特定时间没有人能准确地回答他们是否实现了这些目标。如果目标管理不可考核，就无益于对管理工作或工作效果进行评价。

正因为目标管理对管理者的要求相对较高，且在目标的设定中总是存在这样、那样的问题，使得目标管理在付诸实施的过程中往往流于形式，在实践过程中有很大的局限性。于是，管理学者们顺应管理学的不断发展，根据不同发展时期对人性的不同认识，提出了相应的管理方式。

从实践应用效果上看，有成功也有失败。成功的原因主要有：① 通过讨论与合作，强化了组织内部的沟通，进而使组织成员对目标及目标实施途径有了更清晰的认识和理解。② 由于每个人都有了明确的工作目标，所以工作绩效的评价便更具有客观性，减少了主观性。③ 目标管理具有系统性，这对组织整体管理水平的提高是有好处的。④ 目标管理强调组织成员的参与，有利于调动大家的积极性。

目标管理实践上的失败主要来源于实施过程，主要表现为：① 缺乏来自高层管理当局的支持。一些企业决定实施目标管理，但把具体的实施工作放手让低层管理人员去做，这样很难保证目标管理系统与组织的总体目标一致起来，也会减弱对参与目标管理人员的激励力量。② 一些企业在目标管理过程中过分强调定量的目标和计划，为了了解目标管理系统的进展状况，需要大量的文件和记录工作，给人们带来了过多的"额外负担"，容易引起人们的反感情绪。③ 缺乏沟通。有的情况下，组织的管理人员单方面地为各自的下属安排甚至是强制性地布置目标，下属没有参与的机会，这种做法违背了目标管理的宗旨。

第5节　滚动计划法

滚动计划法，也称滑动计划，是指一种动态编制计划的方法。它不像静态分析那样，等一项计划全部执行完了之后再重新编制下一时期的计划。滚动计划法按照"近细远粗"的原则制订一定时期内的计划，然后按照计划的执行情况和环境变化，调整和修订未来的计划，并相应地将计划顺延一个时期，依次逐期向前移动，把短期计划和中期计划结合起来的一种计划方法。

这种方法的基本思想是，由于长期计划所涉及的时间期限比较长，而计划又是面对未来的工作，未来之中的不确定因素很多，必然会有许多情况事先无法准确地予以预测和估计，如果硬要将远期的计划也制订得像近期计划那样具体，势必影响计划工作的经济性。所以在编制长期计划时，就应采取“近具体、远概略”的方法，对近期计划制订得尽量具体，以便于计划的实施；对远期的计划只规定出大概的要求，使职工明确奋斗的方向。然后根据计划在具体实施过程中发现的差异和问题，不断分析原因，并结合对内外环境情况的分析，予以修改和调整。在计划的实施过程中将远期计划逐渐予以具体化，使之成为可实施的计划，进而把长期计划与短期计划，甚至与具体的执行计划有机地结合起来。这样既保证了计划工作的经济性，又能使计划与实际情况相吻合，提高计划工作的科学性。

例如，某企业在 2010 年年底制订了 2011—2015 年的五年计划。如采用滚动计划法，到 2011 年年底，根据当年计划完成的实际情况和客观条件的变化，对原订的五年计划进行必要的调整，在此基础上再编制 2012—2016 年的五年计划。其后依此类推。

可见，滚动式计划法能够根据变化了的组织环境及时调整和修正组织计划，体现了计划的动态适应性。而且，它可使中长期计划与年度计划紧紧地衔接起来。

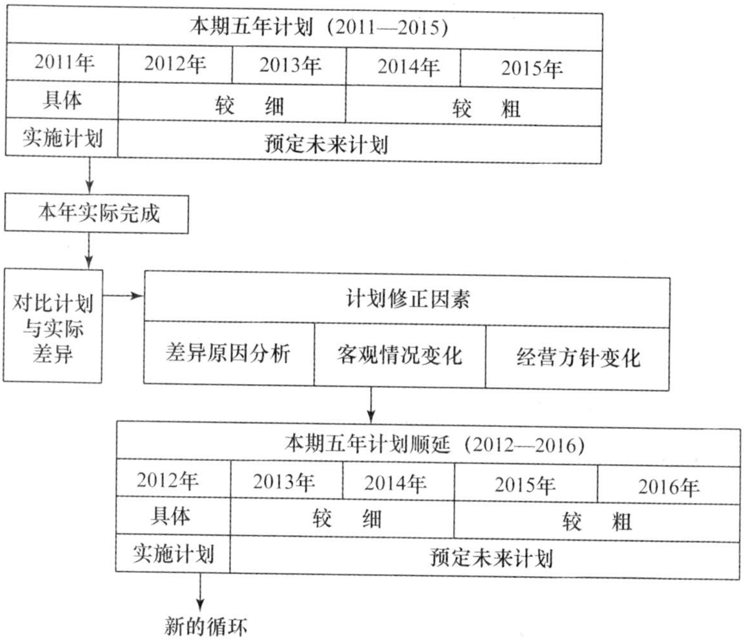

图 4-4　滚动计划方法示例图

滚动计划方法虽然使得计划编制和实施工作的任务量加大，但其优点也十分明显。第一，计划更加切合实际，特别是使战略性长期计划的实施更加切合实际。由于人们无法对未来的环境变化作出准确的估计和判断，所以计划针对的时期越长，不准确性就越大，其实施难度也越大。滚动计划相对缩短了计划时期，加大了计划的准确和可操作性。第二，滚动计划方法使长期计划、中期计划与短期计划相互衔接，短期计划内部各阶段相互衔接。这就保证了即使由于环境变化出现某些不平衡时也能及时地进行调节，使各期计划基本保持一致。第三，滚动计划方法大大加强了计划的弹性，这对环境剧烈变化的时代尤为重要，它可以提高组织的应变能力。

第6节 网络计划技术

一、网络计划技术的产生和发展

编制工程计划过去广泛应用的工具是条状图（Bar Chart），也称甘特图（Gantt Chart），是1917年由亨利·甘特（Henry Laurence Gantt）开发的。甘特图的内在思想很简单，基本是一条线条图，横轴表示时间，纵轴表示活动（项目），线条表示在整个期间上计划和实际的活动完成情况。它直观地表明任务计划在什么时候进行，以及实际进展与计划要求的对比。其缺点是对各项工序之间的关系反映不明确。

为了适应对复杂系统进行管理的需要，1956年，美国杜邦公司与兰德公司合作，在解决一个大型化工厂开关装置的维修计划时，提出并首次使用了“关键路线法”（Critical Path Method，CPM）。关键路线法是一个动态系统，是一种网络图方法，适用于有很多作业而且必须按时完成的项目，它会随着项目的进展不断更新。该方法采用单一时间估计法，其中时间被视为一定的或确定的。此方法的使用不仅缩短了维修工期，而且大大降低了成本。1958年，美国海军特种计划局在完成北极星导弹应急计划时，承担这项任务的公司、企业、学校和科研单位多达11000多家。如此众多的单位怎样组织与管理，做到密切协同、高质量地按期完成任务，显然是一个非常复杂的问题。为解决这个问题，美国一家顾问公司开发了“计划评审技术”（PERT）（Program Evaluation and Review Technique，PERT），利用网络分析制订计划以及对计划予以评价。PERT能协调整个计划的各道工序，合理安排人力、物力、时间、资金，加速计划的完成。由于采用了PERT方法，该项研究计划提前完成。现在，PERT方法已为世界各国广泛采用。

CPM与PERT都以网络图的形式来表示工程计划实施过程，不同之处是PERT着重考虑时间因素，以确保工期为主要目的；而CPM则着重考虑费用因素，力求用最低的费用完成全部工程。

现在，计划协调技术和关键路线法已合并成为一种方法，国外称为PERT/CPM技术，国内称为网络计划技术。网络计划技术是用网络的形式把一个工程项目中所含的各个具体工作任务严密地组合于一张或一套网络图中，反映出这些工作任务在实施过程中的先后关系，可以分析出关键任务及整个方案在工期、资源和费用上如何优化。

1965年著名数学家华罗庚教授在我国首先推广和应用了这一新的科学管理方法。取其统筹兼顾、合理安排的主导思想，称为统筹法，在我国国民经济各部门、各领域取得了显著成效。目前，我国与网络计划技术有关的行业标准为《工程网络计划技术规程》（JGJ/T 1001-91）。

二、甘特图方法

甘特图以图示的方式通过活动列表和时间刻度形象地表示出任何特定项目的活动顺序与持续时间。由于它直观地表明任务计划在什么时候进行以及实际进展与计划要求的对比，管理者由此极为便利地弄清一项任务（项目）还剩下哪些工作要做，并可评估工作是提前还是滞后，抑或正常进行。

甘特图具有简单、醒目和便于编制等特点，在管理工作中被广泛应用。图 4-5 是某公司的质量控制小组活动计划及实际进度的甘特图。

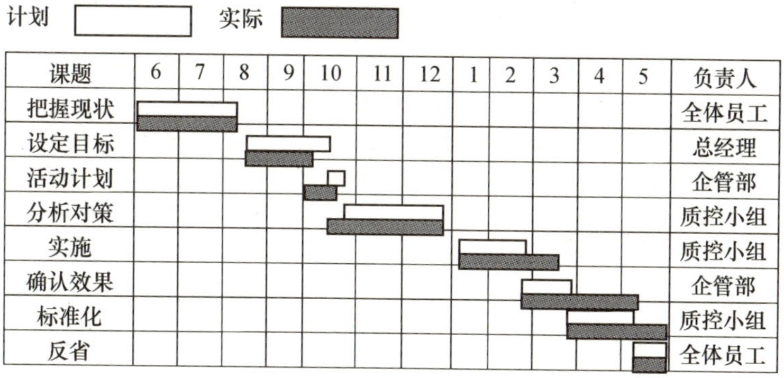

图 4-5　某公司的质量控制小组活动计划及实际进度甘特图

三、网络计划技术的特点

网络计划技术既是一种科学的计划方法，又是一种有效的生产管理方法。与甘特图法相比，网络计划技术具有如下作用与特点：

（1）网络计划把整个施工过程中各有关工作组成一个有机的整体，因而能全面而明确地反映出各工序之间的相互制约和相互依赖的关系，能够清楚地看出全部施工过程在计划中是否合理。

（2）网络计划可以通过时间参数计算，能够在工作繁多、错综复杂的计划中，找出影响工程进度的关键工作；便于管理人员集中精力抓住施工中的主要矛盾，确保按期竣工，避免盲目抢工。并且，通过利用网络计划中反映出来的各工作的机动时间，可以更好地运用和调配人力与设备，节约人力、物力，达到降低成本的目的。

（3）在计划的执行过程中，当某一工作因故提前或拖后时，能从网络中提前预见到它对其他工作及总工期的影响程度，便于及早采取措施以充分利用有利的条件或有效地消除不利的因素。

此外，网络计划技术的特点使得它还可以很方便地利用现代化的计算工具——计算机，有利于对复杂的计划进行绘图、计算、检查、调整与优化。因此，与甘特图相比较，网络计划技术更便于大型、复杂的计划工作中使用。

四、网络图的构成

网络图是网络计划技术的基础。任何一项任务都可分解成许多步骤的工作，根据这些工作在时间上的衔接关系，用箭线表示它们的先后顺序，画出一个由各项工作相互联系、并注明所需时间的箭线图，这个箭线图就称作网络图。

网络图主要由以下几部分构成：

（一）工序（也称活动或作业）

它是实现一项工作计划必须完成的任务。工序需要有人力、物力的参与，是经过一定时间才能完成的一项具体活动过程。

工序在双代号网络图中用箭杆表示，工序内容写在箭杆上方，完成该工序所需时间写在下方，箭杆尾部的圆圈（节点）表示工序的开始，箭头端的圆圈表示工序的结束。

（二）事项（节点）

它是连接工序的时间点，表示工序的开始和结束。同一个事项（节点）既表示前一个（或若干个）工序的完成，又表示后一个（或若干个）工序的开始。事项用标有数字的圆圈或方块表示。规定开工事项的序号小于完工事项的序号。

工序、事项在网络图中的表示如图 4-6 所示。

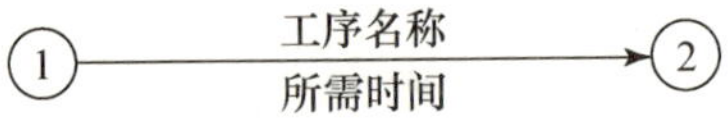

图 4-6　工序与事项

（三）线路

计划网络中从网络的起始事项，经过序贯连续的工序达到网络终点事项，这一系列的工序全体称为一条路。在网络图中由起点到终点的“路”有多条，其中必有一条是最关键的路，这条关键路线的路长（在此路上所有工序所需工时之和）为整个工程的总工期。

五、网络图的绘制方法

在绘制网络图之前，首先要进行任务分解，就是要把一个系统分解成若干个分系统（在此体现为工序），再确定分系统之间的相互联系以及各分系统所需时间，经过不断的修改，使任务分解更加合理。

（一）主要规则

1. 紧前完工

每项工序开始之前，它的所有紧接前项工序必须已经完工。如图4-7，在工序 d 开工前 a、b、c 必须已经完工，可用$\{a,b,c\}<\{d\}$表示。工序 a、b、c 称为工序 d 的紧前工序，而工序 d 称为工序 a、b、c 的紧后工序。

图 4-8 表示，$\{d\}<\{a,b,c\}$，为 a、b、c 的紧前工序，a、b、c 为 d 的紧后工序。

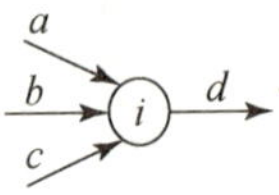

图 4-7　工序 d 开工前工序 a、b、c 必须已经完工

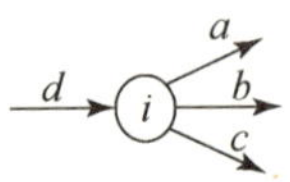

图 4-8　工序 a、b、c 开工前工序 d 必须已经完工

2. “二夹一”

一对事项之间只能有一道工序。不能出现图 4-9 那种状态。

3. 始终点唯一

只有一个总开工事项（始点）和一个总完工事项（终点），始点无紧前工序，终点无紧后工序。

4. 工序不重复，网络无回路

工序从整个计划的开始到完工，只能被执行一次，因而不能出现回路。如图 4-10 所示是错误的。

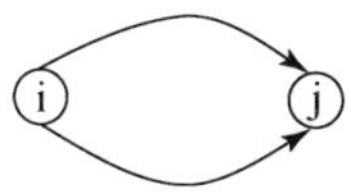

图 4-9　一对事项之间只能有一道工序

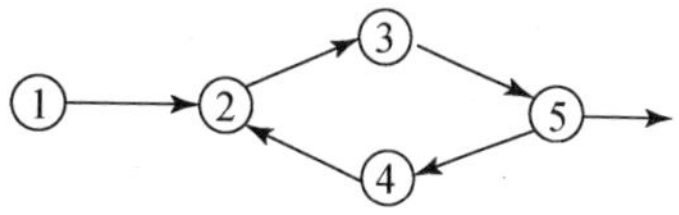

图 4-10　网络图中不能出现回路

5. 事项编号不重复。

（二）网络图的绘制步骤

绘制网络图时，可先按施工次序的约束条件画出草图，然后逐步调整安排，尽量消除交叉箭杆。经过多次修改，就能绘制出排列整齐、条理清晰的网络图。

例如，某工厂制订一个新产品的投产计划，项目及所需工时见表 4-1。试画出该计划的网络图。

表 4-1　新产品投产计划所含项目及其关系

工序代号	工序名称	紧前工序	工序时间
A	市场调查	—	4
B	产品研制	—	6
C	资金分析	A	6
D	产品改进研制	B	7
E	生产计划	B	5
F	设备计划	C、D	9
G	人事计划	C、D	7
H	人员安排	E、F	4
I	设备安装	G	8

编排时可以从完工事项由后向前进行，也可以从开工事项由前向后进行，还可以从最重要的工序开始，按照约束条件的相互关系安排。本例网络图如图 4-11 所示。

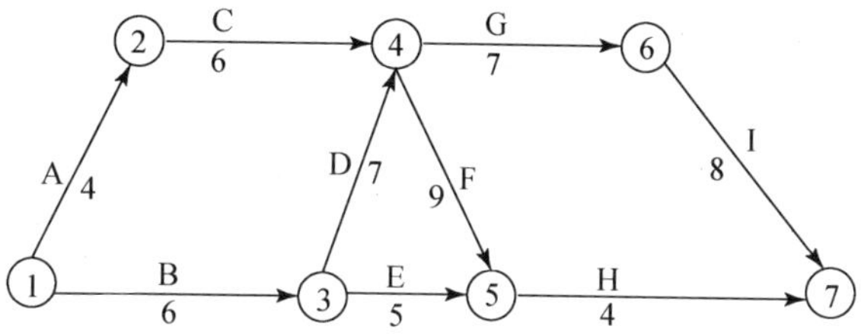

图 4-11　例题网络图

作为一项完整的计划编制方法，绘制完网络计划图以后，网络计划技术还有两项重要的工作要做。一项是，根据网络图和各项活动的作业时间，计算出全部网络时间和时差，并确定关键线路；另一项是，网络图的优化和项目选择。找出关键路径，也就初步确定了完成整个计划任务所需要的工期。这个总工期，是否符合合同或计划规定的时间要求，是否与计划期的劳动力、物资供应、成本费用等计划指标相适应，需要进一步综合平衡，通过优化，择取最优方案。

网络计划技术的最大特点就在于它能够提供施工管理所需的多种信息，有利于加强工程管理。所以，网络计划技术已不仅仅是一种编制计划的方法，而且还是一种科学的工程管理方法。它有助于管理人员合理地组织生产，使他们做到心中有数，知道管理的重点应放在何处、怎样缩短工期、在哪里挖掘潜力、如何降低成本。在工程管理中提高应用网络计划技术的水平，必能进一步提高工程管理的水平。当然，网络计划技术也有自己的缺点，比如，从图上很难清晰地看出流水作业的情况，也难以根据一般网络图算出人力及资源需要量的变化情况。

网络计划技术需要大量的计算和优化工作，操作起来相对复杂。限于篇幅的原因，本节只是对网络计划技术作了简单的介绍。感兴趣的读者可以参阅其他专业书籍、文章，作更详细的了解和学习。

案例4-1

联合利华的全球“可持续发展计划”

2010年11月15日，日用消费品公司联合利华在伦敦、鹿特丹、德里、纽约同时宣布实施全球“可持续发展计划”，明确提出将在2020年前将产品对环境的影响减少一半，帮助超过10亿人改善健康状况，并实现100%的农产品原料可持续采购。联合利华CEO波尔曼说：“业务增长并不一定要以增加对环境的影响为代价。”

“可持续发展计划”具体提出了50个社会、经济、环境目标。拥有多芬、奥妙、家乐、立顿等全球知名品牌的联合利华公司将通过直接的运营，以及与供应商、消费者的共同努力将温室气体排放量、用水量和废弃物减半。

在联合利华的产品生命周期中，超过三分之二的温室气体和超过一半的用水量产生于消费者使用过程中。因此这项承诺将产生前所未有的影响。

波尔曼说：“消费者非常支持环保，但是改变消费习惯很难，联合利华通过创新的采购、生产、包装方式，将产品的碳足迹、水足迹和废物量减半，以此帮助人们在每次使用我们产品的同时也能举手之劳做环保。每天，在世界上几乎所有国家，共有20亿人次使用联合利华的产品，我们消费者的善小行为会对环境产生很大的影响。”

联合利华还计划在2020年前实现以下主要目标：实现100%农产品原料的可持续采购，2015年前实现100%的棕榈油可持续采购；使亚非拉地区10亿人养成每天洗手的习惯，减少腹泻等疾病的发生率；在印度等国家扩大生产低成本的家用净水设备，为5亿人提供安全饮水；与雨林联盟等组织合作，改善发展中国家的生活，将超过50万小型农场主和小型供应商纳入联合利华供应链。

波尔曼说，联合利华将在世界各地的方方面面贯彻可持续战略。“人们期望每天使用的产品能改善他们的健康和生存状况，并且过上可持续的生活。我们的目标是帮助发展中国家的人们在不以牺牲环境为代价的前提下提高生活质量，并且帮助发达国家的人们在维持生活质量的同时减少对环境的影响。”

在波尔曼看来，联合利华实现可持续目标与发展业务并不冲突。“我们对于业务增长有着宏远目标，但这只有在减少对环境影响的前提下才能够实现。我们越来越多地把可持续发展带来的挑战视为推动商业进步的良好机遇。我们的品牌有了以可持续为优先考量的标准，我们与零售客户的业务合作得以拓展，并且可持续发展的目标也促使我们进一步创新、发展市场。在很多情况下,我们的可持续发展为公司节省了开支。”

自威廉利华在英国利物浦附近的工厂制造出世界上第一块健康香皂以来,联合利华建立之初的价值宗旨已经伴随着公司的发展成为了其自身定位和商业运作的重要组成部分。

1995 年,面对水域野生鱼类数量的下降,联合利华与世界野生动物基金会为可持续性渔业共同创立了国际水产品认证机制。

1996 年,联合利华开展了可持续农业计划活动。与农民和供应商开发了一系列后来成为可持续农业指标的项目。目前联合利华已实现了 10%的农、林业可持续采购。

2004 年,联合利华与绿色和平组织合作研发并使用天然环保的冷藏材料代替氟利昂制冷应用于冰淇淋储存。到目前为止联合利华已经将 50 万台冰柜的冷藏剂替换为环保冷凝剂。

2007 年联合利华的 Small & Mighty 浓缩洗涤剂在欧洲上市。这使得人们能够实现在低水温下洗涤衣物,帮助人们减少了家庭开支,并成功地减少了包装的材料和数千万吨二氧化碳的排放。

2007 年联合利华旗下茶叶品牌立顿和 PG Tips 承诺在 2015 年前实现可持续茶叶采购,成为全球首家推行可持续茶叶采购的大型公司。目前,所有在欧洲西部的立顿黄牌和 PG Tips 茶包都得到了雨林联盟组织的认可。

2008 年,联合利华成为第一家承诺在 2015 年前实现可持续采购棕榈油的大型公司,目前,联合利华采购的棕榈油中 30%已得到了绿色棕榈联盟认证。

(资料来源:《联合利华发布全球“可持续发展计划”,承诺在 2020 年前碳足迹减半》,美通社亚洲,上海 2010 年 11 月 22 日电。)

问题:

1. 结合案例材料和本章相关理论,对联合利华的计划进行分层,并从时间、层次以及广度等角度指出这一计划的种类。
2. 案例中的目标具有哪些特点?如何进行目标管理?
3. 联合利华的“可持续发展计划”与之前的成果有怎么样的联系,又有哪些提升?

案例4-2

新宇化工公司的目标管理

新宇化工公司是一个地方中型企业,在实行目标管理之前,公司领导总感到职工的积极性没有最大程度发挥出来,上下级之间关系也比较紧张,管理很不顺畅。所以公司效益从 1993 年以来连续下滑。为从根本上扭转这种被动的管理局面,从管理中要效益,公司领导班子达成共识,从“九五”计划第一年(1996 年)开始在公司实行目标管理。

一、确定目标

新宇化工公司根据企业“九五”计划的总体要求来确定公司的总目标。总目标包含以下四个方面,并尽量用定量指标表达,目标又分期望和必达两种。分别如下(以 1996 年为准):

1. 对社会贡献目标。新宇化工公司作为一个地方化工企业，不仅要满足地区经济发展的物质要求，而且要满足人民群众对化工产品需求的不断增长。具体指标为：总产值7914万元必达，期望8644万元；净产值1336万元必达，期望1468万元；上缴税款517万元必达，期望648万元。

2. 对市场目标。随着市场经济的发展与深入，化工产品市场竞争越来越激烈。新宇公司在本省是具有竞争力的企业，所以在力图巩固现有市场份额的基础上，强化市场营销策略，不断扩大销售量，并开拓外省(市)市场，从而提高市场占有率。对销售指标：期望年增8%～10%，必须达到年增6%～7%；对市场占有率指标：期望达到38%，必须达到34%。

3. 公司发展目标。新宇公司根据“九五”计划发展规划，确定其发展目标为：销售收入6287万元必达，期望达到7100万元，且年增6%～8%；资产总额650万元，且年增10%～12%；必须开发5个新系列化工产品，期望开发6个新产品系列；职工人数年增长3%，且实行全员培训，职工培训合格率必达85%，期望98%。

4. 公司利益和效益目标。确定的具体表达指标如下：利润总额480万元，期望实现540万元；销售利润率7.6%，期望达到8.5%；劳动生产率年增85%，期望年增105%；成本降低率递减5%；合格品率达到92%，期望达到95%；物质消耗率年下降7%；一级品占全部合格品比重达50%，期望达到60%。

二、目标分解

新宇化工公司对于总目标的每一个表达指标，都按纵横两个系统从上至下层层分解。从横向系统来看，即公司每一个职能部门都细分到各自的目标，并且一直到科室人员。从纵向系统来看，从公司总部到下属车间、段、班组直至每个岗位工人都要落实细分的目标。由此形成层层关联的目标连锁体系。

现以公司实现利润总额480万元为例，对其目标进行分解。为确保1995年实现利润总额480万元，经过分析，取决于成本的降低，而成本降低又分解为原材料成本、工时成本、废品损失和管理费用四个第三层次的目标，然后继续分解下去，共细分成96项具体目标，涉及降低物耗、提高劳动生产率、保证和提高产品质量以及管理部门节约高效的具体要求。最后按归口分级原则落实到责任单位和责任人。

三、执行目标

新宇化工公司按照目标管理的要求，让各目标执行者“自主管理”，使其能在“自我控制”下充分发挥积极性和潜能。为职工实现自己的细分目标创造一个宽松的管理环境，不再强调上级对下属严密监督和下级任何事情都必须请示上级才行动的陈旧管理模式。

在此阶段，新宇化工公司领导注重做到以下几点：

1. 对于大多数公司所属部门和岗位，都进行充分的委权和放权，提高自主管理和自我控制的水平。对于极少数下属部门和岗位，上级领导对下属部门和成员仍应实施一定的监督权，以确保这些关键部门和岗位的目标得以实现。

2. 公司建立和健全了自身的管理信息系统，创造了执行目标所需的信息交流条件，使得上下级和平级之间的不同单位、部门、人员都能在执行各自目标得到信息的支持。

3. 公司各级领导人员对下属及成员并不是完全放任、不管不问。他们的职责主要表现在以下方面：一是为下属创造良好的工作环境；二是对下级部门和下属人员做好必要的指导和协调工作；三是遇到例外事项时，上级要主动到下属中去协商研究解决，而不是简单下指令。

在上述新宇公司成本降低的96项具体目标落实到公司有关部门和个人后，他们就按各自目标制定具体实施方案。实施方案包括执行目标所需的权限、工作环境、信息交流渠道、工作任务、计划进度、例外事项处理原则等。在每天的工作中，每个执行目标者都要自己问自己，我今天要做到些什么才能对自己目标的完成作出贡献？然后对每天的工作和时间进行最佳组合的安排，尽可能取得最大工作效率。

四、评定成果

新宇化工公司在进行目标管理时，很重视成果评定。当预定目标实施期限结束时（一般为一年），就大规模开展评定成果活动。借以总结成绩，鼓励先进，同时发现差距和问题，为更好地开展下一轮的目标管理打好基础。

新宇化工公司强调评定成果要贯彻三项原则：一是以自我评定为主，上级评定与自我评定相结合；二是要考虑目标达到程度、目标的复杂程度和执行目标的努力程度，并对这三个主要因素进行综合评定；三是按综合评定成果进行奖励，体现公平、公正的激励原则。

例如，三车间聚丙乙烯产品成本目标是6500元/吨，公司考核部门的标价标准是：达到6500元，得100分；降至6400元/吨以下，得120分；超过6600元/吨，得10分；处在6500元至6600元之间/吨时，得50分。三车间全体职工经过一年奋斗，最终自评成绩是120分，成功使成本降至6400元/吨以下，在达到目标程度这一因素上取得了最优级，并经过公司考核部门认可。

成本是一个综合项目，涉及企业管理的许多方面。三车间的成本目标定为6500元/吨，确属于比较复杂、困难、繁重的目标。公司考核部门在制订评价标准时，把6500元/吨定为难度比较大的目标，记为100分；6400元/吨以下为难度极大的目标，记为120分；6600元/吨以上为较为容易目标，记为10分。在评定时，影响成本的环境和条件没有大的改变。所以，三车间和公司考核部门一致确认，6500元/吨的成本目标应记为100分。

在评定执行目标的努力程度时，公司考核部门也制定了很努力、比较努力、一般努力三个等级，分值分别是120分、100分和80分。三车间自评结论是在全车间同心协力，努力奋斗一年，应该记120分。

当然，在确定目标的复杂程度和执行的努力程度时，公司考核部门都有一些更多的细分指标和因素来保证。比如，执行努力程度要看出勤率、工时利用率、合理化建议多少等等。

对于不同层级的部门和岗位，三个因素在评定成果中所占的比例有所不同。一般越是上级职位和部门，第一要素所占比重越大。本例三车间属基层部门，可按5：3：2比例，对其成果分值最终予以确定。

三车间综合评价分＝120×50％（目标达到程度）＋100×30％（目标复杂程度）＋120×20％（执行中努力程度）＝114（分）

由于三车间进行的目标管理成绩很大，新宇化工公司对其进行了表彰和奖励。三车间每个职工也通过评定成果，作了一次认真全面系统的总结。每个职工也有自己细分目标的评定结果，成绩并非一刀切、完全相同。所以，后进职工认真总结教训和学习先进职工的经验，以便把下一轮目标管理搞好。

新宇化工公司执行目标管理的第一年就取得了丰硕成果。公司总目标都超额实现，总产值达到8953万元，净产值达1534万元，上缴税款680万元。总目标中对社会贡献的目标全部超过期望目标。在市场目标方面：1996年比1995销售量增长9%，市场占有率达到35%，都超过了必达目标。在公司发展目标方面：销售额达到7130万元，比上年增长85%；资产总额730万元，比上年增长15%；已开发出6个新品种系列；职工培训上岗合格率已达93%。在公司利益和效益目标上，已实现利润总额630万元，其他各项经济效益指标也全部达到、甚至超过预定目标。

同时，在公司内部的上下级关系和人际关系方面开始变得融洽、和睦，职工群众的积极性、主动性、创造性得以真正发挥出来。全公司呈现一种同心协力、努力奋斗、力争实现公司目标的新景象。

（资料来源：黄雁芳，宋克勤主编《管理学教程案例集》，上海财经大学出版社，2001。）

问题：

1. 新宇化工公司为什么要推行目标管理？推行目标管理有哪些作用？

2. 从管理角度分析，目标管理有何特色？

3. 新宇化工公司是如何按照目标管理的程序来操作的？你认为在实际应用目标管理中还要注意什么问题？

第5章 战略管理

知彼知己者，百战不殆；不知彼而知己，一胜一负；不知彼，不知己，每战必殆。

——孙武：《孙子兵法·谋攻》

企业制定一个战略目标不难。难的是两点：一是目标的合理性和可能性；二是制定目标之后不为其他因素所动，能够坚决地不管不顾地去做。什么是企业战略？企业战略就是你要干什么行当，要干到多大，钱和人往哪里投。当今世界五彩缤纷，机会与陷阱同在。关键是看清楚、设计好我们最终要飞多高、多远，寻找我们需要的天空和阳光，寻找属于我们的战略机会。

——联想创始人 柳传志

开篇案例

1932年，伊士曼柯达公司(以下简称“柯达”)开创者乔治·伊士曼举起手枪，结束了77年的生命。他留给世人的遗言是：“我的使命已经完成，还等什么？”时至今日，这句话却不幸在他所创办的柯达公司身上应验——132年的企业已宣布申请破产保护。那个一直致力于要把别人拍出最佳状态、最漂亮肤色、最动人表情、记录最美好回忆的柯达，却恰恰没有拍好自己。2012年1月底，柯达宣布已向纽约州南部地方法院提交破产保护文件。柯达表示，希望在2013年时从破产中复苏，期间将会把从花旗集团筹集而来的9.5亿美元用于重组业务。

这个百年老店，曾经由于它的全产业链业务覆盖、垂直经管布局、终身雇佣轨制，以及剃须刀式的盈利模式(柯达采用剃刀和刀片的两段定价策略，以低廉的价钱销售相机，再从底片上赚取高额利润)和在卤化银范畴的领先技术，在全球胶卷和影像市场独占鳌头。为何故往的胜利经验会成为柯达迈向革新的镣铐？柯达“英雄末路”的背后原因到底是什么？

对于柯达的倒下，外界普遍认为，是传统胶片业务的巨大成功，让柯达没有迅速适应市场需求和对行业变迁作出调整。但回顾这段历史，人们却惊奇地发现，其实柯达早已认识到了技术革新的重要，并为此作出改变。长期以来，柯达对业务转型的必要性心知肚明，也不缺乏转型所需的技术储备，但在执行层面却异常迟缓。

1975年，柯达的工程师斯蒂夫·萨森在实验室中制造出第一台数码相机。不过，公司管理层的反应是：“这非常好，但不要把这个东西告诉任何人。”当时，柯达注重的仍然是胶片业务，数码技术仅仅被用来提高胶片质量，而不是制造数码相机。

柯达前高管、罗彻斯特大学西蒙商学院教授拉里·马特森(Larry Matesson)表示，他曾在1979年撰写过一份非常精准的报告，预测了市场的不同部分将如何从胶片时代转向数码时代，首先是政府勘测机构，随后是专业摄影领域，最后则是主流市场，到 2010 年将全面普及。他的误差只有几年。

福布斯的一位专栏作家也写道，20 世纪 80 年代中期，柯达的一些高级管理层就已经意识到数码时代是大势所趋，但是当时柯达未有任何战略转型迹象。

回顾历史，全球对彩色胶卷的需求量，2000 年的时候发展到了最高峰。但从 2001 年起却突如其来地遭遇了毁灭性重构。之后，每年都以 25%左右的速度往下滑。此时，两大传统胶片巨头柯达和富士则开始了转型“逃亡”路。但路径和结局却完全不同。

2001 年富士在中国市场的份额从 70%下降到 20%。之后富士通过对事业部进行改造、培育新增长点，2007 年，公司销售收入达到了 2 兆 8500 亿日元（相当于人民币 2200 亿元），营业利润也达到了 2000 亿日元左右，创下了历史最高纪录。

但在同样时期，柯达却一直犹豫不决。2002 年底，柯达的产品数字化率仅约为 25%，而竞争对手富士已达到 60%。这期间，柯达的决策者作出了错误的判断，他们的重心，依旧放在传统胶片上。直到 2005 年，在全球传统胶卷市场迅速萎缩的当下，新任 CEO 彭安东上任，这被外界解读为柯达加速转型的一个重要信号，即柯达决心把自己带入数码时代。但这个决定已足足迟滞于市场 5 年时间，但一切似乎为时已晚。虽有起色，但 2008 年金融危机再次结束了柯达短暂的复苏势头。

柯达在 2009 年决定将其长达 74 年历史的全球首款商用胶卷 Kodachrome 退市，当时官方也曾流露出转变过慢的反思，“10 年前就已经考虑让其退市”，但是迫于该胶卷的摄影师“粉丝”众多，一直未能成行。直到该胶卷的销量和利润率下滑到惨不忍睹的局面，柯达才作出“割爱”的决定。

将柯达由传统胶卷产业转向数码影像领域，第一个提出要将柯达转型的是任职 5 年 CEO 的邓凯达（Daniel A. Carp，丹尼尔·卡普）。邓凯达在总结柯达战略转型这段历史时曾表示，柯达犯了瞻前顾后、掩耳盗铃的错误。“柯达希望在高端垄断数码相机的技术，但却不积极推广这些技术，从而达到延缓数码相机发展速度的目的。这样，柯达就有可能延长银盐胶卷的生命周期，从而使自己继续在这一准垄断行业里赚取丰厚的利润，这个做法显然是幼稚的。”

（资料来源：作者根据公开资料整理。）

第 1 节　战略与战略管理

一、战略与战略管理的含义

英文中，战略“Strategy”一词来源于希腊语“Strategos”，原是一个军事术语，意思是“将军指挥军队的艺术”。到中世纪，这个词的含义发生了变化，指对战争全局的筹划和谋略。它依据敌对双方的军事、政治、经济、地理等因素，照顾战争全局的各方面，规定军事力量的准备和运用。战略是从整个战争的胜利出发考虑问题，为了实现既定的战略目标，就要围绕战略部署制定具体的作战方案，这就是战术问题。

20世纪60年代，战略思想开始运用于政治、商业领域，并与达尔文“物竞天择”的生物进化思想共同成为战略管理学科的两大思想源流。后来战略演变为泛指重大的、全局性的、左右胜败的谋划。将战略思想运用于企业经营管理之中，便产生了企业战略这一概念。

加拿大麦吉尔大学教授明茨伯格(Henry Mintzberg)，把战略定义为一系列行为方式的组合。他借鉴市场营销学中营销四要素(4P's)的提法，创立了企业战略的5P's模式，即计划、计策、模式、定位、观念来对企业战略进行描述。其中，“计划”强调战略作为一种有意识、有组织的行动方案；“计策”强调战略可以作为威慑和战胜竞争对手的一种手段；“模式”强调战略最终体现为一系列具体行动及其实际结果；“定位”强调战略应使企业根据环境的变化进行资源配置，从而获得有利的竞争地位和独特的竞争优势；“观念”强调战略作为经营哲学的范畴体现其对客观世界的价值取向。

具体而言，企业战略是在符合和保证实现企业宗旨的条件下，在充分利用环境中存在的各种机会和创造新机会的基础上，确定企业同环境的关系，规定企业从事的经营范围、成长方向和竞争对策，合理地调整企业结构和配置企业的资源，从而使企业获得某种竞争优势。

因此，企业战略管理(Strategic management)是指对一个企业或组织在一定时期的全局的、长远的发展方向、目标、任务和政策，以及资源调配作出的决策和管理艺术。包括公司在完成具体目标时对不确定因素作出的一系列判断.公司在环境检测活动的基础上制定战略。

战略管理是指企业确定其使命，根据组织外部环境和内部条件设定企业的战略目标，为保证目标的正确落实和实现进度谋划，并依靠企业内部能力将这种谋划和决策付诸实施，以及在实施过程中进行控制的一个动态管理过程。战略管理大师迈克尔·波特认为，一项有效的战略管理必须具备五项关键点：独特的价值取向、为客户精心设计的价值链、清晰的取舍、互动性、持久性。

二、企业战略管理的过程

战略是计划的一种形式，但战略管理却不仅仅是制定战略。战略管理是制定和实施战略的一系列管理决策与行动。一般认为，战略管理是由几个相互关联的阶段所组成，这些阶段有一定的逻辑顺序，包含若干必要的环节，由此而形成一个完整的体系。

(一) 战略分析

战略分析的主要任务是对为保证组织在现在和未来始终处在良好状态的那些关键性影响因素形成一个概观，即对企业的战略形成有影响的关键因素进行分析，并根据企业目前的“位置”和发展机会来确定未来应该达到的目标。这个阶段的主要工作是：

1. 明确企业当前使命和愿景

企业使命(Mission)是指企业在社会经济发展中所应担当的角色和责任，是指企业的根本性质和存在的理由，说明企业的经营领域、经营思想，为企业目标的确立与战略的制定提供依据。

企业的使命实际上就是企业存在的原因或者理由，也就是说，是企业生存的目的定位。不论这种原因或者理由是“提供某种产品或者服务”，还是“满足某种需要”或者“承担某个不可或缺的责任”，如果一个企业找不到合理的原因或者存在的原因连自己都不明确，或者连自己都不能有效说服，企业的经营问题就大了，也许可以说这个企业“已经没有存在的必要了”。就像人经常问问自己“我为什么活着”的道理一样，企业的经营者们对此更应该了然于胸。

彼得·德鲁克认为，为了从战略角度明确企业的使命，应系统地回答下列问题：① 我们的事业是什么？② 我们的顾客群是谁？③ 顾客的需要是什么？④ 我们用什么特殊的能力来满足顾客的需求？⑤ 如何看待股东、客户、员工、社会的利益？

20世纪20年代，AT&T的创始人提出“要让美国的每个家庭和每间办公室都安上电话”。80年代，比尔·盖茨如法炮制：“计算机进入家庭，放在每一张桌子上，使用微软的软件。”到今天AT&T和微软都基本实现了他们的使命。再比如，波士顿咨询公司的企业使命：协助客户创造并保持竞争优势，以提高客户的业绩；通用电器的使命是：以科技及创新改善生活品质；中国移动通信的企业使命：创无限通信世界，做信息社会栋梁；等等。

使命足以影响一个企业的成败。彼得·德鲁克基金会主席、著名领导力大师弗兰西斯女士认为：一个强有力的组织必须要靠使命驱动。企业的使命不仅回答企业是做什么的，更重要的是为什么做，是企业终极意义的目标。崇高、明确、富有感召力的使命不仅为企业指明了方向，而且使企业的每一位成员明确了工作的真正意义，激发出内心深处的动机。试想“让世界更加欢乐”的使命令多少迪士尼员工对企业、对顾客，对社会倾注了更多的热情和心血。

愿景(Vision)是企业对其前景所进行的广泛的、综合的和前瞻性的设想，即我们要成为什么？这是企业为自己制定的长期为之奋斗的目标。它是用文字描绘的企业未来图景，使人们产生对未来的向往，从而使人们团结在这个伟大的理想之下，集中他们的力量和智慧来共同奋斗。愿景只描述对未来的展望，而不包括实现这些展望的具体途径和方法。

比如，麦当劳的愿景：控制全球食品服务业；福特公司愿景：汽车要进入家庭；柯达的愿景：只要是图片都是我们的业务。

愿景不一定要实现，只要有50%～70%的可能性就可以了，关键是要能使大家认可，激励人们前进。愿景一般包括10～30年可见的目标，以及对这个目标实现时情景的生动描述。

2. 外部环境分析

外部环境分析的目的就是要了解企业所处的战略环境，掌握各环境因素的变化规律和发展趋势，发现环境的变化将给企业的发展带来哪些机会和威胁，为制定战略打下良好的基础。

3. 内部条件分析

战略分析还要了解企业自身所处的相对地位，分析企业的资源和能力，明确企业内部条件的优势和劣势；还需要了解不同的利益相关者对企业的期望，理解企业的文化，为制定战略打下良好的基础。

企业外部环境和内部条件的分析，一个重要的工具就是SWOT分析模型。所谓

SWOT 分析，即基于内外部竞争环境和竞争条件下的态势分析，就是将与研究对象密切相关的各种主要内部优势（Strengths）、劣势（Weaknesses）以及外部的机会（Opportunities）、威胁（Threats）等，通过调查列举出来，并依照矩阵形式排列，然后用系统分析的思想，把各种因素相互匹配起来加以分析，从中得出一系列相应的结论，而结论通常带有一定的决策性。运用这种方法，可以对研究对象所处的情景进行全面、系统、准确的研究，从而根据研究结果制定相应的发展战略、计划以及对策等。

（二）战略选择

战略选择阶段的任务是决定达到战略目标的途径，为实现战略目标确定适当的战略方案。企业战略管理人员在战略选择阶段的主要工作是：

1. 产生战略方案

根据外部环境和企业内部条件、企业宗旨和目标，拟订要供选择的几种战略方案。战略需要分别在公司层、事业层和职能层设立。

2. 评价战略方案

评价战略备选方案通常使用两个标准：一是考虑选择的战略是否发挥了企业的优势、克服了劣势，是否利用了机会、将威胁削弱到最低程度；二是考虑该战略能否被利益相关者所接受。需要指出的是，实际上并不存在最佳的选择标准，经理们和利益相关者的价值观和期望在很大程度上影响着战略的选择。此外，对战略的评估最终还要落实到战略收益、风险和可行性分析的财务指标上。

3. 最终选出供执行的满意战略

（三）战略实施与控制

战略实施与控制过程就是把战略方案付诸行动，保持经营活动朝着既定战略目标与方向不断前进的过程。

战略实施的关键在于其有效性。要保证战略的有效实施，首先要通过计划活动，将企业的总体战略方案从空间上和时间上进行分解，形成企业各层次、各子系统的具体战略或策略、政策，在企业各部门之间分配资源，制订职能战略和计划。制订年度计划，分阶段、分步骤是为了贯彻和执行战略。为了实施新的战略，要设计与战略相一致的组织结构。这个组织结构应能保证战略任务、责任和决策权限在企业中的合理分配。一个新战略的实施对组织而言是一次重大的变革，变革总会有阻力，所以对变革的领导是很重要的。这包括培育支持战略实施的企业文化和激励系统、克服变革阻力等等。

战略控制是战略管理过程中的一个不可忽视的重要环节，它伴随战略实施的整个过程。建立控制系统是为了将每一阶段、每一层次、每一方面的战略实施结果与预期目标进行比较，以便及时发现偏差、适时采取措施进行调整，以确保战略方案的顺利实施。如果在战略实施过程中，企业外部环境或内部条件发生了重大变化，则控制系统会要求对原战略目标或方案作出相应的调整。

图 5-1 总结了前面讲的战略管理过程。需要指出的是，在管理实践中，以上的步骤更多是为了理论上讨论问题的方便而已，各阶段并不是按直线排列的。由于各项工作是直接相联系的，很可能战略分析和战略决策重叠在一起，也可能评估战略时就开始实施战略了。

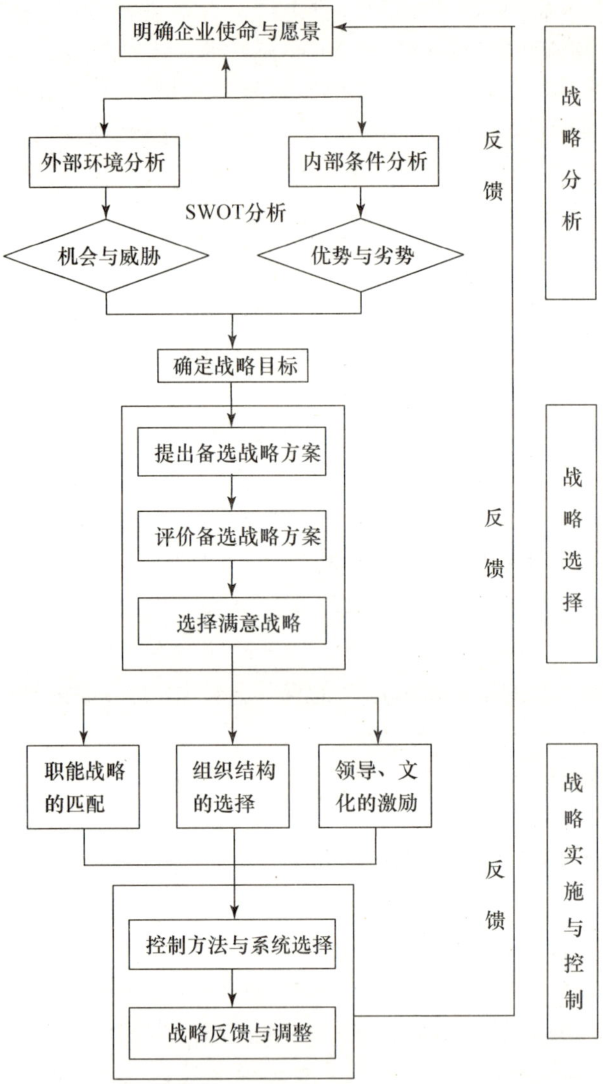

图 5-1 企业战略管理过程图

第 2 节 战略环境分析

一、外部环境分析

企业是一个开放的系统，企业外部的、对其有影响的各种因素和力量统称为外部环境。任何企业都是在一定环境中从事活动的，环境的特点及其变化必然会影响组织活动的方向、内容和方式的选择。

外部环境是企业生存发展的土壤，它既为企业的生产经营活动提供必要的条件，同时也对其生产经营活动起着制约的作用。企业生产经营所需的各种资源都需要从属于外部环境的去获取。任何企业，无论生产什么产品或提供什么服务，它们都只能根据外部环境能够提供的资源种类、数量和质量来决定其生产经营活动的具体内容和方向。与此同时，企业利用上述资源经过自身的转换产生出产品和劳务，也要在外部市场上进行销售。那么在生产之前和生产过程中，企业就必须考虑到这些产品能否被用户所接受、是否受市场欢迎。企业要谋求持续的生存和发展，就必须研究和认识外部环境。企业通过外部环境分析，就可以敏锐地发现、预见到机会和威胁，进而扬长避短、扬长补短、利用机会、避开威胁、能动地适应环境的变化。还可以发挥企业的影响力，选择对自己有利的环境，或促使环境向对自己有利的方向发展。

对企业经营活动有着直接而且重要影响的因素，可能来源于不同的层面。通常，按照环境因素是对所有相关企业都产生影响还是仅对特定企业具有影响而将企业的外部环境分为宏观环境、行业环境和微观环境。本章将着重分析影响企业战略的宏观环境和行业环境。

（一）宏观环境分析

宏观环境也就是企业所处的外部大环境，主要包括政治环境（political）、经济环境（economic）、社会环境（social）、技术环境（technological）等因素，即 PEST 分析。宏观环境对处在该环境中的所有相关组织都会产生影响，尽管这种影响通常间接地、潜在地影响企业的生产经营活动，但其作用却是根本的、深远的（如图 5-2 所示）。

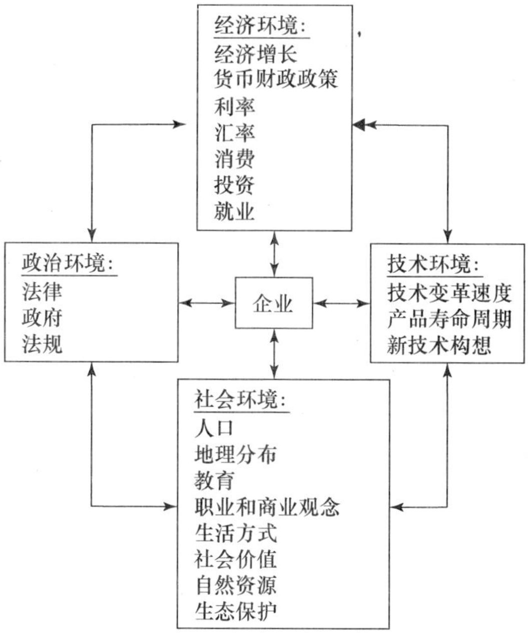

图 5-2　PEST 分析

1. 政治环境分析

政治环境是指那些制约和影响企业的政治要素和法律系统及其运行状态。政治要素要素包括国家的政治制度、权力机构、颁布的方针政策、政治团体和政治形势等因素；法律系统包括国家制定的法律、法规、法令和国家的执法机构等因素。政治和法律因素是保障企业生产经营活动的基本条件。在一个稳定、公平的政治环境中，企业能够真正通过公平竞争，获取自己正当的权益，并得以长期、稳定地发展。不同的国家有着不同的社会制度，不同的社会制度对企业生产经营活动有着不同的限制和要求。即使在社会制度没有发生变化的同一个国家，政府在不同的时期的基本路线、方针、政策也是在不断变化的。对于这些变化，企业必须进行分析研究。另外，随着社会法律体系的建立和完善，企业必须了解与其活动相关的法制系统及其运行状态。通过对政治环境的研究，组织可以明确其所在的国家和政府目前禁止企业干些什么、允许企业干什么以及鼓励企业干什么，以便使企业活动符合社会利益并受到有关方面的保护和支持。

2. 经济环境分析

经济环境是指构成企业生存和发展的社会经济状况及国家的经济政策，包括社会经济结构、经济体制、发展状况、宏观经济政策等要素。衡量这些因素的经济指标有国内生产总值、就业水平、物价水平、消费支出分配规模、国际收支状况，以及利率、通货供应量、政府支出、汇率等国家货币和财政政策。与政治法律环境相比，经济环境对企业生产经营的影响更直接、更具体。对于企业来说，经济环境是影响组织行业诸多因素中最关键、最基本的因素。

企业经济环境是一个多元动态系统，主要由经济体制、社会经济结构、经济发展水平和宏观经济政策等四个要素构成。

经济体制是指国家组织经济的形式。经济体制规定了国家与企业、企业与企业、企业与各经济部门之间的关系，并通过一定的管理手段和方法，调控或影响社会经济流动的范围、内容和方式等。正因为如此，经济体制对企业的生存与发展的形式、内容、途径都提出了系统的基本规则与条件。在经济体制改革过程中，企业应加强和重视对新经济体制实质、形式及运行规律等方面的了解，把握并建立起新的体制意识，改变企业行为的方式与方法。

社会经济结构，又称“国民经济结构”，是指国民经济中不同经济成分、不同产业部门以及社会再生产各个方面在组成国民经济整体时相互质的适应性、量的比例性及排列关联的状况。实践证明，当社会经济结构出现问题时，会造成很多企业甚至整个产业出现问题，严重的还会造成整个国民经济的动荡。所以企业应时刻关注社会经济结构的变化动向，及时妥善调整企业的经营活动，主动适应宏观经济环境变化，这样，就能保证企业的安全与健康，有时还能把握时机、开拓创新、推动企业的发展。

经济发展水平是指一个国家经济发展的规模、速度和所达到的水准。主要指标有国民生产总值、国民收入、人均国民收入、经济增长速度等。对企业而言，从这些指标中可以了解国家经济全局发展状况，通过分析全国、各省市、整个产业的数据与企业自身数据的对比，以及数据变化的分析，企业可以从中认识国家宏观经济形势以及企业自身的发展是否符合这一形势，从而避免与实际情况发生冲突。

经济政策是指国家在一定时期内为达到国家经济发展目标而制定的战略与策略，它包括综合性的国家经济发展战略和产业政策、国民收入分配政策、价格政策、物资流通政策、金融货币政策、劳动工资政策、对外贸易政策等。宏观经济政策规定企业活动的范围、原则，引导和规范企业经营的方法，协调企业之间、经济部门之间、局部与全局之间的关系，保证社会经济正常运转，实现国民经济发展的目标和任务。

3. 社会环境分析

社会文化环境是指企业所处的社会结构、社会风俗和习惯、信仰和价值观念、行为规范、生活方式、文化传统、人口规模与地理分布等因素的形成和变动。社会文化环境对企业的影响也是不言而喻的，例如，人口规模、社会人口年龄状况、家庭人口结构、社会风俗对消费者偏好的影响等，这些因素对企业劳动力的供给、生产方式、产品设计以及营销方式等方面都起着重要的影响。

社会环境中还包括一个重要的因素，就是企业所处地理位置的自然资源与生态环境，包括土地、森林、河流、海洋、生物、矿产、能源、水源等自然资源以及环境保护、生态平衡等方面的发展变化对企业的影响。

4. 技术环境分析

技术环境是指与企业生产经营活动相关的科学技术要素的总和，它既包括导致社会巨大发展的、革命性的产业技术进步，也包括与企业生产直接相关的新技术、新工艺、新材料的发明情况、应用程度和发展趋势，还包括国家和社会的科技体制、科技政策和科技水平。当前，一场以电子技术和信息处理技术为中心的新技术革命正在迅猛发展，它既促使了一些新兴产业的高速发展，也推动了老产业的革新，同时也对企业管理产生了重要影响。科学技术是第一生产力，它可以创造新的产品、新的市场，降低成本，缩短生产周期，改变企业的竞争地位和盈利能力，世界上成功的企业无一不对新技术的采用予以极大的重视。

（二）行业环境分析

波特教授在《竞争战略》一书中指出："形成竞争战略的实质就是将一个公司与其环境建立联系。尽管相关环境的范围广阔，包括社会的、也包括经济的因素，但公司环境的最关键部分就是公司投入竞争的一个或几个产业。"因此，战略管理研究公司所面临的环境，着重于行业与市场的微观层面。

行业是影响企业活动最直接的外部因素，是企业赖以生存和发展的空间。行业是由一些企业构成的群体，它们的产品有着众多相同的属性，以至于它们为了争取同样的一个买方群体而展开激烈的竞争。行业之间在经济特性和竞争环境上有着很大的区别。例如，有的行业已经存在了很多年，而有的行业才刚刚兴起，它们当前规模、将来的总容量和市场增长率都十分不同；在一个行业中，各种竞争力量可能比较"温柔"，而在另一个行业中，竞争却是你死我活的。而且，行业中的差别还体现在对价格、产品质量、性能特色、服务、广告和促销、新产品开发等方面的重视程度不同。

80 年代初，哈佛商学院的迈克尔·波特教授（Michael Porter）在《竞争战略》一书中，从产业组织理论的角度，提出了行业竞争结构分析的基本框架——五种竞争力模型（Michael Porter's Five Forces Model），即现有竞争者、购买者、供应者、替代者、潜在进入者五种行业结构力量。

波特教授认为，行业的结构影响着竞争的规则，五种竞争力量模型的综合作用随行业的不同而不同，其结果是使不同行业或同一行业在不同发展阶段具有不同的利润水平，进而影响着企业战略的制定。因此，企业战略分析的基本单位是行业、企业和产品，关键点是通过对五种竞争力量的分析，确定企业在产业中的合理位势，通过战略的实施

迈克尔·波特
（Michael E. Porter，1947— ）

迈克尔·波特（Michael E. Porter），1947 年出生于美国密歇根州，哈佛大学商学院教授。1983 年被任命为美国总统里根的产业竞争委员会主席，开创了企业竞争战略理论并引发了美国乃至世界的竞争力讨论。最有影响的著作有《竞争战略》（1980）、《竞争优势》（1985）、《国家竞争力》（1990）等，被商业管理界公认为"竞争战略之父"。

对五种竞争力量产生影响，从而影响到行业结构，甚至可以改变某些竞争规则。行业的吸引力和企业在市场中获得的位势就成了竞争优势的来源。为了保持这种优势，必须不断地进行战略性投入以构筑行业壁垒和保持优势位势。

该理论认为，在每一个行业中都存在五种基本竞争力量，即潜在进入者、购买者、供应商、替代者与现有竞争者之间的抗衡。在行业中，这五种力量共同决定行业竞争的激烈程度以及行业获利能力。企业所要做的就是找到能够较好防御这五种竞争力量的方法，甚至通过对五种基本竞争力量施加影响，使它们朝着有利于本企业的方向发展。所以我们下面就对这五种竞争力量逐一展开分析。

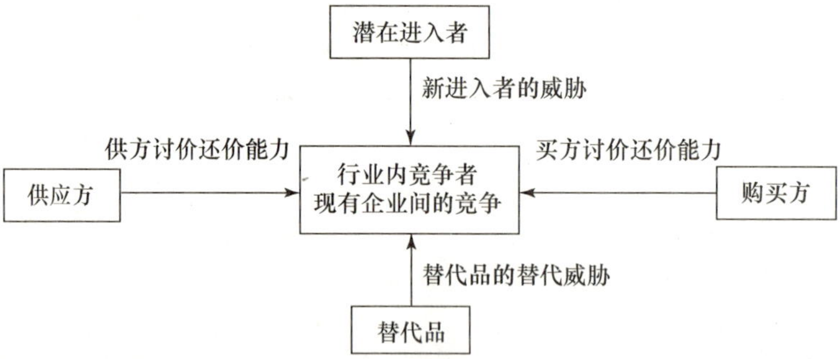

图 5-3　驱动行业竞争的五种力量模型

1. 行业内现有企业之间的竞争

行业内的现有企业是五种竞争力量中最强大的竞争力量，为了赢得市场地位和消费者的青睐，它们通常不惜代价，“无计不施”。竞争厂商之间的竞争不光有强弱之分，而且来自这种公司间竞争的竞争压力也会随时间的不同而有所不同。也就是说，竞争不是静态的，而是会随着各个公司从这种策略组合转向另一种策略组合而不断变化，同时这种变化有时会有迅雷不及掩耳之势，有时会有条不紊逐渐发生。

不论在什么行业之中，影响行业内现有企业之间的竞争强度的因素主要有以下几点：

第一，行业集中度。行业集中度就是指行业内企业数量的多少，一般行业内企业数量越多，集中度越低，竞争越激烈，因为每一个企业都想通过竞争获得优势地位。而当行业中企业数量不多，集中度高时，少数小企业无法与几家大企业竞争，竞争程度就比较缓和。

第二，行业增长速度。在增长速度较快的行业，或处于行业的快速增长期时，各企业都将精力集中在如何快速发展上，当同行发展速度基本保持一致且都在快速增长中获利时，竞争相对缓和。而在增长缓慢的行业或是处于行业增长缓慢期时，为了打破僵局寻求出路，获得更高市场份额，企业会加剧竞争激烈程度。

第三，固定费用和库存成本。固定费用高的行业迫使企业要尽量充分利用其生产能力，出于降低单位产品的固定成本和减少设备闲置的考虑，企业会采取增加产量的措施，而产量增加又会导致产品供应过剩，造成竞争加剧。而库存成本比较高的产业为了节约库存成本，企业都急于将产品卖出，从而也造成竞争变得激烈。

第四，产品差异及用户转换成本。当成本差异度较低且用户转换使用其他产品成本较低时，为了争夺顾客，企业必然会在价格和服务上展开激烈的竞争，而成本差异度较高且转换成本也高的行业，竞争就较为缓和。

第五，规模经济的要求。在规模经济要求大量增加企业生产能力的行业，新的生产能力不断增加，就必然会经常打破行业的供需平衡，使行业产品供过于求，降价竞争在所难免。这类情况在我国的农用车、玻璃等行业都发生过。

第六，退出行业的障碍。退出产业的障碍是指当企业退出某个行业时要付出的代价，当退出障碍高时，企业不敢轻易退出，势必造成竞争加剧。退出障碍主要包括以下几点：① 具有高度专门化的资产、清算价值低或转换成本高；② 退出费用较高，例如高额劳动合同、安置费、设备备件费；③ 对企业协作的影响，如果多元化企业退出某一行业会破坏原有业务安排，对业务间协作造成影响；④ 感情障碍，如退出会影响企业员工的忠诚，影响企业形象等；⑤ 政府和社会的障碍，例如政府考虑到失业问题，以及对地区经济的影响，可能会出面干预企业的退出。

2. 潜在入侵者的威胁

行业外有可能并准备进入该行业的企业称为潜在进入者。事实上，任何一种产品的生产经营，只要有利可图，都会有潜在进入者。这些潜在进入者一旦加入，既可能给行业经营注入新的活力，促进市场的竞争和发展，也势必给现有厂家造成压力。因为潜在进入者在加入某一新领域时，会向该行业注入新的生产能力和物质资源，以获取一定的市场份额，其结果可能导致原有企业因与其竞争而出现价格下跌、成本上升、利润下降的局面。这种由于竞争力量的变化而对行业内原有企业产生的威胁称为进入威胁。

新厂家进入特定行业的可能性大小，取决于两大因素：一是该行业对潜在进入者设置的进入障碍大小；二是该行业内现有企业对进入者的预期反应。

进入障碍，也称进入壁垒，是指那些能起到阻止行业外企业进入的因素。进入障碍的存在使新进入者的进入成本提高，加大了一个企业进入某行业的难度。进入障碍越大，对欲进入行业的企业来说就会越困难，这时即使该行业的收益较高，也会将许多企业挡在门外，对行业内现有的企业来说，进入威胁就小一些；反之，进入威胁就会增大，这时该行业内企业的好日子就会很快过去。决定进入障碍的因素主要有以下几点：

第一，规模经济。规模经济是指当企业的生产规模逐渐增加时，边际效益递增的现象。而新进入企业在选择生产规模上就面临着两种选择：一是以较小生产规模进入，优点是投入小、风险也小，缺点是平均生产成本太高，与现有企业相比不具有竞争力；另一种做法是以较大的生产规模进入，这样平均生产成本就可以迅速降低，与现有企业相比有一定的竞争力，但缺点是要冒生产能力利用不足和因为市场占有率威胁大而造成现有企业强烈反击的风险。

对于潜在进入者来说，产业的规模经济性越大，以小规模进入的可能性就越小，如果以大规模进入的话，风险就越大。所以根据产业选择适当的生产规模是潜在进入企业应该首要考虑的问题；而对于原有企业来说，产业的规模经济性越小，潜在进入者的威胁就越大，那么就应当采用更为激烈的反击措施，以阻碍竞争者进入。

第二，资本要求。资本要求是指一个潜在进入企业如果要进入一个行业并站稳脚跟的话，需要的资本大小，这里的资本包括购置生产设备和生产资料、流动资金要求、提供用户信贷、存货经营等一系列的费用。不同的产业对于潜在进入企业的资本要求是不同的，例如汽车业、石油化工业、钢铁业、航空业等行业的资本要求是非常高的，而一般的服务性行业和零售业相对就低得多。所以进入前一类行业的风险就比较高，潜在进入企业的进入障碍也就较大。

第三，品牌偏好与客户忠诚。产品的购买者往往忠于一定的既有品牌。例如，日本的消费者非常忠诚于日本品牌的机动交通工具、电子产品、相机和胶卷。欧洲消费者一般都忠诚于欧洲品牌的家用器具产品。品牌忠诚度很高就意味着，一个潜在进入者必须建立一个分销及特约经销网，然后愿意并有能力花足够的资金用于产品广告和产品促销来克服客户的品牌忠诚，然后建立自己的客户群。建立客户对品牌的认知和忠诚可能是一个缓慢的、代价高昂的过程。而且，如果一个客户转换品牌的难度较大或成本较大，那么新进入者就必须说服购买者相信它的品牌值得他付出这个成本。要超越克服转换成本壁垒，新进入者必须给予购买者一定的价格折让或者给予额外的质量和服务。所有这一切都意味着新进入者的利润率比较低，这就提高了新进入的企业在早期利润方面所承受的风险。

第四，资源供应。如果行业内现有企业已与原材料及技术供应渠道建立了良好、稳定的供应关系，那么新进入者在资源获取方面的障碍就非常高，如石油、煤炭、天然气、有色金属等自然资源采掘型行业，当现有企业拥有这些资源的采掘权时，新进入者除了采取购并原有企业的方法外，一般很难进入。

第五，销售渠道。对于新进入的企业来说，最为紧迫的障碍恐怕就是分销渠道的获得了。由于分销渠道容量的有限，以及分销商出于节省成本和规避风险的原因，分销商们一般不愿意经销新进入企业的产品。这时企业只能采用降价、分担广告费等各种方法来促使分销商经销自己的产品，或者采用建立自己的销售渠道的方法，但这都会使企业成本大幅增加，对于新进入企业来说也是十分严重的障碍。

第六，原有企业的成本优势。由于行业内原有企业与新进入者相比入行较早，经常在除规模经济因素以外的方面存在绝对的成本优势，例如掌握较多的技术优势、有丰富的生产经验、专利权的保护、独占最优惠资源等，这都是新进入企业一时难以达到的。

第七，政府政策和法律障碍。政府的政策、法规、法令等都会在某些行业中限制新加入者。例如，许多国家都有一些受政府管理的行业，如有线电视、通讯、电气设施、医疗设备、铁路等，市场进入常是受政府控制的。严格的安全管理条例和环境保护标准都是进入障碍，因为它们往往提高进入成本。国家政府通常用关税和贸易限制条款（当地化、贸易额度以及控股比例）来提高外国厂商的进入壁垒。

第八，原有企业的反击。对于行业中新的竞争者，原有企业必定会采取一系列行动阻碍其发展，这些反击措施包括：进攻型的降价、增加广告费用、扩大生产规模、采取促销行为或者诉讼。有的企业甚至还会采用违反法律的伎俩来打击新进入者，使新进入者放弃进入的打算。

当然，还有其他的影响因素，也会造成新进入者的进入障碍。比如，长期合同壁垒、专利和专有技术壁垒等等，在此不再详述。

3. 替代品的威胁

替代品是指那些与本行业产品具有相同或者相似功能的产品，例如钢笔和圆珠笔、矿泉水和纯净水等。替代品往往是新技术与社会新需求的产物。对于现有产业来说，这种“替代”威胁的严重性是不言而喻的。例如，1992 年我国 13 家生产录像机的企业联合成立“华录集团”，引进日本自动生产线，雄心勃勃地要发展中国录像机产业。但是到了 1997 年，尽管录像机产品在欧美国家需求仍然不减，而在中国，华录集团却彻底失败，其原因就在于 VCD 产品对录像机产品的替代。又如，电脑排版取代铅字排版，使我国原属于机械行业的印刷机械产品的市场被电子行业的打印机、复印机等产品占据了半壁江山。来自替代品的竞争压力的强度取决于三个方面的因素：

第一，是否可以获得价格上有吸引力的替代品？容易获得并且价格上有吸引力的替代品往往会产生竞争压力，替代品会给行业中的企业定出一个最高限价，超过这一限价，就会冒着已有顾客转向替代品的风险。

第二，在质量、性能和其他一些重要属性方面的满意程度如何？替代品的易得性会不可避免地刺激顾客去比较彼此的质量、性能和价格。例如，人们在购买热水器时，往往对电热水器、太阳能热水器和燃气热水器进行全面的比较。

第三，购买者转向替代品的难度。来自替代品的竞争强度的另一个决定因素是本行业中的客户转向替代品的难度和成本。最常见的转换成本有：可能的额外价格、可能的设备成本、测试替代品质量和可靠性的时间和成本、断绝老供应关系建立新供应关系的成本、转换时获得技术帮助的成本、职员培训成本。如果转换成本不高，那么替代品的生产商说服购买者转向它们的产品就容易得多。

因此，一般来说，替代品的价格越低，替代品的质量和性能越高，用户的转换成本越低，替代品所带来的竞争压力就越大。测评替代产品竞争优势的指标有销售额及利润的增长速度、所渗透进入的市场以及产品生产能力的扩大计划等。

当然，替代品的替代威胁并不一定意味着新产品对老产品最终的取代。几种替代品长期共存也是很常见的情况。例如，在运输工具中，汽车、火车、飞机、轮船长期共存，城市交通中，大公共汽车、小公共汽车、地铁、出租汽车长期共存等。但是，替代品之间的竞争规律仍然是不变的，那就是，价值高的产品获得竞争优势。

4. 供应商的议价能力

企业生产经营所需的生产要素通常需要从外部获取，提供这些生产要素的企业就对企业具有两方面的影响：一是这些企业能否根据本企业要求按时、按质、按量地提供所需的生产要素，这影响着企业生产经营规模的维持和扩大；二是这些企业提供供应品时要求的价格在相当程度上决定着企业生产成本的高低，从而影响企业的获利水平。一旦供应商能够确定它所提供商品的价格、质量、性能、交货的可靠度，那么这些供应商就会成为一种强大的力量。供应者的压力主要取决于以下几个因素：

第一，供应商的集中度和行业集中度。如果供应商集中度高，即原材料供应掌握在少数几个供应商手中，而行业集中度却很差，即需要此原材料的企业很多，在这种情况下供应者通常会在价格、质量和供应条件上对企业施加压力。

第二，供应品的可替代性。如果供应商提供的资源没有替代品或替代品较少，那么企业对供应商的依赖就较大，在与供应商交易过程中就容易处于劣势。

第三，本行业对于供应商的重要性。如果本行业对于供应商来说是重要客户，供应商的利益是与该行业息息相关的情况下，来自供应商的压力就会大大减小，因为如果供应商失去企业这样的重要客户，自己的利益也会受到很大的影响。

第四，供应品对行业的重要性。如果供应商提供的供应品对行业来说是十分重要的生产要素，例如木材对于家具制造厂来说就是重要的原材料，木材的质量直接影响到家具的品质时，供应商讨价还价的压力就会增大。

第五，转换成本。如果企业转换供应商的成本较高，则供应商讨价还价的能力也会增加，例如集成电路芯片对于家电制造厂商，更换芯片常常意味着要重新修改产品设计，那么在交易时，供应芯片的这些厂商就会向企业施加一定的压力。

第六，供应商向前一体化的倾向。向前一体化倾向是指供应商本身也有生产本行业产品的倾向，例如木材供应商自己也开始生产家具了，那么在向其他的家具制造厂商提供供应品时，自然会增加讨价还价的压力。

第七，本行业的企业向后一体化的倾向。同样，向后一体化是指企业本身也开始进行原材料生产，例如如果家具厂商有了自己的木材供应基地，那么供应商的压力也会相对减小。

第八，信息掌握程度。无论是供应者还是企业，如果一方掌握的信息比较多，比如其他买家或卖家的报价，那么在交易时，就会占据一定的主动权。

5. 购买者的议价能力

对行业中的企业来讲，购买者也是一个不可忽视的竞争力量。购买者所采取的手段主要有：要求压低价格，要求较高的产品质量或更多的服务，甚至迫使行业中的企业互相竞争等。所有这些都会降低企业的获利能力。来自购买者的压力主要取决于以下因素：

第一，购买者的集中程度。供应商行业只有大量的小企业，而购买者只有少数大企业，这时购买者比供应商强大。

第二，购买者购买产品的数量。购买者购买产品的数量很大时，它可以把它们的购买力当作要挟的手段，为降低价格讨价还价。这种情况在购买者的订单占供应商订单总数的较大比例时，更为突出。

第三，购买者购买的产品对其产品的重要程度。如果企业的产品对购买者的产品质量影响很大时，购买者一般在价格上不太敏感。

第四，购买者从本行业购买的产品的标准化程度。如果产品标准化程度高、差别小，购买者常常确信自己总可以找到可以挑选的供应者，并使供应企业互相竞争而获利。

第五，购买者的转换费用。购买者转向购买其他行业产品的选择余地越大，则对本行业形成的压力越大。

第六，购买者的盈利能力。如果购买者的盈利能力很低，则这些用户对价格就会很敏感，这一点在购买者所购产品占其成本的比重较大时，更为突出。

第七，购买者采取后向一体化的威胁。如果买方已部分一体化或形成可信的后向一体化的威胁，那么他们会在讨价还价中处于有利的迫使对方让步的地位，增加对本行业的竞争压力。例如，大型汽车生产企业会在自己内部生产所需的一部分零部件，一方面使一体化的威胁更加可信，另一方面会更好地了解有关成本情况，从而使自己处于更有利的谈判地位。

第八，购买者掌握的信息。购买者掌握了有关市场需求、产品成本等方面的充分信息，就会有较强的讨价还价的能力。

除了以上讨论的五种主要竞争力量以外，其他的一些利益相关者，比如政府机关、社会组织，企业内部组织等都对行业的竞争力和企业的发展都起着直接或间接的作用。

五种竞争力量模型深入、透彻地阐述了某一给定市场的竞争模式，给我们提供了一个有力的分析工具。但是，关于此模型的实践运用一直存在许多争论。从该模型的假设来看，至少有三个方面的问题：

一是假设制定战略者可以了解整个行业的信息，显然现实中是难于做到的。

二是认为同行业之间只有竞争关系，没有合作关系。但现实中企业之间存在多种合作关系，不一定是你死我活的竞争关系。哈佛商学院教授大卫·尤费(David B. Yoffie)在波特教授研究的基础上，根据企业全球化经营的特点，提出了第六个要素，即互动互补作用力，进一步丰富了五种竞争力理论框架。亚非认为，任何一个产业内部都存在不同程度的互补互动的产品或服务业务。例如，对于房地产业来说，交通、家具、电器、学校、汽车、物业管理、银行贷款、有关保险、社区、家庭服务等会对住房建设产生影响，进而影响到整个房地产业的结构。企业认真识别具有战略意义的互补互动品，并采取适当的战略，例如控制互补品、捆绑式经营或交叉补贴销售等，会使企业获得重要的竞争优势。

三是假设行业的规模是固定的，因此，只有通过夺取对手的份额来占有更大的资源和市场，企业之间的竞争往往是你死我活的一场拼杀。但现实中企业之间往往不是通过吃掉对手，而是与对手共同做大行业的蛋糕来获取更大的资源和市场。同时，市场可以通过不断的开发和创新来增大容量。正是在这种认识的基础上，2005 年 W. 钱·金(W. Chan Kim)和勒妮·莫博涅(Renée Mauborgne)提出了蓝海战略(Blue Ocean Strategy)的概念。运用蓝海战略，视线将超越竞争对手移向买方需求，跨越现有竞争边界，将不同市场的买方价值元素筛选并重新排序，从给定结构下的定位选择向改变市场结构本身转变。让企业将创新与效用、价格与成本整合一体，不是比照现有产业最佳实践去赶超对手，而是改变产业境况重新设定游戏规则；不是瞄准现有市场"高端"或"低端"顾客，而是面向潜在需求的买方大众；不是一味细分市场满足顾客偏好，而是合并细分市场整合需求，开创一片蓝海市场。

（三）竞争对手分析

主要竞争对手是指那些对企业现有市场地位构成直接威胁或对企业目标市场地位构成主要挑战的竞争者。如果一个企业不去监测其主要竞争对手的各种行动，不去理解它们的战略，不去预测它们下一步最可能采取的行动，它就不可能战胜竞争对手。从这一点上说，力求更加深刻地理解你的竞争对手甚至比了解你自己更加重要。

1. 识别主要竞争对手

现在，谁是主要的竞争对手，这一点通常很明显。但是，在今后一段时间内，情况可能会有变化。有些企业可能会失去锐气，有些新的竞争者可能会加入进来，有些企业可能会快速成长。所以，要注意下列潜在的竞争对手：可以轻易克服进入壁垒的企业；进入本行业后可产生明显协同效应的企业；其战略的延伸必将导致加入本行业的企业；可能通过一体化进入行业的客户或供应商；可能通过并购而快速成长的企业等。

对于主要竞争对手，要进行有效的信息收集和分析活动。企业进行战略决策所需要的信息中，有 95%都可以从公开渠道得到。一些竞争信息的来源包括行业杂志、招聘广告、报纸、政府文件、行业资料、用户、供应商、分销商和竞争者本人。

2. 主要竞争对手分析内容

对主要竞争对手的分析包括四个方面：主要竞争者的目标、战略假设、现行战略、资源和能力(如图 5-4 所示)。大部分企业至少对于它们对手的现行战略、优势和劣势有一定的直观感觉，即能够大致了解竞争对手在做什么和能够做什么。而对图 5-4 左边的关注要少得多，对竞争对手的未来目标和战略假设也知之甚少，因为对这两个因素的观察要比对竞争对手的实际行为的观察难得多，但这却是确定竞争对手将来行动的主要因素。

第一，主要竞争者目标分析。

了解竞争者的目标就可以了解每位竞争对手对其目前的地位和财务状况是否满意，推断出竞争者的战略发展方向和可能采取的行动，从而在战略管理一开始就能针对主要竞争者可能采取的行动设计应付方法。对竞争对手目标的了解也有助于预测它对战略变化的反应，从而帮助企业避免那些会招致引发激烈战争的战略行动。竞争对手的公开战略目标可以通过各种公开资料获得，如上市公司的公告。既使是通过不公开的途径来获得，也不太困难，因为，战略目标总是要让很多人知晓。困难的是竞争者不愿公开的目标，以及各种目标的权重。以下信息有助于弄清竞争者的目标体系：竞争对手的价值观或信念，对待风险的态度，组织结构，控制和激励系统，领导层的构成，该业务单位在母公司中的地位，母公司的业务组合等。

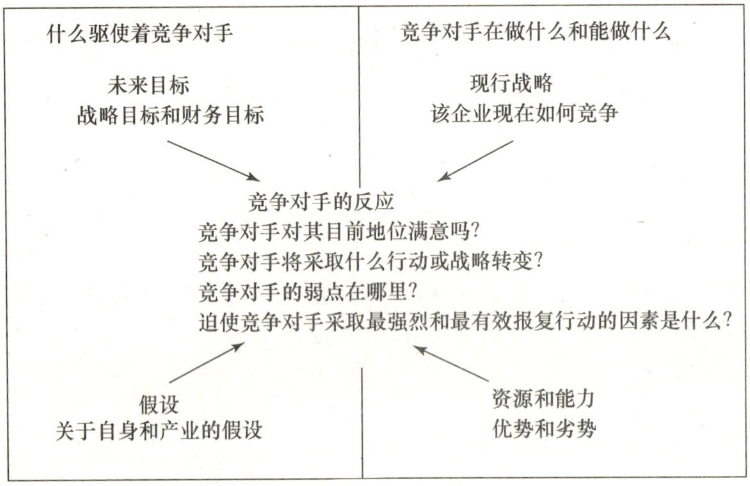

图 5-4　主要竞争对手分析的内容

第二，主要竞争者的假设分析。

竞争者的目标是建立在其对环境和对自己的认识之上的，这些认识就是竞争者的假设。竞争者的战略假设有两类：第一类是竞争者对自己的力量、市场地位、发展前景等方面的假设，称为竞争者自我假设。第二类是竞争者对自己所在行业及行业内其他企业的假设，包括竞争者对产业构成、产业竞争强度和主要产业威胁、产业发展前景、产业潜在获利能力等方面的认识和判断。

竞争者的战略假设主要与下列因素有关：企业的历史和文化，最高管理者的职业经历和背景，在市场上成功或失败的经验，行业中的传统思路等。对假设的分析不是一件容易的事，但是仍旧可以从竞争对手的公开宣传、领导层和销售队伍的言论、价值观念、过去的战略行动和现行战略等信息中体察到这些假设。

应分析竞争对手的战略假设是否正确，错误的或过时的假设常常会使企业找到战略契机。例如，假如某竞争对手相信它的产品拥有极高的顾客忠诚度，而事实并非如此，则刺激性地降价就是抢占市场的好办法。这个竞争对手很可能拒绝作相应降价，因为它相信该行动不会影响它的市场占有率，只有在发现已丢失一大片市场时，它才会认识到其假设是错误的。了解竞争对手的战略假设，不但可以理解竞争对手当前的战略，进而推断它可能采取的战略行动，还可以了解它的认识方式，针对其特定的认识方式选择自己针对它的竞争方式。

第三，竞争对手的现行战略的分析。

对竞争者现行战略进行分析的重点在于，通过竞争者的产品和市场行为来推断它的现行战略，预计目前战略的实施效果，分析竞争者现行战略对本企业的影响。分析该企业当前的业绩，分析它继续实施当前战略的前景，竞争者改变目前战略的可能性。对当前业绩及前景持满意态度的企业可能会继续实施现行战略，当然，它也可能作一些调整，这与它的目标和假设有关。但是，业绩很差的竞争对手则一般会推出新的战略行动。

第四，竞争对手的资源和能力

最后，要对竞争对手的资源和能力作实事求是的评估，把握它的优势和劣势。竞争对手的目标、假设和现行战略会影响它反击的可能性、时间、性质和强度。而它的优势和劣势将决定它发起战略行动的能力以及处理所处环境中突发事件的能力。

3. 预测主要竞争对手下一步行动

在对以上四方面因素进行分析的基础上，应对各个竞争对手可能发动的战略行动和防御能力作出判断。

第一，预测竞争对手的下一轮行动。① 对现行地位和业绩的满足。将竞争者的目标与其现行地位和业绩相比较，谁可能想要实行战略性转变？② 可能采取的行动。根据竞争者的目标、假设、资源和能力，它最有可能作出什么样的战略变化？③ 行动的强度和严肃性。对某个竞争者的目标、资源和能力进行的分析，能够被用来评估这类可能采取的行动的预期强度。

第二，分析竞争对手的防御能力。① 易受攻击性。竞争者最易受到攻击的是哪些战略行动和哪些事件？什么事件具有不对称的获利后果，即对某个竞争者的利润影响比对发起行动的企业的利润的影响是大还是小？哪些行动可能需要太大的代价去报复或效仿，以至于使该竞争者无法冒险去采取这类行动？② 什么行动或事件将会挑起竞争者们之间的报复？③ 报复的有效性。报复会不会迅速进行？报复可能以什么形式展开？采取何种行动能使竞争者的报复的有效性下降？

二、企业内部条件分析

企业内部条件是指企业内部的物质、文化环境的总和，包括企业资源、企业能力、企业文化等因素，也称企业内部环境。即组织内部的一种共享价值体系，包括企业的指导思想、经营理念和工作作风。本节中，我们主要介绍三种常用的分析工具。

（一）核心能力

核心能力的概念在第二章有所介绍。在核心能力概念的基础上，本节再作简单扩展。

核心能力是企业在长期生产经营过程中的知识积累和特殊的技能（包括技术的、管理的等）以及相关的资源（如人力资源、财务资源、品牌资源、企业文化等）组合成的一个综合体系，是企业独具的与他人不同的一种能力。

对核心能力基本特征的剖析，可以进一步认识它的内涵，为构建核心能力分析体系提供依据。与一般的能力相区别，核心能力有以下几方面的特征：

第一，异质性。异质性是产生企业竞争优势的基本条件。核心能力作为企业竞争优势的来源，必须是独一无二的、和竞争对手有着较大差异性的，这种异质性决定了企业之间的异质性和效率差异。

第二，价值性。核心能力是持续竞争优势的源泉，因此它必须有利于企业效率的提高，能够使企业在创造价值和降低成本方面比竞争对手更优秀。同时能够给消费者带来独特的价值。

第三，延展性。核心能力的延展性是指核心能力具有强大的辐射作用或溢出效应。企业一旦建立了自己的核心能力，就能以核心产品为平台将其组合到相关的业务中，从而不断地推出创新成果。也就是说，企业某一方面核心能力的形成可以在相关领域衍生出许多有竞争力的技术或产品，给企业带来进入多个潜在市场的方法，从而为企业带来规模优势和经济效益。

第四，难以模仿性。核心能力是企业累积性学习和集体学习的结果，深深地烙上了企业组织的烙印，它具有路径依赖性和模糊性的特点，因而使竞争对手难以模仿，尤其是那些基于团队工作、文化和组织程序的能力则更加难以模仿。

第五，动态性。企业核心能力在形成以后，就面临着再培育和提升的问题，否则随着市场竞争的加剧，核心能力将失去其竞争优势。这就要求企业必须对核心能力持续不断地创新、培育和发展，根据产业的发展方向、管理的更新趋势以及企业自身的资源状况，对核心资源重新配置与定位，实现企业核心能力的更新和提升，以维持和扩大核心能力的竞争优势。

如何培育企业的核心能力呢？理论上，核心能力的培育主要有三种途径：一是完全的内部积累，即由企业通过内部积累培养要素能力并进行整合后形成核心能力。二是完全的外部获取，即通过并购从外部获取要素能力及进一步的内部整合形成核心能力。三是内部积累与外部获取相结合，即内部积累的要素能力通过战略联盟、合资企业等方式从外部获取的要素能力相整合形成核心能力。

企业核心能力的内部培养途径，是植根于不断积累的企业知识和技能之上的，并通过内部管理使其得以培育和巩固。内部培育的基本方式是独立开发。独立开发是指在企业战略目标指导下，遵循一定的模式和程序，实现企业资源、知识和技能的最佳配置和有效利用，最终建立起企业的核心能力。许多核心能力强的优秀大企业都积极推行这一模式。它要求对企业生存和发展的核心能力进行准确的界定和描述，这有赖于企业经营者的战略视野和对技术与需求发展趋势的正确判断；要求企业高层管理人员勇于承担核心能力构建的投资风险，并能动员起企业的全部技能、知识和资源，超越部门利益的局限，将其技能、知识和资源投入核心能力的构建之中。内部培育核心能力的优点是稳健、有序、控制程度高，其约束条件是企业必须具备一定的知识和资源，并且需要相当长的时间。

企业核心能力的外部培养途径可以有多种方式。首先，可通过知识联盟获得企业核心竞争力。知识联盟有助于一个公司学习另一个公司的专业能力，有助于两个公司的专业能力优势互补、创造新的交叉知识。其次，可通过企业兼并获得核心竞争力。企业兼并是企业迅速扩大规模、快速进入其他竞争领域的一种有效途径。通过兼并，企业可以重新整合自己的内部资源，构造新的企业经营格局，调整产业结构与产品结构，构建新的企业经营机制，从而达到优化资源配置、提高市场竞争力的目的。第三，努力培育更多的更忠诚的稳定顾客群。顾客群越大，顾客的忠诚度越高，企业核心竞争力就越强大，就越能经久不衰。

另外，企业在打造核心竞争力的过程中，要有动态意识，因为，随着时间推移，核心竞争力有可能因疏忽而贬值，导致其竞争力下降乃至消失。

（二）价值链模型

由迈克尔·波特提出的“价值链分析法”（Michael Porter's Value Chain Model），把企业内外价值增加的活动分为基本活动和支持性活动。基本活动是涉及产品的物质创造及其销售、转移买方和售后服务的各种活动，包括生产、销售、进料后勤、发货后勤、售后服务。辅助性活动主要提供采购投入、技术、人力资源以及各种公司范围的职能，是对基本活动的支持，主要涉及人事、财务、计划、研究与开发、采购等。基本活动和支持性活动构成了企业的价值链。不同的企业参与的价值活动中，并不是每个环节都创造价值，实际上只有某些特定的价值活动才真正创造价值，这些真正创造价值的经营活动，就是价值链上的“战略环节”。企业要保持的竞争优势，实际上就是企业在价值链某些特定的战略环节上的优势。运用价值链的分析方法来确定核心竞争力，就是要求企业密切关注组织的资源状态，要求企业特别关注和培养在价值链的关键环节上获得重要的核心竞争力，以形成和巩固企业在行业内的竞争优势。企业的优势既可以来源于价值活动所涉及的市场范围的调整，也可来源于企业间协调或合用价值链所带来的最优化效益。

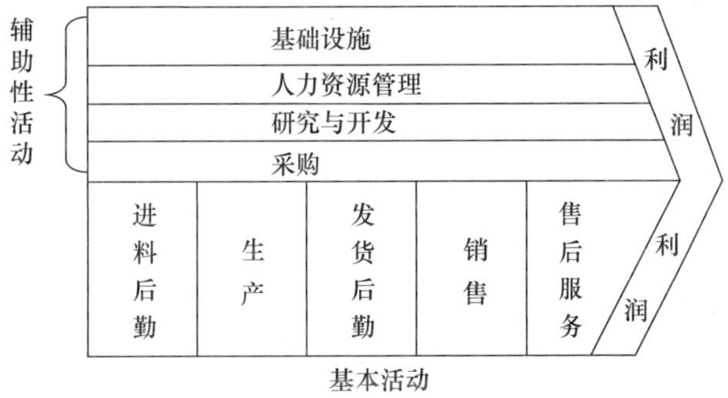

图 5-5　价值链模型

价值链(value chain)列示了总价值、并且包括价值活动和利润。价值活动是企业所从事的物质上和技术上的界限分明的各项活动，这些活动是企业创造对买方有价值的产品的基石。利润是总价值与从事各种价值活动的总成本之差。

价值链是波特对企业进行系统整合研究的又一个基本范式。系统论强调整体观念，但是，对整体的认识来源于对每个局部的清晰把握，以及对每个环节的深入了解。只见树木不见森林固然有问题，而离开了具体的树木就根本不存在所谓的森林。那些把传统的混沌式整体观念看作现代系统论先驱的说法，存在着极大的误差。所谓系统，从空间角度来看，立足于明细的局部分析和整体的结构组合；从时间角度来看，立足于精确的片段研究和衔接的流程组合。波特提出的价值链，是对竞争优势的一种系统研究工具。通过价值链，把企业创造价值的战略性活动予以结构上的分析和流程上的分析，再将其整合为一个完整的体系，进而从结构和流程的相关性角度确定企业的竞争战略。

(三) SWOT 分析

在现在的战略规划报告里，SWOT 分析应该算是一个众所周知的工具。SWOT 分析法，又称为态势分析法或优劣势分析法，用来确定企业的竞争优势(strengths)、竞争劣势(weaknesses)、机会(opportunities)和威胁(threats)。因此，SWOT 分析实际上是将企业内外部因素进行综合和概括，将企业的战略与企业内部资源、外部环境可以有机地结合起来，进而分析企业的优劣势、面临的机会和威胁的一种方法。通过 SWOT 分析，可以帮助企业把资源和行动聚集在自己的强项和有最多机会的地方，并让企业的战略变得明朗。

企业内部的优势和劣势是相对于竞争对手而言的，一般表现在企业的资金、技术设备、职工素质、产品、市场成就、管理技能等方面。判断企业内部的优势和劣势一般有两项标准：一是单项的优势和劣势。例如企业资金雄厚，则在资金上占优势；市场占有率低，则在市场上占劣势。二是综合的优势和劣势。为了评估企业的综合优势和劣势，应选定一些重要因素，加以评价打分，然后根据其重要程度按加权确定。

企业外部的机会是指环境中对企业有利的因素，如政府支持、有吸引力的市场上进入障碍正在降低、市场需求增长势头强劲等。企业外部的威胁是指环境中对企业不利的因素，如新竞争对手的出现、市场增长率缓慢、购买者和供应者讨价还价能力增强、不利的人口特征的变动等。这是影响企业当前竞争地位或影响企业未来竞争地位的主要障碍。

基于优势劣势、机会威胁的分析，SWOT分析法为企业提供了四种可供选择的战略：

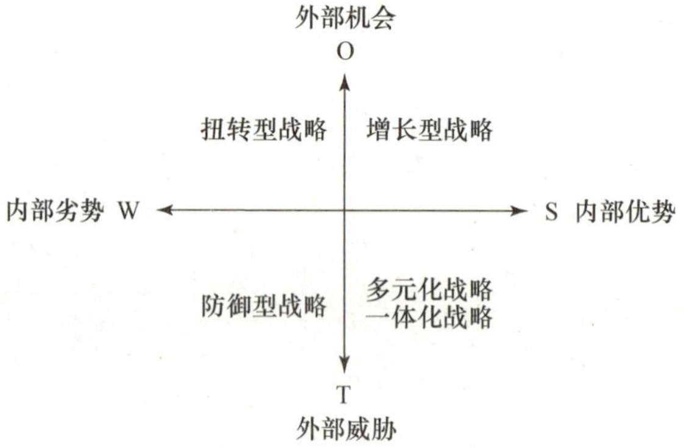

图 5-6　SWOT 分析模型

SO象限内的区域是企业机会和优势最理想的结合。这时的企业拥有强大的内部优势和众多的环境机会，可以采取增长型战略。WO象限内的业务有外部市场机会但缺少内部条件，可以采取扭转型战略，尽快改变企业内部的不利条件，从而有效地利用市场机会。WT象限是最不理想的内外部因素的结合状况。处于该区域中的经营单位或业务在其相对弱势处恰恰面临大量的环境威胁。在这种情况下，企业可以采取减少产品或市场的紧缩型或防御型战略，或是改变产品或市场的放弃战略。ST象限内的业务尽管在当前具备优势，但正面对不利环境的威胁。面对这种情况，企业可以考虑采取多元化经营战略，利用现有的优势在其他产品或市场上寻求和建立长期机会。另外，在企业实力非常强大、优势十分明显的情况下，企业也可以采用一体化战略，利用企业的优势正面克服存在的环境设立的障碍。

再次强调的是，准确地列出和透彻理解所列出的因素比实际的权重和评分更为重要。列出企业的优势、劣势、机会和威胁就像建立一张战略平衡表，它是外部环境和内部条件分析的总结。将这些因素列在一起进行综合分析，能从整体上分析一家企业的战略态势，在决策层中统一认识，确定合适的战略方案。所以，SWOT分析法也是一种战略评价的方法。

表5-1是一个以耐克公司为背景的SWOT分析实例。表中的字母的含义是：S—优势；W—劣势；O—机会；T—威胁；下标—对应于S、W、O、T中的第几条。

表 5-1 耐克公司 SWOT 矩阵分析应用实例

内部因素 / 战略选择 / 外部因素	优势(Strengths) ① 品牌忠诚度 ② 市场营销技术：有效的广告和促销策略 ③ 在产品研发方面技术领先 ④ 低成本、高质量的生产制造体系（“网络型结构”） ⑤ 良好的盈利性；高于平均水平的利润率 ⑥ 1.24 亿的战略基金 ⑦ 菲尔·奈特的未来式领导风格使事件处理速度很快	劣势(Weaknesses) ① 高于平均水平的杠杆作用限制了借款能力 ② 从财务上看，不能达到30%的年增长目标 ③ 宽松的管理风格造成沟通不充分，不适合于大型公司 ④ 缺少正式的管理体系，造成控制不利 ⑤ 产品线太宽
机会(Opportunities) ① 由于一些社会性趋势(如休闲)和事件(如 1984 年奥运会)，美国市场需求增长 ② 引入了低成本的产品线 ③ 增加了富裕、注重地位和时尚的顾客群喜爱的产品 ④ 增加了新的个性化产品或新用途 ⑤ 海外市场的扩大	S+O 战略选择 耐克如何利用其优势把握它的机会？ ① 大范围地进行 R&D 开发新的产品线，例如足球装(O1,O2,O3,O4) ② 开发中等收入、妇女以及国际市场	W+O 战略选择 耐克如何能克服劣势以把握机会？ ① 削减产品线，将精力集中在盈利多的产品上(W2,W5,O3,O4) ② 重新设计组织机构使方向能更集中(W3,O3,O4,O5)
威胁(Threats) ① 市场日趋成熟，竞争加剧 ② 顾客对价格敏感性增加，可能导致价格竞争加剧 ③ 顾客对价格的敏感性增加，可能导致一般品牌和私人商标的增加 ④ 社会趋势正由运动装向时尚装转变 ⑤ 新竞争者的进入	S+T 战略选择 耐克如何利用其优势应对其所面临的威胁？ ① 在 R&D 方面继续创新，缩短新产品开发周期(S3,T1,T4,T5) ② 制定富有竞争力的价格策略(S4,T2,T3)	W+T 战略选择 耐克如何避免劣势以应对其面临的威胁？ ① 削减产品线(W2,W5,T1) ② 加强管理控制系统，使产品线得以控制(W2,W5,T1)

第 3 节 战略的层次结构

一、总体战略

总体战略，又称公司战略(Corporate-level-strategy)，是指企业的战略总纲，是企业最高管理层指导和控制企业的一切行为的最高行动纲领。在大型企业里，特别是多元化经营的企业里，它需要根据企业的宗旨和目标，选择企业可以竞争的经营领域，合理配置企业经营所必需的资源，决定企业整体的业务组合和核心业务，促使各经营业务相互支持、相互协调。可以讲，从公司的经营发展方向到公司各经营单位之间的协调以及资源的充分利用到整个公司的价值观念、企业文化的建立，都是总体战略的重要内容。

总体战略主要有发展战略、稳定战略和收缩战略。其中最重要的是发展战略，包括决定向什么方向发展，是在原行业中进行产品或市场的扩张，还是通过一体化、多角化进入新的经营领域；还要决定用什么方式发展，要在内部创业、购并、合资等发展方式中作出战略选择。对于多角化经营的企业，要决定企业整体的业务组合和核心业务。

（一）稳定型战略

稳定型战略（Stability Strategy），又称防御型战略（Defense Strategy），是指在外部环境和自身条件的约束下，企业在战略规划期内使资源分配和经营状况基本保持在目前状态和水平上的战略。这是一种以安全经营为宗旨、不冒较大风险的战略。按照稳定型战略，企业目前所遵循的经营方向及其正在从事经营的产品和面向的市场领域，企业在其经营领域内所达到的产销规模和市场地位都维持不变或以很小的幅度增长或减少。稳定型战略从本质上追求的是在过去经营状况基础上的稳定，这对于那些曾经成功地在一个处于上升趋势的行业和一个不大变化的环境中活动的企业会很有效。

（二）增长型战略

增长型战略（Growth Strategies），又称扩张型战略（Expansion Strategies）。从企业发展的角度来看，任何成功的企业都应当经历过增长型战略实施期，因为从本质上说，只有增长型战略才能不断地扩大企业规模，使企业从竞争力弱小的小企业发展成为实力雄厚的大企业。企业增长在战略上可分为一体化扩张战略（integrative growth strategies）和多元化扩张战略（diversification growth strategies）。一体化扩张又可分为横向一体化（Horizontal integration strategy）和纵向一体化（Vertical integration strategy）。

横向一体化，又称水平一体化，是指为了扩大生产规模、降低成本、巩固企业的市场地位、提高企业竞争优势、增强企业实力而与同行业企业进行联合的一种战略。实质是资本在同一产业和部门内的集中，目的是实现扩大规模、降低产品成本、巩固市场地位。例如，从 1991 年起，海尔先后兼并了原青岛空调器厂、冰柜厂、武汉希岛、红星电器公司等 10 多家大中型企业，集团资产从几千万元迅速增长至 39 亿元，成为中国第一家家电特大型企业；2010 年，中国吉利汽车成功收购沃尔沃，实现了企业规模的又一次成功飞越；2011 年 4 月 13 日，济南钢铁集团和莱芜钢铁集团第三次公布重组方案，山东钢铁集团的成立实现了山东省钢铁产业的一次大整合。采用横向一体化战略，企业可以有效地实现规模经济，快速获得互补性的资源和能力。此外，通过收购或合作的方式，企业可以有效地建立与客户之间的固定关系，遏制竞争对手的扩张意图，维持自身的竞争地位和竞争优势。当然，横向一体化战略也存在一定的风险，如过度扩张所产生的巨大生产能力对市场需求规模和企业销售能力都提出了较高的要求；同时，在某些横向一体化战略如合作战略中，还存在技术扩散的风险；此外，组织上的障碍也是横向一体化战略所面临的风险之一，如"大企业病"、并购中存在的文化不融合现象等。

纵向一体化，又称垂直一体化，是指企业将生产与原料供应，或者生产与产品销售联合在一起的战略形式，是企业在两个可能的方向上扩展现有经营业务的一种发展战略，是将公司的经营活动向后扩展到原材料供应或向前扩展到销售终端的一种战略体系。现实中，多数大型企业均有一定程度的纵向一体化。该类扩张使企业通过内部的组织和交易方式将不同生产阶段联结起来，以实现交易内部化。纵向一体化包括后向一体化和前向一体化。后向一体化（backward integration）指企业介入原供应商的生产活动；前向一体化（forward integration）指企业控制其原属客户公司的生产经营活动。如钢铁冶炼公司可向铁矿石开采方向扩展，以实现后向一体化；也可向工程机械制造等方向扩展，以实现其前向一体化。

纵向一体化是公司增长到一定阶段的主要扩张战略，其目的是为加强核心企业对原材料供应、产品制造、分销和销售全过程的控制，使企业能在市场竞争中掌握主动，从而达到增加各个业务活动阶段的利润。但并不是所有的领域都适合纵向一体化，纵向一体化必须依据企业的实际和竞争环境来确定其是否适合在此时、此行业开展这种战略。比如，对绝大多数食品企业来说，并不适合采用前向一体化（销售渠道与终端）策略而在全国建立起专卖店体系，而更加适合于在超市中销售。

多元化，也称多样化、多角化，是指企业尽量增加产品大类和品种，跨行业生产经营多种多样的产品或业务，扩大企业的生产经营范围和市场范围，充分发挥企业特长，充分利用企业的各种资源，提高经营效益，保证企业的长期生存与发展。这是一个意义广泛的概念，它可以涉及相关产品的活动，也可以涉及不相关产品的活动。

企业多角化经营的形式多种多样，但主要可归纳为以下四种类型：

(1) 同心多元化经营战略（Concentric diversification）。指企业利用原有的生产技术条件，制造与原产品用途不同的新产品。如汽车制造厂生产汽车，同时也生产拖拉机、柴油机等。同心多角化经营的特点是，原产品与新产品的基本用途不同，但它们之间有较强的技术关联性。

(2) 水平多元化经营战略（Horizontal diversification）。指企业生产新产品销售给原市场的顾客，以满足他们新的需求。如某农业技术公司，原生产玉米良种卖给农民，后生产收割机卖给农民，以后再生产农药，仍然卖给农民。水平多元化经营的特点是，原产品与新产品的基本用途不同，但它们之间有密切的销售关联性。

(3) 混合多元化经营战略（Conglomerate diversification），指企业向与原产品、技术、市场无关的经营范围扩展。如美国国际电话电报公司的主要业务是电讯，后扩展经营旅馆业。整体多角化经营需要充足的资金和其他资源，故为实力雄厚的大公司所采用。例如，由广州白云山制药厂为核心发展起来的白云山集团公司，在生产原药品的同时，实行多种类型组合的多元化经营。该公司下设医药供销公司和化学原料分厂，实行前向、后向一体化经营；下设中药分厂，实行横向一体化经营；下设兽药厂，实行同心多元化经营；还设有汽车修配服务中心、建筑装修工程公司、文化体育发展公司、彩印厂、酒家等实行整体跨行业的混合多元化经营。

多元化战略常常是基于对市场风险和环境的不确定因素的防范意识。具有多元化经营的公司，可以减少某种不可预测因素的冲击。此外，一些原生产产品市场需求的下降，也会促使公司寻求多元化机会，以充分利用其生产能力。而当某一产品出现旺盛市场需求时，也会诱发新的公司介入此类生产活动（如最近几年许多公司在介入房地产市场）。

（三）紧缩型战略

紧缩型战略（Retrenchment Strategy），又称退却型战略、收缩战略，是指企业从目前的战略经营领域和基础水平收缩和撤退，且偏离起点战略较大的一种经营战略。与稳定型战略和增长型战略相比，紧缩型战略是一种消极的发展战略。采用紧缩型战略的企业可能是出于不同的动机。从这些动机来看，有三种类型的紧缩型战略：适应性紧缩战略、失败性紧缩战略、调整性紧缩战略。

适应性紧缩战略是指企业为了适应外界环境而采取的一种战略。这种外界环境包括经济衰退，或者产业进入衰退期，对企业的产品或服务的需求减小等。在这些情况下，企业可以采取适应性紧缩战略来度过危机，以求发展。因此，适应性战略的使用条件就是企业预测到或已经感知到了外界环境对企业经营的不利性，并且企业认为采用稳定型战略尚不足以使企业顺利度过这个不利的外部环境。

失败性紧缩战略是指企业由于经营失误造成企业竞争地位虚弱、经营状况恶化，只有采用紧缩型战略才能最大限度地减少损失，保存企业实力。失败性紧缩战略的使用条件使企业出现重大的问题，如产品滞销、财务状况恶化、投资已无法收回的情况下。

调整型紧缩战略的动机既不是经济衰退，也不是经营的失误，而是为了谋求更好的发展机会，使有限的资源分配到更有效的使用场合。因而，调整型紧缩战略的适用条件是企业面临一个回报更高的资源配置机会。

二、事业层战略（Business-level strategy）

当一个组织从事多种不同事业时，建立战略事业单位（Strategic business unit）以便于计划和控制。战略事业单位代表一种单一的事业或相关的业务组合，每一个事业单位都有自己独特的使命和竞争对手。这使得每一个战略事业单元应该有自己独立于公司其他事业单元的战略。

因此，公司的经营可以看作是一种事业组合，每一个事业单位都有其明确定义的产品和细分市场，并具有明确定义的战略。事业组合中的每一个事业单位按照自身能力和竞争的需要开发自己的战略，同时还必须与整体的组织能力和竞争需要保持一致。

事业层战略（Business-level strategy）关心的问题是：在我们的事业领域里有哪些竞争对手以及如何进行竞争？事业层战略规定该事业单元提供的产品或服务，以及向哪些顾客提供产品或服务。总体战略是涉及企业的全局的、整体性的、长期的战略计划，对企业整体的长期发展产生深远影响。而事业层战略则着眼于企业整体中的有关事业部或子公司，只是影响着某一类具体的产品和市场，是局部性的战略决策，仅仅在一定程度上影响总体战略的实现。

三、职能战略

职能战略，又称职能部门战略，是指为了贯彻、实施和支持总体战略与经营单位战略而在企业特定的职能管理领域制定的战略。因此，职能战略可分为营销战略、人力资源战略、财务战略、生产战略、研发战略等。从战略构成要素来看，协同作用和资源配置是职能战略的关键要素，而经营范围则通常不用职能战略考虑。要根据经营单位战略的要求，在各职能部门中合理地配置资源，并确定各职能的协调与配合。

我们已经介绍过战略和战术的区别。但在战略管理中，通常不用战略和战术这种说法，而是将战略分为三个层次。但实际上，职能战略属于战术，是由职能部门的管理人员在总部的授权下制定出来的，用于确定和协调企业短期的经营活动，为负责完成年度目标提供具体指导。因此，职能战略期限较短，更为具体，服务于总体战略。

对于跨行业多元化经营的大型企业来说，三个战略层次十分清晰，共同构成了企业的战略体系。三个层次战略的制定与实施过程实际上是各管理层充分协商、密切配合的结果。对于中小型企业而言，它们的战略层次往往不明显。它往往相当于大型企业的一个战略经营单位，所以竞争战略对它们来说十分重要。如果它们成功了，就面临着一个发展的关口。对于单一经营的大型企业而言，前两个层次的战略也往往是合在一起的。

第4节 基本的竞争战略

基本竞争战略(Generic Competitive Strategies)是由美国哈佛商学院著名的战略管理学家迈克尔·波特提出的。他认为，基本竞争战略有三种：成本领先战略、差异化战略、集中战略。企业必须从这三种战略中选择一种作为其主导战略。要么把成本控制到比竞争者更低的程度；要么在企业产品和服务中形成与众不同的特色，让顾客感觉到你提供了比其他竞争者更多的价值；要么企业致力于服务于某一特定的市场细分、某一特定的产品种类或某一特定的地理范围。这三种战略架构上差异很大，成功地实施它们需要不同的资源和技能，由于企业文化混乱、组织安排缺失、激励机制冲突，夹在中间的企业还可能因此而遭受更大的损失。

一、成本领先战略

成本领先战略(Overall cost leadership)，也称低成本战略，是指企业通过有效途径降低成本，使企业的全部成本低于竞争对手的成本，甚至是在同行业中最低的成本，从而获取竞争优势的一种战略。

如果一个企业能够取得并保持全面的成本领先地位，那么它只要能使价格相等或接近于该产业的平均价格水平，就会成为所在产业中高于平均水平的超群之辈。当成本领先的企业的价格相当于或低于其竞争厂商时，它的低成本地位就会转化为高收益。

成本领先战略的有效执行能使公司在激烈的市场竞争中赚取超过平均水平的利润。其突出的优势主要表现在以下几个方面：① 有效防御竞争对手的进攻，因为一旦拥有成本领导者的有利位置，竞争对手就很难在价格上与其竞争。于是，竞争对手一般通过一些差异化的途径来与成本领导者竞争。如果竞争对手从价格上进行挑战，低成本的公司仍然可以赚取至少平均水平的利润，而竞争对手的利润则因此要低于平均水平。② 抵御购买商讨价还价的能力，即使强有力的买方可以迫使成本领导者降低价格，但这个价格一般不会低于行业内第二有效率的竞争者可以赚到平均利润的水平。③ 更灵活地处理供应商的提价行为，因为低成本在对付卖方产品涨价中具有较高的灵活性。强有力的成本领导者还可能迫使供应商维持原价格，从而使供应商的价格降低。④ 形成进入障碍，较低的价格使得新进入者也只能采取低价格，这个低价格对新进入者来说会出现巨大的亏损。⑤ 树立与替代品的竞争优势，为了留住客户，可以降低产品和服务的价格。而再低一点的价格和顾客愿意接受的质量大大增加了顾客选择其产品而非替代品的可能性。

二、差异化战略

差异化战略是指为使企业产品与竞争对手产品有明显的区别，形成与众不同的特点而采取的一种战略。这种战略的核心是取得某种对顾客有价值的独特性。企业要突出自己产品与竞争对手之间的差异性，主要有四种基本的途径：

（一）产品差异化战略

产品差异化战略是从产品质量、款式等方面实现差别，寻求产品的与众不同的特征。对同一行业的竞争对手来说，产品的核心价值是基本相同的，所不同的是在性能和质量上。

（二）服务差异化战略

是企业面对较强的竞争对手而在服务内容、服务渠道和服务形象等方面采取有别于竞争对手而又突出自己特征，以战胜竞争对手的一种做法。目的是要通过服务差异化突出自己的优势，与竞争对手相区别。

（三）人事差异化战略

人事差异化战略是差异化战略的形式之一，是指通过聘用和培训比竞争者更为优秀的人员以获取差别优势。训练有素的员工应能体现出下面的六个特征：胜任、礼貌、可信、可靠、反应敏捷、善于交流。

（四）形象差异化战略

形象差异化战略是指在产品的核心部分与竞争者类同的情况下塑造不同的产品形象以获得差别优势。形象就是公众对产品和企业的看法和感受，塑造形象的工具有名称、颜色、标识、标语、环境、活动等。在实施形象差异化时，企业需要有创造性的思维和实际，需要持续不断地利用企业所有的传播工具，针对竞争对手的形象策略，以及消费者的心智而采取不同的策略。

三、集中化战略（Focus）

集中化战略，也称聚焦战略，是指企业或事业部的经营活动集中于某一特定的购买者集团、产品线的某一部分或某一地域市场上的一种战略。这种战略的核心是瞄准某个特定的用户群体，某种细分的产品线或某个细分市场。具体来说，集中化战略可以分为产品线集中化战略、顾客集中化战略、地区集中化战略、低占有率集中化战略。

企业可以采用两种集中化方式：以低成本为基础的集中成本领先战略和以差异化为基础的集中差异化战略。集中成本领先战略是从某些细分市场上成本行为的差异中获取利润，企业要做到服务于某一细分市场的成本比竞争对手低，此战略取决于是否存在这样一个购买者细分市场，满足他们的要求所付出的代价要比满足整体市场其他部分的要求所付出的代价要小。集中差异化战略是从特定细分市场中客户的特殊需求中获得利润，此战略取决于是否存在这样一个购买者细分市场，他们想要得到或需要特殊的产品属性。

第5节　蓝海战略

本章前四节所阐述的内容是，如何在现存的产业内建立竞争优势，与竞争对手展开有效的竞争。竞争的目标，虽然有的时候是取得合作共赢，但更多的时候是如何打败竞争对手，这就是我们常说的“红海战略”。红海在这里代表着现有的产业，在红海中，每个产业的界限已经被清楚地划定并为企业所接受，竞争规则也是被企业所熟知和遵循的。在红海中，企业总是试图击败竞争对手，以攫取更大的市场份额。随着企业规模越来越大，市场空间却增长缓慢，竞争变得越来越激烈，残酷的竞争也让红海变得越发鲜血淋漓，变得越来越“红”。

那么，企业如何才能避开红海，不在现有的市场空间内与竞争对手进行近距离的搏杀呢？有能力的企业可以开辟一片新的市场，打开一个其他企业未知的市场空间。这个亟待开发的处女地就是“蓝海”，它代表着创造新的需求，意味着高利润的增长机会。

一、蓝海战略的含义

如果把整个市场想象成海洋，这个海洋就是由红海和蓝海组成的。红海代表现今存在的所有产业，也就是已知的市场空间；而蓝海则代表未知的市场空间。由于在蓝海中还没有其他竞争对手，因此企业可以获得高额的回报。蓝海战略其实就是企业超越传统产业竞争、开创全新市场的企业战略。

蓝海战略（Blue Ocean Strategy）是由欧洲工商管理学院的 W. 钱 · 金（W. Chan Kim）和莫博涅（Mauborgne）提出的。2005 年两人合作出版了《蓝海战略》一书。

蓝海战略认为，聚焦于红海等于接受了商战的限制性因素，即在有限的土地上求胜，却否认了商业世界开创新市场的可能。运用蓝海战略，视线将超越竞争对手移向买方需求，跨越现有竞争边界，将不同市场的买方价值元素筛选并重新排序，从给定结构下的定位选择向改变市场结构本身转变。

蓝海以战略行动（Strategic Move）作为分析单位，战略行动包含开辟新市场的主要业务项目所涉及的一整套管理动作和决定。在红海中竞争的企业采用的是常规的方法，也就是在已有的产业秩序中以低成本、差异化或者集中化战略来建立自己的防御地位，攻击竞争对手并扩大市场份额。然而，蓝海战略却要求企业不以竞争对手为标杆，而是采用了一套完全不同的战略逻辑，这就是价值创新。价值创新（Value Innovation）是蓝海战略的基石，是开创蓝海、突破竞争的战略思考和战略执行的新途径。传统的竞争战略聚焦于价值和成本的权衡取舍关系。价值创新挑战了这一传统的教条，让企业将创新与效用、价格与成本整合一体，不是去赶超竞争对手，而是改变产业境况重新设定游戏规则；不是瞄准现有市场“高端”或“低端”顾客，而是面向有潜在需求的消费者大众；不是一味细分市场满足顾客偏好，而是合并细分市场整合需求。

W. 钱 · 金（W. Chan Kim）和莫博涅（Mauborgne）以加拿大最大的娱乐出口公司太阳马戏团（Cirqued du Soleil）为例分析了蓝海战略。在传统马戏团受制于“动物保护”、“马戏明星供方砍价”和“家庭娱乐竞争买方砍价”而萎缩的马戏业中，从传统马戏的儿童观众转向成年人和商界人士，以马戏的形式来表达戏剧的情节，吸引人们以高于传统马戏数倍的门票来享受这项前所未见的娱乐。

表 5-2 红海和蓝海战略比较

红海战略	蓝海战略
在已经存在的市场内竞争	拓展非竞争性市场空间
参与竞争	规避竞争
争夺现有需求	创造并攫取新需求
遵循价值与成本互替定律	打破价值与成本互替定律
根据差异化或低成本的战略选择，把企业行为整合为一个体系	同时追求差异化和低成本，把企业行为整合为一个体系

二、蓝海战略的六项原则

（一）重建市场边界

为了打破红海僵局，企业首先必须打破限制它们竞争的既有边界。企业经营者们不应总是盯着边界内的市场，而是应该采用系统的方法，超越这些界限去开创蓝海。他们应把眼光放在更多的行业、更多的战略业务、更多的购买群体，提供互补性产品和服务，超越行业现有的功能性或情感倾向，甚至应该超越时间。只有这样，企业才能获得重建市场空间、开创蓝海的新视角。

（二）注重全局而非数字

接下来的一个问题就是，如何协调你的战略规划过程，做到关注全局，并且在绘制公司战略布局图时，应用这种观点制定蓝海战略。蓝色战略的第二个原则就是注重全局而非数字。该原则关键是要减少规划风险，避免投入很多精力和时间，但制订的仍是红海战略的计划。在此我们开发了一种取代传统战略计划过程的方法，该方法不是通过撰写文件，而是通过描绘战略布局图，持续地制定和调整战略，使更多的员工提高创造性，拓展公司的蓝海视野。战略布局图更加易于理解、便于沟通，从而使得执行更加有效。

（三）超越现有需求

任何公司都不希望在跳出红海领域之后，发现自己置身于一个小水塘。问题是，如何最大程度地扩大所要创造的蓝海领域。这就涉及蓝海战略的第三条原则：超越现有需求。作为价值创新的关键因素，这种方法通过汇聚对新产品的最大需求，降低新市场带来的规模风险。

（四）遵循合理的战略顺序

已经明白了如何去发现蓝色海洋，已经制作了战略布局图来清晰地描述未来的蓝海战略，也已经尝试尽可能汇集购买者群体的需求。接下来的挑战便是如何在蓝海战略的指导下，构建一个强健的商业模式来确保持续盈利。这就牵涉到蓝海战略的第四项原则：遵循合理的战略顺序。

企业应按照购买者的效用、价格、成本、适用性这样的顺序来构建它们的蓝海战略。

（五）克服关键组织障碍

公司制定了可赢利商业模型的蓝海战略以后，就应该执行这个战略。当然，任何战略都存在执行的挑战，无论是红海战略还是蓝海战略，公司也如个人一样，常常在将思想转化为行动时有困难。执行蓝海战略面临四大障碍：第一个障碍是认知上的，要唤醒员工，让他们意识到战略转型的必要性；第二个障碍是资源有限；第三个障碍在于激励，如何激励关键人员快速、有力地执行战略，脱离现状；最后一个障碍是公司政治上的。

（六）寓执行于战略

战略的执行不能只靠高层管理者或是中层的经理们，而是要依靠公司从上到下的每一个人。只有当公司的所有员工都围绕着一项战略，不计成败共同努力，这家公司才能成为一个坚定有力的执行者。克服组织内部的障碍是战略执行的关键一步，否则再好的战略也将无功而返。不过归根到底，战略的有效执行取决于公司员工的态度和行为。对于既定的战略，公司需要营造一种忠诚和奉献的文化，从而激励员工对战略的内在精神而非字面上的意思加以执行。只有当员工的个人意志和公司新的战略相一致时，员工才能自觉自发地而不是被动地执行战略。

表 5-3 蓝海战略的六项原则

制定战略的原则		降低相应的风险
1	重建市场边界	搜寻风险
2	注重全局而非数字	计划风险
3	超越现有需求	规模风险
4	遵循合理的战略顺序	商业模式风险
执行战略的原则		降低相应的风险
5	克服关键组织障碍	组织风险
6	寓执行于战略	管理风险

案例5-1

福特公司的发展战略

一、公司简介

福特汽车公司是世界最大的汽车企业之一。1903年由亨利·福特(Henry Ford)创立创办于美国底特律市。现在的福特汽车公司是世界上超级跨国公司,总部设在美国密歇根州迪尔伯恩市。福特汽车的标志是采用福特英文Ford字样,蓝底白字。由于创建人亨利·福特喜欢小动物,所以标志设计者把福特的英文画成一只小白兔样子的图案。

1908年,福特汽车公司生产出世界上第一辆属于普通百姓的汽车——T型车,世界汽车工业革命就此开始。

1913年,福特汽车公司又开发出了世界上第一条流水线,这一创举使T型车一共达到了1,500万辆,缔造了一个至今仍未被打破的世界纪录。福特先生为此被尊为"为世界装上轮子"的人。

1999年,《财富》杂志将他评为"20世纪商业巨人"以表彰他和福特汽车公司对人类工业发展所作出的杰出贡献。亨利·福特先生成功的秘诀只有一个:尽力了解人们内心的需求,用最好的材料,由最好的员工,为大众制造人人都买得起的好车。

今天,福特汽车仍然是世界一流的汽车企业,仍然坚守着亨利·福特先生开创的企业理念:"消费者是我们工作的中心所在。我们在工作中必须时刻想着我们的消费者,提供比竞争对手更好的产品和服务。"正因为这样,2003年,福特汽车的328,000名雇员在世界各地200多个国家的福特汽车制造和销售企业中,共同创造了1,642亿美元的营业总收入。

福特汽车公司旗下拥有的汽车品牌有福特(Ford)、林肯(Lincoln)、马自达(Mazda)。此外,还拥有世界最大的汽车信贷企业——福特信贷(Ford Credit)、全球最大的汽车租赁公司——赫兹(Hertz)以及汽车服务品牌(Quality Care)。这些都是人们耳熟能详的品牌,同时,由于福特汽车公司多年的苦心经营,这些品牌本身都具有巨大的价值。

2009年7月,由于主要竞争对手通用汽车公司破产重组,出售了8个品牌中的4个,市场份额下降,福特汽车公司成为全美最大汽车制造商,但和全球最大的丰田仍有较大差距。福特公司在2008年爆发的国际金融危机中坚决拒绝了美国联邦政府的注资援助。

二、发展历程

福特汽车公司进入汽车工业是在当时汽车公司快速发展、快速淘汰的时代，仅 1903 年就有 80 多家汽车公司诞生。福特公司生存了下来，并与美国整个 20 世纪的企业历史发展非常相像。

福特汽车公司建立于 1903 年 6 月 16 日，当时亨利·福特和 11 个加盟者向密歇根州政府申请成立公司。公司成立时只有 10 个雇员，厂部设在底特律麦克大街上一家改造过的货车车间，其资产主要是一些工具、宏伟的蓝图、计划、专利和来自 12 个投资者的 28000 美元的现金。和老亨利·福特一起的第一批股东中，有一个煤炭经销商及这个经销商的记账员和一个对这个煤炭经销商很信任的银行家，有为新车制造发动机及齿轮的机械店的两兄弟，一个木匠，两个律师，一个职员，一家杂货店的老板，一家生产气枪的公司老板。还有一位医生想投资，但是福特拒绝了，他怕 13 位投资人会给他带来坏运气。

福特公司生产的第一辆车是“1903A 型车”，它被广告称为“市场上最完美的机器”，并且“简单得连 15 岁的孩子都能驾驶”。这种车可能是完美而简单的，但它的生意却是另一番情景。大约一个月后，公司几乎用光了全部现金。然而，在 7 月 15 日，公司收到了一张在芝加哥的一位牙科医生那儿寄来的支票，这是第一个从公司买车的人。看到公司银行的存款降到了 223.65 美元的股东们，见了这位医生的 850 美元的支票存入公司账户后才松了一口气。

在 1903 年到 1908 年间，亨利·福特和他的工程师们用一些字母来命名他们的车，其中一些车只是实验品，并未投放市场。在头 15 个月的运营中，1700 辆 A 型车在那个破旧的老货车车间中生产出来。早期生产的车中最成功的是 N 型车，它是一种小型、轻便的四缸车，市场售价为 500 美元。一种售价为 2500 美元的豪华车——K 型车卖得最差。

K 型车的失败以及亨利·福特坚持认为的公司的前途就在于面向大众市场生产廉价车，导致了亨利·福特和一位底特律煤炭经销商 Alexander Malcomson 之间的摩擦。Malcomson 曾在集资最开始的 28000 美元中提供过帮助。结果，Malcomson 离开了公司，而亨利·福特得到了足够的股份，把他持有的个人股份增至 58.5%。福特在 1906 年成为总裁，取代了 John S. Gray——一位底特律银行家。

股东间的争论并不像 George Selden 这个人那样给公司的未来造成那么严重的威胁。Selden 有一个靠内燃机驱动的“公路火车头”的专利，为保护他的专利，他建立了一个辛迪加，给选定的生产商发许可证，并在每一个在美国生产和销售“没有马的马车”上收取专利使用费。当时在麦克大街上很少有工厂，Selden 的辛迪加便和福特公司作对，它向法院诉讼福特公司的选择，亨利·福特和他的同事们决定斗争到底。8 年过后，也就是 1911 年，经过复杂的法庭辩论，福特汽车公司胜诉，并使公司及整个汽车工业从 Selden 的专利中解脱出来。

在这段时间里，福特一直对他的车型进行着改进。顺着英文字母的顺序他将车型开发到 1908 年的 T 型车，比原车的车型有显著的改进，这种车是一大成功。T 型车在第一年的生产中就达到了 10000 辆，这是当时的行业记录。但是，车还是没有满足市场需求，因为用手工造车的效率实在是太低了。

亨利·福特开始将工作给予分工，把不同的部件分配给不同的工人，并要求在规定的时间送到规定的地方。1913 年，经过将近 3 年的开发，他和他的员工设计出了一套汽车生产流水线系统。这套批量生产的系统最终使得公司可以在可接受的价格下提供大众所需要的车。

1914年的1月5日，亨利·福特宣布他将付给工人每8小时5美元的工资。这是当时9小时工资的两倍，因而引起一场轰动。第二天早上，有1万名求职者在密执根工厂高地公司排队申请。亨利·福特道出他的理论：他之所以能够付更高的工资是因为如果雇员能赚更多的钱去买车，那么他就会卖出更多的车。“如果你削减工资，你就是在削减你的顾客数量。”

到1919年，亨利·福特用1.05亿美元购回了全部在外股票。在公司组建的16年中，共发放了3000多万美元的股息，收益达到每年6000万美元。

在那些发展的年份中，福特汽车公司大事记如下：

1917年开始生产卡车和拖拉机；

1922年收购了林肯汽车公司；

1925年第一次制造了196架用于美国最早商业航线的三叉发动机飞机。

可是到了1927年，时代变迁使得T型车被淘汰。尽管这么多年不断改进，但基本的东西没变，使T型车输给了福特的竞争对手生产出来的更时髦、更强劲的车型。1927年5月31日，福特在全国的工厂关闭了6个月，这期间公司重新改进了A型车，它在各方面都有重大改进，在1927年到1931年间，450多万辆各种车型、各种颜色的A型车奔驰在全国的各条公路上。

A型车最终也过时了，因为消费者需要更豪华、更强劲的车型。于是，1932年4月1日“V-8”型车与大众见面了。福特公司是历史上第一个把V-8发动机铸成一体的公司，许多专家曾告诫福特做不到这一点。但在福特竞争对手知道如何大量制造可靠的V-8发动机时，福特已在许多年前就做到了。与此同时，这种装有强大动力的发动机的汽车也成了市场上的抢手货。1938年，即在V-8车问世6年以后，Mercury车开始投入生产，这使得福特公司开始生产、销售中档车。

1942年，公司停止了民用车的生产，因为公司把所有的资源都投入到美国的战争需要。福特公司的总裁，老亨利·福特的儿子Edsel Ford开始着手巨大的战争计划。在不到3年的时间里共生产了8600架具有四个发动机的B-24“解放者”轰炸机，57000个飞机发动机，25万多辆吉普，以及许多坦克、反坦克武器和其他一些武器。

就在Edsel Ford的计划执行到顶峰时，他却于1943年去世了。老亨利·福特继续出任总裁直到战争结束。当他第二次辞去总裁职务时，他的大孙子——亨利·福特二世在1945年9月21日出任总裁。

1945年，在亨利·福特二世把第一辆战后汽车开下生产线时，他已经计划重组公司并下放权力。在每个月损失几百万美元的情况下，福特公司面临着十分严峻的形势，在十分激烈的汽车工业中要恢复战前的老大地位实在太难了。

亨利·福特二世的重组计划为公司带来了生机。1946年头7个月，公司亏损5000万美元，而到年末却盈利2000万美元。4年后通过重建计划使净利润直升至2.65亿美元，这在美国工业历史上曾被称作最奇异的东山再起。

老亨利·福特在把他的公司交给他的孙子以后，便和他的妻子Clara安度晚年直至1947年4月7日去世，享年83岁。

1948年，福特汽车公司面临一个重大的问题。众所周知，低收入的车主在他们的年收入超过5000美元时，马上就会把低价车卖掉，换为高价车。在低价车市场中，福特与

“三大汽车”的其他两家——通用汽车公司和克莱斯勒汽车公司平起平坐，但令福特公司焦虑的是低收入的福特车主的收入正在提高，他们正在去购买福特的对手主要是通用汽车生产的中档车。

福特对此问题的反应是开发一种命名为Edsel的新车。在随后的10多年里，福特公司花费了大量的时间和努力来开发这种新型的中档车，并于1957年7月15日在Edsel事业部生产这种车。

虽然任何新车都有缺陷，但福特公司连续不断的广告和促销活动，无疑使得Edsel成为大众所热心关注的焦点。

Edsel车在销售的第一天就有良好表现，销售量突破6500台。然而在随后的几天里，销售量急剧下降。这种下降趋势的继续，使得福特公司花费越来越多的时间、努力及资金用于Edsel的促销以达到最初预算的20万辆保本点。销售量依然在下降，直到1958年1月14日福特汽车公司宣布将Edsel事业部与Lincoln-Mercury事业部合并为Mercury-Edsel-Lincoln事业部，并由前Lincoln-Mercury事业部的经理来掌管经营。

据了解，有110 810辆Edsel车生产出来并有109466辆售出。虽然准确的数字并未得到，但大概估计福特公司在Edsel投放市场后损失了2亿美元。加上初始投资的2.5亿美元，去掉工厂、设备的残值，净损失要达3.5亿美元。这样粗略估计，每生产一辆Edsel车要损失3200美元，而这恰恰等于一辆Edsel的成本。换句话说，假如福特公司决定根本不生产Edsel车，而只是将110 810辆Mercury样车白白送人的话，它也不会损失这么多钱。

另一件公司历史上的重大事件发生在1956年1月，当时福特公司第一次向公众发售普通股票。到1988年12月31日，公司已拥而271000名股东。

1979年10月1日，亨利·福特二世从首席执行官(CEO)的位置上退了下来，并把这一职位交给了Philip Caldwell。1980年3月13日，Caldwell成功地使福特二世成为董事长。1982年10月1日，福特二世作为一名高级职员退休了，但仍作为公司的董事会成员和财务委员的主席，直到1987年9月29日去世。

1985年2月1日，当Philip Caldwell从首席执行官和董事长的位子上退休时，Donald Petersen接替了他。

在1980年、1981年、1982年三年间，福特公司再度遭遇重大危机，这期间营业损失达35亿多美元，普通股的价格降到了每股7美元。然而，正如在下面几部分所看到的，其调整和转变是非常显著的。

三、当今的福特公司

今天，福特汽车公司是世界上第四大工业企业和第二大小汽车和卡车生产商，在除美国和加拿大以外的22个国家有生产、组装和销售机构。此外，福特还和9个国家的汽车生产商有商业联系，并且通过福特的分销商把产品销售到180多个国家和地区的市场。福特公司的多元化经营范围分别包括电子、玻璃、塑料、汽车零部件、空间技术、卫星通信、国防工程、地基开发、设备租赁和汽车出租。它有三个战略经营单位——汽车集团、多样化产品集团和金融服务(财务公司)。

(一) 汽车集团

汽车集团是公司的主营业务单位，有两大组成部分——北美汽车公司(NAAO)和国际汽车公司(IAO)。NAAO在美国、加拿大和墨西哥有50多套组装和生产设施。IAO

在22个国家有经营单位，主要分布在三个地区——欧洲、拉丁美洲和亚太地区。此外，公司还和9个国家的汽车生产商有国际商业联系，福特的汽车销售到180多个国家和地区的市场。

（二）多样化产品集团(DPO)

福特公司不只是生产小汽车和卡车，汽车生产之外的多数生产领域包括在多样化产品集团(DPO)的业务分布在34个国家和地区，在多个高技术领域中拥有85000多名职工。如果把它作为一个单独的企业，它将进入美国最大工业企业排名前30名之内。它包含以下经营业务，包括与汽车有关的和与汽车无关的：

1. 气候控制事业部，它是世界最大的生产热交换产品的厂家之一；

2. 塑料产品事业部，它满足福特公司30%的塑料需求和50%的维尼纶需求；

3. Rouge钢铁公司，它排名美国钢铁企业前十名；

4. 铸造事业部，它是全世界领先的汽车铸造和锻造厂家之一；

5. 福特玻璃事业部，它是北美第二大玻璃生产厂，为福特公司几乎所有的北美汽车和卡车提供玻璃，而且还向其他汽车生产厂家提供玻璃。此外，这个事业部还是建筑业、特种玻璃、镜子工业和汽车售后服务的主要供应商；

6. 电子事业部(ED)，它是汽车电子的主要革新者。电子事业部生产复杂的电子发动机和汽车电子控制系统、仪器与表盘、轻便驾驶系统和一套广泛的娱乐系统；

7. 电工和燃料处理事业部，它为福特汽车生产汽车点火器、交流发电机、小马达、燃料输送装置和其他零部件，建立于1988年；

8. 福特新荷兰有限公司，它是世界最大的拖拉机与农用机械设备生产厂之一，建立于1987年1月1日，是福特拖拉机公司与1986年从Sperry公司兼并的一家农用机械设备生产厂——新荷兰公司合并而成的公司。福特新荷兰公司随后又兼并了万用设备有限公司，后者是北美一家最大的四轮拖拉机生产厂；

9. 福特太空公司，它是一家在卫星和地面通信、防御系统和高速信息系统中全球的领先者。公司向160多个国家提供通信设施的全球通信网设计和生产通信卫星，在为美国及其同盟国生产的战术空间防御及命令、控制、通信、智能系统中处于领先地位；

10. 福特微电子公司，它位于科罗拉多温泉(Colorado Springs)，建立于1982年，为空间和汽车工业提供集成电路设计和测试服务；

11. 福特汽车地基开发公司，从事福特汽车公司所拥有的土地及设施的开发、管理、收购和销售；

12. 赫兹公司，它是世界一流的汽车租赁公司。是由福特和赫兹公司的某些高层管理者拥有的Park Ridge公司在1987年收购而来的。

（三）金融服务(Financial Services)

1987年10月，随着福特金融服务集团公司建立，福特再度确定了其金融服务方面的经营。集团负责监督福特汽车信贷公司——福特海外汽车联盟的金融公司、国家第一金融公司和美国国际租赁公司的运营。

(1) 福特汽车信贷公司。它和海外的金融机构一起向分销商和顾客提供金融支持。福特汽车信贷公司是世界上第二大金融公司，截至1988年年底它拥有563亿美元的资产。1988年仅在美国，它就为160万辆汽车提供了贷款。

(2) 国家第一金融有限公司。它于1985年12月被福特公司收购，是美国第二大存贷组织。该公司的业务分布在14个州，有370多个零售分支，资产大约有190亿美元。

(3) 美国国际租赁公司。成立于1952年的美国国际租赁公司是美国历史上第一家从事设备租赁业务的公司。福特公司于1987年11月将其收购。到1988年，已经超过它原来管理的资产的两倍多，达到50亿美元。福特公司还将福特信贷公司中从事专门租赁及金融服务的业务转到美国国际租赁公司中，合并后的公司从事多种业务：为商用设备提供贷款、为杠杆租赁提供资金、市政金融服务、商用车队租赁、公交工具租赁、测试仪器租赁、公司融资和不动产融资。

（资料来源：杨锡怀主编《企业战略管理——理论与案例》（第三版），高等教育出版社，2010年。）

问题：

1. 福特汽车公司战略管理的特点是什么？
2. 福特汽车公司的百年发展历史对其他企业的战略发展有什么重要启示？
3. 福特汽车公司的发展历史对企业战略管理理论的发展有何意义？

案例5-2

春秋航空：低成本的力量

搭乘春秋航空的飞机遨游蓝天要容忍这样的事实：比老航空公司略微狭小的座椅空间；餐食要自掏腰包，只有一瓶330毫升的免费矿泉水；除此之外，行李箱的重量要格外留意，这里的免费行李额度通常要比老牌的航空公司低5公斤……

也许你仍然会选择它，原因很简单，它能提供与火车硬卧一较高低的票价：99元、199元、299元。如果运气好，还能买到1元钱的飞机票。此外，还有美丽大方的空姐跪蹲式服务，想想看，这是在老牌航空公司头等舱才可能享受到的待遇。

在首航18个月里，春秋航空这些颠覆性的做法在中国航空市场上“炸开了锅”。在国有航空公司和一部分挑剔的旅客中，63岁的王正华与他的春秋航空都被看成了“异类”。个别旅客要求春秋航空的服务“减、免”项目应该向老牌航空公司看齐，恢复标准；另外，廉价机票遭遇到航空大佬、甚至个别职权部门的打压。

而这个“低成本、廉价航空”的缔造者王正华仍在继续发飙：在一些民营航空公司抱怨中国没有低成本的“土壤”，从而令它们深陷客运市场泥潭时，他高调地宣称，春秋航空将用3～5年的时间达到连续赢利要求后上市。

在一些老牌航空公司赢利不甚理想之际，只拥有3架租赁来的A320的春秋航空曝出2006年前8个月赢利1000多万元人民币的消息。此言一出，立即招致业界的大范围质疑。一位服务于其他航空公司的财务人士甚至坚称，按照春秋航空的票价和目前的成本结构，得出其赢利的概率是10的负9次方；更有人在春秋航空内部网站挂帖——王正华吹牛，春秋航空的飞机是他“吹”上天的。

2007年1月10日，性格倔强的王正华对《中国企业家》再次重申：2006财年春秋航空赢利3000万元左右人民币，一架飞机平均赢利近1000万。

这实在是有些不可思议。在单架飞机的赢利水平上，拥有200架左右的中国三大航空公司也难以望其项背。此外，春秋航空在连续两个航季(夏秋和冬春)，获得由民航总局评定的五率加权总评分第一名(公司原因事故征候万时率、公司原因航班不正常率、旅客投诉万人率、正班执行率、基金缴纳率)，将老牌航空公司甩在后面。

王正华，这个当年力排众议带领春秋国旅杀入传统旅行社市场中的一个"闯入者"，还能第二次复制成功吗？

一、学生要造老师的反

与占据了整条马路的东航集团相比，对面的春秋航空总部小得不起眼。偏隅于一家宾馆的二层小楼，略显拥挤的办公区，如果没有身着统一制服的飞行员穿梭往来，还以为来到其母公司春秋国旅的一家分店。

在这间略显残破的小楼里，春秋航空经历了中国民营航空动荡的2006年。与它同为"黄埔一期"的奥凯欲与大韩航空合资，向货运市场发展，后由于控股权问题，两家不欢而散；随后均瑶成为幕后控股股东，如今奥凯开始发展支线航空；鹰联的状况似乎糟糕，与新加坡大股东对簿公堂之后，地方航空公司川航接盘。为何唯独王正华碰不到"天花板"？

在一个向来由大型国有航空公司话事的市场里，王正华的春秋航空特立独行。2005年首飞(上海—烟台)199元的特价票几乎成为春秋航空低成本的标签。通常，春秋航空的票价是市场平均票价的3.6折，这已经是老牌航空公司所能接受的底线。让那些掌握垄断资源的航空大佬们更为气愤的是，在打破航空业由来已久的某些"行规"上，春秋航空似乎从未停止过折腾：就在2006年11月，王正华公然"犯禁"——将"上海—济南"的票价定在了1元钱。

其实在国外，极低的票价是许多航空公司常用的市场促销手段。在整个票价结构中，也许这样的座位不足10%。

从航班时刻上看，春秋航空从上海直飞济南的飞机要在海南凤凰机场过夜，因此，在航班时刻的安排上偏晚，而这个时间段的散客极少。1元票价实属无奈之举，亦是春秋航空的宣传"噱头"。

王正华却面临着巨大的压力。不到一个星期的时间，济南物价局到春秋航空进行调查后，开出15万元的罚单，并决定召开听证会。

"听证会要民航总局和发改委出面，可以想象他们可能会左右为难。支持我王正华，第二天各大媒体的头版头条一定是自破行规；但要反对春秋航空1元票价，同样让他们为难，作为民航业改革的先行者，他们是支持中国的低成本、廉价航空的。"王正华陷入短暂沉思，"最后，我提议取消听证会，票价恢复到正常。"

事情并没有结束。不久后，春秋航空遭遇到老牌航空公司的"群殴"——南航和东航参与到票价大战之中。比如：南航对郑州至上海的机票实行2.5折优惠，票价为200元，但要求旅客提前预订，优惠限量；东航在这条航线上推出199元的特价机票，每天3个航班每个航班20张，售完为止。对于两家老牌航空公司的低价，王正华选择和它们对着干，将每条航线中99系列票价由30%扩大到40%。

"虽然我们草根出身，但是我们从来不惧怕打压。"春秋航空的新闻发言人张磊说，"春秋航空的客座率仍然在95%以上。"

2006年年底，春秋航空再次面临选择：要不要进入干线市场？过往的经验是：在公司重大决策面前，无论反对的声音有多强，反对的理由有多充分，王正华每次的坚持最后都让公司正向发展。他因此在内部被称为"伟大的决策者"。但是这一次，王正华自己却犹豫了。

上海—广州航线齐集了中国几家实力雄厚的航空公司——国航、东航、南航和上航，而以往春秋航空的航线，比如上海—珠海，基本上只有一家公司在飞。经营热门航线春秋航空有优势吗？王正华拨通了东航集团董事长李丰华的电话，这个公开的竞争对手私下里也是他的朋友，让他没想到是，李丰华坚定地告诉他："飞，为什么不飞，一定要飞！"不久，王正华决定向民航总局申请上海—广州的航线。

"其实，无论是战略选择，还是日常的经营之道，有许多点子和招数都是从大的航空公司学来的、讨教来的。外界评论说2006年春秋航空赢利是一家民营航空公司给老牌航空公司在'上课'，其实不然，我的角色永远是'学生'。"王正华说。

二、"滚地雷者"

很多时候，是一次次剑走偏锋式的战略选择让王正华坚持到了最后。1981年，街道里分管经济的党委副书记王正华，为解决回沪知青就业问题，仅仅依靠3000元的培训费办起了一家旅行社——春秋国旅。彼时，团体游大行其道，他力排众议将公司的目标客户锁定在"散客"市场上。10年的冒险，让他们初尝甜头。但他很快就不顾众人反对开始在全国中心城市设立分社，但是每年投入500～700万元却血本无归。在近10年几乎年年亏损的情况下，王正华没有放弃。2001年春秋国旅终于恢复赢利。而"不安分"的他又开始变招，从自行销售变为与交通、酒店资源一起打包，设计整合旅游产品为主。

早在1994年，王正华刚刚将春秋国旅做成中国国内旅游第一的时候，他就产生了创办民营航空公司的想法。他的副手们当时都认为他"疯掉了"——进入一个利润率只有1.5%的旅游业，春秋国旅的管理团队已经焦头烂额，更何况民航业是资金密集型、回报低和周期长的行业？即便在美国奇迹般地出现了美西南，但是在中国存在着许多政策风险，春秋国旅能玩得转吗？

但王正华却坚持认为，航空是属于人们出行在100公里以外24小时以上的非居住性转移，统统叫旅游行为，它和旅游同属一个大范畴。1997年，他不顾旁人反对，做起了旅游包机生意。2003年，民航业向民营资本开放，王正华经过对欧美的低成本航空公司进行考察之后，投资8000万元建立中国第一家"低成本、廉价航空公司"——春秋航空。

意想不到的是，王正华的春秋航空受到了民航总局局长杨元元的鼎力支持，他希望民营航空的成立能切实推动整个中国民航业的改革。"其实'第一个吃螃蟹的人'应该是杨元元。"王正华说。在2004年4月一次民航内部会议上，杨元元还给他提了一个建议：春秋航空能否不用中航信网络信息系统，自己独立开发一套IT系统？

要知道，中航信是中国民航业主要的信息服务提供商，为国内所有主要航空公司和主要机场提供旅客订座和离港信息系统服务，系统规模列世界前五位，每天处理超过50万人次旅客的订票和离港操作。离港系统技术复杂，要求24小时实时不间断运行。当时一位大航空公司的副总裁劝王正华，千万不要做这个，这不是旅游，航空的事情太复杂了。

自1992年起，王正华陆续斥资2000万元开发了一个统一的电脑即时网络，这个系统帮助春秋国旅成为全国最大的散客资源聚集商。现在，历史似乎重新来过，和上次一样，王正华一咬牙，投资几十万元开发了春秋航空自己的信息处理系统。

事实证明，自2006年1月至11月，春秋航空这套IT系统安全、正常地执行了6007个航班，输送旅客约102万人次。春秋航空公司网上销售量从开航初的20%已经增长到了60%，厦门、广州航线已经突破80%。

在多年沉静如水的中国航空市场上，王正华和春秋航空的到来似乎是“外星来客”，而同为民营出身的东星航空董事长兰世立给予其的称呼是——滚地雷者。

春秋航空运输部经理朱沪生回忆，在2004年春秋航空开始筹建时，公司的管理团队就意识到未来上海的航班时刻将非常紧张，一定要建设春秋航空的第二基地。但是建设地点，管理团队一直在海口、三亚、珠海和昆明等五个城市徘徊。关于建设时间，当时春秋航空预定是2008年。但是从2006年起，上海的航班时刻陡然紧张，管理团队立即将这个议题正式摆到桌面上来。“春秋内部对五个城市都有分析，一共用了近20个指标逐一衡量，但是管理团队仍不能作出最后决策。”朱沪生说。

其时正值王正华在海南的旅行社遭遇同业排挤。2006年8月，他给海南省政府的一封信中无奈地写道：市场经济似乎是大型企业主导的经济，像春秋国旅这样的民营旅行社的利益得不到保障。“当时，春秋的管理团队都感觉我说得有点过分，但是我还是将信寄出去了。”在信中，王亦吐露在海南省设立春秋航空第二基地的愿望。

王正华没想到，一个星期后，海南省政府的最高领导对此给予了批示，还专门成立了“春秋做大、做强服务小组”帮助春秋在海南发展。这让王正华下定决心将春秋航空第二基地设在海南三亚。

然而，王正华很快遭遇了海航控股的三亚凤凰机场给他的一记“闷棍”——机场维修厂房的租金疯长到了每平方米10元，而在上海虹桥机场这项费用是0.5元，相差竟然20倍。此外，三亚凤凰机场牵引车使用费用也提高到虹桥机场的3～4倍。

为了降低机修成本，王将急用的部件维修维护放在凤凰机场内，而大部分材料不得不安置在机场外。

王正华认为海航的反应有些太过敏感，“你要知道，一个真正的强者，没有人能将你置于死地，断送你的只有你自己。”王说。

王正华这样的理念源于这样的一种经历：上世纪80年代末90年代初，春秋国旅在上海西藏路经营旅行社店面时，所在地的区政府组织一批精英在马路对面成立新世界旅行社，誓要赶超春秋国旅。店面宽敞、气派让春秋国旅处于下风。

出乎意料的是，王正华“慷慨解囊”，竟然为这家旅行社支持了店面经理、业务经理、业务副经理和旅游科长4个核心业务人员。半年后，这4名员工回归春秋国旅，而新世界旅行社马上召开誓师大会，宣称在3年超过春秋国旅。王正华淡淡一笑不以为意，“有个人在后面追赶你，你会跑得更快。”如今，春秋国旅西藏路店的生意仍旧红红火火，而新世界旅行社由于违反行业规定早已变得碌碌无为。

三、赢利是怎样创造的

从一点直接飞往另一点，不绕行；用一种型号的飞机(波音737或空客320)以减轻维修、保养负担；只飞二类机场，以避免高价机场费和长时间等待起飞和降落；不断降低票价。这是拥有30多年赢利记录的美西南为全球低成本航空公司总结的“铁律”。这也是低成本航空公司与老牌航空公司所提的“成本控制”的最大区别。

然而，和欧洲最大的低成本航空公司瑞安航空(Ryanair)的首席执行官奥利里(Michael O'Leary)一样，王正华同样不完全迷信美西南董事长凯莱赫(Herb Kelleher)的种种做法：在春秋航空的航班上，不可能像美西南那样有额外赠送的饮料。

王正华将低成本航空公司归类为三种。第一种称为原始型运营模式，也就是传统的低价航空经营模式，以美国西南航空公司为表率；第二种称为相对型运营模式，以捷蓝

(Jetblue)航空公司为代表，这类公司将传统低价客户群的外延进行拓展，以满足客户的一些额外需求，比如它们也会在休息室设置皮椅，在飞机上安装液晶电视等，把服务标准提高了；最后一种可称为绝对型运营模式，这方面的典型公司是马来西亚亚洲航空公司和欧洲的瑞安航空，它们的一个显著特点是将服务中能够减免的东西都减免，比如，飞机上上个厕所都要交2欧元。

“春秋航空公司目前正倾向于借鉴亚洲航空和瑞安航空的这种模式，力图将各项额外的服务成本费用压至极限。”王正华说。

航空业分析师、罗兰贝格中国区副总裁吴琪认为，在中国，做廉价航空容易，但是做低成本很难。其一，美西南从美国的二类机场做起，在那里他们可以得到很少甚至全免的机场起降费，而在中国这是不可能的。其二，通常在民营航空业80%是刚性成本，不可能改变。而20%的成本中，还有人力成本省不了，尤其是低成本航空的人力成本，都要比传统的航空公司高50%左右。“低成本”从何而来呢？

王正华却不这样认为，“大家基本上都是把美西南航空、瑞安航空、亚航的经验教条化了。关键还是‘市场上有没有这个需要’。现实是，春秋航空自2006年1月至11月安全、正常执行6007个航班，输送旅客约102万人次，共开通了15条航线。”

为了降低燃油消耗，春秋航空的飞行员冒着紫外线辐射的危险，在起飞后尽快将飞机升至最高航高。为鼓励飞行员，春秋航空设立了“节油奖”。与老牌航空公司不同的是，奖金与节油量挂钩，而且并非所有部门平均分，而是主要奖励飞行员和运控。

在上海虹桥机场，春秋航空使用的是国产的摆渡车。想想看，老牌的航空公司统一使用的是进口的COBUS摆渡车，要知道二者的价格相差4倍左右。

记者离开上海时正好赶上天气降温，在登机时发现春秋航空地面工作人员的防寒制服是普通的混纺质地，而其他航空公司几乎都是呢料。

初创春秋航空时，王正华曾在内部社区网上写道：“记得我妈妈在世的时候经常说：‘钱，一半是赚的，一半是省的。’随着生活积累的沉淀，妈妈的话日益显示出‘家教重万金’。”

春秋航空新闻发言人张磊告诉记者，在没成立航空公司前，春秋的管理团队出差，交通工具一定是火车。

2006年年底，王正华参加了在英国伦敦举行的世界低成本航空大会，王又打起了他的“算盘”。为了少被黑心的印度店主“宰”，他和三个高管睡在一个没有桌子、凳子的地下室里。“与上海本部联系工作，只好坐在行李包上，电脑放在床上。”他说。

“我们每天去参加的国际会议或是拜访英国航空公司的CEO，如果乘坐的士，那要花去大约150英镑，相当于人民币2000多元。还好我们发现了5英镑的地铁。”王流露出得意的神情，“而且票可以用一天，一天之内到哪都行，畅通无阻。”

但是，王正华也有“出手阔绰”的时候。2004年春秋航空筹备期间，王正华投资几十万元建立了独立于中航信之外的网络系统。这是花巨资租赁飞机外的第二笔大开销。王丝毫没有犹豫。一直以来，春秋航空的营销费用差不多只占总成本的1.5%(老牌的航空公司要占到8%～10%)，这套系统功不可没。

2005年12月8日，春秋航空首次开辟飞温州的商务航线，为了这次温州首航，王正华让手下的人提前做了很多宣传。甚至于温州市市长都准备在温州机场迎接春秋航空的飞机。可是，就在温州首航的前一天晚上，机组报告说驾驶舱前面一层玻璃上有一个很细微的裂纹。尽管对照飞行业内的《飞机最低设备(放行)清单》，这种故障在可以飞行的范围之内，但是出于安全考虑，王正华还是决定取消第二天的温州首航。这让春秋航空承担了近20万元的直接经济损失。

省钱有道，春秋航空赚钱秘诀又是什么呢？王正华说，春秋航空的目标客户定位在三个层面：旅游客户——这是春秋国旅的老客户；自掏腰包的商务旅客——这部分群体对价格敏感；年轻的都市白领——他们赚的钱多，但是花钱的地方也很多，而且他们上网购买机票的能力很强。第一部分主要依赖春秋国旅年组团200万人次的庞大客源网络，它每年可以为春秋航空贡献40%的旅客量；余下的60%则依靠春秋廉价的机票政策和优质的服务。

为了体验乘客的心理，提高服务质量，王正华和管理团队每次都自己装卸行李包和推行李车。“只有离客户近了，才能与竞争对手拉远距离。”他说。

春秋航空沿用了春秋国旅全面质量管理系统(TQC)，比如在质量回访环节，春秋航空要求原汁原味：其一，回访员一定是外行，最好是人力资源或财务人员来做；其二，原原本本反映客人的评价，哪怕客人说的是脏话，不用加工，用特殊符号记下。王正华告诉记者，目前乘坐春秋航空2次飞机的回头客有50%～60%，乘3～4次的在20%～30%，比例很高。而春秋航空的平均客座率是95.4%，高于老牌的航空公司2成之多。

吴琪分析，欧洲一些成功的旅行社也有“旅游＋航空”的商业模式，但是它们的发展轨迹是“旅行社—包机—不定期航班—定期航班”。与之相比，春秋则是跳过中间环节，从包机直接过渡到航空公司运营，这一独特的商业模型尚需市场检验。

四、春秋大梦

生存，或者灭亡，这是每天摆在王正华及其团队面前的一个问题。与老牌航空公司管理团队多为飞行员出身不同，王正华的管理团队显得异常“另类”。王正华原本是上海一个区的党工委干部，而CEO张秀智原来是上海纺织厂的一名女工，后来与王共同创建了春秋国旅，是春秋国旅当年最优秀的销售冠军；运输部经理朱沪生之前是上海一家贸易公司卖玩具的销售经理；研发独立航空网络系统的CTO之前是一家知名跨国IT公司的高级工程师；春秋高管团队唯一一位民航出身的高管是执行总裁葛学进，此前是山东航空副总经理。

同时，春秋内部执行的是一个鼓励冒尖和创新的激励机制。十几位中高层管理者都持有公司股份，其中王正华持股仅占19.7%。这也是管理团队能够死心塌地跟随王正华一同吃苦、创业的原因。另外，春秋航空的员工享有比同行高20%的收入。由于2006年出现赢利，公司首次设立了年终奖，并提出“年终奖一定是不搞平均主义大锅饭”的奖励原则。据说，凡是获得“2006年度公司先进个人”的每人奖励干股3万元、现金1万元，评为部门先进的每人奖励3000元，等等。

早在2004年春秋航空筹备之初，王正华和管理团队就与高盛、美林、花旗等有过频繁接触。最后，他选择聘请花旗银行作为财务顾问。

事实上，首航18个月里，新加坡航空公司一位副总裁几乎每个月来春秋航空一次，“他们的条件很优惠，但是我们还是觉得财务投资者比较合适我们。”王说。

王正华希望能保持自己对春秋航空的控制权。他解释称：“如果有一个战略投资者，他对航空非常有经验，那么春秋现有的管理团队在他的眼里一定只是一个外行，我们也许连发言的资格都没有。所以，春秋一直不太主张引进一个战略投资者。”

2006年10月，中国与空客签署了订购150架空客A320飞机的协议，春秋航空争取订购其中的20架，但是只获批10架。根据每架飞机4亿元的目录价格，春秋航空这一单价值40亿元，为此公司制订了30亿元的融资计划，包括贷款、私募和上市等。

按王正华的规划，春秋航空在达到3年赢利的指标后，2009年上市融资，募资以后买飞机。然而，在春秋航空内部对上市前是否私募存在分歧。“有人主张上市不私募，也有人主张不私募不上市。”王正华说，“当自己对自己信心不足的时候，需要一家私募，这样上市的时候会有个好价钱。但也有人说做事靠自己做，当然这有些土。我想关键还是赢利能力。”

市场上也并不总是传来好消息。最近，有外电称中国政府要给予三大航空公司（国航、南航和东航）总计约200亿的财政补贴。这无疑将进一步挤压春秋航空这些民营航空的生存空间。

业界专家普遍对未来民营航空的发展前景堪忧。他们认为，本来民营航空可以靠着国有三大航空公司中有其二经营不善、无暇扩张的空隙来偷偷发展壮大，抢占市场，以市场之利弥补在时间、人员、背景资源上的不足。然而，补贴基本上粉碎了其可能性。

中国民航学院的一位匿名专家甚至悲观地认为，在非公平竞争的状态下，民营航空也许只能靠自有的产业链资源支撑，才能够赢得少许的生存空间。由于民营航空的资金通常来自非航空运输领域，也就是说投资人更注重收益回报，而不会特别注重公司未来的发展，因此，发展壮大难度很大。

但是，王正华与他的团队在过去20多年中，一直做的就是将“不可能”变为“可能”。

（资料来源：中国企业家网 http://www.iceo.com.cn/zazhi/2007/0303/189595.shtml）

问题：

1. 在节约成本方面，春秋航空公司是如何做到的？
2. 春秋航空的成本领先战略为什么能够成功？还面临哪些风险？
3. 春秋航空的成本领先战略能否被其他航空公司复制？为什么？

第Ⅲ篇 组织职能

第6章 组织职能概述

若拿走我的财产，但留给我这个组织，5年之内，我就会卷土重来。

——小阿尔弗雷德·斯隆(通用汽车公司的第八任总裁)

开篇案例

制作一台轰动一时的电视节目并不容易。只要问一下《雪山镇》(*Everwood*)首席作家格雷格·柏兰提(Greg Berlanti)就明白了，他是著名的"节目管理者"。他还是新潮、感人节目的首席作家，主管制作团队、角色分配与全班人马，并负责与演播室和电视公司的高级管理者联络。他一年负责22个节目，平均8天一个，每个节目的剧本长达52页，这就像一年制作10部电影。柏兰提凭借他的创作能力和管理技能成为一颗前途无量的新星。他必须让上上下下的人都满意，同时还必须协调节目进度以满足不同的截止日期要求。演播室和电视公司老板对剧本、影星、情节梗概、预算提出最后要求，这就需要柏兰提学会讨价还价，或者在放弃某些利益的情况下争取一些利益。现在，该逐步展现阶段性的最后情节了，这将比平时的工作更加纷繁复杂，因为他既要终结某些故事情节，又要创作扣人心弦的悬念。大多数节目是由7位作家中的一位执笔创作的，这种安排不同于其他节目，作家们研究、讨论，但剧本由首席作家创作。柏兰提一直努力拼搏，他既要达到电视公司和演播室的要求，又要符合他本人的高标准。该如何汇聚集体的创造力，尽可能写出最好的剧本呢?

(资料来源：理查德·达夫特，《管理学原理》，高增安等译，机械工业出版社，2009。)

任何一个组织，不管是大还是小，是复杂还是简单，都需要做好两方面的基本工作：一方面需要把工作任务分解成各项具体的工作；另一方面又需要保证这些分散的工作可以结合成整体性工作。通过分解与合成使得组织成为一个分工协作的系统。这种现象在足球队、医院、学校、政府部门和企业中都能见到。

然而，对于一个组织而言，如何构建分工协作系统？如何确保组织系统运行的高效率？如何使组织适应环境变化？等等。这些问题是管理工作中组织职能所必须关注的。

第1节 组织职能的含义

一、组织职能的概念

关于组织的概念，国内外学者各有不同的解释和说明，大体归纳来说，组织包括如下两层含义：一是名词意义上的组织，指组织体系或组织结构；二是动词意义上的组织，指组织活动和组织工作，又称为组织职能。前者在第一章已经介绍过，本章主要介绍涉及组织职能的相关理论。

组织职能是指一项活动或过程，这项活动根据计划设定的目标和具体要求，对组织中的各种要素进行合理安排，将所必需的活动进行分解与合成，并把工作人员编排和组合成一个分工协作的管理工作系统或管理机构体系，以便实现人员、工作、物资条件和外部环境的优化组合，圆满达成预定的共同目标。简言之，组织职能就是建立组织的物质结构和社会结构。其主要内容包括设计组织结构、建立管理体制、分配权力、明确责任、配置资源、构建有效的信息沟通网络等。组织职能对于发挥集体力量、合理配置资源、提高劳动生产率具有重要的作用。管理学认为，组织职能一方面是指为了实施计划而建立起来的一种结构，该种结构在很大程度上决定着计划能否得以实现；另一方面，是指为了实现计划目标所进行的组织过程。

作为一项重要的管理职能，组织工作的目的和主要任务在于：

第一，分配工作。即通过组织工作把企业的总体目标分解落实到每位组织成员身上，转化成每位组织成员的任务。

第二，确定责权关系，促进沟通与协调。责权关系是组织的核心要素，责权关系确定了组织的信息沟通渠道并使领导功能得以体现。组织工作使每位组织成员都明确其具体的责任，清楚他们必须对谁负责，是谁向他们分配工作并对他们进行管理，进而使组织全体成员对组织的权力结构和权力关系有清楚的了解。

第三，构建分工协作体系，提高效率和工作的质量。即通过组织工作使有助于预定目标实现的各项活动彼此得以相互配合，把不同的任务有机地协调起来，实现人们常说的“协同效应”，即一个有效的群体的共同努力往往要大于他们单独努力的效果的总和。

第四，组织能力的培养。组织工作的深层次功能是为了培养出一种能力，一种能够支撑与促进企业成长的能力，这是组织的核心功能所在。

二、组织职能的主要内容

组织工作的过程，实际上是对资源进行合理配置的过程。正是借助于组织活动所具有的协同或协调作用，各类组织机构内部才有可能形成一个“协作系统”，使个体的力量得以汇聚、融合和放大，从而体现组织的作用。组织主要内容包括：

（一）职位设计

职位设计又称工作设计或岗位设计，是指根据组织需要，并兼顾个人的需要，规定每个岗位的任务、责任、权力以及组织中与其他岗位关系的过程。它是把工作的内容、工作的资格条件和报酬结合起来，目的是满足员工和组织的需要。岗位设计问题主要是组织向其员工分配工作任务和职责的方式问题，岗位设计是否得当对于激发员工的积极性、增强员工的满意感以及提高工作绩效都有重大影响。

（二）职权配置

在设计完职位以后，还要为每个职位配置相应的职权。职权（Authority）是指经由一定的正式程序所赋予某项职位的一种权力。这种权力是一种职位的权力，而不是某特定个人的权力。职权配置就是全面、正确地处理组织上下级之间和同级之间的职权关系，将不同类型的职权合理分配到各个层次和部门，明确规定各部门、各种职位的具体职权，建立起集中统一、上下左右协调配合的职权结构。它是旨在保证各部门能够真正履行职责的一项重要的组织设计工作。

（三）部门划分和组织机构的设计

组织发展壮大了，职位越来越多，分工越来越细，当职位分工细到一定程度的时候，一个层次的管理就不行了。这时必须把职位相近或者靠近的打个包合在一起，形成一个部门，并在部门中挑选一个能力较强的人来管理。比如营销部、财务部、研究开发部、生产制造部等等。

在组织设计方面，企业高层管理者需要反复考虑的内容是：设置多少个管理部门；每个职能部门的职责权限是什么；应该建立几个管理层次；每一级的管理层次又起着什么样的作用。这种对管理层次和对部门的划分，以及各部门和岗位相应的职能、职责、职权等问题，就是组织结构的设计问题。为了加强企业的价值链管理，优化组织结构和业务流程，降低组织和经营成本，增强企业的竞争力，企业应该定期或不定期调整自己的组织机构，进行部门的合理划分。

（四）适度的分权和正确的授权

在确定了组织机构的形式后，要进行适度的分权和正确的授权。

分权是指组织为发挥低层组织的主动性和创造性，而把一部分决策权分给下属组织，最高领导层则掌握少数关系全局利益和重大问题的决策权。授权是指主管将职权或职责授给某位部属负担，并责令其负责管理性或事务性工作。

授权与分权虽然都与职权下放有关，但两者是有区别的。首先，授权主要是权力的授予与责任的建立，仅指上、下级之间短期的权责授予关系；而分权则是在组织中有系统地授权，这种权力可以根据组织的规定较长时期地留在中、下级管理人员手里。其次，分权是组织最高管理者的职责，授权则是各个层次的管理者都应掌握的一门艺术，充分、合理的授权能使管理者们不必亲力亲为，从而把更多的时间和精力投入到企业发展及如何引领下属更好地运营企业上。再次，分权是授权的基础，授权以分权为前提。

分权适度、授权成功，则会有利于组织内各层次、各部门为实现组织目标而协同工作，同时也使得各级管理人员能够产生满足感。

（五）人力资源管理

组织结构是由各个部门与各个职位所构成的，因而组织结构也常常被称为部门结构、职位结构。在建立了各种职位、形成了职位结构以后，下一项重要工作就是为组织中的每一个职位配备合适的人员，并建立相应的培训、考核、奖励和惩罚制度，这就是人力资源管理工作。人力资源管理是指组织的一系列人力资源政策以及相应的管理活动。这些活动主要包括企业人力资源战略的制定、员工的招募与选拔、培训与开发、绩效管理、薪酬管理、员工流动管理、员工关系管理、员工安全与健康管理等。

（六）组织文化建设

组织活动包括为创造良好的组织气氛而进行团体精神的培育和组织文化的建设。组织文化是组织在长期的生存和发展中所形成的为组织所特有的、且为组织多数成员共同遵循的最高目标价值标准、基本信念和行为规范等的总和及其在组织中的反映。具体地说，组织文化是指组织全体成员共同接受的价值观念、行为准则、团队意识、思维方式、工作作风、心理预期和团体归属感等群体意识的总称。无数成功组织的事例证明，组织文化是否良好，对于一个组织能否发挥有效作用至关重要。

（七）组织变革

组织的发展离不开组织变革，内外部环境的变化、组织资源的不断整合与变动，都给组织带来了机遇与挑战，这就要求管理者密切关注组织变革。组织变革是指运用行为科学和相关管理方法，对组织的权利结构、组织规模、沟通渠道、角色设定、组织与其他组织之间的关系，对组织成员的观念、态度和行为，以及成员之间的合作精神等进行有目的的、系统的调整和革新，以适应组织所处的内外环境、技术特征和组织任务等方面的变化，提高组织效能。

三、组织工作的基本原则

组织是一个有机系统。要把许多要素组合起来，形成一个有机的分工协作体系，这并不是一件容易的事情，需要遵循一系列基本的原则，以确保组织正常运转。组织工作至少应遵循如下一些原则。

（一）目标一致性原则

组织不是一个松散的、自由组合成的群体，而是人们为了实现共同的目标而建立的一个有机整体。为组织成员所普遍认可的一致目标是组织产生和发展的基础和根本动因，它规定并制约着组织的其他要素。正是因为存在着组织的共同目标，组织成员才会有效地进行分工协作，并最终实现共同的目标。共同的目标是维系组织成员的纽带，是组织管理工作的依据。

（二）分工协作原则

尽管对一个组织而言，物质资源是组织的重要因素，但对任何组织来说，人力资源才是更重要的要素。没有人员的存在便没有组织。为了使组织成员能够有效分工与配合，形成合力，组织工作必须注重职务明确、控制幅度合理、专业分工明确、责任与权力相符、协作有序等一系列原则。

（三）责权关系原则

责任和权力的相互关系是组织构成要素的重要内容。可以这样说，组织即是各种责权关系的体现。在组织管理过程中，明确各部门、各职位与整体组织之间的责权关系，使每个组织成员都明确自己应该干什么、能够干什么、有哪些方面的权力、归属谁直接领导，这是保持组织的稳定性和增进组织运行效果的前提条件。

（四）信息畅通原则

组织各部门和组织成员的工作是靠信息的交流来维系。在一个组织中，信息交流包括自上而下、自下而上及同级之间等几种方式，这是组织成员进行有效协调、控制的基础。信息是决策工作的基础，也是组织工作的保障。

此外，彼得·德鲁克在《管理：任务、责任、实践》一书中，也提出过关于组织工作的七项原则：

（1）要明晰，不是简单。哥特式大教堂在设计上并不简单，但在里面，你的位置是显而易见的；你知道站在何处，应该走向何方。一座现代化的办公大楼在设计上非常简单，但在里面很容易迷路；它不是分明的。

（2）努力用经济来维持管理，并把摩擦减至最小限度。用于控制、监督、引导人们取得成绩的力量应该保持在最低限度。组织结构应该使人们能够自我控制，并鼓励人们自我激励。

(3) 眼光直接投向产品,而不是投向生产过程;投向效果,而不投向所作的努力。组织可以比作一种传输带,这种传输带越"直接",各个活动取得成绩时的速度越快和方向的改变就越小,组织就越有效率。必须使意愿和能力为成果而工作,而不是为工作而工作;为未来而工作,而不是躺在过去的成绩上;为了增强实力,而不是为了虚胖。

(4) 每一个人都要理解他自己的任务,以及组织总体的任务。组织的每一个成员,为了把他的努力同共同的利益联系起来,需要了解如何使他的任务适应整体的任务,以及整体的任务要求他自己的任务与贡献是什么。组织结构需要促进而不是阻碍信息交流。

(5) 决策把注意力集中在正确问题上时要面向行动,而且尽可能使最底层的管理人员作出决策。

(6) 要稳定,反对僵化,以求在动乱中生存下来;要有适应性,以便从动乱中学到东西。它必须在其周围的世界处于动乱时代仍能进行工作。稳定性并不是僵硬性,一个极其僵化的组织是不稳定的,而是脆弱的。只有一个组织结构能使自己适应新的情况、新的需求、新的条件,以及新的面孔和新的个性时,它才能继续存在。

(7) 要能永存和自我更新。一个组织必须能够从内部产生未来的领导者。为此一个基本条件是组织不应该有太多的层次;组织结构应该帮助每一个人在他担任的每一个职位上学习和发展,应该设计得使人能够继续学习;必须接受新思想并愿意和能够做新事情。

第2节　管理幅度与管理层次

一、管理幅度的概念

人类其实很早以前就注意到了管理幅度(Span of management)的问题。《圣经》中记载着摩西率领希伯来人为摆脱埃及人的奴役而出走。一开始,每个人都直接向摩西汇报,无论遇到大事与小情,摩西都要亲自处理。不久,摩西便感到筋疲力尽。摩西的岳父杰西罗随队前行,他建议摩西建立"千民之侯,百民之侯,半百民之侯和十民之侯"制度,对一些小的、琐碎的事情,让下面的人自己掌握处理,大的事情由摩西来决定。摩西采纳了岳父的建议,顺利地完成了任务。

管理幅度,又称管理跨度、管理宽度,或者控制幅度(Span of Control),是指一个管理者所能直接而有效地管理和指挥其下属工作人员的数量,或者是指一个上级机构所能直接有效管理其下级机构的数目。换句话说,管理幅度是指有多少人共同向同一上司汇报工作。任何一个管理者所能管辖的下属人数必定有个限制和限额,因为任何人的知识、经验、能力和精力等都是有限度的。因此居于权力中心的管理者,绝不可能无限制地直接管理和指挥很多人而又使他们的活动配合无间。因此,管理者要想有效地领导下属,就必须认真考虑究竟能直接管辖多少下属的问题,即管理幅度问题。换句话说,超过了管理幅度时,就必须增加一个管理层次(Administrative levels)。这样,可以通过委派工作给下一级主管人员而减轻上层主管人的负担。如此下去,便形成了有层次的结构。

二、管理层次的概念

管理层次是指在职权等级链上所设置的管理职位的级数。当组织规模很小的时候，一个管理者可以直接管理着组织中每一位作业人员的活动，这时组织就只存在一个管理层次。而当组织规模的扩大导致管理工作量超出了一个人所能承担的范围时，即超过了管理者的管理幅度的时候，为了保证组织的正常运转，管理者就必须委托他人来分担自己的一部分管理工作，这使管理层次增加到两个层次。随着组织规模的进一步扩大，受托者又不得不进而委托其他的人来分担自己的工作，依此类推，而形成了组织的层次性管理结构。

从某种意义上来讲，管理层次是一种不得已的产物，其存在本身带有一定的副作用。首先，层次越多意味着管理费用也越多。层次的增加势必要配备更多的管理人员，而管理人员的增加又加大了协调和控制的工作量，所有这些都意味着管理费用的不断增加。其次，随着管理层次的增加，管理沟通的难度和复杂性也将加大。组织命令与信息上传下达，不可避免地会产生曲解、遗漏和失真，也存在扭曲和速度慢等问题。此外，众多的部门和层次也使得计划和控制活动更为复杂。一个在高层显得清晰、完整的战略计划方案，会因为逐层分解而变得模糊不清，变得难以协调。

三、管理幅度与管理层次的相互关系

显然，管理层次与管理幅度密切相关。当组织规模一定时，管理幅度越大，管理层次就越少；反之，管理幅度越小，则管理层次就越多。这两种情况相应地对应着两种类型的组织结构形态，前者称为扁平型结构（flat structure），后者则称为高耸型结构（tall structure）。所谓扁平型结构，就是管理层次少而管理幅度大的结构；而高耸型结构则相反。一般来说，传统的企业结构倾向于高耸型，偏重于控制和效率，比较僵硬。扁平型结构则被认为比较灵活，容易适应环境，组织成员的参与程度也相对比较高。近年来，企业组织结构出现了一种由高耸向扁平演化的趋势。扁平结构与高耸结构各有利弊：

（1）扁平型结构有利于缩短上下级距离，密切上下级关系，信息与命令的上传下达比较流畅；而且由于管理幅度较大，被管理者往往有较大的自主性，其工作的积极性、满足感会更高，同时也有利于更好地锻炼和培训下层人员，为高层管理者贮备后备人才。但如果由于不能有效地分权与授权、有效地监督下级，则会造成上下级协调较差，且由于管理幅度的加大，使得同级间相互沟通更加困难，部门主义和本位主义会盛行，会严重影响组织效率。

（2）高耸型结构具有管理严密、分工明确、上下级易于协调等特点。但管理层次增多，也会面临很多的问题。首先，管理层次越多，需要从事管理的人员迅速增加，彼此之间的协调工作也急剧增加，上层管理者对下层的控制会更加困难，互相扯皮的事会层出不穷。其次，管理层次增多之后，在管理层次上所花费的设备和开支，所浪费的精力和时间也会增加。再次，管理层次的增加也会使上下级意见沟通和交流变得困难，最高层管理人员所要求实现的目标，所制定的政策和方针，层层传达给下级人员以后往往变了样。另外，管理层次增多后，高耸型结构会影响下级人的主动性和创造性。因此，一般来说，为了达到有效，应尽可能地减少管理层次。

四、影响管理幅度的主要因素

大量的实证研究表明，影响管理幅度的因素概括起来主要有以下几个。

（一）上下级管理人员的素质和能力

上级管理者的综合能力、理解能力、表达能力强，则可以迅速地把握问题的关键，就下属的请示提出恰当的指导性建议，并使下属明确地理解，从而可以缩短与每一位下属沟通的时间。因此，素质和能力均强的管理人员能够在不降低效率的前提下，比在相同层次、担负类似工作的其他管理人员管辖较多的人员而不会感到过分紧张。同样，如果下属具备符合要求的能力，受过良好的系统培训，则可以在很多问题上根据组织目标的要求主动去解决，而不必时时事事都向上级请示汇报，从而可以减少向上司请示、占用上司时间的频率。这样，管理的幅度便可适当宽些。

（二）工作内容和性质

1. 面对问题的种类

管理人员若经常面临的是较复杂、困难的问题或涉及方向性、战略性的问题，则直接管辖的人数不宜过多。反之，若主管人员大量面临的是日常事务，已有规定的程序和解决方法，则管辖的人数可以较多一些。

2. 计划的完善程度

如果计划本身制订得详尽、周到，可以使工作人员都能清楚各自的目标和任务。下属只是单纯地执行计划，那么，上级管理人员对下属指导所需的时间就不多；相反，如果下属不仅要执行计划，而且要将计划进一步分解，或计划本身不完善，那么，对下属指导、解释的工作量就会相应增加，从而减小有效管理幅度。

3. 下属工作的相似性

如果下属从事的工作内容和性质相近，对每人工作的指导和建议也大体相同，且工作中需协调的频次较少，则同一主管对较多下属的指挥和监督是不会有什么困难的，管理幅度可加大，组织层次可减少。

4. 管理人员所处的层次

管理人员的工作在于决策和用人。处在管理系统中的不同层次，工作的重要性差异很大，决策与用人的比重也各不相同。工作越是重要、决策的工作量越大，管理人员用于指导、协调下属的时间就越少。因此，越是接近于组织的高层，管理人员的决策越是重要，工作就越是需要谨慎，管理幅度就不能太大。

（三）工作条件

1. 信息手段的配备情况

把握信息是进行管理的前提。组织沟通渠道畅通、信息传递迅速以及控制技术比较有效，不仅可帮助上级管理人员更早、更全面地了解下属的工作情况，从而可以及时地提出忠告和建议，而且可使下属了解更多的与自己工作有关的信息，从而更能自如、自主地处理分内的事务。这显然有利于扩大管理人员的管理幅度。

2. 助手的配备情况

如果有关下属的所有问题，不分轻重缓急，都要上级管理人员亲自处理，那么，必然要花费其大量的时间，其能直接领导的下属数量也会受到进一步的限制。如果给管理人员配备了必要的助手，由助手去和下属进行一般的联络，并可以直接处理一些次要问题，则可以大大减少上级管理人员的工作量，增加其管理幅度。

3. 工作地点的相近性

不同下属的工作岗位在地理上的分散，会增加下属与主管以及下属之间的沟通困难，从而会影响主管直属下属的数量。

4. 适当的授权

适当的和充分的授权可以减少上级管理人员与下属之间接触次数和密度、节约管理人员的时间和精力，以及锻炼下属的工作能力和提其积极性。所以，在这种情况下，管辖的人数可适当增加。不授权、授权不足、授权不当或授权不明确，都需上级管理人员进行大量的指导和监督，效率不会高，因而幅度也不会大。

（四）组织环境

组织环境稳定与否会影响组织活动内容和政策的调整频度与幅度。环境变化越快、变化程度越大、组织中遇到的新问题越多，下属向上级的请示就越有必要、越经常；相反，上级能用于指导下属工作的时间和精力却越少，因为他必须花更多的时间去关注环境的变化，考虑应变的措施。因此，环境越不稳定，各层管理人员的管理幅度就越受到限制。

五、管理幅度的确定方法

选择合适的管理幅度是至关重要的。首先，它会对一个部门的工作关系产生影响，较宽的管理幅度意味着管理者异常繁忙，结果组织成员得到较少的指导和控制；与此相反，过窄的管理幅度意味着中、基层管理人员权力有限而难以充分发挥其工作的能动性。其次，对组织决策活动产生影响，如果组织层次过多，将减缓决策速度，这在环境迅速变化的今天是一个致命的弱点。

确定管理幅度的方法很多，这里介绍两个常用的方法：

（一）格拉丘纳斯的上下级关系法

法国管理顾问格拉丘纳斯(V. A. Graicunas)在 1933 年首次发表的一篇论文中，分析了上下级之间可能存在的关系，并提出了一个用来计算在任何管理幅度下，可能存在的人际关系数的数学模型。他的理论把上下级关系分为三种类型：① 直接的单一关系。指上级直接地、个别地与其直属下级发生联系。② 直接的组合关系。存在于上级与其下属人员的各种可能组合之间的联系。③ 交叉关系。即下属彼此打交道的联系。

通过这三种上下级关系的分析，格拉丘纳斯认为，在管理幅度的算术级数增加时，上级管理人员和下属间可能存在的人际关系数将以几何级数增加。因此，上下级相互关系的数量和频数减少，就能增加管理宽度。据此，他提出了一个可以用在任何管理宽度下计算上下级人际关系数目的经验公式：

$$N = n[2^{(n-1)} + (n-1)]$$

式中：N 表示管理者与其下属之间相互交叉作用的最大可能数，即关系数；n 表示下属人数，即管理幅度。

例如，假定一个管理者 L，有两个下属 A 和 B。一种直接关系可能发生于 L 与 A 之间和 L 与 B 之间。但是有这样的时候，L 和 A 谈话而 B 在场，或者和 B 说话而 A 在场，这样可能就会有两种直接群体关系。此外，交叉关系可能存在于 A 和 B 之间，表现为 A 找 B 和 B 找 A。这三类关系加到一起，就存在了 6 种可能的相互作用。当下属增加到 3 个时，这种可能的相互作用总数则增加到 18。以此类推，越来越大。当下属人数达到

100人时，上面公式中的 N 便成为一个十分“巨大”的数字！虽然格兰丘纳斯没有说明 N 以多少为宜，但他给予的警告是清楚的——某个管理人员增加一个下属，他就成为一根能压断管理人员的骆驼脊背的稻草。

由此可见，随着管理幅度的增加，上下级之间的相互关系数量也在急剧上升。这说明人员配备、管理幅度设计的复杂性，因此主管人员在增加下属人数前一定要三思而行。当然，格拉丘纳斯的这个公式没有涉及上下级关系发生的频次和密度，因而它的实用性受到了一定的限制。对一个上级管理人员来说，相互关系和所发生的频次和密度也应是确定管理幅度时所考虑的重要因素。

（二）变量依据法

这是美国洛克希德导弹与航天公司在20世纪70年代研究出的一种方法。该方法研究了影响管理幅度的六个关键变量（职能的相似性、地区的相似性、职能的复杂性、指导与控制的工作量、协调的工作量和计划的量），在明确了决定管理幅度的变量依据之后，再把这些变量按困难程度分成五级，每级规定一个权数，表示影响管辖人数的重要程度。在此基础上，对若干个管理优秀的企业组织和对应的管理幅度进行分析，得出了一个由不同变量影响程度的权数总和所对应的建议管理幅度的标准值表，最后加以修正，供各级主管人员参照和对比。

六、管理幅度合理性的检验

上面介绍的两种方法，也仅仅是确定管理幅度的一种参考。目前，无论是在理论界还是管理实践活动中，还没有找到一种完善的方法来确定各级组织中的管理幅度。因此，所谓管理幅度合理，并不能一刀切，即使是平均的管理幅度也只能为确定管理幅度提供一个参考。因为每个管理人员所面临的实际并不完全一样，管理者所处的管理层次高低不一样，所处的行业不一样，甚至所处的社会文化背景不一样，管理者本人和下属的个性也不一样，这些都会使管理幅度存在很大的差别。本书认为，检验管理幅度是否合理应该遵循以下五个标准：

(1) 如果上下级之间和同事相互之间经常有因为误解而带来的摩擦，并且这种摩擦又不是管理制度规范本身的矛盾。这就可能存在管理幅度不合理问题，即管理幅度在某些环节过大，造成了由管理沟通不充分而导致理解协调问题。

(2) 如果发现某管理人员不得不在工作时间之外花去大量的时间进行沟通，包括开会、谈话等，而又与他本人的沟通能力无关，这就有可能是管理幅度在这个管理岗位上过大。

(3) 如果管理人员经常性地承担下属都能够自如处理的问题，并且与该管理人员个人工作能力特强无关，这就存在管理幅度过小的问题。因为管理者还有过剩的精力和时间，使他可以插手本来应该由下属员工独立承担的工作。

(4) 如果管理人员不仅能把自己的岗位工作做得很出色，而且经常性地考虑一些本来应该由上级管理人员来考虑的问题，并且与该管理者个人工作能力特强无关，这也是存在管理幅度过小的问题。因为管理者还有余力，使他可以思考与自己本职工作不相关的上级管理者的工作问题。

(5) 如果管理人员可经常逍遥自在，无事可做，并且与该管理者工作能力特强无关，这又是管理幅度过小的问题。管理者有余力无处发挥，他既无兴趣插手下属员工的工作，也不愿冒险越权为上级管理人员考虑问题，必然会导致如此状态。

总之，管理幅度问题存在于各种类型的组织中，也存在组织的各个层级中，是设计组织结构时要考虑的最基本问题。管理幅度的确定自然会受到许多因素的影响，但这诸方面的因素影响程度又不同。因此，管理幅度的弹性是很大的，并没有一个固定的数值。例如，有三条生产线生产同一型号的产品，可以仅派一名组长即可。但如果三条生产线生产的型号完全不同且都是新产品，只派一名组长恐怕就不行了。因此，各级管理人员，尤其是高层管理人员要结合本单位的实际情况，适时考虑各种影响因素，运用各种方法，来确定组织各个层级的理想管理幅度。

第 3 节　职位与职位设计

一、职位与职位设计的概念

职位(Job)是指在一个特定的企业组织中、在一个特定的时间内、由一个特定的人所担负的一个或数个任务所组成的集合。简单地讲，职位是指组织的某个员工需要完成的一个或一组任务。职位由三要素构成：一是职务，是指规定承担的工作任务，或为实现某一目标而从事的明确的工作行为；二是职权，是指依法赋予职位的相应权利，以提供完成某项工作任务的保障；三是责任，是指承担一定职务的员工，对其工作标准与要求的同意或承诺。

职位以“事”或者“任务”为中心，因事设人，将不同工作任务、职权和责任分配给与此要求相适应的员工。凡是有某项工作需要有专人执行并承担责任，就应设置一个职位，并随工作任务的变化，职位也相应进行调整。

职位设计(Job Design)，又称工作设计，是指根据组织需要，并兼顾个人的需要，规定每个职位的任务、责任、权力以及组织中与其他岗位关系的过程。职位设计把工作的内容、工作的资格条件和报酬结合起来，其目的是实现组织的目标并兼顾满足员工个人的需要。职位设计是组织向其员工分配工作任务和职责的一种主要方式，设计是否得当对于激发员工的积极性、增强员工的满意感以及提高工作绩效都有重大影响。

二、职位设计的主要内容

从职位的定义来看，职位设计的主要内容包括工作内容、工作职责和工作关系的设计三个方面。

(一) 工作内容

工作内容是职位设计的重点，一般包括工作的广度、深度、自主性、完整性以及工作的反馈五个方面。第一，工作的广度，即工作的多样性。工作的广度过宽，会造成员工压力过大，容易导致无法完成工作；相反，工作设计得过于单一，员工又容易感到枯燥和厌烦。因此，设计工作时，尽量做到合理的工作多样化，使员工既能有效的完成任务，又能保持对工作的兴趣。第二，工作的深度。工作的设计应具有从易到难的一定层次，对员工工作的技能提出不同程度的要求，从而增加工作的挑战性，激发员工的创造力。第三，工作的完整性。保证工作的完整性能让员工见到自己的工作成果，会使员工有成就感，感受到自己工作的意义，也有利于绩效考核。第四，工作的自主性。适当的自主权力能够让员工感到自己受到了信任和重视，增加员工的工作责任感和激情。第五，工作的反馈性。工作的反馈包括两方面的信息：一是同事及上级管理人员对自己工作意见的反馈，如对自己工作能力、工作态度的评价等；二是工作本身的反馈，如工作的质量、数量、效率等。工作反馈信息使员工对自己的工作效果有个全面的认识和评价，能正确引导和激励员工。

（二）工作职责

工作职责设计主要包括工作的责任、权力、方法以及工作中的相互沟通和协作等方面。第一，工作责任。工作责任设计就是员工在工作中应承担的职责及压力范围的界定，也就是工作负荷的设定。工作负荷过低，会导致员工行为轻率和低效；工作负荷过高，又会影响员工的身心健康，会导致员工的抱怨和抵触。第二，工作权力。权力与责任是对应的，权力范围越广，责任越大，否则二者脱节，会影响员工的工作积极性。第三，工作方法。包括管理者对下级的工作方法、组织和个人的工作方法设计等。第四，相互沟通。沟通是一个信息交流的过程，是整个工作流程顺利进行的信息基础。第五，协作。组织是一个有机联系的整体，是由若干个相互联系、相互制约的因素构成的，每个因素的变化都会影响其他因素以及整个组织运行，因此，因素之间必须相互合作、相互制约。

（三）工作关系

组织中的工作关系，具体表现为协作关系、监督关系等各个方面。

三、职位设计的影响因素

一个成功、有效的职位设计，必须综合考虑各种因素，既需要对工作进行周密的有目的的计划安排，也要考虑到员工的具体素质、能力及各个方面的因素；同时也要顾及本单位的管理方式、劳动条件、工作环境、政策机制等因素。

（一）员工的因素

人是组织活动中最基本的要素，也是最积极、最活跃的生产要素，员工需求的变化是职位设计不断更新的一个重要考量。职位设计的一个目的就是使员工在工作中得到最大的满足、自身的价值得到实现。因此，只有重视员工的要求并开发和引导其兴趣，给他们的成长和发展创造有利条件和环境，才能激发员工的工作热情、增强组织吸引力，才能留住人才。

（二）组织的因素

职位设计最基本的目的是为了提高组织效率，增加产出。职位设计离不开组织对工作的要求。具体进行设计时，应注意三点：一是职位设计的内容应包含组织所有的生产经营活动，以保证组织生产经营总目标的顺利、有效实现；二是全部职位构成的责任体系应该能够保证组织总目标的实现；三是职位设计应该能够有助于发挥员工的个人能力，提高组织效率。这就要求在职位设计时全面权衡经济效益原则、员工的职业生涯和心理上的需要，找到最佳平衡点。

（三）环境因素

职位设计的环境因素包括人力资源供给和社会期望两方面。职位设计必须从现实情况出发，不能仅仅凭主观愿望，而要考虑与人力资源的实际水平相一致。社会期望是指人们希望通过工作得到什么满足。不同的员工有不同层次的需求，这就要求在职位设计时考虑一些人性方面的东西。

四、职位设计的方法

从管理的实践活动来看，职位设计经历了一些变迁和发展。

（一）按照劳动分工原则设计职位

劳动分工是指人们社会经济活动的划分和独立化、专门化。具体地说，分工是人们在经济活动过程中技术上的联合方式，即劳动的联合方式，简称劳动方式，马克思称之为生产方式或生产技术方式，它属于生产力范畴。

1776 年，亚当·斯密的《国富论》中第一次提出了劳动分工的观点，并系统、全面地阐述了劳动分工对提高劳动生产率和增进国民财富的巨大作用。这在当时起了很重要的作用，因为分工可以提高效率，所以到 20 世纪初亨利·福特就把生产一辆车分成了 8772 个工时。分工论成为统治企业管理的主要模式。泰勒的科学管理原理提出以后，标准化原理更进一步促进了组织对劳动分工的细化。

20 世纪上半叶以前，职位设计与劳动分工、工作专业化是意义相同的，人们力求将组织中的工作设计得尽可能简单、易于操作。

时至今日，大量的工作依然是在按照劳动分工的原则进行。生产工人在流水线上从事简单、重复的工作；办公室职员坐在办公桌旁从事范围狭窄的、标准化的任务；甚至护士、会计以及许多其他职业性工作都是按照同样的原则组织起来的。

劳动分工带来的专业化的好处毋庸置疑，比如有利于提高员工的工作熟练程度，有利于减少因工作变换带来的损失，有利于使用专门的设备和减少人员培训的要求，有利于扩大劳动者的来源和降低劳动成本等。但是，职位设计过于狭窄也不可避免地带来了一系列的问题，比如，枯燥、单调、乏味造成了人们在生理、心理上的伤害，导致了员工的厌烦情绪和不满情绪，工作之间的协调成本上升，从而影响了总体的工作效率和工作质量。

因此，早期人们在职位设计方面基本上都是通过提高专业化和分工的程度来取得经济效益，后期则努力转向如何克服由于过度的专业化和分工产生的各种弊端。

（二）职位扩大化

职位扩大化(Job Enlargement)是指为了克服由于过度的分工而导致的工作过于狭窄的弊端而提出的一种职位设计思想，它主张通过把若干个狭窄的活动合并为一件工作的方式来扩大工作的广度和范围。

通常，这种新工作同员工原先所做的工作非常相似。这种设计增加了工作内容，使得新职位不必要把产品从一个人手中传给另一个人而节约了时间，提高了效率。同时，新职位使得员工掌握更多的知识和技能，缓解了过度分工带来的工作单调和乏味，一定程度上提高了员工的工作兴趣。此外，由于完成的是整个一个产品，而不是在一个大件上单单从事某一项工作，也促进了员工的成就感。

（三）职位轮换

职位轮换(Job Rotating)是指让员工定期地从一项工作更换到另一项工作上去。如在仓库工作的工人，可以在卸货、出货、记录、盘点等多项职位上定期轮换。这样有益于促进员工技能的多样化，在一定程度上减少了工作的单调和枯燥的感觉。

职位轮换有利于促进雇员对组织不同部门的了解，从而对整个组织的运作形成一个完整的概念，也有利于提高雇员的解决问题能力和决策能力，帮助他们选择更合适的工作。从长远来看，职位轮换能更有效激发员工的工作热情，提高员工的工作、生活质量；能为员工的职业成长提供另一种思路；也能为企业适应外界环境的多变性做好准备。

当然，实施职位轮换制度时也应注意一些问题。如职位轮换的流程设计、完备的绩效考核体系等是实施轮换制的必要条件。另外，职位轮换会增加培训成本，临时导致生产率的下降等问题也时有发生。因此，在实施职位轮换制时应着眼于企业长期的利益，根据各企业的实际情况相机而动。

（四）职位丰富化

职位丰富化（Job Enrichment）是指在工作中赋予员工更多的责任、自主权和控制权。与职位扩大化横向增加工作内容的方式不同，职位丰富化是纵向地增加工作内容。这样员工会承担更多的任务、更大的责任，有更大的自主权和更高程度的自我管理，使其体验工作的内在意义、挑战性和成就感。

（五）工作团队

团队是通过其成员的共同努力而产生积极的协同作用，其团队成员努力的结果使团队的绩效水平大于个体成员绩效的总和。当工作是围绕小组而不是个人来进行设计时，就形成了工作团队（Work Team）。工作团队是指由一小群技能互补的成员组成的人群结构，团队的成员致力于共同的宗旨、绩效目标和通用方法，并且共同承担责任。这种团队享有相当大的自主权，除了安排工作进度、决定工作方法之外，团队甚至可以自主挑选成员、自主考评工作绩效以及决定对于团队成员的奖惩。

工作团队代表了一种日益盛行的职位设计方案，越来越多的组织采用这一方式来安排工作以期提高组织的竞争力。

五、职位特征模型

职位设计的方法很多，各有利弊，没有放之四海而皆准的最好的方式。但哈佛大学教授理查德·哈克曼（Richard Hackman）和伊利诺依大学教授格雷格·奥尔德汉姆（Greg Oldham）提出的职位特征模型（Job Characteristics Model，JCM）颇有指导意义。根据这一模型，可以用一个称为激励潜力分数的单一指标来衡量一个职位本身对人们的激励程度。

职位特征模型提供了职务设计的一种理论框架。它确定了五种主要的职务特征，分析了它们之间的关系以及对员工生产率、工作动力和满足感的影响。根据职务特征模型，任何职务都可以从五个核心维度进行描述：一是技能的多样性（skill Variety），是指为了完成工作需要用到的技能和能力的数量及知识范围的大小；二是任务的一致性（task Identity），或者称为任务完整性，是指所做的工作有无明显的起点和终点，这个工作单元有多完整；三是任务的重要性（task Significance），即自己的工作在多大程度上影响其他人的工作或生活——不论是在组织内还是在工作环境外；四是自主性（Autonomy），即工作在多大程度上允许自由、独立，以及在具体工作中个人制订计划和执行计划时的自主范围；五是反馈性（Feedback），即员工能及时、明确地知道他所从事的工作的绩效及其效率。

理查德·哈克曼（Richard Hackman）和格雷格·奥尔德汉姆（Greg Oldham）设计的

动机与五因子的关系方程为：

MPS=[(技能多样性+任务一致性+任务重要性)÷3]×自主性×反馈

一个职位如果具有这三个特征，则可以预期职位的担任者会将其工作视为重要和有价值的，而拥有自主性的职位会给任职者带来对于工作结果的责任感，反馈则能够使其了解自己的工作绩效。MPS得分较高的职位将对人们的动机、绩效和满意感产生积极的影响。

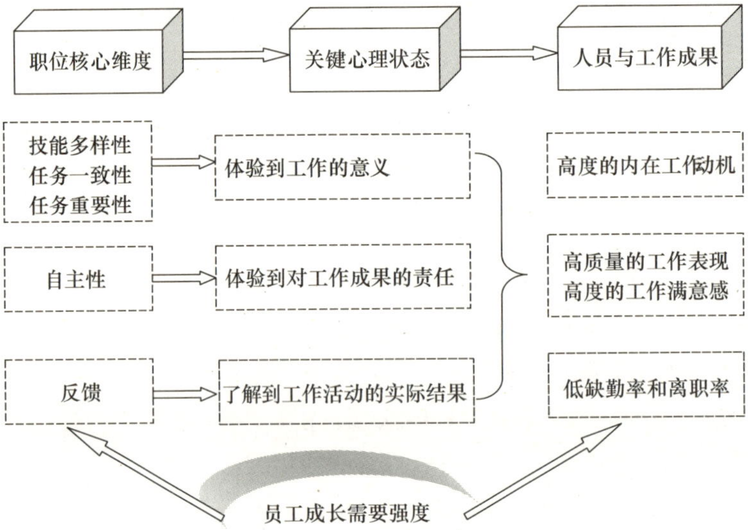

图 6-1　职位特征模型

职位特征模型(如图6-1所示)体现了以人为本的管理思想，重视工作中人的因素，并力图使其最大化。根据模型，如果员工能体验到关键心理状态，他们就能得到积极的个人和工作结果，而关键心理状态是由核心工作特征(职位核心维度)引起的。内在工作动机是个人为了在工作中表现得更好，自己对自己的激励。在工作中表现好时，个人会产生积极的内部体验。一般工作满意度是员工对自己工作的满意程度。高质量的工作表现是个体在工作中是否有机会发展自己的满意程度。以上就是个人和工作结果中所包含的变量。因为不同的工作对工作效率有不同的要求，所以JCM模型没有对它作出定义。

关键心理状态有三个成分：体验到工作有意义，就是员工认为自己所做的工作是有价值的、重要的和值得做的；体验到对工作结果的责任，就是员工感到他们对完成的工作承担个人责任和义务的程度；关于工作结果的信息，就是了解他们在工作中表现如何。从模型来看，员工要体验到工作有意义，他的工作应该具有技能多样性、任务完整性和任务重要性这三个特征。要体验到对工作结果的责任，工作要具有自主性的特征，也就是工作的独立性，即员工在安排自己的工作、决策或者决定达到目标的途径时能有多大的自由度和控制力。来自工作的反馈直接导致了员工对工作结果的认识，反馈是关于绩效的客观信息，它来源于工作本身。

模型还包括了调节变量，它们对职位核心特征、关键心理状态以及个人工作结果都产生影响。这些调节变量主要包括成长需要的强度、薪酬满意度、安全满意度、同事满意度和主管满意度等。

成长需要的强度，是员工想通过学习来提高和超越自己，就是自我实现的需要；薪酬满意度，就是对基本工资和奖金的满意程度，也包括组织是否根据个人对组织的贡献大小来给予相应的奖励；安全满意度，是对工作环境中的安全条件和工作是否稳定的满意程度；同事满意度，就是对在工作中与自己有接触的人是否满意，是否有机会来了解和帮助他们；主管满意度. 就是对主管的工作方式、提供的指导及支持是否满意。技能和知识会根据具体的工作而有所不同，因此 JCM 模型也没有特殊的说明。

正如上面模型所显示的，从激励的角度来看，职务模型指出，要是一个人知道（对结果的了解）他个人（责任感的体验）在其关注（有意义的体验）的任务上完成得很好，那么，他会获得一种内在的激励。职务愈是具备这三个条件，员工的动机、绩效和满意感就会愈强，而缺勤和离职的可能性会越小。

案例6-1

北欧航空公司背后的5000万次"微小创新"

乘坐飞机的最糟糕的事情是什么？不准时起飞！

上世纪 80 年代，一家名为北欧航空公司(Scandinavian Airlines，又称 SAS)的公司，遇到了非常糟糕的情况。该公司已连续两年亏损，金额相当庞大，更糟糕的是，这是一个官僚作风严重的公司，创新乏力。

1981 年，詹·卡尔森(Jan Carlzon)就是在这种情况下上任北欧航空公司总裁的。卡尔森并没有采取什么革命性的大举动，而是采取了很多"微小的"动作，比如，让北欧航空的飞机准时起飞。

当时，北欧航空飞机误点的情况正在迅速恶化。在经过一些调查后，卡尔森发现，真正的问题在于没有人对按时起飞负全责。于是，他开始在公司里寻找适当的突破点，以部署相关责任。

卡尔森找到操作控制中心的经理约翰·西尔维斯特，问他是否有决心在 6 个月内，把北欧航空公司变成全欧洲最准时的航空公司，西尔维斯特愿意接受这一挑战。

西尔维斯特交出了自己的计划，"180 万美元。只要给我这个数目，我保证在 6 个月内达成目标"。

没错，北欧航空正在承受巨额亏损，卡尔森说，"如果花 180 万美元，就能使我们成为全欧洲最准时的航空公司，那么这笔开销实在微不足道"。卡尔森连详细报告都没看，就批准了西尔维斯特的申请。

其实，从外行来看，准时起飞是一个小改变，但是，从业内人士来看，这背后却有不少大障碍，需要一个个突破：

寻找延误飞机准时起飞的罪魁祸首。班机延误起飞时间的一个重要原因是为了等待某些转机的乘客，即便他们乘坐的头一班飞机晚点也是如此。毕竟，把转机的乘客在机场径自起飞不算是良好的服务。因此，不少北欧航空公司的班机就这样待在停机坪上互相等待！这种"等待"情形遍及世界各地，而且越来越严重。卡尔森的解决办法很简单：如果转机航班未能准时抵达，则表示这个班次表现太差。其他飞机不能等待，必须准时起飞，以避免连环误点的现象。

空中小姐也是误机的一大原因。以前，如果某一位空中小姐没有按时赶到，乘客就不得不坐等替补人员到达。现在，北欧航空的控制中心发布了最新指示：只要空服人员达到最低人数，飞机就必须准时起飞。对乘客而言，他们宁愿机上的服务速度慢一点，也不愿意飞机误点。

难以想象，餐饮手册也是误机的源头之一。按照手册规定，每位乘客都会得到一份餐点。如果少了一份，飞机一定会等人送来以后再起飞。北欧航空改变了这一做法，要求飞机照样准时起飞，实在不行，可以在到达机场后再请乘客吃一顿。

取消了“并机”策略。以前，如果一班客机旅客人数不足一半，公司就会要求这些旅客改乘下一班次。这样虽然省钱，却引发了旅客的极度不满。后来，北欧航空提出了180万美元的增资计划，意在保证所有飞机准时起飞，即使只有一半乘客也是如此。

新设了一个职位——“服务经理”。服务经理的职责就是确保所有的问题“就地解决”，绝不带给飞机上的机组人员。

来自老大的一线检查。卡尔森办公室有一个终端系统，5分钟更新一次，以了解各个航班的运行情况和工作细节。当卡尔森发现奥斯陆的员工正在想办法克服恶劣天气准时起飞，便马上打电话向他们表达感激之情。再比如，卡尔森了解到有一架飞机晚点了，也会打电话给服务经理，“我是詹·卡尔森，我想了解一下为什么那架飞机会延误”。

不到4个月，卡尔森就达到了目标，成为欧洲最准时的航空公司。所以，当你遇到飞机误点，你会听到千篇一律的解释“我们遇到飞行管制”，这是一个天大的谎言，事实的真相是他们没有把“准时起飞”当作最重要的事情。

卡尔森拯救北欧航空的战略就是从这些“微创新”开始的，事实上，卡尔森真正伟大之处在于，他并不是亲自去搞这种“微小创新”，而是把整个北欧航空变成一个“微小创新”系统，比如，一线员工被授予更多的权力和责任。不妨看几个小故事。

就拿机上的广播来说吧，几乎所有的播音员都是严格按照工作手册逐字照念的，乏味、无趣，让人昏昏欲睡。但是，自从一线员工获得了更多的弹性之后，他们就可以脱离手册，结合自身、乘客以及当时的时事，进行一种谈话式的播报。

1982年9月20日清晨，一班飞机从斯德哥尔摩飞往哥本哈根。前一天正是失势长达6年之久的社会民主党赢得大选的日子。机长拿起麦克风说了一声：“早安，各位‘同志’”。接着，便发表了一篇颇为讽刺的精彩演说。这种应变可不是工作手册里标明的，但这位机长却创造了一次让乘客感动的“微小时刻”。

还有一次，一位好奇的经济舱的乘客悄悄溜进了头等舱。乘务长看到这一情况，立即邀请他进来参观，甚至还在驾驶舱里请他喝了一杯酒。

这名乘客问道：“你最近在这里工作有什么感想？”

乘务长回答：“棒极了！就像在一家完全不同的公司一样。”

乘客问：“你能不能说得具体一点？”

乘务长说：“就像我现在带您四处参观、请您喝酒，都不用请示上级，事后也不必写报告说明为什么要这样做、酒为什么少了一杯。”

卡尔森在拯救北欧航空的过程中，提出了一个崭新的理念：“以前，我们驾驭飞机；现在，要学会驾驭乘客。”这种新的理念被卡尔森总结成MOT(Monment of Truth)理论。在《关键时刻MOT》一书中，卡尔森这样定义“MOT”：任何时候，当一名顾客和一项商业的任何一个层面发生联系，无论多么微小，都是一个形成印象的机会。这一个小小的关键时刻,却给我们进入顾客的大脑和心灵提供了一个革命性的力量。

这就是“微小创新”带来的革命性力量:过去一年中,北欧航空公司总共运载1000万名乘客,平均每人接触5名员工,每次15秒钟。也就是说,这1000万名乘客每人每年都对北欧航空公司“产生”5次印象,全年总计5000万次。这5000万次的“关键时刻”决定了公司未来的成败。因此,公司必须利用这5000万次的关键时刻来向乘客证明:搭乘北欧航空的班机是最明智的选择。

靠着强悍的“微创新”系统,卡尔森也取得了辉煌的战果。仅仅一年的时间,北欧航空公司就扭亏为盈,从亏损2000万美元到获利8000万美元。两年后,北欧航空公司被评为“欧洲最准时的航空公司”。最关键的是,不到两年时间,卡尔森便创建了一家完全由市场驱动的航空公司。

而卡尔森也由此成为MOT这种“微创新”的教父级人物,他所推崇的MOT理论也成为全球商界一堂关键的必修课。美国西南航空公司(Southwest Airlines)借助MOT取得了骄人业绩;IBM耗资数百万美元开发了MOT培训课程;麦当劳公司制定的MOT课程成为新员工上岗培训的必修课程;中国的明基集团也把MOT当作管理人员的必备修炼。

卡尔森是一位当之无愧的“微杀手”!

(资料来源:金错刀,《微革命:微小的创新颠覆世界》,印刷工业出版社,2010年。)

问题:

1. 当时的北欧航空公司存在哪些官僚习气?卡尔森是如何改变公司的这种风气的?
2. 卡尔森的工作主要体现了管理的哪个职能?为什么?
3. 北欧航空公司的5000万次“微小创新”对其他企业有什么启示意义?

案例6-2

星巴克:与伙伴一起“成长”

谈起13年前加入星巴克(Starbucks),现任华北区营运总监的吴晓雷还记忆犹新:“顺着浓郁的咖啡香味儿,抱着强烈的好奇心,我走进了星巴克。”1999年,星巴克在中国的第一家店开在了北京国贸,就在附近酒店上班的吴晓雷每天上班都会经过这家远远就能闻到香味的咖啡店。终于有一天,他忍不住走进店里,“一个伙伴(星巴克把每一名员工都称作‘伙伴’)给我调制了杯橙香拿铁,并带我到展墙热情地介绍咖啡从原豆到烘焙的全过程。”吴晓雷对当时的情景历历在目。

自从那次“擅闯”之后没过多久,他就辞去酒店工作加入星巴克。伙伴亲切热情的态度让吴晓雷对这家美国公司的文化有了强烈的想要进一步了解的欲望,此外,直觉也告诉他,在这里会有更好的发展。从加入星巴克成为门店经理,到如今负责华北及东北区门店运营管理,吴晓雷的经历折射出星巴克伙伴职业发展晋升的路径。

一、清晰的职业晋升路线

星巴克为伙伴提供了透明、清晰的发展路线:咖啡吧员→值班主管→店副理→店经理→区经理→营运高阶职位。星巴克所有的空缺职位首先对内部员工开放,有20%的新职位是内部招聘的，零售一线的管理人员几乎100%是从内部培养提升的。

2006年加入星巴克的应龙，就从普通店员做起。2011年11月，他经历了两次职位转换：从员工提升到主管，又从主管提升到副理。“我看中的是这个公司非常有爱，爱体现在公司对伙伴的发展和培养。”应龙说。

其实，应龙所接受的就是星巴克的人才发展计划。在星巴克的人力资源部门专门设置了“人才与组织发展部”，它们专职做伙伴的潜力开发和个人能力提升。它们会对每个潜力伙伴进行优劣势的研究，然后向他们提供有针对性的培训和辅导。培训形式可以是课堂教授，也有灵活的伙伴内部品评交流，以提高伙伴对咖啡制作，以及知识和文化的了解。通过一系列的人才发展计划，伙伴们能看到自己职业发展的阶梯，只要自己努力，一切皆有可能。

每半年，人力资源部门会对伙伴在技能、服务、沟通等方面进行绩效评估，通过书面报告的形式来检查学员对咖啡文化的理解程度、工作效率，进而评估伙伴在特定岗位的表现是否符合星巴克的要求，表现好、得分高的伙伴就具备了升职的潜力。

二、多样化的提升渠道

然而，对于应龙来说，5年多来最大的殊荣还是获得北区“咖啡大师”的荣誉。“咖啡大师”是星巴克门店鼓励伙伴学习咖啡文化、感受企业价值观的项目。每一位伙伴在入职后都会领到一本“咖啡护照”，上面有星巴克每款咖啡豆的介绍和口味描述，提供品尝指引。伙伴们可以经过申请免费品尝星巴克门店储存和销售的咖啡豆。每次品尝完咖啡后伙伴把感受写到咖啡护照当中。“每写一笔都是经验的积累，时间长了在对咖啡的品尝和认识上会有一个质的飞跃”，作为“发烧友”，应龙每天平均会品尝10杯以上咖啡，如今的他已经练就了尝一口就能准确说出咖啡产地的“硬功夫”。他不仅与内部伙伴交流心得，还经常与顾客“切磋技艺”。每周五下午，应龙都会在星巴克的咖啡讲座上与顾客交流咖啡文化，分享品评的乐趣。

“咖啡大师”虽然不涉及职位上的升迁，更无关薪酬，但却承担着营造门店学习氛围的使命。“咖啡大师”的认证遵循“宽进严出”，每一位对咖啡有兴趣的伙伴都可以报名，但是在经过8～12周的学习培训后，只有通过书面考试、问答、品评环节后成绩优异的，才能被授予“咖啡大师”的称号。在星巴克，这是咖啡师最高的荣誉。而且，每年都要进行循环认证，如果次年咖啡大师在测评中咖啡品尝能力没有得到提升，就有可能被淘汰，“所以在竞争的环境中，伙伴必须保持持续不断的热情。”应龙说。

伙伴在参加“咖啡大师”项目过程中不仅使自己在兴趣及专业素养上得到提升，而且对星巴克的企业文化和价值观也有了更深的认识和了解。除此之外，星巴克还以“实地考察”的形式让伙伴们感受咖啡文化。今年5月份，星巴克组织中国地区伙伴去印度尼西亚苏门答腊岛进行了一次“咖啡原产地”之旅。应龙也幸运受邀，“在那边亲自去采摘咖啡，尝咖啡，目睹了星巴克如何采购高品质咖啡的全过程。作为一个普通职员，这些亲身体验的价值大过物质上的东西。”应龙说。

三、信任是纽带

2012年4月18日，星巴克举行了全球首次伙伴与家属论坛，邀请了1200多名伙伴及其家属参加。会上发生的一幕感动了很多人。

作为区域营运总监（负责北京及河北周边城市门店运营管理）的吴晓雷上台给伙伴颁完奖准备离开时，主持人示意他留在台上。正当他纳闷之际，主持人宣布了一项任命，给台上的吴晓雷"幸福的一击"：他被任命为华北区域营运总监，负责华北及东北地区的门店运营管理。与此同时，吴晓雷的母亲也在工作人员的安排下走上台与他一起分享这一惊喜。"所有这些我都被蒙在鼓里，又惊讶又高兴，我激动得差点说不出话来。"吴晓雷谈及此情此景又忍不住动容。"这份'礼物'太意外了。这是我的一个愿望，但我觉得自己还可以做到更好。"公司对吴晓雷充分的信任给予了他莫大的肯定和鼓励。

在星巴克，"信任"是一种企业"性格"。星巴克的员工流动率在全球零售和餐饮行业市场上低于平均水平。CEO 霍华德・舒尔茨(Howard Schultz)认为，这主要得益于企业与伙伴之间的信任关系："我们在塑造成功的外部品牌形象之前，必须在内部，也就是在我们的员工和伙伴当中建立一个'品牌'，这就是信任。"星巴克通过与伙伴建立起稳固的信任关系，然后通过他们来和顾客(客户)建立起'朋友'关系，进而给客户提供更好的体验。"星巴克不只是一家卖咖啡的公司，它提供的是一种体验，维持良好体验最核心的要素是对人的尊重。"霍华德认为，星巴克的核心竞争力就是人。

目前星巴克在中国的 48 个城市已有超过 600 家门店，并计划在 2015 年实现在 70 多个城市运营 1500 多家门店的目标。这一发展速度无疑对人员和服务的一致性提出了更高的要求。创建早期就不提倡打广告、做市场营销的星巴克把更多资源用于帮助伙伴成长，建立未来的职业发展机会。

为了使伙伴分享企业的发展成就，星巴克除了提供全面的薪酬福利保障外，还推出了股票期权方案——"咖啡豆计划"。所有星巴克直营市场的伙伴，无论是全职，还是计时的咖啡吧员，只要在一年中累计工作时间达到或超过 360 小时，就可以拥有星巴克咖啡豆股票。每年，星巴克董事会对公司当年业绩和费用作出评估，并决定奖励给伙伴们的星巴克股票的额度。随着伙伴们在星巴克的成长，他们拥有的股票也会不断增加。

"在星巴克由于企业文化的影响，我们更愿意接受新事物和迎接新挑战，并积极与人分享，在这个过程中对自己本身就是一个提升。慢慢地，我从开始是自己做得好，到引导别人，然后到管理一个小团队，直至大团队，现在是一个区域，很多动力都来自企业给你的信任。"吴晓雷说。

(资料来源：世界经理人网站，http：//www. ceconline. com/hr/ma/8800064787/01/,2012-08-28。)

问题：

1. 从组织职能的角度谈谈星巴克成功的经验。
2. 星巴克的这些成功经验能复制到其他企业吗？如果能，还应该注意哪些问题？

第 7 章 组织结构设计

最好的组织结构也不一定保证一个组织可以取得成果和杰出的绩效，而组织结构不合理，它的绩效肯定糟糕，它只会造成摩擦和挫折。不合理的组织结构把注意力集中在不恰当的问题上，加剧不必要的争论，小题大做。同时，它使弱点和缺陷加大，而不是使长处和优势加强。所以，恰当的组织结构是取得良好绩效的先决条件。

——彼得·德鲁克

开篇案例

2012 年 5 月 18 日，国内互联网公司腾讯正式宣布，为顺应用户需求以及推动业务发展，将进行公司组织架构调整。

通过这次调整，腾讯将从原有的业务系统制(Business Units，BUs)升级为事业群制(Business Groups，BGs)，把现有业务重新划分成企业发展事业群(CDG)、互动娱乐事业群(IEG)、移动互联网事业群(MIG)、网络媒体事业群(OMG)、社交网络事业群(SNG)，整合原有的研发和运营平台，成立新的技术工程事业群(TEG)，并成立腾讯电商控股公司(ECC)专注运营电子商务业务。

从调整方案来看，腾讯将重点布局社交、游戏、网媒、无线、电商和搜索六大业务，强化平台战略。可以看出，腾讯的长期战略布局中，一个完整的平台矩阵已初具雏形。这个平台矩阵涵盖了腾讯已经投入了相当一段时间的几大互联网领域，同时也为未来发展和变化预留出足够的空间。

在社交领域，"强化大社交网络"，腾讯此次把即时通讯平台 QQ 与两大社区平台 QQ 空间、朋友网整合成为社交网络事业群，将形成更具规模效应的社交网络平台。

在游戏领域，"拥抱全球网游机遇"，腾讯展现了全球化布局的战略意图。

在新媒体领域，"整合网络媒体平台"，在过去一年多的时间，腾讯已经逐步将传统门户、微博和视频等多种媒体形态进行深度整合，形成一个整合性的新媒体平台，在新媒体领域形成了更为全面的布局。

在无线领域，"发力移动互联网"，无线不仅是腾讯最早搭建的平台之一，也是最早带来收入的业务，从 2G 时代到 3G 时代，从手机 QQ、手机浏览器到手机管家，腾讯在移动互联上的布局愈加丰富和清晰。

在电商领域，"推动电商扬帆远航"，显示了腾讯长期投资电子商务的决心。未来专注的电商公司将以更灵活的机制应对市场挑战。

在搜索领域，"聚力培育搜索业务"，腾讯将通过此次组织调整，使搜索业务更好地依托公司核心技术工程平台和移动互联网业务平台的资源优势，大力发展新一代搜索服务。在新的架构调整中，搜索商业部门与无线平台的整合是一大亮点。

调整后，腾讯各事业群将拥有更清晰、明确的方向和分工，更闭环、高效的决策机制，以发挥互联网“聚焦、快速、灵活”的优势，在事业群内充分发挥灵活、敏锐、创新的“小公司”精神。同时，各事业群之间服务核心用户以及共享基础服务平台，力求充分利用“大公司”的资源平台整合优势。

（资料来源：作者根据公开资料整理。）

随着组织的规模不断发展壮大，职位也就越来越多，分工自然也越来越细。当职位分工细到一定程度的时候，为了便于管理，就需要把相似的活动或职位打个包组合在一起，这样一个部门就形成了。比如市场营销部、财务部、生产部、研究与发展部，等等。

随着部门越来越多，组织的高层管理者就需要考虑如下问题：应该设置哪些部门；设置多少个部门；每个职能部门的职责权限是什么；各个部门之间如何协调与合作；部门之间又是怎么样一种层次关系；每一级的管理层次又起着什么样的作用。这种对管理层次和对部门的划分，以及各部门和职位相应的职能、职责、职权等问题，就是组织结构问题。

组织结构（organizational structure）是指组织内部各组成部分之间的有机联系，是表明组织各要素和各部门排列顺序、空间位置、聚散状态、联系方式以及相互之间关系的一种模式，是整个组织系统具体的“框架”结构。组织结构本质上是为实现组织目标而采取的一种分工协作体系，是组织的流程运转、部门设置及职能规划等最基本的结构依据。

第1节 部门划分

一、部门以及部门划分的含义

部门划分，简称部门化（departmentalization），是指将若干职位组合在一起的依据和方式。简单地说，部门化就是将组织中的活动按照一定的逻辑安排，划分为若干个部门。部门划分的目的就是确定组织中各项任务的分配以及责任的归属，以求分工合理、职责分明，从而有效达到组织的目标。正如法约尔所指出的，部门化是“为了用同样多的努力生产更多和更好的产品的一种分工”。

部门化的结果就是形成组织的各个部门。部门是指组织中管理人员为完成规定的任务有权管辖的一个特定领域。部门在不同的组织、组织不同的层次有着不同的称呼，企业有分公司、部、处、科、组等；军队有师、团、营、连等；政府机关有司、局、处、科等。

无论是在理论上，还是在管理实践过程中，人们都发现，把组织的各种活动和人员划分为部门，既进一步优化了劳动分工，促进了生产力的发展，又使得组织规模的不断扩大成为可能。

二、部门划分的原则

（一）精简原则

组织结构中的部门力求量少而精简，避免机构臃肿、人浮于事，这是以有效地实现组织目标为前提的，也是减少管理费用的根本保障。

（二）弹性原理

划分部门应随组织业务的需要而增减。在一定时期划分的部门，没有永久性的概念，其增设和撤销应随业务工作而定，做到“因事设职”。组织也可以设立临时部门或工作组来解决临时出现的问题。

（三）目标实现原理

指必要的职能均应具备，以确保目标的实现。当某一职能与两个以上部门有关联时，应将每一部门所负责的部分加以明确规定。

（四）任务均衡原理

指各部门职务的指标分派应达到平衡，避免忙闲不均、工作量分摊不均。

（五）检查部门与业务部门分设原则

考核和检查业务部门的人员，不应隶属于受其检查评价的部门，只有这样，才有可能避免检查人员“偏心”，才能够真正发挥检查职务的作用。

三、部门划分的主要方式

部门划分的方式有多种，但必须指出的是，并不存在适合于所有情况的唯一最好的方式。管理的实践活动中究竟采用何种方式，主要取决于组织面对的具体情况。

（一）按职能划分部门

按职能划分部门，也称职能部门化（functional departmentalization），这是最普遍采用的一种部门划分方式。即按专业化的原则，以工作或任务的性质为基础，把具有相同职能的工作岗位放在同一个部门。按职能划分部门的方法，是基于这样的一种认识：很少人能够对各个方面的知识样样精通。规模小的公司，业务量小，只需要很少的管理人员，因此，往往是一个人管理许多事情，不需要进行职能分工。但是在规模较大的公司，管理业务及管理人员都增加了，分工和职能划分成为组织有效运行的必要条件。因此，组织管理划分为若干个职能部门来进行便是一个必然的趋势。比如，某制造业企业按照技术、生产、销售、财务以及人事等划分成若干职能部门；某酒店按照客房部、餐饮部、人事部、财务部划分职能部门。

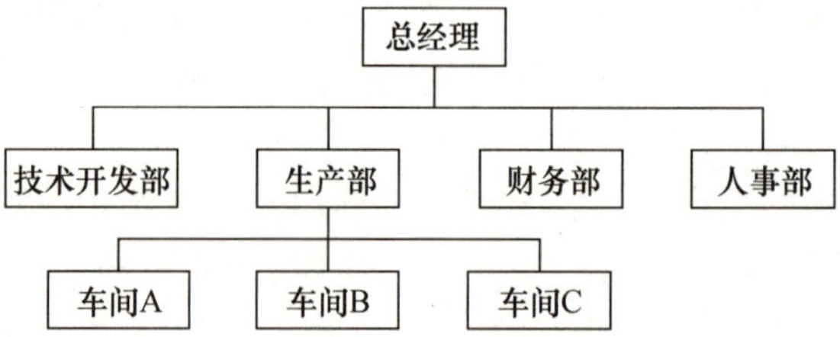

图 7-1　职能部门化

在组织的管理活动中，职能部门起着重要的作用。第一，职能部门是各级管理人员的得力参谋和助手。职能部门能够给予上级管理人员专业化、职业化的帮助，协助上级管理人员搞好决策、指挥和监督工作，有助于提高行政管理工作的效率。第二，各职能部门在其专业分工的范围内担负着人、财、物、产、供、销等专业管理活动，容易造就一大批专家型人才，通过这些专业管理活动，为生产经营活动的有效进行创造必要条件。第三，上级职能部门对下一级部门和机构，在业务上发挥着指导和帮助作用。第四，在处理对外业务关系方面，职能部门起着重要作用。在企业领导层的授权下，职能部门可以对外代表企业，开展正常的业务往来，处理各种对外联系和关系。

当然，这种部门划分的方式，缺陷也是明显的。首先，职能部门的人员往往会养成过于专一态度和行为方式。如各部门各有专责，各自独立，过分强调自己部门的重要性，形成部门主义或本位主义，这种狭隘的观点会破坏公司的整体性。正因为这样，部门之间形成的这种隔阂，增加了协调的困难。其次，按照职能划分部门事实上造成了组织的“职能割裂”现象，各个职能部门只是负责组织业务的一部分，只有最高层的管理者才能对公司的事务全面负责，在大的公司里，这样的责任会导致高层管理者负担过重。再次，各个职能经理长期单一化工作极易造成“隧道视野”，无法从整体上认识和处理组织活动，这就不利于培养综合、全面的管理人才。另外，这种组织形式也缺乏灵活性和弹性。

（二）按产品划分部门

按产品划分部门，即产品部门化（product departmentalization），就是按组织向社会提供的产品来设立管理部门、划分管理单位，把同一产品的生产或销售工作集中在相同的部门组织进行。拥有不同产品系列的公司常常根据产品建立管理单位，比如，某家电企业集团可能会依据其产品类别划分出彩电部、空调部、冰箱部、洗衣机部等部门。

从职能部门化到产品部门化要经历一个发展过程，当组织规模不大、产品种类比较少、各种产品产量和社会需求量还不足够多的时候，企业中可能采取职能部门化。但随着产品种类越来越多、需求量和生产量都十分庞大的时候，企业可能会采取产品部门化的形式。按产品划分部门的做法，正在广泛地被应用，而且也越来越受到重视。在大型、复杂、多品种经营的公司里，按产品划分部门往往成为一种通常的准则。

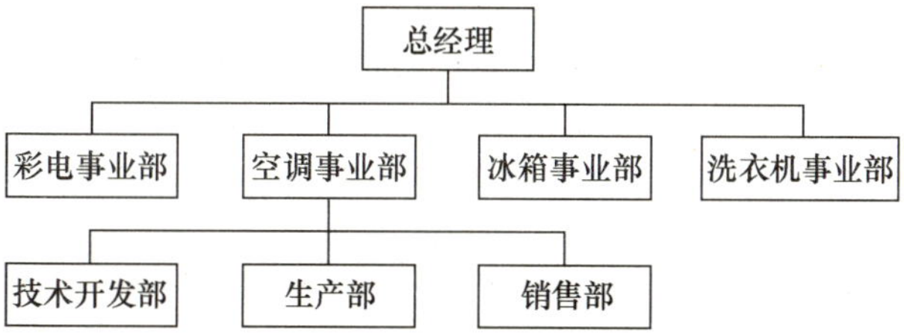

图 7-2　产品部门化

产品部门化有其自身的优点：第一，产品部门化以产品为中心，便于对成本、利润和绩效进行测定和评价，这对于激烈竞争的、多变的市场环境是非常重要的；第二，按产品划分部门，分部可以形成以利润为目标的责任中心，它承担了总公司的一部分责任，其本身也具有高度的完整性；第三，它是分权化的组织，有利于创新活动，有利于改善产品部门内部的协调工作，为产品部门经理提供一个最佳训练机会；第四，按产品划分部门，容易适应产品与劳务的迅速发展与变化，任何一种产品发展到一定程度，就可以分化出去，成为一个新的独立分部，这使得每一个分部都能保持一个适当的规模，避免部门的无限制膨胀带来管理的复杂化。

其缺点是：第一，随着产品种类越来越多，产品部门化要求有更多的通才；第二，产品部可能发展得过于自主，拥有较大的权力，增加了公司总部的控制问题，分权及控制的不当，很可能使得公司的整体性受到破坏；第三，各个产品事业部的相对独立性，容易造成企业部门与机构的大量重复设置，管理成本会上升；第四，如果产品部门划分不当，容易造成各个产品事业部之间的竞争，造成内耗。

（三）按地区划分部门

按地区划分部门，即地区部门化（Geographic Departmentalization），就是按地理位置因素来划分部门。这种方法较多用于一些地理位置比较分散、规模又比较大的公司。当一个企业在空间分布上涉及地区广泛，并且各地区的政治、经济、文化、习俗等存在差别并影响到企业的经营管理，尤其是跨国公司，这时就将某个地区或区域的业务工作集中起来，委派一位主管人员负责。

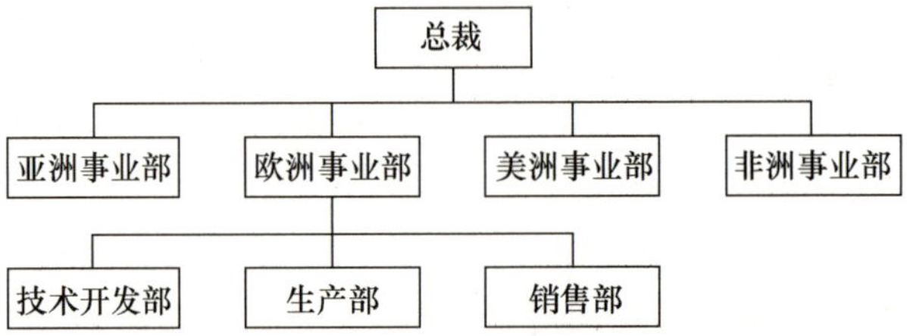

图 7-3　地区部门化

地区部门化的优点是：对本地区市场和环境的变化反应迅速灵敏，因地制宜，取得地方化经营的优势效益；有利于生产的当地化，节省运输费用，缩短交货时间；由于各个地区部门的相对独立性，也利于管理人员的培养。

缺点是：与总部之间的管理职责划分较困难；增加了最高层主管对各部门控制的困难；会造成机构的重复设置，提高管理费用；各个独立性区域之间的协调往往很困难。

（四）按顾客划分部门

按顾客划分部门，即顾客部门化（customer departmentalization），就是按组织服务的对象类型来划分部门（见图 7-4）。比如，某销售企业设立零售部、批发部和集团客户服务部；某银行为了不同的顾客提供服务，设立了商业信贷部、农业信贷部和普通消费者信贷部等。

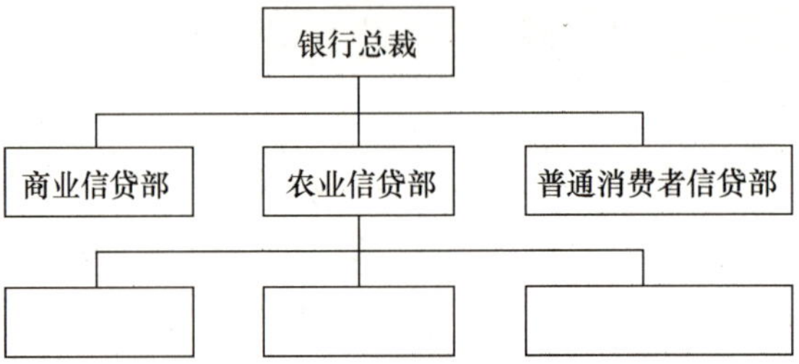

图 7-4　顾客部门化

顾客部门化的优点是：服务针对性强，便于企业从满足不同顾客的要求出发，加有针对性地按需生产、按需促销，做到精细化服务。缺点是：按这种方法组织起来的部门，主管人员常常列举某些原因要求给予特定顾客照顾和优待，可能造成难以协调顾客需求矛盾；要求管理人员和员工成为解决顾客问题的专家；有时候很难清晰地确定顾客群；并且，也只有当顾客达到一定规模时，才比较经济。

（五）按过程或设备划分部门

按过程或设备划分部门，即过程部门化（Process Departmentalization），就是按完成任务的过程所经过的阶段或设备来划分(见图 7-5、7-6)。比如,机械制企业划分出铸工车间、锻工车间、机加工车间、装配车间等部门;某医院分为放射科、心电图室、脑电图室、超声波室等部门。过程部门化的优点是:能取得经济优势;充分利用专业技术和技能;简化了培训。缺点是:部门间的协作较困难。

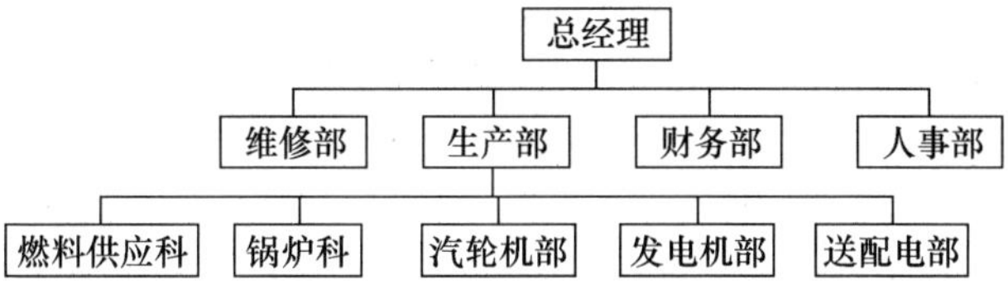

图 7-5 过程部门化

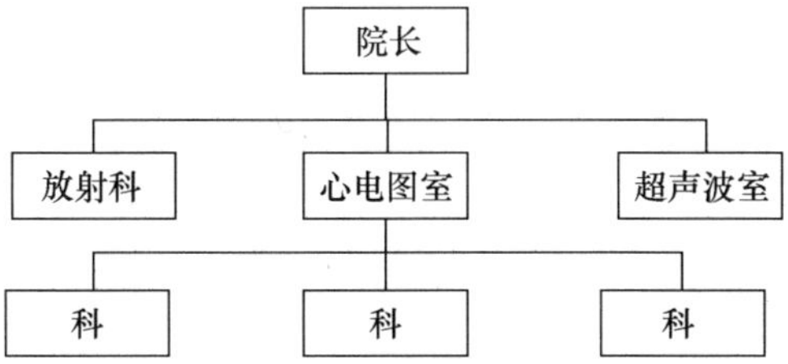

图 7-6 设备部门化

(六) 按人数划分部门

人数部门化是在未考虑其他因素情况下,完全按人数的多少来划分部门。如军队中的师、团、营、连、排即为此种划分方法。人数部门化是组织结构的部门化中最原始、最简单的划分方法,它仅仅考虑的是人的数量。在高度专业化的现代社会,这种划分方法越来越少,因为随着人们文化水平和科学水平的提高,每个人都能掌握某种专业技术,把具备某种专业技术的人们组织起来去做某项工作,比单靠数量组织起来的人们有较高的效率,特别是现代企业逐渐从劳动集约化向技术集约化转变,单纯按人数多少划分部门的方法有逐渐被淘汰的趋势。

(七) 按时间划分部门

此外,还有按照时间划分部门的方式,即时间部门化。某些企业实行的三班制、轮班制,即可按此来划分。比如,医院、消防队,航空公司和炼钢厂的基层作业常采用轮班制方法加以组织,将人员划分为早班、中班、夜班,形成三个部门。

第 2 节 组织结构的主要类型

一、组织结构设计的关键因素

(一) 工作专门化

工作专门化(work specialization)是劳动分工的必然结果。传统的劳动分工观点已经在介绍管理思想演变的章节提到过。劳动分工是指并非让一个人完成全部的工作,而是将工作划分为若干步骤，由一个人单独完成其中的某一个步骤。换言之，个人是专门从事某一部分的活动而不是全部活动。每个工人不断重复地做同一项标准化的装配线生产工作，就是劳动分工的一个典型。

劳动分工使不同工人持有的不同技能都能得到有效的利用。在大多数组织中，如果所有的工人都要从事制造过程的每一个步骤的活动，他们就必须同时具备完成组织任务所必要的全部技能，这在大型组织中几乎是不可能的。

20 世纪初，亨利·福特通过建立汽车生产线而享誉全球。他的做法是，给公司每一位员工分配特定的、单一的、重复性的工作，例如，有的员工只负责装配汽车的右前轮，有的则只负责安装右前门。通过把装汽车的工作分化成较小的、标准化的小任务，使工人能够反复地进行同一种操作。尽管福特公司只是雇佣了技能相对有限的员工，但在福特的生产线上每 10 秒钟就能生产出一辆汽车。福特的经验表明，让员工从事专门化的工作，他们的生产效率会提高。

通过实行工作专门化，管理层还寻求提高组织在其他方面的运行效率。通过重复性的工作，员工的技能会有所提高，在改变工作任务或在工作过程中安装、拆卸工具及设备所用的时间会减少。同样重要的是，从组织角度来看，实行工作专门化，有利于提高组织的培训效率。挑选并训练从事具体的、重复性工作的员工比较容易，成本也较低，对于高度精细和复杂的操作工作尤其是这样。

20 世纪 50 年代以前，管理人员把工作专门化看作提高生产率的不竭之源。在那个时代或许他们是正确的，因为那时工作专门化的应用尚不够广泛，只要引入它，几乎总是能提高生产率。但到了 60 年代以后，越来越多的证据表明，工作专门化过细就成了坏事。在某些工作领域，人的非经济性因素的影响（表现为厌烦情绪、疲劳感、压力感、低生产率、低质量、缺勤率上升、离职率上升等）超过了其经济性影响的优势。因此，我们在使用劳动分工原则实现工作专门化以提高劳动效率的同时，也应该注意时刻保持警惕，密切关注劳动分工过细带来的问题，在职位设计、组织结构设计的时候，配合其他方式，把劳动分工的弊端降到最低，上一章已经介绍过职位轮换、职位扩大化、职位丰富化等方式。

（二）部门化

一旦通过工作专门化完成任务细分之后，就需要按照类别对它们进行分组，以便使共同的工作可以进行协调。工作分类的基础是部门化。随着组织规模的扩大和生产经营活动的复杂化、高级化，组织业务活动种类越来越多，所涉及的专业领域越来越广。因此，为了提高工作效率，管理者就必须在劳动分工的基础上，把各项活动进行归类，使性质相同或相似的工作合并到一起组成一个个专业化的部门。

劳动分工创造了专家，也对协调提出了要求。而将专家们归并到一个部门中，在一个管理者指导下工作，可以促进这种协调。

（三）管理幅度

部门化的过程中，一个重要的问题是：每个部门应该多大？换言之，一个部门主管应该有多少下属？这就是管理幅度的问题了。组织结构的设计工作，一定要保持合理、适度的管理幅度。

管理幅度比较小，可以加强对下属的协调与管理，但缺点是：第一，管理层次会因此而增多，管理成本会大大增加。第二，使组织的垂直沟通更加复杂。管理层次增多也会减慢决策速度，并使高层管理人员趋于孤立。第三，管理幅度过窄也容易造成对下属监督过严，妨碍下属的自主性。若管理幅度比较大，虽然能减少管理层次、提高组织的灵活性、给下属更多的自主权，但是过大的管理幅度也会造成管理松散、横向部门的协调困难、对管理者压力大等诸多缺陷。

（四）指挥链

指挥链(chain of command)，又称指挥系统，是从组织的最上层到最下层的管理人员之间形成的一条不间断的权力路线，因此也称为权力线。对于各个层次的管理人员来说，指挥链能回答他们的两个问题：我有问题时，去找谁？我对谁负责？因此，这条权力链表明了组织中的部门和人员是如何相互联系的，表明谁向谁报告、谁对谁负责。

指挥链涉及两个原理：一是统一指挥(Unity of Command)原理。古典学者们强调统一指挥原则，主张每个下属应当而且只能向一个上级主管直接负责，不能向两个或者更多的上司汇报工作，否则，下属可能要面对来自多个主管的相互冲突的要求或优先处理的要求。二是阶梯原理(The Scalar Principle)。这一原理强调从事不同工作和任务的人，其权力和责任应该是有区别的。组织中所有人都应该清楚地知道自己该向谁汇报，以及自上而下的、逐次的管理层次。统一指挥涉及谁对谁拥有权力，阶梯原理则涉及职责的范围。因此，指挥链是决定权力、职责和联系的正式渠道。

（五）集权与分权

在有些组织中，高层管理者制定所有的决策，低层管理人员只能毫无保留地执行，没有商量的余地，也没有提建议的权力。另一种极端情况是，组织把几乎所有的决策权下放到最基层管理人员手中。前者是高度集权式的组织，而后者则是高度分权式的。

集权化(centralization)是指决策权在组织系统中较高层次的一定程度的集中。这个概念只包括正式权威，也就是某个职位固有的权力。一般来讲，如果组织的高层管理者不考虑或很少考虑基层人员的意见就决定组织的主要事宜，则这个组织的集权化程度较高；相反，基层人员参与程度越高，或他们能够自主地作出决策，组织的分权化(decentralization)程度就越高。

在组织管理中，集权和分权是相对的，绝对的集权或绝对的分权都是不存在的。集权的优点主要表现在：政令统一，标准一致，便于统筹全局；指挥方便，命令容易贯彻执行；有利于形成统一的企业形象；有利于集中力量应付危局。但也有不少缺点：不利于发展个性，顾及不到事物的特殊性；缺少弹性和灵活性；适应外部环境的应变能力差。

在分权式组织中，采取行动、解决问题的速度较快，更多的人为决策提供建议，所以，员工与那些能够影响他们的工作、生活的高层管理者隔膜较少，或几乎没有。近年来，分权式决策的趋势比较突出，这与使组织更加灵活和主动地作出反应的管理思想是一致的。在大公司中，基层管理人员更贴近生产实际，对有关问题的了解比高层管理者更翔实。

二、机械式与有机式组织

机械式组织(Mechanistic organization)，也称官僚行政组织，是综合使用传统设计原则的自然产物。传统组织往往坚持统一指挥的结果，也就产生了一条正式的职权层级链，每个人只受一个上级的控制和监督。而保持窄的管理跨度，并随着组织层次的提高缩小管理跨度，这样也就形成了一种高耸的、非人格化的结构。当组织的高层与低层距离日益扩大时，高层管理因无法对低层次的活动通过直接监督来进行控制并确保标准作业行为得到贯彻，就会增加使用规则条例。机械式组织对任务进行了高度的劳动分工和职能分工，以客观的不受个人情感影响的方式挑选符合职务规范要求的合格的任职人员，并对分工以后的专业化工作进行集权严密的层次控制，同时制定出许多程序、规则和标准，这类企业在组织上无疑具有明显的机械式结构特征。因此，机械式组织往往是高度复杂化、高度正规化和高度集权化的，像高效率的机器一样，以规则、条例和正规化作为润滑剂。

有机式组织（Organic organization），也称适应性组织，则与机械式组织形成一种鲜明的对照，它是低复杂性、低正规化和分权化的。有机式组织是一种松散、灵活的具有高度适应性的形式，不具有标准化的工作和规则条例，能根据需要迅速地作出调整。

有机式组织有两个比较明显的特点：非标准化和低集权化。有机式组织也进行劳动分工，但人们所做的工作并不是标准化的。员工多是职业化的，具有熟练的技巧，并经过训练能处理多种多样的问题。他们的教育已经将职业行为的标准灌输到他们体内，所以不需要多少正式的规则和直接监督。例如，给计算机工程师分配一项任务，就无须告诉他如何做事的程序。他对大多数的问题，都能够自行解决或通过征询同事后得到解决。这是依靠职业标准来指导他的行为。有机式组织保持低程度的集权化，就是为了使职业人员能对问题作出迅速的反应；人们并不能期望高层管理者拥有作出必要决策所需的各种技能。

机械式组织	有机式组织
√ 严格的层级关系	√ 合作（纵向和横向）
√ 固定的职责	√ 不断调整的职责
√ 高度的正规化	√ 低度的正规化
√ 正式的沟通渠道	√ 非正式的沟通渠道
√ 集权的决策	√ 分权的决策
组织：	组织：
环境相对稳定和确定	环境不稳定和不确定
任务明确且持久	任务多样化且不断变化
技术相对统一而稳定	技术复杂而多变
按常规活动，以效率为主要目标	有许多非常规活动，需要创造和革新能力

图 7-7 机械式组织与有机式组织

三、典型的组织结构类型

组织结构是管理理论最早并最彻底地予以研究的一个领域。长期以来，随着管理实践的繁荣及管理理论研究的深入，人们设计出许多组织结构形式，以满足不同组织以及组织在不同时期的需要。比较典型的组织结构类型有直线制、职能制、直线职能制、矩阵制、事业部制等。其中直线制和职能制是早期人们在企业规模小、生产品种单一、管理简单的情况下采用的组织结构形式，目前主要是小企业在使用，或者大型组织的某一部分或分支在使用。从管理实践来看，企业目前采用的是直线职能制、矩阵制和事业部制。下面简单介绍几种组织结构形式。

（一）直线制

直线制组织结构是最古老也是最简单的组织结构形式。所谓“直线”，是指在这种组织结构下，职权直接从高层开始向下逐步传递、分解，经过若干个管理层次达到组织最低层。其特点是：① 组织中每一位主管人员对其直接下属拥有直接职权；② 组织中的每一个人只对他的直接上级负责或报告工作；③ 主管人员在其管辖范围内，拥有绝对的职权或完全职权，即主管人员对所管辖的部门的所有业务活动行使决策权、指挥权和监督权；④ 不单独设置职能机构(有时可设职能人员协助主管人工作)，一切管理职能基本上都由行政主管自己执行。

直线制组织结构的优点是：结构比较简单，职权和职责分明，命令统一，信息沟通简捷方便，便于统一指挥，集中管理。缺点是：它要求各级管理人员通晓多种知识和技能，亲自处理各种业务，这在业务比较复杂、企业规模比较大的情况下，把所有管理职能都集中到最高管理者身上，显然是难以胜任的；缺乏横向的协调关系，没有职能机构作为行政首脑的助手，容易使行政首脑产生忙乱现象。因此，直线制只适用于规模较小，生产技术比较简单的企业，对生产技术和经营管理比较复杂的企业并不适宜。

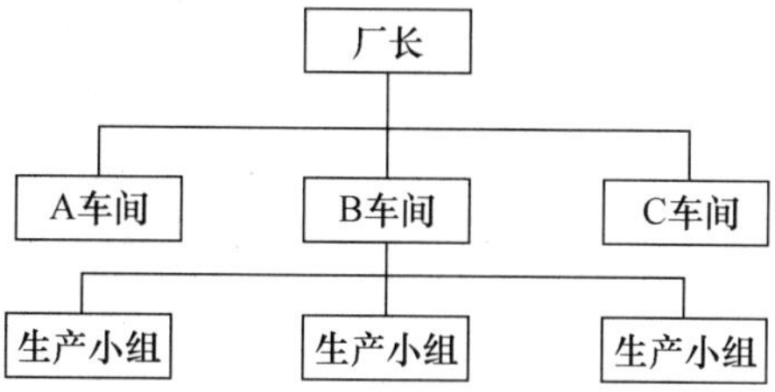

图 7-8 直线制组织结构

在上图中，各车间分别从事不同的产品生产作业，在车间内生产作业职能进一步分解到工段以及班组。车间主任、班组长均负责生产作业的管理，但其职权范围是不同的。他们的职权范围在纵向维度上经过逐层分解而趋向缩小。在各自所管辖的领域(部门)，车间主任、班组长对的生产作业活动拥有完全职权。这种组织形式在某种意义上类似逐级承包体制，是一种集权式的组织结构形式。

（二）职能制

职能型组织结构，亦称 U 型组织或多线性组织结构。职能制结构起源于 20 世纪初，法约尔在其经营的煤矿公司担任总经理时所建立的组织结构形式，故又称“法约尔模型”。它是按职能来组织部门分工，即从企业高层到基层，均把承担相同职能的管理业务及其人员组合在一起，设置相应的管理部门和管理职务。这种结构要求管理人员把相应的管理职责和权力交给相关的职能机构，各职能机构就有权在自己业务范围内向下级单位和部门发号施令。因此，下级管理人员除了接受上级管理人员的指挥外，还必须接受上级各职能机构的领导。这是以工作方法和技能作为部门划分的依据。现代企业中许多业务活动都需要有专门的知识和能力，通过将专业技能紧密联系的业务活动归类组合到一个单位内部，可以更有效地开发和使用技能，提高工作的效率。

职能型结构的优点在于它从专业化中取得的优越性：职能分工给管理人员带来了专业化的帮助，减轻了他们的压力，降低了专业性工作的管理难度；将同类专家归在一起可以产生规模经济，减少人员和设备的重复配置，避免浪费；同一职能部门内部的专业人员便于相互交流、相互支援，因为同行们“说同一种语言”，这对创造性地解决技术问题很有帮助。

职能型结构的缺点也很明显：组织中常常会因为追求职能目标而看不到全局的最佳利益；不同职能部门的利益不同、视野不同，会导致职能部门之间不断地发生冲突，各自极力强调自己的重要性；职能分工造成的“职能割裂”现象，没有一项职能和部门对最终结果负全部责任；不同职能部门的成员们相互隔离，很少了解其他职能部门的工作，不利于各个部门之间的协作；造成“多头领导”现象，违反了统一指挥原则；不能对未来的高层经理提供训练的机会，职能经理们看到的只是组织的一个狭窄的局部而没有关于整个组织活动的广阔视野。

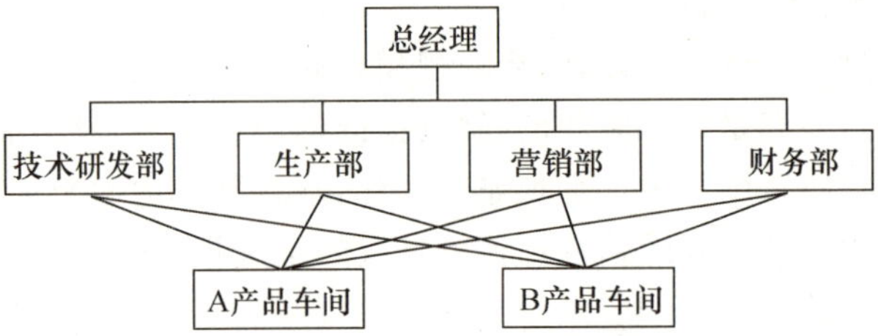

图 7-9　职能制组织结构

图 7-9 就是一个典型的职能制组织结构图。在这个组织中，四个职能部门都可以在自己的职能范围内对两个下属车间发号施令，但是都不会对其中任何一个产品车间的最后结果负责。我们甚至可以想象到这样一种会经常发生的情景：某一天，总经理发现 A、B 产品都一直亏损，召集四位职能经理分析原因。总经理：“财务报表显示，两种产品一直亏损，财务部负有重大责任。”财务部经理：“不是我们的责任，营销部一直销售不佳，才导致亏损。”营销部经理：“不是营销部的责任，生产部生产的产品一直有质量问题。”生产部：“这和生产部门无关，研发部设计的产品有缺陷，无论如何调整设备都不能生产出合格的产品。”技术研发部经理：“我们没有资金搞研发，财务部一直不给资金支持！”财务部经理：“我们没钱，因为营销部卖不出去产品。”……谁应该对最后的结果负责呢？

一般来说，职能制结构主要适用于中小型的、产品品种比较单一、生产技术发展变化较慢、外部环境比较稳定的企业。因为这种企业的经营管理相对简单，部门较少，横向协调的难度小，对适应性的要求较低，因此职能制结构的缺点不突出，而优点却能得到较为充分的发挥。当企业规模越来越大、内部条件越来越复杂、外部环境越来越动荡的时候，就不应再采用这种结构形式。但在组织的某些局部范围，仍可部分运用这种按职能划分部门的方法。例如，在分权程度很高的大企业中，组织的高层往往设有财务、人事等职能部门，这既有利于保持重大经营决策所需要的必要的集权，也便于让这些部门为整个组织服务。此外，在组织的作业管理层，也可根据具体情况，程度不同地运用设置职能部门或人员的做法，借以保证生产效率的稳定和提高。

（三）直线职能制

直线职能制组织结构是现代企业中最常见的一种结构形式，而且在大中型组织中尤为普遍。这种组织结构以直线为基础，在各级管理人员之下设置相应的职能部门（如研发、销售、人力资源、财务等部门）从事专业职能管理，作为该级管理人员的参谋，实行统一指挥与职能部门参谋指导相结合。在直线职能型结构下，下级机构既受上级部门的管理，又受同级职能管理部门的业务指导和监督。各级管理人员逐级负责，高度集权。因而，这是一种按经营管理职能划分部门，并由最高经营者直接指挥各职能部门的体制。

在这种结构中，除了直线管理人员之外，还需要职能部门提供服务——他们与直线人员共同工作。直线管理人员直接参与组织目标的实现，而职能部门则是间接参与。比如，在一些生产性企业，因为它的主要目标就是生产和销售。作为组织目标实现的直接参与者，生产与市场人员构成了直线人员，其他部门作为职能部门。因此，区分组织中谁是直线部门和职能部门的一个方法就是根据组织的目标，看谁直接为其作出贡献，谁间接为其作出贡献。在一个组织中，人事、研究与开发、法规、财务及公共关系部门往往被设计成职能部门。

在20世纪初期之前，经济增长的主要推动力是劳动分工，这激发了职能制结构的产生。美国钢铁公司（United States Steel Corporation）就是以这种方式在1901年成为第一个10亿美元的企业的。美国标准石油公司（The Standard Oil Company）也是采用直线职能型结构的先驱。这种组织结构同样也在福特时代的汽车工业得到应用，它使福特公司开发出流水线作业方式，使汽车工业得以规模化生产。

直线职能制组织结构综合了直线制和职能制组织结构的优点，它既保证了直线型结构集中统一指挥的优点，又吸收了职能型结构分工细密、注重专业化管理的长处，发挥各种专门业务管理的作用，其职能高度集中、职责清楚、秩序井然、工作效率较高，整个组织有较高的稳定性。

直线职能制的缺点是：直线职能制属于典型的“集权式”结构，权力集中于最高管理层，由此造成高层管理人员工作压力大，而下级缺乏必要的自主权；依然存在“职能分裂”现象，各部门之间（特别是各职能部门与直线部门之间）的横向协作较差，容易产生矛盾，对于需要多部门合作的事项，往往难以确定责任的归属；直线职能制的组织，往往层级比较多，导致信息、命令传递路线较长，反馈较慢，难以适应环境的迅速变化。为了克服这些缺点，好多组织在采用这种组织结构的同时，设立各种综合委员会，或建立各种会议制度，以协调各方面的工作，起到沟通作用。

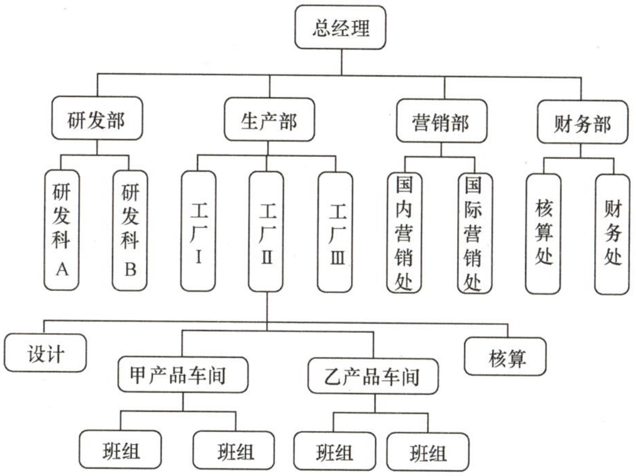

图7-10 直线职能制组织结构

（四）事业部制

事业部制组织结构（Multidivisional structure），亦称M型结构，是以成果为中心的组织形式，最初是由皮埃尔·杜邦（Perre DuPont）于1920年改组杜邦公司时提出的，但当时只是一种很粗略的形式。此后，通用汽车公司总裁小阿尔弗雷德·斯隆（Alfred P.

Sloan,Jr.)推行了更为完善的"联邦分权制"，成为分权制的一种典型，故事业部制也称为"斯隆模型"，或"联邦分权化"。当时，通用汽车公司合并收买了许多小公司，企业规模急剧扩大，产品种类和经营项目增多，而内部管理却适应不了这种急剧的发展而显得十分混乱。时任通用汽车公司常务副总经理的斯隆参考了杜邦化学公司的经验，以事业部制的形式于1924年完成了对原有组织的改组，使通用汽车公司的整合与发展获得了较大成功，成为实行事业部制的典型，因而事业部制又称"斯隆模型"。几乎与此同时，在日本，有"经营之神"之称的松下幸之助在1927年也采用了事业部制，这种管理架构在当时被视为划时代的机构改革，与"终身雇佣制"、"年功序列"并称为松下制胜的"三大法宝"。

事业部制是一种高度集权下的分权管理体制，实行分级管理、分级核算、自负盈亏，即一个公司按地区或按产品类别分成若干个事业部，事业部在最高决策层的授权下享有一定的投资权限，是具有较大经营自主权的利润中心，从产品的设计、原料采购、成本核算、产品制造，一直到产品销售，均由事业部及所属工厂负责，实行单独核算、独立经营。公司总部则从日常生产经营活动中解放出来，只保留重要人事安排、预算控制和监督等重大问题决策权，并通过利润等指标对事业部进行控制。也有的事业部只负责指挥和组织生产，不负责采购和销售，实行生产和供销分立，但这种事业部正在被产品事业部所取代。还有的事业部则按区域来划分。

事业部本质上是一种企业界定其二级经营单位的模式，适用于规模庞大、品种繁多、技术复杂的大型企业，是较大的集团公司常采用的一种组织形式。

事业部制的优点在于：① 组织最高管理部门可以摆脱繁杂的日常行政管理事务，成为真正强有力的决策机构；② 各事业部自成体系，独立经营、核算，可以发挥其灵活性和主动性，并进而增强企业整体的灵活性和适应能力；③ 可促进各事业部之间的竞争，促进企业发展；④ 通过权力下放，使各事业部接近市场和顾客，按市场需要组织生产经营活动，有助于经济效益的改进和提高；⑤ 有利于培养和训练管理人才。其主要的不足是：公司总部与各个事业部的一些职能部门大量重复设置，管理费用大；由于事业部的独立性，各事业部往往只考虑自身的利益，影响事业部之间的协作，也容易造成局部利益和整体利益难以协调。

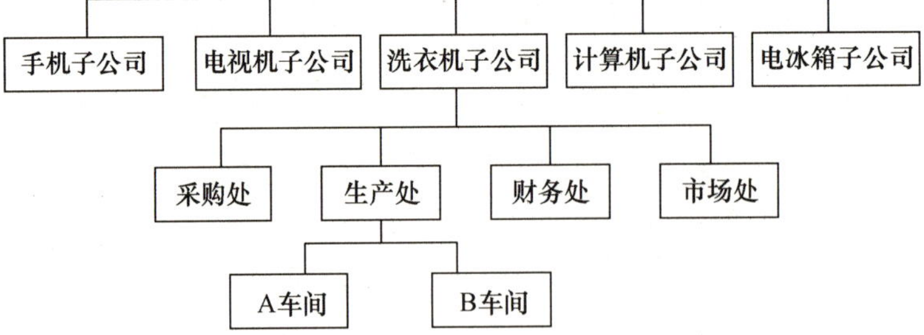

图 7-11 事业部制组织结构

（五）模拟分权制

对于某些类型的大型企业来说，直线职能制已经难以适应组织规模的不断扩张，虽然事业部制有较大优越性，却又难以分解出相对独立的部门。如连续生产的钢铁、化工企业，由于产品品种或生产工艺过程所限，各个部门的关联性很强，很难分解成各个相对独立的事业部。在这种情况下，就出现了模拟分权制。

模拟分权制，又称“模拟分散管理组织结构”，是指为了改善经营管理，人为地把企业划分成若干单位，实行模拟独立经营、单独核算的一直管理组织模式。所谓“事业部”，实际上是一个个“生产单位”，这些生产单位有自己的职能机构，享有尽可能大的自主权，负有“模拟性”的盈亏责任，这样做的目的就是要调动他们的生产积极性，达到改善企业管理的目的。需要指出的是，所谓模拟，就是要模拟事业部制的独立经营、单独核算，各生产单位由于生产上的连续性，很难将它们截然分开。就以连续生产的石油化工企业为例，甲单位生产出来的“产品”直接就成为乙生产单位的原料，这当中无须停顿和中转。因此，它们之间的经济核算，只能依据企业内部的价格，而不是市场价格，也就是说这些生产单位没有自己独立的外部市场，这也是与事业部的本质差别。

因此，模拟分权制不是真正的分权管理，而是介于直线职能制与事业部制之间的一种管理组织模式，是当不能符合事业部制的严格要求时所采取的一种权宜的方法。

(六) 矩阵制

矩阵制结构(Matrix Structure)是为了改进直线职能制部门之间横向联系差、缺乏弹性的缺点而形成的一种组织形式。它既有按职能划分的垂直领导系统，又有按产品(项目)划分的横向领导关系的结构。

围绕某项专门任务成立跨职能部门的专门机构(任务小组、项目小组)，这是矩阵制结构的最大特点。例如，组成一个专门的产品(项目)小组去从事新产品开发工作，在研究、设计、试验、制造、销售各个不同的阶段，需要由有关部门派人参加，力图修补职能部门各自为政的条块分割现象，以保证任务的顺利完成。矩阵制结构的形式是固定的，成员却是变动的，需要哪个部门，哪个部门就派人来，任务完成后就可以离开回到原来的部门。项目小组和负责人也可以是临时组织和委任的。因此，这种组织结构非常适用于需要横向协作的攻关项目。

矩阵结构的优点是：机动、灵活，随项目的成立而成立、随项目的结束而解散；由于这种结构是根据具体的项目组织的，任务清楚、目的明确，各方面有专长的人都是有备而来；加强了不同部门之间的配合和信息交流，克服了直线职能结构中各部门各自为政的现象。

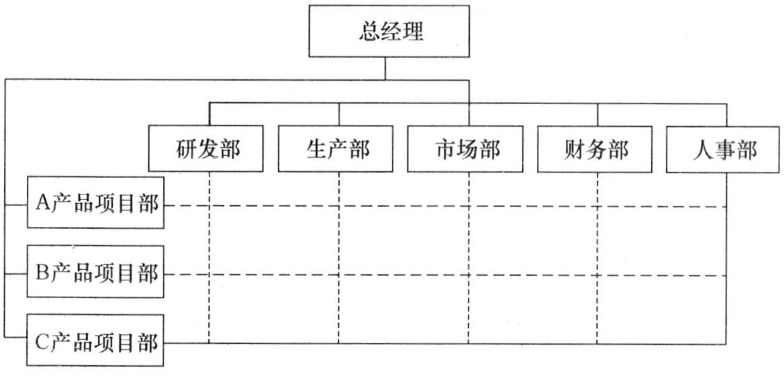

图 7-12 矩阵制组织结构

矩阵结构的缺点是：参加项目的人员都来自不同部门，隶属关系仍在原单位，只是为一个临时任务而来，所以项目负责人对他们管理困难，没有足够的激励手段与惩治手段，这种人员上的双重管理是矩阵结构的先天缺陷；当任务完成以后，项目组成人员仍要回原单位，因此归属感就差，很难激励他们会为了项目而卖力。

矩阵结构适用于一些重大攻关项目。企业可用来完成涉及面广的、临时性的、复杂的重大工程项目或管理改革任务。

第3节　组织结构设计的影响因素

组织结构的设计和改革，就是合理地将组织内部的职位、职能以及管理层次等给予有效的划分，使其保持对于内外部环境的灵敏度和灵活度，很好地适应整个行业的发展。在设计和改革企业组织结构的时候，发挥系统观点的作用非常重要，应该全面衡量诸多因素与企业组织结构改革的关系，制定出科学合理的改革方案，以达到提高组织效率的目标。

一、组织的战略

组织结构是帮助实现组织目标的方式和手段。组织目标产生于组织的总战略，因此，组织战略与组织结构紧密相关，是设计组织结构的重要影响因素。企业的发展战略只有与组织结构合理地结合在一起，才会使企业获得良好的发展。企业战略愿景和目标的实现，必须有一套良好的组织结构相匹配。一方面，企业战略影响着管理层级和职能部门的设置，另一方面，企业战略重点的转换必然会引起组织重心的偏转，进而造成各个职能部门和职位重要性的变化，企业需要作出调整使其结构符合整个组织规划重点的转移，从而确保整套战略决策的顺利实施。

对组织战略与组织结构关系的第一个重要研究来自艾尔弗雷德·钱德勒(Alfred Chandler)对美国100家大公司进行的考察。在追踪了这些组织长达50年的发展历程，并广泛收集了如杜邦(DuPont)、通用汽车(General Motors)、新泽西标准石油(Standard Oil of New Jersey)等公司的历史案例资料后，钱德勒发现，公司战略的变化先行于并且导致了组织结构的变化。

组织最初的战略很简单，结构也很简单。具体地说，钱德勒发现组织通常起始于单一产品或产品线生产。简单的战略只要求一种简单、松散的结构形式来执行这一战略。这时，决策可以集中在一个高层管理人员手中，组织的复杂性和正规化程度都很低。

随着产品的调整、战略的变化，职能部门开始出现。钱德勒发现，从单一的产品线开始，公司通常采取合并供货者或者直接销售产品到顾客等办法，在既定的产业内扩大他们的活动范围。以通用汽车公司为例，它不仅装配整车，同时还拥有制造空调装置、电气设备及其他汽车配件的企业。这种纵向一体化战略使组织单位之间的相互依赖性增强，从而产生了对更复杂协调手段的要求。而这可以通过重新设计结构，按照所开展的职能来构建专业化的组织单位来取得。

随着战略的继续调整，事业部开始出现。后来，公司进一步成长，进入产品多样化经营阶段，这时结构需要再次调整，以便取得高效率。这种产品多样化战略要求这样一种结构,它能够有效地配置资源、控制工作绩效并保持各单位间的协调。而组建多个独立的事业部,让每个部门对一特定的产品线负责,则能够更好地达到上述要求。

总而言之,钱德勒建议,随着公司战略从单一产品向纵向一体化、再向多样化经营的转变,管理当局会将组织从有机式转变为更为机械的形式。

二、组织的规模

有足够的历史证据说,组织的规模对其结构具有明显的影响作用。例如,大型组织倾向于比小型组织具有更高程度的专业化和横向及纵向的分化,规则条例也更多。但是,这种关系并不是线性的,而是规模对结构的影响强度在逐渐减弱。同时,组织规模和组织所处行业生命周期是紧密相关的,我们在分析组织规模的时候需要考虑企业处在成长周期的哪一阶段,比如成长期、衰老期等。处于不同成长阶段的企业规模大小不尽相同,与之匹配的组织结构就不同,在设计和变革组织结构的时候需要充分考虑这一点。例如,对于一个处在青春期的企业,生产经营还不够稳定,机构设置还不够健全,组织结构的设计应该讲求简单、灵活、快速地适应企业的变化。然而对于处在衰老阶段的企业来说,我们就需要引进先进的组织结构设计来改变企业死气沉沉、机构繁杂、创新不足的局面,处在不同成长阶段的不同规模的企业需要用不同的组织结构类型与之匹配。

三、环境

企业面临的环境的特点,对组织结构中职权的划分和组织结构的稳定有较大的影响。如果企业面临的环境复杂多变,有较大的不确定性,就要求在划分权力时给中下层管理人员较多的经营决策权和随机处理权,以增强企业对环境变动的适应能力。如果企业面临的环境是稳定的、可把握的,对生产经营的影响不太显著,则可以把管理权较多地集中在企业领导手里,设计比较稳定的组织结构,实行程序化、规模化管理。

四、技术

企业所采用的技术以及企业的规模也与组织结构的确定有关:根据制造技术复杂程度进行分类,企业生产可以分为单件小批量生产、大批量生产和流程生产。企业生产所采用的技术也影响着组织结构的确定,如批量化的生产技术通常适合采用集权式的组织结构。

一般而言,企业规模小,管理工作量小,为管理服务的组织结构也相应简单;企业规模大,管理工作量大,需要设置的管理机构多,各机构间的关系也相对复杂。可以说,组织结构的复杂性是随着企业规模的扩大而相应增长的。

第4节　组织中的职权配置

一、权力和职权的含义

职权和权力两个词经常混淆,其实它们之间是有区别的。权力(Power)是指一个人影响决策的能力。而职权是指职位所固有的发布命令和希望命令得到执行的一种权力。因此，职权是一种制度化了的权力，是与一个人在组织中所居职位相联系的正式的权力。所以说，权力是一个更广泛的概念，职权只是权力的一种。

一个人如何才能获得权力呢？约翰·弗伦奇（John French）和伯特伦·雷文（Bertram Raven）确认了权力的五种来源：强制的、奖赏的、合法的、专家的和感召的。

（一）强制的权力

强制的权力，又称为惩罚权，费伦奇和雷文将强制权力（Coercive power）基础定义为一种依赖于惧怕的力量。一个人对不遵从上级意图所可能产生的负面结果的惧怕，就使他对这种权力作出反应。强制权力需要一些强制手段的使用或威胁，比如：通过肉体上的制裁，使之遭受苦痛；通过限制人身自由使人感到沮丧；或以生理上或安全上的基本需求的压力来进行控制；等等。再比如，一些劫匪用武器威胁他人交出钱财，他们的权力基础就是强制；一支上了子弹的枪或者锋利的刀具可以给劫匪带来权力，因为其他人害怕会失去他们最为宝贵的东西——生命。

组织中的管理者，通常也需要有些强制的权力。在某些情况下，管理者也许会暂令一位员工停职或者降级；可能给他分派一项他不喜欢的工作任务；甚至可以采取解雇员工的办法。这些都代表强制的手段。但是，也不一定要作为管理者才拥有强制的权力。比如，一位有可能使他的老板在公众场合感到难堪的下属，如果他成功地使用这种权力取得了某种优势，他这就是在行使强制权力。

（二）奖赏的权力

与强制权力相反的就是奖赏权力（Reward power）。人们服从其他人的要求或者命令，是因为这种服从能为自己带来正面的、有利的结果。所以，如果一个人或组织能给别人带来有价值的东西，这个人或组织就具有了一种权力。奖赏可以是其他人看重的任何东西，比如金钱、良好的工作评价、晋升、有趣的工作任务、友好的同事、满意的工作轮班或销售地域等。

强制权力和奖赏权力是相辅相成的。如果你能使他人丢失某种有价值的东西，或者强加给他一种有害的东西，这对他都是拥有强制的权力。相反，如果你能施以某人一种有价值的东西，或者移走对他来说有害的东西，这都是一种奖赏的权力。与强制权力类似，一个非管理人员也能通过奖赏手段施加影响。像友好、接受和赞扬这些奖赏手段都普遍适用于组织中的每一个人。

（三）合法的权力

合法的权力（Legitimate power）就是职权，它建立在一定的法律基础之上，是一种制度化了的权力，并且具有一定的职责和义务。

合法的权力代表一个人在正式组织层级中占据某一职位所相应得到的一种权力，它包含有强制权力和奖赏权力。但职权的概念范围远比强制和奖赏的权力广泛。它尤其包含着组织成员对某一职位权力的接受这层意思。当公司董事长、学校校长、军队的团长发表讲话时（假定他们的指示在职权范围内），公司职员、学校的师生和部队的军人都会听从且通常会遵照指示办。

（四）专家权力

专家权力（Expert power）是指一个人拥有的某种个人专长、特殊技能或知识，而他人又予以认可的一种影响力。随着技术和知识越来越成为决定组织成败的关键因素，专家权力也成为组织中的一种有效的权力。当组织中的工作变得更加专门化以后，管理部门就越来越需要依靠职能“专家”来实现组织目标。一个员工如果掌握了关键的知识和技能，而这些知识和技能又不为其他人同程度地掌握，那么他的专家权力就可以增强。

（五）感召权

感召权（Referent power）是指一个人所拥有的独特智谋或个人品质对他人产生的一种独特影响力，它能够使他人产生一种深刻的倾慕和认同心理。如果你倾慕某人到了你的言行都要模仿这人的地步，他或她就对你拥有了感召权力。因此，感召力也称为领袖魅力（Charisma）。感召权力说明了为什么商业产品喜欢找名人帮助做宣传或代言。

二、职权的类型

职权是古典管理理论的一大信条，被视为把组织紧密结合起来的黏结剂。每一个管理职位都具有某种特定的、内在的权力，任职者可以从该职位的等级或头衔中获得这种权力。所以我们才说，职权与组织内的一定职位相关，是一种职位的权力，而与担任该职位管理者的个人特性无关。“国王死了，国王万岁”的表述说明了这一意思，不管国王是谁，都具有国王职位所固有的权力。某人被辞退掉有权的职位，离职者就不再享有该职位的任何权力，但职权仍保留在该职位中，并给予新的任职者。

组织内的职权有三种类型：直线职权、参谋职权、职能职权。

（一）直线职权

直线职权（Line authority）是直线人员所拥有的包括发布命令及执行决策等的权力，也就是通常所指的指挥权。直线主管（Line manager）指领导、监督、指挥、管理下属的管理人员。很显然，每一管理层的主管人员都应有直线职权，只不过每一管理层次的功能不同，其职权的大小及范围各有不同而已，例如厂长对车间主任拥有直线职权，车间主任对班组长拥有直线权。这样，从组织的上层到下层的主管人员之间，便形成一条与直线职权联系在一起的权力线，这条权力线被称为指挥链（Chain of command）或指挥系统（line of command）。

按照传统的观念，上级不能越过直接下级向两三个层次以下的员工下达命令；反之亦然。现代的观点则认为，当组织相对简单时，统一指挥是合乎逻辑的。它在当今大多数情况下仍是一个合理的忠告，是一个应当得到严格遵循的原则。但在一些情况下，严格遵循这一原则也会造成某种程度的不适应性，妨碍组织取得良好的绩效。只要组织中每个人对情况都了解（知情），越级下达命令或汇报工作并不会给管理带来混乱，而且还能够使组织氛围更加健康、员工之间更加信任。

在这条权力线中，职权的指向由上而下。由于在指挥链中存在着不同管理次的直线职权，故指挥链又叫层次链（scalar chain）。指挥链影响着组织中的上级与下级之间的沟通。通过指挥链，组织信息传递才能进行上传下达，所以，指挥链既是一条权力线，又是一条信息通道。在这个指挥链中，职权关系有两条必须遵循的原则。

1. 分级原则

每一层次的直线职权应当是明确的、清楚的，下级应该服从上级的命令，上级也不能侵犯下级的权力，这样才有利于执行决策和信息沟通。一位成功的企业家在总结经验时曾说过这样一段话：“在我们这个公司，作为总经理，我的职权不容侵犯，不能违抗，应该做到令行禁止，当然，我的责任也一丝一毫不容推卸；各位副总经理以及其他部门领导的权力，我也从不侵犯；应该由部门经理、科长管的事，就放手让他们干好，决不能干预；公司不是哪一个人说了算，而是在各自职权范围内，人人都说了算。”这是符合分级原则的。超越层次，越俎代庖，不但下级人员会失去积极性、主动性，也会增加上层管理者的负担，这是违背分级原则的。

2. 职权等级原则

作为下级来讲，应该充分使用自己的职权，在职权范围内作出决策、解决问题，只有当问题的解决超越自身职权界限时，才可提给上级。在有些组织，经常有这样的现象：某个部门遇到问题，不是在自己的职权范围内积极地想办法，而是忙着请示上级，这样的部门主管或者是才能平庸，或者是惧怕担当风险。这样，一方面造成上级忙于应付大量的、琐碎的具体事务；另一方面，该部门则失去了应有的功能。这样的部门主管是不称职的。

（二）参谋职权

参谋职权(Staff authority)是某项职位或部门所拥有的辅助性职权。主要功能是提供咨询、建议等。其目的是为实现组织目标协助直线人员有效工作。参谋职权的概念由来已久。在中外历史上很早就出现了一种为统治者出谋划策的智囊人物，如我国历史上的食客、谋士、军师、谏臣等，他们所具有的职权就是参谋职权。

近代组织中出现的参谋职位以及参谋职权的概念来自军事系统。1807 年，普鲁士军事改革家香霍斯特(G. J. D Sharnhorst)创建了军事参谋本部体制。有了这种体制，所有军事统帅的决策过程，必须依赖参谋部集体智慧的支持来完成。后来德国、美国等军队也相继建立了参谋组织，并成为军队中一个不可缺少的重要部门。随着社会的发展，一些政治组织、经济组织以及社会团体纷纷建立了自己的参谋部门和参谋职位，赋予参谋人员相应的参谋职权，让他们出谋划策，为管理者提供决策建议。

从管理实践来看，参谋的种类有个人与团队之分。前者就是单独的参谋人员，是直线管理人员的咨询人，协助执行职责。团队参谋，常作为一个单独的组织或部门，就是我们平时所俗称的“智囊团”(think tank)或者“顾问班子”。专业参谋部门的出现，是时代发展的产物，它聚合了一些专家，运用集体智慧协助直线管理人员进行工作。

当然，有的时候，参谋和直线之间的界限是模糊的。作为一个主管人员，他既可以是直线人员，也可以是参谋人员，这取决于他所起的作用及行使的职权。当他处在自己所领导的部门中，他行使直线职权，是直线管理人员；而当他同上级打交道或同其他部门发生联系时，他又成为参谋人员。例如，财务部经理在本部门内是直线管理人员，但在生产部门进行计划或决策而征询他的意见时，他便成为参谋人员了。

（三）职能职权

职能职权(Functional authority)是指参谋人员或某部门的主管人员所拥有的原属直线主管的那部分权力。在完全参谋职位的情形下，参谋人员所具有的参谋职权仅仅是一种辅助性职权，并无直接指挥的能力。但是，随着管理活动的日益复杂，直线管理人员由于能力所限，不可能通晓所有的专业知识，有时候仅仅依靠参谋的建议还很难作出最后的决定，或者有的时候直接把参谋人员提出的建议当作命令发布执行而不加任何的再思考，直线管理人员就彻底成了参谋人员的“传话筒”。这时，为了改善和提高管理效率，直线管理人员就可能将职权关系作某些调整，把一部分本属自己的直线职权授予参谋人员或参谋部门来使用，这便产生了职能职权。

职能职权大部分是由业务或参谋部门来行使的，这些部门一般都是由一些职能管理专家所组成。例如,由于能力有限,也为了节约时间,一个公司的总经理就可能授权财务部门直接向生产经营部门的负责人传达关于财务方面的信息和命令,也可能授予人事、研发、公共关系等顾问一定的职权,让其直接向直线组织发布指示,等等。因此,可以认为,职能职权是组织职权的一个特例,它介于直线职权和参谋职权之间。直线职权对应的是组织整体目标的职责,职能职权对应的是组织整体目标中某项专业目标的职责。换句话讲,职能职权是因其职位对组织专业目标的实现担负职能管理职责的管理者所具有的职权。

从提高组织运行效率的角度来讲,职能职权的设立是完全有必要的。但在使用职能职权时还要注意以下问题:第一,职能职权要与参谋人员或职能部门的专业工作相一致,也就是说,参谋人员或者职能部门只能在他的专业领域内拥有职能职权;第二,使用职能职权仅限于具体工作方面,不能危及直线管理者正常的管理工作;第三,要加强三种职权的协调工作,不要因此形成责任不清和工作上的混乱。

(四)三种职权的相互关系

在组织结构运转的实际工作中,三种职权的关系如果处理不当,就有可能导致混乱、管理效率低下。如前所述,随着组织规模扩大,管理问题日益复杂化,直线管理人员的知识和能力已不能适应需要,于是相继出现了参谋职权和职能职权,但在实际工作中,这三种职权经常被混淆。参谋职权的无限扩大,容易削弱直线管理人员的职权乃至权威;职能职权的无限扩大,则容易导致多头领导,最终导致管理混乱。因此,要保证组织结构的正常运转,必须处理好三种职权的相互关系。

1. 直线职权与参谋职权的关系

直线职权是指挥权、命令权;参谋职权是建议权,其建议内容也是通过直线职权的命令链向下,才能得到下属的执行。

2. 直线职权与职能职权的关系

由于职能职权是直线职权和参谋职权的结合,除了参谋职权外,得到上级直线管理者的授权后,才可以行使某项专业管理职权,如财务部门对直线管理者发布的命令;也可以是对下属参谋职责部门行使专业管理职权,如总公司财务部对下属分公司财务部通过预算进行财务控制。

3. 参谋职权与职能职权的关系

由于职责的基础不同,拥有参谋职权的管理者对拥有直线职权的管理者负责,是直接对人负责;而拥有职能职权的管理者对专业目标的实现负责,首先是对目标负责,通过对目标负责实现对上级管理者负责,是间接对人负责。

三、制度性分权与授权

(一)制度性分权与授权的含义

权力的配置是组织中一项重要工作,配置是否合理直接影响到组织其他资源的配置效率。并且,权力本身就是组织中重要而稀缺的资源,是一种可以进行分配并能改善组织运行的特殊资源。衡量组织资源配置效率高低的标准,是组织运行的效率与效果。组织运行的效率与效果依赖于其成员的行为与绩效,而组织成员的绩效和影响力有赖于成员自身素质和所受权力之间的交互作用,权力分配越好,组织运行效率就越高。

组织中权力的分散与配置,可以通过两个途径来实现:一是组织设计中的权力分配,即制度性分权，简称分权；二是主管人员在工作中的授权。

制度性分权，简称分权，是在组织设计时，考虑到组织规模和组织活动的特征，在工作分析、职务设置和部门设计的基础上，根据各职位工作任务的具体要求，规定必要的职权和职责。而授权(Delegation of Authority)则是管理者在实际工作中，为充分利用专门人才的知识和技能，或出现新增业务的情况下，将部分解决问题、处理新增业务的权力委任给某个或某些下属。

制度性分权与授权导致的结果是相似的，都是使较低层次的管理人员行使较多的决策权，即权力的分散化。然而在本质上，这两者是有重要区别的。

(1) 制度性分权是在详细分析、认真论证的基础上进行的，因此具有一定的必然性；而工作中的授权则往往与管理者个人的能力和精力、拥有的下属的特长、业务发展情况相联系，因此具有很大的随机性。

(2) 制度性分权是将权力分配给某个职位，因此，权力的性质、应用范围和程度的确定，需根据整个组织结构的要求；而授权是将权力委任给某个下属，因此，委任何种权力、委任后应作何种控制，不仅要考虑工作的要求，而且要依据下属的工作能力来定。

(3) 制度性分权是相对稳定的，因为分配给某个职位的权力，如果调整的话，不仅影响该职位或部门，而且会影响其他部门甚至整个组织。因此，权力一旦通过制度性分权分配下去，一般不会收回，除非整个组织结构需要重新调整。相反，由于授权是某个主管将自己担任的职务所拥有的权限因某项具体工作的需要而委任给某个下属，这种委任可以是长期的，也可以是临时的。对于临时性的授权，授权者可以随时收回此项权力；对于长期性授权，虽然可能制度化，在组织结构调整时成为制度性分权，但由于授权不意味着放弃权力，在组织再设计之前，授权者都可以重新收回，使之重新集中在自己手中。

(4) 制度性分权主要是一条组织工作的原则，以及在此原则指导下的组织设计中的纵向分工；而授权则主要是管理者在实际工作中的一种领导艺术，一种调动下属积极性、充分发挥下属作用的方式与方法，也是对制度性分权的有益补充。

(二) 授权的必要性

尽管授权常常是一种临时性的权力分散方式，但也是制度性分权的重要补充，有时候也是弥补制度缺陷的重要手段。因此，对各个层次的管理者来说，用好授权这项艺术还是很有必要的。

1. 授权是完成目标责任的基础

权力随着责任者，用权是尽责的需要，权责对应或权责统一，才能保证责任者有效地实现目标。

2. 可以减轻上级管理人员的工作负担

上级管理人员把一部分工作让下属去处理，将会大大减轻工作负担。这既能够使上级管理人员有更充分的时间和精力去思考组织发展中的重大问题，又有利于加速下属的成长，有意识地对下属加以培养。

3. 授权是调动下属积极性的需要

授权是对下属信任的表示，让下属有权处理其工作范围内的各种问题，这样做将得到下属对你的尊敬和信任，更有利于调动下属工作的积极性。

(三) 有效授权的原则

授权的范围很广，有用人之权、做事之权等。它们虽各具有一些不同的特点，但不管哪种授权，都有一些共同的准则可以遵循。

1. 因事用人，视能授权

是否授权、授权的范围和大小都应该根据被授权者的才能大小和知识水平的高低为判断依据。“职以能授，爵以功授”，这是古今中外授权工作的历史经验。授权前，应仔细分析工作任务的难易程度，慎重选择合适的授权时机和最适合的人选。一旦授予下属职权而下属不能承担相应职责时，应及时收回职权。

2. 相近原则

这有两层意思：一是给下级直接授权，不要越级授权，例如局长只能把所属的权力授给他所管辖的处长，而不能越过处长直接授予科长。越级授权必然造成中层主管人员的被动，以及部门之间的矛盾；二是应把权力授予最接近作出目标决策和执行的人员，使其在发生问题时，可立即作出反应。

3. 授权适度

授予的职权是上级职权的一部分，而不应该是全部。授权过度等于放弃权力。对于涉及有关组织全局的重大问题，例如决定组织发展战略、重要部门的人事任命和升迁以及重大政策问题等，不可轻易授权，更不可将不属于自己权力范围内的事授予下属。

4. 适当控制

授权以后，作为上级管理人员，仍要关注下属行使权力的表现，并进行控制，但是控制要适度。如果授权后，上级管理人员仍不断地检查工作，就是授权不足的表现。因此，如果把权力授予下属，就应该充分信任下属，也就是说要“用人不疑”。同时，上级管理人员在实施授权前，应先建立一套健全的控制制度，制定切实可行的工作标准和报告机制，以及能在不同的情况下迅速采取补救的措施。

5. 责任原则

授权并不意味着授责。授权只是把一部分权力授予下属来使用，而不是把与权力同时存在的责任分散下去。当上级管理人员把部分权力授给下属时，虽然下部属因而获得该权力，但上级管理人员仍然负有相同的责任。例如，一个处长，尽管已经把一部分权力授予科长，当他所属的部门不能按期完成任务时，即使该科长觉得自己应负完全责任，但该处长还是避免不了要最后负责。

(四) 授权的艺术

由上面的分析可以看出，授权也是一项复杂而重要的工作。该授权时应大胆授权，但也要注意授权的艺术。

1. 必须清楚而明确地陈述管理政策。上级管理人员的授权原则上不能与各种基本的管理政策相冲突，被授权者也必须把这些管理政策作为他们的作业指导原则。越是充分授权，越要让下属充分明了组织中的各种政策，这是维持一个组织正常运作的基础。

2. 必须明确地规定各种工作任务和目标。授权的事项必须明确，要让被授权者清楚地知道他的工作是什么，他有哪些职权，对工作的完成负有哪些责任，他必须做到什么程度，等等。如果工作任务和目标不明确，授权就失去了意义，甚至多余。

3. 只要确定了被授权人有能力完成指派给他的任务，就要允许他自主地完成此项工作，干涉尽可能要少，毕竟授权的目的就是为了将授权者从他所下放的负担中解脱出来。

4. 建立某种形式的检查与考核制度。正如已经指出的那样，授权行为并未免除授权者对委派工作所承担的责任。检查是授权的必然结果。当然，采用何种检查形式要照顾到被授权者的地位。在较低级的管理层次上，公开检查不仅是最简便的方式而且也是所期望的形式。然而，越接近最高管理层，越需要暗中进行检查，也可以采取报告的形式。

5. 必须保持信息沟通渠道的畅通。成功的授权意味着有效的信息沟通。授权后必须与下属之间相互讨论与交换意见。

此外，授权的内容不会是一成不变的，它必须随着内外部环境的变化而加以调整；这样一来，以上下级之间的信息流动就应该畅通，应该经常向下属提供有关情报，陈述决策内容，明确授权含义。

四、集权与分权

（一）集权与分权的含义

这里我们提到的分权，不是前面所说的权力的分配过程，而是指权力的分散程度。这层含义与集权是相互对应的。

集权是指职权在组织系统中较高层次的一定程度的集中；与此相对应，分权是指决策权在组织系统中较低管理层次的一定程度的分散。

集权和分权主要是一个相对的概念，不存在绝对的集权和分权。绝对的集权意味着组织中的全部职权集中在最高管理人员手中，组织活动的所有决策均由此人作出，决策者本人直接面对所有的实施执行者，没有任何中间管理人员，没有任何中层管理机构。这在现代社会经济组织中显然是不可能的。而绝对的分权则意味着全部权力分散在各个管理部门，分散在各个执行、操作者手中，没有任何集中的权力，因此管理人员的职位显然是多余的，这样一个统一的组织也不复存在。所以，在现实社会中的组织，只可能是集权的成分多一点，或者是分权的成分多一点。我们需要研究的，不是应该集权还是分权，而是哪些权力宜于集中、哪些权力宜于分散、在什么样的情况下集权的成分应多一点、何时又需要较多的分权。

（二）集权与分权的判断依据

一般来说，集权或分权的程度，常常根据各管理层次拥有的决策权的情况来衡量。

1. 决策的数量

组织中较低管理层次作出的决策数目越多，则分权的程度就越高；反之，上层决策数目越多，则集权程度越高。

2. 决策的范围

组织中较低层次决策的范围越广，涉及的职能、事项越多，则分权程度越高。反之，上层决策的范围越广，涉及的职能、事项越多，则集权程度越高。

3. 决策的重要性

如果组织中较低层次作出的决策越重要、影响越大，则分权的程度越高；相反，如果较低层次作出的决策越次要、影响面越小，甚至都是无关紧要的决策，则集权程度越高。

4. 决策审批手续的简繁

组织中较低层次作出的决策，上级要求审核的程度越低，分权程度越高；如果上级对下级的决策根本不要求审核，分权的程度最大；如果中低层次管理者作出决策之后必须立即向上级报告，分权的程度就小一些；如果中低层次管理者在决策之前必须请示上级，分权的程度就更小。中低层次管理者在作决策时需要请示或照会的人越少，其分权程度就越大。

（三）集权与分权的影响因素

集权与分权的程度，是随条件变化而变化的。对一个组织来说，其集权或分权的程度，应综合考虑各种因素：

1. 决策的重要性

对于较重要的决策、成本较高的决策，由较高管理层作出决策的可能性较大。因为基层主管人员的能力及获取的信息量有限，限制了他们的决策力，并且这种决策的实施往往需要调动各方面的力量，这对基层管理者来说，难度较大。再者，重大决策的正确与否责任重大，因此往往不宜分权。

2. 政策的一致性

此外，有时为了政策的统一与行政的效率，以保证组织总体政策的统一性和决策执行的速率。集中的职权制定出组织各单位必须执行的政策，可以使整个组织统一认识、统一行动，迅速、果断地处理对内、对外的各种问题，而防止政出多门、互相矛盾。这也是像军队等一些组织比较集权的一个重要原因。同时，集权体制下，任何问题一经决策，便可借助高度集中的行政指挥体系，使各个层次迅速组织实施。如果高层管理者希望体现政策的灵活性以及方式手段的多样性，则会放松对职权的控制程度。

3. 组织的规模

组织规模较小时，一般倾向于集权。当组织规模扩大后，组织的层次和部门会因管理幅度的限制而不断增加，组织面临的情况越来越复杂，过于集权很可能会造成决策失误。在这种情况下，为了加快决策速度、减少失误，最高管理者就要考虑适当的分权。

4. 组织的成长历史

如果组织是在较小规模的基础上逐渐发展起来，发展过程中亦无其他组织的加入的话，那么集权倾向可能更为明显，因为组织规模较小时，大部分职权都集中在最高主管（层）手中，职权的使用可能成为一种习惯。即使事业不断发展，组织规模不断扩大，最高主管（层）仍然倾向于保留不应集中的大部分权力。

5. 高层领导的个性和管理哲学

有些高层管理者信奉集权制，把命令的绝对统一、行动迅速作为经营哲学，且自己的个性较强、充满自信。这样的管理者往往喜欢组织或部门完全按照自己的意志来运行，而集中控制权力则是保证个人意志绝对被服从的先决条件。当然，集中地使用职权，统一地使用和协调本组织、本部门的各种力量，创造比较明显的工作成绩，也是提高自己在组织中的地位、增加升迁机会的重要途径。

6. 管理人员的数量与素质

管理人员的不足或素质不高可能会限制组织实行分权。即使高层管理者有意分权，但没有下属可以胜任，也不能成事。相反，如果管理人员数量充足、经验丰富、训练有素、管理能力强，则可有较多的分权。

7. 控制技术和手段是否完善

分权不可失去有效的控制。高层管理者在将决策权下授时，必须同时保持对下属的工作和绩效的控制。一般来说，控制技术与手段越是完善，管理者对下属的工作和绩效控制能力越强，就越有利于分权。通讯技术的发展、会计控制以及其他技术的改进都有助于趋向分权。

8. 组织的动态特性

组织的动态特性影响了职权的稳定性。如果一个组织正处于规模迅速成长的过程中，并面临着复杂的发展问题，组织的高层管理者在无法应付的情况下很可能会被迫分权。原有的、历史悠久、根基稳固的组织中，一般倾向于集权；有些问题的处理需要很强的灵活性，而且要随机应变，权力过于集中容易贻误时机，处理此类事项的权力应当分散，以便各管理环节可以机动、灵活地解决问题。

9. 外部环境影响

影响分权程度的还有一些外部因素，例如经济、政治等因素。研究发现，在外界社会环境动荡、经济波动和竞争加剧的情况下，倾向于集权的可能性会加大。

案例7-1

乐百氏的组织结构变革

2002 年 3 月 15 日，身兼乐百氏总裁的达能中国区总裁秦鹏悄然潜入成都，召集了西南事业部的核心人员(云南、贵州、四川及重庆四地乐百氏分公司的负责人)开了一个为期两天的会议。此举意味着乐百氏在 3 月 11 日出台的区域事业部制架构正式拉开运营帷幕。

区域事业部将乐百氏划分为五大“藩地”：西南、中南、华东、北方和华北，每个事业部都成了一个“小乐百氏”，从生产到销售都将建立起一套自己的独立体系。每个事业部将紧紧抓住本地区各种产品的消费习惯，迅速对市场变化作出反应，灵活调整生产计划。

自此，在乐百氏的历史上，经历了三种业态的架构模式：从 1989 年创业到 2001 年 8 月，乐百氏一直都采取直线职能制，按产、供、销分成几大部门，再由全国各分公司负责销售；从 2001 年 8 月到 2002 年 3 月，实施了产品事业部制，这在乐百氏历史上虽然实施的时间很短，但为现在实施区域事业部制奠定了基础，实现了组织结构变革中的平稳过渡。

架构调整无疑是一个公司的重大战略转变，也必然是外界甚至内部的各种环境变化促成的。值得关注的是，乐百氏在不到 8 个月的时间里，就进行了两次架构调整，原因何在？

一、直线职能

乐百氏创立于 1989 年，在广东中山市小榄镇，何伯权等五个年轻人租用“乐百氏”商标开始创业。据乐百氏一位高层人员介绍，创业伊始，何伯权等与公司的每个员工都保持一种很深的交情，甚至同住、同吃、同玩，大家都感觉得到，乐百氏就是一个大家庭，“有福同享，有难同当”，公司的凝聚力很强。这时采用直线职能制这种架构模式，使乐百氏在创业初期得到快速、稳定的发展。

12 年间，五位创始人不但使乐百氏从一个投资不足百万的乡镇小企业发展成中国饮料工业龙头企业，而且把一个名不见经传的地方小品牌培育成中国驰名商标。

然而，随着乐百氏的壮大，原来的组织结构显得有点力不从心。此时，再按前面那位高层人士的话说，何伯权不可能再与公司的每一个员工同吃同住，原来的领导方式发生了变化，起不到原有的作用。何伯权有些迷茫了。

特别是自 2000 年 3 月与法国最大的食品饮料集团达能签订合作协议，并由达能控股后，直线职能制的弊端更加暴露无遗。为了完成销售任务，分公司都喜欢把精力放在水和乳酸奶这些好卖的产品上，其他如茶饮料那些不太成熟的产品就没人下工夫，这对新产品成熟非常不利。更糟糕的是，由于生产部门只对质量和成本负责，销售部门只对销售额和费用负责，各部门都不承担利润责任，其结果就变成了整个集团只有何伯权一个人对利润负责。

近几年来，乐百氏的销售额直线下降，有着50年国际运作经验的达能肯定不愿看到这种局面，因此，寻求变化势在必行，其中组织架构的改革就是为适应新形势的举措之一。

二、产品事业部

2001年8月，一次在乐百氏历史上最为关键的组织结构变革在月间完成：75%的员工换座位，原五人创业组合中的四大元老位置同时发生重要变化，都退出原先主管的实力部门，何伯权是唯一的不变，仍然任总裁。

改革后，乐百氏的事业部制架构变为：在总裁之下设5个事业部、8个职能部门和一个销售总部。其目的是利润中心细分，瓶装水、牛奶、乳酸奶、桶装水和茶饮料共5个事业部每一个都将成为一个利润中心。同时减少了中间层，集团的权力结构由从前的5人会议，变为一个总裁和14个总经理，成为一个比较扁平化的组织架构。这是公司首次将战略管理和日常营运分开，形成多利润中心的运作模式。

促成这次改革的重要力量是达能这个欧洲第三大食品集团，它自1987年进入中国成立广州达能酸奶公司后，就开展了一系列"收购行动"，并且每次都神鬼莫测，"收购刀法极其温柔"。尤其是在水市场上对行业内领袖企业的浙江娃哈哈、深圳益力、广州乐百氏、上海梅林正广和的控股或参股分别达到41%、54%、62%、50%的股份，足以让人相信达能已经完成了它在中国水市场的布局，已经成了当之无愧的老大。

但这老大只是表面现象，许多问题都摆在达能管理者的面前，收购的这些企业能够赢利的很少，它需要整合资源、减少运行成本。乐百氏连年亏损的状况，迫使何伯权痛下决心实施组织结构改革。

然而，新的架构还没实施几天，就在2001年11月底，乐百氏爆出大新闻：何伯权、杨杰强、王广、李宝磊、彭艳芬等五位乐百氏创始人向董事会辞去现有职务，并决定由达能中国区总裁秦鹏出任乐百氏总裁。

何伯权称，五位元老集体辞职的原因是与董事会的战略思路发生重大分歧，无法达成一致，并且，还因为没有完成董事会下达的销售任务。

还没有来得及检验自己的改革成果，何伯权就匆匆退出了乐百氏的历史舞台。

又一场架构改革在秦鹏的控制下悄悄地酝酿。

三、区域事业部

2002年3月11日，区域事业部正式出台，乐百氏按地域分为五大块：西南、中南、华东、北方和华北。

这次架构改革距上次仅仅7个多月的时间，据业内人士分析，速度之所以这样快，其中一个重要原因还是达能的全国战略思路在操纵着这次变革。随着达能旗下产品的不断增多，它也在寻求一种更能整合现有生产和销售资源的最佳方法，来改变许多品牌因为亏本，反而成为它的负担的局面。据可靠消息，达能为了加强对自己绝对控股的乐百氏的支持，要求乐百氏扮演更加重要的角色，甚至欲将其他如深圳益力、上海梅林正广和广州怡宝等在外地的工厂和销售渠道交由乐百氏托管。

并且，除了上述一些已收购的品牌，达能的收购行动远未停止，前不久，达能将持有豪门啤酒和武汉东西湖啤酒分别62.2%和54.2%的股份转让给华润；华润则以桃报李，心甘情愿让达能收购其旗下的怡宝公司。

然而，正如达能一位高层人士所说，这还只是它欲将中国水市场进一步控制在自己手中的一个很小的行动计划。据一些媒体报道，达能已将触角伸到了许多地方品牌。

乐百氏也因拥有良好、稳定的经销商网络，使达能委以重任，它在中国市场上的战略地位将愈来愈重要。随着乐百氏托管的产品增多，每个市场的产品更加复杂，各种产品的销售情况各不相同。原来的产品事业部制可能对客户的变化需求反应不再迅速，很快不再适合新的发展，于是地域事业部制，这种以工厂为中心、更扁平的组织结构应运而生。因为它将更有助于了解消费者的需求，能更灵活地进行品牌定位。

其次，区域事业部将更有利于培养事业部的全局观念。负责人注重利润的追求，使决策和运营更加贴近市场，对市场形势和客户需求作出快速预测和反应，加强了区域的市场主动权和竞争力，对资源的调控更为快捷和趋于合理。同时，让总部从日常业务中脱离出来，多进行一些宏观性的战略决策。换句话说，原来的乐百氏只有何伯权一人是企业家，现在的乐百氏可以造就五个甚至更多有全局观念的企业家。

有业内人士开玩笑说，善于资本运作的达能将乐百氏一分为五之后，如果到了一定的时候，它可以把其中的任何一个事业部单独转让，既灵活，并且分开卖又比整体卖更赚钱。

但达能一位高层人士矢口否认这种说法，他认为，因为“水”是达能的三大主业（其余二项是乳制品和饼干）之一，达能只有加强水市场的投资力度和资源整合，没有理由把自己的主业都卖掉。

当然，这次改革还有一个不容忽视的原因，那就是随着领导的更替，特别是前者是有极强影响力的何伯权，他与其他四位创业者亲密无间的合作一直被业内和传媒传为美谈，何伯权的名字一直与乐百氏紧密相连。何伯权等五位创业元老在乐百氏的关系错综复杂、根深蒂固，他们这些高层领导的出局，肯定在乐百氏内部布下一层阴影，带来一些消极因素。新的领导上任后，不得不采取一些有效的措施改变这种被动局面。组织架构的重新调整，必然会导致各种人事关系、职位的变动，所谓“一朝天子一朝臣”，新的领导把老的人才重新分配，把涣散的人心收拢，尽快摆脱“何伯权时代”的阴影，提出新的发展方向，有利于增强公司的凝聚力。

事实证明，乐百氏人并未受这次“乐百氏地震”的高层领导更替事件的影响，没有外界想象中的动荡和冲突，顺利进入了“秦鹏时代”。3月16日西南事业部会议开完后的当天晚上，几位核心人士聚到一起，他们为这种给予了他们更多自主权的架构模式感到兴奋，无不摩拳擦掌，对今年能取得更好的业绩充满信心。

（资料来源：《21世纪人才报》2002-04-08，作者：韦乔凡。）

问题：

1. 乐百氏组织结构的第一次变革说明了什么问题？请在比较直线职能制和产品事业部制的基础上加以分析。

2. 乐百氏在短短时间内进行组织结构的第二次变革的原因何在？从产品事业部到区域事业部制的调整是否适合乐百氏的发展？

3. 结合本案例讨论各种组织结构的适用性及特点。是否存在一种完美无缺的组织结构？

4. 你从组织机构改革的实践中得到了什么启示？

案例7-2

中粮包装公司组织结构演化

2010年3月22日，作为央企中粮集团旗下核心板块之一的中粮包装控股有限公司，在其管理总部杭州召开2010年度业务大会。公司全体高管、总部各职能部门人员、来自全国各地的各下属子公司经营班子成员和全体业务人员出席了会议。会议现场气氛严肃，一些平时不太见面的同事，也只是在会场中礼节性地相互问候。此次大会的重要内容之一就是发布中粮包装2010年度组织架构调整方案，这是中粮包装2009年在香港成功上市后组织结构的首次重大调整，也是张新执掌中粮包装业务后作出的最重大决策之一。

一、中粮包装公司简介

中粮包装控股有限公司是大型央企中粮集团有限公司的下属子公司。成立于1949年的中粮集团，是中国最大的粮油食品进出口公司和实力雄厚的食品生产商，在地产、酒店经营以及金融服务等领域也卓有成绩，被《财富》杂志列为世界500强企业之一。中粮集团目前下设中粮粮油、中国粮油、中国食品、地产酒店、中国土畜、中粮屯河、中粮包装、中粮发展、金融等9大业务板块，拥有中国食品、中粮控股、蒙牛乳业、中粮包装4家香港上市公司，中粮屯河、中粮地产和丰原生化3家内地上市公司。福临门食用油、长城葡萄酒、金帝巧克力、屯河番茄制品、家佳康肉制品以及大悦城Shopping Mall、亚龙湾度假区、凯莱酒店、雪莲羊绒、中茶茶叶、中英人寿保险农村金融服务等诸多品牌产品与服务的组合，塑造了中粮集团高品质、高品位的市场声誉。

中粮包装控股有限公司成立于2007年，由原中粮集团包装实业部旗下的杭州中粮美特容器有限公司等公司组成，注册地香港，管理总部在杭州。中粮包装提供包括高科技包装设计、印刷、物流及全方位客户服务等在内的综合包装解决方案，是中国最大的综合性包装企业之一，致力于成为综合消费品包装的领导者。公司的产品主要包括马口铁综合包装、铝制两片罐、塑胶容器等三大类，服务于茶饮料、碳酸饮料、果蔬饮料、啤酒、乳制品、日化等消费品包装市场，在三片饮料罐、奶粉罐、气雾罐及旋开罐等多个细分市场排名第一。旗下拥有杭州、无锡、广州、天津、张家港、成都、镇江、深圳等12家公司21个工厂。2009年销售收入38亿元。

二、中粮包装历次组织结构调整

与其他一些组织结构常年保持稳定不变的企业相比，在中粮包装，与企业快速发展相适应，组织结构的调整也变成了一种常态。从2000年成立中粮包装实业部以来，中粮包装几乎每年都进行组织结构的调整。

（一）2000—2001年的组织结构调整

中粮控股杭州中粮美特公司初期，沿用的是外资控股时的组织结构模式（如图7-13

所示），由销售部负责接订单，制罐部和印铁部负责生产，采购、设备动力、技术、品管、储运、行政部提供配套服务，财务、行政人事部负责职能管理，总经理室负责综合协调。

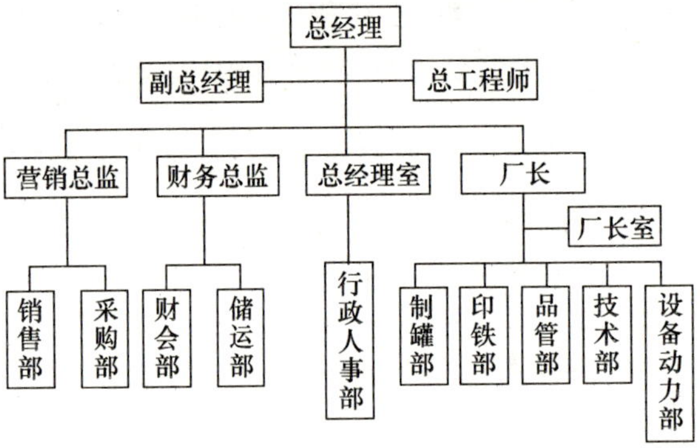

图 7-13　调整前的组织结构图

面对当时这种内外交困的局面，以周政总经理为核心的中粮美特经营层意识到，只有提高企业的盈利能力，才能消除投资者的疑惑；只有扩大销售规模，才能充分利用产能，增强盈利能力。而要在激烈的市场竞争中获得更多的订单，就必须改变以前粗放式经营管理模式，依靠精细化管理和专业过硬的服务以增强战斗力。公司由此提出了“专业专心，追求卓越”的核心理念。

为此，在 2000 年年初，公司聘请专业管理咨询公司协助进行了薪酬绩效管理体系改革。在这一过程中，重新梳理了部门职能和岗位职责，编制了各部门职能说明书和岗位职责说明书，并对各岗位按照价值标准进行了岗位评估，根据岗位评估结果进行定级定薪。同时，公司首先从销售部门着手，将销售部按产品类别分拆成四个销售组，分别为三片罐销售组、喷雾罐销售组、食品杂罐销售组、印铁销售组，将原来的销售人员按产品类别分到各产品销售组，各组由销售经理和助理负责组织开展工作。通过这一调整，使销售人员从原来从事多种产品销售变成专业从事一种产品销售，从而实现从综合销售到专业销售的转变。

通过几个月的实践，在竞争加剧的情况下，中粮美特的销售订单与上年同期相比不仅没有下降，反而逐月增长。2000 年 10 月，基于销售部通过细分初见成效，提出了 2001 年“通过拆分和强化职能管理部门，将业务管理部门和业务服务部门分离，形成生产销售部门、业务管理部门和职能管理部门，以进一步加强管理的规范化和监督管理力度，并为将来的发展奠定管理基础”的组织结构调整方案（如图 7-14 所示）。

（二）2001—2002 **年的组织结构调整**

2002 年上半年，中粮包装实业部通过中粮集团收购了广东番禺美特包装有限公司，而杭州中粮美特取得了对该公司的经营管理权，中粮包装由此进入了资本运作和异地管理阶段。

由于包装行业服务于产品制造行业，且处于某一个地区的公司的包装产品和服务的辐射半径相对有限。2002 年 9 月，杭州中粮美特为更好地服务客户，在廊坊设立了分公司，实行“销地产”服务模式，以贴身服务客户。

随着番禺分公司和廊坊分公司的相继成立，以及“销地产”服务模式的推行，公司在生产制造、营销服务和综合管理等方面都逐步出现异地化变化。由此企业开始考虑如何构建一个能够适应企业进一步扩张和异地化管理的组织机构问题。

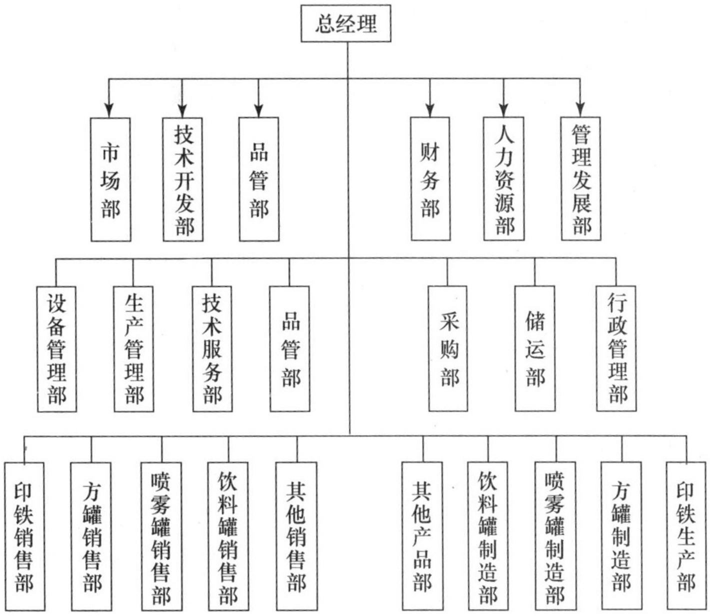

图 7-14　第一次调整后的组织结构图

2002 年 11 月,公司颁布了 2003 年组织结构图。在此次组织结构调整中,第一次实行了本部和分公司的设置。

在这次调整中,根据企业特点,将本部的功能设计确定为以下三大基本功能:一是战略决策、资本运作和整体营销职能;二是服务和支持功能;三是管理和监督职能。

(三) 2003—2005 年的组织结构调整

在 2003 年和 2004 年年底,公司都对组织结构进行了适应性调整,使得分公司一体化管理得到了进一步发展和完善。

2003 年年底组织结构调整关键变化主要体现在以下几个方面:(1) 原财务审计部拆分为财务管理部、审计部。(2) 在目标和制度约束下,对分公司充分授权,使其成为区域决策中心;撤销原制造中心,其职能大部分下放到分公司;原隶属于财务中心的“储运”功能、原隶属于采购中心的“采购执行”功能均下放到分公司。(3) 营销中心下增设新客户拓展部,主要负责新区域销售市场开发和拓展。(4) 技术中心下设应用技术部、基础研究部。(5) 新增江苏分公司,2004 年年底进行的组织结构调整变化不大,主要是在 2004 年组织分工的基础上,作了两方面的微调:一是对分公司进一步授权,撤销原会计部,其职能下放到杭州分公司,由杭州分公司会计部负责本部及杭州分公司一般会计结算业务和资产管理;二是分公司扩张,为加快市场扩张发展,江苏分公司增设张家港工厂。

(四) 2006—2007 年的组织结构调整

2006 年年初进行的组织结构调整保持了一种谨慎的态度,只在以下三方面作了适当的调整:一是新设福建分公司,暂由杭州分公司代管。二是原战略规划部更名为投资管理部,主要根据战略规划要求负责资本运作(合资、合作、购并、上市)的具体组织实施、投资、项目论证审核。三是增设战略经营部,下设战略客户运营部和战略客户开发部,撤销新客户开发部。

2007年的组织结构调整，重点围绕以下三个方面的目的对组织结构进行了微调：搭建专业化经营管理统一平台，以满足中粮集团对各业务单元专业化经营的要求；从产业经营者角度进行统一管理和运作，以有效推进中粮包装五年规划的实现及包装业务的持续发展，最终实现行业领导者的目标；完善公司治理结构和统一管理架构，为实现包装业务单独上市奠定基础。

根据以上三方面的要求和目的，公司在2007年精简了总经办等职能部门，重点突出了专业化经营管理所需要的主要职能。公司总部设七个职能部门、两个专项项目部。七个职能部门分别为战略客户部、营销中心、财务部、人力资源部、技术研发中心、投资发展部、综合管理部；两个专项项目部分别为中粮包装基建项目部、塑胶项目部等。

（五）2008—2009年的组织结构调整

2008年，公司的产品从相对单一的三片罐、皇冠盖、旋开盖，发展到易拉盖、大桶，并且决定进一步发展两片罐、塑胶业务。随着产品经营领域的扩大，也出现了不少新问题。例如：不同产品、不同区域公司供应同一客户的现象越来越多，像新收购的深圳公司化工罐，其客户与大桶业务客户有相当部分的重叠，易拉盖与两片罐有共同的客户群。

此时的中粮包装面临这样的一个困境：如何适应和促进公司全国性、多产品扩张变化的要求？为此，中粮包装开始思考如何在现有的分区域生产和营销的基础上，加强各产品、各大客户的统一管理，并由此提出了设置战略产品组或事业部的初步设想。

2008年7月，中粮集团决定由周政出任中粮地产总经理，由张新继任中粮包装总经理。张新上任后，为了更好地适应上市发展的要求，在组织结构上体现未来发展的战略意图，着重解决公司总部过于虚化、子公司逐渐出现越来越多问题的现状，决定加强总部对下属各分子公司的职能管控，在2009年对中粮包装组织结构作出了如下调整：(1) 新设生产运营部；(2) 调整技术中心定位；(3) 原人力资源部和综合管理部合并为行政人事部；(4) 保留基建项目部；原塑胶项目部撤销，其塑胶行业研究职能并入投资发展部；(5) 保留大桶事业部，包括东海、北海、东洲三家制桶厂。

（六）2010年的组织结构调整

2009年11月，中粮包装(0906.HK)在香港联交所主板市场成功挂牌上市，标志着企业进入了一个新的发展时期。

随着企业规模的不断扩大、子公司的不断增多，张新明显感觉到了公司经营人才的不足和集团管控力度的不足。随着子公司的增多，企业已经把能够拎起来用的人都派出去担任子公司的经营班子成员了。越来越多的子公司经营层人员以前都没有经历过多个岗位的历练，经营管理能力相对比较弱，导致了不少子公司在经营管理过程中出现了质量波动、采购失控、成本上升、员工满意度下降等问题。而集团总部人员由于远离业务经营一线，加上主要由职能管理组成，在对子公司的整体监督和指导服务上也开始落不到实处，有悬在半空的感觉。张新觉得，按照这样的状况发展下去，不仅中粮包装的未来发展会受限，而且中粮包装人十年艰苦奋斗打下的江山也会付诸东流。

经过核心管理团队多次反复讨论，终于形成了一个调整方案。在这个方案中，最具争议的，当属对利润点定位的调整。张新最担心的，就是怕误伤利润点老总们的积极性。尽管在方案中一再强调各利润点的重要性不变，但实际上利润点与总部业务部门的权限划分白纸黑字、清清楚楚，参与方案讨论的管理层都不否认利润点的负责人在新的管理框架下权力已被再调整了。

为了稳妥地推进此次组织结构调整，整体方案在具体实施时分三步推出，逐渐调整到位。

2010年1月进行的调整，首先是加强总部的业务管控，以逐步实现业务统一管理；其次是适应实际业务发展需要，设立新的业务部门和职能部门，强化制造和业务。具体调整内容包括：(1) 拆分营销中心，设综合业务部及业务管理部；(2) 生产运营部更名为生产管理部；(3) 技术中心下设工艺技术部、工程技术部、实验中心、质量管理部、包装设计部；(4) 新设二片罐业务部、化工业务部及塑胶容器业务部，负责中粮包装相应产品线业务发展与管理工作；(5) 安全环保部调整为一级部门。

2010年2月紧接着进行了第二次调整，将杭州利润点销售业务按产品划归总部对应业务部门直接管理。各利润点海外销售划归外贸业务部直接管理。其他产品销售划归综合业务部直接管理。

2010年3月准备进行第三次调整，具体包括：(1) 彻底落实业务的统一管理，将各利润点销售业务也按产品划归总部对应业务部门直接管理；(2) 与业务管理相适应，利润点销售管理部划归业务管理部直接管理，负责各区域各产品销售业务的风险监控、规范管理等；(3) 新设二片罐制造部，负责公司二片罐产品的生产、技术及品质管理工作；(4) 统一各利润点安全环保部管理职能。要求各利润点将安全保卫(门卫、保安等管理)及消防安全等职能统一调整至安全环保部。

通过三次调整，中粮包装总部将正式形成六大业务部、三大制造部、三大业务管理部门、五大职能管理部门的格局。

(资料来源：第二届全国“百篇优秀管理案例”，《中粮包装：2000—2010年间的组织结构演化》，作者：邢以群。)

问题：

1. 推动中粮包装组织结构变革的关键因素是什么？在组织变革中，还会受到哪些因素的影响？

2. 结合案例，谈谈每种组织结构的优缺点。

3. 在本案例中，公司的高层领导在组织结构变革中起到什么作用？还有哪些不足？

第8章 组织文化与组织变革

所有成功的企业必须有非常强烈的企业文化，用这个企业文化把所有人凝聚在一起。上百年的企业，不知道有多少东西都变了，唯独它的企业精神百年不变，这非常能够说明问题。所以说企业文化就是企业精神，企业精神就是企业灵魂，而这个灵魂如果是永远不衰、永远常青的，企业就永远存在。

——海尔集团董事局主席兼首席执行官张瑞敏

管理虽然是一门学科——一种系统化的并到处适用的知识——但同时也是一种"文化"。它不是一种超乎价值的科学。管理是一种社会职能并植根于一种文化（一个社会）、一种价值传统、习惯和信念之中，植根于政府制度和政治制度之中。管理受到——而且应该受到——文化的影响；但是另一方面，管理和管理人员又影响文化和社会的形成。

——彼得·德鲁克：《管理：任务、责任、实践》

开篇案例

海尔集团，前身为青岛电冰箱总厂，创立于1984年。目前，旗下拥有240多家法人单位，在全球30多个国家建立本土化的设计中心、制造基地和贸易公司，全球员工总数超过5万人，重点发展科技、工业、贸易、金融四大支柱产业，已发展成全球营业额超过1000亿元规模的跨国集团。

海尔能取得今天的成功，与其所坚持的多元化和品牌战略息息相关。而海尔实施战略的重要手段就是并购。通过并购海尔的实力不断壮大，自1991年起，海尔就开始了其并购的历史。当年海尔兼并了青岛空调器厂和电冷柜总厂，其后又从本地和广东、武汉等外地政府手上以低廉的代价接管了多家亏损企业，并依托这些企业建立了空调、洗衣机和彩电等新事业。90年代海尔逐步成为一个横跨白色家电、黑色家电、米色家电、各种小家电以及制药、生物工程、金融服务等领域的多部门公司。它所并购、投资控股或合资创建的企业，涉及资产金额达数百亿元。在被兼并的企业中，海尔对红星电器公司的兼并是最典型的一次，海尔没有投入一分钱，首次用自己的品牌、管理和企业文化等无形资产，使红星厂扭亏为盈，并且成为海尔洗衣机住设本部的重要组成部分。

红星电器曾经和海尔一样，被青岛市列为重点和名牌企业。原红星厂拥有3500多名员工，曾是我国三大洗衣机生产企业之一，年产洗衣机达70多万台。但在同样的起跑线上，海尔越跑越快，摘取了中国家电第一名牌的桂冠，而红星的经营每况愈下，到1995年上半年，企业亏损1亿多元，资不抵债。

1995年7月,在青岛市政府的支持下,红星电器整体划归海尔,连同所有的债务。划归之初,张瑞敏便确定一个思路:红星失败的原因不在技术,也不在资金,“关键是管理不到位”,企业对职工的凝聚力差,缺乏将现有生产要素有效组合的灵魂。而海尔经过十几年发展,最大的成功就是形成了一套独特的管理思想,塑造了员工共同认可的价值观,形成了自己的文化——海尔文化。只有将海尔文化输入到红星,以此来统一企业思想、重铸企业灵魂,以无形资产去盘活有形资产,红星才有可能重生。

人们习惯上将企业间的兼并比作“鱼吃鱼”,或者是大鱼吃小鱼,或者是小鱼吃大鱼。海尔吃的是什么“鱼”?张瑞敏认为,他们吃的是“休克鱼”。

什么叫“休克鱼”?张瑞敏的解释是:鱼的肌体没有腐烂,比喻企业的硬件很好,而鱼处于休克状态,比喻企业的思想、观念有问题,导致企业停滞不前。这种企业一旦注入新的管理思想,有一套行之有效的管理办法,很快就能够被激活起来。

吃“休克鱼”的理论为海尔选择兼并对象提供了现实依据。海尔看重的不是兼并对象现有的资产,而是潜在的市场、潜在的活力、潜在的效益。

在海尔看来,红星厂属于“休克鱼”,海尔要以自己的企业文化激活“休克鱼”。

红星电器原来是生产洗衣机的工厂,被海尔兼并的时候净资产只有1亿,但亏损是2.5亿。兼并后海尔只派了3个人去。人还是原来的人,设备还是原来的设备,兼并第一个月当月亏损700万,第二个月减亏,第三个月减亏,到第四个月盈利100万。为什么呢?靠的是海尔企业文化贯彻组织创新的结果。

海尔集团以海尔文化使被兼并企业扭亏为盈的成功实践,引起了美国工商管理界与学术界的极大关注。哈佛商学院搜集到有关信息后,认为“这简直是奇迹”,经过缜密的研究,决定把其中兼并原青岛红星电器厂迅速使其发展壮大的事实编写成案例,作为哈佛商学院正式教材。1998年3月25日,“海尔文化激活休克鱼”的案例正式进入课堂与学生见面,总裁张瑞敏应哈佛商学院邀请前来参加案例的研讨并当堂指导学生。

(资料来源:作者根据公开资料整理。)

第1节 组织文化

一、组织文化的含义

一般而言,文化有广义和狭义之分。广义的文化是指人类在社会历史实践过程中所创造的物质财富和精神财富的总和。物质文化也可称为“硬文化”,精神文化可称为“软文化”。

狭义的文化是指排除了人类社会历史生活中关于物质创造活动及其结果的部分,包括宗教、信仰、风俗习惯、行为方式、道德情操、学术思想、文学艺术、科学技术、各种制度等。1871年,英国著名文化学家爱德华·泰勒(Edward Burnett Tylor)在《原始文化》一书中提出了狭义文化的早期概念,即文化是包括知识、信仰、艺术、道德、法律、习俗和任何人作为一名社会成员而获得的能力和习惯在内的复杂整体。

由于每个组织都有自己特殊的内外部环境和发展历史，也就形成自己独特的价值观、意识形态和哲学观念，于是每种组织也都形成了自己特定的组织文化。

组织是为实现一定的目的而建构起来的社会集合体，组织中的成员应该要有共同的目标、共同的理想、共同的追求、共同的行为准则以及与此相适应的机构和制度，否则组织就会是一盘散沙。而组织文化的任务就是努力创造这些共同的价值观念体系和共同的行为准则。从这个意义上来说，组织文化是组织在长期的生存和发展中所形成的、并且为组织成员普遍认可和遵循的、具有本组织特色的价值观念、团队意识、思维方式、行为规范、工作作风、心理预期和团体归属感等群体意识的总称。

二、组织文化的要素

1982 年 7 月，美国哈佛大学教授特伦斯·迪尔（Terrence E. Deal）和麦肯锡咨询公司（Mckinsey Company）顾问阿伦·肯尼迪（Allan A. Kennedy）出版了《企业文化——现代企业精神支柱》。他们认为，每一个企业——事实上是每个组织——都有一种文化。

迪尔和肯尼迪把组织文化整个理论系统概述为五个要素，即企业环境、价值观、英雄人物、文化仪式和文化网络。

第一个要素是组织环境。组织环境是指组织的性质、经营方向、外部环境、组织的社会形象、与外界的联系等方面。每个组织的运行环境是一个组织成功的重要条件，它往往影响着组织的行为。组织的成功离不开组织文化，而组织环境又是塑造文化的外部条件。

第二个要素是价值观。价值观是指组织内成员对某个事件或某种行为好与坏、善与恶、正确与错误、是否值得仿效的一致认识。它很明确地对组织成员说明“成功”的定义：“如果你这么做，你就会成功。”价值观是组织文化的核心，统一的价值观使组织内成员在判断自己行为时具有统一的标准，并以此来选择自己的行为。

第三个要素是英雄人物。英雄人物是指组织文化的核心人物或组织文化的人格化，其作用在于作为一种活的样板，给组织中其他成员提供可供仿效的榜样，对组织文化的形成和强化起着极为重要的作用。迪尔和肯尼迪认为，英雄人物的标准是：他是组织价值观的人格化，是全体成员所公认的最佳行为和组织力量的集中体现；他有着不可动摇的个性和作风，他所做的是人人想做而不敢做的事情，因此他是每个遇到困难的组织成员想依靠的对象；他的行为超乎寻常，但距离凡人并不遥远，是可以学习和模仿的；他是通过在整个组织内传播责任感来鼓励员工，其作风并不会因他的离开和去世而消失。

第四个要素是典礼与文化仪式。典礼与文化仪式，既包括组织内部有系统、有计划的日常例行事务，即世俗中的仪式，也包括组织内部的各种表彰、奖励活动、聚会以及文娱活动等，即世俗中的典礼。通过典礼和仪式，可以把组织中发生的某些事情戏剧化和形象化，生动地宣传和体现本企业的价值观，使人们通过这些生动活泼的活动来领会企业文化的内涵，使企业文化“寓教于乐”。

最后一个是文化网络。文化网络是组织内部以故事、小道消息、机密、猜测等形式来传播消息的非正式渠道。这种传播渠道往往由某种非正式的组织和人群所组成，它所传递出的信息往往能反映出职工的愿望和心态。

三、组织文化的结构

组织文化也是一个系统，可以从四个层次来剖析，即物质层、行为层、制度层和精神层。

1．物质层

即组织文化的表层部分，也称为物质文化，是由组织成员所创造的产品和各种物质设施等构成的器物文化。是一种以物质形态为主要研究对象的表层组织文化，是形成组织文化精神层和制度层的条件。优秀的组织文化是通过重视产品的开发、服务的质量、产品的信誉和组织生产环境与容貌、生活环境、文化设施等物质现象来体现的。具体包括组织生产经营的成果、生产环境、企业建筑、企业广告、企业口号与标语、产品、包装、设计等等。

2．行为层

即组织行为文化，它是组织员工在生产经营、学习娱乐中产生的活动文化。包括组织经营活动、公共关系活动、人际关系活动、文娱体育活动中产生的文化现象。组织行为文化是组织经营作风、精神风貌、人际关系的动态体现，也是组织精神、核心价值观的折射。从人员结构上看，组织行为中又包括高层管理者的行为、组织英雄模范人物的行为和组织员工群体行为。

3．制度层

即组织制度文化，是组织文化的中间层次，把组织物质文化和组织精神文化有机地结合成一个整体，既是组织成员的意识与观念形态的反映，又由一定的形式所构成，是塑造精神文化的主要机制和载体。它主要是指对组织和成员的行为产生规范性、约束性影响的部分，是具有组织特色的各种规章制度、道德规范和员工行为准则的总和。它集中体现了组织文化的物质层和精神层对成员和组织行为的要求。制度层文化包括组织领导体制、组织机构和组织管理制度等三个方面。组织领导体制的产生、发展、变化，是组织发展的必然结果，也是文化进步的产物；组织结构，是组织文化的载体，包括正式组织和非正式组织；组织管理制度是组织在进行生产经营管理时所制定的、起规范保证作用的各项规定或条文。

4．精神层

即组织精神文化。相对于物质文化和行为文化，精神文化是一种更深层次的文化现象，是物质文化、行为文化和制度文化的升华，在整个组织文化中处于核心地位，是组织文化的核心和灵魂。它是组织在长期实践中所形成的员工群体心理定势和价值取向，是组织的道德观、价值观即组织哲学的综合体现和高度概括，反映全体员工的共同追求和共同认识。组织精神文化是组织价值观的核心，是组织优良传统的结晶，是维系组织生存发展的精神支柱。精神层文化主要包括组织精神、经营哲学和组织成员共同信守的基本信念、价值标准、职业道德和精神风貌等。

组织文化是一个整体的系统，是由以上四个子系统组成的有机整体。这四个子系统形成了组织文化由表层直至深层的有序结构。物质层文化是最为具体的文化，处于组织文化的最表层，是组织文化的基础，行为文化、制度文化和精神文化均是在此基础上初步产生和发展的；行为文化是一种活动，属于浅层次的文化，是组织文化的外壳，它是物质文化、制度文化和精神文化动态的反映；制度文化是精神文化的表现形式，是人与物的集合部分，处于组织文化的中层，通过它可以把物质文化、行为文化和精神文化统一为整体；精神文化所处层次最深，是组织文化的核心，决定着其他层次文化的性质和发展方向。因此，组织文化是一个由四个层次构成的、由表及里的同心圆。

四、组织文化的特征

（一）民族性

所谓民族，就是"人们在历史上形成的一个有共同语言、共同区域、共同经济生活以及表现于共同文化上的共同心理素质的稳定的共同体"。在世界文化体系中，由于民族区域生态环境不同，文化积累和传播不同，社会和经济生活不同，处于不同民族群体之中的人们，由于共同参与一种文化制度，共享一种文化制度，久而久之，形成了一个民族的人们共同的精神形态上的特点。

组织文化作为文化系统的亚文化，不可避免地受到作为主文化的民族文化和社会文化的影响和约束。民族的传统文化是孕育组织文化的土壤，组织文化的形成离不开民族文化，正是民族文化传统直接影响着组织成员的价值观、思想、言论和行动。民族文化是组织文化的根基，在世界各国的文化体系中，每个民族都有自己独特的进化途径和文化个性，在不同的经济环境和社会环境中形成特定的民族心理、风俗习惯、宗教信仰、道德风尚、伦理意识、价值观念、行为习惯和生活方式等，它们反映在组织文化上的总和就是组织文化的民族特性。组织只有在全民族共同认可的风俗习惯范围内选择培养组织文化，才能够最大程度地调动组织成员的积极性、创造性以及努力工作的激情。

（二）历史性

历史性也是一切社会组织的最基本属性之一。组织在一定的时空条件下产生、生存与发展，组织的现象本身就反映了当时的社会政治、经济、技术和文化，组织本身就是创造历史的载体。经济基础决定上层建筑，组织的运行与政治活动、社会文化现象、技术发展等存在千丝万缕的联系。可以说，组织文化是历史的产物，必定带有历史的烙印，折射出大到一个时代、一个国家的一定时期、一个民族、一个地域，小到一个地方区域的社会经济、技术与文化特征。反过来，组织文化一旦形成，也会反过来影响组织所处的外部环境，因为组织也是所处环境系统的一个子系统，是社会的一个基本单元，信息交融与思想变革首先从一个组织发生。

（三）独特性

组织文化与组织的兴衰成败息息相关。而每个组织都千方百计地让自身具有持续的生命力和旺盛的竞争力，在追求精神状态的最佳化、物质财富的最大化上，所有组织的文化建设愿景是一致的，这就是其共性。但是，因组织所在行业不同、性质不同、所处的地域不同、价值取向不同、追求的方式不同，为了达到美好的目的，在技术层面上，其运作方式又不一样，这就是企业文化的独特性，亦即个性。

世界上没有两片完全相同的树叶。每个组织都在特定的环境中生存与发展，所面临的历史阶段、发展程度以及本身固有的文化积淀都不相同。成功的组织文化，可以借鉴但是不能复制。成功的组织很多，优秀的组织文化也很多，但是成功与优秀的内容、方式、手段、特点均不一样。

（四）系统性

组织文化是一个包括多方面、多层次、多结构的有机系统，其各个构成要素以一定的结构形式排列，各个要素相对独立，各司其职。同时，组织文化又是一个系统工程，是一个严密、有序的有机结合体，各要素之间互相联系、互相依赖、互相作用。一方面，组织文化既然以组织价值的实现为最终目标，那么就不可能不涉及企业的战略规划；既然以人为本，那么就不可能不涉及人力资源开发；既然是一种管理方法，那么就不可能不涉及企业的管理制度……可以说，企业文化今天之所以被管理界推崇备至，与它的这一性质不无关系。另一方面，组织文化体现了社会和组织整体利益和要求，它强调组织发展，目的在于推动社会发展；它调动组织成员的积极性，目的在于促进组织成员的凝聚力和奉献精神。因而，组织文化从根本上是保持了社会的整体利益和全局利益，强调了个体利益服从组织利益、组织利益服从社会利益，从而使三者达到统一。

（五）继承发展性

企业在一定的时空条件下产生、生存和发展，企业文化是历史的产物。企业文化的继承性体现在三个方面：一是继承优秀的民族文化精华；二是继承企业的文化传统；三是继承外来的企业文化实践和研究成果。

组织文化是在特定的社会文化背景下形成的，必然会接受和继承这个国家和民族文化的传统和价值体系，反映时代的风貌。同时，组织文化在不断的发展中，也必须注意吸收其他组织的优秀文化，融合世界上最新的管理实践和理论研究成果，不断地充实和自我发展。另外，随着组织的成长和发展，作为组织意识形态的组织文化，会被后继员工所学习、接受和遵守，一代一代传下去，并不断创新与发展。正是由于继承发展性，组织文化才能够更加适应时代的要求，并且形成历史性和时代性相统一的组织文化。

五、组织文化的功能

（一）导向功能

组织文化反映了组织整体的共同追求、共同价值观和共同利益。强有力的文化能够对组织整体和组织每个成员的价值取向和行为取向起导向作用。

文化的导向功能，主要通过组织文化的塑造来引导组织成员的行为心理，使得人们在潜移默化中接受共同的价值观念，自觉自愿地把组织目标和个人目标结合起来。文化的导向作用主要体现在三方面：一是对组织成员个体的思想和行为起导向作用；二是对组织整体的价值取向起导向作用；三是能明确组织目标，建立规章制度。这是因为，一个组织的文化一旦形成，它就建立起了自身系统的价值和规范标准，如果企业成员在价值和行为的取向与组织文化的系统标准产生悖逆现象，组织文化会进行纠正并将其引导到组织的价值观和规范标准上来。正如迪尔和肯尼迪在《企业文化》中反复强调的："我们认为员工是公司最伟大的资源，管理的方式不是直接用电脑报表，而是由文化暗示，强有力的文化是引导行为的有力工具，它帮助员工做到最好。"

（二）约束功能

组织文化对组织员工的思想、心理和行为具有约束和规范作用。组织文化的约束不是制度式的硬约束，而是一种软约束，这种约束产生于企业的企业文化氛围、群体行为准则和道德规范。群体意识、社会舆论、共同的习俗和风尚等精神文化内容，会造成强大的使个体行为从众化的群体心理压力和动力，使组织成员产生心理共鸣，继而达到行为的自我控制。

（三）凝聚功能

组织文化的凝聚功能是指当一种价值观被组织成员普遍认可和接受后，它就会成为一种黏合力，从各个方面把部门和成员聚合起来，从而产生一种巨大的向心力和凝聚力。组织中的人际关系受到多方面的调控，其中既有强制性的“硬调控”，如制度、命令等；也有说服教育式的“软调控”，如舆论、道德等。组织文化就属于软调控，它能使全体员工在组织的愿景和使命、战略目标、战术手段、方针、政策等基本方面达成共识，这就从根本上保证了组织人际关系的和谐性、稳定性和健康性，从而增强了组织的凝聚力。

（四）激励功能

组织文化对成员有一种无形的精神驱动力。优秀的组织文化强调尊重组织的每位成员，相信每一个人，凡事都是以成员的共同价值观为尺度。员工在组织中会受到重视，参与愿望能够得到充分满足。因此，组织文化能够最大程度地激发员工的积极性和创造性，使得他们能够以主人翁的精神献身于组织发展，贡献自己的聪明才智。实际上，在组织文化的激励下，组织成员积极工作，将自己的劳动融入集体的事业中，共同创造、分享组织的荣誉与成果，以组织的荣誉为荣，本身又会得到自我实现及其他高层次的精神需要的满足，从中得到激励。

所以，积极向上的理念及行为准则将会形成强烈的使命感、持久的驱动力，成为员工自我激励的一把标尺。一旦员工真正接受了组织的核心理念，他们就会被这种理念所驱使，自觉自愿地发挥潜能，为组织更加努力、高效地工作。

第2节　组织变革

哈默和钱皮曾在《公司再造》一书中把顾客（customers）、竞争（competition）、变革（change）看成影响市场竞争最重要的三种力量，并认为其中尤以变革最为重要，“变革不仅无所不在，而且还持续不断，这已成了常态”，“唯一不变的就是变化”。

任何一个组织，无论过去如何成功，都必须随着环境的变化而不断地进行自我调整。组织必须适时进行变革，才能促进组织的不断优化与发展。组织变革的根本目的就是为了提高组织的效能，特别是在动荡不定的外部环境条件下，要想使组织顺利地成长和发展，就必须自觉地研究组织变革的内容、阻力及一般规律，研究有效管理变革的具体措施和方法，积极引导和实施组织变革。

一、组织变革的含义

组织变革（Organizational Change）是指运用相关理论与方法，对组织的战略愿景、框架结构、文化、规模、渠道等进行有目的的、系统的调整和革新，以适应组织所处的内外环境、技术特征和组织任务等方面的变化，从而提高生存和发展能力的过程。组织的发展离不开组织变革，内外部环境的变化、组织资源的不断整合与变动，都给组织带来了机遇与挑战，这就要求任何组织都要密切关注组织变革。组织变革的含义表明，变革是组织实现动态平衡的发展阶段。组织原有的稳定和平衡不能适应形势变化的要求了，就要通过变革来打破它们，但打破原有的稳定和平衡本身不是目的，目的是建立适应新形势的新的稳定和平衡，应当把组织的变动性和稳定性有机地结合起来。

二、组织变革的动因

管理者面临外部和内部两种限制力量。也还是这同样的力量，产生了对变革的需要。

（一）外部力量

组织是个开放的系统，又是社会大系统中的一个子系统，其置身于社会巨变的不确定性环境中，并深受社会变革所带来的广泛而深刻的影响，必然承受着极大挑战与压力，而这些挑战与压力往往又是推动企业组织变革的强大动力。从外部环境的角度来看，管理者对组织进行变革就是重新安排和组织各种资源，充分利用外部机会、回避外部威胁，以减轻外部威胁对组织的影响。

组织外部环境包括经济、政治、法律政策、文化、人口、市场和竞争、技术、外部利益相关者、自然资源、自然环境等等。其中任何一种因素都是一把双刃剑，都既可能成为推动组织变革的强大力量，也可能成为阻碍组织变革的强大阻力，对组织发展都有可能产生深远的影响。

由于社会的政治、经济、文化等因素不断发生变化，环境对组织的要求和期望不断变更，这种变化必然会导致原有组织内部的体系与环境的不相容，从而引起组织内部各分系统的变化。组织只有适应发展和变化了的新环境，进行相应变革，才能维持其生存与发展。

（二）内部力量

除上述外部力量以外，内部力量也会形成对变革的需要。这些内部力量可能最初产生于组织的内部运营，也可能产生于外部变化的影响。

1. 组织生命周期的不同阶段

20 世纪 50 年代，马森·海尔瑞(Mason Haire)首先提出了可以用生物学中的“生命周期”观点来看待企业，认为企业的发展也符合生物学中的成长曲线。在此基础上，他进一步提出企业发展过程中会出现停滞、消亡等现象，并指出导致这些现象出现的原因是企业在管理上的不足，即一个企业在管理上的局限性可能成为其发展的障碍。到了 80 年代，丘吉尔(Churchill N. C)和刘易斯(Lewis V. L)从企业规模和管理因素两个维度描述了企业各个发展阶段的特征，提出了一个五阶段成长模型，即企业生命周期包括创立阶段、生存阶段、发展阶段、起飞阶段和成熟阶段。根据这个模型，企业整体发展一般会呈现“暂时或永久维持现状”、“持续增长”、“战略性转变”和“出售或破产歇业”等典型特征。

葛瑞纳(L. E. Greiner)认为，企业通过演变和变革而不断交替向前发展，企业的历史比外界力量更能决定企业的未来。他以销售收入和雇员人数为指标，根据它们在组织规模和年龄两方面的不同表现组合成一个五阶段成长模型：创立阶段、指导阶段、分权阶段、协调阶段和合作阶段。该模型突出了创立者或经营者在企业成长过程中的决策方式和管理机制构建的变化过程，认为企业的每个成长阶段都由前期的演进和后期的变革或危机组成，而这些变革能否顺利进行直接关系到企业的持续成长问题。

2. 组织运行状况不佳，经营业绩和效益下降

组织运行状况不佳往往是推动组织变革的最直接因素。组织良好的运行状况是实现组织目标的必要条件之一。从深层次原因上分析组织长时期的绩效滑坡，通常可以发掘出组织运行状况不良的根源。例如美国通用汽车公司按照“集中政策下的分散经营”思想改组组织，虽然被称作“近代组织管理的一次革命”，但分析其变革背景可以

发现，该公司是在内部缺乏统一管理、外部面临经济恐慌的形势下，才开始组织管理变革的。

3. 组织结构的缺陷

主要表现为企业组织结构过分刚性，官僚机制僵化，缺乏弹性和渗透力，对环境的适应能力较差，部门之间往往缺乏及时、有效的沟通，甚至相互扯皮、缺乏合作，信息传递速度慢，反应能力迟缓，往往对市场、技术方面的变化与机会未能作出迅速和灵活的反应，怠慢顾客，失去机遇，导致工作的延误。组织设计和运行不可能完美无缺，组织结构也会随着内外环境的变化而变化。

4. 组织战略改变

钱德勒曾经提出了“结构跟着战略变”的观点，组织在战略发展的每个阶段都需要相应的组织结构与之匹配。例如，在数量扩大战略阶段，企业的组织结构就比较简单，往往仅有一个办公室执行单纯的生产和销售职能；在地域扩张战略阶段，简单的组织结构已不适应经济发展的需要，需要代之以若干职能部门的组织形式；在纵向一体化战略阶段，企业中出现了中央办公机构及众多职能部门，为保持各单位之间的密集联系，管理权力需要集中在上层，从而形成集权的职能型结构；而在多样化经营阶段，企业需要更多地分权，因此常采用分权的事业部制结构。

5. 组织规模扩大

大型组织与小型组织在管理工作的各个方面都存在明显的区别。随着组织规模的扩大，部门数量、管理层次越来越多，劳动分工越来越细，职能和技能越来越专业化，这说明大型组织趋于复杂化。报表、文件和书面沟通增多，程序化规则取代直接监督而成为协调的主要手段，这说明大型组织趋于正规化；大型组织的集权程度通常很低，中层管理人员拥有较大的权利；同时人员结构也发生变化，直线管理人员比率呈下降趋势，而职能参谋人员的比率在逐渐扩大。这些特征反映了随着规模的扩大，组织需要在许多方面作相应的变革调整。

6. 人力资源变化

随着社会的发展与进步，员工素质和能力也在不断提高。同时，随着社会文化的变迁，员工的价值观、思想意识、工作态度和需要也越来越表现出了多元化的特点。这种状况对任何一个组织而言，都是一个巨大的压力。为适应人力资源开发的需要，组织设计和运行就必须给人的能动性和创造性的发挥创造有利条件，以便更好地调动他们工作的积极性，并提高组织对内外环境的应变能力。

（三）管理者的推动作用

组织内的变革需要一种催化剂。我们把作为催化剂起作用，并承担变革过程管理责任的人称作变革推动者(Change agents)。

任何管理者都可能成为变革推动者。组织内的变革通常是管理者发起并得到实施的，但变革推动者也可以是非管理者。比如，内部的职能专家或者外部的咨询人员，他们都可能是变革的倡导者、推动者和实施者，他们的技能都可能被用于变革执行过程。特别是针对组织整体范围内的大变革，组织的高层管理部门经常会聘请外面的咨询人员提供建议和帮助。由于这些人来自组织外部，且都是各个方面的专家、学者，他们常常能把理论和实践的新观点、新思维带进组织，给组织输入新鲜的血液，或者能够从旁观者的角度发现组织更多的问题，正所谓旁观者清。当然，外部咨询人员也常有一个难以克服的弱点，比如对组织的历史、文化、作业程序和人事等缺乏足够的了解，容易被内部人所排斥。外部咨询人员还经常倾向于主张比内部人更剧烈的变革，触动一大批既得利益者。相反，内部管理者作为变革推动者时可能更深思熟虑（也可能更小心谨慎），因为他们必须与其行动的结果终日为伴。

三、组织变革的两种不同观点

变革的过程是什么样的呢？有学者认为，只要管理得当，变革是个风平浪静的过程。在这种观点看来，组织就像是一艘在风平浪静的海洋中航行的大船，船长和船员们都清楚地知道他们航行的目标是什么，因为航线是他们所熟悉的。只是偶尔遇到风暴时才会有变化出现，其他平静、可预见的旅程中尽可放心享受。也有学者认为，变革是个不平静的过程，就像一艘小船在激流险滩小心谨慎地前行。小船上的员工，是个刚刚组建的团队，他们以前从未在一起出过航，也完全不熟悉河流的构造，不了解最终的目的地，甚至他们有时还要在漆黑的夜晚航行。在这种急流险滩比喻下，变化就是一种自然的状态，对变革的管理是一个持续的过程。

（一）风平浪静观

早期，风平浪静观（the calm waters metaphor）还能相对贴切地描述管理者所处的外部环境。库尔特·卢因（Kurt Lewin）的三步骤变革过程描述就是其最好的说明。

卢因是计划变革理论的创始人。卢因的三步骤过程是将变革看作对组织平衡状态的一种打破，即解冻（unfreezing），解冻是创造变革的驱动力。按照卢因的观点，现状可以看作是一种平衡状态，要打破这一平衡状态，解冻就是必要的。这可通过如下三种方式中的某一种来取得：增强驱动力，使行为脱离现有状态；减弱制约力，即妨碍脱离现有平衡状态的力量；混合使用以上两种方法。

解冻一旦完成，就可以推行本身的变革（changing）。变革要指明改变的方向，使成员形成新的态度和行为。组织创造并拥有一种未来愿景，并综合考虑达成这一目标所需要的步骤。安排变革的一个首要步骤是将整个组织团结在一个凝聚人心的愿景之下。这个愿景不仅包括其使命、哲学和战略目标的某种陈述，而且它旨在非常清晰地勾画出组织理想的未来样子。它被比喻为“组织梦想，发挥想象力，鼓励人们对可能的情况进行再思考”。

但仅仅引入变革并不能确保它持久。当新的态度、实践与政策用于改变公司时，它们必须被“重新冻结”或固化，这样才能使之保持一段相当长的时间。除非增加这最后一个步骤，否则，变革就很可能是短命的，员工又会返回到原有的平衡状态中。因此，再冻结即把组织稳定在一个新的均衡状态，其目的就是通过平衡驱动力和制约力两种力量，使新的状态稳定下来，保证新的工作方式不会轻易改变。这是对支撑这一变革的新行为的强化。

卢因的三步骤过程是将变革看作对组织平衡状态的一种打破。现状被破坏以后，就需要经过变革而建立起一种新的平衡状态。这种观点对于面临相对平稳环境的大多数组织来说，可能是适合的。但这种风平浪静观就当前管理者所面临的经营环境而言，已日益成为一种过时的描述方式。

（二）急流险滩观

急流险滩（the white-water rapids）的比喻更适合不确定与动态的环境。这种观点认为，管理者的工作是一种不断经受打扰的过程。要在这种环境中生存下来并能取得成功，组织必须具有足够的适应性和敏捷性，必须能够对所面临的变化作出迅速的反应。

现在日益多的管理人员逐渐意识到，"风平浪静"假设下的稳定性和可预见性是不存在的。对现状的打破绝不是偶然的，也不是暂时性的，可以返回到平静的状态。当今的管理者有许多都不能避免急流险滩。他们面临着不断地变化，需要面对各种无序状态。这些管理者被迫在以前从未参加过的博弈中扮演角色，而博弈遵循的规则也完全在对局进展过程中来确定。

四、组织变革的类型

组织变革的类型有多种划分方式。我们按照变革的速度将组织变革模式分为比较两种典型的两种：激进式变革和渐进式变革。激进式变革力求在较短的时间内，对组织进行大幅度的全面调整；渐进式变革则是通过对组织进行小幅度、逐步的调整，力求通过一个渐进的过程，实现变革的目标。

（一）激进式变革

激进式变革对组织进行的调整是大幅度的、全面的，能够以较快的速度达到目的，所以变革过程就会较快。激进式变革方式有些极端，但其中体现了深刻的系统思维。稳定性对于企业组织至关重要，但是当企业由于领导超前意识差、员工安于现状而陷于超稳定结构时，企业组织将趋于僵化、保守，会影响企业组织的发展。此时，小扰动不足以打破初态的稳定性，也就很难达到目的态。"不过正不足以矫枉"，激进式变革能有力地粉碎长期形成的关系网和利益格局，彻底打破初态的稳定性。与此同时，激进式改革也容易导致组织的平稳性差，严重的时候会导致组织崩溃。这就是为什么许多企业的组织变革反而加速了企业灭亡的原因。

（二）渐进式变革

渐进式变革则是通过局部的修补和调整来实现，依靠持续的、小幅度变革来达到目的状态，即调整量小，但波动次数多，变革持续的时间长。这种方式的变革对组织产生的震动较小，而且可以经常性地、局部地进行调整，直至达到目的态，这样有利于维持组织的稳定性。这种变革方式的不利之处在于容易产生路径依赖，导致企业组织长期不能摆脱旧机制的束缚。

两种模式各有利弊，也都有着丰富的实践，企业在实践中应当加以综合利用。在企业内外部环境发生重大变化时，企业有必要采取激进式组织变革以适应环境的变化，但是激进式变革不宜过于频繁，否则会影响企业组织的稳定性，甚至导致组织的毁灭；因而在两次激进式变革之间，在更长的时间里，组织应当进行渐进式变革。

五、组织变革的阻力

组织变革是一个破旧立新的过程，必然会遇到各种抵制和阻力。

（一）抵制组织变革的原因

组织变革作为战略发展的重要途径，总是伴随着不确定性和风险，并且会遇到各种阻力。管理心理学研究发现，常见的组织变革阻力可以分为两类。

1. 组织因素

在组织变革中，组织惰性是形成变革阻力主要的因素。这是指组织在面临变革形势时表现得比较刻板、缺乏灵活性，难以适应环境的要求或者内部的变革需求。在组织层面上产生变革阻力的因素有很多，既包括组织结构、规章制度等显性阻力，还包括组织文化、员工的工作习惯等隐性阻力。由于组织变革会对组织内部各部门、各个群体的利益进行重新分配，作为既得利益者，那些原本在组织中权利较大、地位较高的部门和群体必然会将变革视为一种威胁。另外，企业的流程再造必然会重组企业的组织结构，对某些部门、机构予以撤减与合并，以及重新进行权责界定，一些处于不利地位的部门就会反对变革。相对组织内的显性阻力而言，隐性阻力就更加隐蔽、难以克服。在长期的工作中，员工与员工之间、员工与领导之间、员工与组织之间已经形成了某种默契或契约，一旦实行变革，就意味着改变员工业已形成的、已经习惯的工作关系和工作方式，必然会引起员工的恐慌。

2. 个体因素

组织成员对待组织变革的态度与其个性有十分密切的关系。那些敢于接受挑战、乐于创新、具有全局观念、有较强适应能力的人通常变革的意识较为强烈。而那些因循守旧、崇尚稳定的人对变革的容忍度较低，变革的抵触情绪较大。他们往往会由于担心组织变革的后果而抵制变革：一是职业认同与安全感。在组织变革中，人们需要从熟悉、稳定和具有安全感的工作任务，转向不确定性较高的变革过程，其"职业认同"受到影响，产生对组织变革的抵制。二是地位与经济上的考虑。人们会感到变革影响他们在企业组织中的地位，或者担心变革会影响自己的收入。或者，由于个性特征、职业保障、信任关系、职业习惯等方面的原因，产生对于组织变革的抵制。

一些依赖性较强、没有主见的员工常常在变革中不知所措而依附于组织中群体的态度倾向。除此之外，由于变革会打破现状、破坏已有的均衡，必然会损害一部分人的既得利益，这类人常常是组织变革的最大抵触者，他们常常散布谣言，制造混乱，甚至采取强硬措施抵制变革。

（二）克服对组织变革的抵制

管理心理学提出了若干有效的途径，以克服对于组织变革的抵制或阻力。

1. 参与和投入

心理学的相关研究表明，人们对某项工作的参与程度越大，就越会承担工作责任，支持工作的进程。因此，应当鼓励并推动组织的所有员工参与有关变革的设计讨论，参与会导致承诺，抵制变革的情况就会显著减少。特别是当管理人员所得信息不充分或者岗位权力较弱时，参与和投入方法能取得更加积极的效果。在使用这种方法的时候，应该为变革留出足够的时间，让员工充分参与，并且要制订详细的参与方案，稳步推进。仓促推进员工参与、准备不足，都会带来不必要的风险。

2. 教育和沟通

加强教育和沟通，是克服组织变革阻力的有效途径。这种方法适用于信息缺乏和对未知环境的情况。在变革实施之前，组织决策者应该通过教育和沟通，分享情报资料，营造一种危机感，让员工认识到变革的紧迫，让他们了解变革对组织、对自己的好处，消除对变革的抵触心理。同时，在组织变革中加强培训和信息交流，并适时地提供有关变革的信息，澄清变革的各种谣言，为变革营造良好的氛围。在变革的实施过程中，要让员工理解变革的实施方案，并且要尽可能地听取员工的意见和建议。与此同时，企业还应该时刻关注员工的心理变化，及时与员工交流，在适当的时候可以作出某种承诺，以消除员工的心理顾虑。

3. 群体促进和支持

许多管理心理学家提出，运用“变革的群体动力学”，可以推动组织变革。这里包括创造强烈的群体归属感、设置群体共同目标、培养群体规范、建立关键成员威信，以及改变成员态度、价值观和行为等。这种方法在人们由于心理调整不良而产生抵制时使用比较有效。

4. 适当地运用激励手段

在组织变革的过程中适当运用激励手段，将达到意想不到的效果。一方面，组织可以在变革实施的过程中，提高员工的工资和福利待遇，使员工感受到变革的好处和希望，消除顾虑；另一方面，组织可以对一些员工予以重用，以稳住关键员工，消除他们的顾虑，使他们安心地为企业工作。这些关键员工既包括组织的骨干、部门主管，也应该包括非正式组织的领袖等，尽量降低非正式组织对变革的干扰。

5. 培植组织的精神领袖

在组织变革的过程中，如果有一位强力型的领导者，相对而言，变革的阻力就会很小。由于组织的精神领袖通常具有卓越的人格魅力和非常优秀的工作业绩，因此，由他们发动变革，变革的阻力就会很小。

6. 发挥外部专家的影响力

在变革的过程中，一些员工认为变革的动机带有主观性质，他们认为变革是为了管理当局能更好地谋取私利。还有一些员工认为变革发动者的能力有限，不能有效地实施变革。这个时候，应该积极发挥外部专家的影响力。一方面，外部专家的知识和能力在一定程度上能削弱人们的顾虑；另一方面，由于外部专家来自第三方，通常能较为客观地认识企业所面临的问题，较为正确地找到解决的办法。

7. 延长变革的时间和进程

即使不存在对变革的抵制，也需要时间来完成变革。干部、员工需要时间适应新的制度、排除障碍。如果领导觉得不耐烦，加快速度推行变革，下级就会产生一种受压迫感，产生以前没有过的抵制。因此，管理部门和领导者需要清楚地懂得：人际关系影响着变革的速度。

案例8-1

华为公司的狼性企业文化

狼是一种让人畏惧、讨厌的动物，极少有人愿意与狼相提并论，但是位于深圳的华为技术有限公司却自诩为狼。

创始人、总裁任正非就是“狼王”，自 1987 年公司成立以来，他带领着华为狼群，与市场中的豹子、狮子厮杀，将企业的狼性表现得淋漓尽致，屡建奇功。

华为低调的性格与疯狂的行为，使这匹诡异的土狼多了几分神秘，让人琢磨不定。

在不到 30 年的时间里，华为已经从注册资金 21000 元人民币发展到接近 400 亿美元的总资产（截至 2013 年年底，总资产 382 亿美元，数据来源：华为公司财务报表）。2013

华为第三次入围世界500强，位居第315名。

这样的佳绩，引人深思：独辟蹊径的狼性企业文化究竟有什么样的竞争魔力？

一、什么是狼性文化

有人把通信制造业的各类企业比作草原上的三种动物：跨国公司就像狮子，跨国公司在中国的合资企业就像豹子，而地道的中国本土企业就像土狼。如果这个比喻贴切的话，那华为就是最杰出的土狼。

任正非归纳出了狼的三大特性：一是敏锐的嗅觉；二是不屈不挠、奋不顾身的进攻精神；三是群体奋斗。他认为，这三点是狼在厮杀中成功的特性，转用到企业的竞争中，也会形成不可思议的力量，所以企业要发展就是需要有点狼性。敏锐地察觉对手的动向和市场的变化，可以抓住先机、把握主动；竞争的过程中必然会有挫败，因而想获得将来的胜利，必须要有不怕输的精神、永不言败的信念，在市场竞争中，退却和等待是没有任何意义的；企业是个集体组织，它的成功是每个人的努力，所以唯有全体奋斗，才有企业辉煌。

在与狮子的战斗中，狼群有着可怕的生存能力，强烈地渴望胜利，执着地追求目标，使用任何可以利用的方法，发动疯狂的攻击，以不惜代价集体作战的方式，把狮子弄得筋疲力尽。华为在跨国公司占尽优势的情况下，依然不断成长，因为它更有成功的欲望，更执着地追求发展，采用市场中尽可能有效的战术，常常以集体战的方式，斗过了强大若干倍的对手，找到了生存之法。

对华为而言，主业就是销售。销售表现出了狼性最为鲜活的一面，就是以整体力量向外攻击，为实现目标利用各种手段争夺市场。它对胜利有着疯狂的追求，它对失败有着不懈的忍耐。在竞争中，华为的武器不一定是最好的，但是一定是最有效的，所以它的竞争力根植于它的狼性。

在研发方面，也表现了不屈不挠、奋勇拼搏的狼性。研究人员勤勤恳恳、埋头苦干，不害怕“冷板凳要坐十年”，坚持“从点点滴滴做起”，研究问题不做广，而是要做深。所以华为的技术总能在国内领先，这是科技产品抢占市场的利器。

狼还有强烈的危机意识，任正非曾写过的《华为的冬天》和《北国的春天》，这两篇文章中的危机论，引起了业界极大的震动。

狼性是华为企业文化特性的浓缩，任正非对此有着精辟的论述：“资源是会枯竭的，唯有文化才会生生不息。一切工业产品都是人类智慧创造的，华为没有可以依存的自然资源，唯有在人的头脑中挖掘出大油田、大森林、大煤矿……精神是可以转化成物质的，物质文明有利于巩固精神文明，我们坚持以精神文明促进物质文明的方针。这里的文化，不仅仅包含知识、技术、管理、情操……也包含了一切促进生产力发展的无形因素。”

虽然狼在竞争中有残酷的一面，但狼的忠心是它不懈努力的根源，所以华为倡导以“爱祖国、爱人民、爱公司”为主导的企业文化。

二、华为狼性文化的具体体现

（一）华为基本法

华为基本法的起草工作开始于1996年年初，它确定了华为二次创业的观念、战略、方针和基本政策，对华为的发展起着重要的指导和规范作用。华为基本法是华为企业文化的精华体现，是华为经验的总结和理念的探索。

狼性企业文化是核心竞争力，华为基本法就是竞争力的基石和主导。华为基本法以书面的形式表现，以制度的方式约束，将核心竞争力具体地体现出来。华为基本法有两个重要部分，一部分是公司宗旨，另一部分是基本经营政策。

华为公司宗旨包含四个方面：核心价值观、基本目标、公司的成长和价值的分配。核心价值观是企业生存和发展的精神支柱，决定了企业的基本特性。华为的价值观是：在电子信息领域实现顾客的梦想，成为世界一流的设备供应商，成为世界级领先企业；华为最大的财富是认真负责和管理有效的员工；广泛吸收世界电子信息领域的最新研究成果，使产品自立于世界通信列强之林；爱祖国、爱人民、爱事业和爱生活是凝聚力的源泉，责任意识、创新精神、敬业精神与团结合作精神是企业文化的精髓，实事求是是行为的准则；主张在顾客、员工与合作者之间结成利益共同体；坚持以精神文明促进物质文明的方针；以产业报国和科教兴国为己任……基本目标部分，对质量、人力资本、核心技术、利润等方面定出了发展的目标，将企业的发展方向更加明确化。公司的成长部分，明确了企业在发展中遇到的主要问题，明晰了成长的思路。价值的分配部分，承认员工劳动成果的价值，采取合适的分配方法，效率优先、兼顾公平、可持续发展的分配原则，保障了员工的利益。

基本经营政策是华为企业文化更为具体的表现，在具体工作中把握细节，指出了经营的重点和研究开发的政策。在经营的重点方面：华为中短期经营方向集中在通讯产品的技术与质量上，同时发展相关信息产品，优先选择资源共享的项目，慎重选择是企业竞争力找准发展方向的保证；经营模式上采取依靠产品技术和性能价格比的领先优势，大规模的席卷式的市场营销战术，以设计中的技术、质量、成本和服务优势为竞争力的基础；资源配置实行压强原则，以超过主要竞争对手的强度在成功关键因素和选定的战略生长点上配置资源，实现集中的强势竞争力；在互利基础上，形成广泛的对等的战略联盟，借助互补的优势，增强竞争能力；向顾客承诺提供产品的终生服务，建立专业化和标准化的服务网络，以提高顾客的价值为企业的责任。在研究与开发方面：产品开发的方向跟随顾客价值观的发展趋势，在自主开发的基础上广泛开放合作，完善竞争的理性选择程序，保证技术上的竞争能力；建立产品发展战略规划研究系统、产品研究开发系统、产品中间试验系统，三大研究系统互相平行，为发展技术竞争力提供了良好的发展体系……基本经营政策是对商战中战术的指导，融入了企业对经营活动的核心观念。

（二）人才激励制度

华为的技术能力发展迅猛，华为的销售能力咄咄逼人，这是因为有一批勤奋努力、奋勇直前的华为人，他们的进取精神来自华为的人才激励制度。华为将人力资源的增值目标作为公司的一项重要战略目标，因为人力资源目标的实现是产品竞争、企业竞争目标实现的前提。华为的核心价值观，首先就是视人才为公司的最大财富。

华为的人才激励机制，主要有以下几个方面：

1. 建立以自由雇佣为基础的人力资源管理体系，不搞终身雇佣制。华为认为，在市场一线的人，不允许有思想上、技术上的沉淀，必须让最明白的人、最有能力的人来承担最大的责任。

2. 建立内部劳动市场，允许和鼓励员工更换工作岗位，实现内部竞争与选择，促进人才的有效配置，激活员工，最大程度地发现和开发员工潜能。

3. 高工资。华为称为“三高”企业，指的是高效率、高压力和高工资。任正非坚信高工资是第一推动力，因而华为提供的是外企般的待遇。

4. 提供持续的开发培训。华为实行在职培训与脱产培训相结合、自我开发与教育开发相结合的开发方式，让员工素质适应企业的发展，同时让员工有机会得到个人能力的提高。

5. “公平竞争，不唯学历，注重实际才干”。华为看重理论，更看重实际工作能力，大量起用高学历人才，也提拔读函大的高中生。

6. 客观公正的考评。考评工作有着严格的标准和程序，是对员工全方面地考评，考核的依据依次是：才能、责任、贡献、工作态度与风险承诺。

7. 知识资本化、知识职权化。华为的员工持股制度是按知分配的，把员工的知识劳动应得的一部分回报转化为股权，即转化为资本，股金的分配又使得由股权转化来的资本的收益得到体现，通过股权和股金的分配来实现知识资本化。

（三）忧患意识

在狼性企业文化突显奇效的时候，在华为如日中天的时候，任正非突然先后抛出了《华为的冬天》和《北国之春》两篇充满忧患意识的文章。华为一直是低调的，之前也有类似的论调，但这次是在朗讯帝国没落之际，华为的警告出奇地震撼人心。这两篇文章刚刚出现，便引起了业界的极度关注，在网上广为流传，受到企业界的推崇。对于一个事业正红红火火的企业，有如此的危机感，是难能可贵的，这也正像狼在自然界，时刻都充满着对生存的警惕。这种危机感，是狼性企业文化的延伸。

带着几许沧桑，任正非把华为人带入了如果冬天来临的惶恐时代。十多年来，他天天思考的都是失败，不是荣誉感、自豪感，而是危机感。没有危机意识，还沉醉在自己已有的胜利之中，当危机真正来临时束手无策，只有等待出局的红牌。企业最重要、最核心的就是追求长远地、持续地实现人均效益增长，不是一时的强大，而是持久的发展。华为人对企业的使命，用一句最朴实、最本质的话来说，就是活下去。一个真正的强者，应该是垮了还能再起来，那华为有没有这样的本事，任正非提前敲响警钟。

华为强烈的危机意识，也许应了“哀兵必胜”的话。他们清醒地认识到危机的存在，也在采取措施积极地防范。这种危机感和先前行动，是狼敏锐的感觉和强烈的生存意识。居安思危，防患于未然，提醒企业不断自省，时刻改善，更加巩固企业的核心竞争力，为明天的变化做好准备。

（四）客户满意

企业核心竞争力的一个重要特性，是用户的价值性。能为用户提供长期的关键性利益，是评价企业核心竞争力的根本。只有当客户的价值在这个企业得到了更好的保证，客户才会选择企业的产品和服务，这是对企业的肯定，更是对企业的支持。

在华为公司的客户价值链上有三大要点，即质量好、服务好和综合低成本。

质量好，是华为竞争优势中的一个关键决定因素。华为在90年代能迅速发展，正是由于它的产品优秀，特别是近几年来不断地研究和努力，开发和应用了各种设计规范和方法。

服务好，来自华为的真诚。“你赢我赢——服务的华为，增值的网络”，这是华为对客户的承诺。

综合低成本，为客户提供价廉物美的产品。为了降低客户终生使用产品的费用，华为推出了ISC、IPD，进行IT系统变革，降低开发过程中的成本。在一些产品和工程的设计中，华为也尽量地降低用户的综合成本。

“关注客户需求”，才能做到客户满意。华为经常进行客户满意度调查，收集信息，以用户的意见为努力的方向。为了能更好地贴近客户，华为还专门提出了六个必须防止的误区："高高在上，听不到客户的声音"；"以我为重，强行引导客户需求，听不进客户的意见"；"听到了表象，没有抓住实质"；"'花花绿绿'不加分析，全盘照收"；"抓大放小，略掉了潜在增长点"；"面对变化的环境，却固守以前的规则、理念"。由此可见，华为对客户的细心之处，也把关注客户的工作落到了实处。

敏锐的意识，不屈不挠、奋不顾身的进攻精神和群体奋斗。华为就是从狼这种具有特殊进攻力的动物身上，看到了类似于在市场竞争中的某些以弱克强的特质。华为把这种狼的精神运用到企业之中，形成了颇具特色的狼性文化。狼强烈的生存意识、群体行动、对失败的忍耐、对成功的渴望、看事物的冷静、处世的低调，是面对强大的竞争对手而仍能与之抗争的高贵品格。华为冷静、低调、执着、忍耐、疯狂、团结，就有如一只草原上的狼，它强烈的生存意识驱使它超前地考虑问题、加倍地努力，这就是为什么国外的狮子拿它无可奈何的原因。

（资料来源：作者根据公开资料整理。）

问题：

1. 狼性文化的内涵是什么？华为的企业文化在公司的发展过程中发挥着怎样的作用？
2. 华为的狼性文化有什么优缺点？
3. 结合本案例，谈谈如何建设企业文化。

案例8-2

IBM探索转型的变与不变

2011年，IBM公司将迎来其"百年华诞"。

熟悉这家企业的人会说，IBM虽已至期颐之年，足够成熟，但并不显老，依旧生机勃勃，干劲十足。两年前，IBM提出了"智慧的地球"，其格局之大、立意之高、行动之齐整，令人为之一振；2011年2月20日，IBM又展示了自己的创新肌肉，在一个电视知识竞赛的节目中，用一台叫作"沃森"的计算机，战胜了人类的顶尖选手，也向世界宣布了自己在人工智能领域的老大地位。

自从路易斯·郭士纳(Louis V. Gerstner，1993年—2002年任IBM董事长兼首席执行官)让IBM这只"大象"学会了跳舞以后，IBM一路走来可谓顺风顺水，如今已经成为世界上第一家百年的IT企业。在企业管理领域，提到优越管理，人们会想到IBM；提到全球化，人们还会想到IBM；提到成功转型、人才培养、领导力、企业文化，人们都会想到这家企业。这家企业真的有点神奇，使我们不由得想一探究竟，他们到底是怎样做到的？为此，我们采访了IBM大中华区董事长及首席执行总裁钱大群。

《中国经营报》：很多人认为，IBM是非常善于转型的大型企业，而转型也正是IBM基业常青的核心秘密，对于这种说法你认可吗？

钱大群：转型是IBM的一个核心能力。的确，IBM在百年的历史中，经历了多次转型：最初，我们是一家生产打孔卡制表机、钟表、秤和奶酪切片机的制造企业；在美国二战后的繁荣时期，IBM在电子管计算机、小型数据处理计算机、集成电路计算机方面已经有所建树的基础上，转战大型计算机领域，当时推出的System/360大型计算机，也是大型机时代来临的标志；1981年8月12日，IBM发布了第一台PC，从此又进入了个人电脑领域，开启了一个新的纪元；此后，由于公司文化和管理上的失误，在上世纪90年代初期IBM一度陷入了困境，但在时任总裁郭士纳所引领的转型变革之下，IBM改变了原有的生产模式，并调整了结构，不仅重振了大型机业务，拓展了服务业范围，郭士纳还带领IBM再次向PC市场发动了攻击，IBM自此重新振作了起来；一直到现任总裁彭明盛的这个时期，IBM已经形成了持续的转型能力，生机勃勃。

《中国经营报》：那你认为在这些转型背后，IBM的成功秘诀是什么？

钱大群：我认为，IBM之所以能够活到100岁还生机勃勃，关键是掌握了变与不变的艺术。企业要知道自己什么能变、什么不能变。不能变的那些就是你这个企业的基因，就是企业的命，命是一定要坚持的，其他的都可以变。而且你该坚持的越坚持，那么该变的就越容易变，这就是有坚持才能善变化，即持以可变，变以可持。

《中国经营报》：那么你认为，IBM坚持的是什么？

钱大群：IBM有一直坚持的信念。我们的座右铭是"THINK"，体现我们对于人类理性和智慧的信心；我们的使命是促进商业和社会的不断进步，例如我们的经济发展方式需要转变，这可能就要依赖其主体——大量现代企业自身的转型来配合与落实这种转变，所以IBM公司过去十几年所开展的一项主要的业务，就是在全世界范围内帮助数十个行业内的企业转型；还有我们的价值观是要"成就客户，创新为要，诚信负责"等，这些观念的表述都可以变化，但是本质是不能变的，是要坚持的。

《中国经营报》：IBM百年庆典的口号是"善工，善制，善世"，能从你的角度诠释一下吗？

钱大群：这不是为百年庆典提出的口号，而是对IBM这家公司历史的总结，对公司本质特征的概括，也是对公司未来的要求。在过去的100年里，从早期的计算机革命，到后来的电子商务，再到现在"智慧的地球"背景下推出的一系列相关技术，我们希望能够通过对于科技创新的坚持，率先迈出第一步，这可能是一小步，但会带来整个科技产业向前发展的一大步，这是善工；而善制则表现在IBM始终能够保持企业创新变革及持续转型的特质，也体现在IBM希望利用自身的经验，帮助和支持其他现代企业完成转型的意愿；善世，则蕴含了IBM对于如何利用技术，使未来的世界变得更加美好的思考，它细微到如何让每一笔数据的分析和传递都能对改善我们的生活，产生应有的价值。

《中国经营报》：未来IBM会怎么走？"智慧的地球"对IBM意味着什么？

钱大群：在未来，IBM还是会继续保持自身的整合与创新。基于IBM的价值观，由于真正的创新是在不断前进的，这使我们无法止步不前；而下一个未来的趋势是全球走向整合，我们也将持续向一种被称为"全球整合企业"的系统靠拢，向新的模式进行转变。

IBM希望能够通过实现"智慧的地球"，来实现自己的坚持。"智慧的地球"理念，为我们利用信息科技方面的进步和创新、帮助人类未来更高效的工作、打造更美好的生活提供了可能，这也是IBM一直以来所坚持的使命。以最近的一个热点话题为例，IBM的一台超级电脑"沃森"(Watson)，在美国的一个智力竞猜电视节目"危险边缘"(Jeopardy!)中，击败了该节目历史上两位最成功的选手。虽然这从技术角度来讲，代表了我们在人工智能领域取得了一定的突破，但真正蕴藏在背后的意义是"沃森"的技术，在商业和社会领域都可以有广泛的实际应用。比如在医学、法律、工程等领域提供咨询、问答服务，在医疗领域帮助准确诊断病人，甚至可以改善在线自助服务中心，为游客和市民提供有关城市的具体信息等。

《中国经营报》：在中国，很多中国企业都想做成百年企业，也有很多企业正处在转型期，你对这些中国企业有什么建议？

钱大群：第一，找到企业自己的根本理念。第二，让这个根本理念成为公司一切战略、决策和行动的前提。第三，加强领导力，把优秀的人才以最有效的方式组织在一起，最大程度地发挥他们的才能。第四，在坚守公司基本理念的前提下，不断转型，适应外部环境的发展和变化。第五，一直坚持下去。

（资料来源：中国经营网-中国经营报，http：//www.cb.com.cn/person/2011_0312/191262.html）

问题：

1. 结合本案例及你对IT行业的了解，谈谈IBM几次大变革的背景。
2. 你怎么理解IBM的变与不变？
3. “善工，善制，善世”的含义是什么？分别体现了哪些变革的思想？

第Ⅳ篇

领导职能

第9章 领导与领导理论

我作为联想的第一把手，是一个大的发动机。我希望把我的副手们（各个子公司和主要部门的负责人）都培养成同步的小发动机，而不是齿轮——齿轮是没有动力的，无论我的发动机再强大，齿轮本身再润滑，合在一起的系统所能提供的总能量是有限的；如果他们是同步运行的小发动机的话，我们联动的力量将非常强大。

——联想创始人 柳传志

开篇案例

从一名普通技术人员，到国际企业掌门人；从怀揣20万元“出山”，到带领企业年创收逾1000亿元，联想控股董事长柳传志被业界称为创业“教父”。

柳传志走上创业之路，是因为“憋得不行”，“我们这个年龄的人，大学毕业正赶上‘文化大革命’，有精力不知道干什么好，想做什么都做不了，心里非常愤懑。”

“突然来了个机会，特别想做事。科学院有些公司的总经理回首过去，总喜欢讲他们从前在科研上都多有成就，是领导硬让他们改行。我可不是，我是自己非改行不可。”柳传志开始创业的时候已经40岁了。

创业之前，柳传志在科学院计算所外部设备研究室做了13年磁记录电路的研究。柳传志说：“虽然也连续得过好几个奖，但做完以后，却什么用都没有，一点价值都没有。只是到最后，1980年，我们做了一个双密度磁带记录器，送到陕西省一个飞机试飞研究所，用了起来。我们心里特别高兴。但就在这时候，我们开始接触国外的东西，发现自己所做的东西，和国外差得太远。这使得我坚决地想跳出来。”

柳传志领头办公司的背景是：当时，中关村街上办起了一片公司，中科院计算所也有人出去办公司，或者给人打工，验收机器，验一天收入三四十元，当时计算所一个月的奖金也就30多元，这对计算所正常的科研冲击很大。面对于此，计算所所长曾茂朝想：能不能计算所自己办个公司，积累点钱，上缴给所里，解决所里急需的实际困难。柳传志以往表现出来的组织能力使曾茂朝觉得他是最佳人选。

至于想没想过失败，柳传志说，“当时的情况已经是最糟了，还能怎么糟？我真的去做一个一般的干部，我相信我也能做得好。”

在这种背景下，1984年，由中科院计算所投资20万元人民币、11名科技人员参与创办的联想公司成立了。1994年，联想在香港联合交易所上市，迈上发展的新台阶。从1996年开始，联想电脑销量一直位居中国国内市场首位。2008年，联想集团首次上榜美国《财富》杂志公布的全球企业500强排行榜。2013年度《财富》世界500强榜单中，联想集团排名大幅提升，营业额达340亿美元，电脑销售量升居世界第一，成为全球最大的个人电脑生产厂商。

作为联想的创始人，柳传志对立意高低有一个比喻："北戴河火车站卖馅饼的老太太，分析吃客都是一次客，因此，她把馅饼做得外面挺油，里面没什么馅，坑一把是一把，这就是她的立意。而盛锡福鞋帽店做的是回头客，所以，他的鞋怎么做也要合适。"

柳传志认为，同样是卖馅饼，也可以有立意很高的卖法，比如，通过卖馅饼，开连锁店。

柳传志强调立意，是因为他明白，只有立意高，才能牢牢记住自己所追求的目标不松懈，才能激励自己不断前进；其次，立意高了，自然会明白最终目的是什么，不会急功近利，不在乎个人眼前得失。

柳传志认为自己能够成大事的第二原因是他掌握了以"建班子，定战略，带队伍"为主要内容的"管理三要素"。

柳传志认为自己身上的奉献精神是能够成大事的第三个原因。"90年代以前，中国的创业和外国的创业有很大不同，早期在中国创业，没有奉献精神，创业实际很难实现。如果我比别人多一点什么的话，就多了点这种精神。"

（资料来源：作者根据公开资料整理。）

领导，作为社会经济生活中普遍存在的、并与人类群体活动相伴共生的现象和过程，是一种特殊的社会实践活动。马克思曾经指出："一切规模较大的直接社会劳动，都或多或少地需要指挥，以协调个人的活动，并执行生产总体的运动——不同于这一总体的独立器官的运动——所产生的各种一般职能。一个单独的提琴手是自己指挥自己，一个乐队就需要一个乐队指挥。"

相关研究表明，管理人员即使做好了计划、组织和控制工作，也只能把员工的积极性和潜力的60%发挥出来，而剩余的40%需要通过领导(leading)来完成。

作为管理的一项重要职能，领导是链接计划、组织与控制的纽带，是实现组织目标的关键环节之一。如果没有有效的领导去协调、沟通和激励组织成员的行动，很容易造成混乱、降低工作效率、影响组织功能的发挥。

第1节　领导的含义

一、领导的概念

在英文中，和领导有关的单词至少有三个：leading，leader 和 leadership。在汉语中，这三个单词都可以翻译成领导。但这三者之间还是有很大的区别的。Leading 指的是一项工作或者活动，管理的领导职能主要就是指的这个含义；leader 是领导者，是从事领导工作和活动(leading)的主体；leadership 指的是为了保证领导工作(leading)的有效性，领导者(leader)所应该发挥的作用和具备的相关能力，相对准确的翻译应当是领导作用或领导力。

在一个组织当中，谁来进行领导，或者说，谁才是领导者？很多人习惯于把组织当中的某个人，特别是组织的最高管理者，或者某个特定的机构当作领导者。其实，从管理学的角度来看，领导(leading)是每一个担任管理职位的人都要做的事情。因为领导是管理活动的一项必不可少的职能。每一个管理者都要进行计划、组织、领导和控制。因此，从严格意义来讲，每一个管理者都应当是一个领导者。

那么，作为一项管理的职能，如何对领导下一个定义呢？

美国前总统哈里·杜鲁门(Harry S Truman)曾经说过，领导是一种敦促人们做他们最初不愿意做而后来喜欢做某件事的能力。

特里(G. R. Terry)认为，领导是影响人们自动为达成群体目标而努力的一种行为。

罗宾斯(Stephen P. Robbins)认为，领导是一个影响群体成功地实现目标的过程。

布兰查德(Kenneth Blanchard)则认为，领导是一个过程，使得人们得以在选择目标以及达成目标上接受指挥、引导和影响。

理查德 L. 达夫特(Richard L. Daft)、哈罗德·孔茨(Harold Koontz)和海因茨·韦里克(Heinz Weihrich)等人的观点更具代表性，总结也最全面、彻底。

达夫特认为，领导是为了实现组织目标而对他人施加影响的能力。影响力的意思是，人与人之间的关系是积极的、主动的。更进一步说，影响力是用来达到某个目的或者目标的。在实现目标的过程中，领导者要与其他人打交道。领导是交互式的，领导行为发生在人与人之间。

孔茨和韦里克也把领导定义为影响力，即影响人们心甘情愿和满怀热情地为实现群体的目标而努力的艺术和过程。他们认为，理想的情况是，领导者应当鼓励人们不仅要提高工作的自愿程度，而且情愿以满腔热忱和满怀信心工作。在他们二人的描述中，热忱是在工作中表现出来的旺盛的热情、诚挚和投入；信心则反映了经验和技术能力。“领导的作用在于通过最大程度地运用其能力，帮助群体尽其所能地实现目标。领导者不是站在群体的后面推动和激励他们，而是要置身于群体之前，带领群体进步，鼓舞群体为实现组织目标而努力。一名乐队的指挥即是一个恰当的例子，其任务就是要通过乐师们共同一致的努力，演奏出和谐之音和正确的节拍。一个管弦乐队的好坏取决于指挥的领导素质和艺术。”

综上所述，理解领导内涵需要把握四点：

第一，领导的对象是人。从管理的过程来看，管理的对象是人、财、物等各种资源，管理者要通过计划、组织、领导和控制活动来实现管理工作的效率和效益。而作为管理的一项职能，领导主要表现为对人的管理，去影响和引导组织成员去努力工作，即研究人与人之间的关系。有效的领导工作，必须建立在了解和掌握有关人、人的行为、人的动机等方面知识的基础上。

第二，领导的本质是一种影响力。这种影响的来源分为两种：一种是正式的，来源于制度赋予的职权；另一种是非正式的，来源于领导者的某些特质或者专长，使下属敬佩而追随。正是凭着这种影响力，领导者才能在组织或者群体中实施领导行为；也因为影响力，领导者把组织或者群体中的成员吸引到他的周围来，接受他的领导；也正是因为影响力，领导者获取组织成员的信任，使得他们心甘情愿地追随领导者。德鲁克在为《未来的领导》一书撰写的序言中认为，领导者的唯一定义就是其后面有追随者，没有追随者，就不会有领导者。

第三，领导是一个动态过程，领导者和被领导者在领导过程中是互动关系。领导者和被领导者是领导的基本要素。领导者面临着瞬息万变的外部环境，面对着组织内各种各样的组织成员，他们的身份不同、背景不同、经历不同，教育程度也不同，个性特点、需求爱好更是千差万别。面对如此多的不确定性和复杂性，领导工作更是需要不断调整。

第四，领导的最终目的也是为了有效地实现组织目标。组织成员的追随、热情、努力工作，表面看来是折服于领导的影响力，其最后的结果是促进了组织目标的实现。因为，领导者是组织的领导者，作为管理的一项职能，其领导的目的和管理的目的是一致的，都是为了更好地、更有效率地实现组织的目标。

第五，领导是一门艺术。善于领导艺术的人能巧妙地将个人愿望和需求与组织目标的实现结合起来，使组织成员追随和服从其指导。这样在实现组织目标的同时，个人愿望和需求也得到了满足。这就是领导艺术的具体体现。

美国前总统理查德·尼克松（Richard Milhous Nixon）认为，领导者（或称领袖）是人，但又不是一般的人，是具有特殊素质和修养的不同凡响的人。在《领导者》一书中，他这样描述了领导工作的艺术性："伟大的领导者是一种特殊的艺术形式，既需要超群的力量，又需要非凡的想象力。尽管领导需要技术，但领导远远不是技术就行。就某种意义来说，管理好比写散文，领导好比写诗歌。在很大程度上，领袖办事必然是靠符号、形象，以及成为历史动力的、能启发觉悟的思想。人们可以被道理说服，但要用感情去感化。领袖必须既能说服别人，又能感动别人。管理者考虑的是今天和明天，领袖们考虑的是后天。经理们代表了一个过程，领袖们代表了历史的方向。"

二、领导与管理的区别

自从亚伯拉罕·扎来兹尼克（Abraham Zaleznik）1977 年在《哈佛商业评论》上撰写"管理者和领导者：他们不同吗？"的文章后，管理和领导、管理者和领导者之间的区别就成了一个长期争论的话题。

罗伯特·克瑞尼认为，领导者因能产生出新思想，所以被代表性地认为是有远见的人，他们不会被细节所困扰。相比之下，一个了解领导者想法的管理者注重细节，着力于将领导者的思想变为现实。因此，这就说明领导者是将有条不紊变得混乱不堪，而管理者则是将混乱不堪整理得有条不紊。

理查德 L. 达夫特（Richard L. Daft）和多萝西·马西科（Dorothy Marcic）也有类似的描述："管理和领导的一个主要区别在于，管理促进稳定性、秩序和在现有组织框架以及体系内解决问题，领导则促进组织的愿景、创造力与变革。换句话说，管理者关心的是你眼下在哪里，领导者则把你带到一个新的地方。领导意味着质疑现状，以便使得那些过时的、徒然的、对社会不负责任的规范被取缔，以迎接新的挑战。领导不能代替管理，应当是管理的补充。我们需要运用优秀的管理来帮助组织履行当前的承诺，更需要借助卓越的领导来带领组织走向未来。"

彼得·洛伦西（Peter Lorenzi）从行为、对象、风格等方面对领导者和管理者进行了划分（如表 9-1 所示）。

表 9-1 洛伦西：领导者和管理者的区别

领导者	管理者
激励、影响和改变行为	工作上的管理、指挥和对成本资源负责
鼓励，制定风格，并且表现出洞察力	执行计划，并产生和提供产品和服务
管理员工	管理资源
有魅力	尽职尽责
有远见卓识	计划、统筹、指挥和控制
理解并运用能力和影响力	理解并运用权力和责任
行为果断	为行为负责
将员工视为第一位的。领导者理解、回应他的追随者，并且付诸行动	将顾客放在首位。管理者理解，回应他们的顾客，并且付诸行动
领导者在下列情况下可能会犯错误	管理者在下列情况下可能会犯错误
由于能力不足或不良意图，他们选择了错误的目标、方向或者刺激	他们不能理解人才作为关键资源的重要性
他们越权领导	他们不能有效管理；他们对待人力就像其他资源（或者像）或数字
由于能力不足或者缺乏跟进的能力，他们没有能力履行或者贯彻自己的想法	他们渴望指挥和控制，但是不希望负责任

（资料来源：Lorenzi，Peter. "Managing for the Common Good：Prosocial Leadership." *Organizational Dynamics* 33.3(2004)：282-291。）

吉纳维芙·凯博思奇（Genevieve Capowski）则从性格、权力来源等方面进行了区分（如表 9-2 所示）。

表 9-2 凯博思奇：领导者和管理者的区别

领导者	管理者
远见	理性
激情	顾问
创造力	忍耐力
灵活	解决问题
鼓舞人心	意志坚定
敢于创新	善于分析
有胆有识	有条不紊
富于幻想	深思熟虑
经验主义者	权威主义者
激发变革	稳扎稳打
个人权力	职位权力

（资料来源：Capowski，Genevieve. "Anatomy of a leader：Where are the leaders of tomorrow." *Management Review* 83.3(1994)：10-17。）

从这些学者的论述我们可以看出，管理和领导是一对既相互联系、又相互区别的概念。

（一）领导与管理的联系

领导是从管理中分化出来的。作为一项活动或过程，领导(leading)是管理的一项职能，是整个管理活动的一部分。组织中的领导行为仍属于管理活动的范畴。就管理学这门学科而言，领导的范围相对小一些，主要是指对人们施加影响的过程。而管理的范围则较大，除了对人们施加影响之外，还包括进行计划、组织和控制等职能。因此，从职能的角度来看，一个优秀的管理者当然也应当是一个优秀的领导者。

在理论界，有许多学者把领导从管理过程中独立出来，专门予以讨论和研究，逐渐形成了管理学科的一个新的分支——领导科学(science of leadership)。

领导和管理在社会活动的实践以及管理理论方面，都具有较强的相容性和交叉性。各项管理活动都离不开有效的指导和引导，同时领导的思想和战略则需要有管理方面的有效实施和配合才能完成。两者的密切配合是保证一个组织取得良好绩效的必不可少的条件。并且，在具体的实践活动中，管理活动的主体和领导活动的主体具有同一性，我们很难将领导者或管理者进行绝对划分。

（二）领导与管理的区别

(1) 管理侧重于处理常规性的问题，优秀的管理者通过制定详细的步骤或时间表，以及监督计划实施的结果而确保目标的达成，因此管理行为通常具有很强的可预测性。而领导主要处理非常规性的问题，主要负责方向性的带领和引导，领导者开发未来前景，制定组织发展战略，并与员工进行有效的沟通，激励他们克服困难、实现目标，因此领导行为具有较大的可变性，能带来有益的变革。

(2) 管理的计划与预算强调微观方面，覆盖的时间范围约为几个月到几年，希望降低甚至排除风险，追求合理性。领导则注重宏观方面，着重于更长的时间范围，不排斥带有一定风险性的战略。

(3) 管理行为的从业人员强调专业化，领导行为的从业人员注重于综合素质和整体能力。

三、领导工作的要素

领导的基本要素包括：领导者、被领导者、目标任务、客观环境、方式方法。

（一）领导者

从内涵上说，领导者是权利、责任与义务的统一，这是领导者的本质规定。就这一点而言，应把握以下几点：首先，领导者意味着行使权力。权力是领导者施行其领导的基本条件；领导者履行领导职责，就应当有一定的权力，有其决策、指挥权。其次，领导者意味着履行责任。领导者担任多高的职务、具有多大的权力，相应地也就要承担多大的责任。再次，领导者意味着尽义务。权力、责任和义务构成了领导者的完整概念。其中权力是基本手段和必要条件，责任是核心内容和真正动力，而义务则是本质属性。责、权两者必须对称，如果有责无权，则无法尽责；如果有权无责，便会滥用权力。

（二）被领导者

被领导者就是指在一定的组织中处于被领导地位的个人或团体，即领导者所辖的个人和群体，是领导活动的客体。被领导者可分为两类：一是绝对被领导者，即在一切社会组织中不担任任何领导职务和领导责任，更无领导权力的人，如普通工人、农民、科研人员、解放军战士等。二是相对被领导者，即担任一定领导职务的被领导者。他们往往是一个组织的中层管理者，对于上级管理者而言，他们是被管理者，对自己的下属而言，他们又是管理者。

（三）目标任务

目标任务是领导活动的导向，贯穿于领导活动的全过程。一切领导活动都必须围绕组织的目标任务而展开其具体活动。目标任务是组织的三大特征之一，是组织存在的内在前提，是组织成员的愿望、要求、意志的集中体现，也是领导活动的动力。实现群体目标任务既是领导者的根本职责，也是检验领导活动绩效的标准。

（四）领导环境

领导环境是指领导活动赖以进行的条件。领导环境又分为宏观和微观两个层次。宏观环境是指进行领导活动的社会环境，包括政治、经济、社会文化、自然条件、社会历史状况等。微观环境是指实施领导活动所依赖的具体工作环境，如组织机构、单位团体、共事者、上下级、人际关系、物质条件、人员素质等。领导环境是领导活动得以开展的基础，是不可忽视的重要因素。任何领导活动都是在一定的客观环境中进行的。无论是目标的确定，还是决策的实施，都要受到客观环境的限制。

（五）方式方法

方式方法是指为实施领导活动所采用的具体措施和手段的总和。领导活动总要采用恰当的方式方法，通过一定的途径，才能把各种因素联系在一起，才能达成预期组织目标，完成领导的使命。

四、领导工作的职能

领导的职能主要体现在以下几点：

（一）指挥

指挥是指在组织活动中，需要领导者头脑清晰、胸怀全局、高瞻远瞩、运筹帷幄地帮助组织成员认知外部环境和组织自身的实力，指明活动的目标和达到目标的路径。一个乐队没有指挥，就无法演奏出完整的、美妙的乐曲，一个组织没有领导者的指挥，就无法做到步调一致。领导者只有站在群众的面前，用自己的行动带领群众为实现组织目标而努力，才能真正起到智慧的作用。

（二）协调

组织的活动，经过劳动分工和专业化，划分为若干部门或子系统，形成了各种各样的职位。再加上组织成员的才能、理解能力、工作态度、性格、需求等差异都比较大，都给组织工作带来了困难。因此，部门和人员的协调是必不可少的，有效的协调是提高组织效率的路径。任何层次的领导都承担着协调组织内各部门、各成员之间的关系与活动，在组织内部建立起良好的协作关系，为决策的实施创造良好的内部环境。

（三）激励与鼓舞

从领导的概念可以看出，通过发挥影响力调动组织成员的积极性是领导工作的重要内容。作为领导者，要了解下属的需要，并设法满足他们的合理需要，通过把个人目标和组织目标有机结合起来，使下属能够积极、主动的为实现组织目标而努力。在许多情况下，人们的积极性不会自发地产生，也不能长期地保持，需要有人去激励他们，而这就是领导者所应承担的责任和应发挥的作用。

第2节 领导的特性理论

由于领导总是和特定的领导者联系在一起，早期对领导取得成功的原因的分析主要侧重于领导者个人的性格和特征。有学者认为，领导者是天生的而不是后天培养的。有些领导者被认为具有天生的领导能力。如拿破仑·波拿马(Napoleon Bonaparte)、乔治·华盛顿(George Washington)、温斯顿·丘吉尔(Winston Churchill)、孙中山和毛泽东等。这些所谓的伟人的领导能力最终被归结为特质理论。特质(traits)是指领导者十分鲜明的个性特征，例如智力、个性、脾气、价值观、相貌等。早期的研究重点就是这些已经取得巨大成功的"大人物"(Great Man)。其基本的研究假设是领导有效性与领导者个人品质、特质之间存在联系，希望找到具备哪些特质的人会成为有效领导的判断。这种研究思路比较简单：先找出被大家公认的所谓伟人，再从这些伟人身上找出那些让人成功的特征，然后根据这些特征按图索骥去寻找未来的领导者，因为这些未来的领导者已经表现出同样的特征，或者可以通过培训来开发这些特征。

但是到了20世纪中期以后，早期的领导特质理论受到质疑。有学者发现，领导者与非领导者在特质方面的差异，在各种场合并非固定不变。一个具备领导特质的人，在某种背景与场合下可能成为领导者，而在另外一种背景和场合却未必能够成为领导者。比如，有的人在战争年代成长为一名优秀的领导，而到了和平时期却业绩平平甚至是失败的；有些人是通晓专业知识的内行，却不是一个成功的领导，而某些外行却能领导内行且业绩优秀。不同群体期待不同的领导特质。

近年来的研究发现，个性特质与领导的知觉确有联系。优秀的领导者总是具有敏锐的洞察力，能够觉察别人无法感知的现象，能够发现别人不能发现的机会与问题。因此，学者们认为，领导者某些方面就是与众不同。这时的研究开始重新关注富于想象和具有超凡魅力的领导者。

一、传统的领导特性理论

1949年之前，传统特性理论认为，领导者的特性来源于生理遗传，是先天具有的，且领导者只有具备这些特性，才能成为有效的领导者。

不少学者已经做过各种素质方面的研究。拉尔夫·斯托格迪尔(RALPH M. Stogdill)对此进行了归纳，成为"伟人论"的主要代表人物之一。斯托格迪尔认为，研究人员明确了与领导能力有关的5种体质特征(经历、外表、身高等)，4种智力与能力特征，16种个性特性(如适应性、进取心、热情和自信心等)，6种与任务有关的特征(如成就动力、持久性和进取心等)，以及9种社会特征(如合作性、人际关系能力和管理能力)。斯托格迪尔教授的研究揭示了一些有效的领导者确实在个人特质方面存在一些共性，有助于人们加深对领导者素质的认识。但是，与其他领导特质理论研究一样，他的研究结果也表明有效领导者的特质总是有许多例外的现象。

亨利(W. Henry)1949年在调查研究的基础上指出，成功的领导者应具备12种品质：① 成就需要强烈，他把工作成就看成最大的乐趣；② 干劲大，工作积极努力，希望承担富有挑战性的工作；③ 用积极的态度对待上级，尊重上级，与上级关系较好；④ 组织能力强，有较强的预测能力；⑤ 决断力强；⑥ 自信心强；⑦ 思维敏捷，富于进取心；⑧ 竭力避免失败，不断地接受新的任务，树立新的奋斗目标，驱使自己前进；⑨ 讲求实际，重视现在；⑩ 眼睛向上，对上级亲近而对下级较疏远；⑪ 对父母没有情感上的牵扯；⑫ 效力于组织，忠于职守。

吉伯(C. A. Gibb)于 1954 年指出，天才的领导者具有 7 项特性：① 智力过人；② 英俊潇洒；③ 能言善辩；④ 心理健康；⑤ 外向而敏感；⑥ 有较强的自信心；⑦ 有支配他人的倾向。

然而，随着研究的深入和实践的反馈，传统特性理论受到了各方面的异议：据有关统计，不同学者的研究中，所得出的天才领导者的个人特性众说纷纭，且各特性之间的相关性不大，有的甚至产生矛盾；许多被认为具有天才领导者特性的人并没有成为领导者，而一些没有这些特质的人却走上了领导岗位且领导绩效很好。

二、现代的领导特性理论

现代特性理论认为，领导者的特性和品质并非全是与生俱来的，而可以在领导实践中形成，也可以通过训练和培养的方式予以造就。主张现代特性理论的学者提出了不少富有见地的观点。

美国普林斯顿大学教授威廉·杰克·鲍莫尔(William Jack Baumol)针对美国企业界的实况，提出了企业领导者应具备的 10 项条件：① 合作精神，即能够与他人一起工作，共同完成某项任务，并在合作过程中赢得他人的尊重和支持；② 决策能力，即能够理性地为企业作出科学化的决策，保证组织正确的前进方向；③ 组织能力，即能够协调好组织内部的各种关系并且能够知人善任，充分利用组织的人力、物力、财力以实现决策目标；④ 精于授权，即对于权力能够做到有的放矢，大权独揽、小权分散；⑤ 善于应变，即对待突发状况能够快速地作出对组织、对个人有益的决策。能够机动、灵活地处理事务，不墨守成规；⑥ 敢于求新，即有创新精神，对新事物、新环境和新观念有敏锐的洞察力；⑦ 勇于负责，即对待上级、下级以及产品用户等具有高度的责任心，能精力充沛地执着追求目标；⑧ 敢担风险，即敢于承担企业改革、创新需要面临的风险，敢于为企业打开新局面；⑨ 尊重他人，即平易近人，有亲和力。能够倾听、重视、接受别人的意见或建议；⑩ 品德高尚，即在品德方面能够受到下属以及社会人士的敬仰。

美国管理协会(American Management Association，AMA)曾对在事业上取得成功的 1800 名管理人员进行了调查，发现成功的管理人员一般具有下列 20 种品质和能力：① 工作效率高；② 有主动进取精神；③ 善于分析问题；④ 有概括能力；⑤ 有很强的判断能力；⑥ 有自信心；⑦ 能帮助别人提高工作的能力；⑧ 能以自己的行为影响别人；⑨ 善于用权；⑩ 善于调动他人的积极性；⑪ 善于利用谈心做工作；⑫ 热情关心别人；⑬ 能使别人积极而乐观地工作；⑭ 能实行集体领导；⑮ 能自我克制；⑯ 能自主作出决策；⑰ 能客观地听取各方面的意见；⑱ 对自己有正确估价，能以他人之长补自己之短；⑲ 勤俭；⑳ 具有管理领域的专业技能和管理知识。

上述领导特性理论，无论是传统特性理论，还是现代特性理论，都强调了领导者应具有较多的适应于领导工作的人格特性。但领导特性理论还存在着一些缺陷：

(1) 传统特性理论忽视性格的整体性、联系性和表现在某一个人身上的具体性。所列出性格很多，有的多达几十种甚至上百种，而且各种性格特征之间缺乏必然的联系，有的甚至相互矛盾。因此，这种理论忽视的重要事实是性格的完整性和体现每个人身上的具体性；忽视人格的社会性，从而无法认识人格的本质。

(2) 与实际的矛盾性。领导个性与领导者的关系相当微弱，实际生活中，许多人具备优良的人格特性但却不是领导者，不完全具备或很少具备这种性格特征的人却是领导者，实际与理论的反差证明，该理论本身的不完善。

(3) 传统特性理论不完备还体现在所列出的某些领导特征不具有普遍代表意义，有的特征甚至是荒谬的，如身体的高矮、体型、体重等，许多事实完全可以证明这一点：列宁个子比较矮，却是伟大的革命导师，拿破仑也是矮个子却曾叱咤风云，成为一代名将。

(4) 特性理论也忽视了领导特性与其所处情境以及下属的相关性。某些特性在某种环境中能成为有效领导的必备条件，有的环境则会要求与此相反，这取决于领导者所在组织特征、组织目标、组织承担的任务性质等等；而下属对领导的成效往往产生重要的影响。

(5) 传统特性理论仅揭示了是否应该具备某项领导特性，而没有具体指出不同的品质和特性在领导工作中的相对重要性。

另外，随着研究的展开和深入，被当作领导者的特性的条目越来越多，而且有不断增多之势，导致理论上的争执和混乱。

三、德鲁克的领导特质观

在《有效的管理者》(The Effective Executive)一书中，彼得·德鲁克(Peter Ferdinand Drucker)认为："一般而言，管理者都具有很好的智力、很好的想象力和很好的知识水准。但是一个人的有效性，与他的智力、想象力之间，几乎没有太大的关联。有才能的人往往最为无效。这是因为他们没有领略到才能本身并不就是成就。他们不知道，一个人的才能，唯有透过有条理、有系统的工作，才能有效。"

因此，德鲁克的结论是："有效的管理者，他们之间的差别，就像医生、教员和音乐家一样各有不同的类型。至于缺少有效性的管理者，也同样地有不同的类型。因此，有效的管理者与无效的管理者之间，在类型方面、性格方面以及才智方面，是很难区别出来的。""有效性是一种后天的习惯，是一种实务的综合。而既然是一种习惯，便是可以学会的，而且必须靠学习才能获得。"

德鲁克认为，一个有效的领导者必须具备以下五个主要的习惯：

(一) 善于处理和利用有限的时间

德鲁克认为，时间是最稀有的资源，丝毫没有弹性，无法调节、无法贮存、无法替代。时间一去不复返，因而永远是最短缺的。而任何工作又都要耗费时间，因此，一个有效的管理者最显著的特点就在于珍惜并善于利用有限的时间。这包括几个步骤：记录自己的时间，管理自己的时间，集中自己的时间，减少非生产性工作所占用的时间。这是管理的有效性的基础。

(二) 注意贡献，确定自己的努力方向

重视贡献是有效性的关键。"贡献"是指对外界、社会和服务对象的贡献。一个单

位,无论是工商企业、政府部门,还是医疗卫生单位,只有重视贡献,才会凡事想到顾客、想到服务对象、想到病人,其所作所为都考虑是否为服务对象尽了最大的努力。有效的管理者重视组织成员的贡献,并以取得整体的绩效为己任。

德鲁克认为,每一个组织都必须注重三个主要方面的绩效:直接成果、价值的实现和未来的人才开发。企业的直接成果是销售额和利润,医院的直接成果是治好病人;价值的实现指的是社会效益,如企业应为社会提供最好的商品和服务;未来的人才开发可以保证企业后继有人。一个组织如果仅能维持今天的成就,而忽视明天,那它必将丧失其适应能力,不能在变动的明天生存。

(三)善于发现和用人之所长

有效的管理者不但能够认识到并运用好自己的长处,还能够发现上级和下级的长处。德鲁克认为,管理者应注重用人之长处,而不介意其缺点。对人从来不问"他能跟我合得来吗?"而问"他贡献了些什么?"也不问"他不能做什么?"而问:"他能做些什么?"有效的管理者择人、任事和升迁,都以一个人能做些什么为基础。

(四)能分清工作的主次,集中精力于少数主要的领域

德鲁克认为,有效性的秘诀在于"专心",有效的管理者做事必"先其所当先",而且"专一不二"。因为要做的事很多,而时间毕竟有限,而且总有许多时间非本人所能控制。因此,有效的管理者要善于设计有效的工作秩序,为自己设计优先秩序,并集中精力坚持这种秩序。如果一个领导者能够在他投入主要精力的少数领域中获得优秀的绩效,那么他就能产生卓越的成果。这是体现领导者有效性的一个方面。

(五)能作出有效的决策

德鲁克认为,管理者的任务繁多,决策是管理者特有的任务。有效的管理者,作出是有效的决策。决策是一套系统化的程序,有明确的要素和一定的步骤。一项有效的决策必然是在"议论纷纷"的基础上作出的,而不是在"众口一词"的基础上作出的。一个有效的管理者并不作太多的决策,而作出的决策都是重大的决策。

第3节 领导的行为理论

一、勒温的领导风格理论

著名心理学家库尔特·勒温(Kurt Lewin,1890—1947)是较早进行领导方式研究的学者。他和同事们从20世纪30年代起就进行关于团体气氛和领导风格的研究。勒温等人发现,团体的任务领导并不是以同样的方式表现他们的领导角色,领导者们通常使用不同的领导风格,这些不同的领导风格对团体成员的工作绩效和工作满意度有着不同的影响。他以权力定位为基本变量,通过大量试验研究领导者如何利用职权对下属群体行为进行影响。他把领导者在领导过程中表现出来的领导方式分为三种基本类型:专制方式、民主方式和放任自流方式。

（一）独裁型领导

独裁型领导(authoritarian leadership)，或称专制型领导。独裁型领导的权力定位于领导者个人手中，领导者只注重工作的目标，只关心工作任务的完成和工作效率的高低，对团队成员个人不太关心。其主要特点是：① 独断专行，从不考虑别人的意见，所有决策都由领导人自己决定。② 领导者大权独揽，不把任何消息告诉下属，下属没有参与决策的机会，而只能察言观色，奉命行事。③ 具有专制作风的领导人主要靠行政命令、纪律约束、训斥和惩罚进行领导工作，只是偶尔奖励。④ 与别人谈话大多是以命令、指示的口吻。⑤ 采取专制方式的领导者很少参加群体的活动，与下属缺乏感情交流，保持着相当的心理距离。

库尔特·勒温
(Kurt. Lewin，1890—1947)

库尔特·勒温(Kurt. Lewin)，德裔美国心理学家，拓扑心理学的创始人，社会心理学的先驱，传播学研究中守门理论的创立者，格式塔心理学的后期代表人，以研究人类动机和团体动力学而著名。勒温1890年生于德国波森省的莫基诺(今属波兰)，1914年在柏林大学获得哲学博士学位，先后在斯坦福大学、康乃尔大学、爱荷华大学儿童福利研究所、麻省理工学院等机构任教。勒温对现代心理学，特别是社会心理学，在理论与实践上都有巨大的贡献。

在这种组织中，团队成员均处于一种无权参与决策的从属地位。团队的目标和工作方针都由领导者自行制定，具体的工作安排和人员调配也由领导者个人决定。团队成员对团队工作的意见不受领导者欢迎，也很少会被采纳。这种家长式的作风导致了上级与下级之间存在较大的社会心理距离和隔阂，领导者对被领导者缺乏敏感性，被领导者对领导者存有戒心和敌意，下级只是被动、盲目、消极地遵守制度，执行指令。团队中缺乏创新与合作精神，而且易于产生成员之间的攻击性行为。

（二）民主型领导

民主型领导(democratic leadership)。民主型领导的权力定位于全体成员，领导者只起到一个指导者或委员会主持人的作用，其主要任务就是在成员之间进行调解和仲裁。组织的一切活动，由领导者和群体成员共同讨论而后决定，在讨论过程中，领导者以组织成员之一身份参与，鼓励大家发表意见，力求达到集思广益的目的。组织的目标和工作方针要尽量公之于众，征求大家的意见并尽量获得大家的赞同。具体的工作安排和人员调配等问题，均要经共同协商决定。民主领导方式的主要特点是：① 所有的政策是在领导者的鼓励和协助下由群体讨论决定的，而不是由领导者单独决策。所有的决策、政策都是领导者与下属集体智慧的结晶。② 民主式的领导者分配工作时会尽量照顾到个人的能力、兴趣和爱好。③ 在工作中，给下属施展才华的空间，对下属的工作不安排过细，保证下属有较大的工作自由。④ 在工作中，主要使用非正式的权力和权威，与别人谈话时多使用商量、建议和请求的口吻。⑤ 该类领导者积极参加集体活动，经常同下属进行情感交流，与之无任何心理上的距离。

民主型的领导者注重对组织成员的工作加以鼓励和协助，关心并满足组织成员的需要，能够在组织中营造一种民主与平等的氛围。在这种领导风格下，被领导者与领导者之间的社会心理距离较近，组织成员的工作动机和自主完成任务的能力较强，责任心也比较强，工作效率比较高。

（三）放任型领导

放任型领导(laissez-faire leadership)。放任型领导的权力定位于每一个成员，领导者置身于组织工作之外，只起到一种被动服务的作用，其扮演的角色有点像一个情报传递员和后勤服务员。领导者缺乏关于组织目标和工作方针的指示，对具体工作安排和人员调配也不作明确指导。工作事先无布置、事后无检查，一切悉听尊便，毫无规章制度可言。放任型领导方式的特点主要有：① 对工作缺乏积极性和主动性，极少运用其权力。② 在决策过程中放弃领导职责，一切措施由团体成员自我摸索、自行确定，领袖不插手、不干扰。③ 只布置工作任务，在工作中放任自流，既不监督执行情况，也不检查评估工作成果。

放任型的领导者采取的是无政府主义的领导方式，对工作和团体成员的需要都不重视，无规章、无要求、无评估，工作效率低，人际关系淡薄。领导者满足于任务布置和物质条件的提供，对团体成员的具体执行情况既不主动协助，也不进行主动监督和控制，听任团队成员各行其是、自主进行决定，对工作成果不作任何评价和奖惩，以免产生诱导效应。在这种团队中，非生产性的活动很多，工作的进展不稳定，效率不高，成员之间存在过多的与工作无关的争辩和讨论，人际关系淡薄，但很少发生冲突。

勒温等人试图通过实验来探索哪种领导风格是最有效的。在实验过程中，他们分别将一些成年人训练成为具有不同风格的领导者，然后将这些人编入青少年课外兴趣活动小组，让他们担任小组的领导，主管不同的青少年群体。这些兴趣小组进行的是手工制作的工作，主要是制作面具。实验结果发现：① 放任型领导者所领导的群体的绩效明显低于独裁型和民主型领导者所领导的群体；② 独裁型领导者所领导的群体与民主型领导者所领导的群体工作数量大体相当；③ 三种群体中，民主型领导者所领导的群体的工作质量与工作满意度更高。

基于实验的结果，勒温等研究者最初认为，民主型风格是最有效的领导风格，因为这种风格会带来良好的工作质量和数量，同时群体成员的工作满意度也较高。但是后来的进一步研究发现，这一初步的结论是错误的。研究出现了更为复杂的结果。有些情况下，民主型的领导风格会比独裁型的领导风格产生更好的工作绩效；而在另外一些情况下，独裁型领导风格所带来的工作绩效又高于民主型；有的时候，两种风格所产生的工作绩效又相当。而关于工作满意度的研究结果则与以前相一致，即民主型的领导风格带来的工作满意度更高。

勒温等人能够注意到领导者的风格对组织氛围和工作绩效的影响，区分出领导者的不同风格和特性并以实验的方式加以验证，这对实际管理工作和有关研究非常有意义。后来的学者研究发现，在实际的组织管理中，很少有极端型的领导，大多数领导都是界于独裁型、民主型和放任型之间的混合型。在勒温等人研究的基础上，坦南鲍姆和施密特提出了领导行为连续体理论。

二、领导行为连续体理论

1958年，罗伯特·坦南鲍姆(Robert Tannenbaum)和沃伦·施密特(Warren H. Schmidt)在《哈佛商业评论》上合作发表了《如何选择领导方式》一文，提出了领导行为连续体理论(Leadership as Continuum)。很快，这一成果就被管理学界所接受，成为研究企业及其他各种组织领导问题的经典之作。他们认为，领导者在决定何种行为(领导作风)

最适合处理某一问题时常常产生困难。他们不知道是应该自己作出决定还是授权给下属作决策。为了使人们从决策的角度深刻认识领导作风的意义，他们提出了下面这个连续体模型（如图 9-1 所示）。

在模型中，坦南鲍姆和施密特主张，按照领导者运用职权和下属拥有自主权的程度，把领导模式看作一个连续变化的分布带。在连续体的最左端，以高度专权、严密控制为特点，是专制的领导；在连续体的最右端，以高度放手、间接控制为特点，表示的是将决策权完全授予下属的绝对民主型的领导。一个高度专制的领导掌握完全的权威，自己决定一切，他不会授权下属；而一位非常民主的领导在制定决策过程中，会给予下属很大的权力。绝对的民主与绝对的独裁仅是两个极端的情况，这两者中间还存在着许多种领导行为。从高度专制的左端到高度民主的右端，划分七种具有代表性的典型领导模式。他们认为，不能简单地从七种模式中选择某一种模式作为最好的，或者认为某一模式是极差的，而应该在一定的具体情况下考虑各种因素，采取最恰当的行动。实践中的领导风格是丰富多彩的，影响领导风格成效的因素很多，不能给领导风格简单排序。

罗伯特·坦南鲍姆

（Robert Tannenbaum，1915—2003）

罗伯特·坦南鲍姆（Robert Tannenbaum），美国著名企业管理学家。毕业于美国芝加哥大学并获得博士学位，长期在洛杉矶加利福尼亚大学工商管理学院执教，担任人才系统开发教授，从事“人事制度的发展”研究。并为美国及其他国家的企业进行范围广泛的咨询顾问工作。坦南鲍姆在领导理论方面提出了富有创见的领导行为连续体理论，并在敏感性训练和组织发展方面进行了卓有成效的研究工作。

在管理学著作中，提到领导模式，就必定会提到他们二位。经过 15 年的实践验证，他们的这篇文章获得了广泛好评，1973 年，《如何选择领导方式》在《哈佛商业评论》上重新发表，其重要性与影响程度可见一斑。在重新发表时，坦南鲍姆和施密特又根据时代的发展和认识的深化，对原理论进行了补充和修改，打破了原来理论模型的封闭性，加入了外界环境的变化影响因素和领导者与被领导者之间的互动因素，从而使他们的理论做到了“与时俱进”。

沃伦·施密特

（Warren H. Schmidt）

沃伦·施密特（Warren H. Schmidt），加州大学洛杉矶分校的高级讲师，他辗转多个学校，先后在圣路易斯华盛顿大学、密苏里大学、斯普林菲尔德学院、尤宁学院、南加州大学等校任教。施密特多才多艺，除了在人际关系、领导及会议计划等议题上著作等身，还曾当过牧师、心理学家，写过电影剧本《做正确的事总是对的吗?》，并于 1970 年获得学院奖。

因坦南鲍姆与施密特在研究领导作风与领导方式时摆脱了较为绝对的“两极化”倾向，反映出领导模式的多样性与情景因素，研究成果显示出了良好的适应性与生命力，所以其理论受到了西方管理学界的普遍重视。

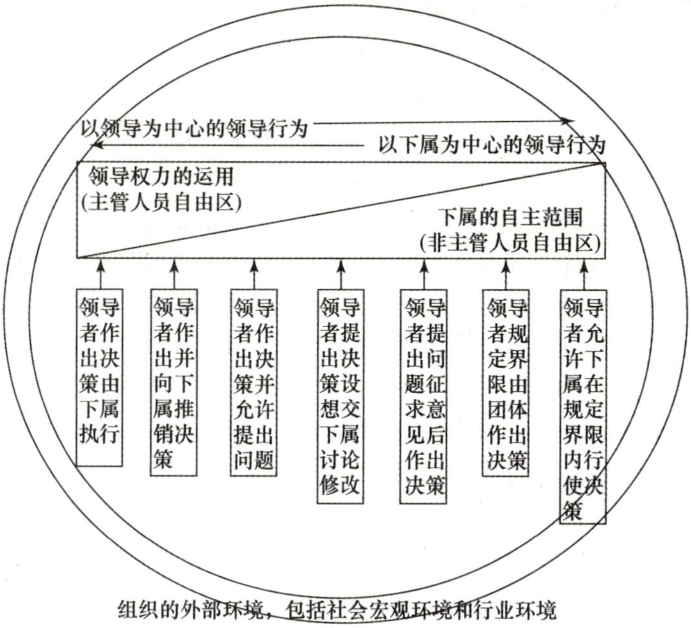

图 9-1　领导行为连续体理论

1. 领导作出决策并宣布实施

这是最极端的独裁方式。在这种模式中，领导者确定一个问题，并考虑各种可供选择的方案，从中选择一种，然后向下属宣布执行，不给下属直接参与决策的机会。

2. 领导者说服下属执行决策

在这种领导风格下，领导者同样会承担确认问题和作出决策的责任。但在宣布实施这个决策之前，领导者会试图通过阐明这个决策可能给下属带来的利益来说服下属接受这个决策，消除下属的反对。

3. 领导者提出计划并征求下属的意见

在这种领导风格下，领导者提出决策以后，会向下属提出一个有关自己的计划的详细说明，并允许下属提出问题，希望下属接受这个决策。通过这种方式，下属就能更好地理解领导者的计划和意图，领导者和下属能够共同讨论决策的意义和作用。

4. 领导者提出可修改的计划

在这种模式中，下属可以对决策发挥某些影响作用，但确认和分析问题的主动权仍在领导者手中。领导者先对问题进行思考，提出一个暂时的可修改的计划，并把这个暂定的计划交给组织成员进行征求意见。

5. 领导者提出问题，征求意见作决策

在以上几种模式中，领导者在征求下属意见之前就提出了自己的解决方案，而在这个模式中，下属有机会在决策作出以前就提出自己的意见和建议。领导者的前期作用体现在确定问题，下属的作用在于提出各种解决的方案，最后，领导者选择一种他认为最好的解决方案。

6. 领导者界定问题范围，组织成员集体作出决策

在这种模式中，领导者的工作是弄清所要解决问题范围，并为下属提出作决策的条

件和要求，下属按照领导者界定的问题范围进行决策。

7. 领导者允许组织成员在上司规定的范围内发挥作用

这种模式表示了极度的组织自由度。如果领导者参加了决策的过程，他也应该使自己与团队中的其他成员处于平等的地位，并事先声明遵守组织所作出的任何决策。

在上述各种模式中，坦南鲍姆和施密特认为，不能抽象地认为哪一种模式一定是好的、哪一种模式一定是差的。成功的领导者应该是在一定的具体条件下，善于考虑各种因素的影响，采取最恰当行动的人。当需要果断指挥时，他应善于指挥；当需要员工参与决策时，他能适当放权。领导者应根据具体的情况，如领导者自身的能力、下属及环境状况、工作性质、工作时间等，适当选择连续体中的某种领导风格，才能达到领导行为的有效性。

当然，坦南鲍姆和施密特的理论也存在一定的缺陷，这就是他们将影响领导方式的因素即领导者、下属和环境看成既定的和不变的，而实际上这些因素是动态的、变化的，并且是相互影响、相互作用的。

三、利克特的"工作中心"与"员工中心"理论

美国密执安大学的伦西斯·利克特(Rensis Likert)教授与他的同事以工业、医院、政府等众多的组织中的领导者为研究对象，对领导方式与作风进行了长达30年的研究。1961年，他们把领导者分为两种基本类型，即"以工作为中心"(Job-centered)的领导与"以员工为中心"(Employee-centered)的领导。

以工作为中心的领导者把注意力集中于计划工作细则、安排、协调下属工作等方面，强调工作的技术或任务事项，重视工作任务的完成情况。其特点是：任务分配结构化、严密监督、工作激励、依照详尽的规定办事。

以员工为中心的领导者将注意力集中于组织成员的个人因素和建立高效率的小组上，重视人际关系。其特点是：重视人员行为反应及问题、利用群体实现目标、给组织成员较大的自由选择的范围。

在实际工作中，领导者在以员工为中心的领导者和以工作为中心的领导者中间只能二者取其一。但是，利克特建议，应尽可能地发展以员工为中心的领导方式。他认为，有效的领导者是注重于面向组织成员的，他们依靠信息沟通使所有各个部门像一个整体那样行事。组织的所有成员(包括主管人员在内)实行一种相互支持的关系，在这种关系中，他们具有共同的需要、价值观、抱负、目标和期望。由于这种领导方式要求对人采取激励方法，因此利克特认为，它是领导一个组织的最为有效的方法。利克特假设了四种管理方法，以此作为研究和阐明他的领导原则。

(一) 专制——权威式

采取这种领导方式的领导者非常专制，很少信任下属；多采用惩罚的方式，偶尔兼用奖励来激励下属；采用自上而下的沟通方式，决策权也只限于最高层。

(二) 开明——权威式

采取这种领导方式的领导者对下属有一定程度的信任和信心，授予下属一定的决策权，但控制权仍牢牢掌握在自己手中；采取赏罚并用方法激励下属；允许一定程度的自下而上的沟通，会向下属征求一些想法和意见。

（三）协商式

采用这种领导方式的领导者对下属抱有相当大的但又不是完全的信任。作决策时征求、接受和采用下属的建议；通常试图去酌情利用下属的想法与意见；运用奖赏并偶尔用处罚的办法和让员工参与管理的办法来激励下属；既使下情上达，又使上情下达；由上级主管部门制定主要的政策和运用于一般情况的决定，但让低一级的主管部门去作出具体的决定，并采用其他一些方法商量着办事。

（四）群体参与式

采用这种领导方式的领导者对下属在一切事务上都抱有充分的信任和信心，总是从下属获取设想和意见，并且积极地加以采纳；对于确定目标和评价实现目标所取得的进展方面，组织群体参与其事，在此基础上给予物质奖赏；更多地从事上下之间与同事之间的沟通；鼓励各级组织作出决策，或者，本人作为群体成员同他们的下属一起工作。

总之，利克特发现，那些取得最大成就的领导者往往采用的是第四种管理方式。因此，利克特认为，只有参与式的管理方式才能实现真正有效的领导，才能做到在设置和实现目标方面最有效率、最富有成果。他把这种成功主要归于组织成员的参与程度和对支持组织成员参与的实际做法坚持贯彻的程度。

四、领导行为四分图理论

1945 年俄亥俄州立大学的一组研究人员开始对领导问题进行广泛的调查。开始的时候他们列出了 1000 多个描述领导者行为的因素，后来研究人员将冗长的原始领导行为调查表减少到 130 个项目，并最终将领导行为的内容归纳为两个方面，即以人为重和以工作为重。以人为重，他们界定为“关怀”维度（consideration），以工作为重，界定“定规”维度（initiating structure）。他们认为，领导行为可以利用两个维度加以描述。因此，该理论也称为“俄亥俄学派理论”或“二维构面理论”（two dimension theory）。

所谓“关怀”，就是以人为重，以人际关系为中心，是指一位领导者对其下属所给予的尊重、信任以及互相理解的程度。领导者注重建立与下属之间良好的人际关系，在工作中尊重下属的看法与情感，并建立两者之间的友谊和信任关系，包括营造相互信任的气氛，给下属以较多的工作主动权，体贴、关心并注意满足下属的合理需要，作风民主，平等待人等。

所谓“定规”，也就是以工作为重，是指领导者对于下属的地位、角色与工作方式，是否都定有规章或工作程序。这也可有高度的定规和低度的定规。为了实现工作目标，领导者界定和构造领导者与下属间的工作关系，即建立明确的组织模式、意见交流渠道和工作程序，包括设计组织机构，明确责权关系和沟通方法，确定工作目标、要求及交代任务的方式，制定工作程序、工作方法和制度等。

根据这两个方面，他们设计了“领导行为调查问卷”，每类列举了 15 个问题，分发调查。结果表明，关怀和定规并不是一个连续统一体的两个端点，而是常常同时存在，即两个维度。只是这两个维度强调的侧重点有所不同，而且两个维度在同一个领导者身上有时一致，有时并不一致。因此，领导者的行为可以被看作这两个维度或方面的具体组合。领导者的行为可以用两维空间的四分图来表示（如图 9-2 所示）。

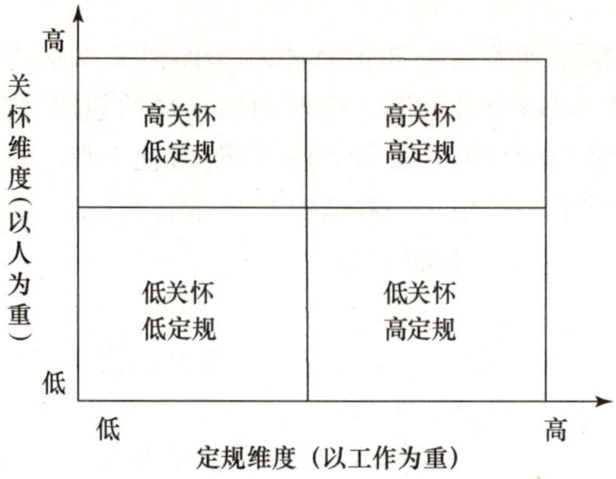

图 9-2 领导行为四分图理论

（一）高关怀、低定规的领导风格

持有该种领导风格的领导者注意关心、爱护下属，经常与下属交换思想、交换信息，与下属感情融洽，重视营造相互信任和尊重的和谐气氛；但对工作缺乏关心，组织内规章制度不严，工作秩序不佳，这是一个较仁慈的领导者。

（二）低关怀、高定规的领导风格

该种风格的领导者注重工作任务和目标的完成，注意严格执行规章制度，建立良好的工作秩序和责任制；但是不注意关心、爱护下属，忽视人的感情和需要，不与下属交流信息，与下属关系不融洽。这是一个较为严厉的领导者。

（三）高关怀、高定规的领导风格

该种风格的领导者将对人的关系和对工作的关心放在同等重要的地位，注意严格执行规章制度，建立良好的工作秩序和责任制；同时关心、爱护下属，经常与下属交流信息、沟通思想，想方设法调动组织成员的积极性，在下属心目中可敬又可亲。这是一个高效、成功的领导者。

（四）低关怀、低定规的领导风格

该种风格的领导者既不关心人，也不重视工作，不注意关心、爱护下属，不与下属交换思想、交流信息，与下属关系不太融洽；也不注意执行规章制度，工作无序，效率低下。

当然，四种领导风格哪种最好，也要根据具体情况而定。该理论认为，以人为重和以工作为重不应是相互矛盾、相互排斥的，而应是相互联系、相互作用的。一种领导风格只有把两者适当地相互结合起来，才能进行有效的领导。四分图理论是从两个维度考察领导行为与风格的首次尝试，为进行领导行为的研究开辟了一个新的途径。

五、管理方格理论

管理方格理论是由美国德克萨斯大学的行为科学家罗伯特·布莱克（Robert R. Blake）和简·莫顿（Jane S. Mouton）在1964年出版的《管理方格》（1978年修订再版，改名为《新管理方格》）一书中提出的。管理方格理论进一步发展了领导行为的四分图理论，认为在对生产关心和对人关心的两种领导方式之间，可以进行不同程度的互相结合。

他们设计了一个巧妙的管理方格图（如图9-3所示），清楚地表示出领导者对生产关心程度（Concern for production）和对人的关心程度（Concern for people）。横坐标与纵坐标分别表示对生产和对人的关心程度，每个方格就表示“关心生产”和“关心人”这两个基本因素以不同程度相结合的一个领导风格。该理论将对人的关心度和对生产的关心度分别进行九等分，于是在二维平面上就形成了 81 个方格。这样就把领导者的领导行为划分成许多不同的类型。

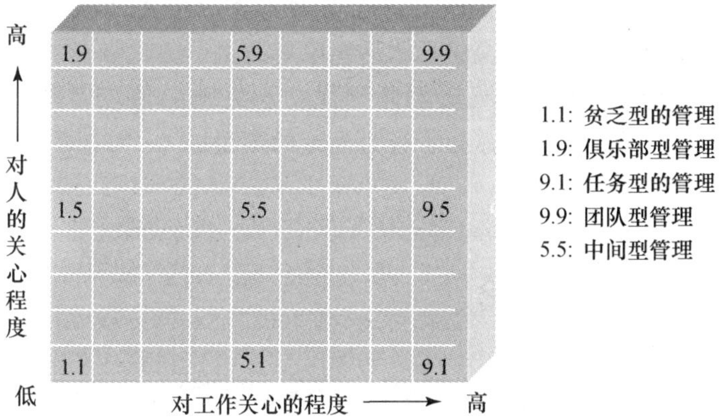

图 9-3　管理方格理论

根据管理方格理论评价领导者的领导行为时，应按这两方面的行为程度在方格图中寻找交叉点，这个交叉点就是其领导行为类型。横轴数值越高，表示领导者越重视生产；纵轴数值越高，表示领导者越重视人的因素。

布莱克和莫顿在管理方格图中列出了五种典型的领导行为：

（一）1.1 为贫乏型领导方式

领导者希望以最低限度的努力来实现组织目标和维持人际关系，既不关心下属，也不关心生产。

（二）1.9 为俱乐部型领导方式

领导者不关心工作效率，也不注重生产结果，只注意搞好人际关系、关心工作人员的需求是否获满足，组织内员工们都能轻松、友好、愉快地相处，这是一种轻松的领导方式。

（三）9.1 为任务型领导方式

表示对工作极为关心，但忽略对人的关心，也就是不关心组织成员的需求和满足，并尽可能使后者不致干扰工作的进行。这种方式领导者拥有很大的权力，强调有效地控制下属，努力完成各项工作。因而是一种独裁的、重任务型的管理。

（四）9.9 为团队型领导方式

表示对工作和对人都极为关心。这种方式的领导者能使组织的目标与个人的需求最有效地结合起来，既高度重视组织的各项工作，能通过沟通和激励，使群体合作、下属人员共同参与管理，使工作成为组成员自觉自愿的行动，从而获得高的工作效率，因而也被称为“战斗集体型”。

（五）5.5 为中间型领导方式

表示既对工作关心，也对人关心，兼而顾之，程度适中，不高也不低。这种方式的领导既对工作的质量和数量有一定要求，又强通过引导和激励使下属完成任务，追求正常的效率和令人满意的士气。

布莱克和莫顿组织了很多研讨会来探讨到底哪一种领导行为最好，绝大多数与会者认为9.9团队管理型最佳，其次是5.5中间型。布莱克和莫顿认为，作为领导者应该客观地分析组织内外的各种情况，把自己的领导方式改造成9.9型的方式，以求得最高效率。布莱克和莫顿还根据自己从事组织开发的经验，总结出向9.9管理方式发展的五个阶段的培训。

管理方格理论提供了一种衡量领导者所处领导形态的模式，可使领导者能较清楚地认识到自己的领导行为，并根据组织的具体情况掌握改进的方向。

当然，管理方格理论也没有重视影响领导成功与失败的情境因素，这是一个缺陷。在这一点上，领导权变理论有效地弥补了行为理论的不足。

第4节　领导的权变理论

20世纪60年代之后，随着领导特质理论和领导行为理论研究的进一步深入，很多研究者开始将关注的目光投向情境因素的影响方面，相应地产生了领导权变理论(Contingency theories of leadership)。该理论关注的是领导者、领导者行为和情境的相互影响，研究目的在于探究领导方式与组织效能的关系。

领导权变理论认为，领导是一种动态的过程，领导在实际工作中是否有效不仅取决于他们的领导方式，还取决于具体的领导情景、上下级的关系、领导者以及被领导者的性格特点等一系列因素。并且，领导风格的有效性也会随着领导者的特点和所处情境的变化而变化。本章具体介绍费德勒的权变领导模型、领导生命周期理论、路径——目标理论和领导者参与模型四种有代表性的领导权变理论。

一、费德勒的权变模型

最早对权变理论作出理论性评价的人是心理学家弗雷德·费德勒(Fred E. Fiedler)。他于1962年提出了一个“有效领导的权变模式(Contingency model of leadership effectiveness)”，即费德勒权变模型。这个模型把领导人的特质研究与领导行为的研究有机地结合起来，并将其与情境分类联系起来研究领导的效果。通过15年调查之后，他认为，任何领导形态均可能有效，其有效性完全取决于是否与所处的环境相适应。

(一) 费德勒对领导方式的划分

费德勒认为，领导者的行为及其所要追求的目标具有多样性。这种多样性的存在，是由领导者之间在基本需求方面的差异决定的。因此，应当而且必须以此种需求结构来界定领导方式。这是费德勒权变理论的基本出发点。所以，费德勒将领导方式归纳为两类，即员工导向型和工作导向型。前一领导方式以维持良好的人际关系为其主要需要，而以完成任务之需要为辅。后一领导方式则以完成任务为其主要需求，而以维护良好的人际关系之需求为辅。在这里，费德勒将领导方式认定为领导者的一种人格特质，这种人格特质是一种具有持久性且不易改变之特征。

费德勒还设计出一种LPC量表，用以鉴别不同的领导方式，并认为无论何种领导方式均有利弊，十全十美的领导方式是不存在的。

LPC量表，其实是一种称为“最难共事者问卷”(Least preferred coworker questionnaire，LPC)的工具，此工具的作用是用来确定领导者的领导方式，即根据被调查者对LPC问卷的回答来判断他们基本的领导方式。如果一个领导者用较为积极的词语描述最难共事的同事，即LPC的量值比较高，就认为其对人宽容、体谅、注重人际关系，说明其领导方式是关系导向型；反之，一个领导者如果用相对不积极的词语描述最难共事的同事，即LPC的量值比较低，则认为其惯于命令和控制，注重工作，说明其领导方式是任务导向型。

（二）确定领导情境

费德勒认为，一个领导者，无论他采取何种领导方式，其最终目的都是为了获取最大的领导效能，就必须使一定的领导方式与领导情境相配合。领导情景亦称“团体——任务”情境，是指发生领导行为所处的人际环境。它包括职位权力、任务结构和领导者与成员之间的相互关系三个要素。

职位权力(Position power)是指领导者现居职位所具有的权力之多寡或能使部属服从指挥的程度。换句话说，也就是领导者现居职位能对部属施展多大影响力，包括领导者的地位、权威与责罚、升贬、任黜、加薪、指派等能力。领导者拥有明确的职位权力时，则组织成员将会更顺从其领导，有利于提高工作效率。

任务结构(Task structure)是指工作任务明确程度和有关人员对工作任务的职责明确程度，包括目标对成员来说是否清晰、成果的可测度如何、解决问题的方法是否具有正确性及完成任务的途径或手段之多寡等。当工作任务本身十分明确，组织成员对工作任务的职责明确时，领导者对工作过程易于控制，整个组织完成工作任务的方向清晰。

领导者与成员的关系(Leader-member relations)，即上下级关系，既包括组织成员对其领导者的情感，比如尊重、友谊、信任、合作、接纳、支持以及忠诚程度等，也包括领导者对下属的关心、爱护程度。这一点对履行领导职能很重要，因为职位权力和任务结构可以由组织控制，而上下级关系是组织无法控制的。

在费德勒看来，三个因素中，领导者与组织成员的关系是最重要的因素。一个领导者要想取得理论的领导效能，必须通过一定的领导方式来对领导情境实施有效的控制，而领导者对领导情境的控制程度又取决于领导者使领导情境三因素相互配合的状况。因此，费德勒模式的最大优点在于它吸收了过去有关领导行为的研究成果，分清了不同领导方式能够发挥领导效能的情境。

费德勒根据上述三种情境因素来评估领导情境：职位权力或强或弱，如果在雇佣、解雇、惩罚、晋升、加薪等方面的影响程度高，则职位权力强；反之职位权力弱。任务结构或高或低，如果任务规定明确、容易理解及有章可循，则认为任务结构高；反之，任务结构低。上下级关系或好或坏，如果双方是高度信任、互相尊重、互相支持和友好的，则双方关系好；反之，上下级关系差。

这三种情境因素的不同组合形成了八种不同类型的情境。其中，三个情境因素的组合是好的、高的、强的，说明是最有利的领导情境；组合是差的、低的、弱的，说明是最不利的领导情境。按照这个三维结构模式，八种不同类型的情境可以被分为三类：有利的、中间状态的、不利的。

（三）领导方式与情境的匹配

当领导方式与领导情境相匹配时，会使领导的有效性达到最高。费德勒等人在1200

个团体中进行了广泛的调查，对八种情境类型的每一种，均对比了两种领导方式，获得了大量的数据。经过分析，他认为，若处于有利的情境及不利情境的状态下，采用任务导向型的领导方式更有利；若处于中间状态情境时，采用关系导向型的领导方式，效果较好。

上下级关系	好				差			
任务结构	明确		不明确		明确		不明确	
职位权力	强	弱	强	弱	强	弱	强	弱
情境类型	1	2	3	4	5	6	7	8
有利性环境	有利			中间状态				不利
有效的领导方式	任务型			关系型				任务型

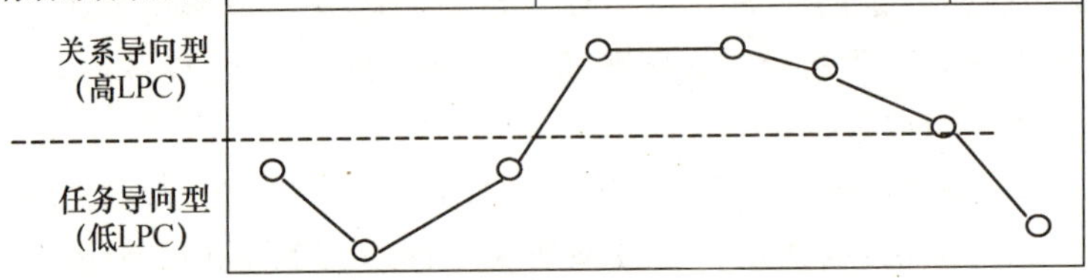

图 9-4　费德勒权变模型

根据费德勒的观点，只有当领导方式与领导情境相匹配的时候，领导的效果才最佳。费德勒又认为，领导风格与领导者的个性是相联系的，是与生俱来、固定不变的。因此，当领导方式与领导情境不相适应的时候，你不可能改变你的风格去适应变化的情境。因此提高领导者的有效性实际上只有两条途径：

一是替换领导者以适应环境。比如，如果群体所处的情境被评估为十分不利，而目前又是一个关系取向的领导者进行领导，那么替换一个任务取向的管理者则能提高群体绩效。

二是改变领导情境以适应领导者。费德勒还从三个情境因素出发，提出了一些改善领导情境的建议。在领导者与成员关系方面，可以通过改组成员的组成加以完善，使组织成员的经历、技术专长和文化水平更为合适；在任务结构方面，可以通过详细布置工作内容而使其更加定型化，也可以对工作只作一般性指示而使其非程序化；在职位权力方面，可以通过变更职位充分授权，或明确宣布职权而增加其权威性。

费德勒模型表明，并不存在一种绝对最好的领导方式，有效领导方式应随着情境的变化而变化。这一论点为领导理论的研究开辟了新方向。后来，学者们对费德勒模型的总体效果进行了大量的研究，有相当多的研究结果支持这一模型。当然，模型在应用方面仍存在一些问题，比如 LPC 量表的分数不稳定、权变变量的确定比较困难等。但是费德勒模型在实践中还是具有重要的指导意义的。

二、路径目标理论

（一）路径目标理论的含义

领导方式的路径目标理论(Path-goal theories)是由多伦多大学的组织行为学教授罗伯特·豪斯(Robert House)最先提出，后来华盛顿大学的管理学教授特伦斯·米切尔(Terence R. Mitchell)也参与了这一理论的完善和补充。

路径目标理论目前已经成为当今最受人们关注的领导观点之一。路径目标理论来源于激励理论中的期望理论(这一理论以弗罗姆的研究最有代表性,期望理论的具体内容请参阅激励理论这一章)。期望理论认为,个人的态度取决于期望值的大小(目标效价)以及通过自己努力得到这一期望值的概率高低(期望概率)。因此,领导者的工作是帮助组织成员达到他们的目标,并提供必要的指导和支持,以确保组织成员的个体目标与组织的总体目标相一致。"路径目标"就来自这一观点,认为有效领导者要通过明确指明实现工作的目标以及途径来帮助组织成员,并为组织成员清理各项障碍和危险,从而使他们的工作更为容易。

(二)路径目标理论的具体内容

与以前的领导理论立足于领导者不同,路径目标理论立足于部下。豪斯认为,领导者的基本任务就是发挥部下的作用,而要发挥部下的作用,就得帮助部下设定目标,把握目标的价值,支持并帮助部下实现目标。在实现目标的过程中提高部下的能力,使部下得到满足。因此,这一理论有两个基本原理:第一,领导方式必须是部下乐于接受的方式,只有能够给部下带来利益和满足的方式,才能使他们乐于接受。第二,领导方式必须具有激励性,激励的基本思路是以绩效为依据,同时以对部下的帮助和支持来促成绩效。也就是说,领导者要能够指明部下的工作方向,还要帮助部下排除实现目标的障碍,使其能够顺利达到目标,同时在工作过程中尽量使员工需要得到满足。

路径目标理论认为,领导者的工作是利用结构、支持和报酬,建立有助于员工实现组织目标的工作路径。其内容包括以下五个方面:

1. 领导过程

基于路径目标理论,领导者的领导过程主要涵盖以下过程:领导者首先要确认组织成员的需要与期望,为其提供合适的目标,通过明确期望与目标的相互关系,将实现目标与报酬联系起来;消除绩效的障碍,并且给予组织成员一定的指导。

2. 目标设置

目标设置是取得成功绩效的标的,它可以用来检测个体和组织完成绩效标准的情况。组织成员需要感觉到他们的目标是有价值的,并且可以在现有的资源和领导下达到该目标。如果没有共同目标,不同的成员会走向不同的方向。

3. 路径改善

领导者在决定顺利实现目标的路径之前,还需要了解一些权变因素和可供选择的领导方案,特别是必须权衡确定对两类支持的需要。第一类是任务支持,领导者必须帮助组织成员组合资源、预算以及其他有助于完成任务的因素,消除影响员工绩效的环境限制,表现出积极的影响,并且对有效的努力和绩效给予及时认可;第二类是心理支持,领导者必须激励组织成员乐于从事工作。

4. 领导风格

领导者的行为被组织成员接受的程度,取决于组织成员是将这种行为视为获得满足的即时源泉还是作为未来获得满足的手段。领导者行为的激励作用,在于它使组织成员的需要与有效的工作绩效联系在一起,并提供完成工作绩效所必需的辅导、指导、支持和奖励。为此,豪斯区分了四种领导风格:指导型领导、支持型领导、参与型领导、成就取向型领导。

指导型领导(Directive Leadership)。领导者对下属需要完成的任务进行说明,包括对他们有什么希望、如何完成任务、完成任务的时间限制等等。指导性领导者能为下属制定出明确的工作方向、工作标准和工作程序，并将规章制度向下属讲得清清楚楚。指导不厌其详，规定不厌其细。

支持型领导(Supportive Leadership)。这类领导者对下属友好、平易近人，他们关注下属的福利和需要，平等地对待下属，尊重下属的地位，努力营造愉快的组织气氛，在部下有需要时能够真诚帮助，当下属受挫和不满意时，能够对下属的业绩产生很大的影响。

参与型领导(Participative Leadership)。这类领导者平常注重与下属沟通信息，在作决策时，同下属一道进行工作探讨，注意征求下属的意见，允许下属对上级的决策施加影响，将他们的建议融入团体或组织将要执行的那些决策中。

成就取向型领导(Achievement-Oriented Leadership)。这类领导者为组织成员设置富有挑战性的目标，希望下属最大程度地发挥潜力，寻求工作的不断改进。除了对组织成员期望很高外，成就导向性领导者还非常信任下属，而且不断制定新的目标，使组织成员经常处于被激励的状态。

5. 与费德勒的权变理论观点相反，豪斯认为，领导者的领导方式是可以改变的，同一领导者可以根据不同的情境表现出任何一种领导方式。至于究竟采用哪种领导方式最有效，应考虑以下两类情境因素：一类是组织成员控制范围之外的环境(任务结构、正式权力系统以及工作群体)；另一类是组织成员个性特点中的一部分(控制点、经验和感知能力)。这两类情境因素成了领导行为与结果之间关系的中间变量。

组织成员的特性包括能力、独立性、适应性等。豪斯等人认为，能力强、认为自己有能力独立完成工作任务、能够控制事态的发展、对周围人有影响力的组织成员，通常乐于接受参与型的领导方式；指导型的领导方式如领导者花费时间为其安排工作程序，会被他们视为累赘甚至是侵犯。

工作环境的特点包括工作结构、权力结构、奖励制度、人际关系等。豪斯等人认为，在工作任务不十分明确、下属无所适从时，为帮助下属作出明确的规定和安排，应强调采用指导型的领导方式；而在工作任务十分明确、下属清楚地了解目标和达到目标的途径时，为激励下属，则应强调采用支持型的领导方式。

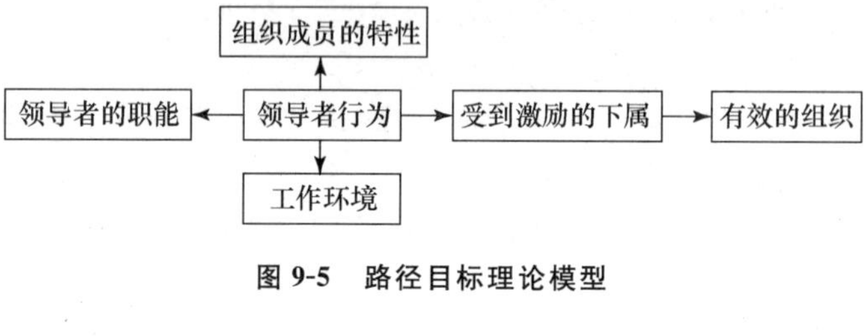

图 9-5　路径目标理论模型

三、领导生命周期理论

领导生命周期理论(Leadership Life Cycle Theory)是由美国管理学家科曼(A. K. Korman)1966 年首先提出，后经保罗·赫塞(Paul Hersey)和肯尼斯·布兰查德(Kenneth Blanchard)发展、完善形成的。这是一个重视下属的权变理论。赫塞和布兰查德认为，依据下属的成熟度，选择正确的领导风格，就会取得领导的成功。赫西和布兰查德重视下属在领导效果方面的作用，是因为下属可以接纳或拒绝领导者的命令，领导者的领导效果经常取决于下属的行为和活动。然而这一问题的重要性却被许多的领导理论所忽视。

（一）成熟度的概念

赫塞和布兰查德将成熟度定义为组织成员对自己的直接行为负责任的能力和意愿。它包括两项要素：工作成熟度与心理成熟度。前者包括一个人的知识和技能。工作成熟度高的个体拥有足够的知识、能力和经验完成他们的工作任务而不需要他人的指导。后者指的是一个人做事的意愿和动机。心理成熟度高的个体不需要太多的外部激励，他们主要靠内部动机激励。

赫塞与布兰查德将成熟度分为四个阶段，即不成熟（M_1）、初步成熟（M_2）、比较成熟（M_3）和成熟（M_4）。

1. 不成熟（M_1）

下属对接受和承担任务既无能力也无愿望，他们既不能胜任工作又缺乏自信，不能被信任。

2. 初步成熟（M_2）

下属愿意承担任务但缺乏足够的能力，他们有积极性但缺乏完成任务所需的技能。

3. 比较成熟（M_3）

下属具有完成领导者所交给的任务的能力，但却不愿意接受领导希望他们完成的工作。

4. 成熟（M_4）

下属既有能力完成而且又愿意完成领导者交给的任务。

（二）领导风格的类型

赫塞和布兰查德仿照管理方格图理论，以横坐标为任务行为，以纵坐标为关系行为，画出一个方格图，四个大方格分别为四个象限。其中，第一象限（S_1）属于低关系、高任务区；第二象限（S_2）属于高关系、高任务区；第三象限（S_3）属于高关系、低任务区；第四象限（S_4）属于低关系、低任务区。由任务行为和关系行为的组合，赫赛与布兰查德提出了四种领导方式：

1. 命令型（低关系—高任务）

领导者决策，并对组织成员进行分工，指导组织成员应该干什么、怎么干、何时干等，强调直接指挥和控制，不重视人际关系和激励。

2. 说服型（高关系—高任务）

领导者决策，既给组织成员以较多的指导，又注重保护和鼓励他们的积极性，重视人际关系。

3. 参与型（高关系—低任务）

领导者与组织成员共同参与决策，着重给组织成员以支持，同时注重搞好内部的协调沟通，保持良好的人际关系。

4. 授权型（低关系—低任务）

领导者将决策权、控制权授予组织成员，对他们几乎没有指导，由组织成员独立自主地开展工作。

（三）领导风格的选择

赫塞和布兰查德认为，领导方式应当随着下属成熟程度的不同作相应的调整。有效的领导方式应该根据下属的成熟程度随机制宜地作出选择。

(1) 当下属成熟度为 M_1 时，领导生命周期理论曲线位于 S_1，即低关系、高任务区，应选择命令型的领导方式。

(2) 当下属成熟度为 M_2 时，领导生命周期理论曲线位于 S_2，即高关系、高任务区，故应选择说服型的领导方式。

(3) 当下属成熟度为 M_3 时，领导生命周期理论曲线位于 S_3，即高关系、低任务区，故应选择参与型的领导方式。

(4) 当下属成熟度为 M_4 时，领导生命周期理论曲线位于 S_4，即低关系、低任务区，故应选择授权型的领导方式。

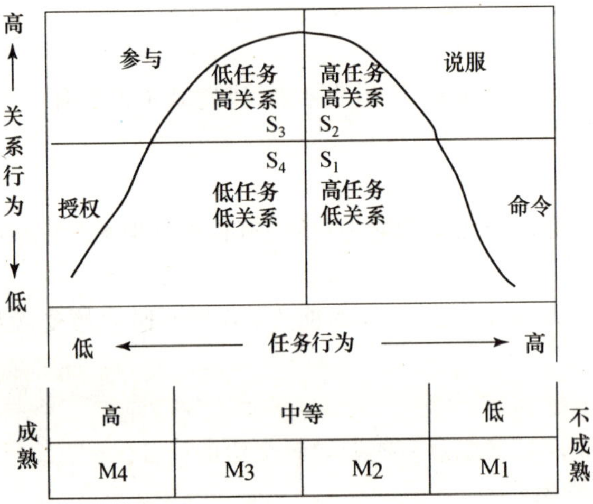

图 9-6　领导生命周期理论模型

领导生命周期理论提供了一种有用而且易于理解的模型，它强调不存在一种万能的领导方式能适应各种不同的情境，必须结合组织成员的成熟度选择适宜的领导方式，只有这样，才能提高领导的有效性。领导生命周期曲线模型概括了领导模型的各项要素。当下属的成熟水平不断提高时，领导者不但可以不断减少对下属行为和活动的控制，还可以不断减少关系行为。在第一阶段（M_1），需要得到具体而明确的指导；在第二阶段（M_2），领导者需要采取高工作、高关系行为；高工作行为能够弥补下属能力的欠缺；高关系行为则试图使下属在心理上"领会"领导者的意图；对于在第三阶段（M_3）出现的激励问题，领导者运用支持性、非领导性的参与风格可获最佳解决。最后，在第四阶段（M_4），领导者不需要做太多事，因为下属愿意又有能力担负责任。

四、领导者参与模型

1973 年，美国匹兹堡大学的维克多·弗罗姆（Victor Vroom）和菲利普·耶顿（Phillip Yetton）提出了领导者参与模型（Leader-participation model）。该模型将领导行为与参与决策联系在一起。由于认识到常规活动和非常规活动对任务结构的要求各不相同，研究者认为领导者的行为必须加以调整以适应这些任务结构。弗罗姆和耶顿的模型是规范化的，它提供了根据不同的情境类型而遵循的一系列的规则，以确定参与决策的类型和程度。这一复杂的决策树模型包含 7 项权变因素和 5 种可供选择的领导风格。弗罗姆和亚瑟·加哥（Arthur Jago）后来又对该模型进行了修订。新模型包括了与过去相同的5种可供选择的领导风格，但将权变因素扩展为12个。

该模型认为对于某种情境而言，5种领导行为中的任何一种都是可行的。它们是：独裁I(AI)，独裁II(AII)，磋商I(CI)，磋商II(CII)和群体决策II(GII)。具体描述如下：

（一）独裁方式I(AI)

领导者运用手头现有的资料，自己解决问题、作出决策。

（二）独裁方式II (AII)

领导者从下属那里获得必要的信息，然后独自作出决策。向下属收集资料时可能说明原因，也可能不说明原因。在决策中下属只负责提供资料，并不提出或者评价决策方案。

（三）协商方式I(CI)

领导者与有关的下属进行个别交流，让下属了解情况，征求下属的意见并获得信息。领导者作出的决策可能会受到下属意见的影响，也可能不会受到影响。

（四）协商方式II (CII)

领导者把决策意图告诉下属，让下属集体讨论，征求他们的意见和建议，但最终决策仍由领导者作出。领导者决策时可能受也可能不受下属的影响。

（五）集体决策方式(GII)

领导者让下属集体了解决策的问题，与下属共同讨论，一起提出并评估可行性方案，并最后由集体作出决策，获得一致的解决办法。

这五种领导风格中，独裁方式I(AI)是极端独裁式，集体决策方式(GII)是民主式。在这两种极端的领导方式之间还有三种中间状态的领导方式。因此领导者参与模型中的五种领导方式的排布与坦南鲍姆的领导行为连续一体模式相似。

他们认为，每种决策方式的有效性取决于其应用的情境，其中最关键的问题是决策的质量和下属对决策的接受程度。由此弗鲁姆等人提出了12种决定决策领导方式的情境因素。

(1) 质量要求：这一决策的技术质量有多重要？

(2) 承诺要求：下属对这一决策的承诺有多重要？

(3) 领导者的信息：你是否拥有充分的信息作出高质量的决策？

(4) 问题结构：问题是否结构清晰？

(5) 承诺的可能性：如果是你自己作决策，下属是否一定会对该决策作出承诺？

(6) 目标一致性：解决问题所达成的目标是否一定会对该决策作出承诺？

(7) 下属的冲突：下属之间对于优选的决策是否会发生冲突？

(8) 下属的信息：下属是否拥有充分的信息进行高质量的决策？

(9) 时间限制：是否有相当紧张的时间约束限制了下属的能力？

(10) 下属的分布范围：把分散在各地的下属召集在一起的代价是否太高？

(11) 动机——时间：在最短的时间内作出决策对你来说有多重要？

(12) 动机——发展：为下属的发展提供最大的机会对你来说有多重要？

弗鲁姆建议，领导者应该对上述12项问题采用自问自答的方式，以用来帮助确定当领导者面对某个具体问题时采用的领导风格。例如，针对第二项问题“下属对这一决策的承诺有多重要？”如果回答是肯定的，下属参与程度最低的独裁方式I(AI)和独裁方式II (AII)的领导方式可能不合适；又如，针对第三项“你是否拥有充分的信息作出高质量的决策？”如果答案是否定的，那么独裁方式 I(AI)的领导方式就不可取。弗鲁姆和其他人的研究都清楚地表明，与这个模型一致的决策一般是成功的，与这个模型不一致的决策一般是失败的。下属好像更喜欢与这个模型一致的决策。

弗鲁姆和加哥认为，领导的有效性是决策的有效性减去决策成本，再加上参与决策的人的能力开发而实现的价值的函数。作出有效的决策是可能的，但如果这些决策对发展下属的能力没有作用或作用太小，或者决策过程很昂贵，那么这些决策会降低组织整体人力资本水平。因此，领导风格可能是时间驱动的，或者是发展驱动的。

五、权变理论的贡献

“权变”(contingency)一词有“随具体情境而变”或“依具体情况而定的意思”。领导权变理论主要研究与领导行为有关的情境因素对领导效力的潜在影响。该理论的主要观点是，在不同的情境中，不同的领导行为有不同的效果，所以又被称为领导情境理论。领导权变理论是继行为理论之后发展起来的领导学理论，它的出现，标志着现代西方领导学研究进入了一个新的发展阶段。

首先，权变理论揭示了领导现象的复杂性。领导行为是一个极为复杂的社会经济现象。一种领导行为和风格的出现，不仅是领导者本人的行为结果，而且还有赖于周围的领导情景，依赖于组织成员的情况，是一个包含多个自变量的多元函数。特质理论和行为理论都是以领导者自身为出发点，以领导者个人的内在素质或行为来研究领导风格与方式，其最大的缺陷是忽略了与领导行为相关的情境因素，也没有注意到被领导者在领导过程中的影响。在权变理论看来，领导行为是一个动态的过程，领导者与被领导者之间的交互影响是领导过程的重要特征。

其次，权变理论提供了一套有效的领导方法。特质理论把分析的重点放在领导者应具备的各种特质上，没有设计领导方式与方法；而行为理论虽然注意到了方式方法，但总是企图概括出一套固定不变的、放之四海皆适用的领导方式，其结果注定是失败的。而权变领导理论否认有任何固定不变、普遍适用的领导方式的存在，认为任何领导方式都应该与环境相适应。

最后，从以上两点可以看出，权变理论更切合实际。由于领导行为本身的复杂性，加之不同学者的观点和研究方法的不同，特质理论和行为理论所得出的研究结果往往矛盾丛生。而权变理论在吸收了前人研究成果的基础上，解释了领导现象的复杂性，为我们提供了研究领导现象的新途径和提高领导绩效的新方法，这就在很大程度上拉近了理论与实践的距离。

案例9-1

自称“偏执狂”的企业领袖——英特尔总裁安迪·格鲁夫

安迪·格鲁夫(Andrew S·Grove)带领着英特尔公司平安度过了多次磨难。他曾说过：“在这个行业里，我有一个规则：要想预见今后 10 年会发生什么，就要回顾过去 10 年中发生的事情。”过去 10 年中，格鲁夫把英特尔变成了也许是技术世界中最为自力更生的公司，在这一过程中，他给英特尔打上了自己不可磨灭的印迹。

在过去几年中，格鲁夫重新定义了英特尔公司，使之从一个芯片制造商转变为业界领袖。而今后5年里，公司面临的挑战更大，因为10倍速时代已经来临，失败和成功都将以10倍速的节奏发生。

自从1987年格鲁夫接任总裁以来，英特尔公司每年返还给投资者的回报率平均都在44%以上。但比起盈利报告人们似乎更关注在此之前一天宣布的董事会改组方案。1997年5月21日格鲁夫将取代高顿·摩尔成为新任董事长(摩尔曾与集成电路的合作发明者罗伯特·诺依斯共同创建了这家公司)，尽管这种交替在很大程度上只是象征性的：摩尔一周将继续工作3天，格鲁夫也将继续管理那些他已管理了多年的部门。可不管怎样，改组方案却清楚地表明了一个事实：安迪·格鲁夫已经能独挡一切了。

要想真正明白这种变动的意义，你至少该知道些英特尔传奇般的过去。那时有一件事是人所共知的：早在1975年，摩尔就已经清醒地预见到电脑芯片的性能每18个月将提高一倍。执行总裁格鲁夫过去10年所做的一切无可辩驳地印证了摩尔的这一"定律"。英特尔不断为PC制造商们提供最热门的芯片，使他们能开发出更新更强的PC电脑。那些幸存下来的英特尔的竞争对手们，如超微设备公司(AMD)及Cyrix公司等都只不过是落选之马而已。英特尔的微处理器目前被装进了世界80%以上的PC机。

主动进攻——这其实也就是格鲁夫一生奋斗的写照。

他1936年出生于布达佩斯的一个犹太人家庭，年幼时经历过纳粹的残暴统治。在学校里，他爱好歌剧和新闻报道，但到1956年苏联入侵匈牙利后，他父亲的企业被收归国有，格鲁夫和一群难民乘船逃离祖国，最后辗转到达纽约。当时，他不会讲一句英语，口袋里只有20美元。然而3年以后，格鲁夫不仅自学了英语，而且靠当侍者支付自己的学费，以第一名的成绩从纽约州立大学毕业，获得化学工程学位。又过了3年，他在加州大学伯克利分校获得了博士学位，并在1967年出版《物理学与半导体设备技术》，即使今天，这本书也被视作半导体工程专业的入门书。

离开伯克利后，格鲁夫加入了摩尔和诺伊斯创办的世界上第一家半导体公司——仙童公司。1968年，诺伊斯和摩尔决定自行创业，创办英特尔公司。当时格鲁夫在仙童公司担任实验室副总监，由于表现出色，深具潜力，他被摩尔大力举荐，进入英特尔担任研究和开发部门的总监。1976年，他成为首席运营官。1979年，他发动了一场一年内从摩托罗拉手中抢到2000家新客户的战役，结果英特尔不仅实现了这一目标，而且还超额了500家，其中一家是IBM。

1982年，IBM打算进入个人电脑业，问英特尔能否提供8088芯片。这种芯片英特尔1971年就已开发出来，但却从未想过它的重大用途。不过，尽管IBM有些动作，直到1985年个人计算机的发货量仍然很小。英特尔把自己定位为一个存储器公司，但在这时日本的存储器厂家登台了。他们最重要的武器，是使用户能以惊人的低价购买到高质量的产品。这种削价战很快使英特尔面临一种危险：被挤出自己一手开发的市场。公司连续6个季度出现亏损，产业界都怀疑英特尔是否能生存下去。英特尔管理层围绕是否放弃存储器业务展开了激烈争论。争论越是继续，英特尔的经济损失就越大。

1985年的一天，格鲁夫在办公室里意气消沉地与董事长兼首席执行官摩尔谈论公司的困境，那时英特尔已经在漫无目的的徘徊中度过了一年。格鲁夫问摩尔："如果我们下了台，另选一名新总裁，你认为他会采取什么行动?"摩尔犹豫了一下，答道："他会放弃存储器的生意。”格鲁夫目不转睛地望着摩尔，说：“你我为什么不走出这扇门，然后自己动手？”

这个决心很难下。在所有人的心目中，英特尔就等于存储器。怎么可以放弃自己的身份？如果没有了存储器业务，英特尔还称得上一家公司吗？但格鲁夫说做就做，他力排众议，顶住层层压力，坚决砍掉了存储器生产，而把微处理器作为新的生产重点。

英特尔从此不再是半导体存储器公司。在探求公司的新身份时，它意识到微处理器是其一切劳动的核心所在，于是自称为“微型计算机公司”。到了 1992 年，微处理器的巨大成功使英特尔成为世界上最大的半导体企业，甚至超过了当年曾在存储器业务上打败它的日本公司。

这是一次对英特尔具有重大意义的转变，这样的转变被格鲁夫称为“战略转折点”，1996 年，身兼斯坦福大学商学院教授的格鲁夫出版了一部新书，其中很大一部分内容都是在谈战略转折点问题。格鲁夫写道：“我常笃信‘只有偏执狂才能生存’这句格言。初出此言是在何时，我已记不清了，但如今事实仍是：只要涉及企业管理，我就相信偏执万岁。企业繁荣之中孕育着毁灭自身的种子，你越是成功，垂涎三尺的人就越多，他们一块块地窃取你的生意，直至最后一无所有。我认为，作为一名管理者，最重要的职责就是常常提防他人的袭击，并把这种防范意识传播给手下的工作人员。”

“我所不惜冒偏执之名而整天疑虑的事情有很多。我担心产品会出岔，也担心在时机未成熟的时候就介绍产品。我怕工厂运转不灵，也怕工厂数目太多。我担心用人的正确与否，也担心员工的士气低落。当然，我还担心竞争对手。我担心有人正在算计如何比我们做得多快好省，从而把我们的客户抢走。”

“但是这些疑虑，与我对所谓‘战略转折点’的感受相比，就不值一提了。战略转折点就是企业的根基所即将发生变化的那一时刻。这个变化可能意味着企业有机会上升到新的高度，但它也同样有可能标志着没落的开端。”

在他的这本名为《只有偏执狂才能生存》的书中，格鲁夫说，所有的企业都根据一套不成文的规则来经营，这些规则有时却会变化——常常是翻天覆地的变化。然而，没有事前的明显迹象为这种变化敲响警钟。因此，能够识别风向的转变，并及时采取正确的行动以避免沉船，对于一个企业的未来是至关重要的。这样的变化被格鲁夫称为 10 倍速因素，意为该因素在短期内势力增至原来的 10 倍。面临 10 倍速变化的时候要想管理企业简直难于上青天。从前的管理手段无一奏效，管理者失去了对企业的控制，而且不知如何重新控制它。最终，在工业上将达到一个新的平衡。一些企业强盛起来，另外一些衰败下去。不是所有的人都能安全地到达彼岸，那些无法幸存的人将面临与从前迥然不同的生活。

正是为此，格鲁夫说：“穿越战略转折点为我们设下的死亡之谷，是一个企业组织必须历经的最大磨难。”

“在雾中驾驶时，跟着前面的车的尾灯灯光行路会容易很多。‘尾灯’战略的危险在于，一旦赶上并超过了前面的车，就没有尾灯可以导航，失去了找到新方向的信心与能力。”在格鲁夫的眼里，做一个追随者是没有前途的。“早早行动的公司正是将来能够影响工业结构、制定游戏规则的公司，只有早早行动，才有希望争取未来的胜利。”

（资料来源：张岩松等主编《现代管理学案例教程》，清华大学出版社、北京交通大学出版社，2009。）

问题：

1. 安迪·格鲁夫所说的“偏执狂”是指什么？为什么他认为偏执狂才能生存？

2. 你认为帮助安迪·格鲁夫成为一个优秀企业领导者的因素有哪些？

3. 为什么安迪·格鲁夫能够大刀阔斧地主导英特尔的战略转型？一个优秀领导者如何克服变革中的阻力？

案例9-2

乔布斯：神话男人的身份进化

他是一个硅谷传奇，几经沉浮，屹立不倒。

他创造了“苹果”，在顶峰时被扫地出门，但12年后，他卷土重来。

他带领“苹果”屡屡推出革命性产品，从iPod、iPhone到iPad。用近乎完美的消费电子作品，改变了一个时代。

他就是史蒂夫·乔布斯。2011年8月，56岁的他放下了苹果公司CEO的权杖。

他创造一个又一个业界神话的同时，狂放自大的性格也惹来诸多争议。他的评价体系是二进制的，产品只分“伟大”和“垃圾”两种；下属要么是“天才”，要么是“白痴”。

拒绝承认私生女、服用迷幻剂、股权回购丑闻等，丝毫不影响他的魅力。

一、磨难的辍学生

乔布斯生于1955年2月24日，其生母是一名未婚在校研究生，养父母因为没有大学学历，差点失去抚养权，最后养父母承诺一定让乔布斯上大学，生母才最终在收养文件上签字。关于其出身，有人说，他是这个时代最著名的养子，IT界最成功的嬉皮士。

《乔布斯传》作者王咏刚说，小时候的乔布斯成绩不错，但绝对不是个听话的好孩子，他甚至因为调皮捣蛋而被学校勒令退学。“他还是个爱哭的、不合群的孩子，被同学戏弄后，会躲在角落里流泪。”

17岁那年，乔布斯进入里德大学学习。但一个学期后，他退学了。“我不知道自己想要在一生中做什么，也不知道大学能帮助我找到怎样的答案。但我几乎花光了我父母这一辈子的所有积蓄。”

“我当时非常害怕，但是现在回头看看，那的确是我有生以来作出的最棒的决定之一。我终于可以不必去选读那些令我提不起丝毫兴趣的课程了，我还可以去旁听那些有意思的课程。”退学后的那段时间，乔布斯吃尽苦头。为旁听课程，他在同学宿舍地板上蹭地方睡觉；为填饱肚子，去捡5美分的可乐瓶子卖，或者在星期天步行大约10公里，到一处教堂吃每周一次的免费餐。

这段时间，乔布斯旁听的一门书法课程让他受益一生。“我学会怎样在不同的字母组合之中改变空格的长度，怎样作出最棒的印刷式样。那是科学永远不能捕捉到的艺术精妙，那实在是妙不可言。”

在回忆这段经历时，乔布斯说，“你的时间有限，所以不要为别人而活。不要被教条所限，不要活在别人的观念里。不要让别人的意见左右自己内心的声音。最重要的是，勇敢地去追随自己的心灵和直觉，只有自己的心灵和直觉才知道你自己的真实想法，其他一切都是次要。”

这也成为乔布斯一生的价值标准。

二、被放逐的“暴君”

Apple I 的第一单生意，苹果净赚 8000 美元。4 个月后，Apple Ⅱ诞生，这是一台让电脑在家庭普及的机器，后来也成为 PC 行业的经典产品。1980 年苹果电脑的销售从 1978 年的 780 万美元激增至 1.17 亿美元。当年苹果股票上市，25 岁的乔布斯，一夜之间资产达到 2.175 亿美元，26 岁时成为《时代周刊》封面人物。

创立苹果初期，乔布斯认为自己太年轻，需要一个成熟的人来掌管苹果。于是他费尽周折聘请时任百事公司总裁约翰·斯卡利(John Sculley)来担任苹果 CEO。乔布斯煽动斯卡利的那句名言是：“你是想卖一辈子糖水，还是跟着我们改变世界？”

乔布斯和斯卡利共同执掌苹果的那段时间，苹果创造了最棒的产品(第一部 Mac)和最棒的广告(“1984”)。不过很快这段蜜月就结束了，斯卡利最著名的事迹就是把乔布斯赶出了苹果。

1985 年，苹果内部已经一团糟。部门之间的斗争非常激烈，乔布斯和斯卡利两个人之间的斗争也白热化。最后董事会站到斯卡利一边，乔布斯被赶出董事会。

在旁观者看来，这并不是斯卡利的错，这时的乔布斯扮演着一个暴君的角色。

“就我采访的苹果早期员工和高管，乔布斯那时候脾气很坏，他的管理方式就是不停地刺激人，让员工不停地工作，赶紧把事情弄完。特别像中关村创业公司的小老板，就带着员工拼命地干一件事。”王咏刚说，“当时的乔布斯就像个孩子，每天都有一个主意，而且有时候是自相矛盾的。”

乔布斯不允许别人抢走他的锋芒，谁都不行。斯卡利到苹果后，要给员工编号。因为 Apple 是沃兹发明的，所以把 NO.1 的员工号给了沃兹。结果乔布斯不干了，最后给他的编号改成 NO.0 他才作罢。乔布斯只是要让别人知道，他才是苹果的核心。

三、被请回的“救世主”

对乔布斯来说，离开苹果的 12 年也不完全是坏事。用他自己的话来说，从苹果公司被炒是这辈子最好的事情。除创办了另一家从事家电业务的公司 NeXT 公司，乔布斯还买下 Pixar 公司，这个公司制作了世界上第一个用电脑制作的动画电影《玩具总动员》，现在也是世界上最成功的电脑制作工作室。这期间，乔布斯还结婚了，并成为三个孩子的父亲。

“这个良药的味道实在是太苦了，但是我想病人需要这个药。有些时候，生活会拿起一块砖头向你的脑袋上猛拍一下。不要失去信心。我很清楚唯一使我一直走下去的，就是我做的事情令我无比钟爱。”乔布斯回忆这段经历时说，“(之后我)对任何事情都不那么特别看重，这让我觉得如此自由。”

而此时的苹果风雨飘摇。乔布斯离开后，苹果公司几乎没有知名的产品面世。1993 年苹果业绩滑向低谷，斯卡利从苹果辞职。1995 年 PC 兼容机已经垄断了市场，微软和英特尔组成的联盟，在市场上已没有敌手。1996 年，苹果董事会只好借收购 NeXT，请乔布斯重返苹果。

1990 年至 1996 年在苹果工作的李开复，在乔布斯回归前夕跳槽去了微软。当记者问他错过和乔布斯同事的机会可惜吗，他说，“我在苹果的时间是很痛苦的状态，那段时间苹果像行尸走肉，是没有灵魂的公司。其实苹果和每一个创业公司一样，有创业者的基因在里面，把这个创业者硬拔走了，这个公司的生存真的非常困难。”

四、被骂作“投降者”

42岁的乔布斯回归苹果时，这条大船正在漏水。当年苹果第四季度亏损达1.61亿美元，整个财年的收入只有71亿美元，下滑了28%。戴尔公司CEO迈克尔·戴尔甚至建议乔布斯把公司赶紧卖掉。

乔布斯对老苹果进行彻底整顿，那些老项目几乎全部杀掉。乔布斯常说死亡是最美丽的，因为死亡才会有新生。自己要热爱自己的产品，才能推销给别人。而且一定要敢于杀掉自己的产品，而不要等别人来杀你。自我涅槃会换来成长。

乔布斯还重组了高管团队，所有的副总裁全部离开，解聘了大部分旧董事，只保留其中两位。新的董事会由6人组成，其余4人是乔布斯的朋友和他自己。

乔布斯重用擅长技术的鲁宾斯坦、擅长外观设计的艾维，还从康柏公司挖来供应链和物流管理高手蒂姆·库克(后来接替乔布斯担任苹果CEO职位)。简单说，乔布斯吸取12年前的教训，组建了一个适合自己的管理团队和构架。

王咏刚认为，让苹果起死回生的急救药是微软。此时的苹果需要利用微软的浏览器和Office办公套件，也需要微软的资金支持。“但苹果和微软积怨太深，之前的几个CEO也尝试过跟微软合作，都没有成功，乔布斯一回来，问题迎刃而解。”

“因为这个事，苹果粉丝还在街上游行，骂乔布斯向微软投降。”王咏刚说，乔布斯能放下旧恩怨，是因为这12年的历练让他看透了合作的重要性，而产业界当时只有苹果和微软才能真正互补。

之后类似的故事还发生在苹果与谷歌之间。乔布斯一度联合谷歌对付微软，最后因为谷歌进入手机市场而闹翻。

五、改变的“独裁者”

1998年第一财季，苹果扭亏为盈。乔布斯的拯救计划奏效主要有两个因素。第一，12年前的苹果需要加法，而现在需要减法。以12年前的乔布斯，实在没有那个管理水平，而做减法则需要准确的判断，这正是乔布斯最过人的地方。第二，这12年里，乔布斯管理能力提高了。虽然表面上看脾气还是很大，还是个独裁者，但本质已经不同了。

“乔布斯是一个普通人，我认为他最后能达到今天的成功完全是因为他在这个行业里坚持干了30年，不断摔倒，不断重新爬起来。他对外很自负，但是他的内心一定在不断自省，不断善于总结和提升自己的人。”奇虎360董事长周鸿祎说。

2000年后，苹果业绩一度再次下滑。2003年iPod的面世才真正将苹果拉回原来的轨道。

“iPod绝对是乔布斯的神来之笔。当时苹果已经有itunes了，鲁宾斯坦向乔布斯建议做音乐播放器，乔布斯没在意。后来鲁宾斯坦真的把产品做出来了，加上艾维的外观设计，产品很炫，可以存1000首歌，当时行业的平均水平也就几十首。但苹果面临的问题是这1000首歌从哪里来？没有内容硬件也不好卖。要么把硬件卖掉，要么把产业补全。”王咏刚说，“这就是乔布斯的厉害之处，他要补全，尽管他并不认识唱片界的大佬。”

“但乔布斯真就这么把天下打下来了，把唱片变成了MP3产业。很多人说乔布斯能预测三五年，我说这个未必，关键是他能在正确的时候选择做正确的事。”王咏刚说。

六、“苹果教”教主

2005年，苹果发布iPod Mini替代品iPod Nano；2006年，苹果推出网络电影下载服务；2007 年，苹果推出 iPhone 和触摸屏 Touch；2008 年，苹果推出最薄的笔记本 Macbook Air；2009 年，苹果推出 iPhone 3GS、Nano 5、Touch 3；2010 年，苹果推出 iPad 和 iPhone 4；按照计划，今年 iPhone5 将面世。

iPhone 系列和 iPad 将苹果彻头彻尾地变成一个"宗教"。"苹果专卖店成了果粉朝圣的地方。每次产品上市，世界各地苹果专卖店前都会出现排队抢购热潮，甚至有很多人提前一天彻夜排队。"王咏刚说，而且果粉那种喜气洋洋的精神溢于言表。

在"苹果教"教主乔布斯的眼里，没有什么是不可能的，因为活着就是为了改变世界。

苹果市值屡创新高。2010 年 5 月超过微软成为市值最高的科技企业。2011 年 8 月，苹果再创纪录，正式超越埃克森美孚，成为全球市值最高的上市公司。

苹果市值已连续暴涨 8 年，过去 5 年总体成长接近 5 倍。苹果截至上个财季的现金储备已达 762 亿美元，且负债率为零，而截至 7 月 27 日美国政府运营现金余额为 738 亿美元，苹果"富可敌国"。

此外，苹果的四条产品线中 iMac、iPhone 和 iPad，均保持优秀业绩。其中 iPhone 以全球 5%的销量，却拿走行业超 55%的利润；而 iPad 至今仍占据行业 70%的市场份额。

这些业绩让竞争者们倍感压力。本月惠普宣布放弃 webos 业务，分拆 PC 部门。惠普 CEO 李艾科面对媒体表示："只有苹果一家公司在整合硬件和软件方面取得了成功，然而这是一个特例，史蒂夫·乔布斯在其中发挥了巨大的作用。"

记者以此咨询多位 IT 企业高管，得到的回答均是：苹果是个奇迹，前无古人后无来者。"至于乔布斯，那个神一样的男人，只能留给后人去研究了，就像达尔文和达·芬奇那样。"王咏刚说。

（资料来源：根据新京报《乔布斯：神话男人的身份进化》(2011-08-29)。）

问题：

1. 被苹果公司赶出董事会之前，乔布斯的领导风格是怎样的？请用领导特质理论和行为理论的相关知识分析。

2. 重新回到苹果公司以后，乔布斯的领导风格发生了怎样的变化？你认为促使其风格变化的原因是什么？

3. 乔布斯的领导风格在苹果公司是成功的吗？为什么？

4. 乔布斯去世以后，很多人纷纷讨论乔布斯的领导风格是否可以复制的问题。你认为乔布斯的领导风格可以复制吗？为什么？

第10章 激励理论

凡将举事，令必先出。日事将为，其赏罚之数，必先明之。

——《管子·立政》

开篇案例

中广网北京2011年8月12日消息。据经济之声《天下公司》报道，一个老板给普通员工的奖金，最高能奖多少钱？当然，每个公司都有自己的奖励标准，但要说一次性给一个普通员工60多万的奖励，这样的魄力并不是每个公司老板都有的。最近，百度CEO李彦宏颁出了一个“百度最高奖”。一个由10名基层员工组成的小团队获得了高达100万美金奖励，折合下来平均每个人有60多万人民币。据说，在这个获奖团队中，有一位是80后的百度公司员工，刚来百度一年就获得了百度的最高荣誉。

“百度最高奖”是由百度CEO李彦宏在2010年7月提出的。这个百度公司最高级别的奖项，主要针对公司总监级别以下的基层员工。奖励对象为10个人以下的小团队，他们在公司重大项目工作中不断创新和突破，把事情做到极致，并对公司产生远远超出预期的贡献。而高达百万美金的股票奖金，也是迄今为止国内互联网企业中给予普通员工的最高奖励。

百度副总裁朱光第一时间就把获奖信息和照片发上微博，立即引来数万人围观和讨论，短短6小时内，这条微博转发超过了2万条。不仅是互联网圈，甚至房地产、电信、证券、媒体等行业也纷纷参与讨论。互联网知名分析人士刘兴亮评论说：“大多数人看到这个新闻，估计是羡慕嫉妒恨，五味俱全。对内，这是一次非常好的激励手段，也是一个信号，不管你职位高低，只要作出贡献，就可能获得重奖；对外，百度公司正在竭力打造一个互联网就业者梦想中的天堂，‘百度最高奖’正是其中重要一环。”

百度公司重奖基层员工一事，也激起了绝大多数网友的共鸣。不少网友留言“求奖励”“求百度HR”，还有人写“老板你看到了吗”，网友纷纷拿自己公司与百度公司进行对比，呼吁自己的老板也大方一点。

（资料来源：中国广播网，http：//finance. cnr. cn/gs/201108/t20110812_508362658. shtml）

在信息社会和知识经济时代的今天，对人的管理已是管理全过程的核心问题。组织是由人构成的，人是组织中最活跃、最有生命力、最有发展潜力的资源。即使你有非常远大的战略和非常先进的组织结构，但如果组织成员并没有得到适当的激励，那么这个组织是不太可能会获得较高的业绩水平的。因为，组织中的任何资源都要通过人这么一个载体来运作，如果作为组织运行主体的人没有发挥积极的主观能动性和创造力，那么组织目标就难以实现。所以，激励是管理工作中一项至关重要的活动，管理者的主要目标之一应当是如何激发出员工的高水平的努力动机，使后者能够获得对组织目标有利的高的业绩水平和努力程度。成功的管理者必须知道用什么样的方式有效地调动下属的工作积极性。正如罗伯特·欧文(Robert Owen)所说，在你们(指监工们)的制造工作中，由于设计良好、运行正常的机器而得到很大的好处。既然你们对死的机器赋予适当的注意，就能带来如此大的好处，那么如果你们对主要的、构造得远为奇异得多的机器(即工人)赋予同样的注意，还有什么不能期望得到的呢?

激励是一种有效的领导方法，它能直接影响员工的价值取向和工作观念，激发员工创造财富和献身事业的热情。激励的作用是巨大的。哈佛大学教授、心理学家威廉·詹姆斯(William James)曾在一篇研究报告中指出，实行计时工资的员工仅发挥其能力的20%～30%，而在受到充分激励时，可发挥至80%～90%。

第1节 激励概述

无论是在理论界还是在管理实践中，“激励”一词出现的频率很高。那么，如何给激励下一个定义呢？在了解激励的概念之前，我们首先要知道需要、动机和行为这三个概念，以及它们之间的相互关系。

一、需要、动机和行为

(一) 需要

人的一切行为都是由需要(need)引起的。需要是指客观的刺激作用于人的大脑所引起的个体缺乏某种东西的状态。这里所说的客观刺激包括身体内部的刺激如饥饿，也包括身体外部的刺激如食物的香味、电视广告等。个体缺乏的可能是个人体内维持生理作用的物质因素(如水、食物等)，也可能是社会环境中的心理因素(如爱情、友谊、社会赞许等)。个人缺乏这些东西时，身心便失去平衡，而出现紧张不安的状态，感到不舒服，就会寻求满足需求的办法。

也就是说，形成一种需要必须具备两个条件：一方面，人们感到缺乏什么，有不足之感，这种不足之感可以由自我认识或内部的刺激而产生(如口渴、饥饿)，也可以由外部的刺激而产生(如食物的香味、诱人的图片、生动的电视广告等)；另一方面，个人缺乏这些东西时，身心便失去平衡，而出现紧张不安的状态，感到不舒服，就会寻求满足需要的办法。个体缺乏的可能是个人体内维持生理作用的物质因素(如水、食物等)，也可能是社会环境中的心理因素(如爱情、友谊、社会赞许等)。人的需要是发展着的，总是表现为一种产生——满足——新的需求产生——再满足的过程。在这一过程中，人的需要带有事实的社会性，即人们除了由生存的天然特性所产生的需要之外，更多的是由所处的社会环境所引发的需要，并且，不同的需要对人的行为的作用力量是不同的。

(二) 动机

动机(motivation)是指引起和维持个体行为并将此行为导向某一目标的愿望或意

念。动机是需要与行为的中介。需要被人所意识到就会产生动机,动机的产生就会激发人的行为。一方面,人的行为都是有动机的,动机是行为的直接原因,它引导人们从事某种活动,规定行为的方向;另一方面,动机是在需要的基础上产生的,需要是动机产生的基础和根源。因此,动机是一种主观状态,它对人的行为起着引发、维持、推动和导向的作用,使一个人的行为趋向预定的目标。

（三）行为

行为(behavior)是指有机体(主要指人)在环境影响下所引起的内在生理或心理变化的外在反应,泛指人作为主体外观的各种活动。也可以说,行为就是人类在日常生活中所表现出来的一切活动的统称,如动作、运动、工作,但不包括纯意识的思想反应过程。库尔特·勒温(Kurt Lewin)认为,人类行为既受外界环境的影响,又受个体心理的影响,人的内部需要和动机是行为的基础,是行为的驱动力,而客观环境则是引发这种驱动力的导火线;人的行为方向取决于人的内部力场和环境共同作用的结果,但居主要地位的仍是人的需要和动机。

心理学认为,某种需要并不一定会产生动机。需要向动机的转化是要有条件的:一是需要达到一定的程度,足以产生满足需要的愿望;二是目标的确定。即在需要达到一定程度,并对其产生满足的愿望的基础上,而后确定行为的目标时,动机就会产生了。仅有需要是不够的,有了需要就会产生一种紧张状态,当这种紧张状态达到一定程度时,人就会想方设法去满足它,于是愿望就产生了。但仅有愿望也不够,它只是反映了人的内心的需要,是行为的内在驱动力,由于尚没有明确的目标,所以该驱动力没有明确的方向,没有形成动机。一般来说,只有强烈的动机才可以引发行为。

（四）需要、动机与行为的关系

从以上论述中,我们可以清晰地看出需要、动机与行为的相互关系。需要是动机和行为的基础,人的任何动机与行为都是在需要的基础上产生的,如果一个人没有需要,也就无所谓动机和行为;人们产生某种需要后,只有当这种需要具有某种特定目标时,需要才会产生动机,动机才会成为引起人们行为的直接原因;每个动机都可以引起行为,但并不是每个动机都必然引发行为,在多种动机下,只有起主导作用的动机才会引起人们的行为。并且这是一个循环往复的过程。

三者之间满足这样一种关系模式:需要——动机——行为——需要满足——新的需要。遵循这一规律,使领导者能从宏观上掌握被领导者的心理,从而制定相应的较为科学的管理措施,高效地实现组织目标。

二、激励的概念

《辞海》把激励解释为"激动鼓励使振作",也就是通过精神的或物质的手段对个体的行为产生影响,一般用来高效地达到某些目的。

在英文中,作为动词,激励(motivate)来自拉丁语,有两层含义:一是提供一种行为的动机,即诱导、驱使之意;二是通过特别的设计或措施来激发学习者的学习兴趣,如教师可以通过某种教学方式和手段来引导学生的学习行为。相应地,作为名词的"motivation"则含有三层意思:一是指一种驱动力、诱因或外部的奖酬(incentive),即前面讲到的动机;二是指被激励(motivated)的过程;三是指受激励的状态。在目前的大多数英文版教材中,激励一般是兼具动词和名词词性的,即既可视为动词,又可视为名词。

许多当代著名的心理学家和管理学家也对激励作出了多种多样的解释，如下是几种比较有代表性的界定。

从现代管理学的发展历史来看，激励的含义也是随着生产力的发展而不断演化的。如在科学管理理论时代，激励被定义为："A 使 B 做 A 希望 B 做的事"。

哈罗德·孔茨(Harold Koontz)认为，激励是对本能需求、渴望、愿望以及相同效用的这类术语的统称。常说的管理者激励下属，实质上是在说管理者需要去做那些能够满足下属需求和愿望的事情，并引导下属以一种预期的行为方式来实现。

理查德·达夫特认为，激励是指存在于人的内部或者外部、能唤起人们以热情和耐力去执行某一行动方案的力量。

斯蒂芬·罗宾斯(Stephen P. Robbins)认为，激励是指一种过程，通过这种过程，一个人的努力能调动、指向和持续到目标实现。这个定义中有三个关键因素：努力、组织目标和需要。

加雷斯·琼斯(Gareth Jones)等人则指出，激励可以被认为是一种心理的力量，它决定了组织中人的行为方向、努力程度、在困难面前的耐力。人的行为方向是指人们在许多可能的行为中实际采取的行为；努力是指员工工作的卖力程度；而耐力是指当面临障碍和困难时人们是坚持还是放弃。

从以上定义中，我们可以对组织中的激励作出如下界定：为达到组织的目标，管理者根据组织中个体或群体的需要特征而采取一系列的措施、手段、力量的过程，这个过程用以影响个体或群体的行为，从而使之能够作出组织所期望的努力。因此，激励的概念至少包括以下含义：

(1) 激励的最终目的是为了实现组织的目标，同时也能让组织成员实现其个人目标，即达到组织目标和员工个人目标在客观上的统一。如果没有明确设定的组织目标，那么，激励则无从谈起。换言之，激励首先要做到的，就是要有的放矢。

(2) 激励的出发点是组织成员的各种需要，即通过系统地设计适当的外部奖酬形式和工作环境，来满足企业员工的外在性需要和内在性需要。

(3) 激励贯穿于企业员工工作的全过程，包括对员工个人需要的了解、个性的把握、行为过程的控制和行为结果的评价等。因此，激励工作需要耐心。

(4) 激励是一种措施、力量或过程，也可以是一种意愿等其他形式。这些因素可以进一步区分为内部因素和外部因素。

(5) 激励主要通过改变个体或群体的行为，使其更加努力地工作来达到目标，这就需要我们了解一个比较完整的激励过程所包含的主要内容。

三、激励的过程

我们可以把激励的过程看成为了满足被激励对象的某些需要的一系列连锁反应。如上文所述，激励是对人的行为施加影响的一种过程，此过程可以用图 10-1 表示。

当一种未被满足的需要形成时，就会给人们带来一定程度的紧张和压力，从而使人们产生减少这种不安的内在驱动力量，这就是动机。动机产生以后，人们就会寻找、选择能够满足需要的策略和途径，而一旦策略确定，就会进行满足需要的活动，产生一定的行为。活动的结果如果未能使需要得到满足，则人们会采取新的行为，或重新努力，或降低目标要求，或变更目标从事别的活动。如果活动的结果使作为活动原动力的需要得到满足，则人们往往会被自己的成功所鼓舞，产生新的需要和动机，确定新的目标，进行新的活动。因此，从需要的产生到目标的实现，人的行为是一周而复始、不断进行、不断升华的循环过程。

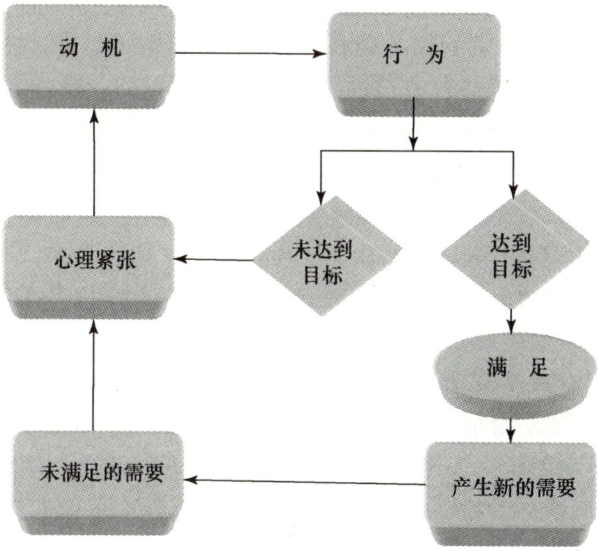

图 10-1 激励的过程

第 2 节 关于人性的基本假设

激励是针对人而言的。管理者要有效地进行激励，首先要正确地认识人。马克思说过："人的本质并不是单个人所固有的抽象物，实际上，它是一切社会关系的总和。"对人的认识包括对人本身的特性，即人性的认识，和对人所处的环境特性的认识，即客观存在的周围环境。这里主要论述对人的认识，即"人性"的假设，即管理者在管理过程中对人的本质属性的基本看法。

一、工具人假设

"工具人"假设英文俗称 People assume that tool。这一假设盛行于资本主义社会初期，是西方最早的人性假设理论。当时，资本主义生产力还不发达，资产阶级与无产阶级矛盾冲突尖锐。在工厂制度中，资本家把雇佣工人看成活的机器或是机器的一个组成部分或者会说话的工具。管理的任务就在于使作为管理对象的人像机械一样去工作。这种观点将作为管理者的人和作为被管理者的人完全对立起来。前者是主动的、起支配作用的，后者是被动的、是按照管理者的指令操作以实现管理目的的生产工具，任由管理者使唤，自身价值根本就不可能得到体现，他们是在暴力、强迫之下劳动着的。皮鞭惩罚、饥饿惩罚成了常用的管理手段。

在这一时期，劳动者特别是新兴无产阶级的力量还比较微弱，没有任何政治地位和经济地位，在管理过程中只有服从、听命于资本家的义务，没有丝毫的权力。显然，工具人假设是不符合人的本质，是与人的社会性相冲突的。依此对人进行管理不可避免地会在管理者与被管理者之间形成严重对立，劳动者的积极性和创造性被完全压抑。

二、经济人假设

“经济人”假设(Rational economic man)，也称理性经济人假设，起源于享受主义哲学和英国经济学业家亚当·斯密(Adam Smith)的关于劳动交换的经济理论。亚当·斯密认为，人的本性是懒惰的，必须加以鞭策；人的行为动机源于经济和权力维持员工的效力和服从。在《国富论》中的有这样一段话：我们每天所需要的食物和饮料，不是出自屠户、酿酒家和面包师的恩惠，而是出于他们自利的打算。英国资产阶级庸俗经济学家，“节欲论”的倡导者威廉·西尼尔(Nassau William Senior)定量地确定了个人经济利益最大化公理，约翰·穆勒(John Stuart Mill)在此基础上总结出“经济人假设”，最后维弗雷多·帕累托(Vilfredo Pareto)将“经济人”这一名词引入经济学。

他们认为，人是“有理性的、追求自身利益最大化的人”，即假定人的思考和行为都是有目标理性的，唯一试图获得的好处就是物质性补偿最大化。因此，在管理中强调用物质上和经济上的利益来刺激工人努力工作。“经济人”思想是社会发展到一定历史阶段的产物，是资本主义生产关系的反映，它的提出标志着社会的巨大进步。

1960年，美国著名的工业心理学家、行为科学家道格拉斯·麦格雷戈(Douglas M·Mc Gregor)在他的《企业中的人性方面》一书中，提出了两种对立的管理理论：X理论和Y理论。麦氏主张Y理论，反对X理论。而X理论就是对“经济人”假设的概括。X理论的基本观点可以概括为五个要点：

第一，多数人天生是懒惰的，他们都尽可能逃避工作；

第二，多数人都没有雄心大志，不愿负任何责任，而心甘情愿受别人的指导；

第三，多数人的个人目标都是与组织目标相矛盾的，必须用强制、惩罚的办法，才能使他们为达到组织的目标而工作；

第四，多数人干工作都是为满足基本的生理需要和安全需要，因此，只有金钱和地位才能鼓励他们努力工作；

第五，人大致可分为两类：多数人都是符合于上述设想的一类人，另一类是能够自己鼓励自己、能够克制感情冲动的人，这些人应负起管理的责任。

根据“经济人”的假设，组织采取相应的管理策略，可以归纳为以下三点：管理工作重点在于提高生产率、完成生产任务，而对于人的感情和道义上应负的责任，则是无关紧要的；管理工作只是少数人的事，与广大工人无关，工人的主要任务是听从管理者的指挥，拼命干活；在奖励制度方面，主要是用金钱来刺激工人产生积极性，同时对消极怠工者采用严厉的惩罚措施，即“胡萝卜加大棒”的政策。

泰勒就是“经济人”观点的典型代表。泰勒主张把管理者与生产工人严格分开，反对工人参加企业管理。他写道：“一切计划工作，在旧制度下都是由劳动者来做的，它是凭个人经验办事的结果；在新制度下则绝对必须由管理部门按照科学规律来做，这是因为，即使劳动者熟悉工作进展情况并善于利用科学资料，要一个人在机器旁劳动，同时又在办公桌上工作，事实上是不可能的。显然，在多数情况下，需要有一类人先去制订计划，另一类完全不同的人去实施计划。”泰勒所提倡的“时间——动作”分析，虽然有其科学性的一面，但其基本出发点是考虑如何提高生产率，而不考虑工人的思想感情。他认为，如果工人能按照他所设计的标准动作进行工作，工作效率就会提高。

三、社会人假设

“社会人”(Social man)假设的理论基础是人际关系学说，最早来自梅奥(George Elton Mayo)主持的霍桑实验，第二章已经介绍过。梅奥认为，人是有思想、有感情、有人格的活生生的“社会人”，人不是机器和动物。作为一个复杂的社会成员，金钱和物质虽然对其积极性的产生具有重要影响，但是起决定因素的不是物质报酬，而是职工在工作中发展起来的人际关系。“社会人”假设的提出是管理学的重要转折点，开创了“行为科学”学派。

霍桑实验研究的最大意义在于，它使大家注意到社会性需求的满足往往比经济上的报酬更能激励组织成员。人们在长期的社会活动中发现，只有在顾全群体利益时，个人利益才能得到保障。“社会人”(Social man)的基本假设就是：

(1) 从根本上说，人是由社会需求而引起工作的动机的，并且通过同事的关系而获得认同感。

(2) 工业革命与工业合理化的结果，使工作本身失去了意义，因此能从工作上的社会关系去寻求意义。

(3) 员工对同事们的社会影响力，比对管理者所给予的经济诱因控制更为重视。

(4) 员工的工作效率随着上司能满足他们社会需求的程度而改变。

此假设得出的管理方式与根据“经济人”假设得出的管理方式完全不同。他们强调：管理人员不应只注意完成生产任务，而应把注意的重点放在关心人和满足人的需要上；管理人员不能只注意指挥、监督、计划、控制和组织等，而更应重视职工之间的关系，培养和形成职工的归属感和整体感；在实际奖励时，提倡集体的奖励制度，而不主张个人奖励制度；管理人员的职能也应有所改变，他们不应只限于制订计划、组织工序、检验产品，而应在职工与上级之间起联络人的作用，一方面要倾听职工的意见和了解职工的思想感情，另一方面要向上级呼吁、反映；可以实行“参与管理”的新型管理方式，即让职工和下级不同程度地参加企业决策的研究和讨论。

四、自我实现人假设

“自我实现人”(Self-Actualizing Man)假设是美国管理学家、心理家马斯洛(Abraham Maslow)提出的。自我实现是指“人都需要发挥自己的潜力，表现自己的才能，只有人的潜力充分发挥出来，人的才能充分表现出来，人才会感到最大的满足”。这就是说，人们除了上述的社会需求之外，还有一种想充分运用自己的各种能力、发挥自身潜力的欲望。马斯洛认为，人类需要的最高层次就是自我实现，每个人都必须成为自己所希望的那种人，“能力要求被运用，只有潜力发挥出来，才会停止吵闹”。

马斯洛通过对社会知名人士和一些大学生的调查指出，“自我实现人”具有15种特征：有敏锐的观察力，思想高度集中，有创造性，不受环境偶然因素的影响，只跟少数志趣相投的人来往，喜欢独居，等等。但马斯洛也承认，在现实中这种人极少，多数人不能达到自我实现人的水平，原因是由于社会环境束缚，没有为人们自我实现创造适当的条件。

麦格雷戈总结并归纳了马斯洛等人的观点，结合管理问题，相对于X理论，提出了Y

理论。其基本内容如下：

(1) 工作中的体力和脑力的消耗就像游戏休息一样自然。厌恶工作并不是普通人的本性。工作可能是一种满足(因而自愿去执行)，也可能是一种处罚(因而只要可能就想逃避)，到底怎样，要视可控制的条件而定。

(2) 外来的控制和处罚的威胁不是促使人们努力达到组织目标的唯一手段。人们愿意实行自我管理和自我控制以完成应当完成的目标任务。

(3) 致力于实现目标是与实现目标联系在一起的报酬在起作用。报酬是各种各样的，其中最大的报酬是通过实现组织目标而获得个人自我满足、自我实现的需求。有自我满足和自我实现需要的人往往以达到组织目标作为自己致力于实现目标的最大报酬。

(4) 普通人在适当条件下，不仅学会了接受职责，而且还学会了谋求职责。逃避责任、缺乏抱负以及强调安全感，通常是经验的结果，而不是人的本性。

(5) 大多数人，而不是少数人，在解决组织的困难问题时都能发挥较高想象力、聪明才智和创造性。

(6) 在现代工业化社会的条件下，普通人的智能潜力只得到了部分的发挥。

五、复杂人假设

20 世纪 60 年代，美国学者艾德佳·沙因(Edgar H. Schein)在综合"经济人"假设、"社会人"假设和"自我实现人"假设这三种西方人性假设的基础上，提出了"复杂人"(Complex man)的观点。他认为，就个体而言，人的需要和潜在愿望是多种多样的，而且这些需要的模式随着年龄的增长、知识的增加，以及在社会中所扮演的角色、所处的境遇和人际关系的变化而不断地发生着变化；就组织的人而言，人与人是有差异的。因此，无论是"经济人"、"社会人"，还是"自我实现人"的假设，虽然各有其合理性的一面，但并不适用于一切人。应当说，沙因的观点弥补了前几种人性假设的缺失，是比较全面的。

20 世纪 70 年代，美国管理心理学家约翰·莫尔斯(John. J. Morse)和杰伊·洛希(Jay. W. Lorsch)根据"复杂人"的假定，提出的一种新的管理理论，即超 Y 理论(Super Theory Y)。它主要见于 1970 年《哈佛商业评论》杂志发表的《超 Y 理论》一文和 1974 年出版的《组织及其他成员：权变法》一书中。他们认为，X 理论并非一无用处，Y 理论也不是普遍适用，应该针对不同的情况，选择或交替使用 X、Y 理论，这就是超 Y 理论。该理论认为，没有什么一成不变的、普遍适用的最佳的管理方式，必须根据组织内外环境自变量和管理思想及管理技术等因变量之间的函数关系，灵活地采取相应的管理措施，管理方式要适合于工作性质、成员素质等。

超 Y 理论在对 X、Y 理论进行实验分析比较后，提出一种既结合 X、Y 理论，又不同于 X、Y 理论，主张权宜应变的经营管理理论。其实质上是要求将工作、组织、个人、环境等因素作最佳的配合。他们认为，人怀着各种不同的需要和动机加入工作组织，但最主要的需要乃是实现其胜任感；胜任感人人都有，它可能被不同的人用不同的方法去满足；当工作性质和组织形态适当配合时，胜任感是能被满足(工作、组织和人员间最好的配合能引发个人强烈的胜任动机)；当一个目标达到时，胜任感可以继续被激励起来，目标已达到，新的更高的目标就又产生。

对于组织成员需要的复杂性，超 Y 理论认为：

(1) 组织成员的需要是多种多样的，而且这些需要随着人的发展和生活条件的变化而发生变化。每个人的需要都各不相同,需要的层次也因人而异。

(2) 组织成员在同一时间内有各种需要和动机,它们会发生相互作用并结合为统一整体,形成错综复杂的动机模式。例如,两个人都想得到高额奖金,但他们的动机可能很不相同:一个可能是要改善家庭的生活条件;另一个可能把高额奖金看成达到技术熟练的标志。

(3) 组织成员在组织中的工作和生活条件是不断变化的,因此会不断产生新的需要和动机。这就是说,在人生活的某一特定时期,动机模式的形式是内部需要与外界环境相互作用的结果。

(4) 一个人在不同单位或同一单位的不同部门工作,会产生不同的需要。

(5) 由于人的需要不同、能力各异,对于不同的管理方式会有不同的反应。因此,没有一套适合于任何时代、任何组织和任何个人的普遍行之有效的管理方法。

六、弗洛伊德的人格结构理论

西格蒙德·弗洛伊德(Sigmund Freud),奥地利犹太心理学家、精神病医师,精神分析学派创始人。他把人的心理分为意识、前意识和无意识,后又分为意识和无意识(包括被压抑的无意识和潜伏的无意识)。他认为,存在于无意识中的性本能是人的心理的基本动力,是支配个人命运、决定社会发展的力量。在弗洛伊德的学说中,人格被视为从内部控制行为的一种心理机制,这种内部心理机制决定着一个人在一切给定情境中的行为特征或行为模式。弗洛伊德认为,完整的人格结构由三大部分组成,即本我、自我和超我。

西格蒙德·弗洛伊德
(Sigmund Freud,1856—1939)

西格蒙德·弗洛伊德(Sigmund Freud),犹太人,心理学家、精神病医师,精神分析学派创始人,1881年获得维也纳大学医学博士学位。著有《梦的解析》《精神分析引论》《图腾与禁忌》等,其理论的框架和研究方式深深影响了后来的心理学发展,而且对哲学、美学、社会学、文学、流行文化等都有深刻的影响,被世人誉为"精神分析之父"、20世纪最伟大的心理学家之一。

本我(id)是本能的我,完全处于潜意识之中。本我是人格结构中最原始部分,从出生日起即已存在。构成本我的成分是人类的基本需求,如饥、渴、性三者均属之。本我是一个混沌的世界,它容纳一团杂乱无章、很不稳定、本能性的被压抑的欲望,隐匿着各种为现代人类社会伦理道德和法律规范所不容的、未开发的本能冲动。本我遵循快乐原则,它完全不懂什么是价值、什么是善恶和什么是道德,只知道为了满足自己的需要不惜付出一切代价。例如,婴儿每感饥饿时即要求立刻喂奶,决不考虑母亲有无困难。

自我(ego)是面对现实的我,它是通过后天的学习和环境的接触发展起来的,是意识结构的部分。自我是本我和外界环境的调节者,它奉行现实原则,它既要满足本我的需要,又要制止违反社会规范、道德准则和法律的行为。根据现实原则,由本我而来的各种需求,如不能在现实中立即获得满足,它就必须迁就现实的限制,并学习到如何在现实中获得需求的满足。因此,自我介于本我与超我之间,对本我的冲动与超我的管制具有缓冲与调节的功能。

超我(superego)是道德化了的我，是人格结构中居于管制地位的最高部分，是由于个体在生活中对社会典范的效仿，接受文化传统、价值观念、社会理想的影响而逐渐形成的。因此，超我是人格结构中的道德部分。从支配人性的原则来看，支配超我的是完美原则。它由道德理想和良心构成，是人格结构中专管道德的司法部门，是一切道德限制的代表，是人类生活较高尚行动的动力，它遵循理想原则，它通过自我典范(即良心和自我理想)确定道德行为的标准，通过良心惩罚违反道德标准的行为，使人产生内疚感。

弗洛伊德认为，本我、自我和超我三者之间相互作用、相互联系，形成一个有机的整体。它们各行其责，分别代表着人格的某一方面。本我反映人的生物本能，按快乐原则行事，是“原始的人”，不顾现实，只要求满足欲望，寻求快乐；超我追求完美，代表了人的社会性，是“道德的人”，按照道德准则对人的欲望和行为多加限制；而自我则活动于本我和超我之间，它以现实条件实行本我的欲望，又要服从超我的强制规则，它不仅必须寻找满足本我需要的事物，而且还必须考虑到所寻找的事物不能违反超我的价值观。因此，自我是人格的执行者，按现实原则行事，是“现实的人”。

根据弗洛伊德的人格结构理论，在管理的实践过程中，组织成员行为的动力也是来自三者所构成的动力系统。实践中可以看到，有的员工行为的主要动力来自本能的欲望，比如生存的满足；有的员工行为的主要动力来自超我所形成的理想和价值观；有的员工行为的主要动力则来自获得更高的奖金或他人的尊重。因此，组织中人员的层次和需要是参差不齐的，管理者应该依据弗洛伊德的人格理论分析他们的行为动力以采取相应的激励措施。

七、中国古代“人性善”假设和“人性恶”假设

中国古代的人性假设是从伦理学、社会学的角度来探讨人的本性问题，大体上可以分为“人性善”假设和“人性恶”假设。

(一)“人性善”假设

儒家思想主张“人性善”假设，儒学学派的创始人孔子在《论语・阳货》就提到“性相近，习相远也。”朱熹《论语集注》中说：“此所谓性，兼气质而言者也。气质之性，固有美恶之不同矣。然以其初而言，则皆不甚相远也。但习于善则善，习于恶则恶，于是始相远耳。程子曰：‘此言气质之性。非言性之本也。若言其本，则性即是理，理无不善，孟子之言性善是也。何相近之有哉？’”由此可见，这里的“性”虽然不完全指人的本性，而兼指人的天生气质之意，但它却隐含了人性本善的意思。孔子认为，由于后天所处的不良环境的影响以及人的可塑性，才使得善良的面目改变了。因此，要恢复人的善良本性、造福社会，就必须进行道德教化。在具体方法上，他提出了构建“仁、义、智、信”道德规范体系，用于规范人的行为。

孟子在《孟子・公孙丑上》上写道：“人皆有不忍人之心……所以谓人皆有不忍人之心者，今人乍见孺子将入于井，皆有怵惕恻隐之心……无恻隐之心，非人也；无羞恶之心，非人也；无辞让之心，非人也；无是非之心，非人也。恻隐之心，仁之端也；羞恶之心，义之端也；辞让之心，礼之端也；是非之心，智之端也。人之有是四端也，犹其有四体也。”他更加明确地表明了性善论的观点。在此基础上，孟子把孔子的“仁”发展为“仁政”的学说，主张实行“仁政”，“制民恒产”，“勿夺农时”，“省刑罚，薄税敛”，“民为贵，社稷次之，君为轻”(《孟子・尽心下》)。

（二）"人性恶"假设

战国时期著名的思想家、先秦唯物主义的集大成者荀子则认为"人性本恶"。在《荀子·天论》中，荀子写道："好恶喜怒哀乐臧焉，夫是之谓天情。"也就是说人的好恶、喜怒、哀乐是天生就有的，所以叫作"天情"。

在《荀子·性恶》中他说："人之性恶，其善者伪也。——今人之性，生而有好利焉，顺是，故争夺生而辞让亡焉；生而有疾恶焉，顺是，故残贼生而忠信亡焉；生而有耳目之欲，有好声色焉，顺是，故淫乱。……圣人之所以同于众其不异于众者，性也；所以异而过众者，伪也。"这里的"伪"并不是虚伪的意思，而是指性善是人为的。他又说："今人之性，饥而欲饱，寒而欲暖，劳而欲休，此人之情性也。"若放纵人的本性，依顺人的情欲，就一定会出现争夺。

荀子认为"人性本恶"，人性中的善是环境影响的结果，是表面的伪装。因此，需要国家加强对人的管理，防止社会混乱。

第3节 内容型激励理论

需要是动机和行为的基础，有了需要才会产生动机，有了动机才会引起人们行为。人的未满足的需要是动机产生的根源。

内容型的激励理论研究的侧重点就是激发动机的诱因，其理论的内容基本都是围绕着"什么样的需要会引起激励"以及如何满足需要，故又称为需要理论。内容型的激励理论说明了激发、引导、维持和阻止人的行为的因素，旨在了解人的各种需要，解释"什么会使员工努力工作"的问题。主要的内容型激励理论包括马斯洛的需要层次理论、赫兹伯格的双因素理论、麦克莱兰的成就需要理论和奥尔德弗的ERG理论。

一、马斯洛的需要层次理论

最广为人知的内容型激励理论恐怕要数亚伯拉罕·马斯洛（Abraham Maslow）的需要层次理论（hierarchy of needs theory）了。该理论是由美国心理学家亚伯拉罕·马斯洛教授在1943年出版的《人类动机理论》（*A Theory of Human Motivation Psychological Review*）一书中提出的。

需要层次理论的构成根据三个基本假设：人要生存，他的需要能够影响他的行为，只有未满足的需要能够影响行为，满足了的需要不能充当激励工具；人的需要按重要性和层次性排成

亚伯拉罕·马斯洛
（Abraham Maslow，1908—1970）

亚伯拉罕·哈洛德·马斯洛（Abraham Harold Maslow），美国著名哲学家、社会心理学家、比较心理学家，人本主义心理学（Humanistic Psychology）的主要创建者之一，心理学第三势力的领导人。1934年获得威斯康辛大学心理学博士学位。1951年被聘为布兰戴斯大学心理学教授兼系主任。1967年任美国人格与社会心理学会主席和美国心理学会主席。

一定的次序，从基本的（如食物和住房）到复杂的（如自我实现）；当人的某一级的需要得到最低限度满足后，才会追求高一级的需要，如此逐级上升，成为推动继续努力的内在动力。

在此基础上，马斯洛把人的需要依次分成生理需要、安全需要、社会需要、尊重需要和自我实现需要五类，依次由较低层次到较高层次。

（一）生理需要

生理需要（physiological needs）。这是人类为了维持其生命最基本的需要，也是需求层次的基础。它包括衣、食、住、行，以及与人的生命延续有关的各种物质条件。如果这些需要得不到满足，人类的生存就成了问题。马斯洛认为，当这些需求还未达到足以维持人的生命之时，其他需求将不能激励他们。他说："一个人如果同时缺少食物、安全、爱情和价值等，则其最强烈渴求当推对食物的需求。"

（二）安全需要

安全需要（safety needs）。保护自己免受身体和情感伤害，同时能保证生理需要得到持续满足的需要。当一个人的生理需求得到一定满足之后，他就想满足安全的需求。安全需求不仅考虑到眼前而且考虑到今后，考虑自己的身体免受危险，考虑已获得的基本生理需求的满足及其他的一切不再丧失和被剥夺。安全需求包括人身安全、就业保障、工作和生活环境安全、经济上的保障等。一个人生活和工作在惊恐和不安之中时，其积极性是很难调动起来的。

（三）社交需要

社交需要（social needs）。包括爱情、归属、接纳、友谊的需要。当生理及安全需要得到相当的满足后，社交需要便成为一项重要的激励因素。人首先是社会的人，"是社会关系的总和"，人都希望与别人进行交往，避免孤独；希望与同事能和睦相处，关系融洽；希望归属于一个团体以得到关心、爱护、支持和友谊。只有在与别人交往的过程中，才能感觉到自身存在的价值。社交的需要和一个人的生理特性、经历、教育、宗教信仰都有关系。

（四）尊重需要

尊重需要（esteem needs）。每个人都希望自己有稳定的社会地位，希望他人和社会对自己的工作、人品、能力和才能给予承认和较高的评价，希望为他人和社会所尊重，希望自己在同事中有一定的声誉和威望，对他人发挥一定的影响力。尊重的需要又可分为内部尊重和外部尊重。内部尊重，即自尊，是指一个人希望在各种不同情境中有实力、能胜任、充满信心、能独立自主。外部尊重，即他尊，是指一个人希望有地位、有威信，受到别人的尊重、信赖和高度评价。马斯洛认为，尊重需要得到满足，能使人对自己充满信心，对社会满腔热情，体验到自己活着的用处和价值。

（五）自我实现需要

自我实现需要（self-actualization needs）。马斯洛认为这是最高层次的需要，他认为自我实现是这样一种欲望，即"希望能成就他独特性的自我的欲望，希望能成就其本人所希望成就的欲望"。自我实现的需求是要实现个人的理想和抱负，最大程度地发挥个人潜力并获得成就的需求。马斯洛提出，为满足自我实现需要所采取的途径是因人而异的。自我实现的需要是在努力实现自己的潜力，使自己越来越成为自己所期望的人物。

马斯洛需要层次理论的核心观点是：

(1) 对一般人来说，上述五种需要是由低级的需求开始，逐渐向上发展到高级的需求。人的需要按重要性和层次可以排成一定的次序，从基本到复杂，从低级到高级。当人的某一层次需要得到相对的满足后，较高一层次的需求才会成为主导需要，成为驱动人的行为的主要动力。相应地，较低层次的、已得到满足的需要就不再是一股激励力量。或者说，只有未满足的需要才是影响人的行为的因素。

(2) 五种需要可以分为高、低两级，其中生理需要、安全需要和社交的需要都属于低一级的需要，这些需要通过外部条件就可以满足；而尊重的需要和自我实现的需要是高级需要，通过内部因素才能满足，而且一个人对尊重和自我实现的需要是无止境的。

(3) 同一时期，一个人可能有几种需要，但每一时期总有一种需要占支配地位，对行为起决定作用，即主导需要。

(4) 任何一种需要都不会因为更高层次需要的发展而消失。各层次的需要相互依赖和重叠，高层次的需要发展后，低层次的需要仍然存在，只是对行为影响的程度大大减小。

(5) 马斯洛和其他的行为科学家都认为，一个国家多数人的需要层次结构，是同这个国家的经济发展水平、科技发展水平、文化和人民受教育的程度直接相关的。在不发达国家，生理需要和安全需要占主导的人数比例较大，而高级需要占主导的人数比例较小；而在发达国家，则刚好相反。在同一国家不同时期，人们的需要层次会随着生产水平的变化而变化。

二、赫兹伯格的双因素理论

双因素理论（Two Factor Theory），又称激励保健理论（Motivator-Hygiene Theory），是美国的行为科学家弗雷德里克·赫茨伯格(Fredrick Herzberg)提出来的。

20 世纪 50 年代末期，美国著名心理学家赫茨伯格和同事们对匹兹堡地区的 8 个工商事业机构的 200 多位工程师和会计人员进行了访问调查。访问主要围绕两个问题：在工作中，哪些事项是让他们感到满意的，并估计这种积极情绪持续多长时间；又有哪些事项是让他们感到不满意的，并估计这种消极情绪持续多长时间。赫茨伯格以对这些问题的回答为材料，着手去研究哪些事情使人们在工作中快乐和满足，哪些事情造成不愉快和不满足。

结果他发现，使职工感到满意的都是属于工作本身或工作内容方面的；使职工感到不满的，都是属于工作环境或工作关系方面的。他把前者叫作激励因素，后者叫作保健因素（如表 10-1 所示）。

促使职工在工作中产生满意或良好感觉的因素与产生不满或厌恶感觉的因素是完全不同的。使职工感到满意的往往与工作内容本身联系在一起，这类因素的改善，能够激励职工的工作热情，从而提高工作效率，赫茨伯格把这类因素称为“激励因素(Motivator)”；使职工感到不满的，则同工作环境或条件相联系，这些因素的改善只能消除职工的不满、怠工和对抗，但不能使职工变得满意，赫茨伯格把这类因素统称为“保健因素(Hygiene)”。

表 10-1　激励因素与保健因素

保健因素	激励因素
监督	成长和个体发展
公司政策	晋升
工作条件	责任
个人生活	工作本身
与同事的关系	认可
与上级的关系	成就
与下属的关系	
薪金	
稳定与保障	
地位	

保健因素的满足对职工产生的效果类似于卫生保健对身体健康所起的作用。卫生保健从人的环境中消除有害于健康的事物，它不是治疗性的，不能直接提高健康水平，但有预防疾病的效果。保健因素包括公司政策、管理措施、监督、人际关系、物质工作条件、福利等。当这些因素恶化到人们认为可以接受的水平以下时，就会产生不满意。但是，当人们认为这些因素很好时，它只是消除了不满意，并不会导致积极的态度，这就形成了某种既不是满意、又不是不满意的中性状态。

激励因素是那些能导致高水平的激励和工作满意度的因素，包括成就、赏识、挑战性的工作、增加的工作责任，以及成长和发展的机会。如果这些因素具备了，就能对人们产生更大的激励。从这个意义出发，赫茨伯格认为，传统的激励假设，如工资刺激、人际关系的改善、提供良好的工作条件等，都不会产生更大的激励；它们能消除不满意，防止产生问题，但这些传统的因素即使达到最佳程度，也不会产生积极的激励。按照赫茨伯格的意见，管理当局应该认识到保健因素是必需的，不过它一旦使不满意中和以后，就不能产生更积极的效果。只有靠激励因素来调动员工的积极性，才能提高生产效率。

因此，与传统的观点不同，赫兹伯格认为，满意的对立面不是不满意，而是没有满意；同样的，不满意的对立面也不是满意，而应是没有不满意。这就意味着，消除工作中的不满意因素，并一定会带来工作满意度的提升（如图 10-2 所示）。

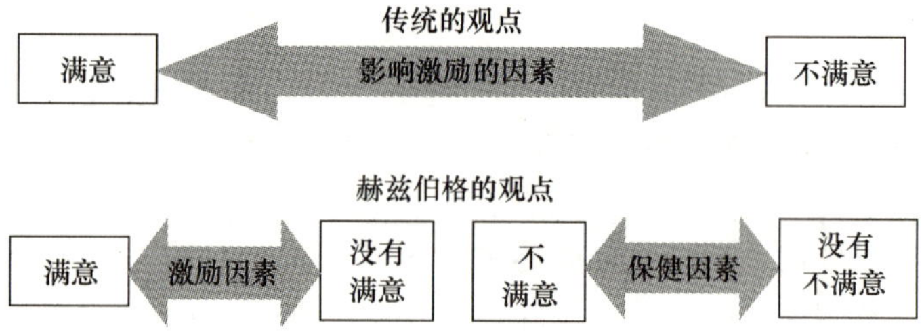

图 10-2　双因素理论对满意和不满意的认识

赫茨伯格的双因素激励理论同马斯洛的需要层次理论有相似之处。他提出的保健因素相当于马斯洛提出的生理需要、安全需要、社会需要等较低级的需要；激励因素则相当于尊重的需要、自我实现的需要等较高级的需要。当然，他们的具体分析和解释是不同的。马斯洛主要针对需要本身而言，而赫兹伯格则是针对这些需要的目标和诱因而言的。如果某些保健因素，如加薪、优化工作环境等不再发挥激励作用，这可能是因为作为一种低层次的需要，员工已经得到了足够的满足，从而不再具有激励效果。所以，需要考虑更高层次的需要来作为激励因素，使得员工提高努力程度。因此，赫兹伯格的理论是作为对马斯洛的需要层次理论的检验和修正而出现的，只不过，赫兹伯格从更具体的层次上深化和验证了马斯洛的需要层次理论（如图 10-3 所示）。

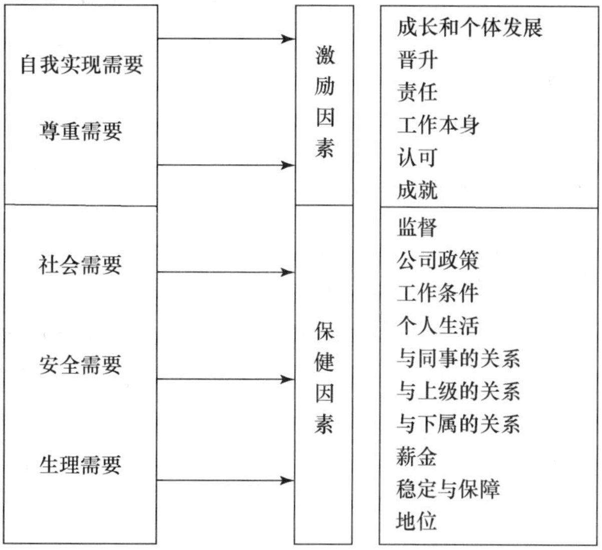

图 10-3 马斯洛和赫兹伯格的激励理论比较与联系

当然，赫兹伯格的理论也受到了许多学者的质疑甚至批评，但赫兹伯格的理论依然被广泛地接受。双因素理论至少在两个方面可以对理解激励有很大的帮助：第一，赫兹伯格使管理者和研究人员将注意力放在内在的激励（与激励需要有关）和外在的激励（与保健需要有关）的重要区别上；第二，该理论帮助管理者和研究人员来研究职业如何设计和再设计，并使这些职业具有内在的激励性。20 世纪 60 年代以来的工作丰富化和岗位轮换等管理实践，就被普遍认为是对“双因素理论”的应用。

三、麦克莱兰的成就需要理论

20 世纪 50 年代初期，美国哈佛大学的心理学家戴维·麦克莱兰（David C. McClelland）集中研究了人在生理和安全需要得到满足后的需要状况，特别对人的成就需要进行了大量的研究，从而提出了一种新的内容型激励理论——成就需要激励理论，也称三种需要理论（three needs theory）。

成就需要激励理论更侧重于对高层次管理中被管理者的研究，研究的对象主要是生存、物质需要都得到相对满足的各级经理、政府职能部门的官员以及科学家、工程师等高级人才。由于成就需要激励理论的这一特点，它对于企业管理以外的科研管理、干部管理等具有较大的实际意义。

麦克莱兰认为，在人的生存需要基本得到满足的前提下，成就需要、权力需要和归属需要是人的最主要的三种需要。

（一）成就需要

成就需要（Need for achievement）。成就需要的高低对一个人、一个组织的发展起着特别重要的作用。该理论将成就需要定义为：根据适当的目标追求卓越、争取成功的一种内驱力。麦克莱兰认为，具有强烈的成就需要的人渴望将事情做得更为完美，提高工作效率，获得更大的成功。他们乐意甚至热衷于接受挑战，往往为自己树立有一定难度而又不是高不可攀的目标，追求的是在争取成功的过程中克服困难、解决难题、努力奋斗的乐趣，以及成功之后的个人的成就感，他们并不看重成功所带来的物质奖励。他们敢于冒风险，又能以现实的态度对付冒险，绝不以迷信和侥幸心理对付未来，而是勇于承担责任、对问题善于分析和估计。

成就需要强烈的人事业心强，喜欢那些能发挥其独立解决问题能力的环境，喜欢表现自己，喜欢长时间地工作，即使真出现失败也不会过分沮丧。在管理中，只要提供合适的环境，他们就会充分发挥自己的能力。

（二）权力需要

权力需要(the need for authority and power)。影响或控制他人且不受他人控制的需要。不同人对权力的渴望程度也有所不同。权力需要较高的人喜欢支配、影响他人，喜欢对别人"发号施令"，注重争取地位和影响力。他们喜欢具有竞争性和能体现较高地位的场合或情境，他们也会追求出色的成绩，但他们这样做并不像高成就需要的人那样是为了个人的成就感，而是为了获得地位和权力与自己已具有的权力和地位相称。权力需要是管理成功的基本要素之一。

（三）归属需要

归属需要(Need for affiliation)。建立友好、亲密的人际关系的需要。麦克莱兰提出的第三种需要是归属需要，也就是寻求被他人喜爱和接纳的一种愿望。高归属需要的人更倾向于与他人进行交往，至少是为他人着想，这种交往会给他带来愉快。高归属需要者渴望友谊，喜欢合作而不是竞争的工作环境，喜欢保持一种融洽的社会关系，他们对环境中的人际关系更为敏感，享受亲密无间和相互谅解的乐趣，随时准备安慰和帮助危难中的伙伴。有时，归属需要也表现为对失去某些亲密关系的恐惧和对人际冲突的回避。归属需要是保持社会交往和人际关系和谐的重要条件。

在如何辨别一个人是高成就需要者还是其他类型这个问题上，麦克莱兰主要通过主题统觉测验(Thematic Apperception Test，TAT)进行测量。他给每位被试者一系列图片，让他们根据每张图片写一个故事，而后麦克莱兰和他的同事分析故事，对被试者的三种需要程度作出评估。

在大量的实证研究基础上，麦克莱兰发现了三种需要与工作绩效之间的关系：

第一，高成就需要者喜欢能独立负责、可以获得信息反馈和冒险的工作环境。他们会从这种环境中获得高度的激励。麦克莱兰发现，在小企业的经理人员和在企业中独立负责一个部门的管理者中，高成就需要者往往会取得成功。

第二，在大型企业或其他组织中，高成就需要者并不一定就是一个优秀的管理者，原因是高成就需要者往往只对自己的工作绩效感兴趣，并不关心如何影响别人去做好工作。

第三，归属需要、权力需要与管理的成功密切相关。麦克莱兰发现，最优秀的管理者往往是权力需要很高而归属需要很低的人。如果一个大企业的经理的权利需要与责任感和自我控制相结合，那么他很有可能成功。

第四，如果某项工作要求高成就需要者，那么，管理者可以通过直接选拔的方式找到一名高成就需要者，或者通过培训的方式培养自己原有的下属。

麦克莱兰从心理学和管理学的角度入手，对激励理论进行了一项具有开创性的探索。根据成就需要理论，一个人有没有强烈的“成就需要”，决定了他能不能取得事业的成功；一个组织有没有强烈的“成就需要”，决定了这个组织会不会取得工作的成功；一个社会是不是具有浓烈的“成就需要”氛围，就决定了这个社会能不能走向繁荣与富强。麦克莱兰发现：“在古代的希腊，中世纪的西班牙，1400 年到 1800 年的英国，以及许多现代国家，无论是资本主义国家还是社会主义国家，无论是发达国家还是发展中国家里，都存在上述现象。例如，印度的公立小学教材中，包括很多鼓励孩子们努力奋斗、自强不息、取得成就的内容；而信奉共产主义的中国更是如此。二者相比较，中国更倾心于改进自己的国家，而印度仍保留着相当多的宿命论色彩。因此，如果中国经过长期努力后挤入发达国家之列，那是不足为奇的。所以，国家领导人理应重视本国人民成就需要的程度和水平，并有意识地培养人们的这种思想，尤其是那些经济发展滞缓的国家。以英国为例，1925 年前后，英国在儿童读物的成就感内容含量方面列为 25 个国家的第 5 名，当时它的经济状况相当不错，是世界上经济实力最强的国家之一。而到了 1950 年，英国的上述得分下降为 39 个国家中的 27 名。此时，英国领导人也痛感创业精神的消失所造成的严重的经济后果。”

四、奥尔德弗的 ERG 理论

美国耶鲁大学的克雷顿·奥尔德弗(Clayton. Alderfer)在马斯洛提出的需要层次理论的基础上，进行了更接近实际经验的研究，提出了一种新的人本主义需要理论。

奥尔德弗认为，人的核心需要有三种，包括生存的需要(Existence)、关系的需要(Relatedness)和成长发展的需要(Growth)，因而这一理论被称为 ERG 理论。

生存的需要与人们基本的物质生存需要有关，它包括马斯洛提出的生理和安全需要。关系的需要，即指人们对于保持重要的人际关系的要求。这种社会和地位的需要的满足是在与其他需要相互作用中达成的，它们与马斯洛的社会需要和自尊需要分类中的外在部分是相对应的。最后，奥尔德弗把成长发展的需要独立出来，它表示个人谋求发展的内在愿望，包括马斯洛的自尊需要分类中的内在部分和自我实现层次中所包含的特征。

奥尔德弗的 ERG 理论与马斯洛的需要层次理论的区别主要体现在以下几个方面：

首先，与马斯洛的需要层次理论不同的是，ERG 理论认为，在任何时间里，多种层次的需要会同时发生激励作用。所以它承认人们可能同时受赚钱的欲望(生存的需要)、友谊(关系的需要)和学习新的技能的机会(成长的需要)等多种需要的激励。

其次，马斯洛的需要层次是一种刚性的阶梯式上升结构，即认为较低层次的需要必须在较高层次的需要满足之前得到充分的满足，二者具有不可逆性。相反，ERG 理论并不认为各类需要层次是刚性结构，比如说，即使一个人的生存和关系的需要尚未得到完全满足，他仍然可以为成长发展的需要工作，而且这三种需要可以同时起作用。

再次，ERG 理论还提出了一种叫作“受挫——回归”的思想。马斯洛认为，当一个人的某一层次需要尚未得到满足时，他可能会停留在这一需要层次上，直到获得满足为止。相反，ERG 理论则认为，当一个人在某一更高等级的需要层次受挫时，那么作为替代，他的某一较低层次的需要可能会有所增加。例如，如果一个人社会交往需要得不到满足，可能会增强他对得到更多金钱或更好的工作条件的愿望。

ERG理论比马斯洛理论更新、更有效地解释了组织中的激励问题。当然，管理人员不应只局限用一两个理论来指导他们对职工的激励工作. 但通过对需要层次论的了解，应看到每个人的需要重点是不同的，当某种需要得到满足后，人们可能会改变他们的行为。

第4节 过程型激励理论

过程型激励理论着重研究人从动机产生到采取行动的心理过程。其主要任务是找出对行为起决定作用的某些关键因素，弄清它们之间的相互关系，以预测和控制人的行为。这类理论表明，要使员工出现组织期望的行为，必须在员工行为与员工需要之间建立起必要的联系。过程型激励理论主要包括亚当斯的公平理论、弗鲁姆的期望理论、洛克的目标设定理论以及波特和劳勒的综合激励模型等。

一、公平理论

公平理论（Equity Theory）是20世纪60年代由史坦斯·亚当斯（John Stacey Adams）提出的，它集中于人们对他们的工作结果与他们的工作投入相比较所获得的公平感，强调决定激励的重要的东西是与人的所得与投入相对的水平，而不是绝对的水平。通过探讨人们如何觉察工作所得与工作投入的关系，对期望理论和需要理论作了补充。

（一）公平是激励的动力

公平理论认为，人能否受到激励，不但受到他们得到了什么而定，还要受到他们所得与别人所得是否公平而定。这种理论的心理学依据，就是人的知觉对于人的动机的影响关系很大。他们指出，一个人不仅关心自己所得所失本身，而且还关心与别人所得所失的关系。他们是以相对付出和相对报酬全面衡量自己的得失。如果得失比例和他人相比大致相当时，就会心理平静，认为公平合理而心情舒畅。比别人高则令其兴奋，是最有效的激励，但有时过高会带来心虚、不安全感激增。低于别人时产生不安全感，心理不平静，甚至满腹怨气、工作不努力、消极怠工。因此，分配合理性常是激发人在组织中工作动机的因素和动力。

（二）公平的比较

公平理论认为，当一个人做出了成绩并取得了报酬以后，他不仅关心自己的所得报酬的绝对量，而且关心自己所得报酬的相对量。因此，他要进行种种比较来确定自己所获报酬是否合理，比较的结果将直接影响今后工作的积极性。比较有两种：一种称为横向比较；另一种称为纵向比较。

1. 横向比较

所谓横向比较，即一个人要将自己获得的回报（包括金钱、工作安排以及获得的赏识等）与自己的投入（包括教育程度、所作努力、用于工作的时间、精力和其他无形损耗等）的比值与组织内其他人作社会比较，只有相等时他才认为公平。

$$\frac{\text{对自己所获回报的主观感受}}{\text{对自己所作投入的主观感受}}=\frac{\text{对他人所获回报的主观感受}}{\text{自己对他人所作投入的主观感受}}$$

其数学表达式为：

$$\frac{O_p}{I_p}=\frac{O_o}{I_o}$$

其中，O_p 表示自己对所获报酬的感受；O_o 表示自己对他人所获报酬的感受；I_p 表示自己对个人所作投入的感受；I_o 表示自己对他人所作投入的感受。

当上式为不等式时，可能出现以下两种情况：

当前者小于后者时，他可能要求增加自己的收入或减少自己今后的投入程度，以便使左方增大，趋于相等；他也可能要求组织减少比较对象的收入或让其今后增大努力程度以便使右方减少趋于相等。此外，他还可能另外找人作为比较对象以便达到心理上的平衡。

当前者大于后者时，他可能要求减少自己的报酬或在开始时自动多做些工作，久而久之他会重新估计自己的技术和工作情况，终于觉得他确实应当得到那么高的待遇，于是产量便又会回到过去的水平了。

2. 纵向比较

所谓纵向比较，即把自己目前投入的努力与目前所获得报偿的比值，同自己过去投入的努力与过去所获报偿的比值进行比较，只有相等时他才认为公平。如下式所示：

$$\frac{\text{对自己现在所获回报的主观感受}}{\text{对自己现在所作投入的主观感受}}=\frac{\text{对自己过去所获回报的主观感受}}{\text{对自己过去所作投入的主观感受}}$$

其数学表达式为：

$$\frac{O_p}{I_p}=\frac{O_h}{I_h}$$

其中，O_h 表示自己对过去所获报酬的主观感受；I_h 表示自己对过去投入的主观感受。

当前者小于后者时，人也会有不公平的感觉，这可能导致工作积极性下降；当前者大于后者时，人不会因此产生不公平的感觉，但也不会感觉自己多拿了报偿从而主动多做些工作。调查和试验的结果表明，不公平感的产生，绝大多数是由于经过比较认为自己目前的报酬过低而产生的。

20 世纪 90 年代以来，比较新的研究多指向扩展公平与公正的含义。从历史上看，公平理论着眼于分配公平，即个人间可见的报酬的数量和分配的公平。但是公平也应考虑程序公平——用来确定报酬分配的程序的公平。有证据表明，分配公平比程序公平对员工的满意度有更多的影响，相反，程序公平更容易影响员工的组织承诺、对上司的信任和流动意图。所以管理者需要考虑分配的决策过程应公开化，应遵循一致和无偏的程序，采取类似的措施增加程序公平感。通过增加程序公平感，员工即使对工资、晋升和其他个人所得不满意时，也可能以积极的态度看待上司和组织。

二、期望理论

期望理论(Expectancy theory of motivation)是美国心理学家弗鲁姆(Victor Vroom)在 1964 年出版的《工作与激发》一书中首先提出来的。

弗鲁姆认为，人总是渴求满足一定的需要并设法达到一定的目标。这个目标在尚未实现时，表现为一种期望，这时目标反过来对个人的动机又是一种激发的力量，而这个激发力量的大小，取决于目标价值(效价)和期望概率(期望值)的乘积。用公式表示就是：

$$M = \sum V \times E$$

M 表示激励力量，是指调动一个人的积极性、激发人内部潜力的强度。

V 表示目标价值(效价，valence)，这是一个心理学概念，是指达到目标对于满足个人需要的价值。同一目标，由于不同的人所处的环境不同、需求不同，其需要的目标价值也就不同。同一个目标对每一个人可能有三种效价：正、零、负。效价越高，激励力量就越大。某一客体如金钱、地位、汽车等，如果个体不喜欢、不愿意获取，目标效价就低，对人的行为的拉动力量就小。举个简单的例子，幼儿对糖果的目标效价就要大于对金钱的目标效价。

E 是期望值(expectancy)，是人们根据过去经验判断自己达到某种目标的可能性是大还是小，即能够达到目标的概率。目标价值大小直接反映人的需要动机强弱，期望概率反映人实现需要和动机的信心强弱。如果个体相信通过努力肯定会取得优秀成绩，期望值就高。

这个公式说明，假如一个人把某种目标的价值看得很大，估计能实现的概率也很高，那么这个目标激发动机的力量越强烈。

怎样使激发力量达到最好值？该理论假定，如果以下三个条件都满足，则激励的力量会更高：员工认为努力会带来良好的绩效评价；良好的绩效评价会带来组织奖励，如奖金、加薪或晋升；组织奖励会满足员工的个人目标。所以，在这个理论中，存在着与上述三个因素相关的三种关系(如图 10-4 所示)：

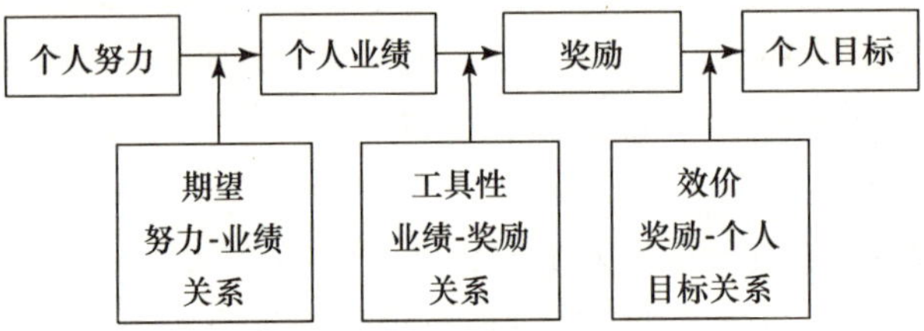

图 10-4　期望理论

努力和绩效的关系。这两者的关系取决于个体对目标的期望值。期望值又取决于目标是否合适个人的认识、态度、信仰等个性倾向，以及个人的社会地位、别人对他的期望等社会因素，即由目标本身和个人的主客观条件决定。

绩效与奖励关系。人们总是期望在达到预期成绩后，能够得到适当的合理奖励，如奖金、晋升、提级、表扬等。组织的目标，如果没有相应的有效的物质和精神奖励来强化，时间一长，积极性就会消失。

奖励和个人需要关系。奖励什么要适合各种人的不同需要，要考虑效价。要采取多种形式的奖励，满足各种需要，最大程度地挖掘人的潜力，最有效地提高工作效率。

三、目标设定理论

美国马里兰大学管理学、心理学教授爱德温·洛克(Edwin A. Locke)在研究中发现，外来的刺激(如奖励、工作反馈、监督的压力)都是通过目标来影响动机的。目标能引导活动指向与目标有关的行为，使人们根据难度的大小来调整努力的程度，并影响行为的持久性。于是，在一系列科学研究的基础上，他于 1967 年最先提出“目标设定理论”

(Goal Setting Theory)。他认为,目标本身就具有激励作用,目标能把人的需要转变为动机,使人们的行为朝着一定的方向努力,并将自己的行为结果与既定的目标设定理论目标相对照,及时进行调整和修正,从而能实现目标。这种使需要转化为动机,再由动机支配行动以达成目标的过程就是目标激励。目标激励的效果受目标本身的性质和周围变量的影响。

目标设定理论提出,目标是一个人试图完成的行动的目的。目标是引起行为的最直接的动机,设置合适的目标会使人产生想达到该目标的成就需要,因而对人具有强烈的激励作用。重视并尽可能设置合适的目标是激发动机的重要过程。

目标有两个最基本的属性:一个是明确度;另一个是难度。

从目标的明确度来看,目标内容既然可以是模糊的,也可以是明确的。如,领导者可以仅仅告诉员工"请你做这件事",也可以明确地命令他们"请在一天之内做完这两件事情"。研究发现,明确的目标更有利于发挥激励作用。明确的目标可使人们更清楚要如何做、付出多大的努力才能达到目标,也便于评价组织成员的能力。相反,模糊的目标不利于引导组织成员的行为和评价他的成绩。因此,目标设定得越明确越好。

事实上,明确的目标本身就具有激励作用,这是因为人们有希望了解自己行为的认知倾向。对行为目的和结果的了解能减少行为的盲目性,提高行为的自我控制水平。另外,目标的明确与否对绩效的变化也有影响。也就是说,完成明确目标的组织成员的绩效变化很小,而目标模糊的组织成员绩效变化则很大。这是因为,模糊目标的不确定性容易产生多种可能的结果。

从难度来看,目标可以是容易的,可以是中等的,可以是难的或者是不可能完成的。难度依赖于人和目标之间的关系,同样的目标对某人来说可能是容易的,而对另一个人来说可能是难的,这取决于他们的能力和经验。一般来说,目标的绝对难度越高,人们就越难达到它。有400多个研究发现,绩效与目标的难度水平呈线性关系。当然,这是有前提的,前提条件就是完成任务的人有足够的能力、对目标又有高度的承诺。在这样的条件下,任务越难,绩效越好。一般认为,绩效与目标难度水平之间存在着线性关系,是因为人们可以根据不同的任务难度来调整自己的努力程度。

当把目标难度和明确度结合起来进行研究时,研究者发现,人们对于明确的、有挑战性的目标完成得最好;而对于模糊的、有挑战性的目标,例如"请尽力做得最好",成绩呈中等水平;模糊的、没有挑战性的目标导致最低水平的成绩。

"尽力做得最好"的成绩仅仅是中等。究其原因,主要是这种目标具有很大的弹性。人们没有标准来确定自己到底怎样就算是尽了最大的努力。并且,这种目标的内在模糊性让人们在评价自己的绩效时也有很大的弹性,就是说有可能对低等的或中等的绩效感到满意,这样他就可能没有足够的动力去追求最好的绩效。所以,这种目标虽具有一定的挑战性,但导致的绩效并不理想。

有学者认为,目标设定理论和成就动机之间似乎存在着矛盾。因为,中度的具有挑战性的目标将激发成就动机,而目标设定理论则认为,设定具有一定难度的目标将产生更大的激励作用。但仔细分析后就会发现:第一,目标设定理论是针对于一般大众的,而成就动机的结论仅仅基于高成就需要者而言,高成就需要者只占少数。因此,对于大多数人而言,更容易接受目标设定理论。第二,目标设定理论适用于那些承诺并接受工作目标的人。具有一定难度的目标只有被人们所采纳,才会导致更高的工作绩效。

四、波特和劳勒的综合激励模型

1968年，在期望理论、公平理论的基础上，美国心理学家、行为科学家爱德华·劳勒(Edward E. Lawler)和莱曼·波特(Lyman Porter)在《管理态度与工作绩效》一书中构造出了一个更加全面的激励过程模型，即波特和劳勒的综合激励模型。

波特和劳勒认为，工作绩效是一个多维变量，它除了受个人努力程度决定外，还受以下四个因素的影响：① 个人的能力和素质；② 外在的工作条件与环境的限制；③ 个人对组织期望目标的感知；④ 个人对奖酬公平性的感知。

波特和劳勒认为，组织设置了激励目标，采取了激励手段，不一定就能获得组织所需的个人行动和努力，并使组织内的个人满意。而组织能否形成：努力激励(或激励程度)→工作绩效→内、外在奖酬→满意感，并满足回馈努力这样的良性循环，则取决于个人所受到的奖励的内容、奖惩的制度、组织的分工、目标导向行动的设置、管理水平、奖酬的公正性及个人心理期望值等多种综合性因素的影响。

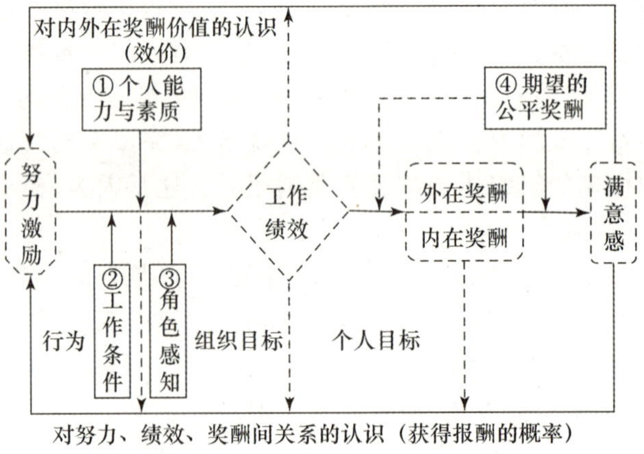

图 10-5　波特和劳勒的综合激励模型

从图10-5可以清楚地看出，波特和劳勒激励模型的基本过程可以概括为以下几个方面：

(1) 个人的努力激励，即个人所受到的激励强度和由此产生的对工作付出的努力程度，综合地取决于两个因素：一个是对内外在奖酬价值的认识，即某项奖酬(精神的和物质的奖酬)对个人的价值，期望理论把这种价值的认识定义为效价；另一个是对努力、绩效、奖酬间关系的认识，即个人对努力是否会导致这一奖酬的可能性(即概率)的主观估计，在期望理论里，这个概率就是期望值。努力导致奖酬的可能性受过去经验和实际绩效的影响。如果个人确切地知道，他有把握完成任务或者过去曾经完成的话，他将乐意作出努力，并对奖酬的概率更加清楚。

(2) 通过努力取得的工作绩效。工作绩效是个人的工作表现和实际成果，它不仅取决于个人的努力程度，还取决于其他因素和条件，比如个人完成特定任务的能力与素质、工作条件以及对所承担角色的感知理解等。其中，角色感知是指为了让员工做出优异的绩效，作为管理者必须要帮助他们充分了解该角色、该岗位或者该项任务对他们的具体要求，也就是说，让他们充分地把握好岗位的目的和要求。由于个人在这三个方面存在差异，所以即使付出了相同的努力，其工作成果也不完全相同。工作绩效的取得与否或难易程度又会影响未来个人对该类工作期望值的认识。如果由于个人的努力，取得了预期的工作成果，通过信息反馈，就会提高其对此目标的期望概率，进而提高该任务目标对个人的激励程度。

(3) 奖励来自工作成果和绩效。波特和劳勒将得到的奖励分为外在奖酬和内在奖酬。内在奖酬是指工作本身所产生的报酬，对应的是一些高层次的需要的满足，即尊重、自我实现、成就感等需要的满足。外在奖酬是指工作之外的如薪酬、工作条件、职业保障等方面的满足，按照马斯洛的需求层次论，它主要是满足一些低层次的需要。

当然，这两种奖酬还不能完全决定个人需要是否得到了满足，其间还要经过"期望的公平奖酬"来调节。也就是说，个人要把自己所得报酬同自己认为应该得到的报酬相比较。若认为相符，满足感就高；若得到的报酬低于"期望的公平奖酬"，个人也会感到不满足甚至失落。

(4) 满意感是个人完成某项特定任务或实现某个特定目标时所体验到的感觉。究竟是满意感导致了高度的工作绩效，还是高度的工作绩效导致了满意感，长期以来一直存在着争论。波特和劳勒认为，激励、工作绩效和满足都是独立的变量；传统的观点认为，满意感导致工作绩效。但实际上可能是工作绩效导致满意感，满意感对工作绩效的影响相对较小。

(5) 满意感的反馈。满意感又会影响个人在今后工作中的努力程度和对效价的认识。个人如果得到满足会导致进一步的努力，如感到不满足则会导致努力程度的降低甚至离开工作岗位。同时，满意感也会影响下一次对内外在奖酬价值的认识(效价)。

从模型中可以看出，激励不是一种简单的因果关系，而是一种环环相扣的复杂管理过程，涉及内外部多种因素的互动。因此，要使得激励产生预期的效果，就必须综合考虑需要内容、奖励内容、奖励制度、组织分工、目标设置、公平考核等一系列因素，还要注意个人的主观价值判断在激励过程中的反馈作用。

第5节 行为改造型激励理论

行为改造型激励理论是以激励的目的为基础，通过改造和修正行为来实现激励目标。这类理论主要有斯金纳等人的强化理论、亚当斯的挫折理论和海德等人提出的归因理论等。

一、强化理论

强化理论(Reinforcement theory)是美国心理学家和行为科学家斯金纳(Burrhus Frederic Skinner)等人提出的一种理论。

斯金纳在心理学的学术观点上属于极端的行为主义者，其目标在于预测和控制人的行为而不去推测人的内部心理过程和状态。他提出了一种"操作条件反射"理论，认为人或动物为了达到某种目的，会采取一定的行为作用于环境。当这种行为的后果对他有利时，这种行为就会在以后重复出现；不利时，这种行为就减弱或消失。人们可以用这种正强化或负强化的办法来影响行为的后果，从而修正其行为，这就是强化理论，也称为行为修正理论。

斯金纳所倡导的强化理论是以学习的强化原则为基础的关于理解和修正人的行为的一种学说。所谓强化，从其最基本的形式来讲，是指对一种行为的肯定或否定的后果(报酬或惩罚)，它至少在一定程度上会决定这种行为在今后是否会重复发生。根据强化的性质和目的可把强化分为正强化和负强化。

正强化(Positive Reinforcement)，就是用某种有吸引力的结果对某一行为进行奖励和肯定，以期在类似条件下重复出现这一行为。在管理中，就是奖励那些符合组织目标的行为，以便使这些行为得以进一步加强、重复出现，从而有利于组织目标的实现。正强化的方法包括奖金、对成绩的认可、表扬、改善工作条件和人际关系、提升、安排担任挑战性的工作、给予学习和成长的机会等。

负强化(Negative Reinforcement)，就是利用强化物抑制不良行为重复出现的管理手段。在管理中，就是惩罚那些不符合组织目标的行为，以便使这些行为得到抑制，避免再次出现。负强化包括批评、处分、降职、降薪等，有时不给予奖励或少给奖励也是一种负强化。通过负强化可以使人感到物质利益的损失和精神上的痛苦，从而主动放弃不良行为，改邪归正。

强化激励理论是控制和塑造职工行为方式的一种强有力的管理工具，为提高激励效果，斯金纳提出了实施强化时应注意的几个问题：

第一，必须针对行为结果给行为当事人以及时的、明确的信息反馈。一方面，强化必须是及时的。对一般人来说，当他采取某种行动并产生一定后果时，首先要做的事情往往就是评价自己行为的结果，并且了解别人的评价；另一方面，反馈给行为当事人的信息一定要明确，而不能模糊不清。我们之所以运用强化激励理论，是因为行为当事人对来自外界的强化力量很重视，并能在今后的行为过程中体现出这些强化力量的作用。所以必须给予明确性的反馈信息。

第二，正强化和负强化的作用不仅表现在对行为发生频率的调整差异上，还表现在激励效果的明显不同，一般来说，要尽量少用负强化，正强化的激励效果要好得多。正强化可以给人一种满意和愉快的刺激，能给人带来更多的激励信息。这些愉快的刺激使人们产生一种强大的进取效应，作出更大的贡献；相反，负强化给予人们的是不愉快的刺激，而人们对不愉快的刺激往往天生就具有一种抵制情绪。事实上，当人们第一次接受负强化时，可能会认真分析自身的不足，进而改进。而当人们多次接受负强化时，便往往不从自身找原因，而可能认为自己本来没有错，是领导者在故意刁难自己。这时便会极力为自己辩解、开脱责任，甚至有的人会想办法学习逃避负强化的方法和途径。尽管有其不足，负强化仍然是一种很有效的激励措施，只是要注重运用方式。例如，有些领导者在要批评下属之前，往往先是肯定他的成绩，予以表扬一番，使对方解除防范心理，然后再诚恳地指出对方的错误，并帮助他分析原因，鼓励他改进，这样往往会收到很好的激励效果。

第三，强化的时间选择或安排十分重要。例如，斯金纳通过调查发现，间断性的强化比经常性的强化更加有效。

二、挫折理论

挫折理论是由美国的亚当斯提出的，挫折是指人类个体在从事有目的的活动过程中，指向目标的行为受到障碍或干扰，致使其动机不能实现、需要无法满足时所产生的情绪状态。挫折理论主要揭示人的动机行为受阻而未能满足需要时的心理状态，以及由此而导致的行为表现，力求采取措施将消极性行为转化为积极性、建设性行为。

引起挫折的原因既有主观的，也有客观的。主观原因主要是个人因素，如身体素质不佳、个人能力有限、认识事物有偏差、性格缺陷、个人动机冲突等；客观原因主要是社会因素，如企业组织管理方式引起的冲突、人际关系不协调、工作条件不良、工作安排不当等。人是否受到挫折与许多随机因素有关，也因人而异。归根结底，挫折的形成是由于人的认知与外界刺激因素相互作用失调所致。

根据不同人的心理特点，受到挫折后的行为表现主要由两大类：一是采取积极进取态度，即采取减轻挫折和满足需要的积极适应态度；二是采取消极态度甚至是对抗态度，诸如攻击、冷漠、幻想、退化、忧虑、固执和妥协等。

因此，在管理工作中应注意：要培养员工掌握正确战胜挫折的方法，教育员工树立远大的目标，不要因为眼前的某种困难和挫折而失去前进的动力；要正确对待受挫折的员工，为他们排忧解难，维护他们的自尊，使他们尽快从挫折情境中解脱出来；要积极改变情境，避免受挫折员工"触景生情"，防止造成心理疾病和越轨行为。

三、海德的归因理论

归因(attribution)是指人们对已发生事件的原因的推论或知觉。1958 年，弗里茨·海德(Fritz Heider)在他的著作《人际关系心理学》中，从通俗心理学(Naive psychology)的角度提出了归因理论(attribution theory)。后来的一些学者在此基础上陆续提出一些新理论，70 年代归因研究成为美国社会心理学研究的中心课题。

海德的"归因理论"是关于人的某种行为与其动机、目的和价值取向等属性之间逻辑结合的理论，主要解决的是日常生活中人们如何找出事件的原因。

海德指出，人的行为的原因可分为内部原因和外部原因。内部原因是指存在于行为者本身的因素，如需要、情绪、兴趣、态度、信念、努力程度等等；外部原因是指行为者周围环境中的因素，如他人的期望、奖励、惩罚、指示、命令，天气的好坏、工作的难易程度等等。

海德还指出，在归因的时候，人们经常使用两个原则：

一是共变原则(Principle of covariation)。人们通常认为，一定的行为可能决定于各种原因，但人们倾向于寻找一定的结果和一定的原因在不同条件下的联系。如果在许多情况下，一个原因总是与一个结果相联系，而且没有这个原因时这个结果不发生，那么就可把这个结果归于这个原因。例如，甲队总是负于乙队，而甲队总是胜丙队，乙队一般情况下总是战胜丙队，则甲队水平是中等。他发现，人们常把自己的成功归因为内部因素，把别人的成功归因为外部因素；而把自己的失败归因为外部因素，把别人的失败归因为内部因素。

二是排除原则。它是指如果内外因某一方面的原因足以解释事件，就可以排除另一方面的归因。比如，一个凶残的罪犯又杀了一个人，在对他的行为进行归因的时候就会排除外部归因，而归于他的本性等内在因素。

因此，在管理工作中当员工完成任务受挫折时，管理人员要及时了解职工的归因倾向，才能帮助职工正确总结经验教训和顺利进行归因，使职工胜不骄、败不馁，进一步严格要求自己，更加发奋努力。

案例10-1

杰克·韦尔奇如何激励员工

世界上很少能有比通用电气(GE)更复杂的企业组织了。在通用电气董事长兼首席执行官的位置上以领导力著称的杰克·韦尔奇，在接受《华尔街日报》记者访问时，谈到了自己是如何激励员工的。原文出版于 Boss Talk(中译本为《顶级 CEO 的原则》)一书中。

一、第一次从事管理工作，你是如何调动员工积极性的？

我非常幸运地成为 GE 一个新部门——塑料制品部的第一批员工。当我雇用第一名员工时，我们组成了两人团体，我从没把自己看作老板而是同事。而后我们雇用了一个又一个新员工。

我们做好了刚刚起步时的一切准备。大家一起去我家共进晚餐，一起过周末，一起在星期六加班。我们没有任何盛大的场面，也不使用备忘录，整个部门就像一个家庭杂货店，大家共同出谋划策，而无等级之分。这就是我们常称作的我们的生意。

我想一个企业就应该这样运作。它是思想观念的汇集之所，而不是提供职位之地。

二、现在仍然像个杂货店吗？

事业走上正轨，难免会出现些等级制度问题，但我们的团队精神和氛围仍在。当你取得成功时，你就该去庆祝。我们过去有个百镑单俱乐部(Hundred-Pound-Order Club)，每当我们取得一些成绩，我们都会把生产线停下来，大家一起到百镑单俱乐部庆祝。今天在 GE 的各个部门，这种精神仍然存在。

三、挫折是否有助于你完善管理方式？

刚开始时，就像 GE 的其他几个新员工一样，我负责一个小项目。那时的奖励制度不合理，到了年底，每人都得到了 1,000 美元加薪，我觉得我应得的不止这些，便打算离开，但老板要求我留下。类似的情况再也没有发生过。

这个经历让我意识到，在 GE 这样的大公司里人们常会遇到此类挫折。你要把车驶入大停车场，停在一排排的车之间，走进办公室，一些笨蛋告诉你要做什么、该怎么做。这根本不是你对生活的期望。如果你的成绩不被认可、遇人不淑，的确很可怕。

四、你对雇员有什么忠告？

我让他们了解到在这个公司不能甘于碌碌无为，因为许多人都是在碌碌无为中了此一生。他们没有适合自己的工作，或者蔫头耷脑，甚至连捣乱的心思都没有。

我鼓励他们勇敢地展示自己，谈出自己的看法，争取上司的赏识。我告诉他们：“如果 GE 不能让你改变窝囊的感觉，你就应该另谋高就。”我会辞掉那些让员工产生这样心态的经理和那些不能与员工打成一片的经理。

五、你一般花多少时间处理员工的问题？

至少一半的时间，你看(他掏出一个大笔记本，上面画满了图表，每个部门都有相关的图表，反映每个员工的情况），这是一个动态的评估，每个人都知道自己所处的位置。

第一类占10%，他们是顶尖人才；次一些的是第二类，占15%；第三类是中等水平的员工，占50%，他们的变动弹性最大；接下来是占15%的第四类，需要对他们响警钟的，督促他们上进；第五类是最差的，占10%，我们只能辞退他们。

根据业绩评估，每个员工都会知道他们处在哪一类，这样就没有人会对我说：嗨，以前人们都说我很棒，现在只有你说我很差劲。

六、你的评估将决定是否给予他们股票期权作为奖励，是吗？

第一类员工会得到股票期权；第二类中的大约90%和第三类中的50%会得到股票期权；第四类员工没有奖励。

图表是最好的工具，哪些人应该得到奖励，哪些人不应该受奖，哪些人应该打道回府，你该如何奖励这些人？如果你爱惜员工就拥抱他们，亲吻他们，培育他们，给他们一切！

七、让员工相互竞争，面临被淘汰的危险，这对他们是不是压力太大了？

不是的。这里有很大的空间，比如第三类员工，不会有什么处罚。我不知道这里是否比别的公司残酷，但这是我们的方式。

如您所说，员工状况总是均匀的：第一类占10%，第二类占15%，第三类占50%，第四类占15%，第五类占15%. 你一直都在用一个曲线来给员工评等级吗？

每一类都有不同的标准，因为每一类员工都会拼命认为自己是第一类员工。如果我有10名员工，那么，肯定有一个是第一类，还有一个是第五类。

八、你如何确定何时解雇某个员工？

要解雇的就是第五类员工，这很明显。这样做对谁都有好处。他们去一个新地方，开始一种新的生活，有一个新的开始。

一个第一类的员工和一个第三类的员工差距很大，但真正的困难还在第四类上。占10%的第一类员工的成果和影响要远远高于占15%的第四类员工。

九、你是如何调动一般员工的积极性的？

让他们明白他们可能上升到第一类或第二类，有机会选择何去何从，他们中最好的才会得到股票期权的奖励。

十、你是否会给员工制定目标，来提高他们的业务能力？

使员工们意识到他们有潜力不断进步比制定目标更为重要。使公司以最快的速度发展就是我们的目标，我希望员工能够发挥主动性，群策群力，促进公司发展。

一些公司与他们的雇员签约，而我不喜欢这样的方式。如果我和你签约，我就成了你的老板，那么来见我之前你会做些什么呢？你会制作50份图表向我证明你已经竭尽全力了，而我一定会要求你做得更多，到了最后只能采取折中的办法。

换一种方式，我希望你能充分发挥潜能，提出你最好的建议——我会问："你需要什么？需要更多的人吗？需要更多的研究和发展？"——你给我的将是许多我没能想到的建议和计划，而我可能会说："我不喜欢这个想法，我不想这样做，但那个主意非常好。"这样的交流更有成效。

十一、在员工奖励方面，你认为物质奖励和精神奖励哪个更重要？

对一位表现出色的员工进行奖励是管理过程中一个很重要的部分，我主张较大的提升。我不想让人的鼻子总碰着玻璃而穿不过去，我希望他们能得到他们应得的。

精神鼓励和物质奖励都是必要的，光有钱不够，而象征性的褒奖也是不行的，两者缺一不可。我遇到过给获得专利的员工只发奖章的老板，我会给他们更多的钱。这家伙有很多钱，但他认为多给钱是愚蠢的，因此只给奖章。而我认为金钱和精神鼓励应该兼顾。

十二、你如何评价你的高层管理人员？你也鼓励他们相互竞争吗？

我鼓励他们在工作上相互竞争，但不要有个人恩怨。我们的做法是将奖赏分为两个部分：一部分奖励他在自己的业务部门的表现；另一部分奖励他对整个公司发展的贡献。如果自己部门业绩很好，但对公司发展不利，则奖金为零。皮之不存，毛将焉附？

十三、你认为与下属关系融洽有多重要？

你可以整天不和下属混在一起，不参与下属的社交活动，不跟他们一起打棒球、去图书馆、参观博物馆、看歌剧或和他们穿不同的衣服，这些都没关系。但如果你与下属在经营观念上有分歧，或对人不公平，或对企业的文化不认同，这就有问题了，在这些事情上大家必须达成共识。

（资料来源：摘自《顶级CEO的原则》一书，中信出版社，2003年1月。转引自：世界经理人网站，http：//www.ceconline.com/leadership/ma/8800032914/02/.）

问题：

1. 杰克·韦尔奇的激励措施体现了哪些思想？请用相关理论解释。
2. 从这些激励措施能不能看出杰克·韦尔奇的管理风格？
3. 这些激励措施还有什么不足之处吗？

案例10-2

王永庆的用人艺术

在世界化工行业，一提到台湾人王永庆几乎无人不晓。

王永庆(1917年1月—2008年10月)，祖籍系福建省长坑，1917年1月出生于台湾省台北市新店直潭，15岁小学毕业那年，王永庆便到茶园当杂工，后又到一家小米店做学徒。第二年，他就用父亲借来的200元钱做本金自己开了一家小米店。

1954年筹资创办台塑公司，1957年建成投产。靠“坚持两权彻底分离”的管理制度，他的台塑集团发展成为台湾企业的王中之王，全部资本额在1984年就达45亿多美元，年营业额达30亿美元，占台湾生产总值的5.5%，在民间企业中首屈一指。1993年，台塑成为全世界最大的PVC生产厂商。与台塑集团企业有着存亡与共关系的下游加工厂超过1500家，如今，在台湾的富豪中他雄居首席，在世界化学工业界居50强之列，也是台湾唯一进入50强的企业王。2008年6月，福布斯公布王永庆身价68亿美元，位居台湾第二。

台塑集团取得如此辉煌的成就，是与王永庆善于用人分不开的。他从多年的经营管理实践中，创造了一套科学用人之道，其中最为精辟的是“压力管理”和“奖励管理”两大法宝。

一、压力管理

王永庆始终坚信“一勤天下无难事”，他一贯认为，承受适度的压力，甚至主动迎接挑战，更能充分表现一个人的生命力。

王永庆的生活阅历，使他对压力的重要性认识比一般人更为深刻。王永庆举例说："为什么工业革命和经济先进国家会发源于温带国家，主要是由于这些国家气候条件较差，生活条件较难，不得不求取一条生路，这就是压力条件之一。日本工业发展得很好，也是在地瘠民困之下产生的，这也是压力所促成的；今日台湾工业的发展，也可说是在'此一步即无死所'的压力条件下产生的。"

王永庆把这一观念用于企业管理中，创立了"压力管理"的方法。压力管理，就是在人为压力逼迫下的管理。具体地说，就是人为地造成企业整体有压迫感和让台塑的所有从业人员有压迫感。

（一）企业整体压迫感

王永庆认为，整体压迫感是企业发展的生命力。随着台塑集团的规模越来越大，生产PVC塑胶粉粒的原料来源将是一个越来越严峻的问题。尽管台塑集团在美国有14家大工厂，但美国的尖端科技与电脑是世界领先的。与这样强有力的对手竞争，台塑的压力是不难想象的。他们必须去开辟更多的原料基地，企业才会出现第二个春天。这既是企业的压力，也是王永庆的压力。

在总结台塑集团的发展历史时，王永庆说："如果台湾不是幅员如此狭窄，发展经济深为缺乏资源所苦，台塑企业可以不必这样辛苦地致力于谋求合理化经营就能求得生存及发展的话，我们是否能做到今天的PVC塑胶粉粒及其他二次加工均达世界第一，不能不说是一个疑问。台塑企业能发展至年营业额逾千亿元的规模，可以说就是在这种压力逼迫下，一步一步艰苦走出来的。"

（二）竞争淘汰制度

为了贯彻他的主张，并严密地考核各事业单位的成效，台塑集团特别成立了人数达200余名的幕僚机构——总经理室，其主要职责就对各个事业单位的检查和考核。不断地发现问题、追踪、考核，使企业的员工们随时都产生一种紧迫感，不敢放松，不敢满足于现状。有一次，他们派出一支小分队，在南亚公司驻扎3个月，针对某个包装部门的工作效率进行了调查。随后，这个公司有270个员工被开除，每年光材料费用就节省了745万美元。

（三）"午餐汇报"制度

除了激烈的竞争淘汰制度，王永庆还发明了咄咄逼人的"午餐汇报"制度。台塑的"午餐汇报"是全世界出名的。在台塑，员工只要听说"王永庆请你吃饭"，往往会吓得脸色苍白。

原来，王永庆手下有几万名员工，他不可能亲自督导各个单位。为了省时间，王永庆便利用中午时间，安排各部门主管聚餐，吃的是台塑员工餐厅卖的60元台币一套的"便当"（快餐）。简单吃完午餐之后，各个部门、单位就依序报告。王永庆则坐在一旁聚精会神聆听，只要有一丁点疑问，马上打断，并且用犀利的口气，像骂小学生般地逼问，如果谁支支吾吾答不上来，王永庆便更加刨根问底。主管们往往被"折磨"数小时，甚至有可能被当场降职或解除职务。主管人员为应付这个"午餐汇报"，每周工作时间不少于70小时，他们必须对自己所管辖部门的大事小事十分清楚，对出现的问题作过真正的分析研究，才能顺利过关。王永庆本人则每周工作100小时以上。由于坚持事无巨细的工作方针，再加上习惯于刨根问底，庞大的台塑集团完全在王永庆的掌握之中，他对企业运作过程的每一个细节都能了如指掌。王永庆每天坚持锻炼，尽管年逾古稀，但身体状况仍然很好，而且精力十分充沛。

这种午餐，从接到通知起就会令人忐忑不安，当天吃的便当更是消化不良，再加上压力太大、工作又十分紧张，台塑的很多部门主管都患有胃病，医生们戏称是午餐汇报后的“台塑后遗症”。

“午餐汇报”制度除了给主管造成压力，使他们勤于职守外，还有另外的三个妙用：一是追踪、考核台塑各有关单位，了解命令贯彻的实际情况；二是考察各单位主管和幕僚人员的能力，为培养后备领导干部做准备；三是为行政主管和幕僚人员提供重要的沟通场所。经过几十年的实施，午餐汇报的权威已经在台塑人的心中屹立不动了。

尽管有人批评“午餐汇报”制度过于严厉，但台塑认为，适度的压力可以激发潜能，使员工表现良好，这也是责任感的由来。台塑集团的经验表明，承受适度压力，更能充分表现一个人、一个企业的生命力，对个人和企业的成长是有利的。

二、奖励管理

“压力”是必要的，但是合理的激励机制是不可缺少的，奖惩分明是台塑集团的一贯做法。王永庆对员工的要求虽近苛刻，但对部属的奖励却极为慷慨。

据报道，台塑的激励方式有两类：一类是物质的，即金钱奖励；另一类是精神的。

王永庆相信“重赏之下，必有勇夫”。他对物质激励的作用有足够的、合理的认识，他采用了绩效奖金制度去调动员工积极进取。台塑集团从 1967 年就开始实行绩效奖金制度，奖金以年终奖金和改善奖金最为有名。

年终奖金是在年终前发给员工的奖金，作为对于他们一年工作绩效的奖励。台塑集团的年终奖金是比较高的，在 1986 年经济最不景气的时候，奖金也相当于员工 4 个月的工资。除了公开的奖金，王永庆私下发给干部的奖金称为“另一包”。这个“另一包”又分为两种：一种是台塑内部通称的黑包；另一种是给特殊有功人员的杠上开包。1986 年黑包发放的情形是：课长、专员级新台币 10 万～20 万；处长、高专级 20 万～30 万；经理级 100 万。另外还给予特殊有功人员 200 万～400 万的杠上开包。对于一般职员，则采取“创造利润，分享员工”的做法。

所谓改善奖金，是王永庆为了鼓励员工的积极参与，在台塑实行的改善提案的成果奖。台塑集团特别制定了一项“改善提案管理办法”。办法中第六条规定，改善提案若有效益，可依“改善提案审查小组”核算的预期改善效益 1% 计奖，奖金 100～20000 元不等。另外，成果奖金的核定，则以改善后 3 个月的平均月净效益之 5% 计奖，每件最高不超过 10 万元。这种改善奖极大地调动了技术人员和生产工人的创新精神。他们的积极创造、发明，为台塑的技术进步和生产发展注进了新的活力。

台塑员工都知道自己的努力会得到相应的报酬，因此都拼命地工作，王永庆的“奖励管理”制度造成了“1＋1＝3”的效果。

王永庆曾在总结成功经验时表示，他认为最有效同时也最有意义的做法，是选择“永远追求更大贡献”作为企业的目标。他说：“我不但与别人竞争，对自己也是严之又严。”

（资料来源：作者根据公开资料整理。）

问题：

1. 如何理解王永庆的“压力管理”和“奖励管理”？请结合内容型激励理论具体分析。
2. “午餐汇报”制度有何优缺点？
3. 如何处理好“压力管理”和“奖励管理”的关系？

第11章 沟　　通

管理就是沟通，沟通，再沟通。

——通用电气公司原总裁　杰克·韦尔奇

管理者最基本的功能是发展与维系一个畅通的沟通管道。

——系统组织理论创始人　切斯特·巴纳德

开篇案例

很多企业的领导者，总喜欢把办公室设在公司的最顶层，把自己与公司其他同仁远远隔开，普通员工想见老总一面都难于上青天。在这样一种缺乏沟通的组织中，上级不了解下级的工作进展，下级不明白上级的战略意图，组织绩效可想而知。而一些知名公司的做法，很值得学习借鉴。

麦当劳的创始人雷·克罗克(Ray Kroc)，几十年前不过是芝加哥一家名不见经传的纸杯和乳精机械制造商，如今他已被企业界誉为没有国界的“麦当劳帝国之王”。麦当劳公司旗下最知名的麦当劳品牌拥有超过32000家快餐厅，分布在全球121个国家和地区。

克罗克不喜欢坐在办公室发号施令，而是喜欢经常到各公司、部门、分店“走动走动”，即到各公司、部门走走、看看、听听、问问，他会从中发现很多问题，然后及时加以解决。

曾经有一个时期，麦当劳公司面临严重的财务亏损。经过调查，克罗克发现，其中一个重要原因是公司各职能部门的经理有严重的官僚主义，他们习惯躺在舒适的椅背上指手画脚，看不见问题的根源，把许多时间耗费在空谈和相互推诿上。克罗克为此寝食不安，他觉得，扭转这种积弊仅靠发几个老生常谈的文告，或者板着脸进行几次训话是解决不了的。为了彻底清除经理们的怠惰习气，克罗克想出了一个奇招：他向各地麦当劳快餐店发出一份紧急指示——把所有经理的椅子背锯掉，立即执行！所有的人都疑惑不解，他们不知道总裁的用意何在，大骂克罗克是个疯子，但面对严厉强硬的命令，经理们只好依章照办。他们坐在没有了靠背的椅子上，觉得十分不舒服，不得不经常站起来四处走动。终于，他们慢慢领悟出了克罗克的苦心，纷纷走出办公室，仿效克罗克的样子，深入基层“走动”，开展“走动管理”，及时了解情况，现场解决问题。依靠这个秘诀，麦当劳公司发现了许多问题，公司上下同心协力，拿出对策，使企业经营日趋兴旺，最终成为全球500强企业。

美国惠普公司创造了一种独特的“周游式管理办法”，鼓励部门负责人深入基层，直接接触广大职工，加强上下级之间的沟通。为此目的，惠普公司的办公室布局采用美国少见的“敞开式大房间”，即全体人员都在一间敞厅中办公，各部门之间只有矮屏分隔，除少量会议室、会客室外，无论哪级领导都不设单独的办公室，同时不称职衔，即使对董事长也直呼其名。这样有利于上下左右通气，创造无拘束和合作的气氛。

正如彼得·德鲁克所言，“人无法只靠一句话来沟通，总是得靠整个人来沟通”。

（资料来源：作者根据公开资料整理。）

正如美国杜邦公司前任董事长查尔斯·麦考尔所指出的那样：“我们把沟通放在绝对优先的位置。雇员们有权利获得信息，他们应该及时了解公司的重要新闻。”对组织内部而言，如果没有良好的沟通，那么群体就无法正常运转，团队就无法存在；对组织外部而言，管理者需要掌握谈判与合作等沟通技巧，需要处理好组织与政府、组织与公众、组织与媒体等各方面的关系。这些都离不开熟练掌握和应用管理沟通的原理和技巧。

有相关研究用两个70%直观地反映沟通对组织的重要性。第一个70%，是指组织的管理者，实际上70%的时间用在沟通上，开会、谈判、谈话、书面报告、拜访、约见等是最常见的沟通形式；第二个70%，是指组织中70%的问题是由于沟通障碍引起的。比如，企业常见的效率低下的问题，往往是有了问题后，大家没有沟通或不懂得沟通所引起的。

另一项调查表明，在企业中，生产工人每小时进行16～46分钟的信息沟通活动；基层管理人员至少有20%～50%的工作时间用于沟通；而高层管理人员在工作时间内则有60%～90%的时间用于沟通。

第1节　沟通的含义

一、沟通的概念

沟通(communication)作为管理者的基本技能，一直以来都是诸多管理学者研究的重要课题之一。当然，不同的管理学家对沟通的界定也不尽相同。

著名组织管理学家切斯特·巴纳德(Chester I. Barnard)认为，“沟通是把一个组织中的成员联系在一起，以实现共同目标的手段”。没有沟通，就没有管理。

美国管理学会前主席威廉·纽曼(William H. Newman)和查理斯·萨默(Charles E. Summer)把沟通解释为在两个或更多的人之间进行的事实、思想、意见和情感等方面的交流。

斯蒂芬·P.罗宾斯认为，沟通是“意义的传递与理解”。并指出，完美的沟通，如果其存在的话，应是经过传递之后被接受者感知到的信息与发送者发出的信息完全一致。

尽管不同人的解释不尽相同，但归纳起来，沟通至少有五个基本特征：

第一个特征是沟通必然涉及至少两个以上的主体。孤单单的一个人是不需要也不可能形成沟通的。

第二个特征就是在沟通的主体之间，一般应该存在沟通主体与沟通客体(也可称为沟通对象)之分。也就是说，要完成这个沟通，应该明白谁是主动的、谁是被动的。

第三个特征是沟通过程中一定存在沟通标的，如信息等，这个标的是一个沟通过程所必须要完成的主要任务的载体。

第四个特征是沟通是为了改善现有的绩效水平、取得更高水平的目标。如果一个沟通过程完成后，对现状的改进没有任何贡献，则这个沟通就没有存在的必要。

第五个特征就是沟通需要正确的方式和途径选择。对不同的沟通对象而言，其相应的方式应该是有所差别的。

基于上述内容，我们对组织管理中的沟通作出如下界定：沟通是指两个或者两个以上主体，为改善组织绩效等目的，通过相关信息的传递、理解和共享达成共识并指导行动的过程。

二、沟通的作用

沟通在管理中的具体作用主要体现在以下几方面。

（一）获得组织生存和发展所需要的资源和信息

组织同外部的沟通是组织沟通的重要内容，通过这种沟通，组织可以从外界环境中获得生存和发展所必需的信息。沟通能够加强组织与外部环境的联系。组织必然要和客户、政府、社会团体、公众、原材料供应商、竞争者发生各种各样的联系。组织为了满足客户的需要，需要对客户的需求特点有充分的了解，摸清市场变化的规律，及时掌握市场动态，生产出适销对路的产品。组织的生产经营也必须遵守政府的法规法令，要担负一定的社会责任，也需要从资本市场获得资金支持，从生产资料市场取得生产经营必需的原材料，并且在市场中取得竞争优势，这些活动都需要组织同外界进行有效的沟通。

（二）有助于使个人和组织作出正确的决策

信息是决策的前提，任何组织机构的决策过程，都是把情报信息转变为行动的过程，准确、可靠而迅速地收集、处理、传递和使用情报信息是决策的基础。决策者能否及时获得必要的信息，那就要看沟通的效率了，良好的沟通是科学决策的保障。任何决策都会涉及干什么、怎么干、何时干等问题。每当遇到这些急需解决的问题，管理者就需要从广泛的沟通中获取大量的信息情报，然后进行决策，或建议有关人员作出决策，以迅速解决问题。下属人员也可以主动与上级管理人员沟通，提出自己的建议，供领导者作出决策时参考，或经过沟通，取得上级领导的认可，自行决策。良好的沟通为各个部门和人员进行决策提供了信息，增强了判断能力。

（三）增强组织的凝聚力

通过沟通，组织成员能够协调、有效地工作，增强了组织的凝聚力。组织中各个部门和各个岗位是相互联系、相互依存的，共同构成了一个完整的组织系统。岗位和部门之间的依存性越大，对协调的需要越高，而协调必须通过沟通才能实现。缺乏良好的沟通，管理者对下属以及下属的工作进度的了解就不充分，下属对分配给他们的任务和要求他们完成的工作也会产生错误的理解，工作任务就很难圆满地完成。

（四）能够鼓舞士气、激励下属

通过良好的沟通，能够改善人际关系，鼓舞士气，维护和谐的工作环境和组织氛围。除了技术性和协调性的信息外，企业员工还需要鼓励性的信息。良好的沟通可以使领导者了解员工的需要，在决策中就会考虑员工的要求，以提高他们的工作热情。同时，企业内部良好的人际关系更离不开沟通。思想上和感情上的沟通可以增进组织成员之间的了解，消除误解、隔阂和猜忌，增强了感情，化解了矛盾。这样，必然会给职工创造一个令人心情舒畅的工作环境，提高人们的工作积极性。

(五) 拓展员工的思维，提高员工的工作能力

一个人无论其多么优秀，他的能力都是很有限的。个人拥有的知识、技能和经验往往会限制个人的思维和行为，尤其是在面临新的环境和新的问题时，如果只是固执己见、墨守陈规，就很难有效的开展工作。而如果通过与别人进行良好的沟通，可以从中获取更加全面的相关信息，进而拓展自己的思维，改变原有的思考方式和工作方法，提高工作能力，促进组织的发展。

(六) 转变员工态度，改变员工行为

理解是接受的前提。在组织内部，一切决策都需要下级真正接受、主动行动才能得到切实地贯彻落实。怎样才能使职工真正理解、完全接受一项决策，特别是有抵触情绪的决策呢？这就需要良好的上下沟通，使职工能够理解上级决策，支持上级决策，实施上级决策，如果做不到这一点，上下对立，职工违心地接受上级的指令，也只能是消极地去执行，不可能有积极性和创造性。

三、沟通的过程

一个完整的沟通过程可以划分为两大部分。一部分是传播阶段，主要包括信息的传播和理解等内容；另一部分是反馈阶段，主要包括沟通各方达成共识并能形成行动。具体来说，沟通的过程可以被细分为如下组成部分或沟通的要素。

(一) 信息

信息(message)。信息就是沟通过程要传递的内容。信息源于发起人，也就是信息的发送者。发送者的想法、观点和资料都可以成为要传递的信息。信息的质量高低要受到发送者知识、技能、态度、信念和价值观等多方面因素的影响。信息包括传递的数据和给予数据特定含义的编码符号(语言和非言语)，语言和非言语符号自身没有任何意义，它们的意义由发出者、接收者及情境或环境所创造。

(二) 发送者和接收者

发送者(sender)和接收者(receiver)。信息的传递是沟通的核心，这意味至少存在着一个信息的发送者和信息的接收者，传递才能完成。在完整的沟通过程中，二者的地位不是固定的，即信息的发送者在下一个信息传递过程中会成为信息的接收者，正是这种地位的互相转换和信息传递的循环往复才使得沟通得以进行。

(三) 编码

编码(encoding)。编码是指信息的发送者将信息翻译成接收者能够理解的一系列符号或者代码，如文字、图片、图像、动作等。需要发送的信息只有通过编码，才能通过一定的沟通渠道输送给接收者。

在这个过程中，被编码的信息受到至少四个因素的影响：第一个是技能，这些技能主要包括听、说、读和逻辑推理能力。第二个是态度。组织行为学理论认为，个体的态度会影响其行为。如果发送者在沟通前对许多事情就已经有预先定型的想法，则这些想法必然会影响到信息的编码。第三个是知识，即发送者对于某一问题的知识会影响他要传递的信息。如果发送者对要发送信息的相关知识非常渊博，则可能使其以最合适的方式把信息编码，接受者的解码任务减少很多；第四个则是沟通过程所处的社会文化环境。社会文化环境中的价值观和行为规范会影响发送者的行为，使其对信息的编码方式作出不

同的选择。比如,如果一个发送者来自信奉儒家文化的中国,而另一个来自信奉伊斯兰教的伊朗,那么其对同一信息的编码的方式可能是截然不同的。

(四) 传输和渠道

传输(send)和渠道(channel)。经过编码的信息要通过某种适当的渠道和方式传递给接受者。沟通的方式和渠道有很多种,且各有利弊,因此,选择恰当的沟通方式和渠道对于进行有效沟通就显得非常重要。随着科技的发展,人们可以借用的沟通渠道也越来越多,沟通方式也更加灵活。衡量一种沟通媒介的要素主要看:反馈的使用和迅速程度;对接收者环境信息的个性化;传递线索的能力。人们可以根据需要选择最合适的工具进行沟通。

关于沟通过程中的渠道和媒介,它是由发送者进行选择的。显然编码后的信息必须经过一定的渠道进行传递,否则就不可能有信息的传播。常用的沟通渠道有许多,如纸张、通知单、小册子、板报、信函、年度报告、通讯刊物、图表、工资单、标语、电话、传真、闭路电视、建议书、备忘录、E-mail 等等。很显然,合理地选择沟通渠道,会有助于避免信息在沟通过程中的失真现象。如果对一个员工作出了全面的绩效评估后,一份合理的书面评价材料可能是比较可靠的沟通渠道,它有助于提高沟通的效率和效果。

(五) 接收

接收(receive)。即信息的接收者将传送的信息符号接收。接收者也需要根据信息的传递方式,选择恰当的接收方式。

(六) 解码

解码(decoding)。信息的接收者对所获信息的理解过程称为解码。信息接收者,即信息发送的对象,要根据所接收的信息的具体形式,选择相应的方式来解码。解码同编码类似,受到接收者个人技能、态度、知识和文化等方面因素的影响,具有不同信息接收能力的人,对信息的解译水平也不同。接收者能否正确地对信息进行解码,是沟通的一个重要环节,而对信息的曲解就会发生在这个阶段。

(七) 反馈

反馈(feedback)。接收者在对信息进行解码、理解之后,向发送者传递自己对信息内容的回应。通过反馈,发送者能够了解信息是否被接收者理解和理解的程度。在反馈的过程中,原来的信息接收者成了信息的发送者,而原来的信息发送者变成了反馈信息的接收者,从而形成一个新的沟通过程。这种动态的、双向的沟通过程更有利于沟通效率的提高。

(八) 噪音

噪音(noise)。即对信息的传送、接收或反馈造成干扰和扭曲的因素,噪声的来源是多方面的,有人为的或客观的。比如,书面沟通中难以辨认的文字、模棱两可的符号、电话沟通中静电的干扰、口头沟通时外部环境中嘈杂的声音等,都属于沟通过程的噪音。噪声的存在会影响接受者对信息的理解,使得沟通的效率大为降低。

在传播阶段,沟通活动的发送者首先要将信息变成为符号或语言,即进行编码工作,然后通过沟通渠道将之传送给接收者。接收者随后对收到的信息进行翻译和理解,即解码,这样信息就由一个人传到了另一个人那里。在图 11-1 中,实线条表示原始信息的传递过程。

随后开始的过程则进入了反馈阶段。原来的信息接收者成为了发送者,他将需要传递的反馈信息进行编码，然后通过选择好的渠道发送出去，而原发送者变成了接收者，他将对收到的信息进行重新的解码工作，以确认原信息已经收到和理解，也可重述原信息以确保原信息被正确理解，或者请求更多的信息。在图 11-1 中，虚线条表示反馈信息的传递过程。

这样的过程可能会发生多次，直到双方确保达到了共同的理解。具体过程可参见图 11-1 所示。

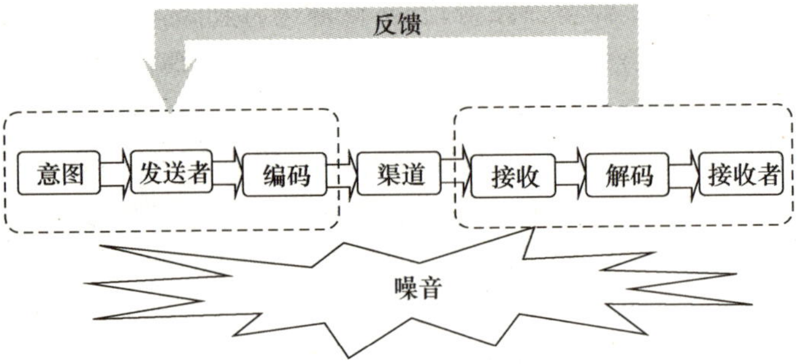

图 11-1 沟通过程模型

四、沟通的原则和要求

（一）准确性原则

把信息传递出去仅仅是沟通的过程，信息最终被接收者准确无误地理解才是最终的目的。简单地说，只有准确的信息才有价值，沟通才真正实现。但是在实际工作中，由于受到双方技能、态度、知识和文化等方面因素的影响，再加上各种噪音的干扰，信息往往不能被恰当地传送和充分地理解。这就要求信息的发送者与接收者提高准确分辨、总结、表达、传递管理信息的能力，同时也要把沟通过程中的噪声干扰减少到最小。

在管理沟通过程中，信息要尽量做到言简意赅、深入浅出。在容易产生歧义的地方作特别的解释说明，尽量避免含糊不清。要使全体组织成员准确理解沟通要求，明白他们在组织沟通中所担当的角色，从而最大程度地排除个人对沟通要求的模糊和误解，保证管理沟通能够顺畅、高效地进行，顺利达到沟通的预期目标。

（二）及时性原则

及时性原则也是保证信息质量的基本要求。信息是有时效性要求的，过期的信息其实是没有价值的，也就不是真正意义上的信息。在管理沟通的过程中应认真遵守及时性原则，只有这样，组织中出现的问题和矛盾才能更快地得到解决，组织制定的新政策、工作任务变化等情况才能尽快得到全体员工的理解和支持，才能及时、有效地执行。要做到及时沟通就要求较高的沟通效率。沟通的效率体现在沟通的各个要素与环节。

（三）完整性原则

沟通的完整性原则强调的是沟通过程的完整无缺，也就是说，有效沟通必须由适当的发送者发出，并通过适当的渠道，完整无缺地传递给适当的信息接收者。企业在设置沟通模式时，必须注意使每一个沟通行为过程均要素齐全、环节齐全，既要有明确的信息发送者和接受者，还要有具体的沟通渠道和方式，尤其是不能缺少必要的反馈过程。只有沟通的过程完整无缺，管理信息的流动才能畅通无阻，沟通的职能才能够充分实现。

（四）灵活性原则

在管理过程中，沟通的方式和渠道应该是灵活多变的，既有书面的沟通，也有口头的沟通甚至肢体语言的沟通，既有正式沟通，也有非正式的沟通。人们往往错误地认为，组织的所有沟通活动都需要是正式的。但事实上，大量的沟通是非正式的。非正式渠道传递信息起到了很重要的补充作用，特别是某一些信息不适合用正式渠道来传递。所以，组织的管理者应该对所有沟通方式、渠道的优缺点有着清醒的认识，在具体的沟通过程中，加以灵活运用。

（五）连续性原则

大多数情况下，一次沟通很难解决所有问题，而要通过反反复复多次的沟通，才能较好地履行和完成沟通的工作职责。这就要求在沟通过程中保持沟通在时间、沟通模式、沟通内容上的连续性。时间上的连续性要求沟通行为要持续地进行；而沟通模式上的连续性原则要求沟通者选择合适、高效、简捷模式，并且要考虑到人们的习惯，尽量使其具备操作上的连续性；内容上的连续性与模式上的连续性均是从提高沟通的熟练与效率角度出发考虑问题。

第2节　人际沟通

人际沟通(interpersonal communication)是指存在于两人或多人之间的沟通，是一种最常见的沟通形式，是组织沟通的基础。首先，人作为社会人的存在，需要与外界交流、与他人分享信息与感情。其次，在组织中，个体成员要将个体目标和组织目标联系在一起，也需要沟通。每个组织都有数人、数十人、数百人甚至更多的人组成，他们在从事着组织内许许多多的具体工作。由于个体地位、能力和利益的差异，他们对组织目标的理解、所感受的信息和工作的方式都不尽相同，这就使得各个体的目标有可能偏离企业的总目标，甚至完全背道而驰。因此，有效的人际沟通在组织活动中是必不可少，它可以更好地协调组织相关人员高效地完成工作，以保证组织目标的实现。

一、人际沟通的主要形式

人际沟通活动中常用的沟通形式有口头沟通、文字沟通、非言语沟通和电子媒介沟通。

（一）口头沟通

人与人之间最常见的交流方式是面对面地交谈，就是口头沟通(oral communication)。口头沟通是一种高度个人化地交流思想、内容和情感的方式，它可以是面对面地谈话，也可以通过一些现代化通讯工具进行。常见的口头沟通方式有交谈、讲座、讨论会、电话、语音与视频聊天等。口头沟通为沟通双方提供了更多的平等交换意见的可能性。人们通过沟通信息的内容培育相互之间的理解。

口头沟通的优点是快速传递和快速反馈。在这种方式下，信息可以在最短的时间里被传送，并在最短时间里得到对方的回复。如果接收者对信息有所疑问，迅速的反馈可使发送者及时检查其中不够明确的地方并进行改正。但它也有局限性：① 即使相同的词，对不同的人也会产生不同的意义；② 语音、语调使意思变得复杂，不利于意思的传递；③ 意思会因人的态度、意愿和感知而被偷换，人们推知的意思可能是正确的也可能是不正确的。在沟通过程中卷入的人越多、沟通的链条越长，信息失真的潜在可能性就越大。每个人都以自己的方式解释信息，当信息到达终点时，其内容常常与最初大相径庭。如果组织中的重要决策通过口头方式在权力金字塔中上下传递，则信息失真的可能性相当大。有关研究表明，知识丰富、自信、发音清晰、语调和善、诚意、逻辑性强、有同情心、心态开放、诚实、仪表好、幽默、机智、友善等都能有效促进口头沟通。

（二）书面沟通

当组织或管理者的信息必须广泛向他人传播或信息必须保留时，书面沟通（written communication）的方式就成了首选。书面沟通包括备忘录、信件、电传、组织内发行的期刊、布告栏及其他任何传递书面文字或符号的手段。

书面沟通的优势在于：持久、有形、可以核实；和口头沟通相比，往往显得更为周密，逻辑性强，条理清楚；可以使沟通者精确地表达他所想传递的信息，并有机会在给接受者发送之前充分地准备、组织这则信息；比口头沟通要正式。

书面沟通也存在一些问题：编写文字材料比较费时；在有些情况下不能得到即时的反馈；等等。现代通讯技术能够在一定程度上解决这些问题。

（三）非言语沟通方式

非言语形式（nonverbal communication）是不经由言语表达的沟通，是既非书面的也非口头的沟通方式。在沟通过程中不把信息通过语言进行编码，就构成了非语言沟通。如十字路口的红灯、学校里的铃声等都有效地向人们传递了信息。

非言语沟通的形式十分丰富，如通过面部表情（微笑、扬眉、皱眉、拉下巴等）、体态语言（手势、姿势、点头、耸肩和其他身体动作）、语调（轻柔、平稳、刺耳、着重音、反问），甚至衣服的款式（随意、保守、正式、流行）、道具（办公室的摆设）等进行的沟通。

非言语沟通往往会伴随着口头沟通进行，所以它往往会对有效沟通造成极大影响，这一点在沟通中必须引起足够的重视。在沟通过程中既要观察、理解对方的言语信息，也要密切注意非言语信息，轻松地达成沟通目的。

（四）电子媒介沟通

目前人类已步入信息时代和知识经济时代，各种复杂多样的电子媒介（electronic media）已经逐步担当起沟通中的渠道。除了传统的媒介（如电话和公共邮寄系统），还有闭路电视、计算机、静电复印机、传真机、移动电话等一系列电子设备，将这些设备与言语和纸张结合起来就产生了更有效的沟通方式。其中发展最快的应该是互联网了。人们可以通过计算机网络快速传递书面及口头信息。如：电子邮件迅速而廉价，并可以同时将一份信息传递给若干人；网络聊天工具不仅用于人们的休闲娱乐中，也成了组织内开展工作的一种有效的沟通方法。

表 11-1　人际沟通主要形式的比较

特征 沟通方式	举例	优点	缺点
口头	交谈、讲座、讨论会、电话	快速传递、快速反馈、信息量很大	传递中途经过层次愈多，信息失真愈严重，核实越困难
书面	报告、备忘录、信件、文件、内部期刊、布告	持久、有形，可以核实	效率低，缺乏反馈
非言语	声、光信号、体态、语调	信息意义十分明确，内涵丰富，含义隐含灵活	传递距离有限，界限模糊，只能意会，不能言传
电子媒介	传真、闭路电视、计算机网络、电子邮件（e-Mail）	快速传递、信息容量大、一份信息可同时传递给多人、廉价	单向传递，电子邮件可以交流，但看不见表情

二、人际沟通的障碍

人与人之间的有效沟通存在哪些问题与障碍呢？不同的学者从各自专业的角度给出了阐释。罗宾斯认为，除了沟通过程中所识别的一般类型的失真之外，管理者还面临其他以下有效沟通的障碍。

（一）过滤

过滤(filtering)是指故意操纵信息，使信息显得更易得到接受。比如，当有人向上级的管理者陈述问题时，可能会故意略去一些内容，只留下管理者喜欢听到的东西。

当沿着组织层次向上传递信息时，为避免高层人员信息超载，发送者需要对信息加以浓缩和综合。而浓缩信息的过程受到信息发送者个人兴趣和对哪些信息更重要的认识的影响，因而也就造成了信息沟通中的过滤现象。如果组织能够较少依赖刻板的层级安排，代之以更强调协作、合作的工作安排，那信息过滤的问题就会减弱。另外，组织文化对过滤行为起到了很大的影响作用。组织中的奖励越是注重形式和外表，管理者就越会有意识按照对方的品味调整和改变信息。

（二）选择性知觉

选择性知觉(selective perception)是指人们根据自己的兴趣、经验和态度而有选择地去解释所看到或所听到的信息。沟通过程中，接受者会根据自己的需要、动机、经验、背景及其他个人特质而选择性地去看或听所传递给他的信息。解码的时候，接受者还会把自己的兴趣和期望带到信息之中。

（三）情绪

在接收信息时，接受者的情绪(mood)也会影响到他对信息的解释。一个人在高兴或悲伤的时候，会对相同的信息作出截然不同的解释。极端的情绪更可能使得沟通无法进行。情绪化常常使我们无法进行客观而理性的思维活动，而让一种情绪性的判断取而代之。

（四）信息超载

当一个人所得到的信息超过了他能整理和使用的容量时，就会出现信息超载(information overload)问题。当今典型的经理人员常常抱怨信息超载。他们倾向于筛掉、轻视、忽略或遗忘某些信息，或者干脆放弃进一步处理的努力，直到超载问题得以解决。不论何种情况，结果都使信息缺失和沟通效果受到影响。

（五）防卫

当人们感到自己正受到威胁时，他们通常会以一种防卫的方式作出反应，这降低了取得相互理解的可能。这种防卫表现在一方对另一方的言语攻击、讽刺挖苦、品头论足，以及怀疑对方的动机等行为上。当一方将另一方的意思理解为威胁性时，他就经常会以有碍有效沟通的方式作出反应。

（六）语言

同样的词汇，对不同的人来说，含义是不一样的。年龄、教育和文化背景是三个最明显的因素，它们影响着一个人的语言风格以及他对词汇的界定。在一个组织中，员工常常有不同的背景、不同的言语习惯。在同一组织不同部门中工作的人员，甚至还会有各自的行话(jargon)——内部沟通中所用的专业术语或技术语言。

（七）民族文化

沟通障碍也可能产生于民族文化的不同以及风俗习惯的差异。人际沟通不可能在全世界范围内、在不同文化之间以同样的方式进行。文化差异会影响到管理者对沟通方式的选择。这些差异要是没有得到很好的认识和认真的考虑，那么极有可能成为有效沟通的障碍。

比如在美国，沟通类型倾向于是以个人为中心，而且语义明确。美国的管理者喜欢用备忘录、通报、职务报告及其他正式的沟通手段来阐明他对某一问题的看法。而日本管理者在有关问题上更多是先以口头协商方式与下属们沟通，然后再起草一份正式的文件说明已达成的共识。日本人看重协商一致的决策，因而开放式的沟通是其工作环境氛围的一个内在构成要素。而且，更多采用面对面的沟通。

三、如何克服人际沟通的障碍

既然存在以上沟通的障碍，那么，管理者该如何克服？罗宾斯教授给出了以下建议：

（一）运用反馈

很多沟通问题是由于误解或理解不准确造成的。如果管理者在沟通过程中使用反馈回路，则会减少这些问题的发生。这里的反馈可以是言语的，也可以是非言语的。比如，当管理者问接受者："你明白我的话了吗？"他得到的答案就代表着一种反馈。

（二）简化用语

由于语言可能成为沟通的障碍，因此，管理者应选择好措辞，并注意表达的逻辑，使发送的信息清楚、明确，易于接受者理解。管理者不仅需要简化语言，还要考虑到信息所指向的听众，以确保所用的语言能适合于该类信息的接受者。因为，有效的沟通不仅需要信息被接收，而且需要信息被理解。通过简化用语，尽量使用与接受者一致的言语方式来发送信息，这可以增进理解。

（三）积极倾听

听和倾听是有区别的。倾听是对含义的一种积极主动的搜寻，而单纯地听则是被动的。在倾听时，接受者和发送者双方都在进行着思索。

积极倾听(active listening)是指不带先入为主的判断或解释的对信息完整意义的接受，因此它要求听者全神贯注。提高积极倾听的效果，可采取的一种办法是发展对信息发送者的共情，也就是让自己处于发送者的位置。鉴于不同的发送者在态度、兴趣、需求和期望方面各有不同，因此共情使接受者更易于准确理解某一信息的真正内涵。

（四）控制情绪

如果要求管理者总是以完全理性化的方式进行沟通，也不太现实。情绪会使信息的传递严重受阻或失真，当管理者对某件事十分失望时，很可能对所接受的信息发生误解。并在表述自己信息时不够清晰和准确。那么，管理者应该如何行事呢？最简单的办法是，暂停进一步的沟通，直至恢复平静。

（五）注意非言语提示

非语言是一种重要沟通形式，往往对语言的沟通起到很好的补充作用，也起到强化语言的作用。有效的沟通要十分注意自己非言语形式的沟通，保证它们真的在传达你所期望的信息。

第3节 组织沟通

组织沟通(organizational communication)是指在组织内部各单元之间或不同组织之间进行的信息传递,其信息的发送者和接收者是不同的组织单元。在组织内部,既存在着人与人之间的人际沟通,也存在在部门之间的组织沟通。作为管理者,除了注重人际沟通外,还应该关注部门与部门之间的沟通问题。由于组织成员处于不同的部门,有着不同的职位、职权与责任,并受到组织权力系统的制约,因而组织沟通比单纯的人际沟通更为复杂。组织中许多信息的传递往往需要经过多个信息发送者和接收者,才能到达信息的最终接收者。因此,在组织内部建立畅通的信息沟通渠道和网络,对组织有效运转起到至关重要的作用。

根据信息传递的渠道不同,可将组织沟通区分为正式沟通和非正式沟通两大类。

一、正式沟通

正式沟通(formal communication)是指在组织系统内,依据一定的组织原则与程序、通过正式组织系统渠道所进行的信息传递与交流。例如组织与组织之间的公函来往,组织内部的文件传达、召开会议,上下级之间定期的情报交换、同事之间为完成任务而进行的信息交流等。另外,团体所组织的参观访问、技术交流、市场调查等也在此列。正式沟通畅通无阻,组织的生产经营活动及管理活动才会井然有序。因此,正式沟通渠道必须灵敏而高效。

正式沟通的优点是比较严肃正规、约束力强、权威性高、参与沟通的人员普遍具有较强的责任心和义务感,从而易保持所沟通的信息的准确性及保密性,沟通效果好。重要的信息、文件和政策的传达、组织的决策等,一般都采取这种沟通方式。其缺点是对组织机构依赖性较强、依靠组织系统层层的传递而造成速度迟缓、沟通形式刻板。如果组织管理层次多、沟通渠道长,容易导致信息失真与扭曲。

(一) 正式沟通的方向

按照信息的流向,正式沟通可以分为上行沟通、下行沟通、水平沟通、斜向沟通(如图11-2所示)。

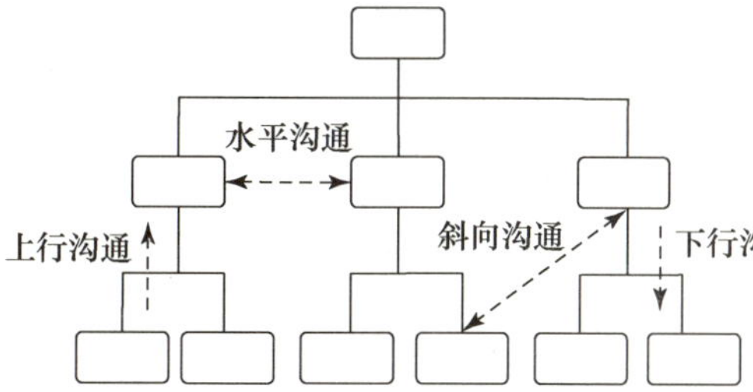

图 11-2 正式沟通的方向

1. 上行沟通

上行沟通(upward communication)主要是指低一级的组织成员和管理人员通过一

定的渠道与更高一层管理者所进行的沟通交流，在这个过程中，信息是由下属人员向上层管理者传递。如下级向上级反映意见、汇报工作情况、提出意见和要求等。管理者利用这种方式能够了解组织的经营状况，了解下属和一般员工对于工作、同事及整个组织的意见及想法，与下属形成良好的关系，改进自己的工作，提高管理的水平。

2. 下行沟通

下行沟通(downward communication)是指信息自上而下的沟通，也是在传统组织内主要的信息流向。管理者一般以命令方式传达上级组织或其上级所决定的政策、计划、规定之类的信息，有时颁发某些资料供下属使用，等等。如果组织的结构包括有多个层次，则通过层层转达，其结果往往使下向信息发生歪曲，甚至遗失，而且过程迟缓，这些都是在下行沟通中经常发现的问题。

就比较而言，下行沟通比较容易，居高临下，甚至可以借助于组织广播台、公告栏、网络平台等传播工具进行广泛宣传，信息更容易被传递和理解；上行沟通则困难一些，它要求管理者深入实际，及时了解情况，做细致的工作，拓展各种沟通渠道，鼓励和带动下属员工的积极性。一般来说，传统的管理方式偏重于下行沟通，而现代管理方式则强调下行沟通与上行沟通并用，强调信息反馈，增加员工参与管理的机会。

3. 水平沟通

水平沟通(lateral communication)，又称横向沟通，是指组织内部平行机构之间或同一层级人员之间的信息交流。如组织内部各职能部门之间、车间之间、班组之间、员工之间的信息交流。在传统的组织结构中，命令的统一性要求信息传递按照上下垂直地通过等级链进行，这给水平沟通带来了不少麻烦。死板地按照等级链操作，也在一定程度上增加了延误时机的风险，因此，现代组织往往规定有些信息可以进行横向交流。

4. 斜向沟通

斜向沟通 (diagonal communication)是指处于不同层次的没有直接隶属关系的部门或成员之间的沟通，这种沟通往往发生在同时跨工作部门和组织层次的员工之间。如人力资源主管就员工的工作业绩和员工所在班组长沟通了解情况时，就是在进行斜向沟通，因为这两个人即不在同一部门又不在同一组织层次。斜向沟通常常发生在项目型结构和团队结构的组织中。斜向沟通方式有利于加速信息的流动，提高工作的效率。

（二）正式沟通网络的类型

在实际组织沟通中，正式沟通的四种形式往往是同时、交叉进行的，这些不同走向的沟通联成沟通网络。沟通网络(communication networks)就是指组织沟通信息的纵向和横向集合而成的各种形态。许多的信息往往都是经过多种渠道、多个环节的传递，才最终到达接受者。沟通的网络主要有五种典型的理想化的形式：链式、环式、Y式、轮式、全通道式。图11-3中每一对字母之间的连线代表一个双向交流通道。

1. 链式沟通

链式沟通(chain)是一个平行网络，这种沟通方式表示上下级之间单个等级链的沟通。它可以是上行的沟通，也可以是下行的沟通。它是一种单线的、顺序传递的犹如链条状的沟通网络形态，其中居于两端的人只能与内侧的一个成员联系，居中的人则可分别与两人沟通信息。在组织中，这种形式的沟通信息是按照组织的层级设置纵向传递的，属于控制性结构。

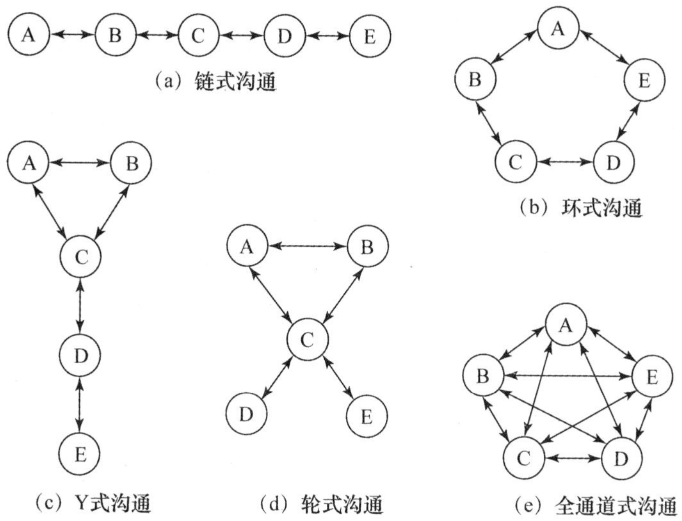

图 11-3 正式沟通网络的类型

这种沟通方式的优点是：传递信息的速度较快；解决简单问题的时效较高。但是缺点也比较明显：沟通信息经过层层传递、筛选，容易失真；各个信息传递者所接收的信息差异很大，平均满意程度有较大差距；每个成员的沟通面狭窄，彼此沟通的内容分散，不易形成群体共同意见，最低层次的沟通者与最高层次的沟通者难以通气，不利于培养群体凝聚力。

2. 环式沟通(circle)

环式沟通，也称圆周式沟通，此形态可以看成链式形态的一个封闭式控制结构。信息链首尾相连形成封闭的信息沟通的环，其中每个人都可以同时与两侧的人沟通信息，也就是组织内的所有成员之间都不分彼此地依次传递信息。在这个沟通网络中，大家地位平等，不存在信息沟通中的领导或中心人物。

这种沟通方式的优点是：组织内民主气氛较浓；团体的成员具有一定的满意度；横向沟通一般使团体士气高昂。缺点是：组织的集中化程度和领导人的预测程度较低；沟通速度较慢；信息易于分散，往往难以形成中心。

如果在组织中需要创造出一种高昂士气来实现组织目标，同时追求创新和协作，加强组织中的决策机构、咨询机构、科研开发机构以及小规模独立工作群体，采用环式沟通是一种行之有效的措施。

3. Y 式沟通

Y 式沟通可以看作链式沟通与环式沟通的结合、一个纵向沟通网络，其速度、满意度、失真度等也介于链式沟通与环式沟通之间。在 Y 式沟通网络中，只有一个成员位于沟通的中心，成为沟通的媒介，是网络中拥有信息而具有权威感和满足感的人。这一网络大体相当于组织领导、秘书班子再到下级管理人员或一般成员之间的纵向关系，即组织领导从秘书处收集信息和建议，形成决定后再向下级人员传达命令的这样一种信息联系方式。

这种网络的集中化程度高，解决问题速度快；组织中领导人员预测程度较高；除中心人员外，组织成员的平均满意程度较低；易导致信息曲解或失真，影响组织中成员的士气，阻碍组织提高工作效率。

此网络适用于管理人员工作任务十分繁重、需要有人选择信息、提供决策依据、节省时间而又要对组织实行有效控制的情况。

4. 轮式沟通(wheel)

轮式沟通属于控制型网络，是加强组织控制、争时间、抢速度的一个有效的方法。在轮式沟通网络中，只有一个成员是各种信息的汇集点与传递中心，信息由他向周围多线传递，其结构形状像轮盘。在组织中，大体相当于一个主管领导直接管理几个部门的权威控制系统，所有信息都是通过他们共同的领导者进行传递和交流。

轮式沟通网络集中化程度高，解决问题的速度快；管理人员的预测程度高；处于中心地位的领导者的满足程度较高，他是信息沟通的核心，一切信息都得经过这个核心进行传递，所以可以接收所有的信息，有利于了解、掌握、汇总全面情况并迅速把自己的意见反馈出去。

但轮式沟通的渠道很少，除处于核心地位的领导了解全面情况外，其他成员之间互不通气，平行沟通不足，这会导致组织成员的满意程度低，士气低落。将这种沟通网络引入组织机构中，容易滋长专制型交流网络，并且领导者在成为信息交流和控制中心的同时可能面临着信息超载的负担。

如果组织接受紧急攻关任务，要求进行严密控制，则可采取这种网络。

5. 全通道式沟通(all channel)

全通道式是一个开放式的网络系统，其中每个成员都有一定的信息沟通联系，彼此了解。此网络中组织的集中化程度及管理人员的预测程度均较低。

由于沟通渠道很多，组织成员的平均满意程度高且差异小，所以士气高昂，合作气氛浓厚，从而有利于集思广益，提高沟通的准确性。但是，沟通渠道太多也容易造成混乱，而且又费时，影响工作效率。此网络适合于解决复杂问题、增强组织合作精神、提高士气的情况。

上述五种正式沟通网络，各有优缺点，如图 11-2 所示。作为领导者，在实践中需要注意利用不同沟通类型的长处，避免其短处，进而有效地开展管理沟通。

表 11-2　五种沟通网络的比较

沟通形态 / 评价标准	链式	环式	Y 式	轮式	全通道
集中性	适中	低	较高	高	很低
速度	适中	慢	快	快(简单任务) 慢(复杂任务)	快
正确性	高	低	较高	高(简单任务) 低(复杂任务)	适中
领导能力	适中	低	高	很高	很低
全体成员满足	适中	高	较低	低	很高

二、非正式沟通

非正式沟通(Informal Communication)是指正式沟通渠道以外的信息交流和传达方式。非正式沟通是非正式组织的副产品,它一方面满足了员工的需求,另一方面也补充了正式沟通系统的不足,是正式沟通的有机补充。

非正式沟通一般由组织成员在感情和动机上的需要而形成,因而是一种非官司方的、私下的沟通。和正式沟通不同,非正式沟通的沟通对象、时间及内容等各方面,都是未经计划和难以辨别的,其沟通途径是通过组织内的各种社会关系,这种社会关系超越了部门、单位以及层次。因此,非正式沟通比正式沟通有更大的弹性。

一般认为,非正式沟通的渠道有三种：一是通过非正式组织进行;二是通过私人进行;三是通过组织内的各种社会关系实现。一般以口头方式为主,不留证据,甚至可以不负责任,也比较迅速。例如同事之间的任意交谈,甚至透过家人之间的传闻、小道消息等,都可以称为非正式沟通。

非正式沟通有一种可以事先预知的模型。心理学研究表明,非正式沟通的内容和形式往往能够事先被人知道。它具有以下几个特点：消息越新鲜,人们谈论得就越多;对人们工作有影响的人或事,最容易引起人们的谈论;最为人们所熟悉的,最多为人们谈论;在工作中有关系的人,往往容易被牵扯到同一传闻中去;在工作上接触多的人,最可能被牵扯到同一传闻中去。

对于非正式沟通这些特点,管理者应该予以充分和全面的考虑,以防止起消极作用的"小道消息"。通过利用非正式沟通,为组织的目标服务。

(一)非正式沟通产生的原因

非正式沟通的产生主要来自两个方面的因素。

一方面,是人们天生的需要。通过这种沟通途径来交换或传递信息,常常可以满足个人的某些需要。例如：人们由于某种安全的需要,乐意探听有关人事调动之类的消息,以消除忧虑感;出于对自身利益的关心,人们总是会对与已有关的各种事情关注过多,以至于产生了相关的小道消息;朋友之间交换消息,则意味着相互的关心和友谊的增进,借此更可以获得社会需要的满足;部分人有炫耀自己的"信息优势"的习惯,当他们一旦拥有关于某事的最新消息时,便会与他人"分享"之,这种消息对于组织成员来说,往往是他们最感兴趣可又是最缺乏的消息。

另一方面,显而易见的原因是,正式沟通过程中存在着难以克服或固有的障碍,这种难以克服的障碍需要非正式沟通来弥补。如果人们缺少有关某一势态的信息时,他们就会千方百计地通过其他途径来填补这一空隙,非正式沟通便是途径之一。特别是当人们期待已久的消息一直没有通过正式渠道传播或者某些消息不便通过正式渠道传播时,小道消息自然应运而生。与此同时,组织中常常会存在一些人热衷于传播小道消息,虽然这与其自身特质原因相关,但最终也可以追溯到正式沟通的障碍和沟通不良。

(二)非正式沟通的优缺点

同正式沟通相比,非正式沟通的优点是：沟通形式灵活,直接明了,速度快,省略许多烦琐的程序;容易及时了解到正式沟通难以提供的"内幕新闻",真实地反映员工的思想、态度和动机;一个具有较丰富的非正式沟通渠道的网络可能会形成宽松的企业文化氛围，可以对正式沟通渠道形成有益的补充，也可以使员工的信息压力得到一定的解脱。

但非正式沟通的缺点也比较明显：难以控制，传递的信息不确切，容易失真、被曲解，而又无法落实责任；并且，如果非正式沟通被别有用心地利用，那么可能会危及正式沟通的效果，从而导致小集团、小圈子，影响组织的凝聚力和稳定性。

如果能够对企业内部非正式的沟通渠道加以合理利用和引导，就可以帮助企业管理者获得许多无法从正式渠道取得的信息，同时解决潜在的问题，从而最大程度地提升企业内部的凝聚力，发挥整体效应。

（三）非正式沟通的类型

对于非正式沟通过程的网络结构，一般认为主要包括如下四种：

1. 集群连锁(cluster chain)

在集群连锁中，会存在几个中心人物(如图 11-4a 中的 A 和 D)，一个人告诉了另外的几个人，再由这些人或是保密，或是告诉另外若干人，结果是一传十、十传百、百传千，最后是组织内外几乎所有人都知道了该信息。在这个模式中，中心人物也被称为联络员或“转播站”，他们对所选择的渠道是非常挑剔的。他们把信息传递给某些人，而对另一些人则避而不谈。这并非是联络员不信任他们，而是认为他们不应该知道这个信息。集群连锁中信息传播速度极快，这很大程度上“受益”于该网络中的人都在“群体接力”式地传播信息。俗语中的“坏事传千里”的沟通机制就是这种网络结构。

2. 密语连锁(gossip chain)

在这种网络中，由一人告知所有人，正如一个人在开一个新闻发布会一样，只不过这个“发布会”是秘密地或私下进行的。在组织中，常常会有非正式的聚会，这就为这类网络提供了充分的发挥空间。人们往往会通过这种闲谈式的沟通由一个人来传播某些消息。很明显，在这个沟通网络中，有一个信息发送者 A，其他人都是信息接收者，但 A 不一定是该网络的领导者，也不一定是某个组织(如企业)的领导者，可能只是由于他率先得到某些消息而拥有的“信息优势”，并且他本人就是一个喜欢传递各种消息的人。

3. 随机连锁(probability chain)

所谓随机，就是没有经过事先安排的，只要条件满足就能发生行动。在这个网络中，信息发送者碰到一个就进行信息沟通，后者也是这样，碰到什么人就转告什么人，并无一定的中心人物做特定的发送者，其他人被安排做接收者。换而言之，这种网络中不存在对接收者的选择。这也是非正式沟通中最常用的一种沟通方式。

4. 单线连锁(Single chain)

所谓单线连锁型就是非正式沟通中由一个人将信息转告另一个人，后一人也只再转告下一人。这是种最为少见或最不常用的方式。因为这类沟通网络中信息最容易失真，但最适宜传递那些不宜公开的信息或机密。比如，我们在影视作品中常常看到的特工和地下党组织就是这么一种沟通网络，不同的是他们通常还使得沟通双方在沟通渠道中只知道上家和下家，不知道这一单线中是否还有其他人，从而保护组织一旦被发现时受损不大。

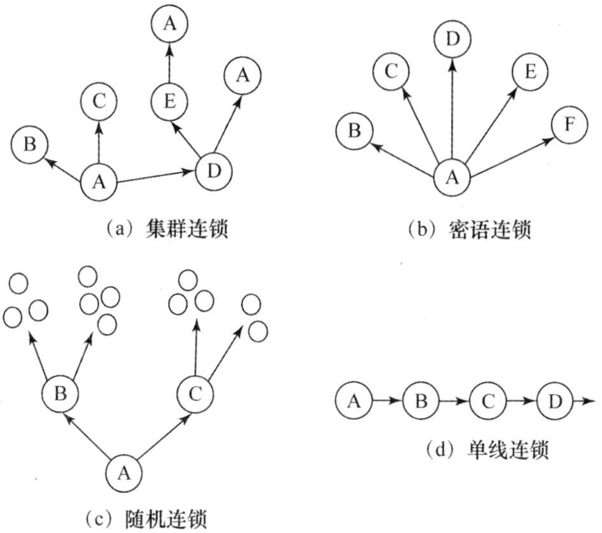

图 11-4　非正式沟通网络的类型

（四）非正式沟通在管理上的意义与对策

在传统的管理及组织理论中，并不承认这种非正式沟通的存在；即使发现有这现象，也认为要将其消除或减少到最低限度。但是，当代的管理学者知道，在管理实践中，一个组织中的沟通网络不仅包括了正式沟通渠道，同时也包含了大量的非正式沟通渠道，非正式沟通现象的存在是根深蒂固。

当一个组织中非正式沟通非常流行时，与之而来的是极有可能带来相应的不利因素，特别是当传言非常盛行以至于让组织的正式沟通无以为继时。所以如何对非正式沟通"取其利，抑其弊"，是管理者在选择沟通策略时不得不考虑的重要问题之一。

1. 正本清源，开诚布公

非正式沟通的产生和蔓延，主要是由于内部员工得不到他们所关心的信息所导致的。在有些组织中，管理者在平时惯于内部操作，不给员工提供必要的信息，故作神秘、封锁消息，结果使得正常的信息也会蒙上一层神秘面纱，为背后谣言的流传创造条件。正本清源，开诚布公，就是要求管理尽可能地向组织开放沟通渠道，公开必要的信息，杜绝种种不实消息的传播。

2. 提供事实，驳斥谣言

要想阻止已经产生的谣言，与其采取防卫性的驳斥，或说明其不可能的道理，不如提供客观事实，以事实去击破谣言。当然，这要求所提供的事实一定要有较强的针对性。

3. 诚信待人，与人为善

成功、有效的沟通，往往伴随着良好的人际关系。管理者要与组织成员坦诚相待，必须认识到员工是组织的建设者与维护者，是组织的利益相关者，而不仅仅是被管理的对象，以培养组织成员的忠诚度和信任感。一旦这种良好的关系建立起来，那么员工自然会信赖管理层的正式沟通渠道，小道消息自然会无处下手。

4. 丰富员工的生活内容

常言道，无事生非。闲散和单调是造谣生事的温床。当员工无所事事时，可能就会利用闲言碎语来打发时间。为避免不实传闻的发生，管理者应当采取措施以丰富员工的工作内容和生活内容，避免他们因过分闲散和枯燥而有“生产”谣言的时间和心思。

5. 加强管理人员的培训

在对于组织管理人员的训练中，应增加这方面的知识，使他们有比较正确的观念和处理方法。

第 4 节　冲突与冲突管理

冲突与冲突管理是管理沟通理论中的重要概念。从管理心理学的角度来看，当人们具有不同的目标或利益时，往往会产生外显或潜在的意见分歧或矛盾，从而体验到心理冲突或人际冲突。

在日常生活中，“冲突”一词往往具有一定的负面含义。因此，许多时候，人们会忌讳谈论“冲突”，更多愿意用“矛盾”或“分歧”的概念来分析所存在的问题。然而，在管理理论中，“冲突”是个中性词。在一个组织中，冲突是一种客观存在的、不可避免的、正常的社会现象，是组织行为的一个部分。

冲突意味着相应的个体或群体之间的利益不一致以及一系列的冲突问题和事件。一方面，冲突可能损害组织的效率；另一方面，适度的冲突也可能激发组织的创造性。因此，为了协调组织内部及组织间的人际关系，提高组织的生产效率，当冲突发生后，冲突的处理方式是非常重要的。

一、冲突的概念

冲突一词是好多学科的术语，从各自学科的不同角度出发，对冲突的定义也不同。

政治学强调的是目标和利益在冲突中的意义，将目标利益作为产生冲突的根本原因，认为冲突是利益集团为了达成不同的目标与满足相对的利益形成的某种形式的斗争。

社会学强调冲突双方的态度和直接、公开的斗争形式，认为冲突是两个或两个以上的人或团体之间直接的和公开的斗争，彼此表示敌对的态度和行为。

心理学强调冲突的心理因素，认为冲突是两个或两个以上的人或团体的目标互不相容或互相排斥，从而产生心理上的矛盾。

组织行为学强调冲突所造成的紧张状态，认为冲突是组织成员在相互交往的过程中，由于分歧、争论和对抗而使彼此关系出现的紧张状态。

在管理实践中就会发现，人们并不只是因为彼此之间存在不同的利益或不同目标才会发生冲突，两个具有完全相同利益或目标的主体之间也可能发生冲突。也就是说，并不是只有竞争才会引起冲突，合作也有可能引发冲突。比如在一个团队中，组织成员对团体目标都有着高度的责任感，但也可能因为在具体的工作方法、手段以及利润分配方案等发生冲突。因此，可以将冲突定义为相互作用的主体之间存在的互不相容的行为和目标。即冲突是从相互依赖中产生的，两个毫不相关的行为主体之间是不会发生冲突的。

二、对待冲突的态度

（一）传统的冲突观点

在传统理论中，冲突总是被认为是有害的，会给组织造成不利影响，它是导致组织动荡不安、混乱乃至分裂的主要原因之一。因此，冲突成为组织机能失调、非理性、暴力和破坏的同义词。在20世纪三四十年代，这种观点占主导地位。因为冲突破坏组织的和谐与稳定，影响组织决策目标的实现，管理者应尽可能避免和清除冲突。

（二）人际关系观点

这种观点认为，对于所有的群体和组织来说，冲突都是与生俱来的、无法避免的自然现象。并且，冲突也不一定给组织带来不利的影响，而且有可能成为有利于组织工作的积极动力。因此，人际关系学派建议接纳冲突，承认冲突在组织中存在的必然性和合理性。20世纪40年代至70年代中叶，这种观点在冲突理论中占主导地位。

（三）相互作用观点

与人际关系观点只是被动地接纳冲突不同，互动作用观点强调管理者要鼓励有益的冲突，认为融洽、平和、安宁的组织容易对变革和革新的需要表现为静止、冷漠和迟钝，而一定水平的冲突却能使组织保持旺盛的生命力、善于自我批评和不断革新。

当群体间没有冲突时，群体可能不会进行自我评估和分析，无法发掘潜力。而冲突可以为组织变革提供激励因素，会刺激组织成员的兴趣和好奇心。组织成员间在观念和方法上的分歧迫使他们提出论据，从而不断加深对自己和别人的认识，提高群体成员和整个组织系统的创新水平。

同时，冲突也能够打破组织成员之间表面的和谐，消除成员间的潜在的隔阂，寻求组织的共同利益，促进联合，求得共同生存。比如，当群体遭到更强大的外来力量的袭击时，群体很容易形成联合体来抵御对手；当一个国家遭受外来侵略的时候，各民族也会表现出空前的团结。

因此，按照现代冲突观，管理者不应对所有的冲突一视同仁，而应区别对待，对于有益的冲突，应该采取积极鼓励的态度。管理者的工作应该是设法加强组织有效性且不产生更深敌意或破坏性行为的方式去管理冲突。作为管理者，他们应该受到奖赏的是诊断和管理冲突的能力，而不是看他所管理的单位表面是否和平。

三、冲突的类型

按照冲突发生的水平，可以分为个人内心的冲突、人际关系冲突、群体间的冲突和组织层次间的冲突。个人内心的冲突是指当一个人面临多种选择难以决策时，个人会表现得犹豫不决、茫然不知所措；人际关系冲突是指两个或两个以上的个人在各自目标实现的过程中发生的对抗，它可能发生在群体成员内部，也可能发生在两个不同的群体成员之间；群体间的冲突和组织层次间的冲突是指同一群体内部成员之间的冲突，它会导致成员分化为两个或更多的小群体，从而将群体内的冲突转化为群体间的冲突，也可能是分别处于两个群体内的成员间的个人冲突逐渐升级而成。

根据冲突产生的原因及影响，可以将冲突分为功能正常冲突和功能失调冲突，或称为建设性冲突和破坏性冲突。区分冲突是功能正常的还是功能失调的指标是群体的工作绩效。凡是有利于达到组织目标的是功能正常冲突，凡是阻碍达到组织目标的是功能失调冲突。这里要注意的是，功能正常的冲突和功能失调的冲突之间有时界限并不明显，没有一种冲突水平对所有条件都合适。某种冲突能促进某一个群体为达到目标而积极工作，但对另外的群体或同一群体的不同时期，则可能是功能失调的。但基本的判断标准是群体绩效，而不是对群体单个成员的影响。

根据冲突内容，可分为目标冲突、认知冲突、感情冲突和角色冲突。目标冲突是指个人或群体同时要达到两个相反的目标，由于两个目标背道而驰，不可能同时达到而引起的冲突；认知冲突是指由于人们的知识、经验、态度和观点不同，对于同一事物会有不同的认识而造成的冲突，这种冲突在企业中相当普遍，如人们在采用新设备、对雇员的管理、企业的发展战略等各方面都会有不同的认识，从而引起冲突；情感冲突是指由于人们对是非、善恶、好坏等观念不同所造成的，比如有些领导认为企业的首要任务是提高产量，而有些认为是提高产品质量，这是由于价值观的分歧引起的冲突；角色冲突是指由于组织中个人和群体承担的任务和职责不同，从而产生不同的利益和需要，因此，在处理问题的时候往往首先考虑本人或本群体的利益而产生的冲突，比如对组织结构程序化依赖性高的群体认为生产部门最重要，对人际关系依赖性高的群体认为销售部门最重要等。

四、冲突管理的过程模型

如前所述，冲突除了具有破坏性，还具有建设性。作为管理者，完全消灭冲突是不可能的，也是不现实的，更好的方法是对冲突进行管理来降低冲突对组织造成的破坏性，同时利用冲突来提高组织的凝聚力。

有效的冲突管理是一项十分艰巨的任务，它要求管理者对冲突管理有正确的理解并能熟练地运用各种技巧。有许多专家提出了非常具有启发意义的模型。其中比较有名的有罗宾斯的五阶段模型、杜布林的冲突系统分析模型、布坎南的四阶段模型和托马斯的二维模式。

（一）罗宾斯的五阶段模型

罗宾斯（Stephen P. Robbins）将冲突过程分为五个阶段（如图 11-5 所示）：

阶段Ⅰ：潜在对立和不相容。这一阶段表明了可能产生冲突机会的条件，这些条件并不一定直接导致冲突，但它们是冲突产生的必要条件。这些条件又可以分为三类：沟通变量、结构变量、个人变量。这里的结构包括群体规模、群体成员分配的任务的具体化程度、管辖范围的清晰度、员工与目标之间的匹配性、领导风格以及奖励系统和群体之间相互依赖的程度。

阶段Ⅱ：认知与个人化。如果阶段Ⅰ中提到的条件表明对其中一方关心的事情造成某种程度的消极影响，那么阶段Ⅱ中潜在的对立和失调就会显现出来。只有当一方或多方意识到冲突或感受到冲突时，前面所说的条件才会导致冲突。阶段Ⅱ之所以重要，是因为此时冲突问题容易被明确地突现出来。

阶段Ⅲ：行为意向。行为意向介于个体的认识、情感以及他的外显行为之间，是指要以某种特定方式从事活动的决策。为了明确了解自己如何针对他人的行为作出回应，你必须首先推断他人的行为意向。很多冲突之所以不断升级，主要原因在于一方错误地推断了另一方的行为意向。另外，行为意向与行为之间也还有一段明显的距离，因此，一个人的行为并不总能准确地反映他的行为意向。

阶段Ⅳ：行为。大多数人在考虑冲突情境时，倾向于看重和强调阶段Ⅳ。因为在这一阶段,冲突是显而易见的。行为阶段包括冲突双方进行的声明、活动和态度。冲突行为通常是冲突各方实施行为意向的公开尝试。但是,与行为意向不同,这些行为带有刺激性。由于判断失误或在实施过程中缺乏经验,有时外在的行为会偏离原本的行为意向。

阶段Ⅴ:结果。冲突双方的行为—反应互动导致了最终结果,这些结果可能是功能正常的——即冲突的结果提高了群体的工作绩效,也可能是功能失调的——即冲突的结果阻碍了群体的工作绩效。

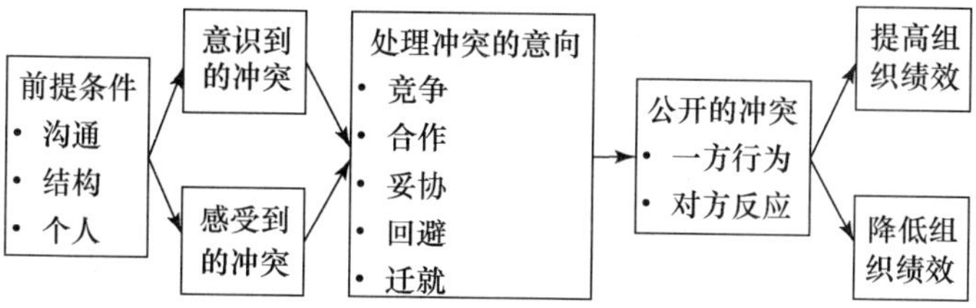

图 11-5　罗宾斯的五阶段模型

(资料来源:Robbins, S. P., 2001, Organizational Behavior, 9th ed. Prentice Hall, Inc. P386. Figure 13-1。)

(二)杜布林的系统分析模型

心理学家、美国罗切斯特理工学院商学院教授安德鲁·杜布林(Andrew J. DuBrin)运用系统的观点来观察冲突问题,提出了冲突的系统分析模式。该模式分为三个要素,即输入、干涉变量和输出。输入是指冲突的根源,杜布林列举了八种冲突产生的原因。输出部分是指冲突的结果,有益的冲突能够增加激励、提高能力,而有害的冲突可能导致组织绩效不佳、组织目标被歪曲。干涉变量是指处理冲突的手段,恰当的处理手段,将导致有益的结果,不恰当的处理将产生有害的结果。冲突的结果又可能产生进一步的冲突,在图 11-6 中用反馈的箭头表示。

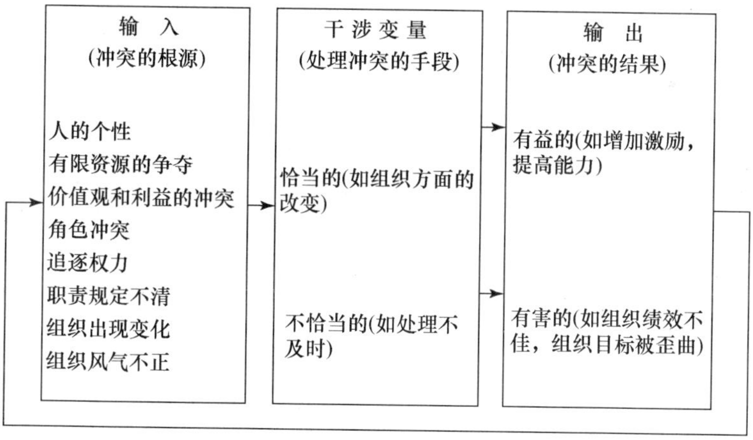

图 11-6　杜布林的系统分析模型

(资料来源:杜布林,组织行为基础——应用的前景,奚慧等译,北京:机械工业出版社,1985 年。)

杜布林还将冲突分为两个尺度:一个尺度从冲突的利弊性进行研究,将冲突分为有益的和有害的;另一个尺度从冲突的实体出发,将冲突分为实质的和个人的。实质的是指涉及技术上或行政上的因素的冲突;个人的涉及个人情感、态度、个性的因素的冲突(如表 11-3 所示)。

根据这种分类方式，可以将冲突分为四种类型：

表 11-3 杜布林：冲突分为四种类型

冲突的实体 \ 冲突的利弊	有益的	有害的
实质的	类型Ⅰ：有益的—实质的	类型Ⅱ：有害的—实质的
个人的	类型Ⅲ：有益的—个人的	类型Ⅳ：有害的—个人的

类型Ⅰ：有益的—实质的：这种冲突是具体的事务性的冲突，冲突本身有利于冲突各方的利益。比如，关于如何改善工作条件的讨论。

类型Ⅱ：有害的—实质的：这种冲突是具体的事务性的冲突，冲突本身有害于冲突各方的利益。比如，企业与员工关于待遇的争论。

类型Ⅲ：有益的—个人的：这种冲突是个人情感的冲突，冲突本身有利于冲突各方的利益。

类型Ⅳ：有害的—个人的：这种冲突是个人情感的冲突，冲突本身有害于冲突各方的利益。

杜布林认为，一件冲突所归属的类型不是一成不变的，它可能会随着环境或事件的变化而转化。比如，由于上级管理失误，造成下属工作业绩下降，这本身是实质性的冲突，但是如果上级长期如此，难免会产生个人性的冲突（感情上的冲突）。

（三）布坎南的四阶段模型

英国学者大卫·布坎南和安德杰·赫钦斯盖提出了协调—冲突四阶段模型，用来说明冲突是如何产生的以及管理冲突的方式（如图 11-7 所示）。

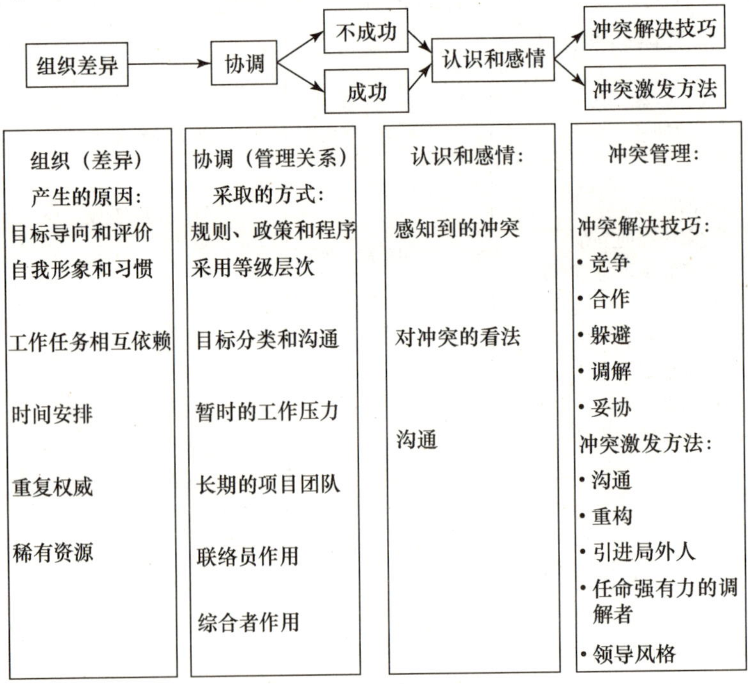

图 11-7 协调—冲突模型

（资料来源：大卫·布坎南，安德杰·赫钦斯盖，组织行为学，第五版，李丽等译，经济管理出版社，2011 年 7 月。）

（四）托马斯二维模式

美国的行为科学家托马斯(Kenneth Thomas)和他的同事提出了一种两维模式，以沟通者潜在意向为基础，认为冲突发生后，参与者有两种可能的策略可供选择：关心自己和关心他人。其中，“关心自己”表示在追求个人利益过程中的武断程度(一方试图满足自己的关心点的程度)；“关心他人”表示在追求个人利益过程中与他人合作的程度(一方试图满足对方关心点的程度)。

以“合作性”为横坐标、“坚持己见”为纵坐标，定义了冲突行为的二维空间，并组合成五种冲突处理策略，它们是竞争(坚持己见，不合作)、合作(坚持己见，合作)、回避(不坚持己见，不合作)、迁就(不坚持己见，合作)和妥协(中等程度的坚持己见和合作)。如图10-8所示。

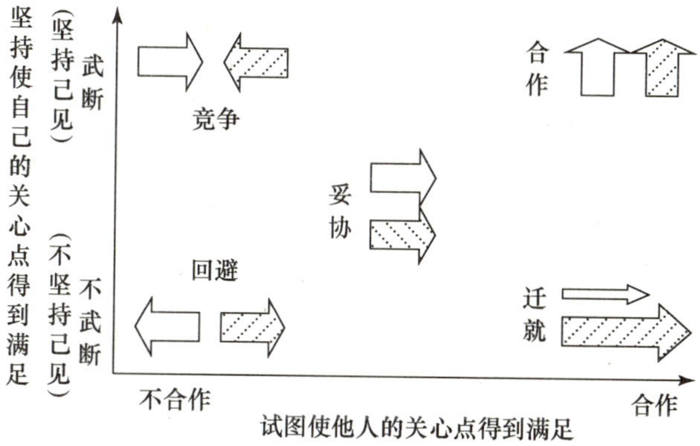

图 11-8 托马斯二维模式

1. 回避策略

回避(avoiding)是指既不合作又不武断的策略。此时，人们将自己置身于冲突之外，忽视了双方之间的差异，或保持中立态度。这种方法反映出当事人的态度是放任冲突自然发展，对自己的利益和他人的利益均无兴趣。

回避可以避免问题扩大化，但常常会因为忽略了某种重要的意见、看法而使对方受挫，易遭对手的非议，故长期使用效果不佳。

2. 竞争策略

竞争(competing)是指高度武断且不合作的策略，它代表了一种“赢—输”的结果，即为了自己的利益牺牲他人的利益。一般来说，此时一方在冲突中具有绝对优势的权力和地位，因此认为自己的胜利是必要的。相应地，另一方必然以失败而告终。竞争策略是一种强制性的策略，通常是使人们只考虑自己的利益，所以不受对手的欢迎。

3. 迁就策略

迁就(accommodating)代表一种高度合作而武断程度较低的策略，也是一种无私的策略，因为当事人是牺牲自己的利益而满足他人的要求。通常迁就策略是为了从长远利益出发换取对方的合作，或者屈从于对手的要求。因此，迁就策略是受到对手欢迎的，但是容易被认为是过于软弱的表现。

4. 合作策略

合作(collaborating)是在高度的合作和武断的情况下采取的策略，它代表了冲突解决中的“双赢”结果，即最大程度地扩大合作利益，既考虑了自己的利益，又考虑了对手的利益。一般来说，持合作态度的人有几个特点：一是认为冲突是一种客观的、有益的现象，处理得当会有利于问题的解决；二是相信对手；三是相信冲突双方在地位上是平等的，并认为每个人的观点都有其合理性；四是他们不会为了共同的利益而牺牲任何一方的利益。

5. 妥协策略

妥协(compromising)策略的合作性和武断性均处于中间状态，它建立在“有予必有取”的基础上，这种策略通常需要一系列的谈判和让步才能形成。

20世纪70年代，有学者对托马斯提出的五种策略进行研究发现：使用合作策略常常能有效解决问题；竞争策略的效果很不好；回避和迁就策略一般较少使用，使用时效果也不好；妥协策略只能部分地满足双方的要求。但妥协策略却是常用并且也容易被人们接受的一种处理冲突的策略，因为它具备以下两个优点：一是尽管它部分地阻碍了对手的行为，但仍然表示出合作的姿态；二是它反映了处理冲突问题的实际主义态度。

一般来说，成功的管理者和高效率的组织更多地采用合作策略来处理冲突问题，因为合作能使双方产生满足感，而其他策略在一定程度上使冲突的一方要求不能得到满足，从而产生挫折感，为下一次的冲突埋下了伏笔。

案例11-1

关于医患沟通的新闻四则

一、比利时女孩因沟通失误脸上被纹56颗星

［英国《每日邮报》2009年6月16日报道］比利时一名女孩日前控告她的罗马尼亚文身师，索要8500英镑的手术赔偿费。理由是女孩要他在她脸上文3颗星星，该纹身师却一口气纹了56个，致其毁容。

住在比利时科尔特赖克的18岁女孩金伯莉称，她支付了55英镑，却毁了她的生活。当时她用母语法语和一点点英语向罗马尼亚文身师罗斯蓝解释，她想要在左眼旁文上3颗小星星的想法，但罗斯蓝却在她脸上文了密密麻麻的56颗。

金伯莉称，罗斯蓝肯定误解了她的法语和英语，因为他自己说着一口蹩脚的英语和法语。而且当罗斯蓝在她脸上工作时，她是睡着的，醒来却发现这场可怕的噩梦。金伯莉哭着说，她现在不敢到街上去，因为她的“星星脸”看起来很可怕。

但罗斯蓝反驳了她的申诉，坚持称“这就是她想要的”。他辩驳道，她醒来后文身程序还在进行时她对着镜子看了数次。而所有的不满，都在她回家后看见她爸爸和男朋友之后引发的。他们说得好像我对她施加了催眠术，这56颗星星明明就是她想要的。

据了解，洗去这些星星的手术费要8500英镑。但即使是最先进的能去除刺青的激光洗文术也将会在金伯莉的脸上留下一些深深的白色印记。

比利时心理学家克洛舍说：“这个女孩的创伤肯定是难以言喻的，她现在看上去像个马戏团的怪物，也难怪她会这么难过地控诉，因为她看起来就是。”

二、因沟通失误美国自闭男子被医生拔掉所有牙齿

［中国日报网2013年4月10日报道］据英国媒体2013年4月9日报道，美国一名

患有自闭症的男子日前在看牙科时因沟通失误，被医生拔掉了全部32颗牙齿。

这名21岁的男子名叫克里斯托弗·克里斯特，家住印第安纳州首府印第安纳比利斯。日前他前往一家牙科门诊，希望把3颗坏牙拔掉，但因沟通问题造成了此次不应该发生的意外。

克里斯特回忆说，诊所首先给了他一些止疼药，以便克服因拔那3颗牙而产生的痛苦。后来，这些药丸使得他反应迟钝，在开始拔牙之前医生又给他的牙龈注射了麻醉剂。在拔完那3颗以后，医生并没有停下来，一直把牙齿都拔光才停手。

克里斯特的家人已表示，将向印第安纳州相关管理部门投诉。目前，诊所方面尚未对事件作出回应。

三、沟通不足是美国医疗失误主要原因

[《健康时报》2008年4月14日报道] 美国卫生与福利部日前在其官方网站，公布了联邦政府对美国大部分医院的一项医疗服务评估报告，结果显示：乡村医院的评估分数比城市医院高很多。

这项调查意在让病人对所接受的医疗服务和医疗环境的感受以及影响作出评价。调查数据是自2006年10月至2007年6月，从分布在46个州、超过2500家医院对病人的随机调查问卷中获得。病人在接受调查时被问到了诸如"你的病房和浴室多久得到清扫"、"你的病房和邻近地区是否经常在晚上时都保持安静"、"护士是否经常与你进行良好沟通"等问题。许多大型教学医院由于院内环境整洁和噪音问题，使其评估得分在全国平均标准以下。

这项评估调查报告显示：一些住院病人对其所在医院的医疗后续服务感到不满意，直接抱怨医疗照护水平低下。许多病人表示他们未得到医生和护士的尊重及礼遇；有些人表示他们在手术过后没有拿到足量的止痛药；也有病人表示，当他们准备出院时并不明白医生发出的各项指示。在接受评估调查的病人中，超过25%的病人表示，医生和护士并没有与他们保持良好的沟通而造成医疗措施失误。上述因素可能会影响这些病人因此而不会推荐该医院给他们的亲友。

医疗照护及医疗品质研究机构主席克兰西表示，"沟通不足是医疗失误的主要原因，如果医生没有聆听仔细，病人可能不会讲出重要资讯。没有明白出院指示的病人，很可能再次被送入医院或者最后躺在紧急病房里"。美国医院协会副主席福斯特也认为，医院必须在疼痛控制和与病人沟通方面做得更周全。

四、中国80%的医疗纠纷由于沟通不当所致

[《京华时报》2012年12月19日报道] 昨天，北京市医管局表示启动市属医院人文医学管理和服务理念培训班，21家市属公立医院全员医生将分批接受培训。医管局表示，八成医疗纠纷都是由于沟通不当导致或加剧的。

北京市医管局副书记韦江介绍，目前本市所有医疗纠纷中，只有两成是与医疗技术和医疗方法不当有关，八成都是由于沟通不当导致或加剧的。"由于医患之间缺乏有效的沟通，医院和医生在诊疗服务中不体会患者的心理感受，往往使医护人员成为被患者投诉、发泄、甚至伤害的对象"。

此次，市医院管理局组织的人文医学执业技能培训包括医院领导层、管理层的培训，医院师资培训和院内全员培训，对医务人员的培训中将细分为儿科、妇产科、全科等不同科室的沟通技能培训。首轮培训明年内完成，目前，朝阳医院和天坛医院已经启动相关试点工作。

今后，市属医院的人文医学执业技能培训将建立长效机制，按医师定期考核周期每两年滚动培训一次，医生参加培训情况和考核结果将作为医德考评的重要内容纳入医院绩效考核体系。市医院管理局也将不定期对市属医院开展人文医学执业技能培训的情况进行督察和考评。

（资料来源：作者根据公开资料整理。）

问题：

1. 上述医疗事故中，你认为存在哪些沟通问题？出现这些问题的原因是什么？

2. 在上述医疗事故中，医患之间的沟通方式是什么？当时医生可以补充使用哪些沟通方式就可以避免事故的发生？

3. 结合以上四则新闻报道，谈谈如何加强医患沟通以减少医疗事故。

案例11-2

快乐的美国西南航空公司

美国西南航空公司创建于1971年，当时只有少量顾客、几只包装袋和一小群焦急不安的员工，现在已成为美国第六大航空公司，拥有1.8万名员工，服务范围已横跨美国22个州的45个大城市。

一、总裁用爱心管理公司

现任公司总裁和董事长的赫伯·凯勒，是一位传奇式的创办人，他用爱心（Luv）建立了这家公司。LUV说明了公司总部设在达拉斯的友爱机场，LUV也是他们在纽约上市股票的标志，又是西南航空公司的精神。这种精神从公司总部一直感染到公司的门卫、地勤人员。

当踏进西南航空公司总部大门时，你就会感受到一种特殊的气氛。一个巨大的、敞顶的三层楼高的门厅内，展示着公司历史上值得纪念的事件。当你穿越欢迎区域进入把办公室分列两侧的长走廊时，你就会沉浸在公司为员工举行庆祝活动的气氛中——令人激动地布置着有数百幅配有镜架的图案，镶嵌着成千上万张员工的照片，歌颂内容有公司主办的晚会和集体活动、垒球队、社区节目以及万圣节、复活节。早期员工们的一些艺术品，连墙面到油画也巧妙地穿插在无数图案中。

二、公司处处是欢乐和奖品

你到处可以看到奖品。饰板上用签条标明心中的英雄奖、基蒂霍克奖、精神胜利奖、总统奖和幽默奖（这张奖状当然是倒挂着的），并骄傲地写上了受奖人的名字。你甚至还可以看到“当月顾客奖”。

当员工们轻松地迈步穿越大厅过道、前往自己的工作岗位时，到处洋溢着微笑和欢乐，他们谈论着“好得不能再好的服务”、“男女英雄”和“爱心”等。公司制定的“三句话训示”挂满了整个建筑物，最后一行写着：“总之，员工们在公司内部将得到同样的关心、尊敬和爱护，也正是公司盼望他们能和外面的每一顾客共同分享。”好讲挖苦话的人也许会想：是不是走进了好莱坞摄影棚里？不！不！这是西南航空公司。

这里有西南航空公司保持热火朝天的爱心精神的具体事例：在总部办公室内，每月作一次100%的空气过滤，饮用水不断循环流动，纯净得和瓶装水一样。

节日比赛丰富多彩。情人节那天有最高级的服装，复活节有装饰考究的节日彩蛋，还有女帽竞赛，当然还有万圣节竞赛。每年一度规模盛大的万圣节到来时，他们把总部大楼全部开放，让员工们的家属及附近小学生们都参加"恶作剧或给点心"游戏。

公司专为后勤人员设立"心中的英雄"奖，其获得者可以把本部门的名称油漆在指定的飞机上作为荣誉，为期一年。

三、透明式的管理

如果你要见总裁，只要他在办公室，你可以直接进去，不用通报，也没有人会对你说："不，你不能见他。"

每年举行两次"新员工午餐会"，领导们和新员工们直接见面，保持公开联系。领导向新员工们提些问题，例如："你认为公司应该为你做的事情都做到了吗？""我们怎样做才能做得更好些？""我们怎样才能把西南航空公司办得更好些？"员工们的每项建议，在30天内必能得到答复。一些关键的数据，包括每月载客人数、公司季度财务报表等，员工们都能知道。

"一线座谈会"是一个全日性的会议，专为那些在公司里已工作了十年以上的员工而设的。会上副总裁们对自己管辖的部门先作概括介绍，然后公开讨论。题目有："你对西南航空公司感到怎样？""我们应该怎样使你不断前进并保持动力和热情？""我能回答你一些什么问题？"

四、领导是朋友又是亲人

当你看到一张赫伯和员工们一起拍的照片时就会发现，他从不站在主要地方，总是在群众当中。赫伯要每个员工知道他不过是众员工之一，是企业合伙人之一。

上层经理们每季度必须有一天参加第一线实际工作，担任订票员、售票员或行李搬运工等。"行走一英里计划"安排员工们每年一天去其他营业区工作，以了解不同营业区的情况。旅游鼓励了所有员工参加这项活动。

为让员工们对学习公司财务情况更感兴趣，西南航空公司每12周给每位员工寄去一份"测验卡"，其中有一系列财务上的问句。答案可在同一周的员工手册上找到。凡填写测验卡并寄回全部答案的员工都登记在册，有可能得到免费旅游。

这种爱心精神在西南航空公司内部闪闪发光。正是依靠这种爱心精神，当整个行业在赤字中跋涉时，他们连续22年有利润，创造了全行业个人生产率的最高纪录。1999年有16万人前来申请工作；人员调动率低得令人难以置信；连续三年获得国家运输部的"三皇冠"奖，表彰他们在航行准时、处理行李无误和客户意见最少三方面取得的最佳成绩。

（资料来源：朱祝霞，赵立颖《沟通其实很容易》，中国纺织出版社，2002年。）

问题：

1. 西南航空采用的沟通方式有哪些？效果如何？
2. 借鉴西南航空公司内部沟通的做法，分析如何提高企业内部沟通的效果。
3. 西南航空是如何把企业文化和沟通结合在一起的？

第V篇

控制职能

第12章 控制职能概述

离娄之明，公输子之巧，不以规矩，不能成方圆。

——孟轲《孟子·离娄上》

开篇案例

2011年7月23日傍晚，浙江温州，大雨倾盆，雷鸣电闪。气象台记录，每小时降雨量90多毫米。20时15分许，D3115次动车驶入永嘉到温州南站区间。不料，此时从北京南开往福州的D301次动车，也疾驶至永嘉站。

20时24分许，得到出发信号后，D301次动车也驶入永嘉至温州南区间，两车距离越来越近……

20时38分，D301次动车与前方的D3115次动车追尾相撞，中国铁路史上的首次动车特大事故骤然发生：两车在温州鹿城区黄龙街道双坳村下岙处追尾，随即爆发出一声巨响，D3115次列车第13至16节车厢脱轨；D301次列车第1至5节车厢脱轨，其中三节坠入高架桥下，第四节一头担在高桥上，另一头插在地下。

事故造成39人死亡、209人受伤、11人情况危重！

追尾！这一在汽车行驶中较为常见的事故，竟然发生在技术先进的两列动车上。

那么，“7·23”特别重大铁路交通事故究竟是如何发生的？当时的列车控制系统为何失效？

按设计标准，中国铁路装备了CTCS，即中国列车运行控制系统，简称列控系统。其运行原理为：铁轨上的“传感器”能将“前方有列车占用轨道”的信息传递给后车和调度中心，以保证两车之间的安全距离。

由于该系统可有效测定列车运行速度、运行间距和位置，以自动防止列车追尾、相撞，被称为动车组安全运行的第一层智能保护。可是，这样一个先进的控制系统，在这次事故中却失效了。

D301次动车在永嘉站本不停靠，但这趟列车却在此停留了几分钟。20时24分许，得到出发信号后，列车重新启动，车速明显快了不少。

此时此刻，D3115次动车正在前方不远处行驶，且车速明显慢于D301次。两车距离在缩短，但没有人意识到——无论是乘客，还是动车司机，乃至后方列车控制指挥中心……

列控系统为何在事故发生时失效了？当时有报道称，雷击导致了这套系统失效。如果事实果真如此，那么中国铁路目前运行的所有动车组是否都应在雷雨天气降速或停止运行？

在安全生产专家和铁路人士看来，列车追尾是很荒唐的事，其中人为、管理因素不容忽视。

D3115 次动车遭遇雷击停车后，司机是否向调度中心作了汇报？得到的指令是什么？D301 次动车是否接到调度指令减速停车，当时距离前车距离是多远，车速如何？

前车 D3115 次动车时速大约 20 公里，而后车 D301 次动车时速则在 100 公里上下。如果调度正确，且两车驶出永嘉站时间相差约 10 分钟，后面车应有充分时间停车。

有关列车的运行情况，在地方火车站调度室、上海铁路局调度中心及铁道部调度中心都应有实时监测，并在第一时间下达应急指令。

当 D3115 次动车停运后，各级调度部门都做了什么？监测系统是否显示了该车故障？D3115 次动车停运后，调度中心何时接到该车的停车报告？调度何时给 D301 次动车下达指令停车？D301 次动车是否给予了回应？如没有回应，是否说明调度系统存在设计漏洞？

“管理责任不容懈怠，任何一起事故必定破坏了种种制约原则才导致而成。”清华大学教授、管理学家陈国权这样强调管理控制的重要性。

（资料来源：作者根据公开资料整理。）

任何一个组织，尽管计划可以制订出来，组织结构可以调整得非常合理，领导方式与激励手段非常有效，员工的工作积极性很高，但是这仍然不能保证所有的行动都按计划执行，不能保证管理者追求的目标一定能达到。究其原因，还在于管理职能中的最后一个环节，即控制。由于各种各样的原因，无论计划制订得如何周密，人们在执行计划的活动中总是会或多或少地出现与计划不一致的偏差现象。那么，如何保证计划得到有效地实施呢？这就需要控制。

控制是管理工作的最重要职能之一，其主要作用就是对绩效进行衡量并矫正偏差，以确保组织目标的实现。控制系统越是完善，组织目标就越易实现。

第 1 节　控制的含义

一、控制的概念

“控制”一词最初来源于希腊语“掌舵术”，是指领航员通过发号施令将偏离航线的船只引导到正确的航线上。因此，简单地理解，控制就是纠偏。

管理学的先驱法约尔曾这样描述控制：“在一个企业中，控制就是核实所发生的每一件事是否符合所规定的计划、已发布的指示以及所制定的原则，其目的是要指出计划实施过程中所出现的缺点和错误，以便改正和避免再犯。对一切的事、人和工作活动都要控制。”

孔茨也说：“控制工作就意味着确定标准、执行标准、衡量执行情况，并采取措施努力纠正偏差的一系列活动。”

我们把管理过程中的控制定义为：按照既定的计划、标准和方法对工作进行对照检查，发现偏差，分析原因，进行纠正，以确保组织目标实现的过程。具体包含以下要点：

(1) 控制是管理过程的一个阶段，它将组织的活动维持、限制在一定的范围内，它的标准来自组织的期望。这些期望可以通过组织目标、指标、计划、规则、方法和程序等形式含蓄或者明确地表达出来。强调控制是一个阶段，是因为控制作为管理工作的一项重要职能，是管理过程不可分割的一部分。组织中计划、组织和领导等其他职能，必须伴随有效的控制职能，才能真正发挥作用，组织的整个过程只有依靠控制职能才能得以有效运转、循环往复。

(2) 控制是一个发现问题、分析问题、解决问题的全过程。组织开展业务活动，由于受到动荡的外部环境、复杂的内部条件变化和组织成员的认识问题、解决问题能力的限制，实际执行结果与预定的目标可能会不一致。因此，对管理者来说，重要的不是工作有无偏差，而是能否及时发现偏差，或通过对进行中的工作深入了解，能准确地预测到潜在的偏差。只有发现偏差、预测到偏差，才能找出原因，采取纠正措施。

(3) 控制的目的是使组织管理系统以更加符合需要的方式运行。因此，控制所关心的不仅仅是与完成组织目标有直接关系的事件，而且还要使组织管理系统维持在一种能充分发挥其职能、以达到组织目标的状态。

二、控制的功能

在管理工作中，人们借助计划工作确立目标，借助组织工作来调配资源，构建分工协作网络，借助领导和激励来指挥和激发员工的士气和工作积极性。但是，这些活动并非一定能保证实际工作按计划进行和组织目标的真正实现。因此，控制便显得尤为重要，控制是管理职能链条上的最终环节。

任何组织都需要控制。控制为组织提供适应环境变化、限制偏差累计、处理组织内部复杂局面和降低成本提供了有效的途径。

(一) 适应环境的变化

组织的内外环境是在不断变化的：竞争对手可能会推出新产品和新的服务项目，新材料和新技术可能会出现，政府可能会制定新的法规或对原有政策进行修正，组织内部的人员可能会产生很大的变动，等等，这些不仅会影响组织计划与目标的实现，甚至可能要求视情况的变化对计划本身进行调整。因此，需要构建有效的控制系统帮助管理者预测和确定这些变化，并对由此带来的机会和威胁作出反应。这种环境探测越有效、持续的时间越长，组织对外部环境的适应能力就越强，组织在激烈变化的环境中生存和发展的可能性就越大。

(二) 限制偏差的累积

小的差错和失误并不会立即给组织带来严重的损害，然而时间一长，小的差错就会得以积累、放大，并最终变得非常严重。工作中出现偏差在很大程度上是不可完全避免的，关键是要能够及时地获取偏差信息，及时地采取有效的矫正措施。

(三) 处理组织内部的复杂局面

如果一个组织只购买一种原材料，生产一种产品，组织设计简单，并且市场对其产品需求稳定，那么它的管理者只需一个非常基本和简单的系统就能保持对生产经营活动的控制。但这样的组织在现实中几乎没有，大多数组织的结构设计复杂并且竞争对手林立。他们需要复杂的系统来保证有效的控制。

（四）降低成本

组织管理工作要求积极建立起达到有效规模的生产设施，强化成本控制，减少浪费。为了达到这些目标，有必要在管理方面对成本控制予以高度重视，通过有效的控制降低成本，增加产出。

三、控制的基本原理

（一）反映计划要求原理

控制是实现计划的保证，控制的目的是为了实现计划，因此，计划越是明确、全面、完整，所设计的控制系统越是能反映这样的计划，则控制工作也就越有效。

每一项计划都有其特点，它们所产生的信息也各不相同。所以，为实现计划所设计的控制系统和所进行的控制，尽管基本过程是一样的，但在确定什么标准、控制哪些关键点和重要参数、收集什么信息、如何收集信息、采用何种方法评定绩效，以及由谁来控制和采取纠正措施等方面，都必须按不同计划的特殊要求和具体情况来设计。

（二）组织适宜性原理

组织机构越是明确、全面、完整，设计的控制技术越能反映组织机构中的岗位职责，也就越有利于纠正偏离计划的误差。具体表现在两方面：一方面，组织机构的设计要做到明确、完整和完善，所设计的控制制度越是符合组织结构中的职责和职务要求，就越有助于纠正脱离计划与规则的偏差；另一方面，控制制度必须切合每个控制人员的特点，也即在设计控制制度时不仅要考虑具体的职务要求，也应考虑到担当该项职务的控制人员的个性。

（三）控制关键点原理

控制关键点原理是控制工作的一条重要原理。这条原理可表述为，为了进行有效的控制，需要特别注意在根据各种计划来衡量工作成效时有关键意义的那些因素。对一个管理人员来说，随时注意计划执行情况的每一个细节，通常是浪费时间、精力和没有必要的。他们应当把主要精力集中于计划执行中的一些主要影响因素上。事实上，控制住了关键点，也就控制住了全局。

（四）控制趋势原理

对于控制全局的管理人员来说，重要的是未来的趋势而不是现状本身。趋势通常是多种复杂因素综合作用的结果，趋势的形成需要一段长时间的积累，并对管理工作的成效起着长期制约作用。控制变化的趋势比仅仅改善现状更加重要，当然也更困难。

趋势往往被现象所掩盖，它不易发现也不易被控制。当趋势发展到可以明显地描绘成一条曲线或可以描绘成某种数学模型时再控制则为时已晚。因此控制趋势原理的关键在于从现状中揭示倾向，尤其是在趋势刚刚显露苗头时就能发觉。

（五）例外原理

例外原理是指行政领导者越把主要精力集中于一些重要的例外偏差，则控制工作的效能就越高。

需要指出的是，只注意例外情况是不够的。在偏离标准的各种情况中，有一些是无关紧要的，而另一些则不然，某些微小的偏差可能比某些较大的偏差影响更大。因此，在实际运用当中，例外原理必须与控制关键点原理相结合。仅仅立足于寻找例外情况是不够的，我们应把注意力集中在关键点的例外情况的控制上。这两条原理有某些共同之处。但是，应当注意到它们的区别在于：控制关键点原理强调选择控制点；而例外原理则强调观察在这些点上所发生的异常偏差。

（六）直接控制原理

一个人，无论他是管理人员还是非管理人员，在工作过程中常常会犯错误，或者往往不能觉察到即将出现的问题。这样，在控制他们的工作时，就只能在出现了偏差后，通过分析偏差产生的原因，然后才去追究其个人责任，并使他们在今后的工作中加以改正。这种控制方式，称为“间接控制”。显而易见，这种控制的缺陷是在出现了偏差后才去进行纠正。

直接控制是相对于间接控制而言的。直接控制原理可表述为：管理人员及其下属的工作质量越高，就越不需要进行间接控制。这是因为管理人员对他所负担的职务越能胜任，也就越能在事先觉察出偏离计划的误差，并及时采取措施来预防它们的发生。这意味着任何一种控制的最直接方式，就是采取措施来尽可能地保证管理人员的质量。

第2节 控制的过程

控制是根据计划的要求，设立衡量绩效的标准，然后把实际工作结果与预定标准相比较，以确定组织活动中出现的偏差及其严重程度，在此基础上，有针对性地采取必要的纠正措施，以确保组织资源的有效利用和组织目标的圆满实现。因此，不论控制的对象是新技术的研究与开发，还是产品的加工制造、市场营销宣传、企业的人力资源、财务资源，控制的过程都包括三个基本环节：确立标准，衡量绩效，纠正偏差（如图 12-1 所示）。

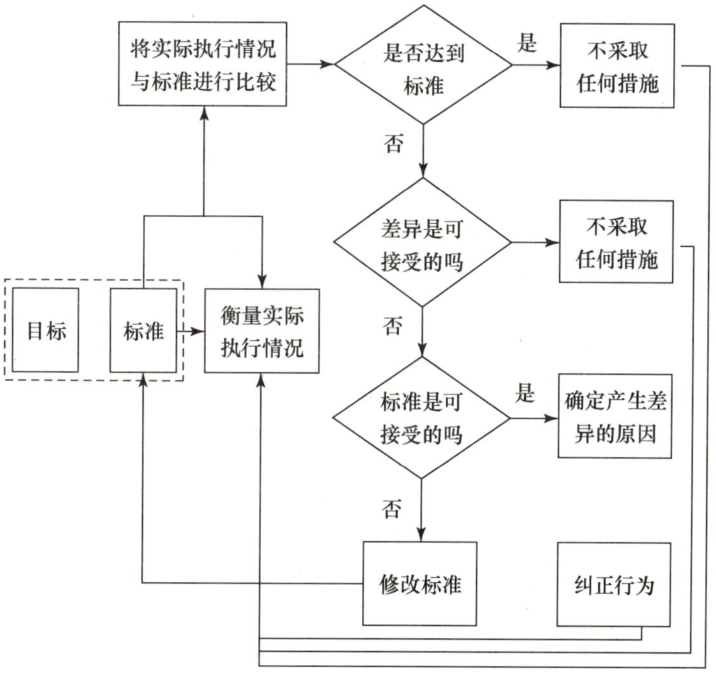

图 12-1 控制工作的过程

一、确立标准

标准是控制的依据，没有标准，控制就成了无目的的行动，不会产生任何效果。

(一) 控制与计划的关系

控制是确保工作按计划进行的管理工作，控制职能一般在计划确定之后发挥作用，标准是对工作预期成果的规范，计划与标准都是按组织目标的要求编制的，并以实现组织目标为目的，二者密切相关。

计划和控制是一个问题的两个方面。在管理过程中，首先制订计划，然后计划又成为用以评定行动及其效果是否符合需要的标准。计划越明确、全面和完整，控制的效果也就越好。因此，计划与控制相互之间具有紧密的关系：

① 一切有效的控制方法首先就是计划方法，例如预算、政策、程序和规则，这些控制方法同时也是计划方法或计划本身。② 如果不首先考虑计划以及计划的完善程度，就试图去设计控制系统的话，那是不会有效果的。之所以需要控制，就是因为要实现目标和计划，控制到什么程度、怎么控制都取决于计划的要求。③ 控制职能使管理工作成为一个闭路系统，成为一种连续的过程。在多数情况下，控制工作既是一个管理过程的终结，又是一个新的管理过程的开始。控制的作用绝不是仅限于衡量计划执行中出现的偏差，重点在于通过采取纠正措施，把那些不符合要求的管理活动引回到正常的轨道上来，使管理系统稳步地实现预定目标。

(二) 确定控制对象

在管理实践活动中，由于人力、物力、财力和知识与信息的限制，管理者不可能对全部影响组织目标实现的因素都进行同等程度的控制。因此，管理者必须对影响组织目标实现的各种要素进行科学的分析研究，从中选择出重点的因素作为控制对象。这些因素有时候也被称为关键绩效区域，它们通常涉及组织的主要活动。

对于哪些因素应该称为控制的重点，需要根据具体的情况来加以选择。在工作成果难以衡量而工作过程也难以标准化、程序化的高层管理和创新性活动中，工作者的素质和技能可能就会成为控制的对象。而在工作方法或程序与预期工作成果之间有比较明确或固定关系的常规活动中，工作过程本身就是主要的控制对象。

(三) 选择关键控制点

关键控制点，有时候也称为战略控制点。在管理实践活动中，如果控制住了关键点，也就控制住了全局。俗话说，牵牛要牵牛鼻子，就是这个道理。选择关键控制点要注意以下两点：影响整个工作运行过程的重要操作与事项；能在重大损失出现前就显示出差异的事项。

如何选择关键控制点呢？在选择控制点的过程中，管理者可以对自己提出下列问题：什么指标能最好地反映本组织？在计划目标未实现时，什么信息能让我最快、最准确地了解工作进展的情况？什么信息能让我最好地确定关键的偏差？什么信息能告诉我谁对成功或失败负有全部的责任？什么样的标准在控制工作中成本最低？什么样的标准在控制信息的收集中更为合算？

(四) 制定控制标准

确定管理控制标准，应该根据影响组织运作绩效的因素或部位，选择重要的部位制定标准、予以控制。例如，美国通用电器公司在研究影响和反映企业营运绩效的诸多因素的基础上，选择了对其经营起较大作用的八个方面建立管理控制标准：① 利润率；② 市场占有率；③ 生产率；④ 产品在行业的领导地位；⑤ 员工素质培训提高；⑥ 员工工作态度；⑦ 公共责任；⑧ 短期目标与长期目标的统筹平衡。

1. 制定管理控制标准的方法

控制的对象不同，为其建立标准的方法也不同。一般来说，企业建立标准的方法有三种：

(1) 统计方法。也叫历史性标准，是以分析反映组织在历史上各个时期状况的数据为基础来为未来活动建立的标准。这些数据可能来自本组织的历史统计，也可能来自其他组织的经验；据此建立的标准，可能是历史数据的平均数，也可能是高于或低于中位数的某个数，比如上四分位值或下四分位值。

利用本组织的历史性统计资料为某项工作确定标准，具有成本低、简便易行的好处。但是，据此制定的标准可能低于同行业的最佳水平，甚至低于平均水平。这种条件下，即使组织的各项工作都达到了标准的要求，也可能造成劳动生产率的相对低下、制造成本的相对高昂，从而造成工作绩效和竞争能力劣于竞争对手。为了克服这种局限性，在根据历史性统计数据制定未来工作标准时，充分考虑行业的平均水平，并研究竞争企业的经验是非常必要的。

(2) 根据评估建立标准的方法。实际上，并不是所有工作的质量和绩效都能用统计数据来表示，也不是所有的企业活动都保存着历史统计数据。若统计资料缺乏，或是新的项目，可以根据管理人员的经验、判断和评估，来为之建立标准。利用这种方法来建立标准时，要注意利用各方面的管理人员的知识和经验，综合大家的判断，使制定的标准先进、合理。此法运用较广，简便易行。但凭经验之举，往往科学性不足。

(3) 工程标准。严格地说，工程标准也是一种用统计方法制定的控制标准，不过它不是对历史性统计资料的分析，而是通过对工作情况进行客观的定量分析来进行的。比如：机器的产出标准，是其设计者计算的正常情况下被使用的最大产出量；工人操作标准是技术研究人员在对构成作业的各项动作和要素的客观描述与分析的基础上，经过消除、改进和合并而确定的标准作业方法；劳动时间定额是受过训练的普通工人以正常速度按照标准操作方法对产品或零部件进行某个(些)工序的加工所需的平均必要时间。此法制定的控制标准较准确，但一般成本高且耗时长。

2. 控制标准的要求

为保证有效控制，控制标准应满足如下几个方面的要求：

(1) 控制标准应尽可能数量化，具有可操作性。这样，控制过程中，施控者和受控者心中都有明确的行动界线和标准，有助于发现行动中出现的偏差。受控者由此可自觉地、主动地纠偏。模棱两可，解释起来主观随意性大的控制标准是不利于控制的。

(2) 控制标准应尽量简洁明了，不仅能为控制者所了解、所掌握，更要能为全体执行人员所掌握，所了解。

(3) 控制标准体系应协调一致。一个组织内的活动是多种多样的，各职能管理部门都会制定出各自的控制标准，这些标准应该协调一致，形成一个有机整体，不能互相矛盾；否则，会使计划执行者陷入两难困境或管理真空地带中。

二、衡量绩效

衡量绩效就是依据控制标准对工作的实际执行情况进行检查。这是控制工作的中间环节，是一个发现问题的过程。

衡量绩效是一项贯穿工作始终、持续进行的活动。人们通常认为衡量发生在工作做完以后，这不全面而且危险。控制活动应当跟踪工作进展，及时发现或预测发生偏差的信息，及时采取相应的措施。所以，在工作进行之中就需及时了解工作的进展并对其发展趋势加以预测，有时还需在开展工作之前对工作的将来进展情况进行合理估计。

（一）衡量绩效的方法

衡量绩效的方法很多，亲自观察、统计报告、口头报告、书面报告和抽样调查等都是常用的方法。

1. 亲自观察

亲自观察能及时提供有关实际工作的第一手信息。它的覆盖面广泛，因为大大小小的工作活动都可以被观察，而且给管理者提供了寻查隐情的机会，获得其他来源所疏漏的信息。

但是，当衡量活动所需的信息量很大时，这种方式的局限性就会凸显出来。亲自观察不仅需要花费大量的时间和精力，而且易受个人偏见的影响，不同的观察者对同一事件可能会形成不同的印象。此外，这种方式还可能被员工误解，认为是对员工的不信任。

2. 统计报告法

统计报告能提供大量的数据、图表，不仅一目了然，而且能显示各项指标之间的相互关系。但是这种方法所提供的信息也是有限的，它只能为一些可以量化工作情况提供数字指示，而忽略了其他重要的、主观的、不能量化的因素。

3. 口头报告法

信息也可以通过口头报告，如会议、面对面或电话交谈获得。虽然信息被过滤了，但这种方法较为快捷，能够带来反馈信息，并且能借助表情、声调、言语等加深管理者对信息的理解。

4. 书面报告

实际工作也可以通过书面报告来衡量。和统计报告一样，它比一、二手资料来得缓慢，但更为正式。这种方式比口头报告更为综合、简洁，而且易于归档，便于查找。

5. 抽样调查

抽样调查是对从整批调查对象中抽取出的部分样本进行调查，并把结果看成整批调查对象的近似特征，如随机抽取几件产品来检查成批产品的合格率。

另外，组织中也会存在很多无法直接测量的工作，只能凭借某些现象进行推断。如从职工的合理化建议增多或许可以推断管理者的民主化管理有所加强，迟到现象增多可能是分配不公所致，等等。

各种方法都有其优缺点，具体衡量实际工作时应综合利用不同的方法。这样做对确保信息的数量和质量是有益的。

衡量实际工作情况的目的是为管理者提供有用的信息，为矫正偏差提供依据。由于组织中的不同部门收集数据资料信息的目的不同，所以工作人员要对衡量工作所获得的信息进行整理分析，并保证在管理者需要的时候提供尽量精简、但能满足控制所需的全部信息。

（二）衡量绩效应注意的问题

1. 通过衡量绩效，可以检验标准的客观性和有效性

衡量工作成效是以预定的标准为依据的。但利用预先制定的标准去检查各部门在各个阶段的工作，这本身也是对标准的客观性和有效性进行检验的过程。

在为控制对象确定标准的时候，人们可能只考虑了一些次要的因素，或只重视了一些表面的因素，因此，利用既定的标准去检查工作，有时并不能达到有效控制的目的。在衡量过程中对标准本身进行检验，就是指出能够反映被控制对象的本质特征，从而发现最适宜的标准。

2. 确定适宜的衡量频度

控制过多或不足都会影响控制的有效性。这种“过多”或“不足”，不仅体现在控制对象和标准数目的选择上，而且表现在对同一标准的衡量次数或频度上。对影响某种结果的要素或活动过于频繁的衡量，不仅会增加控制的费用，而且可能引起有关人员的不满，从而影响他们的工作态度；而检查和衡量的次数过少，则可能使许多重大的偏差不能及时发现，从而不能及时采取措施。

3. 建立信息管理系统

负有控制责任的管理人员只有及时掌握反映实际工作与预期工作绩效之间偏差的信息，才能迅速采取有效的纠正措施，不精确、不完整、过多或延误的信息将会严重地阻碍他们的行动。通常，并不是所有的衡量绩效的工作都是由主管直接进行的，有时需要借助专职的检测人员。然而，管理人员所接受的信息通常是零乱的、彼此孤立的，并且难免混杂着一些不真实、不准确的信息。因此，应该建立有效的信息管理网络，通过分类、比较、判断、加工，提高信息的真实性和清晰度。

三、纠正偏差

在衡量绩效之后，管理者便可以对实际工作进行评价，并依据偏差的程度和性质，分析其产生的原因，采取相应的措施：或维持现状，或矫正偏差，或修改标准。

一般情况下，当没有偏差时，不需要采取矫正性措施。当然，对这样一个成功的控制循环也应分析其中的原因，以便积累经验，为今后的控制活动提供正面的借鉴。同时，管理者还应向具体工作人员及时反馈信息，必要时可给予适当的奖励，激励他们继续努力工作。

如果发现存在偏差，则更应该认真分析偏差产生的原因，根据原因找对策。在实践中，许多管理者不去分析偏差产生的真正原因，而只是采取一些临时性的矫正措施，这种治标不治本的做法，也许会收效一时，但对长期的工作往往埋下隐患。为了能从根本上解决问题，管理者必须把精力集中于查清问题的根本原因上，寻找问题的本质，以求治标治本之策。其实，问题之中往往孕育着机会，查明问题原因本身可能会发现一些意想不到的机会。

如果实际工作中出现大幅度偏差，原因往往是多种多样的。一种情况是，起初制定的标准过高或过低，此时有必要对所制定的标准进行修正。如果多数员工都能大幅度地超出标准或无人能达到标准，这常常说明标准本身存在问题，而非实际工作的问题。另一种情况是，所制定的标准本身没有问题，但由于组织的内外部环境发生了巨大的变化，

或一些不可控制的因素造成大幅度偏差的出现，进而使原本适用的标准变得不合时宜，这时也有必要重新调整原有的标准。

在控制实践中，人们只能是在分析偏差原因的基础上，针对那些可以控制的因素采取相应的矫正措施，把实际工作拉回计划的轨道上来。

第3节　控制的类型

计划工作一旦付诸实施，就会产生许多信息。这些信息以不同的方式，通过不同的渠道反映到各级主管人员那里，经过分析、整理，主管人员对不同的控制对象确定了不同的控制工作重点，并采用不同的控制工作类型进行控制。控制工作的类型，按照不同的标志可分成许多种。例如，按照控制的具体对象，可以分为质量控制、财务控制、生产控制、成本控制等；按照控制对象的全面性，又可分为局部控制和全面控制。这些都相对简单，容易理解。本节采用其他几种标准，对控制进行分类和介绍。

一、根据组织活动过程的不同阶段分类

就一般而言，管理中采取的控制可以在行动开始之前、进行之中或结束之后进行，第一种称为前馈控制，第二种称为同期控制，第三种称为反馈控制（如图12-2所示）。

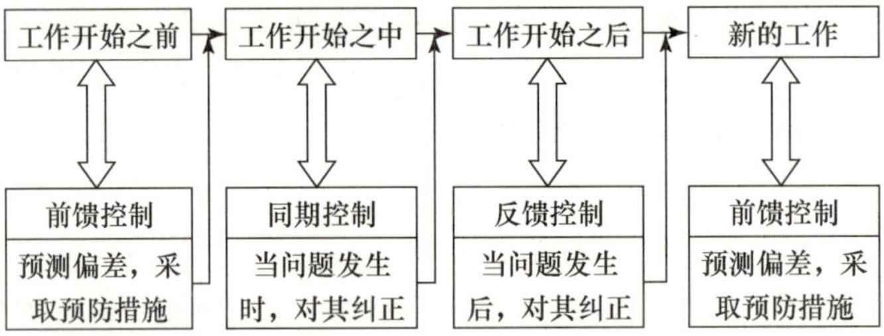

图12-2　前馈控制、同期控制和反馈控制

（一）前馈控制

前馈控制，也称为事前控制或预先控制。它是在工作开始之前，就根据可靠、准确的信息，运用科学、先进的方法，对工作中可能出现的潜在问题、产生的偏差进行预测和估计，以便在实际偏差产生之前，管理者就能运用各种手段对可能产生的偏差进行纠正，消除工作中的偏差于未产生之前。由于前馈控制的主要特点在于以未来为导向，可以避免出现的偏差，有利于提高组织活动的效率，因此是人们最渴望使用的控制类型。例如：在企业中，可以制定一系列规章制度让员工遵守，以保证工作的顺利进行，为了保证产品的质量而对原材料的质量进行控制，等等，都属于前馈控制。

前馈控制的优点是：首先，前馈控制是在工作开始之前就进行控制，因而能避免事后控制对于已经铸成的差错无能为力的弊端；其次，前馈控制不是针对具体的人员，不会造成心理冲突，易于被员工接受。

但是，前馈控制的条件要求比较高。首先，要对计划和控制系统作认真、彻底的分析；其次，为这个系统制定员工模型；最后，注意保持该模型的更新，以便了解已经确定的

投入变量以及相互关系是否能反映现实情况。总之,它要求管理人员能充分认识到控制因素与计划工作的影响关系,及时掌握和了解准确的信息,否则就无法实施前馈控制。但这种控制需要及时和准确的信息,从现实来看,要做到这些往往是比较困难的,因而人们不得不采取同期控制和反馈控制。

（二）同期控制

同期控制,亦称现场控制、事中控制或过程控制。同期控制是一种同步、适时的控制。它是在计划执行过程中的控制,在系统进行转换的过程中,即组织生产经营的过程中,对活动中的人和事进行指导和监督,以便管理者在问题出现时能够及时采取相应的措施。

管理者亲临现场就是一种最常见的同期控制活动。同期控制主要就是监督和指导,保证活动按照规定的政策、程序和方法进行。监督是按照预定的标准检查正在进行的工作,以保证目标的实现;指导是管理者针对工作中出现的问题,指导下属改进工作,或者与下属共同商讨纠正偏差的措施,以便下属正确地完成规定的任务。顾名思义,同期控制,或者现场控制一般都是在现场进行的,管理者亲临现场视察、生产进度控制、每日情况统计报表都属于现场控制。

对下属的工作进行同期监督,其作用有两个:首先,可以指导下属以正确的方法进行工作。指导下属的工作,培养下属的能力,这是每一个管理者的重要职责。现场监督,可以使上级有机会当面解释工作的要领和技巧,纠正下属错误的作业方法与过程,从而可以提高他们的工作能力。其次,可以保证计划的执行和计划目标的实现。同期检查,可以使管理者随时发现下属在活动中与计划要求相偏离的现象,从而可以将问题消灭在萌芽状态,或者避免已经产生的问题对企业不利影响的扩散。

（三）反馈控制

反馈控制,亦称事后控制、成果控制。它是在工作已经结束或者行为已经发生之后进行的控制。这种控制把注意力主要集中于工作和行为的结果上,通过对已经形成的结果进行测量、比较和分析,发现偏差情况,依此采取措施,对今后的工作活动进行纠正。由于这种控制是在经营过程结束以后进行的,因此,不论其分析如何中肯,结论如何正确,对于已经形成的经营结果来说都是无济于事的,它们无法改变已经存在的事实。成果控制的主要作用,甚至可以说是唯一的作用是,通过总结过去的经验和教训,为未来计划的制订和活动的安排提供借鉴。

虽然反馈控制只能"亡羊补牢",但是在实际工作中,有时候反馈控制又是唯一可选择的控制类型。反馈控制能为管理者评价计划的制订与执行提供有用的信息;组织成员可以借助反馈控制认识组织活动的特点及其规律,为进一步实施前馈控制和同期控制创造条件,实现控制工作的良性循环,并在不断的循环过程中,提高控制效果,更好地控制循环过程。

三种控制方式各有优缺点,有效的管理控制不能只依靠某一种控制方式,应根据特定情况有侧重地将各种控制方式结合起来使用,以便取得综合的控制效果。

二、根据控制的主体分类

控制是对计划的执行情况进行检查和纠正,而计划的执行结果要受到人的影响。例如,一个教学质量较差的教育机构,不可能用指责其产品(不合格的毕业生)的办法来加以控制；一个出产劣质产品的工厂，也不可能用将其产品送到废品堆去的办法而加以控制。但实际上出现的这些偏差是可以控制的，因为出现这些偏差的责任主要在于那些决策不当的人。这可以通过进一步培训、修改计划或实施新的方法等办法，来使有关主管人员改进未来采取的行动。这就是控制管理工作质量的关键所在。因此，从另一个角度来看，控制工作又可以分成以下两类：(1)着眼于发现工作中出现的偏差，分析产生的原因，并追究其个人责任使之改进未来的工作。这可以称为“间接控制”。(2)着眼于培养更好的主管人员，使他们能熟练地应用管理的概念、技术和原理，能以系统的观点来进行和改善他们的管理工作，从而防止出现因管理不善而造成的不良后果。这可称为“直接控制”。

（一）间接控制

间接控制是基于这样一些事实为依据的：人们常常会犯错误，或常常没有察觉到那些将要出现的问题，因而未能及时采取适当的纠正或预防措施。他们往往是根据计划和标准，对比和考核实际的结果，追查造成偏差的原因和责任，然后才去纠正。实际上，在工作中出现问题、产生偏差的原因是很多的。所定标准不正确固然会造成偏差，但如果标准是正确的，则不肯定因素、主管人员缺乏知识、经验和判断力等也会使计划遭到失败。所谓不肯定因素，包括了不能肯定的每一件事情。例如，一个制造活塞计划的成功与否，不仅取决于已知的各项前提条件，而且还取决于这样一些不肯定因素：未来的世界状况；已知的和尚未发现的金属材料的竞争；以及会把现有最好的活塞发动机淘汰掉的新的动力技术的发展；等等。对于这些不肯定因素造成的管理上的失误是不可避免的，故出现这种情况时，间接控制技术不能起什么作用。但对于由于主管人员缺乏知识、经验和判断力所造成的管理上的失误和工作上的偏差，运用间接控制则可帮助其纠正；同时，间接控制还可帮助主管人员总结、吸取经验教训，增加他们的经验、知识和判断力，提高他们的管理水平。

（二）直接控制

直接控制是相对于间接控制而言的，它是通过提高主管人员的素质来进行控制工作的。控制工作所依据的是这样的事实，即计划的实施结果取决于执行计划的人。直接控制的指导思想认为，合格的主管人员出的差错最少，他能觉察到正在形成的问题，并能及时采取纠正措施。所谓“合格”，就是指他们能熟练地应用管理的概念、原理和技术，能以系统的观点来进行管理工作。

销售额、利润率、产品质量等计划目标的完成情况，主要取决于直接对这些计划目标负责的管理部门的主管人员。因此，通过筛选、进一步的培训、完善管理工作成效的考核方法等，改变有关主管人员的未来行为，是对管理工作质量进行控制的关键所在。

因此，直接控制的原则认为，主管人员及其下属的质量越高，就越不需要进行间接控制。

三、根据控制的标准分类

根据控制工作的标准不同，可以把控制分为程序控制、追踪控制、自适应控制和最优控制。

（一）程序控制

程序控制一般以时间为序，控制标准值 S 常常表示为时间 t 的函数，即：$S=f(t)$。

在工程技术中，如程序控制的机器人或程序控制的各种设备，都严格按照预先规定的程序进行运作。某种工序的开始时间、作业时间和结束时间，都根据程序规定的时间数值予以控制，特定的时间就进行特定的相应工序，工序结束其作业任务也随着完成。

在现代企业的生产经营活动中，大量的管理工作都属于程序控制。例如生产作业程序、信息传递程序和产品出厂运输销售程序等，都必须严格按事前规定的时间进行运作，以保证整个系统运行的统一。否则，经营活动将成无序状态。

（二）追踪控制

追踪控制，亦称跟踪控制，其控制标准值 S 常常以控制对象所跟踪的先行量 C 为自变量，其函数式：$S=f(C)$。

例如，为了安全起见，要求汽车在马路上行驶的过程中，汽车距离马路边沿的距离始终保持 2 米。那么，马路边沿就是先行量 C，汽车行驶的路线就是跟踪量，控制标准 S 就是 2 米。司机需要不断地根据汽车与马路边沿的距离来控制自己的路线。

先行量也可以是某种运动中的变量。如图 12-3 所示的猎狗追逐野兔的曲线。野兔从 O 点开始沿着 X 轴直线逃跑，猎狗从 P 点开始跟踪追捕。追捕中，猎狗跟着野兔的运动随时改变自己的追捕方向，使自己与兔子始终保持最短的距离。猎狗的追捕轨迹就形成了一条追捕曲线。野兔是先行量 C，追捕曲线是跟随量，S_1、S_2、S_3、S_4 就是控制标准值。

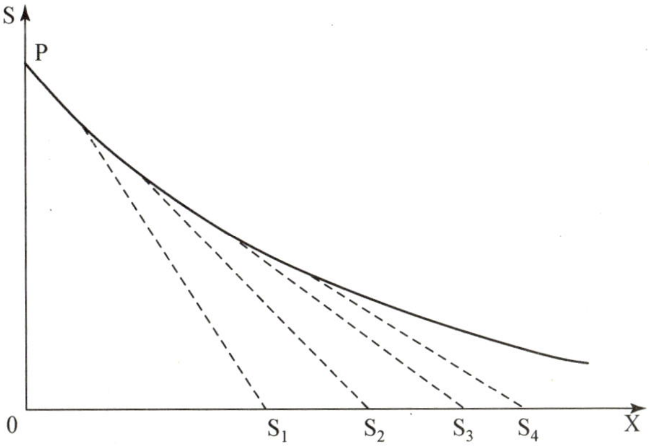

图 12-3 追捕曲线

在组织生产营运活动中，交纳税金，分配利润、奖金，供应材料等都属于跟踪控制性质。又如，某机床制造厂，计划用 1.1 吨钢质圆条，车削生产 10 台车床的轴件，规定每台车床用料 0.1 吨。其 1.1 吨为先行量，10 台车床用料为跟随量，0.1 吨为控制标准值。

（三）自适应控制

与前两种控制方法不同，自适应控制没有明确的先行量，控制标准 S 值是过去时刻（或时期）已达状态 Pt 的函数。也就是说，S 值是通过学习过去的经验而建立起来的。即：

$$S=f(Pt)$$

例如，工程控制技术中的学习机器人，就是一种自适应控制的机器人。它通过学习过去的经验(即人们根据需要做的事情，对机器人行动的设计)，会对活动中遇到的各种情况采取相应的行动，即已设计了的行动。但如果遇到了它在学习中没有碰到过的或没有设计的问题，它将无法采取行动。因此，自适应是相对的、有一定限度的。

在组织的生产经营活动中，外部市场和内部条件是在不断变化的，组织最高决策者对组织的发展方向很难进行程序控制或跟踪控制，而必须进行自适应控制。他们往往要根据过去时期组织所处的外部环境和内部已经达到的状态，凭借自己的知识、经验、预感和判断，作出重大的经营决策，使组织适应外部环境的变化。

（四）最优控制

最优控制，又称最佳控制，其控制标准 S 值由某一目标函数的最大值或最小值构成。这种函数通常含有输入量 X，传递因子 G 和 K 及各种附加参数 C，即：

$$S=\max f(X、G、K、C)，或 S=\min f(X、G、K、C)$$

例如，在前述猎狗追捕野兔的问题中，若野兔会一直沿着 X 轴逃跑，并且猎狗足够聪明，那么，猎狗会以追捕过程走过的距离最短作为最佳控制标准。因此，猎狗就不会沿着追捕曲线跑，而应该直接向两者的交叉点 $W(t)$ 跑去。这是一条直线，并且是能追到兔子的最短路程(如图 12-4 所示)。

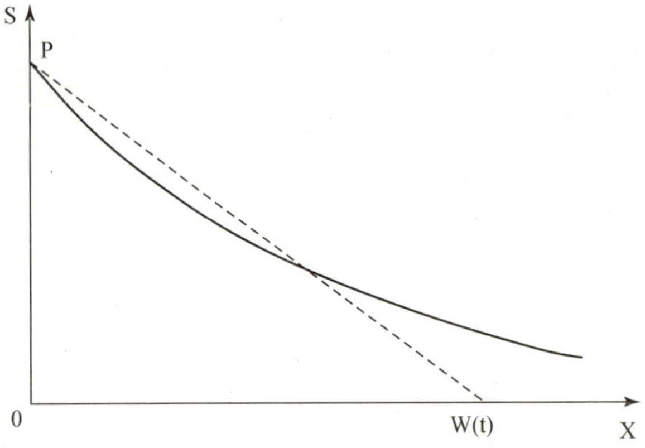

图 12-4 最佳控制

在组织的生产经营活动中，最优控制得到普遍应用。例如，以最小费用来控制生产批量，以最大利润率控制投资，以最短工艺路线完成工件的加工，以最短路程控制运输路线，以最小的库存保证材料供应，等等。几乎所有可以用线性规划、网络技术等运筹学方法和其他数学方法求解的问题，都毫无例外地得出最优解，并以此作为对运作过程实行管理的控制标准。

第 4 节 有效控制的艺术

在管理控制过程中，要取得较大的成效，除了上述以外，还要娴熟地运用下述技巧。

一、适时控制

组织的生产经营活动中产生的偏差只有及时采取措施加以纠正，才能避免偏差的扩大，或防止偏差对组织不利影响的扩散。及时纠偏，要求管理人员及时掌握能够反映偏差产生及其严重程度的信息。如果等到偏差已经非常明显，且对企业造成了不可挽回的影响后，反映偏差的信息才姗姗来迟，那么，即使这种信息是绝对客观、完全正确、非常系统的，也不可能对纠正偏差带来任何指导作用。

纠正偏差的最理想方法应该是防患于未然，即在偏差未产生以前，就预感到偏差产生的可能性，从而预先采取必要的防范措施，防止偏差的产生；或者，由于某种企业无力抗拒的原因，出现偏差不可避免，这种预感也可指导企业预先采取措施，消除或遏制偏差产生后可能对企业造成的不利影响。

预测偏差的产生，虽然在实践中有许多困难，但在理论上是可行的，即可以通过建立预警系统来实现，为需要控制的对象建立一条警报线，反映运营状况的数据一旦超过这个警戒线，预警系统就会发出警报，提醒管理者或操作者应该采取必要的措施防止偏差的产生和扩大。

质量控制图可以被认为是一个简单的预警系统（如图 12-5 所示）。

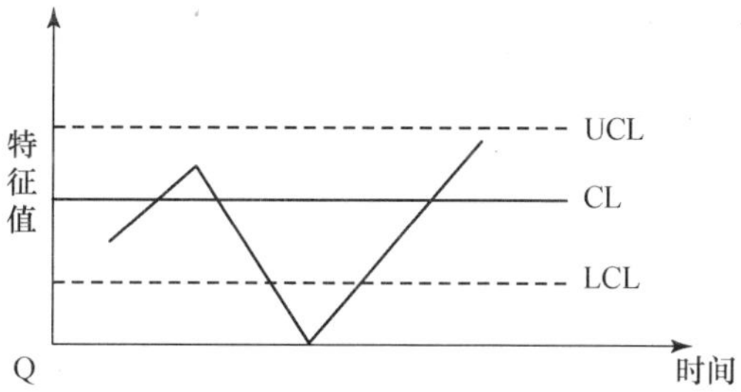

图 12-5　质量控制预警系统

图中，纵轴表示反映产品某个质量特征或某项工作质量完善程度的数值，横轴表示取值（即进行控制）的时间，中心线 CL 表示反映质量特征的标准状况，UCL 和 LCL 分别表示上、下警戒线，或上、下允许限差值，加工件精确度的数据如果始终分布在 UCL 与 LCL 之间，则表示质量“在控制中”；而一旦超越此区间，则表示该产品加工件加工出现了偏差。在这以前，质量控制人员就应注视质量变化的趋势及其原因，并制定或采取必要的纠偏措施。

在计算机等先进技术广泛应用的今天，许多现代化的大型企业已经建立了先进的技术控制中心、指挥控制平台或控制盘等，已经起到了预警报警和指示纠偏的作用。

二、适度控制

适度控制是指控制的范围、程度和频度要恰到好处。这种恰到好处的控制要注意以下几个方面的问题。

（一）实施适宜的控制程度和控制频度，防止控制过多或控制不足

做任何事都有个限度，超过或达不到这个度，就事与愿违。过多的控制常给被控制者带来某种不愉快，但是，如果缺乏控制，则可能导致组织活动的混乱。有效的控制应该

既能满足对组织活动监督和检查的需要，又要防止与组织成员发生强烈的冲突。

适度的控制应能同时体现两个方面的要求：一方面，要认识到，过多的控制会被组织成员认为是对他们的不信任，从而影响其个人能力的发展和工作热情的提高，并且也会扼杀其积极性、主动性和创造性，会抑制其创新精神；另一方面，也要认识到，过少的控制也面临很大的风险，不能使组织活动有序地进行，将会造成资源的浪费。此外，过少的控制还可能使组织成员无视组织纪律、我行我素，甚至利用在组织中的便利条件谋求个人利益，最终导致组织的涣散和崩溃。

控制程度与频度适当与否，要受到许多因素的影响。判断控制程度或频度是否适当的标准，通常要随活动性质、管理层次以及下属受培训程度等因素而变化。就控制程度而言，一般认为，科研机构的控制程度应小于生产劳动；对科室人员工作的控制要少于现场的生产作业；对受过严格训练、能力较强的管理人员的控制要低于那些缺乏必要训练、能力较差的新任管理人员。就控制频度而言，对组织的年度计划往往进行季度检查控制，对于月度计划进行周检查控制；又如半自动冲床加工小型冲压件，一般 5 分钟就要检验一次。过多控制和控制不足，就会给组织造成不同程度的损失。

（二）处理好全面控制与重点控制的关系

作为一个组织，对其营运进行全面管理控制是必要的，不然一个环节失控，可能会带来连锁反应，造成一系列重大损失。但是，这也不是说对组织的任何一个部门、任何一项活动都要进行详细的、彻底的、同等程度的控制。如果这样，则控制成本可能远远高于控制收益，是得不偿失的。这是因为：一方面，并不是所有部门、所有活动、所有人员都具有相同的发生偏差的概率。比如有些活动，技术成熟、人员熟练、有完善的操作规则，则发生偏差的可能性比较低；相反，有些工作，属于新技术、工人不熟练、也没有详细的操作手册，则发生偏差的可能性要大得多。另一方面，并不是所有的偏差都会对组织带来相同程度的影响。一个邮递员投错邮件带来的损失一般不会太大，也容易弥补；但是一个操作精密机床的技术员操作失误带来的损失往往巨大的、无法弥补的。因此，必须处理好全面控制与重点控制的关系。

（三）处理好控制成本和控制收益的关系

任何控制都需要一定的费用，衡量工作成绩、分析偏差产生的原因，以及为了纠正偏差而采取的措施，都需支付一定的费用；同时，任何控制，由于纠正了组织活动中存在的偏差，都会带来一定的收益。一项控制，只有当带来的收益超出其所需成本时，才是值得的。控制费用与收益的比较分析，实际上是从经济角度去分析上面考察过的控制程度与控制范围的问题。

控制费用会随着控制程度的提高和控制范围的扩大而增加，但控制收益的变化则比较复杂。通常的情况是，在初始阶段，较小范围和较低程度的控制不足以使企业管理者及时发现和纠正偏差，因此控制费用会高于可能产生的收益。随着控制范围的扩大和控制程度的提高，控制的效率会有所改善，能指导管理者采取措施纠正一些重要的偏差，从而使控制收益能逐渐补偿并超过控制。但是，随着控制程度的进一步提高和控制范围的进一步扩大，控制成本上升较快，但是控制收益上升缓慢，甚至一定程度以后，控制收益反而下降。控制工作的目标，不是使得控制成本最小，也不是使得控制收益最大，而是使得控制收益与控制成本的差值最大（如图 12-6 所示）。

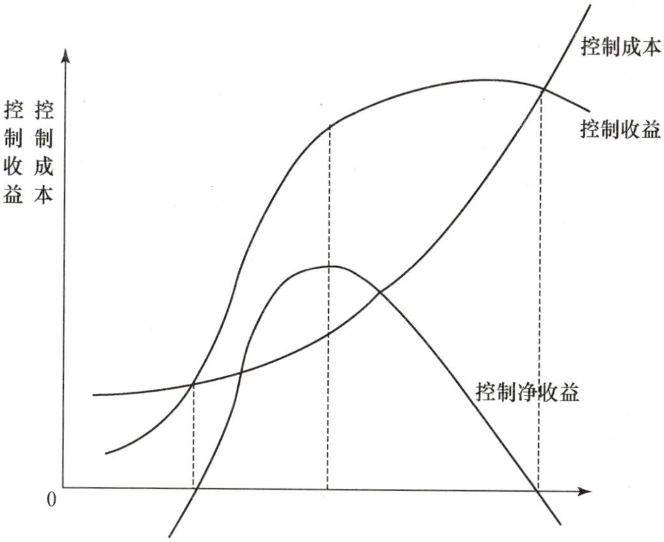

图 12-6 控制成本和控制收益的关系

三、客观控制

客观控制是指应该针对组织的实际状况，进行适宜的监督、量度和纠偏。有效的控制必须是客观的、符合组织实际的。

客观控制源于对组织经营现状以及对客观变化的了解和分析。在此基础上，一方面，控制过程中采用的检查、测量的技术与手段，必须能正确地反映组织经营在时空上的客观变化程度与分布状况，准确地判断和评价组织各部门、各环节的运作成效与计划、标准相符或相背离程度。另一方面，组织还必须定期检查过去制定的标准和计量规范，使之符合变化了的客观要求。没有客观的标准、态度和准确的检测手段，组织成员对组织的实际工作就不易有一个正确的认识，从而难以制定出正确的措施、进行客观的控制。总之，控制的标准、控制的手段要符合变化的客观实际，脱离客观的过高或过低的控制，都会造成损失。

四、弹性控制

组织在生产经营过程中可能经常遇到某种突发的、无力抗拒的变化，这些变化使原来的计划与现实条件严重背离。有效的控制系统应该具有灵活性或弹性，应在这样的情况下仍能发挥作用、维持组织的正常运营。

弹性控制通常与控制的标准有关。比如，预算控制通常规定组织各部门在既定规模下能够用来购买原材料或生产设备的资金额度，其额度如果规定得绝对化，万一实际产量或销售量与预算额度发生差异，预算控制就可能失去意义。当经营规模扩大，会使部门感到经费不足；而销售量低于预测水平，则可能使经费过于富裕，乃至造成浪费。有效的预算控制应能反映经营规模的变化，应该预料到组织未来的经营可能呈现出不同的水平，因而要根据经营规模的不同参数值，决策不同的经营额度，使预算可以在一定范围内变动。

弹性控制有时也与控制系统的设计有关。通常，组织的目标并不是单一的，而是多重目标的组合。由于控制系统的存在，人们为了避免受到指责或是为了使业绩看起来不错，会故意采取一些行动，从而直接影响一个特定控制阶段内的数据。例如，如果控制系统仅仅以产量作为衡量依据，则员工就会忽略质量；如果衡量的是财务指标，那么员工就不会在生产指标上花费更多时间。因此，采取多重标准可以防止工作中出现做表面文章的现象，同时也能够更加准确地衡量实际工作和反映组织目标。

案例12-1

巴林银行的倒闭

1995年2月26日，一条消息震惊了整个世界金融市场。具有230多年历史，在世界1000家大银行中按核心资本排名第489位的英国巴林银行(Barings Bank)，因进行巨额金融期货投机交易，造成9.16亿英镑的巨额亏损，在经过国家中央银行英格兰银行先前一个周末的拯救失败之后，被迫宣布破产。后经英格兰银行的斡旋，3月5日，荷兰国际集团(International Nederlanden Group)以1美元的象征价格，宣布完全收购巴林银行。

巴林银行(Barings Bank)于1762年在伦敦开业，创办人为法兰西斯·巴林爵士(Sir Francis Baring)。最初从事贸易活动，后涉足证券业，19世纪初，成为英国政府证券的首席发行商。此后100多年来，该银行在证券、基金、投资、商业银行业务等方面取得了长足发展，成为伦敦金融中心位居前列的集团化证券商，连英国女皇的资产都委托其管理，素有"女皇的银行"之美称。

巴林银行集团的业务专长是企业融资和投资管理。尽管是一家老牌银行，但巴林一直积极进取，在20世纪初进一步拓展公司财务业务，获利甚丰。90年代开始向海外发展，在新兴市场开展广泛的投资活动，仅1994年就先后在中国、印度、巴基斯坦、南非等地开设办事处，业务网络点主要在亚洲及拉美新兴国家和地区。在《亚洲金融》杂志组织的由机构投资者评选亚洲最佳经纪活动中，巴林连续4年名列前茅；该集团1993年的资产59亿英镑，负债56亿英镑，资本金加储备4.5亿英镑，海内外职员雇员4000人，盈利1.05亿英镑；1994年税前利润高达1.5亿英镑。其核心资本在全球1000家大银行中排名第489位。

就是这样一个历史悠久、声名显赫的银行，竟因一个28岁的青年进行期货投机失败所累而陷入绝境。28岁的尼克·里森(Nick Leeson)1992年被巴林银行总部任命为新加坡巴林期货(新加坡)有限公司的总经理兼首席交易员，负责该行在新加坡的期货交易并实际从事期货交易。

1992年巴林银行有一个账号为"99905"的"错误账号"，专门处理交易过程中因疏忽而造成的差错，如将买入误为卖出等。新加坡巴林期货公司的差错记录均进入这一账号，并发往伦敦总部。1992年夏天，伦敦总部的清算负责人乔丹·鲍塞(Gordon Bowser)要求里森另行开设一个"错误账户"，以记录小额差错，并自行处理，以省却伦敦的麻烦。由于受新加坡华人文化的影响，此"错误账户"以代码"88888"为名设立。

数周之后，巴林总部换了一套新的电脑系统，重新决定新加坡巴林期货公司的所有差错记录仍经由"99905"账户向伦敦报免，"88888"差错账户因此搁置不用，但却成为一个真正的错误账户留存在电脑之中。这个被人疏忽的账户后来就成为里森造假的工具。倘若当时能取消这一账户，则巴林银行的历史就可能改写了。

1992 年 7 月 17 日，里森手下一名刚加盟巴林的王（Wang）姓交易员手头出了一笔差错：将客户（日本富士银行）的 20 份日经指数期货合约买入委托误为卖出。里森在当晚清算时发现了这笔差错。要矫正这笔差错就须买回 40 份合约，按当日收盘价计算，损失为 2 万英镑，并应报告巴林总部。但在种种考虑之下，里森决定利用错误账户“8888”承接了 40 份卖出合约，以使账面平衡。由此，一笔代理业务便衍生出了一笔自营业务，并形成了空头敞口头寸。数天以后，日经指数上升了 200 点，这笔空头头寸的损失也由 2 万英镑增加到 6 万英镑。里森当时的年薪还不足 5 万英镑，且先前已有瞒上不报的违规之举，因而他更不敢向总部上报了。此后，里森便一发而不可收，频频利用“88888”账户吸收下属的交易差错。仅其后不到半年的时间里，该账户就吸收了 30 次差错。为了应付每月底巴林总部的账户审查，里森就将自己的佣金收入转入账户，以弥补亏损。由于这些亏损的数额不大，结果倒也相安无事。

1993 年 1 月，里森手下有一名交易员出现了两笔大额差错：一笔是客户的 420 份合约没有卖出，另一笔是 100 份合约的卖出指令误为买入。里森再次作出了错误的决定，用“88888”账户保留了敞口头寸。由于这些敞口兴寸的数额越积越多，随着行情出现不利的波动，亏损数额也日趋增长至 600 万英镑，以致无法用个人收入予以填平。在这种情况下，里森被迫尝试以自营收入来弥补亏损。幸运的是，到 1993 年 7 月，“88888”账户居然由于自营获利而转亏为盈。如果里森就此打住，巴林银行的倒闭厄运也许又一次得以幸免。然而这一次的成功却从反面为他继续利用“8888”账户吸收差错增添了信心。

1993 年 7 月，里森接到了一笔买入 6000 份期权的委托业务，但由于价格过低而无法成交。为了做成这笔业务，里森又按惯例用“88888”账户卖出部分期权。后来，他又用该账户继续吸收其他差错。结果，随着行情不利变化，里森再一次陷入了巨额亏损的境地。到 1994 年时，亏损额已由 2000 万、3000 万一直增加到 7 月份的 5000 万英镑。为了应付查账的需要，里森假造了花旗银行有 5000 万英镑的存款。其间，巴林总部虽曾派人花了 1 个月的时间调查里森的账目，但却无人去核实花旗银行是否真有这样一笔存款。

1994 年下半年起，尼克·里森在日本东京市场上做了一种十分复杂、期望值很高、风险也极大的衍生金融商品交易——日本日经指数期货。他认为，日本经济走出衰退，日元坚挺，日本股市必大有可为。日经指数将会在 19000 点以上浮动，如果跌破此位，一般说日本政府会出面干预，故想赌一赌日本股市劲升，便逐渐买入日经 225 指数期货建仓。1995 年 1 月 26 日，里森竟用了 270 亿美元进行日经指数期货投机。不料，日经指数从 1 月初起一路下滑，到 1995 年 1 月 18 日又发生了日本神户大地震，股市因此暴跌。里森所持的多头头寸遭受重创。为了反败为胜，他继续从伦敦调入巨资，增加持仓，即大量买进日经股价指数期货，沽空前日本政府债券。到 2 月 10 日，里森已在新加坡国际金融交易所持有 55000 份日经股价指数期货合约，创出该所的历史纪录。

所有这些交易均进入“88888”账户。为维持数额如此巨大的交易，每天需要 3000 万～4000 万英镑。巴林总部竟然接受里森的各种理由，照付不误。2 月中旬，巴林总部转至新加坡 5 亿多英镑，已超过了其 47000 万英镑的股本金。

1995 年 2 月 23 日，日经股价指数急剧下挫 276.6 点，收报 17885 点，里森持有的多头合约已达 6 万余份，面对日本政府债券价格的一路上扬，持有的空头合约也多达 26000

份。由此造成的损失则激增至令人咋舌的86000万英镑，并决定了巴林银行的最终垮台。当天，里森已意识到无法弥补亏损，于是被迫仓皇出逃。26日晚9点30分，英国中央银行英格兰银行在没拿出其他拯救方案的情况下只好宣布对巴林银行进行倒闭清算，寻找买主，承担债务。同时，伦敦清算所表示，经与有关方面协商，将巴林银行作为无力偿还欠款处理，并根据有关法律赋予的权力，将巴林自营未平仓合约平仓，将其代理客户的未平仓合约转移至其他会员处置。27日（周一），东京股市日经平均指数再急挫664点，又令巴林银行损失增加了2.8亿美元，使全部损失达6亿英镑，约9亿多美元。截至当日，里森持的未平仓合约总值达270亿美元，包括购入70亿美元日经指数期货，沽出200亿美元日本政府债券与欧洲日元。

在英国央行及有关方面协助下，3月2日（周四），在日经指数期货反弹300多点情况下，巴林银行所有（不只新加坡的）未平仓期货合约（包括日经指数及日本国债期货等）分别在新加坡国际金融期货交易所、东京及大阪交易所几近全部平掉。至此，巴林银行由于金融衍生工具投资失败引致的亏损高达9.16乙英镑，约合14亿多美元。3月6日，荷兰国际集团与巴林达成协议，接管其全部资产与负债，3月9日，此方案获得英格兰银行及法院批准。至此，巴林倒闭风波暂告一段落，令英国人骄傲两个世纪的银行已易新主，可谓百年基业毁于一旦。

巴林银行的破产，对国际金融市场造成严重的冲击，影响的范围，直接涉及新加坡、东京、大阪、伦敦、中国香港和其他有关的金融市场。

1995年2月27日，星期一，巴林事件公开披露之后的第一个交易日，新加坡股市出现较大幅度下跌，海峡时报指数跌去20.42点，收报2094.10点，跌幅达0,92%。日本股市作为重灾区，所受的打击更为沉重。据日本《经济新闻》报道：日本有15家银行拥有日本巴林证券公司总计7.18亿美元的资产。其中有5.3亿美元可能要作坏账处理。此外，市场还担心日本巴林证券公司为了还债而被迫平仓。日本的股市因之格外受到拖累，2月27日的东京日经平均指数狂泻954点，跌幅达5.4%，收报16808.70点，创出15个月来的新低，以后数日继续下挫，3月1日跌至16618.71点。3月10日，东京市场传闻日本有类似巴林事件的情况出现，日经指数跌至16358.38点，东京证券交易所迅即宣布：日本巴林证券公司持有4900份未平仓的日本政府证券期货合约，估计损失达50亿日元。东京证券交易所理事长山口光秀宣布，停止日本巴林证券公司所有交易，冻结其所有股票和期货合约的库存。大藏省和日本银行也相应采取了一些旨在稳定东京股市的对策。

在英国，英镑汇率随之受到冲击，英镑兑马克汇率跌穿2.3的重要支撑位，成为两年多来的新低。伦敦金融时报100指数3月8日收报52986.9点。英格兰银行行长艾迪·乔治表示，新加坡巴林期货公司造成的损失已超过了该公司约2亿英镑的现金准备；而且，由于持有的大部分期货合约要到3月中旬才到期，因而最终的损失可能还会增加。乔治还补充道，英格兰银行将尽快对巴林事件作出全面的调查，并进行必要的处理和采取有效的防范措施。

巴林事件使马来西亚、韩国及印度等国的金融管理当局深感震惊，因为这些国家正计划推出期货交易。吉隆坡的官员表示，在原来酝酿推出两种期货交易之前，他们将对有关的监管法规和措施再次作出更严密的审核。韩国金融及经济管理局表示，它将对来自海外的金融衍生工具的交易加强控制，建立涨跌停板制度，规定强制性的保证金比率，以避免出现过度的风险。印度证券交易局主席迈赫塔表示，在推出期权和期货交易之前，他们肯定会把巴林事件考虑在内。

巴林事件在香港金融市场引起了很大反响。香港股市在开市的第一天，即2月27日，立即作出向下的反应，恒生指数一度深跌200多点。2月28日起，大批的客户涌入巴林(香港)公司，提出将储存在该公司的股票，转移到百富勤等其他证券公司。3月10日，恒生指数跌穿8000点整数关。此外，台北股市也下跌了3.1%，菲律宾联合交易所成分指数下跌4.2%，韩国的股市下跌2.25%。中国香港证监会也很快作出反应，于2月27日根据《证券及期货事务监察委员会条例》第39(1)条及第40条赋予的限制注册人业务的权力，宣布对巴林银行在证监会注册经营证券及期货业务的所有公司实施停牌处理。当时，巴林(香港)公司持有4.4亿港元的股票、9000份期货合约和1.2万份期权合约。巴林兄弟有限公司持牌银行业务于2月27日上午9时暂停营业。香港金融管理局称，巴林银行香港分行虽无问题，但也须暂停办理业务，资金不得转出香港。巴林证券有限公司亦被暂停交易，其在期货交易所的未平仓合约亦由其他公司代行平仓。直至3月10日，随着荷兰国际集团(ING)收购巴林兄弟有限公司及巴林证券有限公司的业务和资产，以及巴林资产管理控股有限公司的所有股份以后，中国香港证券及期货事务监察委员会才正式撤销了对香港巴林期货有限公司、香港巴林证券有限公司、巴林资产管理(亚洲)有限公司、巴林国际基金管理有限公司及巴林国际投资(远东)有限公司的业务限制令，但其中香港巴林证券有限公司及香港巴林期货有限公司的交易活动仍有待香港联合交易所及香港期货交易所的批准。同时，巴林兄弟银行也继续受到香港金融管理局的业务限制令的禁阻。为确保香港金融衍生工具市场的正常运行，香港期货交易所决定将每份恒指期货合约的保证金由4万港元增至4.5万港元。同日，香港金融管理局还表示，该局正在等待英格兰银行针对巴林事件的调查作出处理意见和建议，以便进一步制定监管衍生工具的指导准则，杜绝类似巴林事件的情况再度发生。

香港金融管理局还以巴林事件为契机，对有资格从事金融衍生工具交易的金融机构进行了调查。结果表明，积极参与金融衍生工具交易的多为外资机构，香港当地的金融机构主要从事金融衍生工具的对冲交易，以避免风险、减少损失为目的。此项调查还显示，大部分金融机构均有一套审慎的风险管理守则，但仍有不到半数的金融机构的守则未获董事会批准，与巴塞尔委员会建议董事会必须清楚了解银行参与金融衍生工具的交易情况的要求不符，其内部的监管素质有待提高。

(资料来源：作者根据公开资料整理。)

问题：

1. 巴林银行倒闭的原因是什么?
2. 巴林银行的控制系统出了什么问题? 出现问题的原因是什么?
3. 结合巴林银行的控制问题，谈谈有效控制的必要性。

案例12-2

麦当劳：标准化管理的典范

1955年，世界第一家麦当劳由创始人Ray A. Kroc在美国芝加哥成立，现在，每3小时就有一家麦当劳诞生。快速扩展的惊人速度，使得金黄色拱门遍布全球，成为全球最具魅力的连锁品牌之一。

麦当劳的成功缘于它的创始人创造了一种适应时代要求的商业模式，并通过制定统一和规范化的标准，使其可以迅速地复制、扩张。

20 世纪六七十年代正值美国进入经济高速发展的时期，人们生活工作节奏加快，用于吃饭的时间越来越短，特别是个人大量拥有汽车后，途中快速用餐的需求出现了，而在一些机场和高速公路路口设立的麦当劳快餐店满足了人们的需要。

麦当劳伴随着美国经济的腾飞而获得巨大成功，无形中具有了某种政治文化意义，人们视其为代表了美国的国家形象，同时，能够在麦当劳用餐被视为中产阶级的生活方式特征之一。

在早期发展过程中，麦当劳逐渐形成了具有强烈美国 CI 理论特征的以红黄为基本色调、以 M 为品牌标志的 CI 体系。麦当劳的品牌内涵中包含了其产品品质、产品市场定位、品牌文化、产品标准化生产，以及品质保障机制、品牌形象推广、特许经营的市场扩张模式等。

麦当劳以其独特的成功商业模式获得了世界餐饮第一的地位，吸引了世界的强烈关注，成为人们津津乐道的话题，使得品牌得以快速传播。很多人没有见到麦当劳之前就在书本上、电影里熟悉麦当劳了，所以麦当劳进入新市场时不需要做广告，往往就会顾客盈门。比如在中国，麦当劳登陆北京和上海时当日单店的造访顾客都超过了万人。

麦当劳品牌的产品绝不仅仅是汉堡和薯条，麦当劳的经验和模式是食物、人物与快乐的组合。人们可能并不认为麦当劳提供的食物是世界上最好的，但人们都认为它是世界上最好的快餐店。因而，人们对麦当劳产品的认可，并不仅仅是对其产品物性使用价值的认可，同时，更是对它的巨大形象价值的接受与认同。

一、标准化：麦当劳的长盛之本

麦当劳的长盛之本主要有两个方面：

第一，开创了一套适合快餐业的经营理念及管理方式。这套广受认可的经营理念靠的又是标准化的操作方式。

第二，建立了一系列根深蒂固的培训制度。人才是企业最重要的资源之一，麦当劳的这套培训制度可以确保每一个平凡的人都能成为麦当劳的可用之才。

麦当劳是世界上最大的快餐集团，从 1955 年创办人雷·克罗克在美国伊利诺斯普兰开设第一家麦当劳餐厅至今，它在全世界已拥有 28000 多家餐厅，麦当劳的黄金双拱门已经深入人心，成为人们最熟知的世界品牌之一，更是餐饮行业中公认的世界第一品牌！麦当劳金色的拱门允诺：每个餐厅的菜单基本相同，而且“质量超群，服务优良，清洁卫生，货真价实”。它的产品、加工和烹制程序乃至厨房布置，都是标准化的，严格控制。无论市场怎样变化，麦当劳始终都紧紧抓住最根本的市场需求。这些最根本的需求集中表现为：顾客在消费时总是精打细算、生活节奏的加快、顾客需要快捷的服务、清洁的环境和高质量的食品。这些之所以是最根本的需求，是因为它们不会因国家与市场的改变而改变，而且是普遍存在的。在“品质、服务、清洁和物有所值”的经营宗旨下，人们不管是在纽约、日本、中国香港或北京光顾麦当劳，都可以吃到同样新鲜、美味的食品，享受到同样快捷、友善的服务，感受到同样的整齐清洁及物有所值。

二、QSCV：麦当劳的经营秘诀

麦当劳将自己的企业理念和经营方针浓缩为“QSCV”(Quality, Service, Cleanness

& Value)，意即麦当劳为人们提供品质一流的产品、周到的服务、清洁的就餐环境以及让人们感到在麦当劳就餐是物有所值的。

（一）保证一流品质的产品——一切用数字衡量

QSCV 中的 Q：是英文 quality 的第一个大写字母，就是品质、质量。

麦当劳制定了一整套严格的质量标准和管理制度，以保证在任何情况下都向顾客提供品质一流的食品。

麦当劳重视品质的精神，在每一家餐厅开业之前都可以体现。首先是在当地建立生产、供应、运输等一系列的网路系统，以确保餐厅得到高品质的原料供应。同时麦当劳食品必须经过一系列严格的质量检查，例如仅牛肉饼，就有 40 多项质量控制的检查。或许很多顾客都不知道麦当劳的食品控制程序如何复杂，但是他们都深深地体验过成果，这就是麦当劳高品质、美味和营养均衡的食品。

（二）服务周到，顾客满意百分百

QSCV 中的 S：是英文 service 的第一个大写字母，即服务。作为餐饮零售服务业的龙头老大，麦当劳对服务视如性命般重要。麦当劳成立初期，当时的美国快餐业发展较为迅速，市场竞争也相当激烈。但快餐业在发展过程中，有一个普遍存在的问题，就是环境脏、乱、差。克罗克力图改变这种状况，从而使麦当劳在干净、卫生方面独树一帜。首先是保证食品、饮料干净、卫生，餐厅严格的管理能使这项要求落到实处；其次是环境整洁、优雅。餐厅内外要窗明几净，员工仪表整齐划一，洗手间也始终保持清洁卫生，没有异味。为了保证以上几方面均能准确无误地执行，麦当劳制定了严格的规定。受过严格训练的工作人员培养了良好的卫生习惯，他们眼光敏锐，手脚勤快，顾客一走，马上清理桌面和地面，哪怕是散落在地上的小纸片也立即拾起，使顾客就餐既放心又愉快。麦当劳很快以清洁而闻名，在快餐业中脱颖而出，蒸蒸日上。

今天，麦当劳已成为最令人敬佩的服务机构，正如麦当劳所宣称的："我们卖的不是汉堡包，而是服务。"麦当劳清楚地知道，其食品绝不是吸引顾客的关键因素，因而为了切合本土需求，将经营的重心放在了服务和氛围上。人们之所以喜欢到麦当劳去就餐，并不仅仅是冲着新鲜的汉堡包，因为其他一些餐厅制作的汉堡包味道也许更好。那里的菜单基本是不变的：汉堡包、土豆条、饮料、色拉。为了吸引顾客，提高服务质量，麦当劳始终坚持优质服务策略。比如：努力营造欢乐温馨的气氛；餐厅内尽量避免喧哗游逛；营造出一种与在家中就餐一样宁静的环境，比如桌椅舒适，服务员热情周到。麦当劳服务三大要求：F(Fast 快速)；A(Accurate 正确、精确)；F(Friendly 友善、友好)。

（三）环境清洁、优雅

QSCV 中的 C：是英文 cleanness 的第一个大写字母，即清洁、卫生。

提供清洁、优雅的就餐环境，是麦当劳营业场所追求的目标。麦当劳餐厅布置典雅，适当摆放一些名画或卡通玩具，播放轻松的乐曲，顾客在用餐之余还能得到优美的视听享受。工作手册告诉工作人员，不清洁会成为工作的障碍，既妨碍了工作的进度，又难以维护高质量的服务。在麦当劳的观念中，"清洁"不仅是指字面意义上的清洁，凡是与餐厅的环境有关的事情，都属于"清洁"的含义，都纳入严密的监视和管制范围内。清洁的环境是麦当劳对顾客无言的欢迎。另外，麦当劳很注重环境美，通过各种手段来为顾客就餐创造温馨的氛围。

（四）灵活摆放桌椅，使顾客产生雅兴

麦当劳通过多年的实践，深刻认识到市场营销学对自身发展的重要性。麦当劳认为，从心理学的角度出发，人们仅是十分需要有一个舒适的用餐环境。也就是说，现在越来越多的人已经不再出于自身的生存需要，仅仅追求吃饱，而是要求吃得更好，这个“好”，自然便包括用餐环境的舒适，即令人能吃出情调，充分享受吃的愉悦。由此出发，麦当劳餐厅的店堂布置就相当讲究，尽量做到让顾客觉得舒适、自由。在麦当劳餐厅，很少看到桌椅单调地一排排摆放着，它的每一副桌椅的设置都颇有特色：或倚窗、或绕墙，这里转弯，那里围成一圈，即使是堂内中间的座位，也尽可能形成一个独立的天地。这种座位与座位在餐厅布局上的独立性，理所当然地派生出顾客在用餐时的雅兴，令你在有限的空间里享受到个人自由。你即可以对窗而坐，边吃边看街景，也能与一群朋友同桌进食谈笑风生。

（五）价格合理，物有所值

QSCV 中的 V：是英文 value 的第一个大写字母，即价值。

所谓价值，就是要价格合理、物有所值。“物有所值”是麦当劳对顾客的承诺，合理的价格、营养丰富的食品，这就是全世界近 4000 万顾客天天光临麦当劳的原因所在。麦当劳除了尽力为顾客提供一个宜人的环境，让顾客进餐之余得到精神文化的享受之外，麦当劳的食品非常重视味道、颜色、营养，价格与所提供的服务一致，让顾客吃了之后感到真正是物有所值。麦当劳不仅在国内反映着美国文化，它还将其输送到海外。金黄色的拱形已被认作美国服务的标志，而将美食作为快餐的热潮已遍布全球。麦当劳强调，“提供更有价值的物质商品给顾客”。现代消费者的需求不仅趋向高品质化和高品位化，而且也趋于多样化，重视商品新价值的开发，即不断给商品注入附加值。

（资料来源：《上海经济》，2011 年第 10 期，作者不详。）

问题：

1. 麦当劳的控制系统都由哪几部分构成？
2. 麦当劳的控制系统是如何发挥作用的？
3. 结合具体案例，谈谈如何建立企业的控制系统。

第13章 控制方法

企业管理者能否谨守预算，往往被视为管理能力的一大考验。但是当预算将企业各种不同的需求作了最佳调和后，能否尽力达成预算，才是检验管理能力更重要的指标。

——彼得·德鲁克《管理的实践》

开篇案例

从2013年开始发酵的长安福特"断轴门"事件，至今仍然没有尘埃落定的迹象。

继翼虎车型因断轴问题被召回后，日前，翼搏车型在中国汽车技术研究中心(以下简称中汽中心)的实车碰撞试验时也发生了断轴现象。对此，长安福特对《中国经营报》记者回应称："我们了解到这个情况，目前正在调查。"但对于断轴原因、调查进展以及整改方案都未予回复，这让外界对长安福特存在的严重质量问题更添疑惑。

事实上，除了长安福特"双翼"车型的断轴烦恼之外，近期消费市场针对其主力销售车型——福克斯的投诉也出现迅猛之势。显然，长安福特当前所出现的各类问题并非偶然，在接二连三的产品质量问题背后，长安福特的产品及企业信誉度都受到了外界的强烈质疑，因此，这也使得长安福特在激进扩张过程中的隐忧逐一显露。

喧嚣多时的翼虎"断轴门"事件，随着长安福特在2013年底宣布因部分材料未达标准召回隐患车型而告一段落。不料，就在近段时间，长安福特的"断轴门"事件却再添"新秀"。

2014年2月20日，长安福特旗下的另一款SUV车型翼搏1.5AT尊贵型在中汽中心的实车碰撞试验室内进行正面40%重叠可变形壁障碰撞试验，结果前轴断裂，引起现场媒体的一片哗然。据悉，此前中汽中心曾为很多合资企业、自主企业产品进行过相同的实车碰撞试验，但这种情况还是首次出现。

而令人疑惑的是，近一个月的时间过去了，对于这一情况，长安福特至今没有给出官方解释和事件调查进展。

其实，在汽车行业知名评论员张志勇看来，翼搏在实验室内发生的断轴现象与2013年消费者投诉的翼虎断轴情况性质大为不同。"车企送去进行检测的样品应该是经过千挑万选的，在这种情况下仍出现断轴现象，那就说明产品不仅仅是材料有问题，而应从产品设计或者研发的源头上调查产品质量的问题所在。"张志勇认为。

至此，长安福特引以为傲的两款SUV车型均出现断轴情况，其此前制定的"双翼齐飞"SUV战略，刚起飞就遭遇了"折翼"。而对长安福特来说，烦恼还远远不止于此。

据记者调查发现，受近期断轴事件影响，有关长安福特主力车型福克斯的质量投诉也甚嚣尘上，消费者对这一车型的投诉在各大汽车投诉网站上居高不下，诸如双离合异响、车门掉落、变速箱漏油等各类较严重的汽车质量安全问题也层出不穷。

“漏油门、异响门、抖动门、掉车门、漏水门、断轴门，门门无解。”一位消费者如此描述长安福特的质量问题及众多车主的维权现状。显然，种种情况表明，当前终端消费市场对长安福特的品牌信任度已大幅降低。

长安福特在事件发展过程中所表现出来的态度令其品牌形象蒙上了一层阴影。

对于长安福特而言，2013年是最好的一年，也是最坏的一年。在这一年里，长安福特全年销量突破了67.89万辆，以62%的增速成为增幅最大的合资企业。同样在这一年里，伴随着长安福特的产品质量问题，经营漏洞、供应商体系监管羸弱、危机公关能力不足等隐忧暴露无遗。

从福特的发展历史来看，其对成本的控制远甚于其他企业，这是福特之所以能在2008年的金融危机中独善其身的重要原因。但是到了市场没有大波动的“和平”时期，福特近乎苛刻的成本控制也难免会影响产品质量。

因此，有分析称，长安福特在召回声明中声称，断轴是因为部分材料未达标准。实际上就是因为福特为了控制成本，降低了投放中国市场的车型的设计标准，从而导致了断轴的发生，而这并不是独立事件，当然，也不是召回一款产品可以解决的问题。

（资料来源：《中国经营报》2014-3-15。）

组织管理实践中运用着多种控制方法，管理人员除了利用现场巡视、监督等简单手段进行控制外，还经常借助其他的方法，如：预算控制、生产控制、财务控制。

第1节　预算控制

组织未来的几乎所有活动都可以利用预算进行控制。预算预估了组织在未来各个时期的经营收入和现金流量，同时也为各部门或各项活动规定了在资金、劳动、材料、能源等方面的支出的额度。预算控制就是根据预算规定的收入与支出标准来检查和监督各个部门的生产经营活动，以保证各种活动或各个部门在完成既定目标、实现利润的过程中对经营资源的利用，从而使费用支出受到严格、有效的约束。

一、预算的概念

预算(budget)是指通过对组织内外部环境的分析，在科学的生产经营预测与决策基础上，用价值和实物等多种形态反映组织未来一定时期的投资、生产经营及财务成果等一系列的计划和规划。

预算包含的内容不仅仅是预测，它还涉及有计划地巧妙处理所有变量，这些变量决定着组织未来努力达到某一有利地位的绩效。预算（或利润计划）可以说是控制范围最广的技术，因为它关系到整个组织机构而不仅是其中的几个部门。

一个预算就是一种定量计划，用来帮助协调和控制给定时期内资源的获得、配置和使用。编制预算可以看成将构成组织机构的各种利益整合成一个各方都同意的计划，并在试图达到目标的过程中，说明计划是可行的。

二、预算的种类

预算有多种具体的形式。按照不同的标准,可以把预算分成不同的种类。

(一)从预算所涵盖的内容范围来看,主要分为经营预算、资本预算和财务预算

1. 经营预算

经营预算,又称日常业务预算,是指与组织日常经营活动直接相关的经营业务的各种预算,具体包括销售预算、生产预算、直接材料消耗及采购预算、直接工资及其他直接支出预算、制造费用预算、产品生产成本预算、经营及管理费用预算等,这些预算前后衔接,既有实物量指标,又有价值量和时间量指标。

2. 资本预算

资本预算,又称特种决策预算,最能直接体现决策的结果,它实际是方案的进一步规划。如资本投资预算是长期投资计划的反映,它是为规划投资所需资金并控制其支出而编制的预算,主要包括与投资相关的现金支付进度与数量计划,综合表现为各投资年度的现金收支预计表。

3. 财务预算

财务预算作为预算体系中的最后环节,可以从价值方面总括地反映经营期资本预算与业务预算的结果,亦称为总预算,其余预算则相应称为辅助预算或分预算。财务预算在预算管理体系中占有举足轻重的地位,它主要包括现金预算、利润表预算、资产负债表预算。

现金预算反映了各预算期的收入款项和支出款项,一般由现金收入、现金支出、现金多余或不足及资金的筹集与运用等四个部分组成。其目的在于资金不足时筹措资金,资金多余时及时处理现金余额,发挥现金管理的作用。

利润表预算与实际利润表的内容、格式相同,只不过数据是面向预算期的。通过编制利润表预算,可以了解企业预期的盈利水平,从而可以帮助管理层及时调整经营策略。

资产负债表预算是利用本期期初资产负债表,根据各项营业预算、资本预算、利润表预算的有关数据加以调整编制的,与实际的资产负债表内容、格式相同,只不过数据是反映期末预期的财务状况。

(二)从预算编制的主体来看,主要分为部门预算和总预算

1. 部门预算

部门预算是以组织各分支机构、部门、单位等职能部门为主体,或按不同的业务类别等编制的预算,也就是指总体预算中的各个组成部分。

2. 总预算

总预算是指将各个部门预算进行汇总所形成的组织整体预算,这种预算通常由财务预算构成,具体包括预计负债表、预计利润表等。

(三)从预算所涵盖的时间范围来看,主要分为短期预算和长期预算

1. 短期预算

短期预算主要是指预算期间在一年以内的预算,又称年度预算。年度预算制度往往从上一年度开始,公司要对计划销售的各种产品的产量、价格以及相应的成本和需要筹集的资金情况制订详细的计划,并将这些计划以预算的形式落实为各个责任中心的经营目标。在短期预算的制定过程中,需要管理人员对未来一年中的有关要素加以预期,并

注意各要素之间的衔接。

2. 长期预算

长期预算是指预算期间超过一年的预算，是对超过一年的投资和运营所进行的预算。从长期预算在公司经营中的地位来看，它是制订公司战略性计划过程中的一个关键内容。一般来说，长期预算主要包括实施公司战略应进行的研发预算、筹资预算和经营扩张所需的资本投资预算等。

（四）从预算编制的特征来看，主要分为未来状态预算、责任预算及措施预算

1. 未来状态预算

未来状态预算是指对预算期末公司财务状况以及预算期内经营成果和现金流量状况进行的预算，具体包括预算资产负债表、预算利润表和预算现金流量表。未来状态预算是对财务报表进行的预计，它表明了如果经营按照计划进行，在预算期末，公司将获得何种财务报表。一般来说，财务报表预算建立在业务预算和财务预算的基础上，是在既定假设前提下对业务预算和财务预算结果进行的综合。

2. 责任预算

责任预算是以责任中心为主体，以其可控的指标为对象编制的预算。预算要有效地发挥控制作用，必须将业务预算、财务预算和特定的责任主体联系起来，否则预算目标的落实就很有可能落空。责任预算是对业务预算和财务预算的分解，在指标分解过程中，既应按照组织的层级进行纵向分解，又应按照组织的部门及其管理权限进行横向分解，应保证事权、财权和预算责任的一致性。

3. 措施预算

措施预算又称保障预算，是对前述各项预算目标提供的具体措施，具体包括完成预算应采取的具体措施及该措施的可行性。实际上，措施预算是预算指标和责任主体日常工作相结合的一种有效方式，通过措施预算，前述各项预算指标才有实现的基础和保障。

（五）按照编制预算的出发点不同，可分为增量预算和零基预算两大类

1. 增量预算

增量预算，又称调整预算，是指以基期成本费用水平为基础，结合预算期业务量水平及有关影响成本因素的未来变动情况，通过调整有关原有费用项目而编制预算的一种方法。增量预算方法的假定前提有：① 现有的业务活动是组织必需的；② 原有的各项开支都是合理的；③ 增加费用预算是值得的。增量预算方法的缺点是：① 受原有费用项目限制，可能导致保护落后；② 滋长预算中的“平均主义”和“简单化”；③ 不利于组织未来发展。

2. 零基预算

零基预算，又称零底预算，是指在编制成本费用预算时，不考虑以往会计期间所发生的费用项目或费用数额，而是将所有的预算支出均以零为出发点，一切从实际需要与可能出发，逐项审议预算期内各项费用的内容及开支标准是否合理，在综合平衡的基础上编制费用预算的一种方法。

其具体步骤如下：

(1) 组织的各部门在明确组织目标的基础上，将长远目标、近期目标相结合，说明各项业务性质、目的，以零为基础，详细制定各项业务所需要开支的预算。

(2) 组织决策者对各部门的预算方案，进行成本——效益分析，比较评价，权衡各预

算项目的轻重缓急，根据组织目标排出各项业务的先后次序。

(3) 按次序分配可用资金，落实预算，如果分配到最后已无多少剩余资金可供分配，则应暂时放弃那些要进行而又不是必须进行的项目，以免最终因资金不足而使计划落空。

零基预算具有以下优点：① 能压缩费用开支和切实做到将有限的经费用在最需要的地方；② 它不受现行和传统预算的约束，能够充分发挥各级管理人员的积极性和创造性，合理使用资金，提高经济效益；③ 有利于对组织做全面的审核，将组织的长远目标、当前以及预期的效益有机地结合起来。

零基预算也存在一定缺陷：① 对各部门预算逐一进行审查的工作量很大，所投入的资源较多；② 在对各项业务进行先后排序时，存在一定的主观性；③ 这种方法一般适用于事业单位、政府机关及企业内的辅助性部门，而不完全适用于有着明显投入产出关系的组织，如生产领域。

零基预算要求，决策者一方面要透彻理解组织目标，参加项目评价，对先后排序负责；另一方面，决策者要发扬创新精神，一切从零开始，设想既能提高效益又能降低成本的更好的方案。例如，有的组织每隔若干年进行一次零基预算，在后续几年里适当调整，于是既控制了费用，又在很大程度上简化了预算编制的工作量。

(六) 按预算期的时间特征不同，可分为定期预算和滚动预算

1. 定期预算

定期预算是指在编制预算时以不变的会计期间(如日历年度)作为预算期的一种预算编制的方法。其优点是能够使预算期间与会计年度相配合，便于考核和评价预算的执行结果；其缺点是远期指导性差、灵活性差和连续性差。

2. 滚动预算

滚动预算法，又称连续预算或永续预算，是指按照"近细远粗"的原则，根据上一期的预算完成情况，调整和具体编制下一期预算，并将编制预算的时期逐期连续滚动向前推移，使预算总是保持一定的时间幅度。简单地说，就是根据上一期的预算指标完成情况，调整和具体编制下一期预算，并将预算期连续滚动向前推移的一种预算编制方法。

滚动预算具有如下优点：能保持预算的完整性、继续性，从动态预算中把握企业的未来；能使各级管理人员始终保持对未来一定时期的生产经营活动做周详的考虑和全盘规划，保证企业的各项工作有条不紊地进行；由于预算能随时间的推进不断加以调整和修订，能使预算与实际情况更相适应，有利于充分发挥预算的指导和控制作用。

第2节 生产控制

我们可以把组织看成这样一个动态过程：首先获得原材料、零部件、劳动力等投入，经过组织生产系统的转换和运营，生产出有形的产品或无形的劳务。在这个过程中，为了达到预定的目标，就必须对经营管理活动进行控制。控制贯穿于生产系统运动的始终。生产系统凭借控制的动能，监督、制约和调整系统各环节的活动，使生产系统按计划运行，并能不断适应环境的变化，从而达到系统预定的目标。生产系统运行控制的活动

内容十分广泛，涉及生产过程中各种生产要素、各个生产环节及各项专业管理。其内容主要有对制造系统生产进度控制、硬件的控制（设备维修）、库存控制、成本控制、准时生产、质量控制等等。

一、生产进度控制

生产进度控制，又称生产作业控制，是在生产计划执行过程中，对有关产品生产的数量和期限的控制。其主要目的是保证完成生产作业计划所规定的产品产量和交货期限指标。生产进度控制是生产控制的基本方面，狭义的生产控制就是指生产进度控制。其他方面的控制水平，诸如库存控制、质量控制、维修等都对生产进度产生不同程度的影响。在某种程度上，生产系统运行过程的各个方面问题都会反映到生产作业进度上。因此，在实际运行管理过程中，企业的生产计划与控制部门通过对生产作业进度的控制，协调和沟通各专业管理部门（如产品设计、工艺设计、人事、维修、质量管理）和生产部门之间的工作，可以达到整个生产系统运行控制的协调、统一。

二、设备维修

设备维修是对机器设备、生产设施等制造系统硬件的控制。其目的是尽量减少并及时排除物资系统的各种故障，使系统硬件的可靠性保持在一个相当高的水平。如果设备、生产设施不能保持良好的正常运转状态，就会妨碍生产任务的完成，造成停工损失，加大生产成本。因此，选择恰当的维修方式、加强日常设备维护保养、设计合理的维修程序是十分重要的。

设备维修的基本内容包括设备维护保养、设备检查和设备修理。

设备维护保养的内容是保持设备清洁、整齐、润滑良好、安全运行，包括及时紧固松动的紧固件、调整活动部分的间隙等。简言之，即“清洁、润滑、紧固、调整、防腐”十字作业法。实践证明，设备的寿命在很大程度上决定于维护保养的好坏。

设备检查是指对设备的运行情况、工作精度、磨损或腐蚀程度进行测量和校验。通过检查，全面掌握机器设备的技术状况和磨损情况，及时查明和消除设备的隐患，有目的地做好修理前的准备工作，以提高修理质量，缩短修理时间。

设备修理是指修复由于日常的或不正常的原因而造成的设备损坏和精度劣化。通过修理更换磨损、老化、腐蚀的零部件，可以使设备性能得到恢复。设备的修理和维护保养是设备维修的不同方面，二者由于工作内容与作用的区别是不能相互替代的，应把二者同时做好，以便相互配合、相互补充。

三、库存控制

库存控制（inventory control），又称库存管理，是对制造业或服务业生产经营全过程的各种物品、产成品以及其他资源进行管理和控制，使其种类、数量、存储时间维持在经济、合理的水平上。其主要功能在于，即要保障企业生产经营活动的正常进行，又要通过规定合理的库存水平和采取有效的控制方式，使库存数量、成本和占用资金维持在最低限度。

库存太多或者太少，都会带来一系列的问题。库存量过大，势必增加仓库面积和库存保管费用，从而提高了产品成本；占用大量的流动资金，造成资金呆滞，既加重了货款利息等负担，又会影响资金的时间价值和机会收益；造成产成品和原材料的有形损耗和无形损耗；造成企业资源的大量闲置，影响其合理配置和优化；掩盖了企业生产经营全过程的各种矛盾和问题，不利于企业提高管理水平。

若库存量过小，则造成服务水平的下降，影响销售利润和企业信誉；造成生产系统原材料或其他物料供应不足，影响生产过程的正常进行；使订货间隔期缩短、订货次数增加，使订货（生产）成本提高；影响生产过程的均衡性和装配时的成套性。

那么，如何进行库存管理呢？具体方法很多，下面主要介绍常用的两种：经济订购批量和 ABC 分类管理法。

（一）经济订购批量

经济订购批量（Economic Order Quantity，EOQ）是固定订货批量模型的一种，可以用来确定企业一次订货（外购或自制）的数量。当企业按照经济订货批量来订货时，可实现订货成本和储存成本之和最小化。这个模型考虑三种成本：一是订购成本，即每次订货所需的费用（包括通信、文件处理、差旅、行政管理费用等）；二是保管成本，即储存原材料或零部件所需的费用（包括库存、利息、保险、折旧等费用）；三是总成本，即订购成本和保管成本之和。

我们假设，每次的订货成本是一定的，和订货量无关，因此，一定时期的总订货成本等于订货次数乘上每次订货成本；保管费用是平均存货的线性函数，平均存货等于订货批量的一半，一定时期的总保管成本等于单位保管成本乘上平均存货。

因此，当组织在一定期间内总需求量或订购量为一定时，每次订货批量越大，则所需订购的次数越少，这一时期的总的订购成本越低，但是平均存货就越大，相应地，总的保管成本也越大；反之，每次订货批量越少，平均存货越低，总的保管成本也越低，但每一计划期需要的订货次数就越多，总的订购成本越高。经济订购批量的目标是使得总成本最低，即订货和维持存货的年度联合总成本是最低的。图 13-1 为经济订购批量的示意图。

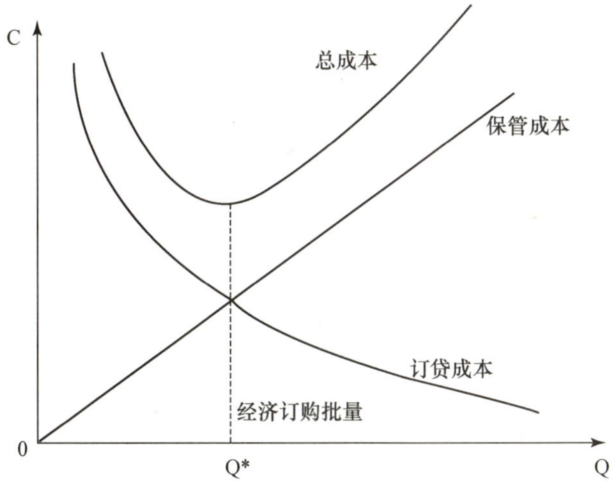

图 13-1　经济订购批量

假定组织在计划内总需求量为 Q，每次订购量为 q，每次的订购成本为 K；库存物品单价为 P，V 为用百分比表示的占全部库存物品价值的保管费用率，则总成本的公式为：

$$C=K\times Q/q+P\times V\times q/2$$

根据经济订购批量的目标——总成本最小，则经济订购批量为：

$$q^{*}=\sqrt{\frac{2\times Q\times K}{P\times V}}$$

现举一例具体解释最优订购批量模型。假设某企业一年对某种材料的总需求量为5000件，每件价格为20元，每次订购所需的费用为250元，保管成本与全部库存物品价值之比为12.5%，则最优订购批量为：

$$q^{*}=\sqrt{\frac{2\times Q\times K}{P\times V}}=\sqrt{\frac{2\times 5000\times 250}{20\times 0.125}}=1000$$

因此，一年最优订购批量为5次，每次1000件，此时，订购成本为1250元，保管成本为1250元，总成本最低，为2500元。

一般来说，企业除了最优订购批量外，为安全起见会保留一个额外的储存量，这个储存量被称为安全库存。

（二）ABC分类管理法

ABC分类法是由意大利经济学家维尔弗雷多·帕累托（Vilfredo Pareto）首创的。1879年，帕累托在研究个人收入的分布状态时，发现少数人的收入占全部人收入的大部分，而多数人的收入却只占一小部分，他将这一关系用图表示出来，就是著名的帕累托图。该分析方法的核心思想是在决定一个事物的众多因素中分清主次，识别出少数的、但对事物起决定作用的关键因素和多数的、但对事物影响较少的次要因素。后来，帕累托法被不断应用于管理的各个方面。1951年，管理学家戴克（H. F. Dickie）将其应用于库存管理，命名为ABC法。1951—1956年，美国著名的质量管理专家约瑟夫·朱兰（Joseph M. Juran）将ABC法引入质量管理，用于质量问题的分析，被称为排列图。1963年，彼得·德鲁克将这一方法推广到全部社会现象，使ABC法成为企业提高效益的普遍应用的管理方法。

ABC分类管理法按照以下步骤进行分类：

第一步，计算每一种材料的金额。

第二步，按照金额由大到小排序，并列成表格。

第三步，计算每一种材料金额占库存总金额的比率。

第四步，计算累计比率。

第五步，分类。累计比率在0%～60%之间的，为最重要的A类材料；累计比率在60%～85%之间的，为次重要的B类材料；累计比率在85%～100%之间的，为不重要的C类材料。

四、成本控制

成本控制是企业根据一定时期预先建立的成本管理目标，由成本控制主体在其职权范围内，在生产耗费发生以前和成本控制过程中，对各种影响成本的因素和条件采取的一系列预防和调节措施，以保证成本管理目标实现的管理行为。

成本控制的过程是运用系统工程的原理对企业在生产经营过程中发生的各种耗费进行计算、调节和监督的过程，同时也是一个发现薄弱环节、挖掘内部潜力、寻找一切可能降低成本途径的过程。

常用的成本控制方法有目标成本法、作业成本法、责任成本法和标准成本法。

（一）目标成本法

目标成本法以市场为主，以顾客需求为导向，在产品规划、设计阶段就着手努力，运用价值工程进行功能成本分析，达到不断降低成本的方法。

目标成本是在产品生产准备前下达给技术、生产等职能部门的产品成本控制目标，即产品在市场上可能接受的销售价格减去合理利润和税金后所能允许发生成本的最大限额。目标成本计算应以顾客为导向，它以顾客认可的价格、功能、需求量等因素作为出发点。正是由于这个原因，目标成本计算又称为“价格驱动成本计算”，它与传统的“成本加成计算价格”相对应。目标成本计算始于对产品价格的计算，而产品价格综合考虑了多种因素的影响，包括产品的功能、性质及市场竞争力。

目标成本管理的关键在于确定目标成本，成本预测可以采取以下方法：

扣除法。首先确定企业的目标利润，然后再从产品销售价格中扣除应缴纳的产品销售税金和目标利润，其余额就是需要努力实现的目标成本。

经验估算法。也叫调查研究法，它是对同样产品采取同行业先进企业以及本企业的历史先进水平或上年度的实际成本，结合在计划期内各种变化的因素进行分析研究，根据预测成本降低的可能性及其保证程度，估算出产品目标成本。

高低点法。根据成本构成将企业成本分为固定成本和变动成本，用一定时期历史资料的最高业务量与最低业务量的总成本之差与两者业务量之差进行对比，先求出单位变动成本，然后再求得固定成本总额。

回归分析法。根据过去若干期的成本资料，利用最小二乘法，计算出回归直线，确定固定成本和变动成本，然后再进行成本预测。

（二）作业成本法

作业成本法以作业为核心，确认和计量耗用企业资源的所有作业，将耗用的资源成本准确地计入作业，然后选择成本动因，将所有作业成本分配给成本计算对象（产品或服务）。作业成本法的指导思想是：“成本对象消耗作业，作业消耗资源”。作业成本法把直接成本和间接成本（包括期间费用）作为产品（服务）消耗作业的成本同等地对待，拓宽了成本的计算范围，使计算出来的产品（服务）成本更准确真实。作业是成本计算的核心和基本对象，产品成本或服务成本是全部作业的成本总和，是实际耗用企业资源成本的终结。

（三）责任成本法

责任成本是指特定的责任中心（如某一部门、单位或个人）在其所承担的责任范围内所发生的各种耗费。从实质上来说，责任成本制度是企业内部的一种管理制度。具体来说，就是要按照企业生产经营组织系统，建立责任成本中心，按成本责任的归属进行成本信息的归集、控制和考核，从而将经济责任落实到各部门、各单位和具体执行人。

（四）标准成本法

标准成本法围绕标准成本的相关指标而设计，将成本的前馈控制、反馈控制及核算功能有机结合而形成的一种成本控制系统。标准成本系统最初产生于20世纪20年代的美国，随着其内容的不断发展和完善，被西方国家广为采用，目前已成为企业成本管理中应用最为普遍和有效的一种控制手段。

标准成本具有以下特点：以产品成本为对象，融成本计划、成本核算、成本控制为一体，突出成本控制在系统中的核心地位；成本差异揭示及时；按管理区域分类计算、分析和控制各种差异，责任分明；不强调计算产品的实际成本，反映成本差异旨在改进管理、降低消耗。

五、准时生产

在20世纪后半期，整个汽车市场进入了一个市场需求多样化的新阶段，而且对质量的要求也越来越高。对制造企业来说，如何有效地组织多品种、小批量生产成为问题。

在这种历史背景下，1953年，日本丰田公司的副总裁大野耐一综合了单件生产和批量生产的特点，创造了一种在多品种、小批量混合生产条件下高质量、低消耗的生产方式，即准时生产(Just In Time，简称JIT)。

准时生产方式的实质是保持物质流和信息流在生产中的同步，实现以恰当数量的物料，在恰当的时候进入恰当的地方，生产出恰当质量的产品。这种方法可以减少库存、缩短工时、降低成本、提高生产效率。

准时生产方式在推广应用过程中，经过不断发展完善，为日本汽车工业的腾飞插上了翅膀，提高了生产效率。这一生产方式亦为世界工业界所注目，被视为当今制造业中最理想且最具有生命力的新型生产系统之一。

(一) 准时生产的基本思想

(1) 准时生产方式的基本思想是“只在需要的时候，按需要的量，生产所需的产品”，也就是追求一种无库存，或库存达到最小的生产系统。其思想的核心是，消除一切无效的劳动与浪费，在市场竞争中永无休止地追求尽善尽美。准时生产十分重视客户的个性化需求，重视全面质量管理，重视人的作用，重视对物流的控制，主张在生产活动中有效降低采购、物流成本。

(2) 准时生产方式以准时生产为出发点，首先暴露出生产过量和其他方面的浪费，然后对设备、人员等进行淘汰、调整，达到降低成本、简化计划和提高控制的目的。准时生产将传统生产过程中前道工序向后道工序送货，改为后道工序根据“看板”向前道工序取货，看板系统是准时生产现场控制技术的核心，但准时生产不仅仅是看板管理。

(3) 准时生产的基础之一是均衡化生产，即平均制造产品，使物流在各作业之间、生产线之间、工序之间、工厂之间平衡和均衡地流动。为达到均衡化，在准时生产中采用月计划、日计划，并根据需求变化及时对计划进行调整。

(4) 准时生产提倡采用对象专业化布局，用以减少排队时间、运输时间和准备时间。在工厂一级采用基于对象专业化布局，以使各批工件能在各操作间和工作间顺利流动，减少通过时间；在流水线和工作中心一级采用微观对象专业化布局和工作中心形布局，可以减少通过时间。

(5) 准时生产可以使生产资源合理利用，包括劳动力柔性和设备柔性。当市场需求波动时，要求劳动力资源也作相应调整。如需求量增加不大时，可通过适当调整具有多种技能操作者的操作来完成；当需求量降低时，可采用减少生产班次、解雇临时工、分配多余的操作工去参加维护和维修设备。而设备柔性是指在产品设计时就考虑加工问题，发展多功能设备。

(6) 准时生产强调全面质量管理，目标是消除不合格品，消除可能引起不合格品的根源，并设法解决问题。

（二）准时生产的实施手段

准时生产的实际应用包含了纷繁复杂的内容，从实施手段和工具的角度也因企业和生产方式的差异而不同。但从核心思想出发，为了达到降低成本这一基本目标，准时生产方式的基本手段也可以概括为下述三个方面：

1. 生产流程化

即按生产所需的工序从最后一个工序开始往前推，确定前面一个工序的类别，并依次恰当安排生产流程，根据流程与每个环节所需库存数量和时间先后来安排库存和组织物流。尽量减少物资在生产现场的停滞与搬运，让物资在生产流程上毫无阻碍地流动。

“在需要的时候，按需要的量生产所需的产品”。对于企业来说，各种产品的产量必须能够灵活地适应市场需要量的变化。生产过剩会引起人员、设备、库存费用等一系列的浪费。避免这些浪费的手段就是实施适时、适量生产。

为了实现适时、适量生产，首先需要致力于生产的同步化，即工序间不设置仓库，前一工序的加工结束后，使其立即转到下一工序去，装配线与机械加工几乎平行进行。

2. 生产均衡化

生产均衡化是实现适时、适量生产的前提条件。所谓生产的均衡化，是指总装配线在向前工序领取零部件时应均衡地使用各种零部件，生产各种产品。为此在制订生产计划时就必须加以考虑，然后将其体现于产品生产顺序计划之中。在制造阶段，均衡化通过专用设备通用化和制定标准作业来实现。所谓专用设备通用化，是指通过在专用设备上增加一些工夹具的方法使之能够加工多种不同的产品。标准作业是指将作业节拍内一个作业人员所应担当的一系列作业内容标准化。

3. 资源配置合理化

资源配置的合理化是实现降低成本目标的最终途径，具体指在生产线内外，所有的设备、人员和零部件都得到最合理的调配和分派，在最需要的时候以最及时的方式到位。

六、质量控制

质量的内容十分丰富，随着社会经济和科学技术的发展，也在不断充实、完善和深化，同样，人们对质量概念的认识也经历了一个不断发展和深化的历史过程。

约瑟夫・朱兰博士从顾客的角度出发，提出了产品质量就是产品的适用性，即产品在使用时能成功地满足用户需要的程度。用户对产品的基本要求就是适用，适用性恰如其分地表达了质量的内涵。

这一定义有两个方面的含义，即使用要求和满足程度。人们使用产品，总对产品质量提出一定的要求，而这些要求往往受到使用时间、使用地点、使用对象、社会环境和市场竞争等因素的影响，这些因素变化，会使人们对同一产品提出不同的质量要求。因此，质量不是一个固定不变的概念，它是动态的、变化的、发展的；它随着时间、地点、使用对象的不同而不同，随着社会的发展、技术的进步而不断更新和丰富。用户对产品的使用要求的满足程度，反映在对产品的性能、经济特性、服务特性、环境特性和心理特性等方面。因此，质量是一个综合的概念。它并不要求技术特性越高越好，而是追求诸如性能、成本、数量、交货期、服务等因素的最佳组合。

国际标准化组织（International Standardization Organization）颁布的 ISO9000 系列

标准认为，质量是一组固有特性满足要求的程度。所谓中特性，是指事物所特有的性质，固有特性是事物本来就有的，它是通过产品、过程或体系设计和开发及其后之实现过程形成的属性。例如：物质特性（如机械、电气、化学或生物特性）、官感特性（如用嗅觉、触觉、味觉、视觉等感觉控测的特性）、行为特性（如礼貌、诚实、正直）、时间特性（如准时性、可靠性、可用性）、人体工效特性（如语言或生理特性、人身安全特性）、功能特性（如飞机最高速度）等。这些固有特性的要求大多是可测量的。赋予的特性（如某一产品的价格）并非产品、体系或过程的固有特性。满足要求就是应满足明示的（如明确规定的）、通常隐含的（如组织的惯例、一般习惯）或必须履行的（如法律法规、行业规则）的需要和期望。只有全面满足这些要求，才能评定为好的质量或优秀的质量。顾客和其他相关方对产品、体系或过程的质量要求是动态的、发展的和相对的。它将随着时间、地点、环境的变化而变化。所以，应定期对质量进行评审，按照变化的需要和期望，相应地改进产品、体系或过程的质量，确保持续地满足顾客和其他相关方的要求。

从以上定义可以看出，在质量管理过程中，“质量”的含义是广义的，除了产品质量之外，还包括工作质量等。质量管理不仅要管好产品本身的质量，还要管好质量赖以产生和形成的工作质量，并以工作质量为重点。

质量控制（Quality Control，简称 QC）是质量管理的一部分，致力于满足质量要求。中国全国科学技术名词审定委员会对质量控制定义为：“为使人们确信某一物项或服务的质量满足规定要求而必须进行的有计划的系统化的活动。”

质量控制是通过专业技术和管理技术对产品形成的各个过程实施控制，以达到产品的固有特性满足顾客、法律、法规等方面所提出的质量要求（如适用性、安全性等）。质量控制贯穿在产品形成和体系运行的全过程。

迄今为止，质量管理和控制已经经历了三个阶段，即质量检验阶段、统计质量管理阶段和全面质量管理（Total Quality Management，简称 TQM）阶段。质量检验阶段大约发生在 20 世纪 20 年代至 40 年代，工作重点在产品生产出来之后的质量检查。统计质量管理阶段发生在 20 世纪 40 年代至 50 年代，管理人员主要采用统计方法作为工具，对生产过程加强控制，提高产品的质量。

从 20 世纪 50 年代开始的全面质量管理是以保证产品质量和工作质量为中心，企业全体员工参与的质量管理体系。它具有多指标、全过程、多环节和综合性的特征。如今，全面质量管理已经形成了一整套管理理念，风靡全球。

第 3 节　三种综合控制方法

随着市场竞争的加剧和经营复杂性的提高，现代企业需要进行控制的组织层面越来越高，所要控制的活动范围越来越广，这就需要企业采用综合的方法对企业运营的整个过程进行控制。本节主要介绍六西格玛管理、平衡计分卡和标杆管理。

一、六西格玛管理

六西格玛概念于 1986 年由摩托罗拉公司的比尔·史密斯（Bill Smith）提出，此概念属于品质管理范畴。六西格玛管理旨在生产过程中降低产品及流程的缺陷次数，防止产品变异，提升品质。

六西格玛管理总结了全面质量管理的成功经验，提炼了其中流程管理技巧的精华和最行之有效的方法，成为一种提高企业业绩与竞争力的管理模式。该管理法在摩托罗拉、通用、戴尔、惠普、西门子、索尼、东芝等众多跨国企业的实践证明是卓有成效的。

（一）六西格玛管理的概念

六西格玛管理法是一种统计评估法，其核心是追求零缺陷生产，防范产品责任风险，降低成本，提高生产率和市场占有率，提高顾客满意度和忠诚度。六西格玛管理既着眼于产品、服务质量，又关注过程的改进。

“σ”是希腊文的一个字母，在统计学上用来表示标准偏差值，用以描述总体中的个体离均值的偏离程度，测量出的σ表示诸如单位缺陷、百万缺陷或错误的概率，σ值越大，缺陷或错误就越少。6σ是一个目标，这个质量水平意味的是所有的过程和结果中，99.99966%是无缺陷的，也就是说，做100万件事情，其中只有3.4件是有缺陷的，这几乎趋近到人类能够达到的最为完美的境界。

六西格玛管理关注过程，特别是企业为市场和顾客提供价值的核心过程。因为过程能力用σ来度量后，σ越大，过程的波动越小，过程以最低的成本损失和最短的时间周期满足顾客要求的能力就越强。六西格玛理论认为，大多数企业在3σ～4σ间运转，也就是说每百万次操作失误在6210～66800之间，这些缺陷要求经营者以销售额15%～30%的资金进行事后的弥补或修正，而如果做到六西格玛，事后弥补的资金将降低到约为销售额的5%。

六西格玛管理法认为，如果你能“测量”一个过程有多少个缺陷，你便能有系统地分析出，怎样消除它们和尽可能地接近“零缺陷”。

（二）六西格玛管理的特征

1. 以顾客为关注焦点

六西格玛是以顾客为中心，关注顾客的需求。它的出发点就是研究客户最需要的是什么、最关心的是什么。比如改进一辆汽车，可以让它的动力增大一倍、载重量增大一倍，这在技术上完全做得到，但顾客不一定想要。因为这样做，购买成本就会增加，油耗也会增加。

2. 通过提高顾客满意度和降低资源成本促使组织的业绩提升

六西格玛管理瞄准的目标有两个：一是提高顾客满意度，通过提高顾客满意度来占领市场、开拓市场，从而提高组织的效益；二是降低资源成本，通过降低资源成本，尤其是不良质量成本损失COPQ(Cost of Poor Quality)，从而增加组织的收入。

3. 注重数据和事实

六西格玛管理方法是一种高度重视数据，依据数字、数据进行决策的管理方法，强调“用数据说话”、“依据数据进行决策”，“改进一个过程所需要的所有信息，都包含在数据中”。另外，它通过定义“机会”与“缺陷”，通过计算DPO(每个机会中的缺陷数)、DPMO(每百万机会中的缺陷数)，不但可以测量和评价产品质量，还可以把一些难以测量和评价的工作质量和过程质量，变得像产品质量一样可测量和用数据加以评价，从而有助于获得改进机会，达到消除或减少工作差错及产品缺陷的目的。因此，六西格玛管理广泛采用各种统计技术工具，使管理成为一种可测量、数字化的科学。

4. 实现对产品和流程的突破性质量改进

六西格玛管理的一个显著特点是质量与管理的改进都是突破性的。通过这种改进能使产品质量得到显著提高，或者使流程得到改造，从而使组织获得显著的经济利益。实现突破性改进是六西格玛的一大特点，也是组织业绩提升的源泉。

5. 有预见的积极管理

“积极”是指主动地在事情发生之前进行管理，而不是被动地处理那些令人忙乱的危机，有预见地积极管理意味着我们应当关注那些常被忽略了的业务运作，并使之成为一种习惯。六西格玛包括一系列工具和实践经验，它用动态的、即时反应的、有预见的、积极的管理方式取代那些被动的习惯，促使企业在当今追求几乎完美的质量水平而不容出错的竞争环境下能够快速向前发展。

6. 追求完美，容忍失误

作为一个以追求卓越作为目标的管理方法，六西格玛为企业提供了一个近乎完美的努力方向。没有不执行新方法、贯彻新理念就能实施六西格玛管理的企业，而这样做总会带来风险。在推行六西格玛的过程中，可能会遇到挫折和失败，企业应以积极应对挑战的心态，面对挑战和失败。

二、平衡计分卡

1990 年美国复兴全球战略集团专门设立了一个为期一年的新的公司绩效考核模式开发，参加此次项目开发的还有通用电气公司、杜邦、惠普等 12 家著名的公司。项目小组重点对 ADI 公司的计分卡进行了深入的研究，将其在公司绩效考核方面扩展、深化，并将研究成果命名为“平衡计分卡(The Balanced Score Card)”。该小组的最终研究报告详细地阐述了平衡计分卡对公司绩效考核的重大贡献意义，并建立了平衡计分卡的四个考核维度：财务、顾客、内部运营与学习发展。

1992 年年初，哈佛大学商学院的罗伯特・卡普兰(Robert Kaplan)和诺朗诺顿研究所所长(Nolan Norton Institute)、美国复兴全球战略集团创始人兼总裁戴维・诺顿(David Norton)将平衡计分卡的研究结果在《哈佛商业评论》上进行了总结，论文的名称为《平衡计分卡——驱动绩效指标》。从此以后，人们不再从一家企业的财务指标来衡量它的业绩的好坏，而是从包括财务、客户、内部业务流程以及学习与发展四个方面来考察企业。

1993 年，卡普兰和诺顿将平衡计分卡延伸到企业的战略管理之中。在《哈佛商业评论》发表了第二篇关于平衡计分卡的重要论文《在实践中运用平衡计分卡》，在这篇文章中他们明确指出，企业应当根据企业战略实施的关键成功要素来选择绩效考核的指标。

1996 年，卡普兰和诺顿继续在《哈佛商业评论》上发表第三篇关于平衡计分卡的论文，在论文中解释了平衡计分卡作为战略与绩效管理工具的框架。同年，他们还出版了第一本关于平衡计分卡的专著《平衡计分卡：化战略为行动》，标志着这一理论的成熟，将平衡计分卡由一个业绩衡量工具转变为战略实施工具。

2001 年，随着平衡记分卡在全球的风靡，卡普兰和诺顿在总结众多企业实践成功经验的基础上，又出版了他们的第二部关于平衡记分卡的专著《战略中心型组织：平衡计分卡的制胜方略》。在该著作中，卡普兰和诺顿指出，企业可以通过平衡计分卡，依据公司的战略来建立企业内部的组织管理模式，要让企业的核心流程聚焦于企业的战略实践。该著作的出版又标志着平衡计分卡开始成为组织管理的重要工具。目前，平衡计分卡是世界上最流行的一种管理工具之一，根据美国 Gartner Group 的调查，在《财富》杂志公布的世界前 1000 位公司中，有 75％用了平衡计分卡系统。

（一）平衡计分卡的内涵

卡普兰和诺顿认为，企业的发展，不仅依赖于企业内部的因素，还依赖于外部环境，如市场需求和消费者偏好的变化。企业不仅要注重短期目标，还要能兼顾长期发展的需要；除了关注财务指标之外，必须同样重视非财务方面的组织运作能力。平衡计分卡是由财务、顾客、内部业务流程、学习和成长四个方面构成的衡量企业、部门和人员的卡片，之所以取名为平衡计分卡，是因为它的目的在于平衡，兼顾战略与战术、长期和短期目标、财务和非财务衡量方法、滞后和先行指标。

（二）平衡计分卡的主要内容

平衡计分卡方法认为，传统的财务会计模式只能衡量过去发生的事情（落后的结果因素），但无法评估组织前瞻性的投资（领先的驱动因素）。在工业时代，注重财务指标的管理方法还是有效的。但在信息社会里，传统的业绩管理方法并不全面，组织必须通过在客户、供应商、员工、组织流程、技术和革新等方面的投资，获得持续发展的动力。正是基于这样的认识，平衡计分卡方法认为，组织应从四个角度审视自身业绩：财务方面、顾客方面、内部业务流程方面、学习和成长方面（如图 13-2 所示）。

平衡计分卡反映了财务、非财务衡量方法之间的平衡，长期目标与短期目标之间的平衡，外部和内部的平衡，结果和过程平衡，管理业绩和经营业绩的平衡等多个方面。所以能反映组织综合经营状况，使业绩评价趋于平衡和完善，利于组织长期发展。

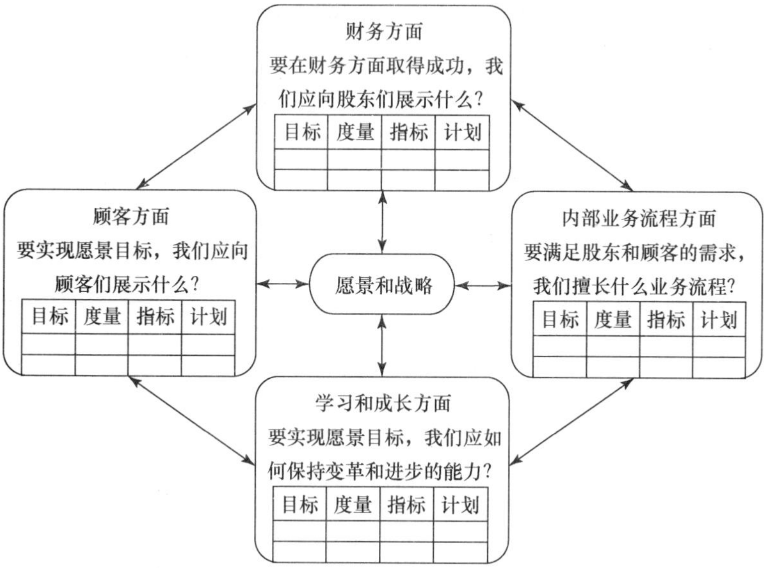

图 13-2 平衡计分卡控制

1. 顾客方面

管理者确认组织将要参与竞争的客户和市场部分，并将目标转换成一组指标。如市场份额、客户留住率、客户获得率、顾客满意度、顾客获利水平等。顾客方面回答的是“顾客如何看待我们”的问题。顾客是企业之本，是现代企业的利润来源，顾客理应成为企业的关注焦点。顾客方面反映了公司与外界、部门与其他单位的变化，它是计分卡的平衡点。

2. 内部业务流程方面

为吸引和留住目标市场上的顾客，满足股东对财务回报的要求，管理者需关注对顾客满意度和实现组织财务目标影响最大的那些内部过程，并为此设立衡量指标。在这一方面，平衡计分卡重视的不是单纯的现有经营过程的改善，而是以确认顾客和股东的要求为起点、满足他们的要求为终点的全新的内部经营过程。内部业务流程着眼于企业的核心竞争力，回答的是“我们的优势是什么”的问题。因此，企业应当甄选出那些对顾客满意度有最大影响的业务程序（包括影响时间、质量、服务和生产率的各种因素），明确自身的核心竞争能力，并把它们转化成具体的测评指标。内部业务流程是公司改善经营业绩的重点。

3. 学习和成长方面

确认了组织为了实现长期的业绩而必须进行的对未来的投资，包括对雇员的能力、组织的信息系统等方面的衡量。组织在上述各方面的成功必须转化为财务上的最终成功。产品质量、完成订单时间、生产率、新产品开发和客户满意度方面的改进只有转化为销售额的增加、经营费用的减少和资本周转率的提高，才能为组织带来利益。学习和成长方面的目标是解决“我们是否能持续为客户提高并创造价值”这一问题。只有持续提高员工的技术素质和管理素质，才能不断地开发新产品，为客户创造更多价值并提高经营效率，企业才能打入新市场，增加红利和股东价值。

4. 财务方面

财务方面列示了组织的财务目标，并衡量战略的实施和执行是否在为最终的经营成果的改善作出贡献。其目标是解决“股东如何看待我们”这一问题。表明我们的努力是否对企业的经济收益产生了积极的作用，因此，财务方面是其他三个方面的出发点和归宿。

平衡计分卡中的目标和衡量指标是相互联系的，这种联系不仅包括因果关系，而且包括结果的衡量和引起结果的过程的衡量相结合，最终反映组织战略。

平衡计分卡不仅是一种管理手段，也体现了一种管理思想。平衡计分卡方法认为，只有量化的指标才是可以考核的，必须将要考核的指标进行量化；组织愿景的达成要考核多方面的指标，不仅是财务要素，还应包括顾客、业务流程、学习与成长。自平衡计分卡方法被提出之后，其对企业全方位的考核及关注企业长远发展的观念受到学术界与企业界的充分重视，许多企业尝试引入平衡计分卡作为企业管理的工具。

三、标杆管理

标杆管理法（benchmarking）由美国施乐公司（Xerox Corporation）于 1979 年首创，是现代西方发达国家企业管理活动中支持企业不断改进和获得竞争优势的最重要的管理方式之一，西方管理学界将其与企业再造、战略联盟一起并称为 20 世纪 90 年代三大管理方法。

施乐公司于 1906 年成立于美国康涅狄格州费尔菲尔德县，是复印技术的发明公司，具有悠久的历史。目前在其复印机市场占有率，特别是彩色机器的市场占有率，占据全球第一的位置；是全球最大数字与信息技术产品生产商。

施乐曾是影印机的代名词。但在第二次世界大战以后，由于日本公司勤奋不懈地努力，在诸多方面模仿美国企业的管理、营销等操作方法，使其在从1976年到1982年之间，在美国市场迅速发展，施乐公司的市场占有率从80%降至13%。在这种背景下，施乐于1979年在美国率先执行标杆管理。总裁大卫·柯恩斯(David T. Kearns)于1982年赴日学习竞争对手，买进日本的复印机，并通过"逆向工程"，从外向内分析其零部件，并学习日本企业的全面质量管理方法，从而在复印机上重新获得竞争优势。

（一）标杆管理的概念

实际上标杆就是榜样，这些榜样在业务流程、制造流程、设备、产品和服务方面所取得的成就，就是后进者瞄准和赶超的标杆。中国有句古话，"以铜为鉴，可以正衣冠；以史为鉴，可以知兴替；以人为鉴，可以明得失"。其实，做企业也是这样。在自己面前树立一面镜子，明得失，找差距，而后才能进步。

标杆管理就是以在某一项指标或某一方面指标实践上竞争力最强的企业或者行业内的领先企业或组织内部某部门作为基准，将本企业的产品、服务管理措施或相关实践的实际情况与这些基准进行定量化的评价、比较，在此基础上制定、实施改进的策略和方法，并持续不断反复进行的一种管理方法。

实施标杆管理的公司必须不断对竞争对手或一流企业的产品、服务、经营业绩等进行评价来发现优势和不足。

（二）标杆管理的分类

根据标杆对象选择的不同，通常可将标杆管理分为以下几类：

1. 内部流程标杆

内部流程标杆的对象是组织内部其他单位或部门，指一个组织内部不同部门、据点、分支机构的相同作业流程的相互评量比较，主要适用于大型多部门的企业集团或跨国公司。

内部流程标杆分析的最大优点在于所需的资料和信息易于取得，并且获得的信息不必经过费心的翻译便可以转换到本身的部门内，故不存在资料鸿沟(data gaps)的问题。另外，通过展开内部标杆管理，还可以促进内部沟通和培养学习气氛。但是，内部流程标杆的缺点则是视野狭隘，不易找到最佳作业典范，很难实现创新性突破。

2. 外部竞争性流程标杆

外部竞争性流程标杆的对象是行业内部直接竞争对手。由于同行业竞争者之间的产品结构和产业流程相似，面临的市场机会相当，竞争对手的作业方式会直接影响企业的目标市场，因此竞争对手的信息对于企业进行策略分析及市场定位有很大的帮助，收集的资料具有高度相关性和可比性。

除了信息极具竞争价值之外，外部竞争性流程标杆的另一优点是企业本身与竞争对手的做法在比较上会较为容易，并且一旦需要将对手的流程转换到自身企业时也不会有太大的困难。一般而言，作为学习对象的竞争对手即使采用的技术或作业方式与企业本身不尽相同，至少也极为类似，所以从对手获得的信息可以很快地运用在本身的组织内。但正因为标杆对象是直接竞争对手，信息具有高度商业敏感性，难以取得真正有用或者准确的资料，从而极有可能使标杆管理流于形式或者失败。

3. 功能性流程标杆

功能性流程标杆的对象是不同行业但拥有相同或相似功能、流程的企业。其理论基础是任何行业均存在一些相同或相似的功能或流程，如物流、人力资源管理、营销手段等。跨行业选择标杆对象，双方没有直接的利害冲突，更加容易取得对方的配合；另外可以跳出行业的框框约束，视野开阔，随时掌握最新经营方式，成为强中之强。

功能性流程标杆管理最大的优点在于协助企业去引发许多极具创意的经营点子。来自产业外界截然不同的观念与做法，很容易会对处于自身产业封闭环境下的企业造成莫大的刺激，进而引发许多创新性的做法，使企业内原有的运作方式发生重大的转变。

功能性标杆管理的缺点则是在资料的搜集上可能受限于距离遥远（对方可能在不同的国家），必须投入较多的资源来进行资料的搜集，并且信息相关性较差，最佳实践需要较为复杂的调整转换过程，实施较为困难。

4．通用性标杆管理

标杆对象是不同行业具有不同功能、流程的组织，即看起来完全不同的组织。其理论基础是：即使完全不同的行业、功能、流程也会存在相同或相似的核心思想和共同之处。如多米诺比萨饼公司通过考察研究某医院的急救室来寻求提高送货人员的流动性和工作效率的途径，提高员工的应急能力。从完全不同的组织学习和借鉴会最大程度地开阔视野，突破创新，从而使企业绩效实现跳跃性的增长，大大提高企业的竞争力，这是最具创造性的学习。但是，由于信息相关性更差，企业需要更加复杂的学习、调整和转换过程才能在本企业成功实施学到的最佳实践，因此困难更大。

（三）标杆管理的流程

标杆管理的实施需要历经一系列的步骤。

1．确定标杆管理的项目

标杆管理的项目一般是对企业竞争力影响最重要的因素，同时也是企业的薄弱环节。如一个企业的生产成本高于竞争对手，那么它可以选择成本管理作为标杆管理的项目；一个企业的新产品研制速度低于竞争对手，那么它就可以选择研发能力作为对象。一般来说，项目应在对自己状况进行比较深入、细致研究的基础上确定。

2．确定标杆管理的对象和对比点

这个对象应当是业绩最佳、效率最高的少数有代表性的对象。标杆管理的对比点应当在标杆控制项目范围内决定，通常为业绩的作业流程、管理实践或关键要素，在此基础上确立测量指标作为控制的依据。

3．资料收集和调查

从各种渠道收集相关项目、相关调查对象和调查内容方面已有的研究报告、调查报告或相关信息。

4．分析比较，找出差距，确定最佳纠偏做法

在对所取得的资料进行分类、整理，并进行必要的进一步调查的基础上，进行调查对象之间以及调查数据与自己企业的实际情况的比较研究，确定出各个调查对象所存在的差异，明确差距形成的原因和过程，并确定出最佳做法。

5．明确改进方向，制订实施方案

在明确最佳做法的基础上，找出弥补自己和最佳实践之间差距的具体途径或改进机会，设计具体的实施方案，并进行实施方案的经济效益分析。实施方案要明确实施重点和难点，预测可能出现的困难和偏差，确定对实施情况的检查和考核标准。

6．实施与监督

将方案付诸实施，并将实施情况不断和最佳做法进行比较，监督偏差的出现并采取

有效校正措施，以努力达到最佳实践水平，努力超过标杆对象。

（四）标杆管理的局限性

虽然作为一种管理方法或技术，标杆管理可以有效地提升组织的竞争力，但是实施标杆管理的实践业已证明，仅仅依赖标杆管理未必就一定能够将竞争力的提高转化为竞争优势，有的企业甚至陷入了“标杆管理陷阱”之中。这就意味着标杆管理还存在许多局限之处。

1. 标杆管理导致企业管理模式趋同

标杆管理鼓励企业相互学习和模仿，因此，在奉行标杆管理的行业中，可能所有的企业都企图通过采取诸如提供更广泛的产品或服务以吸引所有的顾客细分市场等类似行动来改进绩效，在竞争的某个关键方面超过竞争对手。模仿使得从整体上看企业运作效率的绝对水平大幅度提高，然而企业之间相对效率差距却日益缩小。普遍采用标杆管理的结果必然使各个企业的管理模式趋同，各个企业的产品、质量、服务甚至供应销售渠道大同小异，市场竞争趋向于完全竞争，在企业运作效率上升的同时，利润率却在下降。

2. 标杆管理陷阱

科技的迅速发展，使得产品的科技含量和企业使用技术的复杂性日益提高，模仿障碍提高，从而对实施标杆管理的企业提出了严峻的挑战：能否通过相对简单的标杆管理活动就能获得、掌握复杂的技术和跟上技术进步的步伐？如果标杆管理活动不能使企业跨越与领先企业之间的“技术鸿沟”，单纯为赶超先进而继续推行标杆管理，则会使企业陷入繁杂的“落后——标杆——又落后——再标杆”的“标杆管理陷阱”之中。例如 IBM、通用电器公司和柯达等公司在复印机刚刚问世时，曾标杆复印机领先者施乐公司，结果 IBM 和通用电器陷入了无休止的追赶游戏之中，无法自拔，最后不得不退出复印机市场。

关于如何突破标杆管理的局限性，人们已经进行了许多研究。从企业竞争的角度可以总结为：企业应该由“效率—成本”竞争模式转向“战略—价值”竞争模式。

标杆管理局限性的突破方向不在于标杆管理自身的完善，而在于超越标杆，把价值创造作为企业的根本战略抉择，才能获得持久竞争优势。

当然，总体来看，标杆管理方法较好地体现了现代知识管理中追求竞争优势的本质特性，因此具有巨大的实效性和广泛的适用性。如今，标杆管理已经在市场营销、成本管理、人力资源管理、新产品开发、教育部门管理等各个方面得到广泛的应用。其中杜邦、通用、福特、IBM 等这些著名企业在日常管理活动中均应用了标杆管理法。而在我国，像海尔、李宁、联想等知名企业也通过采用标杆管理的方法取得了巨大成功。

案例13-1

美孚石油的标杆管理

埃克森美孚公司（Exxon Mobil Corporation）是世界领先的石油和石化公司，由约翰·洛克菲勒（John Davison Rockefeller）于 1882 年创建，总部设在美国得克萨斯州爱文市。埃克森美孚通过其关联公司在全球大约 200 个国家和地区开展业务，拥有 8.6 万名员工，其中包括大约 1.4 万名工程技术人才和科学家，是世界最大的非政府油气生产商和世界最大的非政府天然气销售商；同时也是世界最大的炼油商之一，分布在25个国家的45个炼油厂每天的炼油能力达640万桶；在全球拥有3.7万多座加油站及100万个工业和批发客户；每年在150多个国家销售大约2800万吨石化产品。公司连续85年获得3A信用等级，是世界上保持这一纪录为数不多的公司之一。2013年，埃克森美孚公司在《财富》世界500强企业中排名第三。

尽管取得了如此大的成就，美孚公司（当时的美孚石油还没有和埃克森石油公司合并）的进取心是很强的，还想做得更好。于是他们在1992年年初作了一个调查，以试图发现自己的新空间。

当时的美孚公司询问了服务站的4000位顾客什么对他们是重要的，结果发现：仅有20%的被调查者认为价格是最重要的。其余的80%想要三件同样的东西：一是快捷的服务；二是能提供帮助的友好员工；三是对他们的消费忠诚予以一些认可。

美孚把这三样东西简称为速度、微笑和安抚。美孚的管理层认为，论综合实力，美孚在石油企业里已经独步江湖了，但要把这三项指标拆开来看，美国国内一定还有做得更好的其他企业。美孚于是组建了速度、微笑和安抚三个小组，去找速度最快、微笑最甜和回头客最多的标杆，以标杆为榜样改造美孚遍布全美的8000个加油站。

经过一番认真地寻找，三个标杆都找到了。

速度小组锁定了潘斯克（Penske）公司。世界上赛车运动的顶级赛事是一级方程式赛车，即F1赛车。但美国人不玩F1，它有自己的F1赛车，即“印地500汽车大赛”（Indy500）。而潘斯克公司就是给“印地500大赛”提供加油服务的。在电视转播“印地500大赛”时，观众都目睹到这样的景象：赛车风驰电掣般冲进加油站，潘斯克的加油员一拥而上，眨眼间赛车加满油绝尘而去。美孚的速度小组经过仔细观察，总结了潘斯克之所以能快速加油的绝招：这个团队身着统一的制服，分工细致，配合默契。而且潘斯克的成功，部分归功于电子头套耳机的使用，它使每个小组成员能及时地与同事联系。

于是，速度小组提出了几个有效的改革措施：首先是在加油站的外线上修建停靠点，设立快速通道，供紧急加油使用；加油站员工佩带耳机，形成一个团队，安全岛与便利店可以保持沟通，及时为顾客提供诸如汽水一类的商品；服务人员保持统一的制服，给顾客一个专业加油站的印象。“他们总把我们误认为是管理人员，因为我们看上去非常专业。”服务员阿尔比·达第茨说。

微笑小组锁定了丽嘉·卡尔顿酒店（Ritz-Carlton Hotel）作为温馨服务的标杆。丽嘉·卡尔顿酒店号称全美最温馨的酒店，那里的服务人员总保持招牌般的甜蜜微笑，因此获得了不寻常的顾客满意度。美孚的微笑小组观察到，丽嘉-卡尔顿酒店对所有新员工进行了广泛的指导和培训，使员工们深深铭记：自己的使命就是照顾客人，使客人舒适。小组成员斯威尼说：“丽嘉的确独一无二，因为我们在现场学习过程中实际上都变成了其中的一部分。在休息时，我准备帮助某位入住旅客提包。我实际上活在他们的信条中。这就是我们真正要应用到自己的业务中的东西，即那种在公司里，你能很好地服务你的客户而带来的自豪。那就是丽嘉真正给我们的魔力。在我们的服务站，没有任何理由可以解释为什么我们不能有同样的自豪，不能有与丽嘉·卡尔顿酒店一样的客户服务现象。”

微笑的标杆找到了。现在，用加油站服务生约翰的话说：“在顾客准备驶进的时候，我已经为他准备好了汽水和薯片，有时我在油泵旁边，准备好高级无铅汽油在那儿等着，他们都很高兴——因为你记住了他们的名字。”

全美公认的回头客大王是家庭仓库公司（一家大型的家庭用品零售公司，1978年成立，1996年美国《幸福》杂志将家庭仓库公司列为美国最受推崇的零售商）。安抚小组于是把它作为标杆。他们从家庭仓库公司学到：公司中最重要的人是直接与顾客打交道的人。没有致力于工作的员工，你就不可能得到终身顾客。这意味着要把时间和精力投入到如何雇佣和训练员工上。而过去在美孚公司，那些销售公司产品、与顾客打交道的一线员工传统上被认为公司里最无足轻重的人。

安抚小组的调查改变了美孚公司以往的观念，现在领导者认为，自己的角色就是支持这些一线员工，使他们能够把出色的服务和微笑传递给公司的顾客，传递到公司以外。

美孚在经过标杆管理之后，他们的顾客一到加油站，迎接他的是服务员真诚的微笑与问候。所有服务员都穿着整洁的制服，打着领带，配有电子头套耳机，以便能及时地将顾客的需求传递到便利店的出纳那里。希望得到快速服务的顾客可以开进站外的特设通道中，只需要几分钟，就可以完成洗车和收费的全部流程。这样做的结果是：加油站的平均年收入增长了10%。

（资料来源：作者根据公开资料整理。）

问题：

1. 美孚公司用到了哪几种标杆管理方式？
2. 美孚公司是如何选择标杆对象的？
3. 美孚公司标杆管理成功的原因是什么？

案例13-2

“零库存”演绎“凯科式”突围

凯科阀门所在的行业市场竞争激烈，不过，凯科阀门董事长王忠芳却带领凯科走出了自己的另类模式。从上海北京东路上一家经销阀门的店铺式企业，发展为赫赫有名的“阀门大王”，源于凯科阀门敢在服务领域“为他人之不为”。

用王忠芳的话说就是：“根据行业特点，领先实行‘零库存’模式，不仅服务于采购商，而且还为公司的发展占据了市场和空间。”

一、小阀门接上了大买卖

1987年初春的一个早晨，寒风料峭。20多岁的王忠芳，提着几个管道阀门，从温州风尘仆仆赶到上海满怀希望、兴冲冲地敲响了上海石化厂设备采购部门大门。此行，他期盼能通过自己手中的产品，敲开上海石化厂的大门。

可接待的人一听说眼前的年轻人来自温州，顿时心存戒备，二话不说，一口回绝了王忠芳：“我们上海那么多的阀门厂的产品都用不过来了，怎么可能用你们温州产的呢？”

当时，王忠芳闯荡上海的市场时间并不长，他并不知道当地阀门行业有句行话：“上海两座山，金山和宝山，只要爬上一座山，不愁没饭吃。”还有一点是他没意识到，在那个年代上海人眼里，温州人的形象是“造假行骗”，就凭这个印象，谁愿意和温州人做生意啊？

闭门羹的滋味并不好受，可王忠芳始终没有放弃。后来的日子里，王忠芳几乎每个星期都要提着阀门样品，去一趟上海石化厂设备采购公司毛遂自荐，失败了，不轻言放弃，从头再来。两年的时间里，他曾百多次上门自我推销，疲惫与辛劳无人知晓。销售公司的工作人员终于被王忠芳的韧劲打动了："这样吧，看你跑得也挺辛苦的，就拿几个过来试一下。"

第一笔单子数量少得可怜，可照样令王忠芳欣喜不已，他万分珍惜来之不易的机会，迅速赶回温州精心生产后，将产品送到石化厂，反馈结果是不错。

得到对方的初步认可，王忠芳又主动提出要求加工难度较大的产品，他立下军令状：如果失败，所有的损失都算他的。碍不过面子，销售科的人给了他 100 件产品的生产任务。王忠芳意识到这是一次"入门考试"，关系到自己的命运，回到温州后他自己测量数据，亲自动手绘制图纸，找人开模具，3 个月后，100 台产品拿到上海，测试合格率达到了 96%。

第一次考试顺利过关，王忠芳并未沉醉于满足之中。

上海石化厂使用的一种特殊的阀门配件大部分依赖国外进口，小部分依赖国内山东一家企业生产，国内外的价格相差悬殊达到 10 倍之多。王忠芳也把生产产品瞄准了这个型号的配件，并跃跃欲试。石化企业的一些部门经理表示质疑，温州货的产品性能和质量都不可靠，这样的产品怎可让他们来做？一句不信赖的话并没使王忠芳放弃目标，他随后作了一系列的争取，最后石化公司的领导作出裁定，在同类型号的配件中，选 5 家企业的产品进行"比赛"，论质订货。当时参加"考试"的是三家国内企业和两家国外企业。

经过缜密的科学检测，5 家企业的配件得出了数据结论：王忠芳的产品外观上虽然比国外的稍有逊色，可性能指标却远远超过国内另外两家产品。两次考试，王忠芳一举获得了产品进入上海石化基地的入场券。

二、"零库存"成就大伟业

拿到入场券后，王忠芳开始思考如何扩大市场的占有率。在他看来，要打开市场，就必须从急用户所急开始。

上海金山石化是凯科的大客户，不过他们也有自己的烦恼：每年大修或项目改选后总会有价值上百万元的阀门库存积压。年复一年，石化已积压了上千万元的阀门，并呈逐年上升趋势。

经过苦思冥想，他针对上海石化每年都有很多配件积压的现状，向公司领导人提出了"零库存"经营模式，开门见山地道出零库存的好处是盘活库存货物，使阀门配件的仓库以超市的形式流通，避免石化企业在管理和流通上付出太大的精力、物力、人力。为了实现自己的经营模式，他拿出了"零库存"可行性报告，并对石化公司从上到下不少于 50 名大小管理人员逐一阐述了具体的操作方案。

随后，凯科做了一件其他企业不敢做的"傻事"：花 1800 万元买下上海金山石化仓库中所有积压的阀门。然后根据金山石化工程实际需求，增补了 2800 万元的新阀门，型号和种类达到 2000 多个，而增补的新阀门全部由凯科公司生产提供。

看似亏本买卖的这一招，使得凯科从金山石化的几十家供应商中"脱颖而出"。

"这就好比凯科在石化基地专门设立了一个大型的为石化建设配备配件的'超市'，石化基地建设需要任何型号的阀门配件，24 小时都可以到凯科仓储提取任何型号的配件。这一创举实施运作后，金山石化就再也无须承担库存积压带来的‘压力’，所有的风险责任都由凯科承担了。”王忠芳这样解释自己的“零库存”经营模式。

事实上，“零库存”是一种特殊的库存概念，零库存并不是等于不要储备和没有储备。所谓的零库存，是指物料(包括原材料、半成品和产成品等)在采购、生产、销售、配送等一个或几个经营环节中，不以仓库存储的形式存在，而均是处于周转的状态。

零库存管理方式，在日本企业中有着广泛的应用。而谈到零库存管理在日本的成功应用，日本丰田汽车公司无可争议地成为了零库存管理最大的受益者，也是最好的证明。

到目前为止，王忠芳所独创的“零库存”经营模式已经整整运行了17个年头，从1996年开始推行“零库存”模式起，凯科至今先后与上海石化、赛科石化、广州石化、天津碱厂、宝钢集团、吉林石化等多家石化企业签订了“零库存”协议。如同在这些家石化基地建立了仓储配件基地，每家库存配备的阀门配件都达到了价值2800多万元有2000多个型号的阀门配件。成立了“零库存”仓储基地，一次性奠定了凯科阀门在上海如林的阀门制造企业中的绝对领先地位。

王忠芳和他的“凯科”因“零库存”经营模式闻名上海滩，而他的阀门配件仓储基地因为型号齐全，总库备量已超1亿元，享有“远东第一库”的美称。

三、热心“零库存”的会长

“零库存”经营理念，一举赢得商机，经过多年的发展，如今，王忠芳在上海的企业已涉足阀门、船舶、物流等多个领域。20多年“商道”曲折坎坷的打拼中，他牢牢怀抱“做事先做人”的理念，赢得企业的发展，赢得人们的敬仰。

如今，连本届任职时间算起来，王忠芳已当了三届龙湾上海商会会长，长期以来如何凝聚商会人心、发挥出它最大的价值体现，作为会长，王忠芳抱牢一个目标：帮助别人，热心“零库存”。也就是说帮助别人全心全意，毫无保留。

一位从事不锈钢生产的企业主笑着说：“在沪的龙湾企业家心里，商会就是娘家，而身为娘家的当家人，王会长的古道热肠令人心动，他对别人帮助的热心正是零库存的。”

商会工作事无巨细，点滴行动温暖的是一个人，感动的却是所有的会员。说到小事，不能不提到一件事情。龙湾上海商会成立后，一些龙湾来的乡亲到上海办事情、看病，常常都会去找王忠芳。每逢此时，他总是倾力相助，经常陪求助者出入医院。如此一来，熟人遇到的多了，别人就起了疑心，会长怎么整天都往医院跑，莫非生什么病了？

“在其职就该做实事，我也是苦过来的人，谁没个难处，该帮自然就该伸把手。”王忠芳是这样说的，也是这样做的。一个会员企业在税费交纳过程中与部门工作人员遇到矛盾，会员的事情就是自己的事情，他闻讯丢下正在接待的客商，迅速驱车一个多小时，从市区赶到企业，带领企业主会同部门工作人员，坐下来协商，最后使事情得到妥善解决。一名普通会员英年早逝，他又不顾别人的劝阻，亲自赶到现场慰问家属，把商会的温暖送到会员的家人心中。无声的行动比任何好听的话都伟大，商会会员企业主们将此事看在眼里，记在心里，心里唯有感动两个字。

“一个商会没有凝聚力是不成的，而凝聚力要靠一个人的责任来凝聚，这份责任要求会长工作热情做到‘零库存’。”王忠芳说。

王忠芳有一个愿望，就是发动会员回乡创业。为此他积极为日后的企业回乡创业做准备。

(资料来源：《市场导报》2014-02-18，作者何颖。)

问题：

1. 凯科公司是如何打开产品市场的？
2. 凯科公司在零库存管理中发挥了什么作用？
3. 结合案例，谈谈零库存管理的意义。

参考文献

[1] 斯蒂芬·P.罗宾斯,玛丽·库尔特. 管理学(第11版)[M]. 北京:中国人民大学出版社,2012.

[2] 斯蒂芬·P.罗宾斯. 组织行为学(第14版)[M]. 北京:中国人民大学出版社,2012.

[3] 理查德·L.达夫特. 管理学(第5版)[M]. 北京:机械工业出版社,2009.

[4] 海因茨·韦里克,马克·V.坎尼斯,哈罗德·孔茨. 管理学:全球化与创业视角(第13版)[M]. 北京:经济科学版社,2011.

[5] 弗雷德里克·泰勒. 科学管理原理 [M]. 北京:机械工业出版社,2013.

[6] 法约尔. 工业管理与一般管理 [M]. 北京:机械工业出版社,2013.

[7] 彼得·德鲁克. 创新与企业家精神[M]. 北京:机械工业出版社,2009.

[8] 彼得·德鲁克. 管理:使命、责任、实务[M]. 北京:机械工业出版社,2009.

[9] 彼得·德鲁克. 卓有成效的管理者[M]. 北京:机械工业出版社,2009.

[10] 里基·W.格里芬. 管理学(第9版)[M]. 北京:中国市场出版社,2011.

[11] 丹尼尔·A.雷恩,阿瑟·G.贝德安. 管理思想史(第6版)[M]. 北京:中国人民大学出版社,2012.

[12] 肯·史密斯,迈克尔·希特. 管理学中的伟大思想:经典理论的开发历程[M]. 北京:北京大学出版社,2010.

[13] 特伦斯·迪尔,艾伦·肯尼迪. 组织行为学 [M]. 北京:中国人民大学出版社,2008.

[14] 切斯特.I.巴纳德. 经理人员的职能[M]. 北京:机械工业出版社,2013.

[15] 詹姆斯·S.奥罗克.管理沟通:以案例分析为视角[M]. 北京:中国人民大学出版社,2011.

[16] 迈克尔·A.希特.管理学(英文版第三版)[M]. 北京:中国人民大学出版社,2013.

[17] 陈传明,周小虎. 管理学(第2版)[M]. 北京:机械工业出版社,2012.

[18] 杨文士等. 管理学(第3版)[M]. 北京:中国人民大学出版社,2009.

[19] 吴彬,顾天辉. 现代企业战略管理(第2版)[M]. 北京:首都经贸大学出版社,2011.

[20] 杨锡怀.企业战略管理:理论与案例(第3版)[M]. 北京:高等教育出版社,2013.

[21] 周三多,陈传明. 管理学:原理与方法(第5版)[M]. 上海:复旦大学出版社,2011.

[22] 邢以群. 管理学(第3版)[M]. 杭州:浙江大学出版社,2012.

[23] 姜杰. 中国管理思想史 [M]. 北京:北京大学出版社,2011.

[24] 郭咸纲. 西方管理思想史(第3版)[M]. 北京:经济管理出版社,2004.

[25] 张中华. 管理学通论(第2版)[M]. 北京:北京大学出版社,2008.

[26] 张玉利，陈炳富. 管理学(第 2 版)[M]. 天津：南开大学出版社，2004.
[27] 焦叔斌. 管理学(第 4 版)[M]. 北京：中国人民大学出版社，2014.
[28] 高闯. 管理学(第 2 版)[M]. 北京：清华大学出版社，2009.
[29] 赵涛，齐二石. 管理学 [M]. 北京：清华大学出版社，2013.
[30] 芮明杰. 管理学:变革的观点(第 3 版)[M]. 上海：格致出版社，2013.
[31] 百度百科 http://baike.baidu.com/
[32] MBA 智库百科 http://wiki.mbalib.com/